社会权力的来源

（第三卷）

全球诸帝国与革命

（1890—1945）

上

社会权力的来源

（第三卷）

全球诸帝国与革命
（1890—1945）

上

[英] 迈克尔·曼 著 郭台辉 茅根红 余宜斌 译

世纪出版集团   上海人民出版社

出 版 说 明

　　自中西文明发生碰撞以来，百余年的中国现代文化建设即无可避免地担负起双重使命。梳理和探究西方文明的根源及脉络，已成为我们理解并提升自身要义的借镜，整理和传承中国文明的传统，更是我们实现并弘扬自身价值的根本。此二者的交汇，乃是塑造现代中国之精神品格的必由进路。世纪出版集团倾力编辑世纪人文系列丛书之宗旨亦在于此。

　　世纪人文系列丛书包涵"世纪文库"、"世纪前沿"、"袖珍经典"、"大学经典"及"开放人文"五个界面，各成系列，相得益彰。

　　"厘清西方思想脉络，更新中国学术传统"，为"世纪文库"之编辑指针。文库分为中西两大书系。中学书系由清末民初开始，全面整理中国近现代以来的学术著作，以期为今人反思现代中国的社会和精神处境铺建思考的进阶；西学书系旨在从西方文明的整体进程出发，系统译介自古希腊罗马以降的经典文献，借此展现西方思想传统的生发流变过程，从而为我们返回现代中国之核心问题奠定坚实的文本基础。与之呼应，"世纪前沿"着重关注二战以来全球范围内学术思想的重要论题与最新进展，展示各学科领域的新近成果和当代文化思潮演化的各种向度。"袖珍经典"则以相对简约的形式，收录名家大师们在体裁和风格上独具特色的经典作品，阐幽发微，意趣兼得。

遵循现代人文教育和公民教育的理念，秉承"通达民情，化育人心"的中国传统教育精神，"大学经典"依据中西文明传统的知识谱系及其价值内涵，将人类历史上具有人文内涵的经典作品编辑成为大学教育的基础读本，应时代所需，顺时势所趋，为塑造现代中国人的人文素养、公民意识和国家精神倾力尽心。"开放人文"旨在提供全景式的人文阅读平台，从文学、历史、艺术、科学等多个面向调动读者的阅读愉悦，寓学于乐，寓乐于心，为广大读者陶冶心性，培植情操。

　　"大学之道，在明明德，在新民，在止于至善"（《大学》）。温古知今，止于至善，是人类得以理解生命价值的人文情怀，亦是文明得以传承和发展的精神契机。欲实现中华民族的伟大复兴，必先培育中华民族的文化精神；由此，我们深知现代中国出版人的职责所在，以我之不懈努力，做一代又一代中国人的文化脊梁。

上海世纪出版集团
世纪人文系列丛书编辑委员会
2005年1月

社会权力的来源

上

目录

译　者　序

　　到 2013 年出版第四卷为止，迈克尔·曼教授经过 30 年的努力，最终完成了四卷本长篇巨著《社会权力的来源》，以其独创的社会权力理论，完整绘制出人类文明自诞生以来的社会变迁史。这是他将社会科学转向历史的最大贡献。在第一、第二卷中，曼对人类文明的起源、罗马帝国的兴衰成败、欧洲的动态发展、争夺德意志、现代国家的兴起等历史阶段作了精彩分析。在第三卷，曼继续运用他的 IEMP 模型(意识形态权力、经济权力、军事权力、政治权力)，阐释 20 世纪前半叶全球的权力中心(主要是美国、西欧、苏联、中国、日本)与相关的重大历史事件(主要是两次世界大战)，还不断与学界同行既有的研究成果进行深入对话，充分展现作者对文献史料的娴熟把握，也体现出历史社会学家不同于正统史学家与社会科学家的最典型之处。本书有些章节聚焦特定的国家或地区，但更多的章节是广泛运用比较分析，把历史叙事与理论阐释结合起来。下文试图集中帝国、革命、战争等 20 世纪前半期的几个关键议题，归纳曼的核心观点并加以简单评论，以飨读者。

一、帝国

　　在曼的《社会权力的来源》第三卷一书中，有关帝国的内容几乎占据一半的篇幅。近代以来欧洲人为何如此擅长成为帝国？他们得益于什么？ 如何解释欧洲帝国的扩张？ 曼指出，目前的帝国扩张理论都存在局限性。 这些帝国理论可以分成两大类，一类是以核心地区为基础，另一类是以边缘地区为基础，前者的影响远远超过后者，所以，曼主要的对话对象是前一类理论。

在以核心地区为基础的帝国理论看来，帝国扩张为核心地区的某些利益集团提供了包括政治、经济、军事、社会地位与文化等各类形式的回报，表现为稳定的利润、地位、精神归属等。 这种解释模式包括约翰·A.霍布森(John A.Hobson)、列宁的帝国主义理论以及美国例外论。霍布森认为，近代帝国主义的兴起是因为发达国家需要把国内剩余的资本投资到海外殖民地以获取利润，证据之一是英国外贸和投资在这段时期得到了大幅度提升。 列宁完善了霍布森的观点，指出发达国家不仅需要为过剩的资本寻找出路，而且，资本主义越发展，对原材料的需求就越高，竞争也越残酷。 发达国家的经济越来越趋向于集中与垄断，国内的垄断需要保护国外领土即殖民地的市场。[1]列宁认为，欧洲列强抢夺并瓜分非洲与第一次世界大战有紧密联系。

但在曼看来，霍布森与列宁的帝国主义理论不正确。 虽然帝国之间的竞争不断加剧，但其原因并不是霍布森与列宁所强调的资本主义在经济领域的竞争，而是有其他因素。

首先，各帝国之间在国际经济领域有密切的合作关系，国际金融领域的合作尤为密切。 英国虽然早已不是制造业的领头羊，但它拥有世界上最大量的储备货币和最庞大的银行体系。 各帝国都认可大英帝国储备货币和金融制度是世界上最安全的和最有保障的，英国的信任度比任何其他国家都高，外国银行都以低利率的短期储蓄形式把利润寄存在英国的银行。 外国和殖民地银行所寄存的资金差不多占英国银行资金总量的三分之一到一半。 英国银行利用这些资金，给边缘地区的国家投放长期的、高利息的贷款，就像如今美国一样。 所以，资本主义的金融世界并不喜欢越来越剧烈的帝国竞争。[2]

其次，霍布森与列宁都没有认识到，贸易与金融主要是在发达的资本主义国家之间流动，宗主国与殖民地之间的流动只占很少份额，另外，白人都是在他们自己的国家之间做贸易。英国殖民地的贸易与资本只有一部分是流向非白人的殖民地。大量贸易资本都流向澳大利亚、南非、加拿大的白人殖民地。在帝国的宗主国核心地区并没有剩余的资本迫切需要输入殖民地。

最后，各个帝国学会利用外交手段，成功协调争夺殖民地的竞争过程。比如在1885年，列强们签署了《柏林条约》，允许大国占领非洲领土，只要它有能力控制其边界。

曼对保守派与马克思主义者提出的社会帝国主义理论基础也提出了批评。社会帝国主义的主要观点是，向海外扩张可能转移国内的阶级冲突。有些政治家也赞同这一点，因为有时候似乎行之有效。曼认为社会帝国主义无法解释英国、法国、美国等主要帝国的现实。当美国、德国、意大利、比利时转向海外帝国主义时，精英群体内部的各种争论只是偶尔得到大众的回应。在英国，工人阶级很大程度上对帝国没有兴趣，而且，英国殖民者的流动也在走向衰落。不过，曼承认这种理论大致可以符合日本帝国扩张的现实。日本转向帝国主义时，得到更为广泛的社会支持。主要原因在于，许多日本人认为他们自己没有多少选择机会，向海外扩张是反对外国帝国主义的唯一防御战略。

在欧洲人在近代成功建立世界帝国的问题上，曼的观点是，当代绝大多数社会科学家在解释人类历史问题方面忽视军事权力的重要性。他的任务之一就是恢复军事权力在人类社会中的核心位置："在这一卷中，我主张，几个世纪以来的欧洲史都是不同寻常的军国主义，这种军国主义带来了全球帝国的政府，就像一场传染病一样蔓延到美国和日本。20世纪和21世纪的发展很大程度上是归因于军事权力的关系。"[3]欧洲人成功建立帝国的原因应当从欧洲文明的特点中去找，特别是从军事权力关系入手。曼在第一卷将欧洲看作是一种多权力行动者(multi-power-actor)的文明。这种文明由许多相互竞争但形态各异的行动者组成。多权力行动者的体系必然导致无休止的战争。战争是欧洲国家政权生与死的关键。 如果一个政权没有提升其军事权力，就可能难以存续。 在欧洲，军事权力的路径依赖已经经历一千年的历史。

在战争方面，欧洲与东亚国家呈鲜明对比。 东亚地区在1590至1894年间出现300年的和平时期，仅仅出现过野蛮人对中国的入侵以及五次相对较小的两国间战争。 在此前的200年间，中国只出现过一次与越南的战争。 日本自1637年之后的两个世纪都禁止使用火箭炮。相比之下，欧洲列强在1494至1975年间的75%时间里都一直卷入国家之间的战争，完全没有战争的时期不会超过25年。 据查尔斯·A.蒂利(Charles A.Tilly)估计，欧洲政权的数量在80至500个之间，几个世纪的战争之后，到1900年为止只剩下25个政权。 东部的赢家是罗曼诺夫、哈布斯堡和奥斯曼君主，西部的赢家是西班牙、法国、英格兰。[4]

英格兰人所建立的大英帝国是这些帝国当中最为成功、成就最大的。 曼选择了大英帝国作为典型个案。 英格兰人发动第一波帝国战争，其目标是征服苏格兰和爱尔兰，以此作为海上帝国的实验。 布鲁斯·P.伦曼(Bruce P.Lenman)的《英格兰的殖民战争(1550—1688)》(England's Colonial Wars，1550—1688)和《不列颠的殖民战争(1688—1783)》(Britain's Colonial Wars，1688—1783)指出，第一波殖民战争是英格兰在不列颠群岛内部发起的；第二波是新兴霸权的不列颠帝国对其他大洲的殖民。 这股殖民主义浪潮不断加剧，因为苏格兰人与爱尔兰人有着更为强烈的动机，试图尽快摆脱贫穷与弱势地位。 从1871年到1914年，英国人一共打了30场殖民地战争，英国人、法国人和荷兰人至少打了不下100场战争。

曼也强调其他一些因素在大英帝国扩张中的作用。 英国的精英们除了拥有优越的海军权力之外，还有其他的有利因素，包括政权在国内有效征收赋税，继承侵略性的战争传统与军国主义文化，引领农业和工业革命的潮流，这使它在国内生产力方面处于领先水平，为其军国主义提供了经济权力。 所有这一切都让一个小小的海岛称霸全球，从集约性权力走向扩散性权力。 缺乏这些军事、政治与经济权力的任何一个来源，都可能无法实现其全球扩张。到 1920 年为止，大英帝国霸占了世界陆地的四分之一，成为历史上最大的帝国。

欧洲帝国的成功直接激发了美国人与日本人建立帝国的野心。曼指出，美国走向帝国主义与西班牙在美洲半球的衰落有着直接联系，而日本帝国主义的兴起则与中国的衰落密不可分。它们之所以走向帝国主义，无不关联到欧洲列强建立的帝国及其所带来的国际地缘政治压力。帝国无论是崛起的还是衰落的，都接受了欧洲人创造的弱肉强食生存法则。但在生存危机方面，日本人的感受要比美国人深得多。日本人认为，如果一个像日本那样资源匮乏的国家错过这样的机会，它就可能被迫遭遇同样的奴役和压迫。

美国例外论是用来解释美帝国崛起的重要理论。但在曼看来，美国走向帝国道路的进程与其他帝国几乎没有什么不同之处。军事权力被美国人残忍地用到了土著人身上。美国的扩张进程中，绝大部分的土著美洲人被杀害，幸存者处于国家的生活边缘。颇有讽刺意义的是，美国所谓的进步主义时代在种族平等方面不仅没有进步，反而是倒行逆施。实际上，美国人的种族主义意识形态与其他帝国相比有过之而无不及。在这个方面，美国例外论是符合实际的。虽然巴西是在美国之后的二十年才完全废除奴隶制度，但其奴隶制度的种族构成因素从来没有在美国那么突出。在巴西，虽然肤色始终与阶级关联在一起，但它并没有把巴西黑人拆解为一个孤立的等级。澳大利亚土著人和新西兰的毛利人与美国黑人之间也不尽相同，因为前者绝大多数与白人社会不生活在一起，而且，前者有着更大的权力。[5]

美国例外论还主张有两个方面不同于欧洲，一是缺乏社会主义，二是弱政府。这两个观点是维尔纳·桑巴特(Werner Sombart)在《美国为何没有社会主义?》中提出来的。但曼指出，在缺乏社会主义方面，美国和其他所有以英语为母语的国家没有什么特别不同之处，在弱政府方面就更不符合实际。美国政府在帝国扩张、实施种族主义政策与镇压工人运动等方面表现出强大力量，其利维坦巨大无比，令人震撼。美国的基础权力渗透到其所有管辖范围，其指挥和执行命令的能力很强大。 美国各届和各级政府消耗国民生产总值(GNP)的 7%，而英国政府是 8%，法国是 9%，德国是 10%。[6]这说明美国政府的功能与其他国家差别不大。

总而言之，曼认为欧洲人成功建立帝国的直接原因是胜人一筹的军事权力，而不是文明、科学革命或者资本主义处于更高的发展水平。曼对欧洲帝国几乎持全盘否定的态度。 他的评价是，帝国对殖民地的当地人来说没有任何好处。 殖民地人民应该感谢英国的农业与工业革命、科学与植物学，而不是它的帝国。 虽然英帝国与其他帝国比较起来是相对温和的，但如果没有帝国，殖民地人民以及这个世界的状况应该会好得多。

二、两次世界大战

关于第一次世界大战的起因，世界体系理论家的研究结论是，此次大战是关于霸权的争夺：崛起的德国寻求从衰落的英国手中抢夺世界体系的霸权。 曼不同意这种解释。 他认为，经济权力和军事权力实际上是在不同轨道上运行。 经济权力的竞争并不像世界体系理论所说的那样导致战争，因为它需要的是国际和平与合作，并且基于合作关系而得到提升，而军事权力则可能因为关系破裂而得到强化。 当破裂的关系走到战争边缘时，就会明显严重损害经济。 具体而言，英国与德国之间在经济上处于密切的合作状态。 正是由于德国的联邦银行和其他主要的中央银行之间积极合作，英镑才能够作为国际储备货币。 英德两国之间的贸易也不断增长，两国的经济政策变得越来越相互依赖。 事实上，整个 19 世纪大西洋沿岸的经济在战争之前的十年时间出现大幅度上升。 况且，德国领导人也并不想成为霸主。 他们仅仅是想削弱英国、法国和俄罗斯，获得自己应有的位置。

在曼看来，这场战争并不是一场物质取向很强的战争。 从根本上讲此次战争和资本主义没有必然联系。 资本主义在所有国家都没有受到威胁，也几乎没有一个资本家在战争之前是好战分子。 资本家主要关注的是获取利润，他们倾向于稳定的而不是高风险的利润。 资本家很少过多地卷进外交政策，更不喜欢战争，有些资本家甚至不遗余力地致力于实现和平，避免战争。

关于第一次世界大战起因，曼的解释是，这次大战就是欧洲人特有的军国主义文化的产物。 这种军事文化倾向于发动无休止的战争，在某种程度上，战争在欧洲这个尚武文明的社会是一种正常现象。 战争被看作是正常的、合法的，国家被认为具有生存与安全方面利益，并且可以要求普通的男性公民用他们的生命来加以捍卫？ 除了军国主义文化之外，其他一些意识形态因素与社会结构因素也对士兵有较大影响，比如野蛮的假想敌人、地方性社群的压力、受尊重的地方名人对压力的强化、男子汉气概、冒险延续了欧洲人传统的开战方式：奥匈帝国和德国两大强国攻击塞尔维亚和比利时这两个小国，后者的主要保护国开始支援。 这种进攻方式体现了欧洲军事帝国主义史上至关重要的路径依赖。

曼研究第一次世界大战中的士兵并表明，军事文化对于大战的影响至关重要。 战争对士兵的影响最大。 他们在面临巨大危险时为什么去战斗？

如果说一战的物质取向不强，那么，二战的物质利益动机更少，而更明显的是意识形态色彩。 这次战争是帝国间最后一次席卷欧洲的战争。 将二战的起因问题归结为法西斯主义意识形态，这一点几乎不存在争论，曼认为，一战结束到二战爆发的这段时期，整个欧洲和北美都弥漫着强烈的反共产主义与反苏主义，这让英、法、美等国的所有政治家们丧失了最起码的工具理性，他们拒绝与苏联结盟遏制纳粹，反而将苏联推向了纳粹。 意识形态上的价值理性让工具理性显得暗淡无光。

英国和法国右翼势力的立场一直将共产主义视为头号敌人，认为西方获得安全的前提是通过对希特勒做出让步，给予他在东欧的自由处理权，以便让他先进攻共产主义。 正如英国前首相斯坦利·鲍德温(Stanley Baldwin)所说，如果在欧洲有战事，最好是"看到布尔什维克和纳粹之间发动战争"，而与苏联联盟抵抗希特勒，可能会制造一场有利于共产主义的战争。 一战的结果是俄国共产主义革命的爆发，二战则可能导致共产主义革命在其他地区爆发。 他们虽然无比厌恶纳粹主义，但更害怕革命。 1937 年 2 月，斯大林提出与法国建立军事同盟，但是，法国总参谋部拒绝了这一提议。 斯大林转而与希特勒签定《苏德互不侵犯条约》，最终联手，共同对付西方。

曼认为，斯大林宁愿与恶魔共舞以保卫他的帝国，而张伯伦、达拉第和绥靖者们并不情愿。 这些保守主义者们在地缘政治上比法西斯主义者或者共产主义者政权更加偏向于教条主义的意识形态，缺乏基本的工具理性。 曼的这一说法似乎不确切，张伯伦等人至少是愿意与希特勒这个恶魔共舞的，只不过希特勒不愿意合作。 希特勒本人似乎比西方人在意识形态上更为教条，更缺乏工具理性。 比如希特勒在征服乌克兰时就犯下了严重的教条主义错误。 1941 年，许多乌克兰人厌倦于斯大林的统治，热烈欢迎德国国防军进入他们的国土。 但是，他们发现希特勒对他们实施更残酷的剥削以及更恶劣的暴行。 到 1944 年，他们又欢迎苏联红军的重新占领。 曼指出了西方政治家们前后矛盾的立场。 西方人一方面期待希特勒进攻苏联，让两个国家相互厮杀，最好是彻底消灭共产主义苏联；另一方面，当希特勒真的进攻苏联并很可能获胜时，他们却又完全不可接受希特勒占领苏联这个结果，转而全力与苏联结盟对付希特勒。

根据曼的分析，决定两次世界大战胜负的关键因素是两个集团的经济实力，而德国及其盟国从来都不如其对手。 一战的参战双方在经济实力方面有着明显差距。 英国与法国的 GDP 在 1914 年至 1918 年间得到提升，战争带来充分就业，生活水平的大幅度改善，财富出现再分配。 但德国的经济问题却相当严重，而且军费远高于其他的经费开支，同时还遭受到英国有效的贸易封锁。 结果，德国民众普遍缺少必要的食物供应。 二战胜负的决定性因素也是经济实力。 曼指出，尽管德国人拥有更优秀的士兵，军官有更多的战争主动权，部队更为精干，转移速度比对手更快，对战争更加专心，参战与后勤人员的比例更高。然而，军事优势无法弥补经济劣势。 苏联在军事上的投入比纳粹更多，更有效率。 苏联已经转变为斯大林所谓的"一个统一的军营"。美国的经济基础更为雄厚，技术更发达，投入规模更大，从而获得了非凡的军事扩张成就。 美、苏这两个国家都建立大规模的生产系统，大批量生产系列品种先进的武器。 德国原本指望速战速决的局部战争，却成为一场自我毁灭的持久的世界大战。

三、两次革命

俄国革命

马克思主义理论将革命视为各种结构性因素长期发展的必然结果。 列宁、托洛茨基、毛泽东和切·格瓦拉等革命家为马克思主义理论补充了一些短期策略。 其中最有影响力的是列宁的革命理论。 列宁的革命公式很简单：一方面是下层阶级极力要推翻旧的秩序，另一方面是上层阶级的抵抗变得软弱无力。 至少需要具备这两点革命才能发生。

第二种解释革命的理论源自结构功能主义，该理论强调革命形成的原因是"社会紧张"、"结构失衡"和"政见分歧"。 但是曼认为这些条件不易操作，而且即使广泛存在这些条件，也难以发生革命。 当代许多学者都采用列宁的公式。 有学者确定了爆发革命的四个必要且充分累积的因素：(1)一个宽容、容忍的国际环境，外国势力不干预或者纵容反叛者；(2)一场导致国家行政能力和强制能力陷于瘫痪的政治危机；(3)广泛存在的农民反抗斗争；(4)城市反对派精英进行的反抗活动。

曼认为,这种观点没能抓住德意志帝国给俄国带来的惨烈战争与毁灭性破坏两者之间的因果关系。 曼的分析更多是强调军事权力因素的影响。 对革命而言,权力必须通过暴力夺取。 社会内部的军事与准军事力量平衡不仅最终决定革命的成败,而且决定了是否能阻止激进分子产生革命的想法。 列宁多次提到俄国是资本主义链条上最薄弱的环节,从军事方面看来,的确如此。

曼还比较了俄国革命与德国革命。 德国革命失败的原因更多是军事权力因素。 他认为,从某种意义来说,德国革命的失败是多种因素决定的。 这些因素包括工人阶级运动内部的重要分歧,这与布尔什维克形成鲜明对比;统治阶级仍然团结一致而且很务实;他们通过与社会主义改良派妥协,求得生存;德国没有农民反叛的传统,也没有农民不满的任何迹象;最主要的是,反叛者没有武装。 这意味着革命者无法到达革命的第一阶段,不能成功占领首都和政府机构。 曼的结论是,军事原因以及社会民主党内部的分歧成为德国革命失败的最重要原因。

中国革命

关于中国革命的成功,曼也强调军事权力因素的重要性。 他归纳出三种已有的主要解释。 约翰·福伦(John Foran)提出第三世界革命的普遍性理论。 他认为,在 20 世纪所有成功的社会革命中,除了中国革命,还有墨西哥(1910—1920)、古巴(1953—1959)、伊朗(1977—1979)、尼加拉瓜(1977—1979)。 这些革命之所以成功通常有五大因素:依附性强的经济发展;经济不景气;一个镇压式的、排他性的以及人格主义的政权;一种截然不同的政治文化,以及对"不干预革命"的世界体系。[7]第二种是民族主义解释。 这种解释认为,共产党人虽然在江西失败,但却理解土地革命的意义,认识到教条主义无法动员广大农民,唯有转向抗日战争才能激发民族主义意识。 中国共产党人的革命是世界上第一次反殖民主义的社会革命,这是为什么毛泽东至今仍被人民记住的原因。[8]第三种是阶级冲突解释。 这种理论认为，农民之所以愿意接受共产党领导，是因为共产党可以解决乡村社会的根本矛盾：总体不平等的土地占有、财富和权力关系。[9]

曼认为，上述理论都没有充分重视中国共产党的军事活动。 共产党人离开上海到江西之后，他们的革命就转变成一场战争，并且持续了二十年。 共产党为了生存必须军事化，其最重要的斗争形式是军事斗争。 分析中国革命必须强调军事权力关系的核心地位，甚至比俄国革命更重要。 没有军事权力，共产党人在经济、政治和意识形态等方面的控制都可能付之东流。 最大的讽刺是日本和美国这两大凶狠的反共势力，无意间让共产党在一个最多人口的国家赢得胜利。 这就是诸多权力相混合所导致的出乎它们意外结果。

四、大萧条

大萧条的理论解释主要是由经济学家们提出来的。 货币主义者关注联邦储备银行所犯下的货币政策错误。 在危机初期，美联储持续不断运用紧缩性货币政策，导致美国大量的银行倒闭，这使得危机变得更加糟糕。 米尔顿·弗里德曼(Milton Friedman)认为货币力量是大萧条的首要原因。 当银行倒闭的时候，假如美联储采取正确的政策，通过为陷入困境的银行提供紧急的基金，或者在公开市场上购买政策债券，为市场注入更多的流动性，供应更多的货币，将会缓和紧缩的严重性，极有可能提前结束大萧条。 弗里德曼还提出了一种"伟人"理论：假如担任十四年纽约美联储主席的本杰明·斯特朗(Benjamin Strong)在1928年还没有去世，仍然是联储的一个主导性的人物，这次大萧条也许就不会发生。[10]曼认为上述观点没有说服力。 假如斯特朗在1929年仍然在位，其策略不出美联储现任主席之右，因为他们信奉自由主义市场理论。

也有经济学家们认为大萧条的原因在于生产领域，因为经济衰退是从生产环节开始,而不是在证券市场、银行或者是联邦储备银行开始。在大萧条时期,所有国家对货币和通缩的打击只使经济总量下降大约三分之一,而对生产因素的打击贡献了三分之二。 迈克尔·伯恩斯坦(Michael Bernstein)把此次金融危机视为各工业领域恶化的结果。 里克·索斯塔克(Rick Szostak)认为技术创新导致经济萧条的主要原因。 在 20 世纪 20 年代,创新型工业增加了产量,但并没有增加就业,也不需要大量投资。 杰勒德·杜梅尼尔(Gérard Duménil)与多米尼克·列维(Dominique Lévy)补充了管理创新因素的影响。 劳动生产率的上升是因为企业普遍实行现代企业管理体制——包括电气化的流水线以及流水线式的购买、销售和研发过程。

曼认为,为了解释这次大萧条,应当将生产问题和货币体系的问题结合起来,将地缘政治的问题和政治问题结合起来。 全球农业萧条、金本位带来的国际性后果、通缩的意识形态、地缘政治上的紧张关系等,这些因素相互叠加在一起,加剧了经济的衰退。 缺少任何一个因素,这次大萧条的程度都不会如此之大。 缺少两、三个因素,大萧条就根本不会发生,只可能出现近似于周期性的经济衰退。 与这些经济学家们相比,曼认为他提出的社会学解释更为宏观和全面。

曼扩展了分析的范围,关注金融市场、财政与货币政策、技术与工业结构、阶级与意识形态结构、地缘政治压力与民族主义等领域所有内容。 曼充分运用四种社会权力的来源。 在他看来,这个时期的权力关系正在经历四种主要的结构转型。 第一,农业作为传统的经济支柱正在没落,因全球性的生产过剩而陷入萧条。 第二,工业正在经历快速的技术变迁,老工业已经不再扩张,而新工业却仍然弱小;创造性的破坏正在发生,但是速度太慢。 第三,旧体制下的阶级仍然控制着发达世界的金融,意识形态上坚持金本位制度;与此相对立的是,正在兴起的工人阶级和下层中产阶级要求得到更多的社会权利;他们只有等到大萧条来临才有权力挑战这种意识形态教条。 第四,地缘性的经济实力正在转型,英国的霸权受到削弱,几个主要的民族经济体之间出现调整，但现在既没有出现另外一个霸权国家，也没有出现一个稳定的国际性合作。 和平条约的废除引发大国之间相互冲突，各大国在地缘政治方面处于四分五裂的状态。 这并不仅仅是资本主义发展内在逻辑的系统性危机。 这四个巨大转型有其自身的因果链，而大萧条的危机恰恰是这些转型相互冲撞的结果。[11]

在这四种权力关系中，曼特别强调意识形态权力的影响。 他用相当大的篇幅，分析美国及其他国家制定错误政策背后的意识形态因素。 国家制定的错误政策并不是偶然造成，而是特定的意识形态所导致的。 曼指出，当时美国几乎所有政客都坚持金本位制和通缩政策。 绝大多数官员经济学家都相信市场会自动解决投资过度的问题，需要保护黄金储备，认为这样会引导私人行动者，使市场可以自我调整。 胡佛为国际性合作作出了辛勤的努力，主动引导利益集团之间的合作，特别是增加投资。 但到了1937年夏天，市场仍然没有自我调整，而胡佛也没有采取强制性的措施，只是通过平衡预算降低利率，鼓励投资，维持金本位制度。 其他发达国家也是类似改革。 银行官员们竭力维持货币与黄金挂钩，采取紧缩的政策防止资本外逃。 事实表明，越早抛弃金本位制度，经济越早复苏。

金本位制度几乎成了一种宗教。 坚持金本位的不仅仅是政治家，还包括熊彼特、罗宾斯(Robbins)、哈耶克和奥地利学派在内的相当多经济学家，他们都反对扩张政策，唯有欧文·费希尔(Irving Fisher)、凯恩斯等少数人持不同意见。 在当时的经济学家眼里，固守金本位制度体现出节俭、纪律和责任的美德。 金本位涉及传统的规范和价值以及对事实的信仰。 当时的主流经济学家们相信，黄金是"道德的、有原则的、文明的"，与"受到调控的货币正好相反"。 金本位"仅次于神圣的教义"，它与马克斯·韦伯所说的"资本主义精神"是一致的。 新古典主义学说的信徒们顽固信守金本位，继续实行通缩，一直到大萧条陷入危机的谷底。

五、法西斯主义与苏联共产主义

西方学术界一般都把德国法西斯主义与苏联共产主义两种意识形态与政治体制等而视之，但曼运用社会权力的四大来源对此作出明确区分。 他认为，世界性的经济、军事和政治危机连环爆发，似乎表明资本主义出现普遍的文明危机，转而寻求一种新的意识形态。 法西斯主义和共产主义正是克服与应对这些危机的产物。 这两种体制都将人民大众带入权力剧院的舞台中心，通过一党制对人民大众进行积极的动员。 共产主义者最初认为，政党可以自下而上起到积极动员的作用，掌权之后就反转为自上而下的动员方式。 法西斯主义在掌握政权之前是同时运用两种方式，掌握政权之后同样转为自上而下。

但两者的不同之处在于，共产主义的理论基础是阶级斗争，法西斯主义的理论基础是民族主义。 斯大林镇压的对象是国内的阶级敌人，甚至是党内的敌人。 法西斯主义政权只镇压别的种族与民族，对内部却更多同志般的友谊。 共产主义者充满理想，而法西斯主义者把民众暴力视为必要的道德。 共产主义具有强烈的物质主义倾向，更为关注经济关系，而法西斯主义更多关注意识形态和军事权力关系。 其历史理论与其说是为了实现一个最终的乌托邦，还不如说是拥护强弱、民族与民族、种族与种族之间的持续斗争。 无论法西斯主义者还是马克思主义者都并非偶然所为，也不是原始主义的死灰复燃，而是有预谋的"现代"行为。

法西斯主义

在解释法西斯主义思想的问题上有两种主要观点。"理想主义的民族主义学派"抓住法西斯主义的世俗救世主义特征，强调法西斯主义者的民族主义信念，把法西斯主义看成是一种"政治宗教"，具体表现在"民族重生的神话"中。但在曼看来，这种解释往往是一种描述性的研究方法，无从解释为什么这种神话出现在 20 世纪 20 年代。"唯物主义"观点倾向于解释法西斯主义的产生原因，但是过于简单。它认为法西斯主义的阶级基础是小资产阶级或者资产阶级，与 20 世纪二三十年代早期的资本主义危机有着密切关联。

曼提出一种更加理论化的综合解释，认为这四大权力来源在法西斯主义的兴亡过程中发挥了重要的作用。他把法西斯主义界定为通过军国主义追寻一个至高无上的、实行种族清洗的民族—国家主义。这种界定包含四个主要的部分。一是种族清洗式的民族主义。从意识形态层面看，法西斯主义者支持建立一个有机的、统一的和纯洁的民族，因此必须清除其他民族。法西斯主义将欧洲之外的种族主义应用到欧洲人自身，甚至运用到一个民族内部，对国内其他种族进行肉体上的消灭。二是国家主义。从政治层面来看，法西斯主义者把国家权力看作是"道德工程的担当者"，通过法西斯主义精英和法团主义者实现经济、社会以及道德发展。法西斯主义者声称，西方社会滋生物欲横流和颓废主义，因此需要通过调动价值观、规范和风俗"再神圣化"。三是至高无上性或超越性。民族—国家主义可以超越并克服社会冲突。法西斯主义者拒绝保守主义的观念，即传统社会秩序是一种和谐的社会秩序；反对自由和社会主义民主观念，认为利益集团之间的冲突是社会的常态；拒斥社会主义观念，认为通过推翻资本主义制度可以实现社会和谐。四是军国主义。他们追求军国主义的内外政策，将整个国家带向毁灭性的战争。为了谋求实现"帝国梦"，他们比早前的帝国采取更强烈的民族主义和军国主义。法西斯主义通过编造关于国内外敌人的民族神话以及侵略扩张的正当性，得到合法化并将四种权力资源融合在一起，本质上是专制的，剥夺了人们的自由。

令人不解的是，曼认为法西斯主义失败的原因，不在于它的邪恶及其敌人的善良，或者文明必然战胜野蛮，而是在于其敌人的人数更多，装备精良。 如果没有希特勒的德国,法西斯主义很可能会坚持更长的时间,而且其他欧洲和亚洲的右翼专制主义者也是如此。

苏联共产主义

阿奇博尔德·布朗(Archibald Brown)概括出共产主义一党制的六大主要特征。 两个政治特征是共产党对权力的垄断以及"民主集中制"。这种制度允许公开讨论政策问题,但决策一旦做出,就必须在全党和社会坚定不移、按部就班地加以贯彻;两个经济特征是生产方式的非资本主义占有以及国家主义经济。 两个意识形态特征是建立在建设共产主义社会基础之上的合法性及其在全球层面建立的共产主义运动。[12]

曼对上述概括作了补充。 斯大林的共产主义是一种总体化的意识形态,它蕴含对"阶级敌人"的痛恨以及对一种世俗救赎目标的承诺。斯大林的共产主义将意识形态、经济、军事以及政治权力结合在一起,可以动员起相当大的专制权力和基础性权力。 斯大林不具有克里斯马型特征,是革命意识形态而非领袖得到党员的忠诚。 然而,曼认为苏联政权并不是极权主义的,而是多头治理的。 曼对苏联共产主义的批评要远比法西斯主义温和得多。 他一方面列举了斯大林犯下的种种错误,另一方面却不无同情地指出导致这些错误完全不能归于斯大林本人,应当考虑苏联当时面临的险恶处境。 他还较为具体地指出斯大林的成就。

大多数学者认为,如果列宁活着,他一定不会支持在党内实行恐怖行动,也不会支持大量的驱逐行为,苏联的暴行主要归结于斯大林及其圈子。 然而,曼的观点是,无论由谁来领导,苏联政权将必定是政党领导,而且,一党统治从本质上来说与多元主义是不相容的。 所有的共产党政权都只有一个政党,很少存在多元主义。 曼认为,暴政的根本原因在于,这些共产主义政权都建立在不发达的农业社会,它们的险恶生存处境迫使它们必须以最激进的方式、最快的速度推进工业化。"共产主义的最根本问题在于其政权建立在一个农业社会之上,但其毫不动摇的意识形态目标却是快速工业化。 这一目标的实现只能是从通常占人口最大多数的农民手中攫取更多的盈余，然后，降低工资水平，因为只有抽取农业和工资的盈余才能为工业发展建立投资资本。 快速工业化要避免极端的强制行为是不可能的，这是对社会主义民主理想的一种颠倒。 经济理想践踏政治理想，而政治理想却是人们期待从实践马克思唯物主义思想的政权中得到的。 问题只是有多少暴行将伴随这种强制，而且，暴行程度千差万别。"[13]列宁肯定比斯大林更好，但也很可能已经被他的理想牵入到强制工业化、专制主义中。

曼充分肯定了苏联共产主义的经济成就。 两次大战期间，西方大多数国家都经历了大萧条时期的经济衰退。 苏联置身于大萧条之外。从 1928 年到 1970 年粗略的统计数字来比较，苏联经济的平均增长系数大概是 4%，除了日本及其殖民地以外，超过了当时世界上任何其他国家。 从出生开始计算的平均寿命统计数据进一步佐证了这一结果。1900 年到 1950 年间，苏联人平均寿命延长了两倍，从 32 岁延长到 65 岁——增长速度超过任何其他国家。[14]苏联成功背后有一个原因：国家计划在后发国家，至少在工业化阶段起到了积极的作用。 大多数高度意识形态化的共产主义政党国家都具有两大优良品质：比较诚实而且由衷地致力于经济发展。 这些优点并不仅仅体现在高层，而且体现在整个大众政党，腐败行为较少，经济剩余更多地被用于再投资以及公共物品供给。 右翼法西斯主义者的意识形态政党并不是如此。

曼的结论是，无论如何，苏联共产主义还算不上两次大战期间世界上最坏的政权。 斯大林主义在政治和意识形态方面应当受到批评，但却是一个在经济上合格的成功者(除了农业)。 布尔什维克最显著的失败不是在于经济权力，而是政治和意识形态权力。 他们有意无意地制造出一个可怕的独裁体制，这是对社会主义理想的绝对倒置，最糟糕的事情是犯下了一种史无前例的大规模暴行。

六、简评

曼把所创造的 IEMP 模型继续运用于第三卷,充分表现出历史社会学家所特有开阔视野,驾驭繁杂史料的高超能力。 他对 20 世纪上半叶重大历史进程的卓越分析既简练又富有说服力。 在这一时期,民主资本主义、共产主义、法西斯主义以及自我毁灭的种族主义之间出现日益加剧的意识形态斗争;资本主义的创造力与破坏力表现出从未有过的强大;两次毁灭性的全球大战以及原子弹对全世界构成的巨大威胁。 他认为,要理解现代社会的发展就必须从意识形态的、经济的、军事的以及政治的这四个权力来源入手,尤其是要关注军事权力的来源。 曼对军事权力的重视充分体现在他对帝国以及对俄国革命与中国革命的独到分析中。

作为一名批判的社会理论家,曼在理论分析中经常表达其深厚的人文关怀。 在曼的书中频繁出现"暴行"一词。 他详尽列举了帝国主义所犯下的无尽灾难与暴行。 在殖民者最初到达当今属于美国的大陆时,那里原来差不多有 400—900 万土著的美洲人。 到 1900 年为止,美国的统计数据表明只剩下 237 000 人,超过 95% 的当地人丧生。 澳大利亚的土著人在 1787 年"第一舰队"时期超过 30 万,但在 1921 年的人口统计中只剩下 72 000 人,丧失 75%。 并且,国家越是民主,暴行就越多。"殖民者的政治组织越具有代表性,屠杀的人数就越多,即民主的种族屠杀。 从 1871 年到 1914 年,英国人一共打了 30 场殖民地战争,在这些殖民地战争的死亡中,欧洲人达到 280 000 至 300 000,而被征服地区丧生的民众大约在 5 000 万—6 000 万,其中 90% 是平民。"[15]

曼驳斥了帝国统治有利于殖民地人民的谬论。 帝国年代的最突出特点出现人类历史上最大的全球性不平等,即"大分流"。 白人人种走上工业化道路,而其他种族却没有——除了日本人之外。 在帝国的国家范围内，大众生活标准和寿命不断改善，但绝大多数殖民地只有非常少的一部分人能得到改善。英国统治期间加深了大众饥荒。1876—1878 年的饥荒大约有六百万至八百万人饿死，1896—1897 年和 1899—1900 年两次饥荒差不多饿死 2 000 万人。在政治权力关系方面，帝国核心地区与白人控制的殖民地不断改革与民主化，但非白人居住的殖民地却长期不被允许建立代议制政府。直到一战爆发，甚至在地方层面，都没有任何殖民地发展出甚至是有限的选举权。[16]总而言之，帝国对殖民地的当地人来说没有任何好处。

在进行深度描述和概括总结方面，曼表现出非常杰出的能力。不过，正如有学者所指出的，该书在实证分析上也存在一些漏洞和不足，导致在逻辑上还存在简洁性和准确性之间的矛盾。这是所有宏大历史社会分析在方法论上无法摆脱的传统困局。[17]

第一次世界大战是必然的，还是偶然的？曼在解释一战起因时，有时倾向于前者，有时又倾向于后者。他一方面认为，一战在欧洲的爆发对于欧洲人而言似乎并无反常之处，这是因为，欧洲人长期以来就形成了一种特有的军事文化，这种文化将战争视为常态；另一方面，曼又强调欧洲的战争具有相当大的偶然性，这是因为，一系列令人眼花缭乱的事件导致战争爆发，可以很容易向别的方向发展。战争的一个重要原因就是人类容易犯错误。"我们应当批评包括英国以及法国在内的政治家，他们在外交上缺乏耐心，愚蠢地把各国带入战争。当战争陷入僵持时，他们再一次犯错误，没有运用外交谈判来获得一个折中的和平方案。"[18]

另外，对于美国在一战的作用问题上，曼的观点也有不足之处。他过于强调美国参战对于战争结局的影响。他认为，没有美国的参战，德国也许还会继续打下去。这样，当德国人、法国人、英国人都意识到双方不可能获胜时，就进行谈判，而谈判的结果也许更有利于和平。于是，欧洲就有可能避免纳粹上台、二战以及其他大量事件的发生。但是，曼又不止一次指出，决定此次大战胜负的因素主要是两大集团在经济实力上的差距。 这场总体战争拖垮了德国及其盟友，而英国与法国的经济却反而在战争中不断增长。

日本是被迫选择帝国道路的吗？ 曼的观点表现出前后不一致。 一方面，他认为日本别无选择。 许多日本人认为他们自己没有多少选择机会。 他们相信，向海外扩张是反对外国帝国主义的唯一防御战略。俄国、英国和美国之间不断挤压日本其他的替代性方案。 另一方面，他又认为，日本走上帝国道路是诸多偶然因素导致的。 日本帝国的兴起和衰落及其国内的军事准法西斯主义都不是先天注定的。 对日本而言，本来完全可以不涉足四个地方：1910 年的朝鲜、1931 年的中国满洲、1937 年的中国关内以及 1941 年的珍珠港。 客观上讲，1910 年后日本人的不安全感大幅下降；1931 年的满洲问题是军队自发的升级行为，尽管反映了日本国内特别是国家权力平衡方面发生的变化；在 1937 年全面侵华的推动下，日本转变为一个能够独立自主采取行动并创造约束性的军事法西斯主义；"珍珠港事件"揭示了日本帝国主义的行动无异于杀鸡取卵。

综观全书，曼在著作中体现出来的广博的学识、勤奋专注的治学态度、作为一个历史社会学家的勇气和智慧都值得推崇和学习。 尽管该书存有某些疏漏、矛盾和不足之处，但瑕不掩瑜，他对于帝国、革命、世界战争、法西斯主义与共产主义方面作出的杰出分析，将会产生深远和积极的影响。 另外，应当指出的是，曼的有些观点是非马克思主义的，对这些观点我们不能苟同。

七、翻译说明与致谢

本书的译介背后有一个故事可以与读者分享。 本人在 2010 年译完托马斯·埃特曼的代表作《利维坦的诞生——中世纪及现代早期欧洲的国家与政权建设》之后，决定不再从事翻译，因为身心交瘁，太辛苦了。 或许是受该书的启发,或许是作者邀请我赴纽约大学继续从事历史社会学的研究,2011—2012年度我在美国访学的全部时间与精力都耗在历史社会学领域,收集并阅读大量的相关文献。 但由于之前对该领域的研究缺乏系统关注,知识基础比较匮乏,所以,埃特曼教授建议我围绕当今在该领域执牛耳的人物展开系列访谈,在前沿理论与方法论的基础上再展开自己的扎实研究。 此可谓站在巨人的肩膀上。 这就开始了我艰辛而快乐的访谈工程。 经过反复讨论访谈对象的必要性与可行性,并得到诸多帮助之后,我最终确定并联络到十余位历史社会学家,其中伊曼纽尔·沃勒斯坦(Immanuel Wallestein)、迈克尔·曼、西德尼·塔罗(Sindney Tarrow)、裴宜理等人在国内学术界早已有相当大的影响。接下来的环节就是,大量阅读每个访谈对象的主要研究成果,针对性地编写出个性化的访谈问题,联系好访谈的时间地点,提前几天把"问卷"发给对方,面对面交流一个多小时,之后整理出英语录音原稿,返回给对方修改,再翻译成中文。 这个漫长而繁琐的过程已经基本完成,部分成果也在一些报刊连载,受到学术界同行的关注。 这个访谈经历在我整个治学生涯中具有重要位置。

但由于没有经费支持,一开始只考虑在美国东部地区访谈。 但西海岸的迈克尔·曼恰好到纽约参加研讨会,在克雷格·卡尔霍恩教授(Craig Calhoun)的帮助下,我就在他下榻的华盛顿广场酒店(Washington Square Hotel)成功做了一次访谈。 在访谈过程中他提到第三、第四卷即将出版,我当时毫不犹豫地许诺,愿意联系出版社并组织人员,尽快推介给中国读者。 前两卷都是上海人民出版社出版,该社的徐晓明编审积极响应我的提议,联系并落实版权事宜,让一切都比较顺利。 但拿到样书时才发现两卷恰好16开本的一千页,中文版肯定远超出一百万字。 出版合同又规定只有一年的翻译时间,译者的工作量与压力可想而知! 但一诺千金,只好搁置手头其他任务,赶紧组织人员开工。 幸好堂兄郭忠华教授愿意承担第四卷的翻译工作,他丰富的经验与认真的态度为翻译的保质保量提供了保障。

　　在本人负责的第三卷中，由我译出前言部分与第一、二、三、四章，余宜斌译出第五、七章，刘兵飞译出第六章，茅根红译出第八、九、十、十一、十二、十三、十四章与结论部分。由于本人在完成初稿翻译时突然接到一个更为重大得多的课题，需要在若干年内投入所有时间和精力才可能得以完成，不得不把全文统稿与校对工作以及译者序的主体部分全部交给余宜斌负责。对四位好友付出的辛勤劳动表示感谢，尤其是余宜斌的耐心和细心，使该书稿能如期提交给出版社。在翻译过程中，译者重点参考了第一、第二卷的中文版，吸收了一些专门术语的先行译法，使四卷本在核心概念的译法方面尽力保持一致。尽管译者在主观上竭尽努力，一再检查与校对，但由于能力与知识的局限，译本肯定仍然存在不足与缺陷。

　　还需要说明的是，在翻译过程中，本人与作者始终保持电邮联系，不断交流原著作中存在的疑难与错漏，以确保翻译的准确性。幸好，遇到的问题都得到作者详细而令人满意的答复。比如在原著第70页，曼认为美国比欧洲更带"封建色彩"。他的进一步解释是，美国劳资关系在法律上还保留浓厚封建制特征的主—仆结构，并不是欧洲那种明显资本主义特征的自由工薪劳动者。在原著第77页，"男人的性功能都很差，但女人可以在道德上让男人坚挺。哎，禁酒令被证明是失败的，而男人是根深蒂固的软弱和罪恶。"这句话本身难以理解，进一步沟通才理解曼幽默的背景：在20世纪早期的美国，男人酗酒风气很严重，女性运动的兴起把禁酒令写入法律。但男人继续酗酒，削弱了禁酒令(这就是道德上的软弱)的约束力，1929年又废除了禁酒令。再比如，在原著第120页曼似乎是无知地把青岛与山东并列在一起，实际上他是指一战前夕德国在中国的控制区。诸如此类的问题在全书中达几十处，都得到一一解决。不仅如此，作者在本卷还出现多处的年代错误，幸亏有邮件沟通，才不至于以讹传讹。

　　这表明，译者需要进一步明确作者所指的历史语境才能准确理解其意图，才能避免翻译的"硬伤"。实际上，中国学术界有些译著的质量遭到质疑，一方面是因为非专业内的译者没有真正理解原作者的意图与语境；另一方面是受制于出版商追求利润的工具理性，容不得译者去深究作者的意图与语境。 所幸的是，本书正是有作者的认真答复，才可能提高翻译的质量，作者专门为第三、第四卷撰写的"中文版序"又为本书锦上添花。 在此对作者表示由衷的感谢。

郭台辉

2015 年 1 月 1 日

注 释：

[1] Mann, M., The Sources of Social Power：Volume 3, Global Empires and Revolution, 1890—1945, Cambridge University Press 2012, p.34.

[2] Ibid., p.41.

[3] Ibid., p.13.

[4] Tilly, Charles A., Coercion, Capital, and European States, AD 900—1990, Oxford：Blackwell 1990, p.26.

[5] Mann, M., The Sources of Social Power：Volume 3, Global Empires and Revolution, 1890—1945, Cambridge University Press 2012, p.79.

[6] Ibid., p.61.

[7] Foran, John, Taking Power：On the origins of Third World Revolutions, Cambridge：Cambridge University Press. 2005.

[8] Johnson, Chalmers, Peasant Nationalism and Communist Power：the Emergence of Revolutionary China 1937—1945, Stanford：Stanford University Press. 1962. pp.3—5.

[9] Selden, Mark, The Yenan Way in Revolutionary China. Cambridge, M.A.：Harvard University Press. 1971. pp.77, 120, 177, 276.

[10] Friedman, Milton & Anna Schwartz, A Monetary History of the United States, 1867—1960. Chicago：University of Chicago Press, 1963, p.418.

[11] Mann, M., The Sources of Social Power：Volume 3, Global Empires and Revolution, 1890—1945, Cambridge University Press 2012, p.241.

[12] Brown, Archibald, The Rise and Fall of Communism, New York：Harper Collins, 2009, pp.105—114.

[13] Mann, M., The Sources of Social Power：Volume 3, Global Empires and Revolution, 1890—1945, Cambridge University Press 2012, p.362.

[14] Maddison, Angus, The World Economy：A Millennial Perspective. Paris：OECD, 2001, table 1—5A.

[15] Mann, M., The Sources of Social Power：Volume 3, Global Empires and Revolution, 1890—1945, Cambridge University Press 2012, p.37.

[16] Ibid., p.48.

[17] 史焕高：《权力与国家：评迈克尔·曼〈社会权力的来源〉》，载《政治与法律评论》第 1 辑，北京大学出版社 2010 年版。

[18] Mann, M., The Sources of Social Power：Volume 3, Global Empires and Revolution, 1890—1945, Cambridge University Press 2012, p.167.

中文版序言

　　《社会权力的来源》第三、第四卷将我对有关人类社会权力关系的历史考察带向终点。 第二卷的时间跨度从 1760 年到 1914 年，内容具有很强的欧洲和美国中心主义色彩，因此很大程度上忽视了那一时期的各种帝国。 我因此从第三卷开始关注现代帝国，并且不得不在开头部分回溯很长一段时间，详细讨论中国和日本这两个亚洲帝国。 然后，第三卷所叙述的故事一直持续到 1940 年代末，以讨论第二次世界大战和共产主义在中国内战中的胜利作为结束。 为写作第三、四卷，我阅读了大量的历史文献，但远未达到全面和彻底的程度，因为有关现代时期的相关资料已达到极其丰富的程度。 如果我的叙述引用了什么错误的史料，或者借鉴了不可靠的历史学家的观点，或采纳了一个可能具有高度有争议的观点，这完全是意料中的事情。 最有可能出现这些问题的是有关东亚的章节，因为我无法阅读中文和日文的文献。

　　但我的叙述不仅仅是经验性质的，毋宁说是依据社会学理论构建起来的，这些理论模型从我调查的大量经验数据中提炼而来。 我的原创性或许主要来自于理论而不是详细的历史分析。 与前面两卷一样，我的叙述结构主要依赖于四种相互作用的权力来源，其中每一种来源都形成自身的交互网络。 这四种来源表现为意识形态权力、经济权力、军事权力和政治权力。 那些能够行使强制性意识形态、控制经济生产方式、使用致命暴力或者控制国家的人可以行使更加普遍的社会权力。 很多人认为我的工作是"马克斯·韦伯式的"，因为韦伯有时也使用一种三重分层模

1

型,即阶级、地位和政治权力。 这一标签有些道理,并且对我而言也是很大的荣誉,但我与韦伯的不同之处在于,我将军事权力与政治权力分离开来。 我不赞同韦伯的是,包括现代国家在内的许多国家并没有垄断军事权力。 封建国家没有垄断军事权力,许多依赖于其他大国提供保护的现代国家没有垄断军事权力,那些国家的军事权力也没有有效地渗透到自己的领土上。 更为晚近的例子是当代"软地缘政治"的发展,比如,日本所行使的军事权力比其在世界经济和环境等"软"问题上行使的权力要少得多。 中国从某种更低的程度而言也是如此。 组织化的致命武力(军事权力)不同于国家的机构和法律(政治权力)。 我相信,我是唯一把历史和社会看作是四种权力来源的产物来加以分析的理论家。

尽管所有四种来源常常互相绞合在一起,但每一种都有其独特的发展逻辑,所以彼此之间最终是一种"正交"(onthogonal)的关系,即它们之间彼此独立,任何一方都不可以化约为另一方。 因此,我尽管在第三、四卷始终强调资本主义社会发展的重要性,我对经济决定论的观点始终持批判的态度,不论这种观点是来自马克思主义还是新古典经济学。 同样,我尽管承认意识形态在这些时期的重要性,我坚持拒绝唯心主义,这种思维方式在当前社会科学和史学的所谓"文化转向"中非常普遍。 在军事权力方面,我纠正学术界常常忽视这一方面独立性的相反趋势,直到最近 20 多年,战争和武装力量在社会发展中的重要性才得到重视。 我认为,晚近对于军事权力不断增长的兴趣一定程度上应归功于此对我的影响。 对于政治权力,我强调民族国家将治下公民置于其中的不断强化的"牢笼"观点。 我在这两卷中表明,由所有四种来源所构成的权力网络在现代时期非常重要,有时甚至处于支配地位。 但我同时也强调,重大社会制度是由这四种权力来源所组成的混合物。 我提出,有了这一分析模型,我们可以更好地理解人类社会主要权力制度的发展。

这不是一种能够对人类社会进行简洁、普遍解释的"硬"理论,因为人类社会本身并非简单明了,毋宁说它们极为凌乱,但我的确希望提出一种通常所谓的"中层"理论。 当然，如果你要完全理解这一点，那就必须阅读这两卷，你会在其中发现帝国主义兴起的理论、资本主义进一步发展(包括大萧条的灾难)的理论、福利国家兴起的理论、法西斯主义的理论、苏联的理论以及20世纪恐怖战争的理论。

在这两卷中，我通常聚焦于我所说的"权力的前锋"，即关注每一时期权力最大的那些国家和地区，以及其起源对于后来如何成为强国极为重要的那些国家和地区。 这就是为什么我在第二卷集中关注欧洲和美国，而对衰落中的中国只是简单提及的原因。 第三卷则很大的不同，它对亚洲进行了实质性关注。 我勾勒了日本的崛起以及随后导致其崩溃的战争，讨论了两个处于衰落中的国家——受尽凌辱的中国和沦为殖民地的印度，这两个国家后来都成为了强国。 就中国而言，我勾勒了帝制的崩溃和共和国的不完全复兴进程，这一进程为日本在太平洋的猛烈进攻所突然中断。 对于日本，我试图揭示自由主义者和帝国主义者之间的激烈争论，以及曾经倡导过的不同类型的帝国主义主张。我想强调的是，日本发展成为高度军国主义的帝国主义并不是不可避免的。 对于中国，我主要聚焦于民国时期民族主义者、地方军阀和共产主义者之间的斗争。 在第三卷的前面章节，我把第一次世界大战看作是布尔什维克革命走向成功的主要原因，我这里把第二次世界大战看作是中国共产主义革命——实际上包括东亚其他革命——成功的主要原因。 有关革命的讨论在第四卷"一种关于革命的理论"一章中将达到高潮。 当然，我在第四卷还分析了中国的社会主义时期。

我很高兴我的许多著作能被翻译成中文，我很享受我在中国的演讲，并且意识到中国社会科学正在走向繁荣。 作为西方人，我满怀希望地期待中国为全球社会科学做出实质性贡献，也希望本书可以为这一过程提供绵薄之力。

迈克尔·曼

2014 年 10 月 21 日

前　言

我是 20 世纪 80 年代初开始着手这个课题，当时只想出版一本书，专门讨论人类社会的权力关系问题。 那时候我打算解释几个经验层面的案例，由此带出一些对权力的反思。 但是，这个案例研究变得越来越庞杂，直到如今发展成为四卷本，讨论权力关系的宏大历史叙事。第一卷于 1986 年出版，这段权力史始于人类历史的开端，止于工业革命前夕。 那时候我也只打算再出版一卷，把这个故事延续到现在。 但 1993 年出版第二卷后就越来越无法控制，那时只讨论到 1760—1914 年间在当时世界上最发达的几个国家。 所以，从 1993 年开始，我又不得不继续撰写第三、第四卷——尽管我的工作被几个突如其来的兴趣所中断，包括出版几本关于法西斯主义、种族清洗和美国外交政策的著作。在第三卷，我决定纠正第二卷中的一个失误，因为那时候忽视了由当时最发达国家所创造的全球性帝国。 当然，帝国是理解现代社会的本质。 所以，如今这一卷专门讨论那些始于 1914 年之前但终结于 1945 年的帝国。 显然，在接下来的第四卷，我继续把权力叙事从 1945 年开始，阐释到当前阶段。 这也是很有必要的。 由于这两卷我是同时开始撰写的，所以，第四卷在这一卷出版之后的几个月内也将面世。

我希望读者谅解我花这么长的时间(30 年)才完成这个有关权力的故事。 我是一个不折不扣的经验主义者，需要用大量数据与材料来支持我的每一个理论归纳。 这就花费了我大量的时间来阅读和思考。

在此，我感谢许多人帮助我撰写这本书。 首先，我想感谢约翰·A.

霍尔(John A.Hall)，他是我的好朋友，对我撰写的所有内容都给予建设性的批评。拉尔夫·施罗德(Ralph Schroeder)也提供过大量帮助和善意批判。这些年来，比尔·多姆霍夫(Bill Domhoff)一直非常热情，愿意与我分享他有关美国政策制定的深厚广博的历史知识。他为我撰写本卷的第八章贡献了智慧。巴里·艾肯格林(Barry Eichengreen)为第七章提供了很好的评价，并让我有信心大致理解了经济学家们对大萧条的研究著作。

在本书的整个撰写过程中，我担任加利福尼亚大学洛杉矶分校的社会学教授。我非常感谢社会学系所提供的良好学术氛围和同事关系，感谢学校和系里给我慷慨提供研究资助和学术假期。我也特别感谢所任教过的许多学生，他们非常聪明。在课堂上，我们经常讨论与这一卷有关的主题，还包括每周一次的集体阅读，对这一卷的许多章节的初稿进行了充分的讨论。他们当时可能没有意识到，他们的课程作业和一般的课堂讨论对于我改进观点都有多大的帮助。

我也应该感谢社会学"比较社会分析研讨会"(Sociology 237 教室研讨班)长期提供的激励，这个研讨会是由伊万·塞勒尼(Ivan Szelenyi)发起的，并且一直为我以及我的同事罗格斯·布鲁贝克(Rogers Brubaker)、安德烈亚斯·威默(Andreas Wimmer)和李静君(Ching Kwan Lee)所延续与坚持。罗伯特·布伦纳(Robert Brenner)和佩里·安德森(Perry Anderson)负责的社会理论与比较历史研究中心(the Center for Social Theory and Comparative History)举行一系列的研讨会，他们经常邀请许多著名学者来作报告，这对我来说是一个持久的激励来源。不仅如此，很方便我做研究的是，这些研讨会已经涉及本书所讨论的绝大部分主题，所以有助于我更好理解和把握相关内容。读者将注意到本书参考文献中的许多著作，要不是加州大学有馆藏丰富的图书馆[现在改名为查尔斯·E.扬(Charles E.Young)图书馆]，我是不可能看到这么多资料的。

尼基·哈特(Nicky Hart)是我三十年学术生涯中的主要支持者，她和我们的小孩，路易斯(Louise)、格雷思(Gareth)和劳拉(Laura)让我的生活充满乐趣。

第一章

导　论

　　我叙述的人类社会权力史第三卷关注截至 1945 年的 20 世纪前期。然而，我没法确定这段时期开始的具体日期，因为这涉及两个不同的时间年代表。 第二卷关注高度工业化的国家，结束于 1914 年，所以我在这一卷也是从这一年开始继续叙述它们国内的故事，不过，在美国和日本的案例中我会追溯得更早一点。 我在这一卷也关注全球性的帝国，这是我在第二卷所忽视的内容。 这里就涉及第二个要早得多的时间年代表，至少远比 1914 年要早。 我们也将明白，从 1914 年到 1945 年这段时期不能被视为一段孤立的独特阶段，就像一个在宁静海洋上的嘈杂孤岛。 毋宁说，这一段时期的危机恰恰是现代西方文明长期以来所积累的诸多结构性趋势的最后爆发。

　　这两个阶段的主要故事就是全球化正在顺利向前推进。 请注意，这里的全球化是一个复数概念：并不是只有一个全球化进程。 正如我在整个四卷本都一直主张的，人类社会形成四种不同的权力来源：意识形态的、经济的、军事的与政治的，彼此之间有着相对程度的自主性(这是我的 IEMP 权力模型)。 所以，全球化虽然是普遍以单数形式命名的，但事实上却涉及这四种权力及其关系在世界范围的多元延伸。

　　人类社会的主要权力组织都是由这些权力来源凝聚而成的，而在本卷讨论的这个时期，最基本的权力组织是资本主义、帝国与民族国家。现代阶段的全球化涉及三个主要的制度进程，即资本主义的全球化、民族国家的全球化、诸多帝国(最终被美帝国这一个单一帝国所取代)的全球

1

化。 所有这三个政治组织(资本主义、民族国家与帝国)相互作用,并且不断出现转型与变化。 在这个时期,资本主义通过熊彼特所说的创造性破坏(creative destruction)的方式继续发展;帝国崛起之后又随即开始衰落;取而代之的是众多的民族国家,它们把大量参差不齐的公民权利授予民众。 这段时期在发达国家出现的一幅巨大图画是,民众登上权力的舞台——聚居在城市与工厂,被征入大规模的军队,以民主意识形态和大众性政党的方式动员起来。 但是,与此形成鲜明对比的是,殖民地的民众刚刚觉醒,并且开始奋起反抗。

所以,尽管全球化是在不断向前推进,但在地理空间和制度意义上却呈现出多种形态(polymorphous),换言之,以不同的但却是竞争性的形式表现出来。 从最简单方面来说,相互作用的三个网络以及社会权力的四种来源,其边界千差万别。 势均力敌的帝国在全球扩张,并不是把这个世界联合起来,而是把它瓜分得支离破碎;民族国家的相互竞争瓦解了国际秩序,导致了惨绝人寰的世界性战争。 欧洲文明崛起,但随后也因为其狂妄自大而衰落。 由此,本卷的标题定为《全球诸帝国与革命(1890—1945)》——多元性和分裂性,这是本卷的核心主题。 1945 年之后,诸帝国崩溃了,绝大多数民族国家都铸剑为犁,重新把世界联系在一起。 因此,我把第四卷的标题冠名为多元的全球化(Globalizations),这里的全球化依然是复数形式出现的,但却倾向于把世界推向一个更大程度的整合。

资本主义、帝国与民族国家也产生竞争性的意识形态。 资本主义产生阶级与阶级冲突的意识形态,其中有些是革命性的,但正如 T.H.马歇尔(T.H.Marshall)在 20 世纪 40 年代所具体讨论的那样,绝大多数的阶级意识形态在人们争取并获得民事的、政治的以及社会的权利的过程中作出了妥协,尽管女性在获得权利方面远远滞后于男性,一些少数族裔群体也滞后于主流的社会群体。 公民身份巩固了民族国家,资本主义越来越走向全球化与超越民族界限,而民族以及跨民族之间关系的矛盾也进一步激化。 帝国产生帝国主义、反帝国主义和种族主义的意识形态。 民族国家产生民族主义的意识形态，其中有些是极端侵略性的。 这些意识形态之间的冲突在两次世界大战中达到顶峰，此后，意识形态之间的好斗性减弱了，绝大多数的争议都可以通过"软的"协商加以解决，而不必诉诸"硬的"战争。 然而，对于谁可以确切地构成"民族"这个问题，却导致诸多国内战争，这成为战后世界各地冲突的一种主要表现形式。 在这个时期，所有这些冲突产生了非常具有意识形态色彩的全球运动，这些运动既有世俗性的也有宗教性的。 所以，全球化从来不是一个单一的一体化进程，毋宁说，它是一系列不断闯入这个世界的不连贯、不稳定的推动力，这些力量催生某种整合力量，但随之也产生碎片化以及带来一系列甚至更为严重的全球性危机。

第二卷所讨论的时期是从 1760 年至 1914 年，关注我称之为"权力的最前沿地带(leading edge)"，即首先确立了资本主义与民族国家的欧洲与北美。 在第三卷，我继续把焦点放在权力的最前沿地带，在这段时期包括美国、西欧、苏联、中国与日本。 其中，有些章节关注特定的国家或地区，另一些章节更广泛地运用比较的方式，把历史叙事与理论构想和解释结合起来。 我再次把帝国引入我的叙事中，因为帝国是主要的工具，西方(后来还加上日本与苏联)的权力正是通过这个工具向全球扩张其势力。 我的经验分析是回溯到 1914 年之前，这样更好理解各大帝国，尤其更好讨论英、日、美三大帝国的发展过程。 而美帝国至今依然，这是当今世界残存的唯一全球性的帝国。

撰写一部现代世界的权力史这一做法可能被视为荒唐可笑，或者野心勃勃。 社会是非常复杂多样的，这段时期的信息量不仅庞大而难以把握，而且其庞杂而难以取舍，远非任何人的能力所能吸收的。 古斯塔夫·福楼拜(Gustave Flaubert)曾指出过："撰写历史就像喝整个海洋的水，撒出满满一杯的尿。"历史社会学的技能让我有能力走捷径，可以辨别出社会的主要结构性趋势，这让我喝的液体更少但更浓。 接下来的内容并不是直接的历史叙事，而是混合了让历史学家感兴趣的各种叙事，而且还有一些理论与比较的分析，这种分析构成宏观社会学的主要内容。 我试图解释基本权力结构在该时期的发展、扩展与变形:资本主义与民族国家的胜利,帝国的兴衰,法西斯主义、国家社会主义及其意识形态的起落,战争与经济越来越具有破坏性的能力。 如果我们半睁半闭着眼睛,就完全可能构想出 20 世纪不断发展的演进叙事,而事实上经常有人提出自己的构想。 资本主义与民族国家不是已经让人们的寿命不断延长,识字率不断提高,让世界许多地方的财富不断增长吗? 而且,这些方面如今不是依然如此吗? 阶级冲突不是与公民身份制度成功地相妥协吗? 战争不是已经给世界大多数地方的和平让路了吗? 最后,资本主义与民主不是成功送走了国家社会主义与法西斯主义,并且不断渗透到世界其他许多地方吗? 可能有人甚至被这些成功所吸引,力图对这段时期构想出一种法则(nomological)的解释逻辑,为现代渐进式的发展提供各种规律与法则。

然而,有三个方面的原因表明这种法则的构想是不可能的。 首先,从 1914 年到 1945 年这段时期的现代世界非常不稳定,即使在发达国家也是如此。 他们两次卷入惨烈的世界大战,尽管在两次战争期间也有过短暂的亲密;他们既经历了改革,也经历了革命,而大萧条打乱了被视为经济连续增长的黄金时期。 而且,这段时期出现三次大分裂。 其次,此前所表现的趋势完全是西方中心的,因为世界其他地方几乎没有经历过这些增长与破坏的过程。 最后,虽然"西方"和"非西方"的确显示了结构性趋势,但其他主要的影响和后果是偶然的、双刃的、容易倒退的。 世界并没有走向一个单一的整体。 资本主义、民族—国家、帝国、战争和意识形态都有着独特的发展逻辑,但每一种逻辑都彼此相互作用,而且还不时被其他逻辑剔除于正常轨道之外。 长时期的结构性趋势与具体时期出现的问题以及人类的适应能力相互作用,从而不断创造出各种新的行为模式。 人类并不完全是理性的动物,无法牢牢操控着他们迈向远大目标的宏伟工程。 他们的创造性、情感、错误算计和意外往往打乱了那种工具性的推理和世俗化的广泛发展趋势。

这样，全球化的进程被一系列预想不到但却改变世界的危机所打断，也就是说，那个时期出现的极为紧急的事件都是不言而喻的，但又是无法通过既定的制度来解决的。这一卷所讨论的最重要危机是一战、大萧条、二战。第四卷将继续这个议题，讨论"相互确保毁灭"(Mutually Assured Destruction, MAD)的军备竞赛、2008年新自由主义的大倒退、气候变化。而这三个危机至今依然阴魂不散。

我们将要看到的是，这些结构性危机有多重原因和多个发展阶段，其预想不到但并不幸运的方式就像瀑布一样一个接着一个倾泻而下。这些危机都是偶然发生的，这是因为，虽然我们可以追溯并解释清楚每一个不同逻辑的因果链，但当所有因果链都汇集在一起时，我们就无法用其中任何一个因果链来进行解释，即使"当时"可以为其结果提供完好的证明。在这些危机的个案中，时机对于这个世界可能是很糟糕的。有时我们把某个事件称作一场主要危机，但这可能并不真正是一个单一的事件，虽然它已经把平时的问题累积成一个顶峰并最后爆发出来，因为这个事件只是把一系列小规模的危机以不同的缘由汇集在一起。社会结构的缺陷原本可能维持着某种潜在的、相对不重要的问题，但是当瀑布一直持续下去而危机加剧的时候，这个缺陷就会暴露出来。这种瀑布决不是不可避免的。

实际上，这样一些危机通常是以其最不利的状态暴露出人类无法采取必要的措施来回避或解决这些危机，而只能充当"事后诸葛亮"(hindsight)。所有这些危机本应该可以避免，但随着瀑布的持续，我们所采取的必要措施就应当变得越来越激进。危机提醒我们的是人类自身的不可靠性、开历史倒车的可能性以及发展轨迹转向的或然性。思考一下两次世界大战就足矣。这是惨绝人寰的错误，给绝大多数的好斗者带来沉重的灾难，当然，它们也改变了这个世界。这些变化在很大程度上来说都是偶然的，但绝不是不可避免的。我认为，没有第一次世界大战就不可能有布尔什维克的革命和影响深远的法西斯主义，没有第二次世界大战就没有中国革命、冷战和美利坚的全球帝国，当然，资本主义也不可能发展得这么快。 我可以继续运用这样一些违反事实的假设做法(counterfactuals)——有些趋势没有出现，但也许会在缺乏更偶然的重大事件的情况下出现。 虽然前几个世纪也出现过战争和经济剧变带来的各种危机，但其本身都不太可能造成如此全球性的影响。 或许是因为我们对以前的历史时期更多是"事后诸葛亮"，所以我们认为自己看到了那时候更为全面的模式以及更少偶然性。 这可能并不是行动主体当时所参与的那种方式。

上述这些特点似乎让我们不可能用单一逻辑来寻求社会的科学法则，反而促使我们走向一种完全对立的解释模式，也就是人类事务中独特的表意符号(ideographic)的作用。 不仅时间与空间都不同，而且诸如战争、经济繁荣与衰退的宏观历史进程都有其独特的影响。 战争的确有着结构性的原因，这些原因常常是多重性的，它们会以偶然但又适时的方式一起出现。 我们在解释这些同时出现的多种不同的因果链方面可以做得很好，但是接下来，我们遇到经常是由人类少部分精英群体进行决策的问题。 1914 年，这一小部分政治家作出决定参与战争，而其中的一个人在促成第二次世界大战的到来具有决定性作用。 他们的表现从来都不是非常理智的，他们的决定往往带有很多情感成分。 然而，这些决策却来源于更深层次的诸多因果链，表现为军国主义、帝国间冲突、不同意识形态与经济体制之间的竞争。 所以，我撰写这个时期所遭遇的第一个独特挑战是对两方面进行评估。 其一是当代权力关系在何种程度上是宏观结构发展逻辑的产物；其二，导致爆发世界性历史事件的适时的危机，与掌握了巨大权力的个体政治精英这两个因素在多大程度上可以改变权力关系结构。

把这些趋势结合起来，我们或许可以提出一种"间歇性平衡"(punctuated equilibrium)的社会变迁模式。 其中，资本主义、民族国家和其他方面在正常的年代都是以路径依赖的方式演变或者发展的，速度缓慢但却根据它们自身的逻辑和内在潜力而进行。 然而，它们不断被间歇性的危机所打乱，迫使他们走出新的轨迹，这就是沃尔夫冈·施特雷克(Wolfgang Streeck, 2010)所总结的模式即"长期稳定—短期断裂"(long stability-short rupture)。 经济学家把这种模式明确运用到经济长期发展的理论构思方面，但它也存在不足，因为资本主义、民族国家与其他方面的发展逻辑在相互交叉关联上是彼此存在差异的，也就是说并不存在单一的决定因素。 另外，这些发展逻辑也处于不同的地理空间，体现了不同的时间发展节奏，但又的确相互交错融合。 与更早发展出来的绝大多数理论相比较，社会变迁理论化的任务更为复杂得多，但也更充满活力。

评估各种危机的影响涉及许多与事实相悖的推理——假定没有爆发战争，或者其他以前的条件没有出现，那么会发生什么样的结果。 不过，这种反事实的推理总是会隐含在因果分析中的。 如果我们说 A 导致 B，那么我们的意思是，先是 A，后是 B(这是一个事实表述)，另外，我们的意思也可以是，B 在 A 没有发生的情况下是不可能发生的(除非存在某种替代性的原因也在发挥作用)。 这种一种反事实的陈述，涉及某种更宽泛的隐含推理。 我在下文将更为明确地说明这种反事实的推理逻辑。

第二个实质性的挑战是确定这个时期最重要的社会结构与进程。对于这一点，我有效利用我的社会权力四种来源的 IEMP 模式，即意识形态的、经济的、军事的、政治的权力来源。 我认为，如果不综合考虑社会权力的这四种来源，就不可能进行概括性的解释。

社会权力的来源

权力是有能力让他人做他们不愿意做的事情。 为了达到我们的目标——无论他们做什么——我们进入与他人既合作又冲突的权力关系，这些关系就产生了"社会"。 这种尝试涉及三种权力模态，我在第一、第二卷中已经讨论并运用过。

(1) 我们可以把分配性(distributive)权力区别于集体性(collective)权力，即对他人实施的权力区别于通过与他人合作而关联起来获得的权力。绝大多数事实上的权力关系，比如社会阶级之间或者国家与其公民之间，都涉及两方面。工人与雇主可能彼此冲突，但他们也需要合作以确保他们的日常生计。集体权力在 20 世纪有着特殊意义，人类在这个世纪大规模提高了能力，运用集体性的力量从自然界攫取更多资源。工农业的生产力大规模提高，可以满足世界人口已增长四倍的需要，从 1900 年的 16 亿上升到 2010 年接近 70 亿，而且，个体普遍长得更高了，体重增加了，寿命和识字率都增长了两倍。这种增长恰恰可以被视为人类取得的巨大成就。然而，不无讽刺的是，从自然界过分掠夺资源的增长也产生了环境恶化的负面后果，这甚至威胁到地球上所有的人类生活。傲慢自大带来的可能结果：我们最大的胜利将成为我们最终的失败!

(2) 权力可能是权威性的(authoritive)或者弥散性的(diffuse)。一方面，权威性的权力涉及个体或者集体行动者的命令以及臣服者有意识的服从。这在军事和政治权力组织中体现得最为明显，尽管更弱的那种领导关系存在于所有权力组织中。另一方面，弥散性权力并不是直接命令的，而是以相对自发、无意识和去中心的方式扩散的。人们的行动受制于特定的方式，但并不是被直接命令。这在意识形态与经济的权力关系中更为典型，诸如社会主义或市场经济意识形态的传播。市场的限制因素通常认为是不近人情的，甚至是"自然"的，可能成为一种几乎看不见的权力过程。

(3) 权力可能是广泛性的(extensive)或者深入性的(intensive)。广泛性权力把广袤领土上的大量人口组织起来。这是全球化最为明显的方面。深入性的权力对参与者进行高水平的动员。最大的权力就是把广泛性权力与深入性权力结合起来，说服或胁迫更多人从事更多的集体事务。

最有效的权力实践就是把集体性与分配性、广泛性与深入性、权威性与弥散性权力结合起来。这就是为什么单一的权力来源——比如经济的或者军事的权力——并不能单独决定社会的整体结构。它必须与其他权力来源结合起来。我在本书第四卷的结尾将提出一个基本的理论议题，考察一种权力来源是否可以最终视为优先于其他权力来源。我现在对这四种权力来源进行更为完整的解释。我再重复一下，这四种权力来源是组织性的策略，我们以此能够有效达到我们不同的目标，无论这些目标是什么。

(1) 意识形态权力源于人类需要找到生活中的终极意义，需要与他人共享规范与价值，需要参与审美与仪式实践。我们似乎不能没有宗教或更为世俗的"主义"。我倾向于使用"意识形态"这个术语，而不是更为多变的"文化"概念。这一卷将继续阐释宗教的意义系统，以及一些世俗的意识形态，如世袭主义、自由主义、社会主义、法西斯主义、民族主义、种族主义和环保主义。意识形态运动的权力缘起于我们对世界无法获得确定性理解。我们就用各种信仰来填补缝隙和不确定性，这些信仰本身并不是可以科学验证的，但却可以表达出我们的希望与恐惧。没有人可以证明上帝的存在，也无法证明社会主义或者伊斯兰教未来的可行性。意识形态在危机中显得尤其必要，这是因为，旧的制度化意识形态与实践看起来不再有效，而其他替代性的选择却又无法提供确定的历史记录。这时候，我们对于意识形态论者的权力就最为敏感，因为他们在为我们提供各种貌似可行但不可检验的理论。

在前两卷，我区分了超越性与内在性的意识形态。超越性意识形态最为踌躇满志。它们"间歇性地"打破既定的制度，运用不同的权力网络来吸引信仰皈依者，并创造它们自己的权力网络，诸如新的宗教或者法西斯主义或者"绿色"环保运动，由此区分其他许多网络。内在性意识形态可以强化既定权力网络的情感与道德团结。有一些意识形态把上述两种意识形态结合起来。正如我们在第二章将可以看到的那样，种族主义旨在把"白种人"联合起来，超越阶级划分。韦伯 (1946：280)用一个铁路的比喻描述了世界各大意识形态。他说，产生

"世界想象"的观念就是历史的扳道工,把历史进程转移到另一个不同的轨道。 这是超越性和内在性意识形态的真实写照。

在《社会权力的来源:对批评的一个回应》(2006:346)一文中,我还提出了第三种类型意识形态,即制度化的意识形态,仅仅是表明自主性意识形态权力在最低限度意义上的存在。 这种意识形态往往是隐藏在制度之后,一般被想当然地接受,甚至只是潜伏在潜意识中。 因此,这些意识形态是保守的,所支持的价值、标准与仪式有利于维护现有的社会秩序。 它们最通常体现在非常稳定的社会中,比如从1950年至1980年期间的西方世界。 而超越性与内在性意识形态是对社会不稳定和危机做出激烈反应的结果。 世袭主义是制度化意识形态的一个典型范例,长期都被认为是理所当然的,即使遭遇很多批判和攻击也能够持久存在。 这就是马克思主义传统所界定的意识形态权力,因为他们认为社会变迁是由社会的"物质"层面来解释的,但这并不是我的观点。

强大的意识形态可以在理性、道德与情感之间提供一座桥梁。 它们对其创造的理论作出合理的解释,但也要求信仰的跳跃和情感的归属。 一种意识形态之所以得到传播,是因为它所解释的观念在道德、情感和科学方面吸引了我们,所以,必然存在某种合理性因素。 正如杰克·斯奈德(Jack Snyder, 2005)所主张的,它所产生的重要后果是,与意识形态狂热相融合的群体远比缺乏意识形态的群体更有力量。 确认一种意识形态存在的主要"标记"是它宣称对社会的总体解释,为未来提供更好的乌托邦蓝图,也对人类行动者及其实践给予"好"与"坏"的评价。 这种结合既能够激发奉献又能够产生暴力。 前两种类型的意识形态权力往往为先锋队运动所运用,并且专门针对年轻人,拥有克里斯马型的领袖和坚定不移的、充满激情的激进分子。 我必须承认自己对最强大的意识形态保留一定程度的偏见,而更偏爱以更为实用主义和妥协精神的办法来解决社会问题。

科学应当被视为现代文明的一种主要意识形态吗? 施罗德

(Schroeder，2007；2011)认为不是的，但他也主张，与所有此前的文明不同的是，现在由技术驱动并且快速探索世界的科学支配着所有的意识形态。 他正确地指出，科学本身并不是一种"信仰"，但却是一种知识，其结论可以通过研究的标准化技术加以复制与提炼。 欧内斯特·盖尔纳(Ernest Gellner)也认为，科学是非常不同于此前所有的"自然哲学"形式，因为它实际上是可以改变物质世界，而且是以社会和自然世界一系列转型的方式令人惊叹地做到这一点，无论好歹，都可以大量提高人类的集体权力。 在这一卷中，我尤其强调"第二次工业革命"所带来的各种转型。 然而，科学也不同于真正的意识形态，因为它是追求无情感的，并且总是服从于冷冰冰的科学反驳，这与所有的意识形态都不一样。 科学家本身通常相信这一点，所以，除了那些充当内行的人之外，他们很少尝试命令我们服从。 施罗德也认为科学的相对自主性让它占据了相当博大精深的精英式职业和研究制度，但没有能力去动员社会运动。 然而，结果是，现代科学与技术构造出伟大的权力技术，尽管通常服务于其他目标。 比如，在核能的著名发明中，科学就服务于经济、政治和军事的权力精英。 这就是为什么我不能真正接受施罗德的观点，即在市场资本主义与国家之外，科学是现代社会第三种主要的自主结构。 实际上，在各种知识形态中，科学是很独特的，也是不正常的。 它在提高人类群体的集体权力时有着"昙花一现"(emergent)的特征，但却很少具有分配性权力，因为它把自身置于那些掌握其他社会权力来源的人手里。 这就使我的权力模型变得更为复杂了，但社会总是比我们的理论更为复杂得多。

　　意识形态(与科学)有着非常分散但广泛的地理逻辑，并不能包括在军事和经济的互动网络中，因为它们是随着人类彼此沟通而扩散的。这就导致意识形态带有革命和解放的特征，有着一种把自己从地方权力结构中解放出来的感觉，也让思想自由更没有约束力。 然而，意识形态的扩散也常常产生一种开放的结局，正如从一个地方传统或者历史"文明"中产生的观念与价值融合到从其他传统或文明产生的观念价值。 这在全球化进程中变得越来越重要了。 从短期而非长期来看，意识形态也是独特的，就是类似于"间歇性平衡"一样。 一种既定的权力结构产生它自己的意识形态，并且在其居民的生活与信仰中逐渐变成制度化的惯例(虽然总是存在相对峙的亚文化)。 如果这种意识形态似乎不再能够解释社会环境所进行的一切，那么，在一段时期的发酵就可能产生一种强有力的新的意识形态，其支持者或许可能以此根本改变(或者尽力改变)社会。 然而，绝大多数人并不能长期忍受这样的意识形态支配，因为意识形态必然要学习其前辈，对于社会行动者的世俗但相当实用的日常生活给予制度性的辩护。

(2) 经济权力源于人类对采集、加工、分配和消费自然物质的需要。 经济关系非常强有力，因为它们把劳动力的深入动员与广泛扩散的资本、贸易、生产链条结合起来，把深入性与广泛性权力结合在一起，一般还把权威性和弥散性的权力结合起来。 第一组权力集中在生产，第二组权力集中在市场。 经济权力关系以最有序的方式渗透到最大多数人的生活中，而我们绝大多数人每天都花三分之一的时间为此而奔波。 经济带来的社会变迁很少是快速或者剧烈的，而不是像军事权力那样。 它带来的变迁是缓慢积累的但最终是影响深刻的。

经济权力在现时代的主要组织一直是工业资本主义，其全球性的发展是这一卷的重点内容。 工业化是指劳动分工不断细化，并且继续发展工业的工具与技术。 资本主义有三个主要特点：其一，它把绝大多数的经济资源给予少数的私营企业主；其二，大量工人与所有权分离，只能凭其自身的劳动技能获得收入，但可以在公开的市场上以形式上自由的方式出卖其劳动力；其三，资本主义把包括劳动力在内的所有生产手段都视作为商品，可以在市场上公平交易，这意味着市场的所有四种主要形式即资本、劳动力、生产与消费都是在市场上彼此竞争。 资本主义在现代世界一直是最具有活力的权力组织，对大多数技术创新做出贡献，但对大多数的环境恶化也要承担责任。 用马克思的话来说，其"生产力"在这个时期已经得到了惊人的发展。 大而言之，我们大致可以区分出几个独特的发展阶段。 这个时期肇始于工业资本主义，在 20 世纪早期发展成为公司或者有组织的资本主义(corporate or organized capitalism)，把高生产力与正在勃兴但仍然较低的消费需求结合起来，不过这两者仅仅限制在民族边界的范围之内。 接着，在第二次世界大战期间，资本主义接受了更多的凯恩斯主义，把高生产力与大众的消费需求结合起来，虽然占主导作用的实践仍然是在一个民族范围内，只是在战后才逐渐获得了丰硕的成就。 我们将在第四卷看到这一点。

这就是熊彼特(Joseph Schumpeter, 1957)著名的概念"创造性破坏"，出现增长是因为旧工业与组织形式的摧毁和新工业组织的创生。然而，其临时性时间节奏并非像他所表明的那样突然。 我们视之为一种经济"发明"的东西很少出现瞬间的突破，毋宁说，它是通过许多笨拙的修修补补而实现的缓慢积累过程。 在地理学意义上，资本主义也带来市场在全球范围内弥散而相对稳定的扩张过程。 其扩展是复杂的，把国家、国际和跨国的交往网络结合在一起(这些方面我将在后面进行解释)。 资本主义也把深入性与广泛性的权力结合起来，深深渗透到我们日常生活和更广泛的社会大空间。 商品化是一个术语，表明市场理性逐渐扩展到公共与私人生活领域。 一切事物的商品化意味着资本主义仍在继续真正的历史进程，而且这只是一种夸张的说法。

资本主义的"生产关系"(再次运用马克思的术语)集中于社会阶级，即指对经济权力资源拥有相同关系的社会群体。 阶级在所有人类社会都非常重要，包括我们自己这个社会。 社会学家们过去常常花很大的精力，尽力准确界定哪些职业与家庭属于什么阶级。 但我认为这是一种错误的独创性，因为职业有着非常大的差异，许多人有着正如蒂姆·莱特(Tim Wright, 1985)所说的"相互矛盾的阶级地位"，比如许多人有着很高的技能，但没有资本，因此只享有经济组织中的少量权力，但另一些人有着很高的组织能力，但是也没有资本。 所以，下文中我只是在宽泛的常识意义上来界定阶级。 阶级之间很显然有着非常模糊的边界。 因为成为真正社会行动者的阶级来说，他们要求具备马克思所指出的两个特点：一是"自在的"阶级，可以在与生产工具的客观联系方面来界定，二是"自为的"阶级，拥有一定程度的集体组织。 马克思关于资产阶级的界定是，拥有主要的生产工具，普遍而清晰地展示其集体意图，发展有效的经济组织以确保其优势地位。 资产阶级身份的界定没有多少问题。 只是这个阶级中地位较低的群体，即拥有少量财产的人被马克思界定为小资产阶级。 而那些地位较高的群体则被模糊地界定为获得更高回报的、通常也只有较少资本的管理者和专业技术人员。 农民阶级的界定也是相对没有问题的阶级，但"工人阶级"并非如此。 工人阶级的界定条件不但要求存在固定的下层工人集体，在过去叫做体力劳动(蓝领)工人，而且要求出现一种专门追求自我利益的工人运动。 极强的工人阶级运动可以成功吸引农民和底层的白领工人。 至于"中产阶级"，这个概念非常不精确，而且处于"中产的"人有着非常不同的政治立场和政治组织(正如我在第二卷第17章讨论19世纪的情况所阐明的那样)。 如果用一个日常的用法，对于"中产阶级"我将使用复数形式，以强调这个群体的多样性。

阶级的作用并没有什么规律。 工人与其雇主之间、农民与其地主之间的阶级冲突在这一卷涉及的时期发挥着重要作用，有时候会导致革命，虽然更多时候是诱发资本主义的改革。 正如我们将在第四卷所看到的一样，在过去几十年里工人阶级的组织以及所有来自下层的压力在世界的"北半球"逐渐衰弱，而资产阶级现在也更少遭到来自下层的挑战。 这就出现一个更不对称的阶级结构，资本拥有的权力远高于劳动者。 然而，"南半球"的工人与农民近来越来越奋起反抗，将可能在未来发展成为更大的集体组织。

阶级通常包括不同的社会"派系"。 我将把金融资本视为一个独特的资产阶级派系。 工人阶级与中产阶级更多时候分化为不同的行业和部门。 当一个熟练从事贸易的群体或者一个职业群体为了其自身狭隘的利益，而不是为了一个整体的阶级利益组织起来的时候，阶级的行业性就表现出来了。 许多工会组织和所有职业协会都是如此组织起来的。 阶级和阶层，根据自身在社会分化中所处的位置，以水平方式组织起来，并以等级形式区别于其他阶级阶层。 这样，资本家就高于工人，熟练工人高于非熟练工人，主治医生高于护士，后者又高于医院的清洁工。 然而，社会部门按照垂直面的方式(vertically)组织起来，在工业领域典型的是把所有工人组织成为一个公司。 雇主需要熟练工人，为了挽留他们而给他们提供养老金或者医疗保险这些"金项链"，因为他们有着与具体工作相关的技能。 这样就把他们与其他工人区分开来，即使在其他方面都是同属于一个阶层或者社会群体。 分布于不同国家的工人也是如此。 在全球化与民族公民身份的作用下，民族认同分化与削弱了潜在的阶级行动。 资产阶级通常有着跨民族与民族这双重身份。 相比之下，美国的工人与墨西哥的工人在原则上都可以被看做是跨民族的工人阶级的一部分，但美国的工人由于国籍而有着更高的优势地位，他们把国籍看做比他们自己任何的阶级团结都更重要得多，实际上，美国人在很多方面都高于墨西哥人，而且是以一种准阶级关系来剥削他们(虽然工会往往否定这一点)。 阶级、阶层和部门都彼此切断并弱化对方。 阶层和部门认同越强，阶级的身份认同感就越弱，反之亦然。

(3) 军事权力。 自从写作前面两卷以来，我对军事权力的界定严格限制于"聚集暴力以致人死亡的社会组织。""聚集"意味着动员和集中；"致命"意味着危险。 韦氏辞典把"暴力"界定为"实施武力以伤害或滥用"或者"强烈、狂暴或者猛烈的摧毁性行动或力量"。 我希望表达的观点：军事力量是集中武力导致摧毁性和致命性的打击，最重要的是致命的杀害，它会杀人。 掌握军事权力的人说："你如果反抗就得死"。 由于致命的威胁是令人恐怖的，军事权力可以激起独特的心理情感和心理社会学意义上的恐惧症状，就像我们遇到疼痛、肢解或死亡的可能性一样。

军事权力最致命的是，国家掌握的武装力量运用于国家之间的战争，这个方面在这一卷所讨论的时期显得尤其突出。 很明显，军事权力可以与政治权力重叠在一起，虽然军队往往是一个相对独立的组织，但通常像是社会中的独特"特权阶层"一样。 专制政治的统治者高度警惕军事的自主性，因为这种自主性会导致军事政变的危险。 一旦统治者不相信军队，就往往建立一种武装警察队伍和卫戍部队来作为他们自己的"禁卫军"，专门提供政治权力的安全保障，针对持不同政见者和军队为统治者提供武装保护。 因此，这种保卫就是军事与政治权力的结合。 斯大林与希特勒都曾经运用过这种结合物，以此整肃他们自己的官僚队伍。 组织起来的致命暴力也存在于非国家政权的行动者，诸如反叛者、准军事力量和歹徒。 我在这一卷中将讨论到的是，左、右派的革命运动都会建立自己的准军事力量。 当然，在二战之后，世界上绝大多数战争并不是发生在国家之间，而是国内各战争派系之间，这些战争也会导致大规模的致命伤害。 显然，军事权力不仅仅控制在大军阀手中。

与其他权力的来源比较而言，军事权力更难以用规则来约束，因为"战争的规则"总是防御性的，正如我们近来在9·11事件、阿富汗、伊拉克和古巴的关塔那摩湾(Guantanamo Bay)看到的那样。 就内部而言，军事权力关系结合了明显相互对立的关系，如专制等级结构与集体平等的同志身份的对立、严格的有形约束与团队精神的对立。 这种结合意味着士兵遇到恐怖行为时不会以工具理性为指导原则而作出逃跑的反应。 军事权力是用来对付被界定为敌人的外国人的，是可以想到的最为专制的权力。 然而，军国主义也渗透到了所有其他组织。 比如，法西斯主义的军国主义可以调动大规模的法西斯主义运动，远比其竞争对手社会主义者动员的运动更大、更可怕。

军事权力在人类社会起到一种更为间歇性和临时性的作用。 军事权力在稳定的军国政体中可以持续发挥作用，也可能出现突如其来的爆发，带来惨烈和摧毁性的打击，但建设性相当少。 然而，绝大多数社会科学家却令人惊讶地忽视了这一点。 我这两卷的必要任务之一就是恢复其在人类社会中的核心位置。 在这一卷中，我提出的主张是，几个世纪以来的欧洲史都是不同寻常的军国主义的历史，这种军国主义带来了全球帝国的政府，就像一场传染病一样蔓延到美国和日本。 20 世纪和 21 世纪的发展很大程度上归因于军事权力的关系。

(4) 政治权力是社会生活的集中规制与领土管辖。 政府的基本功能是为这块领地提供秩序。 在这里，我不但要背离韦伯，他把政治权力(或"政党")定位在任何组织，而不仅仅是国家，而且我还要背离政治科学家们的"治理"概念，因为治理涉及不同的实体，包括各种社会团体、非政府组织、社会运动。 我更喜欢把"政治"限定在国家政权层面，包括地方的、地区的、民族层面的政府。 国家政权与非政府组织和其他社会团体的不同之处在于，它有集中管辖的领土，对生活在其领土管辖范围内的人确保其权威性的统治。 人们可以不考虑非政府组织和社会团体的成员身份，也不关注其规则，但却由于居住在一个国家管辖的领土内并可能遭受其法律的处罚，所以不得不遵循某个国家政权的规则。 政治权力是在一定领土范围内以一种集中的方式深入有序规制与协调的网络，因此，较之于其他三个来源来说，政治权力更受制于地理空间。 在通常情况下，国家政权涉及的范围也比意识形态、经济和军事权力更小，管辖的领域更为紧密。

我们可能需要区分国家政权的专制权力与基础权力(虽然这种区分可以适用于任何权力组织)。 专制权力是政权精英有能力做出专断的抉择，不需要与主要的社会团体代表进行协商。 基础权力是政权(无论是民主还是专制的)有能力真正渗透社会，对整个管辖领域实施政治决议。 我在《国家的自主性：起源、机制与结果》(The autonomous power of the state: Its origins, mechanisms and results，1988a)一文中区分了这两种权力，还在《基础权力的修正》(Infrastructural power revisited，2008)一文中进行了补充。 不过，我在这一卷将做进一步的修正，在涉及共产主义与法西斯主义政权时尤其考虑其特殊性。 基础权力让国家政权有能力把它们的权力扩散或渗透到社会中(权力渗透)；而专制权力是指国家对社会有一定程度的权威性权力。 所以，国家政权在两个完全不同的方面都有可能表现得很"强势"。 它们可以命令其公民来满足自身的一切需要(专制权力)，或者作出的决策可以在其领土范围内成功实施(基础权力)。 我们不应该混淆这两者。 显然，民主体制与专制体制有着非常不一样的力量结合方式，我们在随后几章中可以看到这一点。

国家政权的惩罚更多是以官僚方式，而不是诉诸暴力。 立法程序与规范让大多数国家尽可能少使用暴力。 由中央政府对所有领土实施规制，而不是合法性(意识形态)或者暴力(军事)，这是国家的关键作用。其代理部门在法庭、议会和政府部门追求法律和仪式化的政治协商。的确，在法律与合作的背后是以武力为基础的，但武力只是在非常罕见的条件下才被动员起来并采取使人致命的行动。 政治力量被引导为一种仪式化的、类似技巧性的、规则统治的、非暴力的制约。 法律根据已获得同意的浮动标尺来分配惩罚。 如果被发现触犯的过错较小，我们就会受到一种缓刑的判决或者经济处罚。 对于更为严重的过错，处罚就会升级，我们有可能被强迫送进监狱并剥夺自由。 然而，如果我们不反抗，监禁就是仪式化的、非暴力的，比如被带离被告席，戴上手铐，并且被安置在一个上了锁的牢房。

这一卷将讨论最充满暴力的国家政权，这种国家政权明显模糊了政治权力与军事权力之间的区别。 纳粹与斯大林政权杀了大量的无辜民众，他们触犯的罪行仅仅是被认为的"敌人"身份，比如犹太人或者富农。 立法形式带有很强的欺骗性。 然而，这种政权往往不依靠武装力量，而是依靠特别设立的公安与武警队伍。 当然，所有权力的来源有时候都是彼此模糊不清的，经济与政治权力在苏联混为一体，因为国家政权拥有生产工具。 在当今一些国家，官员控制着许多经济命脉，并且按照腐败的资本主义原则来运作，但这些情况并不至于让政治与经济权力之间的区分变得无效。 非常暴力的国家政权也并没有忽视政治权力区分于军事权力的作用。

在这个时期，绝大多数的发达国家是双向前进的：它们在国内走向民族—国家，在国外却迈向帝国。 此后，除了美帝国之外，所有的帝国都崩溃了，而民族—国家作为世界上支配性的政治理想(虽然没有必要一定是真实的)而变得全球化了。 这种民族—国家形态是指政权以人民的名义在地理意义进行统治，但受制于特定的领土管辖范围。 在整个 19、20 世纪，民族—国家在世界上变得越来越广泛，对其公民越来越深入，公民的权利完全局限于物理边界与法律范围内。 民族主义的情感增强了。 正如我们要看到的一样，侵略性的民族主义很重要，但也只是以间歇性的方式出现，主要是作为一种战争的结果而不是原因(在纳粹德国和军国主义的日本除外)。 然而，民族主义的确有相当多的情感成分和仪式性的强化，但一种真正的意识形态首先是超越性的，然后才是内在性的。 随着民族—国家的建立，"臣民"转变成为"公民"，普遍享有平等的民事、政治与社会权利。 弗朗西斯·福山(Francis Fukuyama, 2011)认为，好政府需要提供三方面的东西：公共秩序、法律和可监督的政府。 现代大多数政府都可以提供公共秩序，但到 20 世纪为止，只有西方国家提供了法治(虽然常常提供以种族和阶级为基础的法治)，并且通过选举(对于一部分或者大多数成年男性而言)来实现其可监督性。 民事与政治权利后来逐渐惠泽到所有人，正如自由民主体制在所有发达国家都得到落实一样，大量的社会权利也扩展到社会自由主义或者社会民主制。 这些权利和民主体制更普遍但不稳定地扩展到全世界。

在第二卷的第三章，我已经讨论现代国家的各种不同理论，并且得出一个总结，即阶级、精英和多元主义理论太过于简单，以至于无法包括国家真正所担当的事务。 我还认为，现代国家是多形态的，它依据不同的政治议题以及提出这些议题的主要选民的利益的不同而表现出不同的形态。 几乎所有现代国家的政治经济方面在本质上都是资本主义的。 结构主义的马克思主义者和新古典经济学家都相信，资本主义对国家所能做的一切都施加了"限制"。 布洛克(Block, 1987：59)将资本主义这个相当抽象的概念运用到社会行动者层面，他指出，资本主义对国家施加限制的方式是商业信心。 如果商人对国家提供的普遍政治与经济环境充满信心，就会考虑投资国内经济，但如果没有信心，商业资本就可能到国外投资，或者根本不投资。 无论哪种选择都可能带来经济破坏，进而减低政府的合法性。 这也是政府所担心的。 然而，他指出，政府与商业都基于由下而上的压力而被迫推动某种改革。 在本书中，我将要强调上述这些理论所指出的阶级和其他政治抗争以及负债对于国家所施加的限制与影响的差异性，尤其是"投资人信心"的影响，它所施加的限制可能对资本主义普遍利益带来实际伤害。

当然，很重要的是，现代政治的确集中表现了资本主义与阶级斗争及其妥协。 然而，现代国家也反映了并受到了军事与相对的和平战略的限制：在一个极点是一场战争中的失败或者无谓的痛苦，在另一个极点是由政权反抗外敌侵略的失败而带来的民族"羞辱"感。 再者，政府丧失了合法性之后就会有被颠覆的危险。 许多国家也还承载了宗教与世俗、集权与分权的议题，等等，每一种议题都有不同的支撑性的结构，也施加不同的限制。 我们无法把这些限制化约为资本主义的结果(虽然有些马克思主义者试图这样做)，但也并不是与资本主义相互对立。 这些议题相互之间存在着差异，让政治显得更为复杂，并且会引向不同的方向，常常导致各个利益群体都没有意料到的结果。

国家也对外运用军事与政治的权力，表现在我们所认为的地缘政治方面。 硬的地缘政治涉及战争、联盟和避免战争的限制性条件；软的地缘政治涉及国家间的政治共识，关注非致命的议题，诸如法律、经济、健康、教育、环境，等等。 尤其是自从1945年以来，软的地缘政治已经涉及许多政府间组织，这些组织都签订了国际条约、监管规范以及详细的惩罚条例。 这使得国际空间政治化，并使之服从常规化的政治规范。 与之相比，硬的地缘政治使得国际空间军事化。 许多全球化的理论家认为全球化削弱了民族—国家，这种观点在很大程度上是错误的。 因为全球化已经采取一种跨民族和民族间的形式，而后者为国家与帝国的地缘政治结构化了。 民族—国家强化了对人口的"控制"，比如不断把臣民转换为公民，将众多权利赋予国内民众，而很少给予国家边界之外的人。"民族主义"就是由这种控制所产生的意识形态。

　　四种权力来源彼此之间的确有一定的自主性，尤其是在现代社会。经济结果主要是经济因素造成的，意识形态是以前的意识形态的结果，等等，这是施罗德(Schroeder，2011)所强调的一种自主性。 最后，从我的观点来看，四种权力来源都是理想类型，在这个世界上很少以纯粹的形式存在，所出现的都是不纯粹的混杂物。 所有这四种来源对于社会存在和对于彼此来说都很有必要。 比如，任何一个经济组织都需要其部分成员共享意识形态价值与规范，也需要军事权力的捍卫和国家的规制。 意识形态、军事、政治组织都有助于让经济权力结构化，反之亦然。 这四种权力来源有所重叠，以不同的社会空间边界和临时的动力形成交叉的关系网络，彼此的相互关系对于权力行动者来说会产生预想不到的、突然出现的结果。 社会并不是由既定的社会空间的交往网络自主形成的，也不是社会交往网络的次要体系。 每个社会都有不同的边界，并且根据其自身内在的核心逻辑而发展的。 然而，在主要的转型时期，诸如经济或国家的相互关系和组织身份都会发生变形。 所以，我的 IEMP 模式并不是一个"社会体系"，毋宁说它形成了一种分析的切入点，可以解释复杂而真实的社会。 四种权力来源为人类追求其目标而提供了独特的组织网络和手段。 所选择的手段及其各种组合形式都取决于两方面的相互作用：其一是历史上既定的以及制度化的权力结构；其二是在权力结构之间以及内部的缝隙中出现的新结构。 这是人类社会出现社会变迁的主要机制：限制任何单一权力精英无限运用权力。 制度化的权力关系对在缝隙中生长的新权力结构总是感到不适应。 社会权力的来源和囊括其中的组织都是充满偶然性的——因为它们在彼此相互作用中迂回前行，尤其是在制度化的力量与在夹缝中新生的力量之间的相互作用。 我不愿意一开始就强调任何一种力量来作为决定社会变迁的最终动力，不过，在第四卷的结尾我将对四种权力中何者最为重要这个问题得出一些结论。

第二章

帝国瓜分的全球化：英帝国

前言：帝国的类型

在人类历史上的大规模社会中，帝国提供了最具支配力量的统治类型。 这是因为社会群体可以通过武力扩张来实现其许多目标。 在某种意义上，帝国不需要更多的解释。 它有助于更强有力的群体达到人类普遍追求的目的，所以在历史上是独一无二的——至少直到战争太具有摧毁性而无法实现倍受珍视的目标为止一直如此。 欧洲人的实力在早期现代世界变得越来越强，自然就会企图征服这个世界，他们全副武装，并且受到物质与理想利益的驱使。 帝国主义成为现代性的一个核心特征。

我们的现代英语单词"empire"源于拉丁语 Imperium，意思是"两种人掌管权力，即指挥一支军队的将军与通过法律武装起来的法官"，这意味着政治与军事权力的结合。"帝国"的现代用法还添加了一个地理因素，即通过核心权力对边缘地区实施控制。 我把帝国界定为一种集权的、等级制的统治体系，但只有通过胁迫性力量才能获得并维持这种统治体系。 在这里，胁迫性力量的作用有三：让中心地区支配边缘地区；推动中心与边缘之间的相互作用；引导从边缘到中心以及边缘地区之间的资源流动。

因此，我们需要注意到，帝国在核心地区把政治与军事权力融为一体。 帝国最初的成长是仰赖于为核心地区所控制的威慑性军事权力，边缘地区无论何时出现反抗，都会遭到来自核心地区的间歇性镇压。帝国经常宣称，自己是仁慈无私的，而且总是把善给这个世界。 它们确实有可能把利益带给那些被统治的人，但这可能只是副产品。 如果你真正想帮助他人，就不能去侵犯人家的家庭，杀害他们的年轻男性，强奸妇女，然后强加一种威权的政治体制，促使边缘地区的某种利益源源不断流向核心地区。 帝国的原意是，掠夺他人的土地、财富、身体和精神，确切来说是因为帝国有强大的军事权力。 因此，成为帝国本质上是军事权力的权威性表达。 帝国是一种总体控制。 帝国的前提条件更是千差万别的。 在征服并占领之后，帝国的统治手段是掌控权力的其他来源，包括政治的、经济的和意识形态的，目的就是让利益与资源有序流向帝国中心。 现代帝国的独特之处在于包括大量的经济帝国主义，因为资本主义在整合中心—边缘的经济利益方面远比此前任何生产模式都更有效得多。 有些人提出一种可行的观点，认为当今的资本主义很大程度上取代了军事扩张，不用军事占领的方式来获得利润和全球整合。 我在随后的几章以及第四卷中都会讨论这一点。

因为帝国的形态各异，我接下来区分了几种主要模式。

(1) 直接统治的帝国。 这种模式出现在被占领的领土直接合并到核心地区的王国，就像鼎盛时期的古罗马帝国和中华帝国那样。 核心地区的主权者也直接成为边缘地区的主权者。 在军事征服之后，大部分政治权力开始运作起来，刚开始是专制性的政治权力。 一旦权力的制度化完成之后，权威性的政治权力就开始从中心向边缘辐射与扩散，而且，更为弥散性的经济与意识形态权力也接踵而至。 最后，当被征服的民族自身接受了罗马或者汉民族的身份之后，政治权力的结构基础变得较少的专制权力，较多的基础权力，以至于帝国可能做出一种似乎隐退和消失的姿态。 这样，权力可能相继从军事转向政治，再转向经济和意识形态的形式，对于最成功的帝国来说这是一个自然的发展过程。历史上的大多数传统帝国都要占领其邻国的领土，而俄罗斯帝国是最后一个传统帝国。 然而，绝大多数现代帝国是海上扩张，而且比传统帝国更难以整合。 而且，种族主义让这些海上扩张的帝国难以实现这种消失隐退的举措，因为这难以让被征服民族认同他们自己是英国人、日本人或者美国人。 在现时代，没有大规模的定居人口，直接统治就难以完成，维持其统治也需要高昂的代价。 所以，现代帝国已经转向更为间接的海外帝国模式。

(2) 间接统治的帝国。 间接统治的帝国是要求由帝国核心来主导政治主权，但边缘地区的统治者仍保留某种自主性，在实践上可以与帝国的权威协商统治的游戏规则。 军事的威胁与恐吓依然存在，虽然并不是经常进行征服，帝国对殖民地的政权统治更为温和，其专制与基础权力更少一些。 正如洛德·克罗默(Lord Cromer)讨论英帝国一样："我们不必去管理埃及，我们只要管理好埃及的统治者就行"(Al—Sayyid,1968：68)。 美国人在 1989 年也对菲律宾尝试这种方式，但大规模的反抗迫使美国作出部分让步。 除了临时的状况之外，美国随后一直也没有尝试间接统治的帝国模式。 在间接统治的帝国模式中，当地人担任绝大部分的军队与行政管理职务，自己管理省级与地方的政府运转。英国人可以保留中央的政治权力和军事垄断，这样他们就可以镇压当地人的反抗，但日常管理需要与当地精英合作，在某种程度上也尊重他们的经济、政治与文化。

这两种类型都涉及领土的有限占领——殖民地，下面几种类型并非如此。

(3) 非正式的帝国。 这种模式是指，边缘地区的统治者保留完整的正式主权，但他们的自主性明显被来自帝国核心地区的胁迫所限制，这种胁迫结合了不同程度的军事与经济权力。 这种模式在现代帝国中成为主导模式，因为资本主义可以施加相当多的经济胁迫。 R.罗宾逊(R.Robinson，1984：48)在英帝国的具体案例中解释了这一点：

因为它的胁迫或所实施的外交策略都是为了对一个更弱的

社会推行自由贸易条件，违背其本身的发展意愿；外债以及对弱国的外交与军事支持都是为了获得经济让步或政治联盟；直接干预或者优惠的进出口贸易政策都体现了帝国的外贸与战略利益，影响着弱国的国内政治；最后，外国的银行家与商人联手吞并弱国的国内经济部门。

由于"非正式帝国"这个术语的使用对于胁迫的本质来说是不够精准的，我进一步区分出三种亚类型，可以包括不同的胁迫形式。

(3a) 非正式的"炮舰"帝国。　简言之，这种亚类型就是指运用军事权力在短时期内以激烈方式强行干预。　炮舰及类似的东西无法征服一个国家，但他们控制反抗的方式是炮轰港口(更晚近以来是用飞机投放炸弹)，作战部队再登陆并进行短期占领。　在 19 世纪后期和 20 世纪前期，欧洲诸帝国、日本和美国都是这样对付中国的反抗。　然后，他们才与中国签订一系列不平等条约，其结果一律都是政治上控制中国海关税收和预算，必要时就诉诸军事干预。　美国的"美元外交"在 20 世纪初是军事直接恫吓的另一种范例，而不考虑殖民地的占领问题。　这些军事与政治干预都涉及权威性的政治权力与直接控制的军事权力。

(3b) 通过代理人来统治的非正式帝国。　这种亚类型运用地方的代理人来实施胁迫。　在 20 世纪 30 年代，美国把胁迫转包给支持美国外交政策的当地专制君主，相应也给他们经济与军事支援。　然而，在二战之后的一段时期，美国给地方代理人增加了秘密军事行动，主要是通过新成立的中央情报局(CIA)来完成。　这是一种间接的军事胁迫，因为权威性权力并不是由核心地区直接控制的。

(3c) 经济帝国主义。　这种亚类型用经济胁迫取代军事胁迫。　在 19 世纪后半叶，英国人认为，在全球范围内发起炮舰的后勤保障(Logistics)太令人害怕了，因此就转向纯粹的经济胁迫。　比如在阿根廷，英帝国使用其对进出口和投资的控制，强制实施自由贸易和严格的债务偿还规定。　美国后来扩展了这个方法，通过其主导的国际银行组织干预边缘

25

地区的国内经济运行。 在这样的"结构性调整"中,边缘地区的国家可以说"不",但其受到的威慑力却非常强大——意味着直接断绝了国外投资与贸易。 因为经济帝国主义很少或者根本不存在军事武力,也没有事实上的任何权威性权力。 在我的界定中这并不是严格意义上的帝国主义,但"经济帝国主义"术语却运用广泛,所以我就继续这么用。

(4) 霸权。 这里是在葛兰西意义上使用这个概念,意味着一种对他人实施制度化控制的支配性权力,这被后者视为合法的,至少是正常的。 霸权建立在边缘地区的日常生活实践中,所以就很少需要公开的暴力。 当处于帝国的间接和非正式统治时,边缘地区的国家政权感觉自己受到了制约,似乎是在服务于帝国的主子,但是在霸权的控制之下,他们自愿遵从霸权的游戏规则,而且这被视为自然而又正常的态度。 霸权所涉及的并不仅仅是约瑟夫·奈(Joseph Nye,2004:X)所说的"软权力"概念。 他纯粹从意识形态方面来界定霸权:"有能力通过吸引而不是胁迫或者惩罚来得到你想要的一切。 霸权产生于一个国家在文化、政治理想和政策方面的吸引力。"虽然在霸权中毫无疑问存在一种诸如意识形态"软"权力的因素,但我怀疑的是,如果19世纪的英国和当今的美国仅仅通过提供一种有吸引力的价值或政策,他们是否能够指挥其他国家。 瑞典与加拿大就从来没有能力做到这一点。 而且,美国与英国又有所不同,因为他们确立的有些实践已经渗透到其他人的日常生活中,迫使它们以某种方式发挥作用,但瑞典和加拿大就没有。19世纪是英镑统治的时期,当今是美元控制的时期,这都涉及经济的铸币税(Seigniorage),其他国家以低利率购买英镑或美元,英国或美国人分别从中获得好处。 这已经被外国人简单看做贸易顺差带来的问题。这是一种弥散性而非权威性权力。 没有人受到直接控制。 霸权国家在弱小国家领土上建立军事基地,美其名曰是帮助它们防御外敌,因此,弱小国家需要为此付出经济上的补偿,就像欧洲人曾邀请美国人时所做的那样。

当这些亚类型的帝国从直接统治转向间接统治，从非正式帝国转向霸权模式时，我们就可以发现，军事权力在下降，而政治、经济、意识形态权力上升了。实际上，仅仅是霸权模式还根本不是帝国，因为它并不实施强制。由于这些都是理想类型，现实中并没有哪一个帝国完全适合其中任何一种。实际上，典型的帝国恰恰是把某几种支配形式结合起来。

我们如何解释帝国的扩张呢？迈克尔·多伊尔(Michael Doyle，1986：22—26)指出，解释帝国必须把三种力量结合在一起，包括核心地区的力量、边缘地区的力量以及来自整个国际关系体系的力量。帝国的确为其支配性集团提供了提升报酬的机会，表现为掠夺、稳定利润、地位、精神归顺，等等。然而，我们必须超越这种以核心地区为基础的向心力的解释模式。这种解释模式还包括霍布森/列宁的帝国主义理论、P.J.凯恩与A.G.霍普金斯(P.J.Cain & A.G.Hopkins，1986)的"绅士资本主义"理论，以及常常用来分析美帝国的例外论。同样有局限的是以边缘地区为中心的离心力的解释模式，主要包括两种，其一是约翰·加拉格尔和罗纳德·罗宾逊(John Gallagher & Ronald Robinson，1953)对非正式帝国的解释，他们认为边缘地区因自身的不稳定而招致帝国扩张；其二是那些现实主义的结构理论，把帝国化约为国际关系的系统特征。实际上，我们有必要把这三种解释综合起来。

我们还需要考虑帝国的信念问题。首先需要意识到的是，帝国自身拥有一种占绝对优势地位的权力对目标区域进行支配，没有任何大的竞争性权力阻挡它的支配路径。这将使武力占领成为可能。这样，对成功的信心是帝国扩张的一个前提，并且，军事上的成功也常常是优先考虑的问题，尽管并非总是如此。历史学家常常讨论三种更深层动机的相对比重：经济利益、地缘政治战略安全、地位或使命感的意识形态。有的帝国可能获得经济利益，他们并不是通过市场交易，而是通过军事武力来占领经济资源。在第二卷(1993：33)，我区分了经济利润与利益的两个主要概念。弥散性的市场逻辑把市场与利润看作是通过市场内的活动产生的结果；权威性的领土逻辑把获得利益与利润视为是直接或间接控制领土及其资源的结果。 后一种最容易导向帝国主义，虽然也存在介于两者之间的中间形式，比如重商主义和非正式的帝国。戴维·哈维(David Harvey，2003)近来也在"资本逻辑"与"领土逻辑"之间作了类似的区分，虽然他因为是一位马克思主义者而倾向于不重视后一种形式。

战略性安全的动机通常促使帝国主义者们实施防御性的扩张，抵制来自其他国家或帝国的威胁。 帝国规模越大，它越感到不安全！ H.詹姆斯(H.James，2006：101)认为战略性的不安全感是帝国的主要动机，但我认为通过控制而获取利润的动机是一样重要的。 意识形态动机似乎有点不那么重要，但可以分成两类。 其一涉及的强烈情感是通过武力确保地位的支配性，从许多古代的统治者的档案来判断，他们似乎都受到这种动机的驱使。 比如拿破仑或者希特勒就是这种类型(希特勒还想维持一种种族地位)。 大帝国的精英们一般会认为自己被冷落和得不到服从是一种羞辱(往往是种族的羞辱)，因此而以武力进行复仇和反抗(我们将在英美帝国的案例中看到这一点)。 另一种使命感的意识形态更倾向于价值而不是情感。 帝国总是可以发展出使命感的逻辑表述。 罗马人说，他们把秩序与正义带给被殖民者，西班牙人带来上帝的谕旨，英国人带来自由贸易与财富，法国人带来文明的使命(la mission civilisatrice)，美国人带来民主与自由事业。 实际上，现代西方帝国持有一种更宽泛的观念，他们认为自己把文明与启蒙价值带给这个世界，尽管这种观念被批判为种族主义。 扩张开始之后，使命感的表述明显加强了，因为它们提供了比利润与保障更为明显的动机。 它们使得关注点偏离了军国主义野心，把帝国主义本身提升到一种道德感的高度。 然而，一旦被提升起来，使命感就可能重新发展起来，并驱动着进一步的扩张。这些动机涉及军事的、经济的、战略/地缘政治的和意识形态的权力来源。 当然，这些方面常常都是混合在一起的，只是其混合方式有所不同罢了。

这些都是我在本卷中将使用到的概念，以此讨论所有的现代帝国。
我的讨论始于向全球扩张最为显著的欧洲。 我关注的问题是，欧洲人
为何如此擅长成为帝国？ 他们得益于什么？ 他们又为何如此快就土崩
瓦解了？ 在陈述完这个一般的导论之后，下文我将集中于所有帝国中
最大的英帝国。

为何欧洲人如此擅长帝国主义？

随着大规模的移民，现代帝国带来人类最大规模的社会变迁。 艾
尔弗雷德·克罗斯比(Alfred Crosby, 1993)的"生态帝国主义"理论区分
出四类迁徙。 其一是人类，这种最残暴的食肉动物，依赖于残酷无情
的征服，掠夺土著人的土地、物品、贸易，还常常把他们变卖为奴隶或
者肆意屠杀，进而占领他们的领土。 其二是他们的国内动物，如猪、
牛、马、狗，这些动物逐渐支配着新世界的农业。 这些变得野蛮的动
物不久显示出其野生动物的特性。 其三是他们的种子。 欧洲的犁在第
一次翻转新世界的表层土壤之后，欧洲的种子也接着播种到这个新土地
上，并且从此枝繁叶茂。 种子的秧苗带来长筒靴，动物皮毛取代了当
地的庄稼。 如今在美洲与大洋洲发现的所有种子类植物中，有一半是
来源于欧洲。 其四是欧洲的疾病与细菌。 许多土著人对这些细菌都没
有免疫力。 结果导致的疾病是种族灭绝的，大规模致人死亡，而且往
往是不可预料的。 人类、种子、动物和细菌加在一起，构成一种惨无
人道的生态帝国主义，这改变了整个地球。

这些帝国也给殖民地带来了一些好处。 在哥伦布大交换(Columbian
Exchange)中，苹果、香蕉、桃子、咖啡、小麦、胡萝卜、大头菜向西传
入美洲，而玉米、土豆、糖、西红柿、南瓜、可可豆、凤梨、烟草都是
向东传播到欧洲(和亚洲)。 远不止数千平方公里被占领，许多精神信仰
也被改变，或者增加了贸易量。 所有这些交换带来了自从人类进入农

业社会以来日常物质生活的前所未有的巨大转型。 交换还带来人类饮食的多样化,这在延长人类寿命方面是最有深远影响的因素。 具体来说,交换在英格兰促成了农业革命,这是后来工业革命的一个关键前提。 如今有人把麦当劳化或者超市供应四季蔬菜视为食品的全球化,他们比较重视这些看似不重要的东西。 欧洲人也改变了各大洲的语言,他们进行三大洲的大西洋贸易(工业产品、奴隶、糖/棉花),把欧洲、非洲与美洲的港口链接起来,从 17 世纪后期开始独具匠心地推动了资本主义的一体化,而第一个伊比利亚帝国的经济并没有做到这一点。 首先,从外部入侵美洲只能局限于海岸以及海军可以到达的河流。 后来,工业革命提供的各种动力让欧洲人把帝国延伸到陆地。 到 1914 年为止,大约是哥伦布美洲大发现之后的 400 年,欧洲人统治了世界的绝大部分地区。

这是现代全球化的第一个阶段,但却只提供一个有限的一体化。在这个时代,帝国主义的一个特点是存在多元、竞争性的帝国——西班牙、葡萄牙、荷兰、不列颠、法国、俄国、德国、比利时、美国、日本、意大利。 每一个帝国都以独特的方式切割了这个地球的一小片,主导性地造就了全球化的碎片化。 这个时代的帝国主义也产生了种族的碎片化,这是因为帝国主义者想努力理解他们明显的权力优越性。虽然资本主义的市场、生产链和意识形态都极力突破民族的政治边界,但并不存在一个单一的全球市场,这是因为,在 19 世纪末之前世界各地的商品价格从来没有汇合起来(O'Rourke & Williamson, 2002)。 每一个帝国都把垄断特权与定价权授予自己的贸易公司。 每个贸易公司在其自身帝国与利益范围内所获得的权力之大超乎寻常,并且受到徘徊于市场逻辑与领土逻辑之间的重商主义实践的保护。 沃勒斯坦认为他提出的"资本主义世界体系"始于 16 世纪,并且这种体系为单一原则所支配。 其实,他所说的这种体系此时仍然只是潜在的,而没有成为事实。 在那个时期,他称之为世界体系"边缘"的地方与他所界定为"核心"和"半边缘"的地方只有极少的接触。 在并非由白人控制的殖民地里，大部分人的日常生活仍然没有为帝国主义所改变，因为帝国主义渗透得并不是很深入。 19世纪绝大多数被殖民的民族看见统治精英的机会与看见中世纪的欧洲人的机会一样少。 简言之，那时候的帝国特征是广泛性的，但并非深入性的。

欧洲人并没有征服整个世界。 最强的诸文明以及那些处于欧洲后勤所能达到的边缘的文明都适应了欧洲的实践，也能够继续维持下去。日本、中国、奥斯曼和波斯有其核心的历史领土。 虽然印度被征服了，但它的印度教和穆斯林文化仍然非常充满活力，穆斯林的中东地区也一样。 只有日本成功加入帝国主义俱乐部。

欧洲成功的直接原因是胜人一筹的军事权力，而不是文明、科学革命或者资本主义处于更高的发展水平。 它对战争的擅长是由来已久的(Bayly, 2004：62)。 在第二个千年里，欧洲人可能比其他任何一个大洲的人都更喜欢战争。 欧洲人源自于罗马神话中的马尔斯战神(Mars)。开始有效统计全球的战争的时间大概在1494年，更好的统计是从1816年开始计算的。 在这两个时期，欧洲爆发的战争都占主导地位(J.S. Levy, 1983；Gleditsch, 2004；Lemke, 2002)。 虽然这些数据可能没有统计到19世纪早期发生在拉美的战争和非洲成为殖民地之前的情况，但与东亚的对照是有着更为确凿的基础。 这个地区在1590年至1894年出现300年的和平时期，仅仅出现过野蛮人对中国的入侵以及五次相对较小的两国间战争。 在此前的200年间，中国只出现过一次与越南的战争。 日本自1637年之后的两个世纪都禁止使用火药枪。 相比较起来，欧洲列强在1494年至1975年的75%时间里都一直卷入国家之间的战争，完全没有战争的时期不会超过25年(J.S.Levy, 1983：97)。 中华帝国体系从其邻国获得进贡有助于维持亚洲的和平，而且其象征意义大于实质意义，因为帝国所支出的大于它所获得的。 这就是我所说的霸权。 它允许国际之间的大量贸易往来，尤其是由中华商业集团所经营的贸易，这可以让整个亚洲都得到实惠与繁荣(Arrighi, 2007：314—320；Andornino, 2006)。

欧洲人对其敌人的战争艺术评价不高。 在非洲与美洲,他们尊重敌人的勇敢,但认为他们自己在组织与装备方面都比对方好得多——通常情况下确实如此。 在亚洲,他们的看法就不一样了。 因为他们相信自己正在对待的诸文明已经变得很软弱,而且不喜欢战争。 英国人以轻蔑的口吻撰写印度战争,认为他们是以谈判和行贿来决定战争的结果。 相对照的是,印度当地人却注意到,欧洲人非常残暴无情地割断颈部大动脉。 18世纪中国文人程廷祚(Cheng Tingzuo)写道:"穷乡僻壤的欧洲! ……它的人民名声远扬的是,在各方面都表现得很聪明,而且非常具有创造性。 他们已经研究了诸如火药枪这种最为野蛮的东西。"福泽谕吉(Fukuzawa Yukichi)是明治维新时期主要的理论家,他在1875年哀叹道:"我们有着太长的和平时期,也没有和外界进行任何交往。 同时,其他国家常常为偶尔的战争所刺激,已经发明了许多新鲜事物,诸多蒸汽火车、蒸汽船、长枪和小手枪,等等。"一个非洲人抱怨说:"白人[打仗]非常肮脏,更严重的是只想杀人"(Elvin, 1996:97;Etemad, 2007:86)。

欧洲军国主义的因果链条要追溯到很远。 武士们在欧洲的战争中一直获益颇多。 在10世纪,法兰克帝国所管辖过的领土是欧洲核心地区,由弱小国家、部落与农民自治的村落组成的是边缘地区,然后,核心地区的统治者征服和殖民边缘地区,并且迫使当地人成为农奴,把领土和其他的资源供奉给随之而来的骑士、士兵、牧师、农场主、工匠和商人。 存在于所有阶层的长子继承制让非长子和私生子都不能继承财产,他们只能自谋生路。 他们在新安置的地方找到土地或贸易的前景,这不需要遵循僵化的传统身份。 这是导致对外掠夺与殖民扩张的最可怕诱因。 罗伯特·巴特利特(Robert Bartlett, 1994)指出,1350年之前大概400年的那个时期,政治组织化和军事化程度更高的核心地区吞并了边缘地区。 正如他指出的,帝国的正确名称是,核心地区征服、殖民、统治和"文明化"边缘地区。 诺曼殖民者和立陶宛条顿骑士的殖民者尤其适合我所界定的帝国。

对于核心地区来说，战争是可以带来高额回报的。 战争可以输出出身良好的年轻人，他们受到了军队的严格训练但是没有继承权——否则，青年(juvenes)与军官(milites)最容易给宫廷带来麻烦。 他们被派遣去征服新的领土，伴随而至的商人可以征服新的市场，牧师可以征服新的灵魂。 在这种殖民扩张的过程中，殖民者往往变得非常自主，他们自己在边缘地区建立政权，就像西哥特(Visigothic)和法兰克(Frankish)公爵在西班牙与诺曼人在许多地方一样。 扩张的首要动机是经济性质的，也是封建性质的：出身良好但缺乏继承权的男人寻求获得土地与农民，他们可以从中抽取赋税，榨取劳役。 如果给动机排序的话，对土地的贪婪是最重要的动机，然后是贸易，最后才是拯救灵魂。 武士的意识形态受到上帝赐福，具有很高的社会地位，这也让年轻人更容易派去探索新世界，因为这种探索所遭遇死亡的风险是有历史意义的。 但是，由于土地与农民是相互依存的，所以，他们通常并不是以屠杀农民为代价来掠夺领土。

到 1350 年为止，第一次对外殖民阶段的结果是欧洲充斥着许多规模很小的国家政权。 没人可以精确统计其数量，因为主权存在很多等级的划分。 蒂利(Charles A.Tilly, 1990：45)估计这种政权的数量在 80 至 500 个之间，但这取决于我们是如何统计的。 紧接着是第二个阶段，即"政权吞并"阶段，这持续了好几个世纪。 到 1900 年为止只剩下 25 个政权，通过"大鱼吃小鱼，小鱼吃虾米"的方式，小政权被大政权所吞并。 在东部，赢家是罗曼诺夫(Romanov)、哈布斯堡(Habsburg)和奥斯曼君主，我们在传统上都把这几个王国称为帝国。 在西部，小规模的政权被吞并，成为我们现在称之为民族国家的政治组织，如西班牙、法国、英格兰。 然而，它们也是真正的帝国，巴斯克人(Basques)、普罗旺斯人(Provencals)或者威尔士人(Welsh)都可以证明这一点。

在这第二阶段，主要目标依然是领土，尽管现在的方式是得到土地上的贵族与农奴臣服。 此时的吞并者更多是国家政权，而不是此前的贵族建立的松散同盟，后者会与债主与商人结成联盟。 这些政权逐渐把人口控制在自己手里。 战争对于更大规模的政权更有着高额的利润，武士的意识形态继续有助于年轻人冒险去追求利润。 战争对于小政权来说并没有任何好处，也不是理智的选择。 但它们学到了通过与强大的势力联姻来打败对手，进而可以和平地融合到一起。 没有任何的编年史家愿意记录已消失的政权，因为欧洲人对战争只留下辉煌与高额利润的集体记忆，目的是让后来者不断去赢得战争。 虽然强大的政权吞并了小政权，但却带来的更大问题是，这些大国之间开始走向相互残杀，就像在中国古代先秦史上最后残留的几个政权一样。

然而，在此之前，欧洲人就已开始走向他们帝国主义的第三个阶段，这一次是放眼全球。 罗曼诺夫和哈布斯堡王朝大肆向东扩张领土，哈布斯堡只是发展成为"温和的帝国"，即各民族的松散联邦，在某种程度上是寻求共同防御的战略，抵制更为强大的领邦。 相对照的是，葡萄牙、西班牙、荷兰、法国、英国都建立了海外帝国。 欧洲军国主义的因果链与海军技术的创新链是结合在一起的，由此才能产生跨海帝国的可能性。 恰逢其时的是，主要的非欧洲帝国正在走向停滞与衰败。 这样，扩张才可能走向成功。 再者，殖民者还有两个优势是摆脱了贫困与宗教压迫。 到 20 世纪为止，欧洲人及其殖民者似乎要征服全世界，但却处于碎片化的竞争状态。

军事权力的路径依赖已经经历一千年的历史。 战争是欧洲国家政权生与死的关键。 如果一个政权没有提升其军事权力，就可能难以存续。 在欧洲大陆范围内不断爆发战争，逐渐养育出战争的精细化形式，规模小但灵活的陆军与海军就能够对敌人倾泻强大的火力。 受过严格训练的步兵、骑兵和炮兵(最初是弓箭手，后来是加农炮)之间紧密合作，创造出让敌人留下深刻印象的战争机器和战场。 陆地上的枪炮有很大的技术更新，尤其是运用于海上作战的武器有了长足进步，但武器装备的成本却稳定下降。 在 1600 年至 1750 年间，法国军队每一个士兵有效射击的比率飞增十倍以上(J.Lynn, 1997：457—472)。 虽然火器是由中国人发明的，但他们并不能用火器来有效反击流动性强的步兵团，但中国的主要敌人恰恰是灵活迅速的北方游牧骑兵团，因此火器没有得到发展。　日本的步枪技术在德川幕府长期的和平时期也停滞不前了。相比之下，欧洲人持续不断的战争，在冶金、弹道学和爆破等方面获得了长足的进步，达到世界领先的水平。　中国早期的发明家们直到16世纪早期才开始意识到欧洲人已经超过他们了(Chase，2003：142；参阅Bryant，2008)。　然而，早期的欧洲人在枪炮技术上并优越于他们所面临的三个"枪炮帝国"，即奥斯曼、波斯和莫卧儿。　两者的差异更多体现在训练、纪律与技巧，也就是说军事组织方面。　海军船舰和陆军火炮的炮手得到严格的训练之后，才能有更多的合作和连续射击，而步兵、骑兵和炮兵那些复杂的合作技巧达到了很高水平，而且远远超过其敌人，相比之下，后者的军队规模通常是大得多，看起来像一伙拥挤的人群。

　　自然，这种军事上的优越性需要具备与其他权力来源相关的前提条件，尤其是政权与商业集团改进了征收赋税的能力。　政权开始系统性地征税并且征募其民众入伍，这可以发展出更为强烈的对于国家的领土意识，并将必要的基础设施扩展到国家的每一个地区。　在西欧，政权越来越变得具有民族特征。　这种财政—军事的双重达尔文主义进程只留下最适合的军事与政治权力来对付海外的民族。　而欧洲小规模的军事势力不容易战胜土著人的军队，后者可以叱咤于广阔的土地，无论是骑兵和轻重武器的炮兵都更适合这种地形。　然而，当欧洲的枪炮制造强化了射击能力之后，任何军队在固定不变的战场上都无法抵挡这种武器，在海上作战尤其如此，因为这是一种更为有限、更为惨烈的战争。显然，军国主义的精细化运用与发展很大程度上需要与工业资本主义的经济权力的发展相一致，其结果是增强了欧洲对殖民地的控制能力。然而，直到欧洲殖民者到来之后，军国主义才成为非常深入的权力。小规模的部队在战场上运用猛烈的活力，可以不断夺取胜利，但无法长期控制征服之后的政权，没有能力对其人口维持日常的管理。

　　对于西班牙与英格兰来说，帝国主义的第二与第三阶段之间几乎是连续不断的一个过程。 格拉纳达(Granada)是穆斯林在西班牙的最后一个摩尔王国(Moorish Kingdom)，在 1492 年 1 月被基督教国王斐迪南(Ferdinand，1479—1516)与伊莎贝拉(Isabella，1479—1504)攻陷。 三个月之后，克里斯托弗·哥伦布(Christopher Columbus)开始起航远征西印度群岛；10 月他发现了阻挡其航线的一块大陆。 墨西哥和秘鲁很快就被西班牙的殖民者和牧师所征服，但这些人绝大多数是来自于埃斯特雷马杜拉地区(Extremadura)与安达卢西亚地区(Andalucia)，都是贫困潦倒又无法继承财产的贵族的年纪较小的儿子们。 诱惑他们的主要目标依然是为了封建性质的新领地。 殖民者不仅拥有这块土地以及依附性的佃农，还有很高的社会地位、教会支持的灵魂归宿。 所有的人都渴望得到美洲的黄金与白银。 西班牙的帝国主义比资本主义提前到来。

紧接着，英格兰征服苏格兰和爱尔兰，以此作为海外帝国的实验(Ohlmeyer，2001：146；参阅 Canny，2001)。 北爱尔兰的伦敦德里郡(Londonderry)的城市是海外殖民地的范本，完全是来自伦敦与苏格兰的新教殖民者迁移过去之后才建造与管理的，旨在统治并使这个天主教的孤岛"走向文明"。 伦曼出版过的两本书是《英格兰的殖民战争(1550—1688)》(England's Colonial Wars，1550—1688)和《不列颠的殖民战争(1688—1783)》(Britain's Colonial Wars，1688—1783)。 从标题就可以表明，第一波殖民战争是英格兰在不列颠群岛内部发起的；第二波是新兴霸权的不列颠帝国对其他大洲的殖民。 这股殖民主义浪潮不断加剧，因为苏格兰人与爱尔兰人有着更为强烈的动机，试图尽快摆脱贫穷以及自己国内的剥夺。

海外殖民主义延续了中世纪的几个传统。 欧洲继续对外输出令人烦恼的人力资源，包括长子之外的其他儿子，私生子、冷酷的传教士、农民和工匠，他们都要冒险去维持生计，寻求一种向上层社会流动的机会，找回在家族中被抛弃的社会地位。 欧洲人只是在一些温带地区拓展殖民地盘，对其他地方的渗透更多是贸易而不是殖民，并建立没有殖民地的非正式帝国。 这种商业—海军联手的帝国主义源自威尼斯、热那亚,后来葡萄牙、荷兰与英格兰加以仿效。 在这个进程中逐渐形成商业资本主义,其基础是利用世界不同地区之间的价格差异,手段往往是垄断。 从此,两种帝国轨迹就确立起来了,一种是专注于陆地战争,并且由殖民者对新领土进行直接统治;另一种是利用海军,谋取商业垄断和非正式帝国。 一旦欧洲殖民者的农场与种植业提升了生产力,并且由商人在新领土与欧洲(和亚洲)循环流通而产生利润,殖民者就与商人以更大范围的资本主义的帝国主义方式关联起来,可以穿越任何国界。 从事贸易的商人在外近海不会停留很久,他们试图控制内陆地区,这是因为当地人之间出现无序状态,另外他们想实施垄断。

随着不断的扩张,帝国主义变得越来越具有资本主义和国家主义性质了。 军事权力为经济与政治权力所增强和并被改变用途。 如果我们考虑到权力优越性的这种野蛮程度,就会发现,欧洲的扩张实际上是不可避免的。 唯有一场可以与1914—1918年的世界大战规模相当的欧洲战争或者某个非欧洲帝国的伟大复兴才可能制止这种世界性战争的爆发,但两者在此时都是不可能出现的。 然而,政权的领土征服与市场的弥散剥夺有着不同的逻辑,两者从未完全融合在一起。 欧洲是我在前两卷所说的一种"多权力行动者的文明"(multi-power actor civilization),没有单一的权力中心,令人生畏的权力既可以为善也可以为恶。 这给欧洲帝国主义带来一种无情的、不稳定的动力,促使着国家政权和私有企业/资本家/传教士/殖民者的不断前行,而得到授权的追求重商主义的贸易公司,代表两者的交叉重叠部分。 以一种单一的帝国模式把这些分散但充满活力的领土控制在一起显然是很困难的。 所以,欧洲的这些帝国都不可能持续太久。

英帝国给所有人都带来福祉吗?

我不能在此讨论所有这些帝国,所以就集中在其中最大的一个,即英帝国。 英帝国赢得它第一块海外殖民地是在 17 世纪。 但更多殖民地是在 18 世纪中叶赢得几场与法国的战争之后获得的。 在丧失北美大部分殖民地之后,英国把自己的目光重新放在亚洲和非洲,以及在一战胜利之后被授命管辖最后一批加入国际联盟的领地。 英国的精英们拥有优越的海军权力,得到了政权在国内有效征收赋税的支持,并且继承了侵略性的作为一种习惯而被视为正常行为的战争传统,因此可以有条件发展成为帝国,而且,英国也的确这样做到了。 英国也引领了农业和工业革命的潮流,这使它在国内生产力方面处于领先水平,为其军国主义提供了经济权力。 英国的对外扩张有幸处于一个世界历史的关键时刻,那时候既是欧洲大陆的权力处于一个平衡状态,又是其他地区的主要国家恰恰处于停滞或者衰落时期。 国内的立宪君主制和精英团结得以制度化——另一个不同的因果链的产物——意味着精英们可以制定出有效政策来利用这些偶然的机会。

所有这一切都让一个小小的海岛称霸全球,从深入性权力走向广泛性权力。 缺乏这些军事、政治与经济权力的任何一个来源,都可能无法实现其全球扩张;一个更强大的亚洲可能把欧洲人限制在一种更为平等的贸易地位。 虽然英国人既缺乏一种全局性的扩张视野,也没有世界体系霸权发展的内在逻辑,但每一代精英都找到了新的发展机会。 结果是格林威治子午线(Greenwich Meridian)成为一种全世界的时间标准,英镑成为一种世界通行的货币,(由于美国的推动)英语成为一种世界通用的语言。 到 1920 年为止,这种帝国霸占了世界陆地的四分之一,成为历史上最大的帝国,虽然在某些方面也是支配程度最低的帝国。

英国走向帝国有益于谁呢? 它显然是给冒险中幸存的商人、制造商、投资商和殖民者带来丰厚的利润,而其他许多角色却没有如此幸运。 这些幸运儿虽然平时用一种谦卑虔诚的方式隐蔽起来,但对利润的贪婪与向上流动的渴望驱使不断奋发向上,另一动机是年轻男性出于肾上腺素充裕(adrenalin-charged)而敢于冒险追逐高额利润。 然而,英国与荷兰可能是欧洲仅有的可以不断增加宗主国的财富的帝国，尽管日本人后来加入了利润分享的行列。其他帝国的代价很高昂，其臣民获得的利益也并不明显(P.O'Brien & Prados de la Escosura, 1998；Etemad, 2005)，而且，帝国的吸引力对其民众而言往往是一种错觉。

被征服的民族是否受益于帝国呢？帝国主义者自己做出了肯定的回答，卡尔·马克思一开始也是这么认为。英属印度政府的总督寇松(Lord Curzon)宣称："顺应上帝的教导，大英帝国是给这个已知世界带来福祉的最佳方式"。英国陆军元帅斯马茨(Smuts)是南非的首相，他说，帝国是"人类有史以来确保人类自由的最广泛的组织体系"。长期以来，绝大多数英国学者都不约而同肯定这一点(法国学者对于他们自己的帝国也是如此)。然而，马克思曾经改变了立场，他认为英帝国的自由贸易伤害了被征服的民族，后者本应该通过保护性的关税来做得更好。在晚近几十年里，帝国已经真正丧失其所有的吸引力。后殖民研究就是建立在对之前被殖民的愤慨的基础上，虽然也得到后帝国主义的国家的负罪感的支持，现在却迈向了非常负面的方向。英国、美国、法国政府曾经为死去很久的祖先的错误行为而做出了官方的道歉——我们对种族屠杀、奴隶制度和剥削也表示深深的难过。然而，帝国在西方的民众中依然有着很高的吸引力，某些内容具有亲帝国方面的书仍然成为畅销书。

而且，有些学者近来还要求美国承担英国曾经担当的帝国责任，旨在捍卫世界的福祉。在尼尔·弗格森(Niall Ferguson)的著作《帝国》(Empire，2002)和《巨人》(Colossus，2004)中，他呼吁美国给世界带来和平、代议制政府和繁荣。他说，英国人发展出了一种自由帝国，主要是依赖于开拓"自由贸易，自由资本运动，废除奴隶制，自由劳动力市场"。他们在发展"一种现代交往的帝国网络"并提倡"在全世界范围内自由分配的劳动力、资本和商品"为人类做出了巨大牺牲。他们还给世界带来了"前所未有的和平……西方的法律、秩序与治理标准"、代议制政府和"自由观念"(Empire，2002：xx—xxv)。虽然弗格森承认英国在走向帝国的过程中曾经犯下了滔天的罪行，但他把这些罪过归于1850年之前，并且承认这些罪过在其他帝国中是较少见的。 他说，现在的关键问题是，自从英帝国离开之后，那些前殖民地变得更糟糕得多。 他运用经济增长的数据与代议制政府来支持这些主张(正如我们将要看到的，这些都很难有说服力)。

经济学家狄帕克·拉尔(Deepak Lal，2004)也鼓吹一种自由贸易的帝国主义，虽然他认为帝国不可能对异域文化输出其价值和制度。 他说，如果要极力输出的话，就将产生副作用。 作为一位新自由主义者，他不同寻常的主张是，不是把自由市场视为自然的，而认为市场依赖于秩序，而秩序来自于军事绥靖制度化为法治，确保财产权利，鼓励财产拥有者投资，生产者交换和工人选择其喜欢的职业。 他说，历史上的所有帝国都提供这样一种秩序。 经济史学家哈罗德·詹姆斯(Harold James，2006)也持有相同观点，虽然他承认自由、秩序与帝国之间的张力。 拉尔说，英帝国是所有帝国中最有效的，因为它的资本主义与工业革命是得到自由贸易的支持，推动了世界经济的一体化，让诸如印度或加纳等国进入世界体系。 他很少应用数据来支持他的主张，更多是依赖于新古典经济学的一般说教。 用这些过多的溢美之词评价英帝国合理吗？ 同样，原殖民地国家过于诋毁帝国值得相信吗？

英国扩张与军事权力

我先处理最糟糕的一个问题。 在温带地区，殖民者需要土地，但往往不需要当地的劳动力，所以他们用枪炮驱赶当地人。 最惨烈的情况都是出现在白人自治领，而且，这些殖民地绝大多数都是属于英国的。 在殖民者最初到达当今属于美国的大陆时，那里原来差不多有400万—900万土著的美洲人。 到1900年为止，美国的统计数据表明只剩下237 000人，超过95%的当地人丧生。 澳大利亚的土著人在1787年"第一舰队"到达时超过 30 万，但在 1921 年的人口统计中只剩下 72 000 人，丧失了 75%。虽然疾病在两个大洲都是最大的杀手，但殖民者不仅因为这些死亡人数而庆贺，而且还辅之以大规模的种族屠杀。殖民者的政治组织越具有代表性，屠杀的人数就越多，即我所说的民主政权的种族屠杀。殖民者比殖民地的权威们更为残暴(Mann，2005：chap.4)。这是一种反常的全球化，它不是世界各民族的整合，而是铲除他们并代之以欧洲人。欧洲人用他们的技术来剥削丰富的土地与自然资源。这一点对于所有那些成为美国人的殖民者而言是至关重要的。

与种族文化灭绝(ethnocide)和种族灭绝(genocide)比较起来，奴隶制似乎算很慈悲的了。到 16 世纪为止，奴隶制在欧洲消失殆尽，但殖民者在新世界大量种植蔗糖、烟草、咖啡，带来高额利润，但同时也恢复了奴隶制以满足劳动力的需要。现代奴隶制源于现代农业、工业与海军之间的结合。奴隶制被用在大规模的、集中的、胁迫性的、受规训的劳动力身上，他们被用于农业种植、工厂加工的农产品生产过程。因为在他们自己宗主国难以把人们变成奴隶(会逃走或者反抗)，欧洲的海军力量就从其他大洲把奴隶运送到新的殖民地，这就造成了种族问题，所以，这种奴隶制完全不同于此前任何时候的奴隶制度。当然，非洲人也完全知道奴隶制度，非洲的精英也不反对把自己族群关系网络之外的人变成奴隶。毋宁说，在欧洲人到来很久之前，他们一直都是在阿拉伯人领导下从事奴隶的交易与运输。与欧洲人一样，他们对于女性从事劳动也没有任何禁忌。所以，非洲人被利用来把其他非洲女性与男性变成奴隶。欧洲人单独依靠自己是不可能达到这个目的的。戴维·艾尔迪斯(David Eltis，2000：279)认为："美洲兴起奴隶制度与西欧人追求自由是联系在一起的。"不久，当时获得最多自由的人们，即英国人，主导着非洲与美洲之间的奴隶贸易。

大约有 1 200—1 300 万奴隶被从非洲运送到新世界。200 万人在运输途中死亡，原因是过于拥挤、营养不良和残酷的监管。到 1770 年为止，英国人运输了绝大多数奴隶，他们在加勒比与北美的种植业需要最大量的奴隶，开拓大规模的生产以满足大量的消费。 这是"资本主义逻辑第一次最不需要伪装的表达"，并促使殖民地从贵金属输出过渡到农业资本主义(Blackburn，1997：554；Eltis，2000：37；D.Richardson，2001)。 在美洲，奴隶制与欧洲半自由的、受约束的劳动力是相随而至的。 沃勒斯坦(Wallestein，1974)指出，核心地区的自由劳动力与边缘地区的强制劳动力之间存在关联，这是殖民地资本主义的结构性特征，而且是对于过去所有帝国形态的一种创新。 然而，我必须补充一点，当地大多数人虽然都受到剥削，但并没有以这种方式受到压迫。 严格控制劳动力的奴隶制度与种植业在数量巨大的自耕农和其他大量享有自主性的家庭中只不过是一些孤岛。 因为农民很少感觉到如此直接和频繁地受到压迫。 在政治上，宗主国的国内公民与外国的帝国臣民之间出现相对应的二重性。 显而易见，这并不是自由贸易，同样明显的是，奴隶制度对于奴隶来说没有任何益处，毋宁说，他们更愿意呆在更贫穷但自由的非洲。 所以，大英帝国对于所有这些土著人来说全是负面的。

然而，在18世纪末，英国的激进派与福音派带来了意识形态的改革运动。 这场运动主要是抵制政府的腐败，而腐败在印度尤其令人无法容忍。 这场运动很成功，从那时起，英国殖民地的管理相对更为清廉(正如弗格森所言那样)。 更为壮观的是第二场运动，因为在1807年和1833年这两个时期，英帝国境内的奴隶制度被永远废除。 在废除奴隶制度的政治运动中，基督教精神中的平等观念似乎已经克服了经济权力的利益。 因为奴隶贸易仍然带来高额利润，所以废除奴隶制的结果是英属西印度群岛的制糖工业的崩溃。 西蒙·德莱斯切尔(Seymour Drescher，2002：232)说，这个"基于道德行动的国际政策在现代史上是最昂贵的"。 然而，英国的资本家依然投资于奴隶贸易，只是现在转向使用外国船只。 政治对利润的影响超过了道德修辞，这意味着帝国有着国家主义/资本主义的双重特征。 此后在英国和其他地方并没有出现为当地民族争取利益的运动(B.Porter，2001：219—220)。 帝国最大的好处已经很早就到来了——1850 年之前——但这只是福音多于自由，是资本主义用诡计进行廉价兜售的结果。

贸易比奴隶制度好得多，但是贸易双方的地位却并非平等的。 英国的殖民地贸易集中在一种三角关系的交易方式上，即英格兰制造的商品、非洲输出的奴隶和美洲生产的农产品。 紧接着，东印度公司在亚洲占支配地位。 这个公司的一名官员提醒印度人："当地土著人是一个既安逸又愚钝的民族，不热衷于战争，……向他们征税是非常方便的"(Lenman，2001b：110)。 这个时期，帝国经济集中在核心地区生产的制造业商品与边缘地区提供矿石、农业以及初加工的各种原料之间的交易上。 那时候，从核心地区出口到边缘地区的制造业商品价格远比从边缘地区进口的原材料价格高得多，这是由"看不见的手"(invisibles)来维持进出口贸易的平衡，包括金融、航运和其他交通运输，以及职业的和政府的服务机构。

不平等的交易一直持续下去。 在罗马帝国与中华帝国，各个行省之间的交易随着时间的推移而变得更为平等，核心地区往往会投资到边缘地区，而且古罗马与中华帝国的殖民者也经常与当地民族通婚。 这些帝国把利益带给被征服的民族，以至于后者自愿同化到帝国认同中。然而，欧洲人并没有同化当地民族。 原材料源源不断从殖民地输出，不仅受到零关税所刺激，甚至有时候还有出口补贴，但欧洲人却强迫他们退出高利润的部门，诸如工业制造、运输、国际贸易，由欧洲人垄断这些部门。 所以，北美殖民地只允许生产半成品的生铁，而不是成品的钢铁。 帝国的强迫政策在印度体现得最为明显。 三十多年的时间里，东印度公司通过建立在印度商人中间进行调解的权力，强制压低印度织工完成的服装价格。 东印度公司得到了银行有保障的贷款和东印度公司士兵的支持，增加了更多的交易量，镇压织工的集体行动，公司最终垄断了制衣行业。 生产线上的织工被无产阶级化了，任何不服从的商人都会去驱赶出去。 织工们本来可以享有比 18 世纪英帝国的工人更高的生活标准，但帝国却将这一情形完全颠倒过来。 军事权力只要发挥少许的威胁,就完全足以获得各种合约和垄断,不需要其发挥任何实际作用(Parthasarathi,2001)。 这些市场交易行为都得益于权威性权力对领土的控制,体现了前文中所区分的两种逻辑的交织,其结果是削弱了之前印度大规模充满活力的纺织工业。 印度确实是"被掠夺了"。(Ray,2001:514—516)。 圣方济各·沙勿略(Francis Xavier)是东印度群岛耶稣会信徒,他宣称,"帝国"一词"在其所有时态与语气的句子中都是为了把动词换成抢劫"(Appleby,2001:97—98)。 殖民战争被认为是为他们自己分配战利品的行动(P.Marshall,2001:5)。 有些当地人的确是有所获益,诸如印度的商人—调解人,但他们的获益是以大多数人付出代价为前提的。

我们不应该夸大帝国对其国内的积极影响。 帝国对英国国内带来的收益并不是很大,每年只为英国的国内生产总值提高 1%,只占英国与欧洲大陆贸易的十分之一。 但帝国也有两个主要的贡献,其一是来自哥伦布大发现的农作物交换,对英国 18 世纪农业革命产生重要的影响,这可以满足人口增长,并且劳动力得以解放进入城镇。 第二个贡献体现在 18 世纪 70 年代,这是工业革命的关键时期,奴隶制度带来的收益占英国投资总额的 21%—55%,那个时期的制糖工厂和劳动力控制的方法还影响到英国新兴的工厂体制。 殖民地的工厂与种植业为控制劳动力提供了更为精细的方式,这种控制方法不久就传到宗主国并运用于工人阶级(较少运用在农民身上)。 帝国的崛起主要并不是因为工业革命本身,但它却刺激了本已繁荣的经济(O'Brien,2004;Blackburn,1997;Schwartz,2004;Inikori,2002,不同意这种观点)。 后来,印度与白人自治领在经济上变得越来越重要,但英国的经济增长却在根本上并不是帝国的结果。

在英帝国,意识形态使命的表述并没有像在西班牙帝国中表现得那么突出,然而,英国(与荷兰)都的确强调输出自由。 它的统治具有"商业的、新教的与海上的"特征,所有这些特性都被认为含有自由的意味,与欧亚大陆的专制主义相对立(Armitage,2000:173,193)。 自由选择的冒险者带来了经济扩张，比如企业家、受雇佣的士兵、传教士，甚至科学家，他们得到商人、教会和科学学会的支持，为自己筹集资金。私人武装的贸易公司往往在英国、法国、荷兰正式殖民统治之前就来到了这个新世界。启蒙运动有助于殖民统治合法化，因为有创造力的欧洲人有能力"提升"和"改善"地球的资源，但"放荡不羁的野蛮土著人"却在浪费资源，只适用于被强制管理(Drayton，2000：90，229—234)。讽刺的是，在20世纪后期，这种意识形态完全颠倒过来，西方的绿色运动越来越称赞土著人的生活，因为他们才过上与自然融为一体的生活，而西方人却已经对这种生活烧杀抢掠数百年之久。

英国人与当地的首领签订条约时，通常表现得无可厚非。然而，小小的印章开始一步一步迫使当地人将土地与贸易拱手相让出来。如果当地人抵制并杀害了英国公民时，就会被谴责为一种原始的野蛮暴行，是由种族上低一等的人有意实施的犯罪。这种情感上的反应就会带来可怕的报复。英国政府不喜欢卷入其中，想要公司和殖民地自己承担责任，不想招致麻烦。然而，官员知道，他们最终的职责是保护英国公民。如果不能提供保护，国内的愤怒就会迫使他们辞职。这是帝国的一种制度安排，帝国政府的权威部门竭力利用那些突发事件，以此控制武装起来的殖民者与商人。帝国获得更多的领土，并且规模越来越大，统治也越直接，几乎势不可挡，但却缺乏一个整体的视野(B.Porter，2004：chaps 1—3；Burroughs，2001：170—172；Galbraith，1963)。

从19世纪中叶开始，英国转向自由贸易。其技术的领头羊地位意味着其商品不需要关税保护。英国自由派对帝国依然持否定态度(就像美国人今天一样)，认为皇家海军的功能只是在于保护自由市场(B.Porter，2005：chap.5)。非正式的帝国即"自由贸易的帝国主义"如今变得比殖民帝国更为广泛(Gallagher & Robinson，1953)。有些市场是炮舰打开的，然后被迫实施非常低的关税，正如在中国与泰国(Siam)一样。实际上，在自由贸易下，英国人无论如何都可以获得绝大部分的贸易，因此，一般就不需要使用任何武力。随着大英帝国不断拓展并变得更具资本主义性质的时候,它的统治负担就变得越来越轻。

欧洲人、美国人和日本人在"新帝国主义"中积累了更多殖民地,从 19 世纪 70 年代后期到第一次世界大战之前的这个时期掀起了一股扩张浪潮。 马克思主义与社会科学在那时候也正在走向繁荣,这些理论得出的解释甚至到如今都仍然有很大的影响。 自由派记者霍布森(Hobson, 1902)认为,新帝国主义的兴起是因为需要把国内剩余的资本投资到国外。 他列举了几个表格,表明英国外贸和投资在这段时期大幅度提升。 列宁扩展了霍布森的观点,提出:"资本主义越是得到发展,其对原材料的需求就越高……竞争变得越残酷,在全世界对原材料的掠夺就越疯狂,占领殖民地的手段就变得越是穷凶极恶。"他说,发达国家实际上是过度积累了资本,但所产生的过剩资本只是用于帝国在海外的投资(Hobson, 1939:82)。 列宁、希尔弗丁(Hilferding)以及其他人讨论发达国家的经济集中与垄断,在他们看来,国内的垄断需要保护国外领土即殖民地的市场。 资本主义的这三种趋势被认为会增强帝国之间的竞争,分裂资本主义并导致大规模的战争。 他们认识到,帝国主义先于资本主义,但也认为,资本主义给予了帝国主义一道新的利器(gave it a new bite)。

然而,霍布森、希尔弗丁和列宁都错了。 首先,各帝国之间在国际经济体系中存在合作。 英国不再是制造业的领头羊,但它拥有世界上最多储备货币和最大的银行体系。 外国银行差不多都在伦敦有其分行,其目的是为了清算贸易相关的费用。 它们以低利率的短期储蓄形式把利润寄存在英国的银行,这叫做交易的商业化账单。 到 1908 年为止,外国和殖民地银行所寄存的资金差不多占英国银行资金总量的三分之一到一半。 英国的各家银行利用这些资金,给边缘地区的国家投放长期的、高利息的贷款,就像如今美国所做的一样。 英美两国都用借低贷高的空手套白狼方式获取金融仲裁的利润(Schwartz, 2004:118—119)。 这在诸强权中都是一种达成共识的行为(如今也是一样),因为在帝国的核心存在有保障的储备货币和金融制度,这对所有国家都有好处，只要英国(和美国)的信任度比任何其他国家都更高。 所以，资本主义金融的世界并不喜欢越来越剧烈的帝国竞争。 帝国的竞争在不断加剧，但其原因并不是资本主义，而是其他因素。

而且，大量的贸易与金融局限于发达的资本主义国家之间流动，只有其中的一点点可能输到殖民地，而且，霍布森与列宁都没有认识到，英国殖民地的贸易与资本只有一部分是流向非白人的殖民地。 大量贸易资本都流向澳大利亚、南非、加拿大的白人殖民地；白人都是在他们自己之间做贸易。 无论如何，海外投资的不断增加主要产生于海外利润的复合型再投资以及持有的外国资产价值的增加。 在帝国核心地区并没有剩余的资本。

保守派与马克思主义者提出一个替代性的解释，那就是社会帝国主义：向海外扩张可能转移国内的阶级冲突。 有些政治家也赞同这一点，因为有时候似乎行之有效，但在英国并非如此。 工人阶级很大程度上对帝国没有兴趣，而且英国殖民者的流动也在走向衰落(B.Porter，2005；chaps.6，9)。 某些具有经济色彩的观点可以解释一些特定的帝国，诸如日本(参阅 chap.4)。 然而，它们的主张无法普遍解释新帝国主义，尤其是英国的帝国主义。

专注于核心地区的经济关系的各种解释太狭隘了，我们还必须有全球的思考。 首先，帝国与土著民族之间在军事权力上的差异越来越大。 在 19 世纪后期，蒸汽轮船、马克沁机枪(Maxim gun)和用来预防热带疾病的奎宁(quinie)使得小规模的军队有可能征服更大范围的领土(Headrick，1981；Fieldhouse，1973)。 鲍塔·埃特马德(Bouta Etemad，2007：chap.3)认为某些人对奎宁的疗效评价过高，他赞同马克沁机枪在1880 年之后的影响，但认为欧洲人一直以来的决定性优势是他们有能力训练大量当地人替他们杀人。 一旦他们达到这个目的，帝国主义的猛烈的火炮已经可以真正深入内陆了。 其次，欧洲列强已经感觉到这个有限的地球正变得拥挤，这一点强化了帝国之间的角逐与竞争，它们都想在被完全瓜分之前尽可能多地攫取领土。 在 19 世纪 80 年代，德国和比利时的帝国主义突然出现在东非,而法国的帝国主义得以复苏;在 19 世纪 90 年代,日本、意大利和美国也开始占领殖民地。 这些帝国都持有一种战略性的动机:如果我们没有占领殖民地,我们的敌人就会抢先占领。 它们当然也持有经济方面的动机。 资本家希望未来某个时候突然赚一大笔钱。 非洲只是可能拥有无可估量的财富,但亚洲的确有巨大的市场。 从形式上看,这就是全球化,但我们可以认为这仍然是碎片化的全球化,因为差不多整个地球都正式被划分为不同帝国的殖民地,并且帝国对内地的统治往往是非常费劲的。

然而,帝国很少控制国内的政治。 殖民地在威斯敏斯特(英国议会所在地)的地位一直很低。 主要的政治家都避免殖民地事务部成为他们政治生涯的破坏者,因为关于帝国的争论会完全掏空国家事务。 帝国主义者是由一群形形色色的人组成,包括追求海外利益的商人、冒险家、传教士和宣扬其他意识形态的人,他们所追求的资源远远比政治家所能提供的财政补贴多得多。 英国政府提出的现实主义的问题:一次远征需要花费多少钱? 是否值得花这笔钱? 这些问题说明政治家很谨慎,占领一块殖民地之后,其统治就相对轻松起来。 然而,只要主要的殖民地反叛造成英国人被杀害,就会立刻带来报复。 即便如此,英国在阿富汗的失败只是导致临时的报复和最终的撤退(听起来很熟悉是吧?)。 对外扩张的理想与令人愤慨的傲慢必须服从于一个战略性的目标,即不费吹灰之力地限制俄国在阿富汗的影响。 只有南非于 1914 年爆发的"布尔叛乱"(Boer Revolt)才导致英国国内的大选论题转向了帝国事务。 在第一次世界大战之后,各国政府都拼命追求经济增长,他们在殖民地大肆搜刮(Kirk-Greene,2000;B. Porter,2005:105—108;Fieldhouse,1999:73—76)。 即便如此,英国与欧洲的事务仍然比帝国更重要得多。 在英国国家政权中,帝国主义事务一直都处于次要位置。

列宁认为抢夺并瓜分非洲与一战有密切关系,但是,列强在外交上成功规范了这种抢夺。 在 1885 年,列强们签署了《柏林条约》,允许大国占领非洲领土，只要它有能力有效控制其边界。所以，它们就以小股力量推进并深入到内陆，让非洲走向一种完全名义上的存在。然而，它们并不会对一个对手要求实现真正的占领提出抗议，因为它们自己的要求同样模棱两可。对于危险的冲突与遭遇采取的是现场解决方案。就以1898年的"法绍达事件"(Fashoda Event)为例吧。当时据说一支法国军队正在非洲挺进尼罗河的源头水域，根据这条情报，英国政府就派遣其远征军，此前它已经拒绝任何国家吞并苏丹的计划。当法国军队挺进到很长一段距离，抵达尼罗河边上的法绍达小镇时，英国海军也恰好来到了那里。当他们彼此见面时出现一个很不愉快的场面，但法国军队很快就作出撤退的决策，因为英军有炮舰，而他们却没有。现在，英国人的确吞并了苏丹。两个帝国曾经成功规范了竞争——以边缘地区为代价。帝国竞争的危机多年来都是若隐若现的，但通过外交方式解决了。正如我们将在第五章和十二章所看到的，1914年与1939年欧洲殊死搏斗的两次战争都不是帝国的海外竞争所突然导致的。毁灭帝国的是列强在欧洲的竞争。列宁在这一点上的判断是错误的。

进入20世纪之后，英国政府继续利用冒险家来开拓殖民地。比如斯坦利(Stanley)、罗兹(Rhodes)、乔治·戈尔迪(George Goldie)和卢格德(Lugard)等人从英国政府为其公司获得了垄断特权。比利时的国王成立了自己的私人公司，这是剥削性质最严重的公司。冒险家经常肩上扛着枪，口袋里兜着签约文本。非洲的统治者被说服或者被迫签订出卖土地或不平等贸易的协议。想得到好处的首领就会与英国人结成联盟；否则，公司就实施更严厉的贸易条款。如果当地统治者或者商人进行抵制，就必然导致无序状态。在非洲的温带地区，全身武装的殖民者大量涌入，掠夺当地人的土地，他们的数量之多超出了首领的预料。非洲人自身四分五裂，他们在军事力量上远远落后于殖民者，一旦与殖民者发展成战争，就必然意味着英国殖民者的胜利(Vandervort, 1998；Wesseling, 1989)。

就像在绝大多数帝国一样，英帝国一旦得以巩固，历史使命方面的宣扬就显得迫在眉睫，因为这些宣扬会对扩张给予更高的道德评价。很少人喜欢把自己视为只是贪得无厌的动物。这个"传送文明与福音的代表团"的使命，存在种族上的偏见，因为文明的进展都是由"盎格鲁—撒克逊民族"来完成，传播的福音是"商业、文明与基督教"，这是自由在 19 世纪的标志性词汇。在这个福音里，暴力是不可避免的，因为当地人彼此处于"无休止的战争状态"，任何一方都无法提供秩序。虽然经济利润对冒险家有很高的吸引力，但如果竞争性的诸帝国都瞄准同一块肥肉，国家政权为了战略性的原因也需要介入，并且几乎不考虑利润的可能性(Pakenham, 1991：xxiv; Reid, 2007; Gallagher & Robinson, 1953; Fieldhouse, 1973：chap.13)。于是，各种动机就越来越混合在一起。

在帝国扩张的前沿阵地，暴力是持续不断的。南非的殖民者比北美的殖民者更加温和，因为他们需要当地人做劳动力，但依然不断发生残暴行为。1874 年至 1875 年间殖民者与英国军队在纳塔尔屠杀了赫鲁比(Hlubi)和普蒂尼(Putini)两个部族的男人、妇女与儿童。纳塔尔的祖鲁人在 1906 年遭遇同样的命运。在 19 世纪 60 年代和 70 年代，炮舰每年都对尼日尔河进行惩罚性的远征，掠夺村庄，杀害男性、妇女与儿童，因为这里有人抵制英国贸易商人进入。戈尔迪在 1879 年成立了非洲国营公司，获得一个皇家特许状，对整个河流强制实施"自由贸易"。事实上，这对于非洲商人来说意味着强制。原本从事黄铜买卖行业中的商人是最有利可图的，但他们因此而陷入饥饿的困境中。1895 年他们奋起报复并且杀害了公司的几个雇员。这在英国引起巨大的愤慨，戈尔迪要求英国政府对这个群体"斩草除根"。国王可可与其大臣担心发生最坏的状况，就写了一封道歉信给威尔士亲王，说他们现在实际上"非常难过，尤其是杀害并吃掉了其公司的一部分雇员"(他们自己所强调)。这封道歉信得到了英国自由派利益集团的同情与支持，没有再诉诸镇压，但这个公司不久又恢复其原来的做法，而当地从事黄铜贸易的商人又陷入挨饿的境地。1895 年罗德里亚(津巴布韦)被占领，将洛本古拉(Lobengula)首领的领地上所有的东西——包括土地、牛羊和所有财产——作为战利品由津巴布韦的商业公司与其他白人的武装分子瓜分。任何参与反抗的人都被杀害。 在1870年至1902年间，英国通过武力和武力威胁，在非洲获得15块新的殖民地和保护国(Pakenham, 1991; Headrick, 1981: 73—74)。 殖民者在20世纪40年代继续在肯尼亚占领土地。

从1871年到1914年，英国人一共打了30场殖民地战争(不包括在印度西北前线还有长年不绝的暴力冲突)。 在这段时期，英国人、法国人和荷兰人至少打了100场战争。 单单在肯尼亚，英国人就在25年期间每年进行过一场战争(Wesseling, 1989: 8—11; Wesseling, 2005)。 在这些殖民地战争的死亡欧洲人总计达到280 000至300 000。 被征服地区丧生的民众大约在5 000万—6 000万，其中90%是平民(Etemad, 2007: chaps.4, 5)。 这足以驳倒民主和平理论，因为西方人认为民主国家彼此之间不倾向于发动战争。 绝大多数西方国家都是"直接民主"，国内各地人民参与和平或战争的决策，人们不需要违背自己的意志而参加战争。 英国、法国与荷兰在广义上都是代议制政府，但是这些民主国家之间以相当高的频率相互开战。

战争变得越来越惨烈，肯定不亚于非洲人内部此前发生的任何战争。 殖民主义者宣称，当地土著人是"野蛮的"、"嗜血的"战争狂热分子。 他们根本不考虑这样一些事实：虽然埃塞俄比亚(Ethiopian)和祖鲁(Zulu)帝国以及索科托哈里发(Sokoto Caliphate)间歇性地使用"焦土"战术(Scorched earth，军队撤退时销毁一切敌军可资利用之物)，在几乎完全不可能打败对手的情况下，非洲大多数首领宁愿诉诸外交和选择低烈度冲突，而不是选择全面战争(Smith, 1989; Reid, 2007)。 在非洲与欧洲之间的一个差异是，非洲不缺土地而是缺劳动力。 大多数非洲统治者都对扩张领土没有兴趣，战争带来的利润并不意味着占领领土，而是占领可资利用和兜售的奴隶。 非洲人觉察到英国人的暴力已经超过抓捕奴隶这个目标。 欧洲人认为非洲人应该"受到沉重的打击"，因为这是让他们服从殖民统治的唯一的方式(Vandervort, 1998: 2, 185—205, 219)。 在最畅销的军事手稿《小规模战争》(Small Wars, 1906 edition: 40, 148)中,科洛内尔·卡尔韦尔(Colonel Callwell)宣称,为了打击那些避免阵地战的当地人,消耗性的战争必须打击敌人"最珍重的东西",摧毁庄稼和村庄,掠夺牛羊。"不文明的种族把仁慈看作胆怯。一种适用于欧洲的体制并不适合于狂热分子和野蛮人,他们必须受到彻底惩罚(brought to book)并进行精神恐吓,否则他们就会再次揭竿而起。"这是自由的帝国吗?

英国总是有一些反对帝国主义的压力群体。 甚至威廉·尤尔特·格拉德斯通(William Ewart Gladstone)在其 1879 年的著名演讲中都有明显的反帝国倾向,支持祖鲁和阿富汗捍卫自己的权利:

> 如果说他们是在反抗,难道你们以前没有反抗过吗? 经过他们所曾经抵制过的村庄,你可以发现的是,那些以前生活在那里的人被杀了,村庄被烧毁……妇女、儿童在冬天的下雪天受冻挨饿……想想吧,在政治上没有任何的必要,却要发动一场人类历史上最为惨烈的战争,但英格兰的名字应该一直与这样一些结果联系在一起吗? 如果我们一定要把非洲人视为野蛮人的话,就请记住这些野蛮人的权利吧。记住他们温馨的家园,记住在冰天雪地的山村里阿富汗人的神圣的生命,在伟大的上帝眼里,这与你自己的生命一样都是不可侵犯的。

格拉德斯通可能仍然不愿意看到如今的阿富汗人。 然而,讽刺的是,在他任英国首相期间,英国所征服的领土比在此前全面支持帝国扩张的首相迪斯雷利(Disraeli)时期还要多! 在美国,自由派总统伍德罗·威尔逊(Woodrow Wilson)后来面临同样的矛盾,他派遣的海军比起此前被认为更为帝国主义倾向的总统更为频繁。 不幸的是,自由主义对帝国的结果并没有多大影响,虽然在整个过程中自由主义的确持反对意见。

暴力在"一战"后的伊拉克继续蔓延，国际联盟委托英国人为该地区的"管辖代理人"。 在肯尼亚，殖民者造成的暴力持续到 20 世纪 50 年代，仍然在争夺着当地的土地(Kershaw, 1997：85—89)。 肯尼亚 1950 年出现反对英国殖民统治的武装组织"矛矛党"(Mau Mau)，英国对此的反应是残酷的镇压。 大约有 2 万人死于战争，不下 1 000 人在袋鼠(kangaroo)法庭上经过仓促审判后被处决，比法国人在阿尔及利亚所处决的当地人还要多。 更多人是死于英国的集中营。 矛矛党人总数才杀害 32 个欧洲人——典型的帝国式的不平等。 这些滔天罪行不是发生在 19 世纪 50 年代，而是在 20 世纪 50 年代，这怎么让我们消除那些错误的观念，即帝国必然会随着时间的推移而走向自由呢？ 在这个过程中，当今美国总统奥巴马的祖父胡森 · 奥扬戈 · 奥巴马(Husein Onyango Obama)也是其中备受煎熬者之一，他的睾丸被金属棒紧夹着，这让他终生痛恨英国。(The Observer, 14 December, 2008)

这是一个警察审问这些英国人辱骂为"米老鼠"(Mickeys)的矛矛党的回忆录：

当然，他们并不愿意说话，其中一个是高高大大的黝黑的混蛋，狠狠地盯着我，显得非常无礼。我狠狠地扇他一巴掌，但还是一直紧紧盯着我，所以我就用我最大的力气猛踢他的睾丸。他痛苦地蹲在地上，但当他最后站起来之后还是再一次对我瞪眼，我开始有点发抖了，真的是发抖。我开始拿出我的左轮手枪对着他的咬得紧紧的牙齿，我还说了一些什么，但现在已经记不起来了，接着就扣起了扳机。他的脑袋崩裂，鲜血溅到警察站的另一边。另外两个"米老鼠"静静地站在那里，茫然地看着。我对他们说，如果他们不告诉我其他混蛋藏在哪里，我也把他们杀了。他们依然没有说任何东西，因此我也对这两个人开枪了。其中一个没有

死,所以我又对着他的耳朵补了一枪。当警官过来检查时,我告
诉他,米老鼠试图逃跑。他不相信我,但说了一句话:"拖出去埋
了,再把墙上的血擦干净。"(引自 Anderson,2004:300;参阅
Elkins,2005)

殖民者一旦征服并稳定了殖民地,暴力就开始减少了,这是因为英国人
的数量不足。 由于缺乏殖民者,统治模式就由直接控制转为通过当地
精英管理的间接控制,不过当地人的军队也给殖民主义者提供了一定程
度上的依靠力量。 武力和与当地精英的协商相结合,这可以产生稳定
与和平。 这是英帝国的最大成功——一个小国家统治一个庞大的帝
国,只需要少量固定的行政管理机构,再加上当地精英和大规模征税队
伍作为后盾。 然而,这个时代还没有兴起世界范围的民族主义。 如果
当地精英认为帝国要求镇压任何反叛,他们就可能支持帝国;当地的普
通人觉得报酬丰厚也会为帝国打仗。 在上述提到的残暴活动中,绝大
部分参与其中的军人都是当地人。 而且在当地人中一直存在赢者与输
者,在间接统治时期尤其如此。

非正式的帝国扩张的范围包括半边缘地区的独立国家,在这些国家
实施直接和间接统治都是不可能的,但英国却可以在其中维持其影响。
在拉丁美洲,这种影响源于英国海军支持他们对西班牙帝国的反叛。
这些国家不仅得到英国的支援,而且此后其经济也是由伦敦市诸财团所
控制。 英国在阿根廷的投资是最高的,但这个国家太大并且用炮舰的
外交政策是难以奏效的,所以,英国就利用结构性调整计划实施经济胁
迫。 1900 年左右阿根廷为英国提供了 10% 的进出口贸易量,但英国却
为阿根廷提供了 50%,还有绝大部分的资本投资。 阿根廷几次想提高
来自纽约、巴黎和柏林的投资量,但都失败了。 这样,英国就迫使阿
根廷政府完全接受英国的帝国政策。 1876 年秘鲁因拖延偿还贷款而遭
到英国制裁之后,英国对阿根廷的强制尤其显得有效(McLean, 1995;
Lynn, 2001;Cain & Hopkins, 2002:244—273;Darwin, 2009: chap.3)。

非正式的帝国在中国、泰国、奥斯曼帝国、埃及更为强硬，自由贸易、垄断和债务重组在那些地方不断得到炮舰外交政策的支持。　非正式帝国有时候会占领港口，但帝国主义的势力主要是停留在近海区域。

　　大英帝国在时间与空间上有很大的差异。　当它在早期扩张的地区因实施自由化而转变成为非正式帝国时，新的殖民地却遭受着血腥的征服并实行直接帝国的统治方式。　弗格森和拉尔提供了一种非常僵化的二分法，即将大英帝国划分为 1850 年之前与 1850 年之后两个阶段，这个英国越来越走向更为和平的统治趋势，其时间安排在不同地区也有差异，因为其征服是出现在不同时期。　我现在考察三种更为和平的权力来源：经济的、政治的、意识形态的。

经济权力关系：一种全球经济？

　　英帝国是全球性的，然而却只是世界的一部分，而且随着 20 世纪的展开而逐渐转向其自身内部。　约翰·达尔文(John Darwin，2009)注意到帝国的三个主要高利润的地区：白人自治领、伦敦市的商业与非正式帝国，以及提供金条、市场、军事人力的"大印度"。　弗格森(2004)提供了一个统计分析，试图表明帝国在 19 世纪后期和 20 世纪早期取得相当大的经济增长。　然而，奇怪的是，他的数据差不多都是来自白人的统治区，比如澳大利亚、新西兰、加拿大和南非，这些在当时世界上有着最高的增长率。　他还补充了一些数据，表明英国对外投资总量的40%都在殖民地(2004：191)。　然而，这类投资总量的 70% 以上投入加拿大、澳大利亚、新西兰、南美洲与中美洲，这些都是欧洲血统的后裔所统治的地区，他们都是"新欧洲人"。　只有大约 10% 的对外投资流向亚洲与非洲，虽然英国人的海外投资远比欧洲其他列强更多得多。　法国人与德国人对东欧发展的援助高于他们对海外的殖民地的援助。　美国人的最大贸易对象是加拿大和英国。

　　人们常常认为，英国人在 19 世纪后期重新进行自我定位，不断脱离欧洲并进入到他们的帝国。 正如 H.詹姆斯(H.James，2006：102)所言，当面对其他崛起的列强时，"在一个更为全球范围的背景下，英国把它的帝国当作它表现不佳的一种安慰性成就。"然而，英国人的收缩比这还狭隘，他们事实上是回到一个白人控制的、包括英属自治领地在内的大盎格鲁区域，而美国接受了英国对外投资总量的 60%(Davis & Huttenback，1987：37—39，56—57；Simon，1968；Clemens & Williamson，2004)。 盎格鲁—撒克逊人的团结在世界大战中得到了充分的体现。 不少人认为在 1914 年之前的时期是资本主义的全球化程度最高的阶段，因为外贸与世界生产之间的比例是处于最大值。 这种观点是误导人的，因为这种全球化趋势是分裂的。 它有两个特征：北大西洋经济区在更大程度的整合，以及白种人在全球扩散。

　　在白人自治领，以及较低程度上在拉美这个新欧洲，当地人被灭绝了，这两个地区接着又摆脱了帝国的约束。 对殖民者来说，这产生了最好的经济结果，对于当地人来说并不一定如此。 这是海外帝国的一个矛盾。 帝国对殖民地的控制最初是最严厉的，因为有殖民者的支持，但殖民者认为，如果没有帝国权力他们可能做得更好。

　　欧洲与美洲国家的确在经济上从英帝国霸权中获益颇丰。 它们都是控制自己经济的主权国家，同时获益于英国资本与技术工人的自由输入。 技术上的转移很容易出现：外国人可以复制并改进英国的生产方法。 然而，它们遵循弗里德里希·李斯特(Friedrich List)和亚历山大·汉密尔顿(Alexander Hamilton)而不是亚当·斯密(Adam Smith)的理论保护自己处于襁褓中的工业。 在半个世纪之后，它们已经完全可以与英国竞争，并且可以降低关税。 在 1870 年之后，它们采用金本位制(Gold standard)，然后按照黄金交易的平价来维持汇率，就像英国财政部设置汇率的方式一样。 这鼓励更低成本的贷款和更大量的对内投资。 自从 19 世纪 70 年代开始，大多数欧洲国家、日本和自治领都接受了金本位制。 美国和意大利通常这么做，临时脱离金本位之后，又重新回归汇率平价体制。 其他南欧国家做不到这一点，但它们跟踪金本位制，而南美洲诸国通常是不得不暂停这种可兑换性，从而出现国内货币贬值(Bordo & Rockoff, 1996；Obstfeld & Taylor, 2004)。 国际秩序中存在一个国家的等级结构，处于高位的是白人。 除了日本之外，金本位制也是一个白人的制度。

凯文·奥罗克与杰弗里·G.威廉森(Kevin O'Rourke & Jeffrey G. Williamson, 2002)阐明了 19 世纪末发达经济体商品价格的某种汇合，这种方式比通常使用的贸易/GDP 比率更好衡量跨国经济的一体化。 然而，这种一体化主要是跨大西洋的，而不是全球的，它有利于进一步整合欧洲、北美、新西兰、澳大利亚和南美洲的南部地区，得到跨大西洋的大量欧洲移民的支持。 古典经济学理论表明，资本会向劳动力剩余的地方流动，但这里却是白人资本追逐着白人劳动力。 因此，种族压倒了经济理论。 对于世界的大部分地区来说，19 世纪的运输革命是一个很复杂的福音。 相对于制造业的商品来说，它提高了初级产品的价格，为边缘地区的国家改进了贸易的条件，鼓励它们转向出口导向的农业。 这往往导致发达国家的去工业化，尤其是印度。 这样，边缘地区的人均收入增长率开始更为落后，而全球收入的差距进一步拉大(Williamson, 2006)。

英帝国的各个殖民地之间的贸易量加起来差不多可以把少数几个独立国家的国际贸易总量翻一番，此时，英国殖民地的确分享了 1860 年至 1914 年间的繁荣(Mitchener & Weidenmier, 2008)[1]，尽管最盈利的工业与贸易为宗主国的公民所占有，绝大部分利润回流到宗主国。 有些殖民地是去工业化的经济结构，这就更依赖于出口原材料和食品。 而这些产品在更富裕的国家也越来越容易得到，通常是技术水平较高的产品，比如做糖罐头的甜菜、精炼食品、自然染料的化学用品、自然织物的合成品，诸如此类。 所以，相对于富裕国家来说，这降低了穷国商品的价格(O'Brien, 2004)。 布兰科·米拉诺维克、彼得·林德特和威廉森(Branko Milanovic, Peter Lindert, and Jeffrey Williamson, 2007)用基尼系数(Gini coefficient)来计算他们所说的剥削率(exploitation rates),即扣除那些为了确保人口基本生存而必要的产量之后带给精英的剩余比例。 在三十个前工业社会的样本中,六个出现了 100% 的剥削率。 也就是说,精英拿走了所有的经济剩余。 这些样本都是出现在各帝国的殖民地,包括印度和肯尼亚。 这些样本中有三个殖民地的剥削率大约是 70%,一个是英国的比哈尔邦,两个在荷兰帝国的爪哇岛。 看得出来,产生于殖民地的剩余流入白人精英以及一些地方合作者手中。 殖民地精英的收入让他们自己跻身当时世界人口的前 0.1% 的富人群体! 这些研究证明,殖民帝国存在的理由(raison d'etre)是剥削。

帝国年代最突出的特点是出现人类历史上最大的全球性不平等,即所谓的"大分流"。 白人走上工业化道路,而其他种族却没有——除了日本人之外。 在帝国的宗主国内,大众生活标准和寿命不断改善,但绝大多数殖民地只有非常少的一部分人能得到改善。 人口增长抵消了经济增长,生活在贫困状态的殖民地人口的数量确实增加了很多(van Zanden et al., 2011)。 大约从 1860 年开始,帝国的核心与边缘地区之间的贸易——除了白人的自治领和印度的金条之外——从比例上来说,对核心地区的经济的影响下降了。 殖民地太贫穷了,以至于没法购买第二次工业革命的产品,而发达世界却越来越转向自身(Etemad, 2005:293)。 这种发展的不平等在 1914 年至 1950 年这个时期得以持续。 在此时期,白人种族走向了全球化,而其他种族却不断被抛弃在全球化之外。 经济的全球化不仅造成帝国之间不断碎片化,而且也造成种族之间不断被隔离。

王冠上的宝石:印度的经济权力关系

印度是最有价值的殖民地,占英国出口的四分之一,占英国在亚洲和非洲投资的最大份额。 这一点使得英国有能力主导金本位制。 印度殖民地还有上百万的军队保卫着这个帝国。其 GDP 从 1880 年到 1920 年低于每年 1% 的增长率，然后呈平稳状态，在 20 世纪 30 年代，逐渐走向衰落(Roy，2000：218—223；参阅 Tomlinson，1993)。在 1947 年独立之前的 100 年里，以平均每年 0.2% 的速度发展——这段时期英国本身的发展几乎是这个速度的十倍。印度人不像英国那样，寿命得到延长 (International Labor Office，1938)。这并不是因为印度人口增长抵消了经济发展的成就，因为印度的人口增长低于英国。英国在印度的医疗政策实施得也是最少的。英国殖民者制定的雄心勃勃的医疗改善的政策，只要是违背了当地实践的规律，就会被放弃。所以，戴维·阿诺德(David Arnold，1993)总结道，印度人的身体很少被殖民。

印度是一个大国，并没有很多英国人。1931 年只有 9 万英国人从事经济活动，其中三分之二在军队服役或从事警察工作。英国的 2 000 行政管理人员管理着差不多 3 亿的印度人，他们竟然实现了统治目标，这是令人惊叹的成就。不管好歹，我们不必夸大他们的统治效果。这个国家依然在贫穷、文盲和死亡线上挣扎，这是英国人的错吗？英国人在经济上并不是首要的推动者，也没有废除由当地社会结构所造成的发展障碍(Tirthankar Roy，2000：262；参阅 1999：59)。英国政策只起到边际的效应，但这种边际性是有益的，还是有害的呢？

达达比海·纳奥罗吉(Dadabhai Naoroji，1887：131—136)是新成立的印度国民议会的主席。在他的一篇著名的英国统治的经济成就评估表中，很赞同英国所具有的优良品质。在称赞英国人的各种努力之外，他只是要求英国人应当信守自己作出的承诺。他对于殖民者的批评是到位的。他把英国的经济政策视为是为了让印度对英国出口始终保持开放，英国商品比亚洲商品更具有竞争优势。自由贸易意味着英国可以出口工业制成品到印度，并换回原材料。这伤害了印度的手工业，它们无法与英国的制造业相竞争(Roy，1999；Washbrook，2001；Parthasarathi，2001；Roy，2000：128；Roy，1999)。到 19 世纪 70 年代为止，纺织业还是努力保持了一个相对繁荣的水平，但其出口的价值却远低于原材料和农产品的价值(B.Porter，2004：53)。 船舶制造、采矿和金属冶炼等行业都是战略性的工业，但在这些领域印度专家一直遭到压制，与铁路有关的设备也是从英国进口(Arnold，2000：chap.4)。 这种压制不是来自军事权力，而是来自贸易方面的操纵，因此，英帝国对印度的剥削是间接的。

这种状况在 20 世纪有某种改善。 印度的民族主义者组织了抵制国外商品的运动，迫使英国人保护印度自主但弱小的工业。 1896 年，印度工厂提供给印度纺织业的机械只占 8%，到 1913 年上升到 20%，1945年达到 76%(Maddison，2007：128)。 然而，英国人对这种变化有其自己的解释。 第一次世界大战增强了印度的战略性意义，有必要加强防御并追加其他方面的公共开支。 他们并不想增加土地税收，因为这有可能疏远那些可以寄以希望进行地方统治的地主。 所以，他们转而向进口征税，以此从关税中增加财政税收，这也相应打击了德国与日本的商品。 诸如纺织、铁矿、钢材、糖和纸都得到保护，因为关税平均增长率从 1900 年的 5% 上升到 20 世纪 30 年代的 25%。 他们也想节省与印度相关的货币开支，所以，印度的需求越来越在印度得到满足，而不仅仅依赖于英国。 大概从 1934 年开始，印度工业开始发展，到二战为止进一步走向繁荣。 甚至是在独立之前，印度就已经转向国家干预经济的政策，这个政策的确有利于印度人(Kohli，2004：253—254)。

纳奥罗吉注意到，英国财政政策把印度出口收入转移到了伦敦。印度与其他国家的贸易有很大一部分剩余，但与英国依然保持很大的赤字。 因为整个帝国流通的都是英镑，印度国民收入的大约 1% 和印度纯储蓄的大约 20% 都回流到英国，成为英国在印度所获取的利润(Maddison，2007：121)。 这弥补了英国与其他工业化国家的 40% 的贸易赤字，使得英国保持其对外预算的平衡，使之依然保持金本位制的主导地位，并且为世界储备货币提供保障(S.B.Saul，1960：chap.8)。 英国实行低关税和高汇率(以满足进口)以及大规模的军备预算政策，其结果是出现通货紧缩。 印度是帝国防御的关键支柱，为帝国准备在全世界展开战争的部队提供最重要的保障(Darwin，2009：chap.5)。 英帝国如果没有把印度的财富和士兵转向国外,就不可能继续存在。

然而,纳奥罗吉也承认,英国的统治也带来好处。 从1900年开始,英国对铁路和港口大量的投资通常超过了直接的国防开支,虽然这种开支是用来转移部队以及运输来往于英国的商品。 灌溉工程大多数是在西北部的旁遮普地区(Punjab),这是军队的主要招募基地和老兵的安置地。 B.R.汤姆林森(B.R.Tomlinson, 1993:148—149)说:"行政管理的关注优先于对发展的关注……在印度所实现的发展很大程度上是由行政管理所带来的,这种行政管理混合着善意的与恶意的忽视来管理着经济事务,尽管存在着惰性。"(参阅 Misra, 2003;Subrahmanyam, 2004;Roy, 2000:243, 252—257, 273)这些投资比运回英国的总量要更少一些,尽管铁路的确有助于整合经济,就如同帝国的度量衡标准、货币与契约法等一样。 在英国人的统治下,印度人的平均身高缓慢增长,表明健康有所改善,但在印度独立之后却增长很快(Brennan et al., 1997)。1929年,英国给印度带来的国家整合成为一种劣势,因为全球大萧条影响到了印度(Tomlinson, 1993:69—70),但正如拉尔所主张的,总体上,整合总比分裂好一些。

绝大多数印度精英的确做得很好。 实际上,英国人与他们共同分享剥削成果。 在英国人摧毁了后莫卧儿王朝的政权之后,他们降低了土地税,这种做法有利于地主。 乡村的不平等扩大了,没有土地的劳动力不断增多。 有产者也得益于不断扩张的贸易和教育(Maddison, 2007:120ff)。 识字率在20世纪增长了两倍,虽然从这样一个低的水平发展起来,但它的确有利于形成一个相对小规模的亚精英群体。 1911年大约有5%的识字率,1947年上升到11%。 到印度独立时为止,各个领域的大多数公务员都是说英语的印度人,因为英语在1835年之后成为高等教育的唯一语言。 在这个多语言共存的南亚次大陆,英语成为整合精英的语言工具。 普及英语本身是一匹特洛伊木马(Trojan horse),产生了一种用英语表达的民族主义。

在缺点方面,英国统治期间,印度的大众饥荒增加了。 1876年至

1878 年的饥荒大约有 600 万—800 万人饿死,1896 年至 1897 年和 1899 年至 1900 年两次饥荒差不多饿死 2 000 万人。 科尼利厄斯·沃尔福德(Cornelius Walford,1878—1879;参阅 Digby,1901)注意到,在整个饥荒过程中,印度出产的粮食都一直源源不断出口到伦敦。 正如迈克·戴维斯(Mike Davis,2000:110—111,158—159,172—173)所说,这两次印度饥荒的原因一部分是自然性质的,一部分是社会性质的。 税收增加了农民应对旱灾的脆弱性。 殖民之前的印度政府一般会根据收成调整税赋。 但是,英国殖民者作为其国内官僚制政权的延伸,顽固地执行功利主义和自由贸易,在印度实行的是没有弹性的税收政策。 1878 年饥荒调查委员会的报告陈述:"在饥荒时期穷人有权要求救济,但这种教条可能导致另一种教条,即他们在任何时候都可以救济……在没有严重得令人恐惧的事情发生的情况下我们不会慎重考虑这个问题。"总督李顿(Viceroy Lytton)警告他的员工抵制"人文主义的歇斯底里发作症",命令"不能代表政府对减低食品价格做任何形式的干预。"英国总督寇松勋爵(British viceroy Lord Curzon)宣布:"任何政府的慷慨慈善的做法都将威胁到印度的财政地位,必将遭到很严重的批评;任何任意施舍的政府都会弱化人们自强自立的美德,这是耻辱,是对公众的犯罪。"(Mike Davis,2000:31—33,162)

自由主义者甚至在饥荒时期都坚持将剩余粮食都出口到英格兰。 印度人不像英国的消费者那样可以承受由短缺而导致的更高价格。 印度对减少赋税的要求被否决了。 戴维斯(Mike Davis,2000:22)总结道:"让其'臣民'挨饿的帝国政策在道德上等同于从 18 000 英尺的高空扔下炸弹。"他问道:"我们如何评判那些自命不凡的人的主张:他们总是认为,蒸汽运输和现代粮食市场有利于挽救生命,但数以百万计的英属印度人死于火车铁轨旁或者去粮食垄断部门或公司的路上?"市场和铁路在从饥荒地区运走粮食然后被其他地方更有购买力的人拉走这个方面显得更加有效。 讽刺的是,这些饥荒地区的人口在没有铁路的时候有着更好的生活状况,他们可以消费自己生产的粮食。 正如在爱尔兰的饥荒时期一样，政府坚持不干预市场的自然运转规律，认为市场可以给最大多数人带来最大效益。

拉克什米·伊耶(Lakshmi Iyer，2004)在印度做了一个富有创造性的政府效能的测评。在 1858 年改革之后，英国政府直接统治了印度一半的土地范围和四分之三的人口，印度的贵族以间接统治的方式管理剩下的部分。他发现，虽然英国统治农业区域比后者更为繁荣，但提供的如学校、卫生医疗、交通基础设施这些公共物品比后者少，而且后者比英国人征收的赋税也更高一些。这两者或许是源于它们统治地区的土地质量上的差异。所以，伊耶又挑选出王室死后而没有继承人就退回给英国统治者的地区与当地统治者管理的地区进行比较。从经济发展的角度来说这是一个随机性比较。结果，他发现，英国人管理的被退回来的区域所提供的公共物品还是比后者少。他得出的结论是，英国殖民者提供的公共物品少于当地统治者。

在帝国掠夺的最初阶段过了之后，英帝国对印度经济没有太大的影响，除了在饥荒时期之外。帝国的有些政策是相当有害的，有些也是有益的。印度从整体上来说出现了一些经济发展，但获益的却是精英而不是大众。我们无法判断，如果没有英国人，印度人的命运是如何？假如它维持独立，其经济命运可能会像中国的经济一样更糟糕，也或者会更好，就像日本一样凭借自己的能力进入世界经济体系。在英帝国征服印度的时候，后莫卧儿王朝的印度既不是停滞也不是很有活力，差不多正好处于两者之间，这个文明正处于衰落过程中，显示出某些有限活力的迹象。毕竟，正是印度制造业与贸易的活力吸引了欧洲的干预，印度已经提供了四分之一的世界纺织业原料。有些后莫卧儿王朝的当地政权，诸如迈索尔人(Mysore)和马拉地人(Maratha)，正在走向现代化，出现财产法，印度科学也在缓慢发展(Bayly，1996：21—38；Arnold，2000：1—18；Maddison，2007：130，并没有那么乐观)。所有这些迹象都在殖民主义下夭折了。独立后的印度与独立之前相比较差异很明显：英属印度的 GDP 平均增长率是 0.1%，而独立之后的印度是

1.7%。 理查德·伊斯特林(Richard Easterlin, 2000: table 1)认为 1945 年是印度的一个转折点。 虽然确定性的答案是不可能有的，但最可确信的是，假如没有英国殖民的事实存在，印度的经济发展稍微更好一点。

殖民故事中也有一些成功的案例。 马来亚岛是在移植橡胶树的基础上发展起来的，非常及时地满足了对轮胎日益增长的需要。 虽然大多数的种植业为英国人所控制，所获得的利润都回流到英国，但当地人也获得了收益。 1929 年为止，英国的马来亚在亚洲有着最高的人均收入水平，为从印度与中国来的移民提供数以千计的就业机会(Drabble, 2000: 113)。 西非的农场主得益于从美洲移植而来的可可果。 在加纳，非洲农民和贸易商人在运输基础设施改善的情况下发展了一个生机勃勃的工业。 实际上，移植可能是帝国主义的最大成果，为世界解决了食品和药品短缺的问题。 英国帝国主义最为仁慈一面的象征是英国皇家植物园而不是英国政府，虽然这可能更多是归功于英国对园艺业而不是对帝国主义本身的热情(Drayton, 2000)。

绝大多数的殖民地都依赖于单一农业庄稼或者采掘工业的出口，这让它们成为商业价格的浮动的受害者，并且使得殖民地政权成了"守大门的国家政权"，使得殖民地首府都是港口城市，便于征收进出口赋税和颁发许可证，在有价值的经济飞地与帝国核心地区之间穿梭。 采矿业和种植业业主把他们的商品直销海外，对当地经济发展起的作用极小，其他内陆领地完全不在政府部门管辖范围之内(Cooper, 2002: chap.1)。除了印度之外，只有白人控制的南非获得了整合这个国家的基础设施。虽然热带地区的出口从 1883 年到 1913 年每年超过 3% 的增长率，但这并没有影响到绝大多数生产者的生活，因为大多数农场都是欧洲人经营的(Reynolds, 1985)。 西非在帝国晚期的出口市场董事会把国内的消费税收入重新投入到发展项目上，但殖民者的农业破坏了森林和正常耕种的土地。全世界的农作物土地面积在 1850 年至 1920 年间增长了 70%。 其结果是农村产生大量非充分就业的劳动力，他们的工资水平非常低(Tomlinson, 1999: 64—68)。 在 20 世纪 40 年代之前，非洲的经济发展很慢。

　　非洲比印度更晚被殖民，原则上来说，这个时候英国人希望发展非洲的殖民地。　然而，非洲的殖民地非常落后，利润很少；各大帝国和殖民者都不愿意把资源投入非洲。　1903 年，伦敦的殖民地与苏丹事务部门拥有不下 200 人的工作人员，去过殖民地的人却很少。　在非洲，英帝国的 1200 个殖民地公务员分布于 15 个殖民地，他们只有通过吸收当地精英才能实施统治。　由于他们试图在殖民地建立私有财产关系，结果在当地一般都产生不满情绪，所以英国人放弃了这个政策，除了在那些为了欧洲农场或矿藏的利益而剥夺当地人的地方实行这个政策之外。与法国和比利时的殖民者一样，英帝国殖民者有时候强制征用劳动力，因为土地非常肥沃，但劳动力短缺。　英国人拥有产权的飞地都有着高额价值，但都是位于英国人(或者法国人)简单地划定边界的广阔内陆中。　他们对于深入非洲大陆北部的伊斯兰平民社会尤其感到困难。　殖民政权及其殖民者剥夺了许多有价值的土地并且学到了通过当地精英进行统治的方式之后，大多数殖民统治就开始随着时间推移而轻松起来。一般来说，最糟糕的暴行在殖民早期会发生，比如西班牙人在加勒比海的，英国人在北美的，虽然在后来兴起的帝国也会出现暴行，比如比利时国王利奥波德(Leopold)在刚果的矿业殖民，德国人在非洲西南部的殖民，意大利人在埃塞俄比亚的殖民。

　　总而言之，非洲经济发展有限(Maddison，2007：228)。　埃特马德(Etemad，2007)提出，在殖民征服时期人口出现毁灭性的下降之后，不仅得到恢复，而且还有所增长，但这也表明，高出生率抵销了经济增长。我对帝国殖民征服阶段中的殖民地经济的发展持质疑立场。　在征服阶段之后，情况变得较为模糊不清，不过，在殖民地之间存在一些差异，并且，在那些受到照顾的代理帝国权力的人与那些没有受到照顾的人之间也存在差异。　当然，殖民主义不能为东西方大分流的所有后果而遭受谴责。　正如我们已经看到的，帝国确实在剥削，但是西方与非西方之间出现越来越大的差异，主要原因在于宗主国与殖民地的内部条件存在巨大差异。　西方工业化了，但非西方却没有，除了日本及其殖民地之外。

殖民地的政治权力关系

政治权力关系方面呈现了另一幅对比鲜明的景象：帝国核心地区与白人控制的殖民地的民事与政治公民身份与殖民地边缘地区的臣服之间的对比，以及在民族—国家与帝国之间的对比。 拉尔和弗格森都认为，英帝国提供了"优良政府"，体现在政府的相对有效、低成本和没有腐败。 弗格森也强调英帝国对代议制政府的支持，但除了支持白人自治领的代议制政府之外，这一点是值得怀疑的(Ward, 1976)。 直到一战之时，甚至在殖民地地方层面，都没有实行任何甚至是有限的选举权。 在亚洲，一些被任命(而不是被当选)的当地官员坐上管理者的位置，但他们从来难以染指军事和外交政策。 在殖民者与当地人之间的这种双重标准一直都引起激烈的反抗。 在1857年印度叛乱(反英统治的民族运动)之后以及半个世纪之后非洲的叛乱之后，英国人意识到他们必须更少一点直接统治——唯有在当地精英的支持下才能成功(Louis, 2001：vii—ix；Crowder, 1968)。 他们选择被认为是传统统治者的精英分子，然而，英国人的支持却让国王、首脑和高级种姓等级比他们殖民之前的权力更为强大(Mamdani, 1996)。 英国人的这些做法距离代议制政府越来越远，而英国人与当地上层阶级之间结盟的目的在于共同抵制潜在的民族主义叛乱。

就像所有的帝国主义者一样，英国人宣称，帝国是为了当地人的利益。 这一点涉及拉马克的社会演变学说*(Lamarckian notions)，这种学

---

* 让-巴蒂斯特·拉马克(Jean-Baptiste Pierre Antoine de Monet, Chevalier de Lamarck, 1744.8.1—1829.12.18)，法国的科学家，1809年发表《动物哲学》(Philosophie zoologique)。在该书中提出两个法则：一个是用进废退，一个是获得性遗传，系统地阐述其进化学说，即"拉马克学说"。 在他看来，两者既是变异产生的原因，又是适应形成的过程，因为物种是可以变化的，种的稳定性只有相对意义。 生物进化的原因是环境条件对生物机体的直接影响，生物在新环境的直接影响下、习性改变、某些经常使用的器官发达增大，不经常使用的器官逐渐退化。 物种经过这样不断地加强和完善适应性状，便能逐渐变成新种，而且这些获得的后天性状可以传给后代，使生物逐渐演变。 拉马克第一次从生物与环境的相互关系方面探讨了生物进化的动力，为达尔文进化理论的产生提供了一定的理论基础。 ——译者注

说假定了英国统治的"环境"可以让当地人得以进化。殖民地的统治"是值得信赖的，是真正保护和改进有色人种的。"对于可能改进多少的这个问题，英国的政治领袖内部存有分歧。托马斯·麦考利(Thomas Macaulay)在下院宣称："印度人的公共精神要等到欧洲知识的引导……这在未来某个阶段需要欧洲的制度。"当最终确立一个印度议会时，他说，这可能是"英国历史上最值得骄傲的一天"。威廉·威尔伯福斯(William Wilberforce)是反奴隶制运动的领袖，他观察到印度在"逐渐引入我们的原则与观点，引入我们的法律、制度与行为，总而言之，印度每一个方面的改进都是有着我们宗教和……道德的根源。"当然，英国自身此时却还没有出现责任政府(B.Porter，2004：32—33；B.Porter 2006：52；A.Porter，2001)。

英国的生活水平是在19世纪70年代开始提高的，寿命也是在20世纪来临之际开始快速延长的。英国男人现在获得政治公民身份，外流殖民者数量下降了。而且，帝国的"文明化进程"不再像曾经的罗马帝国一样把土著居民整合到一个既定的社会秩序。甚至在18世纪末，全世界的人均国民生产总值、生活水平、死亡率存在很大差异，这些差异似乎没有多大的意义，但这些差异到20世纪之初就呈现其历史意义了。在19世纪80年代爆发的帝国主义情感认为发展殖民地是白人的一种负担。但这并没有削弱核心地区的白人对边缘地区的有色人种的优越性，因为核心地区发展得快得多。此时出现了一种弱化托管统治关系的观念：英帝国将拽着土著人口沿着经济与政治发展持续不平等的道路上向前走。

随着英国选举权的扩展，所有支持帝国和反帝国的运动都极力提升大众的帝国意识。工人阶级并没有受到这种宣传的过多影响，但中产阶级对待帝国却采取了积极态度，并视之为一种慈善事业，就像帮助国内的穷人一样。他们认为帝国主义是一种家长制的父权体系，抚养着"一家"孩子一样的殖民地民族最终长大成人。英国的自由主义承诺殖民地在成年时期实行自治——当然并非如此简单。然而，诸如约翰·洛克、约翰·斯图亚特·密尔和马克思都是以普适性的话语来撰写自由主义与社会主义的经典文本的，而不是局限于西方发达国家。 阅读他们的著作可能会增强自由主义民族主义者对其殖民事业合法性的信心。

帝国受到的压力来自殖民地的当地人，在印度尤其如此。 19 世纪80 年代的改革论战确保了印度人进入级别较低的省公务员系统(Sinha，1995：100—101)。 最新形成的印度国民议会与穆斯林联盟都要求政治代表权。 相反，总督寇松勋爵(viceroy Lord Curzon)提升了"最好出身和地位的印度贵族的传统权威"，牺牲国民议会的民族主义者，用一种阶级策略来削弱民族主义。 他也尽力在印度教徒与穆斯林之间分而治之。1906 年，英国自由党上台之后，增加了一些根据有限选举权而当选的成员，把他们塞到了邦一级的立法委员会(Dilks，1969：239；R.Moore，2001：435—445；参阅 B.Porter，2004：211—216；Darwin，2009：chap.5)。

非洲殖民地在政治发展进程方面的差异更大，在发展过程中显得更为落后。 苏丹政权统治着非洲大部分殖民地，这个政权直到 1952 年还完全属于英国人控制(Kirk-Greene，2000：248—249)。 1923 年，尼日利亚总督宣布："在诸如尼日利亚这样一个国家里，太多地方都还没有摆脱野蛮状态，在本质上需要一个强大的、有限的、贵族统治的政府"(Wheare，1950：42)。 卢格德公爵(Lord Lugard)是主张非洲间接统治的理论家，他说：

实现政府理想只能依靠渐进方法,这已经产生了欧洲与美国的民主制,也就是说通过代议制度,在这个制度中,受过良好教育的阶级虽然人数相对比较少,但应该被承认为其他多数人的自然代言人……史学与社会学的学者虽然来自不同的民族,但……是……完全一致同意,完全独立的时代现在还没有到来。(1922：193—197)

1938 年，殖民地辅政司(Colonial Secretary)司长马尔科姆·麦克唐纳 (Malcolm MacDonald)说："被帝国殖民的地区的人们要实现自治，这可能需要几代人，或者甚至几个世纪。但教育他们，并鼓励他们一直能够以他们自己的能力走向更为独立，这是我们政策的主要部分，甚至在非洲那些最为落后的民族也是如此"(Marx，2002：151)。殖民者制定的殖民地政治进程与"落后野蛮的民族"自身制定的并一致。

有些官员对上述理论表示怀疑。艾尔弗雷德·莱尔爵士(Sir Alfred Lyall)是印度的一名高级官员，早在 1882 年就预见了发展进程的曲折，他说："我知道，历史上从来没有哪个民族是受到另一个民族的教育和指引而进入自治和独立，世界上每一个民族都会找到自己的发展道路，就像英国已经做到的一样"(B.Porter，2006：53)。民族主义者越来越要求某种独立与自治。印度一波接着一波的示威、罢工、骚乱，被镇压之后，又引起更大的骚乱，最终殖民者还是让步和妥协。1913 年，国民议会和穆斯林联盟都要求充分的自治。第一次世界大战提高了这两者的要求的合法性，因为数以十万计的印度人在欧洲和非洲为英帝国打仗。在大众游行之后，1919 年行省议会中经过选举产生的成员的数量得以增加，但在行省设置的一些主要部门依然在殖民者的控制下。1919 年，戴尔将军(General Dyer)在阿姆利则(Amritsar)血腥地镇压反抗。这起到一种负面效果，反而帮助国民议会与穆斯林联盟获得了大众的支持。印度人在帝国的市政管理机构的比例从 1915 年的 5% 上升到 1920 年的 10%，其中的原因是战争导致英国人手不足。由于战后英国人很少移民，于是这个比例继续增加，1939 年上升到 42%(Kirk-Greene，2000：248—249)，印度民族主义者的来源不再局限于上层阶级。1935 年(再一次对反叛的回应)，英国人提出在地方层面发展代议制和负责任的政府。民族主义者拒绝这一提议，要求完全独立。英国的许多工党政治家支持印度独立，但绝大多数保守党人认为英帝国可以再持续一段时间。然而，总督寇松逐渐很悲观地怀疑这一点："印度的民族情感正在慢慢发展起来"，这"对于一个外国政府来说是从来就不可能完全缓解的。 正在起作用的动力与趋势是整体上走向分裂，而不是统一"。他把自己的希望寄托"在我们中间永无休止地张开的种族裂缝之上建立一座永久性的桥"。 但他有时候也不知道这一切到底能持续多久(Dilks，1969：95，105)。

印度教与伊斯兰教都支持抵制英帝国。 甚至莫卧儿王朝的绅士与商人阶层在早期的抵制活动都涉及某种爱国情结，共同捍卫一个在外国人占领下的印度政权。 被统治的人民形成了某种不成熟的民族主义情结，推动从分崩离析的诸多宗族或派系中产生出一种单一的印度宗教/文化。 它宣称自己在精神上优越于那些在物质上处于优势地位的英国人(Bayly，1996：345—352；Bayly 2004：chap.6；Chatterjee，1993：121；Ray，2003)。 西方精神催生了甘地的民族主义，而印度新兴的中产阶级都在英国学校接受了良好教育，发展出一种更为世俗的现代化与改革的意识形态。 在整个亚洲殖民地中，保守的文化回应转变成为一种民族主义，这种民族主义的要求比保守的英国人更为现代(Gelber，2001：152—161)。

虽然印度经济与政治的发展受到很多限制，而且非常不平等，但扩大了具有民族主义情感的中产阶级的规模。 讽刺的是，帝国的成功造就了它自己的掘墓人。 在两次世界大战期间，甘地、国民议会和穆斯林联盟主导着大众运动。 他们的统一战线与其说是依赖一个真实的印度民族(因为印度人是被宗教、种姓、种族和阶级分割得支离破碎)，不如说是取决于压迫与种族主义的共同体验，就像许多其他殖民地一样。

殖民地的意识形态权力关系

19世纪，一股强大的意识形态浪潮表现为种族主义的兴起。 在较早的帝国阶段，成功的帝国在文化上都是同化其被征服的民族，它们征服的对象是那些差异并不太大的邻近民族，俄国人在19世纪仍然在这么干，所以它们同化了绝大多数被征服的民族。然而，西欧人则是走向海外——半个地球——遇到表面上看起来就像"外星人"一样的人，这些异邦人在身体上与自己完全不一样。他们努力去理解这些异邦人的各种特质，其中，肤色是最明显的。他们通过种族来区分这些异邦人，不过起初并不是从一种生物意义上来界定异邦人，因为他们所接受的宗教主张所有人都是来源于亚当与夏娃。他们的分类首先是使用权力术语。最弱的种族为"野蛮"，最强壮的为"文明"，绝大多数野蛮的人种都被认为是"堕落的"。对于愚昧落后的种种解释都强调地理与社会因素，诸如气候、环境、糟糕的政府管理和宗教的缺乏。然而，基督徒说，即使是最愚蠢的人都有理性与灵魂，他们与我们一样流淌着上帝的血脉，只不过他们需要引导走向光明。起初，绝大多数人都相信，种族差异并不是永恒的，这是一种意识形态，用来鼓励普遍的全球化，正如启蒙运动的诸多价值一样。孟德斯鸠描绘了一个充满智慧的波斯大使，伏尔泰描绘了一个有智慧的印第安休伦人。他们用这些例子是以一种娱乐和嘲讽的方式来批判他们自己的法国社会。正如彼得·J.卡曾斯坦(Peter J.Katzenstein，2010)提醒我们的，世界文明不是单一的，而是多元的，而且多少有点是开放的。种族主义、帝国主义、东方主义、基督教和启蒙运动观念的结合可以导致不同的走向。

西班牙人改变了阿兹特克人(Aztec)与印加人(Inca)的精英们的信仰，同意他们之间通婚。起初，在英国殖民者内部实行同居与通婚都是很正常的，但奴隶制度助长了种族主义。种族观念大概首先在美洲种植业中产生出来，因为他们希望把自己与奴隶的"黑人"区分开来，并且由此来判定自己的剥削是正当的(T.Allen，1997)。在亚洲并没有出现这些种族主义，因为当时欧洲人尊重所面对的亚洲文明。通婚、同居与纳妾都是正常的。1780年，在印度有三分之一的英国人会留下遗嘱，愿意把遗产让给印度的妻子或者伴侣或者私生子(Dalrymple，2002：34)。然而，在18世纪80年代，东印度公司转变了政策，不鼓励混合婚姻，并且把混血婚姻的后代剔除于公司之外，而此前一直给他们特殊待遇。 在 19 世纪 30 年代，印度的种族主义出现了突然升级。 这时，血统与文明完全是"同一回事情……血统的标准化对于维持殖民秩序来说具有巨大的历史意义"(Bayly，1996：219；Sen，2002：143；Collingham，2001)。 同居与纳妾现在被视为不道德的行为，与非基督教信仰的人通婚受到了强烈反对。 种族隔离消除了欧洲人之间的壁垒，因为他们都是白人。(殖民者的阶级划分不似国内那般重要。)英国人也在物质与道德上出现了观念上的进步。 18 世纪的英国经历快速改革，相比之下，印度与穆斯林社会看起来依然一潭死水或者退化堕落；印度人被谴责为无可救药的懒散与堕落。

在英国本土，种族主义并没有那么强烈。 在"1833 年下院关于英国解放的最终辩论中，没有一个议员认为或证明非洲人整个种族没有能力"(Drescher，2002：81)。 在印度，种族主义由于英帝国需要实行间接统治而受到压制。 麦考利·扬(Macaulay Young)说："我们必须竭尽全力来塑造出一个阶级，这个阶级作为我们与我们统治下的数百万人民之间的沟通者。 这个阶级在血统和肤色上是印度人，但是在品位、观点、语言和智慧方面却是英国人。"(Young，1957：729)他们用英语教育了婆罗门这个贵族阶级和其他显赫家族的后代，让他们的阶级特征适应印度社会的传统地位。 印度精英似乎是文明的，印度的农民还没有走向文明。 英国的阶级与印度的种姓相互融合，因为王公贵族、婆罗门与穆斯林的显贵们成为"一个以种姓为基础的社会的领导阶层"(Cannadine，2001：chap.4)。 在非洲，虽然当地人的差异似乎比印度更小，但英国人依然坚持区分这种差异。 国王、高层贵族的家族首领与其他显贵都被授予权力、制服、荣誉、徽章和头衔。 帝国的间接统治调和着种族与阶级，在公共领域对种族主义施加限制。

然而，英国人培植了两个相互竞争的当地精英群体，传统的贵族与受过新式教育的新兴中产阶级，如律师、专业技术人员与行政管理人员，他们只能担任较低的行政管理工作，待遇也较低。 非洲的不满情绪转变成为一种大众的民族主义，呼吁人们结合成为一个整体，不要计较当地人之间的阶级差异。 英国人对此假装非常蔑视。 他们把"贵族"视为文明的、好战的、有男人气概的、"自然的领导阶层"，把当地公务员称为"绅士"(babus)。 但这是一个贬义词，意思是"瘦骨嶙峋、弱不禁风"，并且嘲笑他们说一口矫枉过正的、生搬硬套的英语。 非洲世袭酋长被称作是"有使命感的男孩"。 在苏丹，这种人被称为"上流社会人士"(Effendis)，他们模仿欧洲人的生活方式，而之所以被称为"男孩子"(boys)，是因为他们是在英国男人(men)指挥下工作，虽然后者实际上比这些首领都要年轻。 在伊拉克，英国人更喜欢"没有任何污点的绅士"，也就是部落酋长，而不喜欢"不可靠"的、带有城市民族主义的律师与政治家(Burroughs，2001：181—182；Cell，2001：243；Sharkey，2003；Dodge，2003： chaps.4, 5)。 这种做法是一种蜕化为分而治之的间接统治策略，即以阶级反对民族。

种族主义继续统治着印度的私人领域。 英国人与当地人之间的亲密生活是分开的，种姓与宗教壁垒强化了这种分离。 印度教的纯洁观念关注的是在谁可以与谁一起结婚和进餐，不能与任何不干净的人接触。 社会地位更高的印度教与穆斯林妇女支持属于她们的私人领域的种族隔离。 她们认为日常的公共生活已经被欧洲人所糟蹋，所以愿意退出来而回归到自己的可以控制的私人领域。 她们觉得自己在精神上优越于西方人(Chatterjee，1993：122—130)。 英国人将肉体上的封闭体现在他们的服饰与礼节中，放弃了松散的印度衣着，代之以穿制服、系纽扣、戴高顶大圆礼帽的先生及其穿着裙衫、紧身胸衣的太太。 舒适代之以拘谨的严肃，就像在身体与环境之间建起了一面"表达情感的墙"(Collingham，2001)。 当地人不允许出现在社交俱乐部，不鼓励欧洲女性在穷人中做社会服务工作或者慈善，因为很多人必须回归家庭。 欧洲人与当地人的异族通婚更是罕见，到1900年为止，英国男性与印度女性之间交往成了一种禁忌。 在非洲，英国(和法国)通过法律禁止异族通婚。 在印度和非洲的英国人很少(除了殖民者所在区域之外)把自己视为常驻居民，如果条件具备，他们要让自己的小孩到英国的学校接受教育。 他们在核心与边缘地区之间的流动使之成为文化的混合物，"因帝国而遭受折磨"，担心他们的小孩崇尚印度的生活方式。 白人在 3 亿印度教与穆斯林中形成一个很小的群体，他们的不安全感并没有促成一种良好的社会关系(Procida，2002：97—100，195—198；Buettner，2004)。

在 19 世纪后期，一种生物学意义上的种族主义增强了。"种族蜕化"理论似乎解释了停滞与落后的社会。 粗心的性生活与异种交配必须避免，父权模式也补充到这种理论中。 那些文明化在军事上弱于欧洲人的种族是具有"女人气的"，而那些较为落后的种族则是"像小孩一样的"低智商。 勒佩·格里芬勋爵(Sir Lepel Griffin)是英国在印度的一名高级官员，以一些华丽的词汇把种族主义与世袭制结合起来：

> 女性的特征不适合参与公共生活，没有资格承担其责任，这是她们的性别特征决定的，而且这是一种荣耀，因为看起来像女人是对女性最高的赞美，而长得像男性就是对她最坏的谴责，但孟加拉的男人没有资格参与政治选举，因为他们天生就具有女性的特征，他们必须被一种更强壮、更勇敢的并且为自由而战、已经赢得或保留自由的人种来支配。(Sinha，1995；参阅 Sen，2002；Stoler，2002：78)

父权式的种族主义往往把间接统治转变为种族隔离制度。 非洲的当地人被视为较为原始的人种，但他们成了基督徒，所以，社会达尔文主义从来没有可能战胜拉马克学说和基督教的进步观念。 通过基督教化和发展，种族差异在理论上可以被超越。 传教士创办的学校可以提高识字率，也许这是帝国带来的主要好处。 传教士在穆斯林、印度教徒和佛教徒中很难成功。 假如罗马人所征服的一个主要的民族拥有一种很有竞争力的野蛮宗教，他们也可能会面临重重困难，因为他们在解决一个少数的宗教团体，即犹太人时，就遇到了很多麻烦。

　　私人空间中存在的种族主义让当地人难以认同帝国主义者。许多人对英国的文明非常着迷，但在社交和种族上遭到白人的排斥。有些人之所以忠诚于帝国，是因为英帝国让他们获得了各种特权。然而，新兴的中产阶级私下里或公开地感受到的种族主义阻止了英帝国和法帝国按照罗马人或者汉族中国人的方式实现文化同化。虽然经济的、政治的、军事的权力关系都有助于形成种族主义，但种族主义首要的影响来自于意识形态。英国人用种族主义来解释充斥于种种思潮中的文化差异。种族主义最有影响意义的方面就在它的效果，因为这就是帝国主义者拥有的最后一种意识形态！被殖民者无法感受到英国特性或者不可能被接受为英国人(或法国人)，这必然造成一个跨种族的阶级联盟阵营，当经济发展与政治代议制开始向前发展时尤其如此，因为这强化了中产阶级的民族主义。欧洲的帝国主义包括一种终极的矛盾：虽然种族主义的意识形态可能增强白人殖民主义者的团结，但其重要性方面远比在当地土著人中的丧失合法性要小。种族主义就是帝国的一种自杀。

　　总而言之，帝国对殖民地的当地人来说没有任何好处。欧洲人已经获得了军事、政治与经济权力的制高点，并辅之以一种越来越明显的种族主义意识形态，这种意识形态在私人领域的作用高于在公共领域的作用。毫不奇怪，当地人拒绝这种意识形态，并且转向走向反抗之路。我的结论更倾向于后殖民的否定论，而不是支持帝国主义的乐观主义。新殖民地是通过铁与血来获得的。在种族和解之后，当地人付出的代价减少了，不过几乎没有得到任何利益。这个世界应该感谢英国的农业与工业革命、科学与植物学，而不是它的帝国。虽然英帝国与其他帝国比较起来是相对温和的，但这个世界的状况如果没有帝国应该会好得多。这个世界仍然是碎片化的，而不是迈向一个单一的世界体系。跨大洲的整合很大程度上是留给了这个世界的白人种族去实现的。

帝国的衰弱

英帝国用了 400 年的时间扩张到其最大规模，但仅仅过了 40 年时间就崩溃了。 欧洲的支配是短暂的，海洋帝国难以整合，白人殖民者要求代议制政府，而种族主义却阻止了同化其他地方的进程。 两次世界大战是对帝国的最后的一击。 印度在一战中派出 120 万士兵去帮助英国人，在二战时期派出了 200 万。 军事参与产生了与在英国本土相似的政治要求。 作为殖民地参战的回报，战争结束之后在印度进行自治政府的改革也得到了英国人默认。 一个印度民族主义者显得很天真的狂喜，认为一战"已经把历史提前了 50 年"。 埃德温·蒙塔古勋爵(Sir Edwin Montagu)是英国自由党驻印度的政务司司长，1917 年，他试图"阻止进一步违背温和立场"，并承诺建立"责任政府"(B. Porter, 2004：232—234)。 战争结束后，转业为教师、律师、工会领袖和公务员的那些有胆量的退伍士兵成为殖民地民族主义运动的先锋。 日本的崛起也在亚洲各民族中激起反帝运动。 1917 年，威尔逊总统让他们所有人都兴奋起来，因为他宣布美国参战的目的是确保"每个民族都有权选择他们愿意生活于其中的主权政府"。 同样是那一年，反殖民的布尔什维克在俄国夺取了政权，这也激励了全世界其他地区的激进民族主义者。

德国在第一次世界大战中战败，丧失了规模相当小的帝国地位。英国和法国不仅成功了，而且在幅员辽阔的帝国范围内把镇压与策略性适应其地方精英的手法结合起来，驯服了汹涌澎湃的民族主义运动。美国的殖民地统治一直更为容易。 日本在战争中也是胜利者，它继续推行更为直接的帝国统治方式，我在第 4 章和第 12 章将讨论这部分内容。 然而，欧洲帝国各殖民地从战争中获得的利益是最小的，除了白人自治领和爱尔兰之外。 战后的秩序安排是对殖民地的背叛，因为战败者的殖民地转交给了胜利者。 威尔逊不同意把支持民族自决的表述写进联合国宪章，日本没有得到包括威尔逊在内的任何人对种族平等条款的支持，因为这威胁到美帝国和威尔逊自己的民主党。 列强的合谋让帝国主义继续发挥作用。

殖民地的大多数民族主义者都感到被战后安排所欺骗。 但其中并没有很多人意识到，诸帝国正在造就自己的掘墓人。 殖民地人民变得越来越有教养和城市化，他们接受了帝国更多的官方意识形态，比如英国的自由主义，法国的世俗共和主义。 这些意识形态与帝国在世界真实的剥削与种族主义之间的反差对照令人震惊，进而有助于殖民地人民的反抗。

帝国的空军力量被证明是一种廉价而有效的打击工具，同时又可以让自己的损失降到最低程度。 1920 年，英国遭遇阿拉伯库尔德人叛乱之后，轰炸了伊拉克骚乱的村庄，并且用芥子气喷射，进行摧毁性打击，并迫使大多数村庄的首领签订投降协议。 当新闻最终传出轰炸的原因时，殖民地事务大臣丘吉尔并不在意，并宣布："我不理解使用毒气为何如此令人厌恶。 我强烈支持使用毒气来抵制不文明的部落，要不然，他们会迅速扩展为一场恐怖活动。"空军力量被英国人视为"一种控制那些不文明人的明显有效的手段"。 从中可以预见到后来出现的转嫁风险的军国主义(risk-transfer militarism)，即把风险从自己的武力转移到敌人的士兵与平民。 然而，当轰炸停止时，英国人不得不诉诸间接统治和分而治之，就像在此之前的奥斯曼帝国和近来的美国人一样。 英国人让从叙利亚流亡的空头衔国王哈谢米特·费萨尔(Hashemite Faisal)就职，并依赖于他的城市逊尼派(Sunni)支持者和阿拉伯部落酋长(sheikhs)推翻什叶派(Shi'a)、库尔德人(Kurdish)和逊尼派的农民武装(Dodge, 2003： chap.7)。 这就播下了后来种族/宗教对立与冲突的种子，以及萨达姆·侯赛因(Saddam Hussein)与美国人之间的敌视。

然而，此时的西方出现一种普遍的认识，认为帝国可能不久就过时了。 由于帝国与种族的压迫，源于启蒙运动和美国与法国革命的各种价值可能在全球范围被再度传播开来。 甚至在帝国的宗主国中也出现了意识形态方面的不稳定。 在两次世界大战期间，只有日本与意大利仍然获得殖民地，但世界各地的人们都纷纷谴责他们犯下的滔天罪行，尽管这些罪行与此前帝国所犯下的罪行并无差异。 自由派与社会主义者越来越认为只有相对和平并且能够带来发展的帝国才是可以接受的。推进当地民族的文明进程及同化他们的理想仍然在不断扩展。 在 20 世纪初法兰西帝国管理层就开始实行同化殖民地的政策，但这样一来非洲裔法国人可能比法国自己的人口还要多。 对于法国人来说这显然是不可能接受的，所以同化的对象只是少数受教育者或混血儿(métis)。 对更大范围的阶层政策都调整为结盟(association)，这是法国人的间接统治的一个术语。 在穆斯林地区，法兰西帝国依赖于穆斯林酋长的一些埃米尔(emirs)、兄弟关系和宗派来压制其他人，即分而治之(Betts，1961；Conklin，1998；D.Robinson，2000)。 在 20 世纪 20 年代，法国与英国的殖民地官员向政府游说要求得到更多的发展基金，但政府官员的回复是他们缺乏财力。 修辞变得越来越容易，英帝国如今自称是一个追求"自由、宽容与进步"的"共和国"(B.Porter，2005：312)。 如今的帝国不得不变得友好，这是一个不容妥协的要求。 最终，种族性的民族主义将会胜利。 在 1939 年的时候，摘掉帝国的帽子看起来可能仍然要花费很长时间，但随着第二次世界大战的到来，帝国就彻底结束了。

注释：

[1] 米切纳让我相信，英国殖民地表现更佳，即使是他将白人自治领排除在外。

第三章

进步时代的美利坚及其帝国
(1890—1930)

当二战后美国逐渐统治世界时，其制度已经具有全球性意义了，所以在这一卷里我要花相当多的篇幅来关注它。当今美国的诸权力最具有资本主义特征，是世界上唯一的一个帝国权力，而且，它的帝国权力与资本主义权力对全世界都产生重大影响。用来解释这一点的最常见的理论是美国例外论(American exceptionalism)，这种理论认为美国长期以来都完全不同于其他任何国家。我们在接下来的几章将看到，除了美国的种族方面之外，这种所谓的例外论已经被过分夸大了。然而，总体上来说，这个理论用在今天比以往更为恰当。在这一章，我要审视美国的国内外状况，而在国内方面，我主要阐释其独特的"进步主义"改革运动，这个运动产生于它正在加入西方帝国主义俱乐部的时期——这是一个非常复杂的故事。

美国人不喜欢被称为帝国主义者。建国之父们和美国宪法难道不是为世界点亮了自由之光吗？美国不是带头反对法西斯主义、共产主义和其他帝国吗？据说美国激发起的是自由而不是帝国，其对国外事务的参与也是为了帮助其他民族获得自由——"威尔逊的干预主义"，但这不是帝国主义。美国人对帝国持否定态度，其否定的方式是美国先是征服自己所在的北美洲，接着征服它自己所在的西半球，最后几乎统治着全世界。美国在征服了美洲大陆之后，帝国扩张的三个步骤接踵而至：一个是在 1898 年之后，一个是在 1945 年之后，第三个也是失败的帝国，接近 21 世纪时才到来。 在这一章，我集中在 1898 年这个时期。 我不考虑美国参与东亚地区的扩张，因为这将在讨论中国与日本时会涉及。 有关美国卷入第一次世界大战这部分内容，我们将在第五章讨论。

帝国主义第一阶段：大陆帝国(1783—1883)

在这个第一阶段，美国白人征服并殖民了现在名为合众国的大陆。因为各州现在整合为一个国家，这次征服不被认为是帝国主义。 实际上，在 19 世纪末，"帝国"这个头衔只给那些进行海外征服的殖民者。然而，实际上，美国在大陆占领阶段是最为狠毒的一个帝国，因为它剥夺并杀害了 400 万—900 万当地居民的 95% 以上。 他们大多数人都死于疾病，并且，殖民者以铁石心肠的冷漠来看待这种死亡，还时不时兴起一次次蓄意的屠杀。 美国从英帝国获得独立并且从西班牙与墨西哥夺取了加利福尼亚和西南部之后，种族清洗与种族文化灭绝的步伐加快了。 白人殖民者获得自治之后，他们在澳大利亚也加快了种族文化的灭绝步伐，加拿大、新西兰和南非也出现过不那么惨烈的屠杀。 差不多每个帝国的殖民者都比殖民地当局或者教会机构更为凶狠和致命——殖民者获得的事实上的自治程度越高，所屠杀的人就越多。 我在《民主的阴暗面：解释种族清洗》(2005：chap.4)中解释了这一现象。 对于美国来说，这个阶段是常规性的殖民者殖民主义——他们只要土地，而不要当地人。 这既不是威尔逊的或者人道主义的观点，也不是启蒙运动的价值，但也不是一种例外论，除了屠杀的规模较大之外。 殖民者还从非洲进口奴隶。 英帝国 1833 年废除奴隶制度之后，美国成为奴隶制度的主要家园(除了非洲本身之外)。 这样就产生了一种种族的等级制度：已经文明化的白人为上层阶级，接着是堕落的拉丁美洲人和土著的非洲美国人，再就是野蛮的当地美洲人。 种族的等级制度后果之一就是出现了第二阶段的美帝国主义。 在这个时期，整个西半球都出现过类似的种族群体。

到 1883 年为止，美国的势力已经侵占太平洋，其周边地区已经完全被征服，并完成了帝国的第一个阶段。 美国从此不再遭受列强威胁，英帝国是美国在西半球的最大竞争对手，但它们却非常友好并且共享着一种"盎格鲁—撒克逊"的认同。 1823 年，美国的门罗主义(Monroe Doctrine)提醒其他列强不要干预西半球的国家，这只有在皇家海军的帮助下才得以实施。 然而，美国并不想成为海外的扩张主义者。 国会不愿意投票用纳税人的钱来打仗。 除了内战时期军队规模骤然膨胀之外，美国的军队其他时期都是小规模的，只适合威胁印第安人、墨西哥人和罢工的工人。 在 1881 年，海军只有五十艘船，而且大多数还是过时的。 外交部只关注商业，而且主要由外国商船承担商业。 也许美帝国主义就此结束了——就相当于把当下的欧盟推回到 19 世纪的样子，制度设计得很好，而且没有任何害处。

从 19 世纪 80 年代到第一次世界大战，美国例外论的说法提出了美国在两方面不同于欧洲国家：缺乏社会主义以及弱政府。 桑巴特的著作《美国为何没有社会主义？》(Why Is There No Socialism in the United States? 1976)是关于第一个方面的经典表达。 桑巴特比较了美国与他自己的家乡即德国。 美国没有社会主义，而德国的社会主义非常明显。但是实际上，德国——而不是美国——才是一种例外。 那时候没有其他国家产生像德国那么强大的马克思主义运动。 类似于瑞典、丹麦和奥地利这些国家后来都发展出较为温和的马克思主义政党。 不过，这些国家都不适合与美国做比较，因为美国的殖民者最初主要是来自英国群岛的人，所以我们认为美国人在文化与制度上更类似于英国人和爱尔兰人，而不是德国人或者斯堪的纳维亚人。 我认为美国更类似于加拿大、澳大利亚、新西兰，以及那些以英语为母语的、殖民者的社会。然而，以英语为母语的国家看起来没有一个走上社会主义，这些国家的劳工运动已经全部明确拒绝马克思主义(Bosch, 1997；McKibbin,

1984)。 假如我们比较其他相类似的国家，就会发现，美国在缺乏社会主义方面并不例外。 然而，我们可以重新表述一下桑巴特的问题，因为美国确实在某些方面不同于其他盎格鲁国家。 其他盎格鲁国家发展出了自由主义工党(Lib-Lab)的政治，把一个老的自由传统与一个新兴的劳工运动结合在一起。 对于英国、澳大利亚和新西兰来说，非社会主义的工党执行自由党—工党的政策，而且发展势头非常强劲，以至于可以执掌政府。 加拿大和爱尔兰的工党的影响较小，在联合政府中只是扮演一个很小的角色。 然而，美国从来没有一个严格意义的工党。 在这种意义上，它在盎格鲁诸国中是最大的一个异类。 合适的"例外"问题应该是，美国"为何没有自由主义工党传统"——除了在新政时期出现过之外。

在弱政府方面，美国是例外的吗？ 恰当地说，美国像其他盎格鲁国家一样，在专制权力方面是软弱的，统治者在没有与臣民或公民按程序协商的情况下是无法发布命令的。 美国宪法已经非常明了地设置各种制度，限制出现一个君主、独裁者或者"暴民的统治"。 联邦、州与地方政府划分权力；执行权、立法权与司法权之间划分权力；选举官员与任命官员之间划分行政权力；在参议院与众议院之间划分立法权力。实际上，其权力的分立程度在现代国家中都是例外的。

然而，美国的基础权力(infrastructural power)即渗透到其所有管辖范围并获得指挥和执行命令的能力并不差，虽然在联邦层面是分散的。通过考察政府在联邦、州与地方等各个层面消耗的国民生产总值(GNP)比例，我们就可以大致判断出其权力之大。 按照这种测量方法，19世纪的美国政府远远落后于欧洲的主要国家，其原因在于其军事的规模比较小。 如果我们仅仅比较民用支出，美国政府与其他政府的差距并不大——美国的所有政府消耗国民生产总值(GNP)的7%，而英国政府是8%，法国是9%，德国是10%(Mann, 1993；Tables 11.3—11.4)。 在基础权力方面，美国的强势足以满足其目的(Novak, 2008)，而且其利维坦巨大无比，令人震撼。

第二次工业革命

鉴于其领土规模、自然资源丰富、温带气候、欧洲人的安置地等因素，美国能够成为一个超大的经济权力。 其领土的可使用面积比其他任何国家都大，肥沃的土壤与矿藏，是一个资源非常丰富的大洲，一个离其他掠夺者数千里远的地方。 从很早开始，美洲人就比欧洲人吃得更好，更健康，更高，寿命更长，这成为世界移民最梦寐以求的目的地。 数以百万计的人移民到这里，他们首先是来自不列颠群岛和欧洲西北部，然后是来自欧洲其他地方、拉美和亚洲。 移民都是年轻人，受过更好的教育，比其他那些留在故乡的人更有雄心胆识。 也有一些勤劳的移民群体是为了逃离压迫，比如清教徒、犹太人，以及 20 世纪在古巴、伊朗和越南革命中丧失中产阶级地位的人。 这个新世界的核心承诺是自由，包括宗教宽容、政治自由和企业家精神。 民事法律及政治自由与资本主义是结合在一起的，这持续不断吸引新的移民浪潮，并且成为美国意识形态的一个特点。

对于这样的人力资本来说，在自然资源极大丰富中得以繁荣所需要的前提条件是，政府有能力协助开发自然与人力资源，并在这样一个人口密度不够大的大洲发展出良好的通讯手段，确保对移民的开放。 开发丰富的自然资源，引入的资本用于机械化并提高劳动生产力，就可以抵消劳动力的匮乏。 美国所依赖的方式是运用技术手段来节省劳动力成本，集中资本和资源。 技术工人的匮乏促进了工业技术的标准化，机器各个组成部分可以相互替换，鼓励工业转移技术，并利用非技术工人进行大规模生产。 政府建立了地质服务机构勘探自然资源，把未利用起来的土地赠予某个人和群体去开发。 资本绝大多数来源于英国，因为资本的回报率非常高，而且英国人是美国人的亲戚朋友。 美国在工业时代逐渐成为自然资源最伟大的挥霍者，它利用一种独特的优势发展了制造业,而经过处理后的工业废料又可以回归自然,自然界被视为取之不尽用之不竭的排水循环系统。 在整个开发自然资源的生产链条中,美国人是极其浪费的(Abramowitz & David,2001:42—44)。 这在过去往往被视为是美国人表现的一种美德,但现在被视为是一种罪恶。然而,到1910年为止,美国是人口最稠密的、工业化程度最高的国家。美国发展成为一种强大的军事权力这一结果并不是不可避免的必然趋势,而是有相当多的偶然因素在发挥作用。

联邦政府补贴并规范各种通讯基础设施,诸如邮局、电报和电话(John,1997);各州及地方政府都积极参与并捐赠土地,用以修铁路和隧道。 这些政策显然并不是放任自由的经济政策。 美国直到1882年也没有限制移民。 后来,尽管爱丽丝岛(Ellis Island)事件 *、亚洲排斥法案以及西南边境事件涉及了限制问题,但移民政策大多数情况下还是开放的。 人力资本通过教育与公共医疗措施而得以改善。 到1890年为止,美国在教育开支和儿童接受小学与中学教育的比例方面是跻身世界前列的国家之一(Lindert,2004:chap.5)。 1862年之后,政府利用土地赐予的方式来建立大学,以此"传授各种农业和机修技能的专业知识"。 美国拥有的包括在中央与地方政府工作的所有雇员数量,按照人口规模的比例,在14个国家中占据第三位——最大的英国,其次是荷兰(Tanzi & Schuknecht,2000:25—26)。

美国在19世纪经历了快速城市化,就像处于工业化阶段的其他国家一样,死亡率大幅度提高,而且主要是死于传染病。 在19世纪90年代,城市政府改进了饮用水供给的保障、过滤与加氯消毒,安装了隔离的污水处理系统,改进了医院的卫生条件,牛奶加温消毒和肉类安全管理都得以标准化。 从19世纪最后三十年到第二次世界大战,城市人口的死亡率下降接近一半左右。 第二次工业革命提升了购买力,改善了

---

* 爱丽丝岛(Ellis Island)是早期进入美国的移民前哨站,又称移民岛。 大概有超过40%美国人的祖先,都曾经在这小岛等待移民局检查。 例外的是内战抚恤金被授予退伍军人、寡妇及其家属。 ——译者注

饮食结构，又降低了一半的死亡率。 民众更为健康，长得更高大，工作更为勤奋，思维能力也得以提高(Floud et al., 2011)。 正如威廉·诺瓦克(William Novak, 2008：758)说的那样，在发展方面，"国家的试验是全面的"。 政府的基础权力渗透到这个占据大陆东西海岸的国家的每一个角落。 这个国家的基础权力并不软弱，虽然其联邦层面的政府规模很小。 此时美国的竞争对手都是大范围向海外扩张的帝国，难以整合在一起，而美国基础性的政治权力却可以全面渗透其所有领域，因此，美国权力实际上是比其他帝国更大一些。

以技术创新为基础的"第二次工业革命"出现在 19 世纪 70 年代，但到 20 世纪伊始才正式投产使用。 这次工业革命集中在高新技术的工业，比如化学、钢铁和采矿——这些都利用了电与内燃发动机，这两种"用途普遍的技术"应用到整个经济领域。 科学与技术探索持续了半个多世纪，并且一直主导了整个 20 世纪(Smil, 2005)，进入一个被兰德尔·柯林斯(Randall Collins, 1994)称为"高度共识的、快速发现的科学"的时代。 这些科学发现一旦变成有效的技术，就改变了资本主义，改变了整个世界。 斯罗德(Schroeder, 2013)想把科学技术视为其现代制度的三个主轴之一，而另外两个主轴是市场资本主义与国家。 绝大多数科学发现并不是第一次工业革命的那些修理工匠和绅士科学家能做到的。 现在的科学在大学和其他实验室的设备中具有某种制度的自主性，其研究成果可以提交给其他科学家做"同行评价"。 然而，技术与商业开发绝大多数来自大型资本家企业和富商的支持，他们希望建立新的研究机构和合作机制，而这又得到国家专利制度的支持，国家给发明家授予专利和产权。 在残酷的国际竞争中，每一项很小的技术发明都得到专利的支持，也为私有企业主提供了科学技术的创新，这就是新专利法的后果。

熊彼特的洞察力就是得益于第二次工业革命，他认为，资本主义独一无二的特点就是产生了"创造性破坏"。 他指出，"创造"来自"新商业、新技术、新供给来源和新组织……的竞争。 竞争控制着一种决定性的成本或者质量优势，并且，竞争所打击的并不是现有企业的边际收益和产出，而是这些传统企业的基础及其生命本身。"他忽视的方面仅仅在于国家卷入到某种新技术(尤其是铁路)及其专利权扩张的程度，因为正是国家才更可能让新技术的投资获得可预期的利润。 当新的生产手段撕开了当前的市场现状时，"破坏"就来了，包括摧毁现在的财富、观念、技术、能力和商业模式。 这样，资本主义"无止境地从内部彻底变革经济结构，摧毁旧的经济结构，无止境创造新的结构。 这种创造性破坏的过程是资本主义的基本事实。 这就是资本主义所包括的以及每一个资本家不得不习惯关注的一切"(Schumpeter, 1942：82—85)。

实际上，这是资本主义创造性破坏的第二个重要阶段。 第一个阶段出现在 18 世纪后期和 19 世纪前期，这个阶段创造了农业与工业革命，但也毁灭许多农业劳动力。 第二个阶段集中在公司制的资本主义企业，其中绝大多数都烧煤，产生了大规模的工业生产，农业与工业的生产力都得到大幅度提高，并在新世纪扩散到所有发达国家。 农业生产力继续发展，为人们带来更好饮食结构，生产出高热量的食品。 然而，与此同时，工资并没有增加，也没有大规模满足大众消费者的需要。 资本主义对于饮食结构来说是卓有成效的，但对于提升工资来说却是远远不足的。 然而，无论资本主义多么不完美，并且会出现经济波动，它正在把经济引向一个前所未有的发展水平。

我列举一些主要的专利发明。 冯·利比希(Von Liebig)利用无机材料来提炼植物的养分，发明了氮(Nitrogen)的聚合物，即合成固氮(synthetic nitrogens)和硫酸铵肥料(ammonium sulfates)。 这些新型肥料增强了农业的生产力，避免了 20 世纪早期的一场马尔萨斯危机；否则人口增长可能超过了农业的供给能力。 粮食变得更为廉价了，热量也更容易摄入，预期寿命延长了，工人从农业转向工业也大幅度增加。 合成化学也改变了战争，产生了大规模的杀伤性武器和毒气。 这些发明表明，化学工业在这个资本主义发展阶段处于核心位置。 内燃发动机、柴油机和电力都推动了机器的设计与发明，汽车制造、卡车和坦克都成为可能。 这些动力又增强了商业的运输，可以跨更大地域范围发展市场，也提高了国家的权力，这是 20 世纪具有重大意义的特征。 白炽灯和霓虹灯、混凝土、无线电报与电话、铝与不锈钢、X 光、放射性元素、阿司匹林的合成品、空调等。 甫一发明，就快速投入使用，产生巨大的商业效应，总体上大规模提高了经济权力(Smil，2005)——这对于投资商来说也产生了巨额的利润。

许多国家对科学都作出了贡献，但美国和德国首先把科学发明投入市场。 德国成立了研究型大学，美国建立了以电动力为基础的工作平台、流水线和机械化的运输，以及增强了生产与市场的强有力的手段。美国的诸多优势在于拥有更大的国内市场和最丰富的自然资源，尤其是煤炭，在一战之前可以为全世界的工业提供 90% 左右的燃料。 实际上，美国还是整个这一时期最大的能源基地，天然气、水力发电机的运用、石油在战后发展起来之后尤其如此。 美国的领先地位并不是在于企业的规模，因为欧洲已经有了相当规模的企业(Hannah，nd)。 美国的优势更多体现在更高的生产力，产生资源密集型技术，改善人们的健康水平。 罗德里克·弗拉德与其合作者(Roderick Floud et al.，2011)描述了这样一个良性循环：健康的工人不但可以更勤奋工作，他们也可以更好地思考，提高技术变迁的效率，这相应又增进了财富和健康，鼓励人们工作起来更有创造力和生产力。 这正出现在大多数发达国家，但美国一直处于领先地位，在 20 世纪前半期都是如此。

所有这一切也扩大了资本与劳动力的组织规模，强化了工业与金融资本之间的联系。 在 1915 年，希尔弗丁将这一现象称为"组织化资本主义"，艾尔弗雷德·钱德勒(Alfred Chandler，1977)认为这以"看得见的手"取代了市场的"看不见的手"，这只"看得见的手"包括大规模生产的公司和不同部门机构之间的协作，比如研究与发展、生产、销售等等之间的协作。 这种大规模的增长在发达国家一直持续到 20 世纪 70年代。 其效果是大规模扩大大型生产企业的劳动力，并通过更为严格的官僚等级体系控制劳动力。 独立的手工工人一旦转而成为公司的技术或半技术雇员时，就失去相当多的自主性。他们当然会表示反抗，从而使得工会力量有所增强，就像民族国家的强化控制会增强起社会主义与自由主义工党的力量一样。

企业是采用官僚制和等级制的，它依据发布命令的方式自上而下地实施每一个层面的组织章程。在这种意义上，企业就像任何一种专制体制一样。然而，企业之间的联系在很大程度上仍然受制于市场，市场资本主义继续"脱域"于传统共同体的约束。卡尔·波兰尼(Karl Polanyi，1957)认为，20世纪40年代之前的阶段，各种传统共同体对市场的残酷做出反应，并且要求把市场"重新嵌入"共同体中。施罗德(Schroeder，2013)不同意波兰尼的观点，认为市场仍然不断扩大其权力。在这一卷，我将详细阐释波兰尼的反驳，至于资本主义是如何获胜并长期存在下去这个问题将放在第四卷进行讨论。

第二次工业革命把美国变成最大的民族经济体，虽然它这时候还没有在全球占支配地位。其市场主要是国内的，受到高关税的保护。虽然美国的金融资本主义正在成长，但对于英国来说它仍然只是一个资本输出地，是世界经济在北大西洋的一部分。

这个时期，国家本身也在发展，这个趋势一直持续到20世纪70年代。经济上的"赶超"取决于仿效或者采用新的技术与组织，而且，很多国家都非常好地调适知识集中、资本集中和基础设施发展之间的关系。这样，"后发展"的国家比工业的开拓先锋更亲近国家主义，就像我们将在日本的案例中所看到的那样。企业与国家之间强化关系和亲密合作，即经济权力与政治权力的混合，在不同时间与空间有着不同的表现，两者之间相互作用的变化有助于经济权力关系的结构化，也有利于国内政治和地缘政治的结构化。

美国的企业在政治上非常强有力，它们的支配作用是通过东北部制造商与共和党之间的联盟来实现的，两者都致力于金本位制和高关税。最高法院对此表示支持，因为它关心保护国内市场的整合，但是支持南部的自由贸易处于被冷落的境地(Bensel，2000)。这让北方的资本家有能力挫败工人的集体组织。 然而，快速发展的工业化和不断增长的企业权力导致社会的不平等、城市化与移民，这些现象被越来越多的人看作"社会问题"。 从右派来看，牧师乔赛亚·斯特朗(Josiah Strong)以恐吓的口吻反对这个国家面临的七大"威胁"：移民、天主教、贫瘠的公共教育、摩门教、酗酒、社会主义、财富巨大分化和城市化(Blum, 2005：217)。 从中间派和左派来看，对经济权力的批判主要来自进步主义运动。

进步主义：现代化论与再分配论的对立

所有发达国家在这个时期都出现改革与规范资本主义的运动。 这些运动在美国表现为"进步主义"，这是为了回应一种广为人知的观念，即正在出现一种城市工业化、企业化和多种族化的新社会，与传统的制度是不相容的。 威尔逊认为，这是"一个在旧法律框架下不断挣扎的新世界"。 进步主义表达了两个主张。 一是把既定制度现代化，使之在新条件下推动经济增长和社会秩序方面更加有效率。 这个主张在本质上既不是右派的，也不是左派的，所以在政治舞台上很容易得到所有力量的支持。 英国自由主义与法国的共和主义都有着一些相似的特性。 第二种主张更为激进：限制资本主义并且对权力进行再分配，主要是从企业转移到社会地位较低的美国人，让权力和财富恢复到更为平等的水平，恢复普通人(正确地)相信过去一直存在的更大的自主性。我将评价这两种进步主义主张的分量。

现代化论者支持增强政府的能力和效率。 此时的政府仍然由庇护制度为基础的政党(尤其是在地方与州层面上)和法院所支配。 联邦政府受制于 40 个州和 6 000 个地方政治实体，常常由城市"机器"或者农村知名的派系所控制。 现代化论者说，联邦政府需要扩大，需要保护政府免于庇护与腐败。 这是一种倾向于国家主义的意识形态，即支持国家对社会的理性管制。 理查德·埃利(Richard Ely)说："我们把国家视为一种机构，其积极的帮助是人类进步必不可少的条件之一。"(Jacoby, 2004：5)联邦政府的规模的确扩大了，不过与经济规模的增长来说是成比例的，也与一种更为统一的税收体制有关系(Campbell, 1995：34)。 1882 年《彭德尔顿法》(The Pendleton Act)开启了政府走向运作缓慢的官僚化进程，减少了政党分肥制。 然而，许多美国人，尤其是民主派与南部人因惧怕"大政府"而阻碍进一步的改革(Mann, 1993：365—367, 393, 470—471；R.Harrison, 2004：265—370；Orloff, 1988：45—52)。 激进派喜欢对政府施加更有效的监督，而不是由官僚和企业进行更多的统治。 他们促成直接选举参议员，到 1920 年为止大约 20 个州参与恢复公民普通投票，16 个州参与预选。 他们希望这些选举可以限制公司与政府精英的权力，但精英却可以通过金融资源对公民投票施加压力，以达到他们想要的结果，直到现在他们依然如此(Goebel, 2002：154—156, 194—196)。 激进派希望立法权处于至高无上的和更为明确的地位，使得行政权与司法权在阐释法律时更少随意性。 他们很大程度上失败了，因为法院继续以一种保守的、支持商业的倾向来阐释法律(Sanders, 1999：388—389)。

激进派也攻击经济权力的集中，认为政府的拨款、许可证和签约带来铁路、银行与垄断之间的合谋，共同剥削人民，摧毁小企业。 然而，他们的反垄断法反而鼓励了合法的正式公司兼并，增强了企业的集中(Roy, 1997)。 威廉·詹宁斯·布赖恩(William Jennings Bryan)借助于一股抗争热潮，将民粹主义的运动带进民主党内部，打破了政党对政府不信任的传统，要求对邪恶的垄断进行管制。 他虽然在 1900 年的选举中失利，但获胜的共和党对手西奥多·罗斯福(Theodore Roosevelt)却在某种程度上盗用了他的反垄断方案。 城市和住房规划改革成功地得到实施，确保提供清洁饮用水、排水设施和医疗，但激进派的其他改革却经常被作为其对手的法官制度挫败了，而后者一直致力于保护私有财产权利。 然而，当法院为了市政控制铁路而阻碍规划时，激进派建立了铁路委员会，鼓励民众监控价格与服务。 这种控制方法延伸到其他公共设施(Rodgers, 1998：160—207；Harrison, 1998)。 这是激进派获得的一次成功，虽然局限于公共服务领域，但对于大众的健康和生产能力来说有着很大的意义。

甚至有些公司的首脑也承认有必要监管市场，保护合法的商业，打击不合法的商业，这样就一样可以增加市场的可预见性，并且，可以在他们认为大公司所体现出来的更理性的经济秩序基础上建立起政治秩序。 他们也希望温和的改革能够从更为激进的诡计中拔除毒刺。《谢尔曼克莱顿法》(The Sherman and Clayton Acts)限制了托拉斯的权力，不过并没有实现激进派想要达到的目标，法院倾向于商业，因为公司财产被授予与私有财产同样的保护权利。 这段时期巩固了被称为企业或者管理的自由主义(Weinstein, 1968：ix—x；Sklar, 1988；Dawley, 1991：64；Kolko, 1963：3, 284)。 有些进步主义的知识分子起初也支持工人和小农场主所提出的激进要求，但他们不久就把这种要求贬低为"建立一种新型的非政治的专家管理……这可能创造出一个有效的现代国家，……但把政府排除在民主政治的压力之外，即一种被管理的公司民主"。 他们也谴责激进派和社会主义者对工人鼓吹乌托邦(Cohen, 2002：15, 113, 255—256；Fink, 1997：chap.5)。 权力的再分配必须服从于一种有效的官僚化和公司化(Wiebe, 1967：132, 145—146, 166, 295)。 财富的不平等出现在20世纪的前十年，而且达到了这个世纪的最高水平。 同时，在一组七个国家的样本中，美国政府给穷人的补贴和转移支付是最吝啬的，与日本差不多(Lindert, 1998；James & Thomas, 2000；Tanzi & Schuknecht, 2000：31)。 美国这个时期确实存在改革，但却是被现代化论者而不是被激进派所掌控着。 资本主义权力已经得到一点规范，但并没有被削弱。

美国南部在改革议题上出现分裂，因为虽然他们仍然是种族隔离主义者，嫉妒各州的权利，在道德上是保守主义，但他们中也有许多农业民粹主义者。 在1900年，农场主占南方人口的37%，垄断的铁路、银行与托拉斯以及关税把他们激怒了,这直接剥削了他们来满足工业利益。 他们从不想创造一种更大的、更多党制功能的国家权力,以保护自己免于强大的"托拉斯"垄断的侵害,但他们始料未及的后果是造就了一个强大的国家权力(Sanders,1999:1,29,388—389)。 他们最有影响的时刻到来了,因为来自南部和西部边缘地区的参议员与众议员可以联合来自中西部和边境各州的共和党不同政见者,加上少数对劳工联盟做出回应的民主党人,共同对付作为北部核心力量的共和党。 共和党从 1896 年至 1912 年在华盛顿执政已久。 在此之后,南方加强了铁路的监管,支持国会通过某些反托拉斯垄断的立法,并且在 1913 年支持建立一个联邦储备银行制度。 在华盛顿的联邦储备委员会的协助下,12个新的区域性银行控制着货币和信贷流动,其作用就是在出现任何银行信贷的大恐慌时期扮演着最后求助者的借贷角色(Sanders,1999:77—78)。 这些措施不但有利于偏爱企业的现代化论者,而且有利于小企业和农场主,后者应对铁路控制和银行危机方面更为脆弱。 然而,政治经济的发展不断让工业凌驾于农业,农场主无法阻止其利益长时期的衰落,直到二战为止,农场主的收入都是一路下跌。

在瑞典与丹麦,再分配的改革是通过劳工—农场主的结盟而得以进行下去,但美国的劳工—农场主联盟是非常脆弱的。 伊丽莎白·桑德斯(Elizabeth Sanders)说,工会只是一个"相当没有创造性而又不严肃的联盟附属品",他们只争取自己那一部分利益。 美国劳工联合会(AFL)很大程度上忽视了联邦政治,因为他们把国家视为压迫工具,正如认为工团主义有"抑郁症"(Wobblies)那样。 这样,劳工问题在进步主义的规划中处于边缘地位[Bensel,2000:143—156;Harrison,1998,2004(从2005 年之后核对了两次):chap.4;Lichtenstein,2002:chap.1]。 艾伦·道利(Alan Dawley)说:"在进步主义的舞台上,社会正义的政治纲领融合了大打折扣的社会主义者,虽然他们对工资、劳动时间、工作条件提出了自己的要求……但是,进步主义运动把社会主义的观点引入安全的渠道,然后把他们作为社会政治大变动的替代品。 因此,进步主义在压服社会主义方面非常成功"(1991：134—136)，这些社会—正义的核心政策也很少落实。

西达·斯考切波(Theda Skocpol, 2003)认为，美国的大众志愿性协会是在 19 世纪后期到 20 世纪中期发展起来的。这其中包括：互助协会，诸如共济会(the Masons)；宗教协会，如妇女基督教戒酒联合会(Women's Christian Temperance Union)；退伍军人协会，如"美国军团"(the American Legion)与"共和国大军"(the Grand Army of the Republic)；教育领域的压力团体，如家庭教师协会(Parent-Teacher Association)；农场主组织，如"葛兰奇"(The Grange)与美国农场局联合会(The American Farm Bureau Federation)；商业集团；各种联合会，等等。其中，美国劳工协会是所有志愿性组织中规模最大的。地方性协会把代表团派遣到地区或州协会，然后选举代表团参加联邦大会。他们在协会内部学习游说技巧，用来对付政治家。许多规模很大的协会把在不同职业与收入水平的人都团结起来，鼓励在一种共同公民身份体制中营造一种相应的全国性"联谊会"氛围。通过这些手段，普通人也能掌握政治权力。

虽然有些普通人的确掌握权力，但从结果来判断，商业组织似乎做得最好，禁酒的组织也不错，绝大多数其他组织都似乎非常专业化，产生的效果千差万别，工会搞得很糟糕。在加利福尼亚、威斯康星和华盛顿的案例中，伊丽莎白·克莱蒙斯(Elizabeth Clemens, 1997)注意到影响这些协会组织的因素。她认为，压力集团的政治之所以最成功，是因为建立在州的地方层次上，其政治政党色彩很弱，还混合了各种经济组织。她关注了三种协会：有着超过 100 万正式会员的农场主同盟与妇女俱乐部联盟(the General Confederation of Women's Clubs)，以及声称有 150 万会员的美国劳工联合会。这些志愿性组织放弃激进的修辞，并且像州—联邦(state federations)一样组织起来之后，在州层面的确可以进行一些零零碎碎的改革。对于工会来说，主要的议题是工人赔偿、母亲与老年人抚恤金、失业保险和医疗保险。许多劳工起草的提案都被吸收进了国会立法中，有些提案通过之后就成为新政改革的模式(参阅

Orloff, 1988: 55—57)。 农场主合作联合会之所以卓有成效, 是因为它与国家农业部门紧密合作; 妇女俱乐部联盟的成功运作是因为它们可以与国家教育机构合作。 当然, 克莱蒙斯选取的州的确很关注改革, 但大多数其他州并非如此, 或者关注完全不同的改革。 在中西部和南部正统派教徒较集中的几个州, 志愿性协会追求最多的是道德保守主义, 包括节制性行为的法律、种族隔离与创世论。 志愿性协会是表达其成员诉求的中介, 但这些诉求有着异常突出的差异。

激进派的主要问题是商业支配地位。 商业界欢迎政府把财政预算投向高速路与学校方面, 因为这可以带来建筑行业定单、更低的交易成本和更多的技术工人。 州与地方政府在这些方面的投入在 1902 年至 1927 年间增加了十倍。 然而, 商业组织断然反对再分配的福利规划, 因为这可能以一种投资罢工(investment strike)的方式威胁到一个进步主义的州, 投资人可能会重新选择成本最低、工会组织最弱的其他州。 许多纺织工业现在从北部搬迁到南部。 州与地方政府在福利方面的开支在这些年的确增加了四倍, 但这比国家总体的经济增长还是更低。 福利开支仅仅维持在高速路开支的 9% 和教育开支的 6% 的水平(Hacker & Pierson, 2002: 293—294)。 在绝大多数地方, 大部分的社会权利依然停滞不前。 这就是国家几乎放任不管的资本主义, 其原因在于劳工力量的不足。

没有工人阶级的劳工运动

第二次工业革命不可避免带来工人的集体抗争。 我在第二卷(1993: 635—659)已经说明, 在第一次世界大战之前, 美国工人就像其他国家的工人一样, 在追求自身利益方面比较积极(参阅 Voss, 1994)。 在六个主要的国家中, 只有英国的工人比美国的工人更愿意加入工会组织, 但美国的罢工率却居于六个国家的首位。 唯有在 20 世纪 20 年代,美国工会与罢工率开始迅速滞后于其他绝大多数工业国。 劳工需要联盟，但依赖于农场主并不是长久之计，因为农业需要大规模稳定的农场，而小农场主和劳工都被迫了离开土地。 女性主义者的数量很少；非洲裔美国人、墨西哥人或者亚洲人中的鼓动宣传疏远了白人，而工人只能凭借他们自己的力量。

在第二卷的第三章中，我提出一种"多形态"的国家理论，认为国家政权是以不同形态表现的，是根据不同的议题领域和各种社会力量的平衡不断调整自身的。 现代国家的主要表现形态之一是资本主义国家，马克思认为它会产生阶级斗争的政治。 然而，现代国家也有其他表现形态，有些形态却可以削弱工人阶级的形成。 我现在就从这个角度，对照其他盎格鲁语系的国家，选择最具可比性的案例来讨论美国劳工七种弱点(其中有些已经被阐释过，参阅 Lipset & Marks，2000)。

(1) 美国劳工面对的是具有绝对优势的军事权力。 工人的罢工率很高，而雇主不会妥善解决纠纷，却有机会接近军事权力。 我在第二卷曾阐释过，在第一次世界大战之前，美国工人劳资纠纷中被杀害的数量比欧洲工人多得多，俄国工人除外。 工人所面临的暴力主要来自警察、私人雇主组成的准军事部队，诸如平克顿(Pinkertons)、国民警卫军，甚至是正规军(Archer，2007：chap.5)。 工人几乎不会把美国看做是一个专制政权方面很软弱的国家。

美国这个国家政权在国内已经成为一个军事国家，其目的是镇压本土美国人和监管奴隶制度和墨西哥人。 军事权力现在大部分是用来反对工人，较少反对为追求部门利益的行业协会，更多是反对一般的工会和社会主义者主导的游行与罢工。 这些工会都被视为特别危险的，因为它们提出了工人阶级团结起来的纲领，而行业协会并不会这样。 因此，在 19 世纪 90 年代，英国和澳大利亚建立了更有影响力的"新工会"，但工会在美国却软弱得多(Archer，2007：31—39)。 对镇压的恐惧导致美国劳工联合会只限于吸收技术工人作为会员，因为技术工人可以运用在劳动力市场的权力来迫使雇主进行协商。 行业性质的而不是阶

级性质的工会直到新政时期都一直在美国占支配地位，美国的军事权力
是其中的一个原因。当沙皇俄国对工人实施的镇压更严重得多时，俄
国工人走向了革命社会主义。美国工人为何不这样做呢？雇主肯定还
拥有其他一些优势。

(2) 雇主的暴力可以被描述为实施合法的法律强制手段。就像人们
经常所说的，这个国家是一个由"法院与政党"统治的国家，法院一直
反对工会，支持雇主的绝对财产权利。美国政府具备福山界定好政府
的三个标准，包括法治——但问题是，这是谁的法律？卡伦·奥兰
(Karen Orren, 1993)说，劳工法甚至是充斥着维持"主子—仆人"关系的
"封建"法。法官管理着从英国输入的法条，把工人视为其雇主的财
产。一个法官说，法律仅仅承认主人的"优越性和权力"以及工人的
"义务、服从和……忠诚"。游离不定的法令条例迫使有体力的男性进
入车间，"完整的"契约使之一直在那里劳动；雇用一段时间的工人如
果没有完成其契约的全部条款，就不能得到任何工资。有一些法院也
要求那些找工作的工人必须从其之前的雇主获得"证明书"。因为雇主
没有法律义务提供这样的证明，法院也就可以不让工人流动和迁徙。
自由是针对雇主的，对工人没有作用(Glenn, 2002：86—88；Burns,
2009)。在这方面，美国仍然处于封建时代，而欧洲不是，因为美国在
公民的民事权利方面还非常滞后。

威廉·罗伊和雷切尔·帕克—格温(William Roy & Rachel Parker-
Gwin, 1999)指出雇主权力的主要推动力来自通过公司、兼并与贸易协
会而得到认可的对雇主合作的法律保护，但工人的集体行动没有得到认
可，工人集体行动被视为违背了个人自由和财产权利，并且通常被界定
为一种"蓄意的违法犯罪"。法院推翻了由某些州通过的支持工会的法
律，这些法律禁止那些不准工人加入工会的黄狗合同(yellow-dog
contracts)。有些法院承认，工人可以团结起来对工资讨价还价，但很少
涉及其他问题。法院基于家长制的统治，通过确立最高工时来保护那
些被法官视为易受伤害的工人，如儿童、妇女，有时候还有处于类似于

开矿的危险工作的工人，但并不包括那些处于"正常"职业的男性。1873 年至 1937 年，对妇女的保护首先在州层面的法院体现得更为明显，但接着联邦法院也承认对妇女的保护；到 20 世纪初，所有法院都越来越重视对儿童的保护(Novkov, 2001)。 相比而言，一直持续到新政时期法院都拒绝帮助男性工人。

到这个时期为止，澳大利亚不再出现以谋反的罪名来控诉工会，并在 20 世纪末建立了更为进步的劳动仲裁体制，我将在第九章讨论这一点(Archer, 2007：95—98)。 英国工会的集体权利在法律上得到承认是在 1875 年，国家很大程度上从劳动关系中退出来，赋予工会有充分讨价还价的自由。 在德国、法国和其他国家，国家政权发挥着更为积极的作用，然而，虽然官员通常在劳资纠纷中支持雇主，但他们也非常谨慎地担当起维护公共秩序的义务。 如果他们觉得雇主的不妥协是公共秩序的主要威胁，就会对雇主施加压力并迫使其妥协。 但这很少出现在美国，因为维护资本主义的财产权利被认为等同于维护秩序。

(3) 法律有助于在意识形态上孤立工会，这一点美国比欧洲国家更为明显。 资本主义嵌入在一种更为广泛意义上的意识形态中，包括个人的人身自由与财产权利，国家或雇主实施的某种暴力被认为是合法地维护财产权利。 在美国人的观念中，如果工会违反法律，就会带来合法性方面的问题(Lipset & Marks, 2000：237—260；LaFeber, 1994；Rosenberg, 1982：48)。 我们在后文将可以看到，日本工人在军事、政治和意识形态方面也面临类似的障碍，所以，美国在这些方面也不完全是例外的。

(4) 美国的劳工力量为族群、种族和宗教所分裂，这在很大程度上是例外的。 如果黑人与白人劳工长期工作在同一个公司或工业，雇主可能利用种族隔阂进行剥削。 普尔曼汽车公司 (The Pullman Car Company)分而治之，让怀有偏见的工人彼此对峙。 种族主义通常强化了白人工人的团结意识，因而，普尔曼公司以种族来削弱阶级的做法持续了差不多一个世纪(Hirsch, 2003)，然而，种族差异在澳大利亚的劳工中也同样重要，但并没有影响到工人阶级的团结。 罗宾·阿彻(Robin

Archer)认为，宗教(新教或者天主教)是最容易分化美国工人的(这一点与澳大利亚和英国完全相反)。 共和党抓住时机吸引似乎不受宗教信仰影响的工人，因此，自从 1896 年以来一直得到大部分工人阶级的选票。 阿彻认为，工会本来也可以像共和党一样做到这一点，但却没有做到(2007：chap.2)。 南方精英为了维持南部工人的低工资并且阻止他们加入工会，宣称加入组织的劳工试图在削弱白人种族。 在这个时期，属于美国南方的范围比现在还要大——到 1954 年为止，南方 17 个州在教育方面都存在种族隔离制度。 劳工在国家层面是软弱的，其中一个重要原因就在于，在这个国家三分之一的地方种族战胜了阶级。

(5) 美国经济发展的成功有时候被用来解释美国劳工的软弱——繁荣让工人幸福。 然而，美国在这方面并不是例外的。 澳大利亚的工人甚至比美国人更为富裕，也吃得更好，但他们却可以形成强有力的工会和工党(Archer，2007：23—30)。 美国关键的经济差异是在美国国内，存在"北部与南部之间的差异，北部是发达与发展中的工业中心，是一个快速安置西方人的前沿阵地，而南部却是一个相对停滞的边缘地区"(Bensel，2000：99)。 南方与北方两个地区都包含独特的阶级冲突，以至于都不可能形成全国性的阶级团结：在东北部是资本家反对工人，在西部是农场主反对债主，在南部是小农与佃农反对种植园商人。 北部的工业主导着联邦政治经济的主要事务，包括关税、税收、债务与黄金(Bensel，2000：175—178)。 西部在经济上与北部是相互独立的，但南部却认为遭受到北部的剥削，尤其是北部高额的关税政策的剥削。

(6) 这个国家具体表现为一个半民主的体制，白人男性可以参与政治。 工人并没有被排斥政治公民身份。 在德国与俄国，所有工人的政治排斥都以文件形式规定下来，强调工人的部门隔离和种族隔离，还有地区、种族与宗教差异。 我在第二卷已经表明，政治排斥比经济排斥更为严重，是欧洲工人阶级意识形成的主要驱动力。 美国缺乏这种驱动力，而且澳大利亚、新西兰也没有，甚至在英国大部分地方都不存在。 美国劳工的不利地位不是产生于公民身份，而是政党体制。

(7) 英国、澳大利亚、新西兰的经济与政治倾向于产生全国性的政党，分为自由派与保守派。 工人自身接受自由主义并且逐渐支配这种意识形态，形成了自由主义工党的政治。 地区差异有时候很重要，但并没有分散这种全国性的斗争。 然而，在美国，随着政治经济呈现出一种区域性形态，政治党派也表现为区域性。 共和党首先代表北方的工业，但从 1896 年开始，它也代表北方制造业工人的行业利益。 民主党最明显的是代表南方和农业。 两党代表着不同的地区、行业部门、种族，并且围绕这些认同而组织募捐机器。 无论阶级剥削在车间的体验是什么，都很难把阶级冲突转变成政治。 只有诸如绿币党与平民党这样的小规模的第三党，其动员才是以阶级为基础的，它们在小农场主和农场工人中建立劳工支持平台并寻求工人的支持。 区域与经济部门战胜了阶级，并阻止了广泛的农场—劳工联盟，在南部，种族战胜了一切。

两大政党都得到一些工人的支持。 南部的工人与非南部的移民工人加上许多维持生计的农场主都支持民主党人。 非洲裔美国人、阿巴拉契亚地区(Appalachian)自谋生计的农场主以及北部本土出生的工人则支持共和党人。 然而，工人在任何一个党派都没有多大的影响。 北部的公司统治着共和党，而小商业则主导着南部的民主党。 工人在车间或许可以反抗雇主，但无法在竞选活动中反抗。 美国并不是缺乏社会主义问题，而在于社会主义缺乏全国性的政治影响，这在一个授权给工人的政治体制中是充满矛盾的现象。 从 1896 年到 1912 年，共和党人主导着白宫和国会，成为一个更倾向大公司的保守主义政党，而民主派却并没有提供一个可替代的自由主义工党模式。 在把工会与更广泛的阶级基础和主流意识形态相隔离这个问题上，政治的区域性特征有着决定性的意义，这使得军事镇压更为容易。

(8) 有些人强调政治制度的影响。 在选举制度方面，他们强调，单议席单票制(first-past-the-post system)阻碍了第三党的影响力。 然而，英国、澳大利亚、新西兰都是同样的选举体制，其劳工运动首先赢得了煤矿工人和工业选民的支持，然后继续前进。 总统选举其实只有一个全国性的选区。 选举一个第三党的劳工作为总统候选人会伤害任何处于中间立场的候选人,于是保守派候选人容易在总统选举中胜出。 美国的选举体制能够产生第三党的国会议员,甚至包括一些参议员,但却很难产生出第三党的总统。 选举制度是一个因素,但绝不是决定性因素。 我们发现,总统不得不尊重南部的势力,尽管后者持有种族观念。 总统并不能平等地尊重劳工的权力,其原因在于国家的其他制度削弱了工人权力。 美国联邦制是另一个重要的政治制度,这也常常被看做是对劳工运动的一个障碍。 劳工议题只有在涉及州与州之间的商业事务时才成为联邦政府的一个关注焦点,但绝大多数的商业都是州自己的事务。 有人认为,工人不得不在一个州接一个州、一次又一次参加同样的抗争,工会的力量由此被耗尽了。 然而,联邦制可能有助于劳工平等获得最初的成功,尤其是在某些州比较容易,不仅因为这些州有许多工会成员,而且对工业也持同情态度。 然后,把在那些州获得的成功作为策略,不断推向更难以执行的州。 联邦制也赋予每个州一种降低其劳动力成本的激励措施,以此吸引商业投资,产生一种恶性竞争(a race to the bottom)(Robertson,2000)。 在澳大利亚,联邦制也不是决定劳工运动的因素,在那里,工党先是在一个州接着一个州中建立,接着汇合到一个全国性的工党(Archer,2007:84—86)。 民主政治的这两个制度都不是劳工运动不可克服的障碍。

与其他工业化国家相比来说,这八个原因中,有些原因确实削弱了美国劳工的权力。 在美国这种男性民主体制中,区域性特征(在南方也是种族性的)最能够影响政治联盟,最严重地削弱工人—农场主之间的联盟,这些在斯堪的纳维亚和澳大利亚都出现过。 民主党人一般都表达西部与南部农村的激进主义,虽然在南方他们也表现为种族主义与反工会的情绪。 北部的商业控制着占统治地位的共和党,产业工人都是他们的依附者。 政治体制是劳工组织的一个障碍,使得雇主控制着法院与军事权力。 这并没有阻碍所有的工会组织,但的确限制了既定的手工业工会形成更大范围的产业工会,也限制其与非熟练工人结成联盟。　如果他们试图在非熟练工人中扩大影响，传播阶级意识形态，将引起镇压。　塞缪尔·冈珀斯(Samuel Gompers)是美国劳工联合会的主席，他得出一个实用主义的结论，认为最好回避阶级基础的工会和工党，而是基于行业垄断来建立组织。　美国劳工联合会的成员大部分是新教徒，他们很难吸引天主教徒参与。　美国存在工会，但并不存在一个组织性的工人阶级。　这的确可以为"美国例外论"的修辞提供某种支持。

我在第二卷强调了在美国意外发生的几个关键事件，尤其是 1892 年与 1983 年美国劳工联合会两次全国性会议，在此期间，冈珀斯挫败了来自产业工会的试图通过操纵选举程序来形成一个工党的举措。　如果让这场暧昧的选举得以进行，工党可能就此窃取了共和党与民主党的大部分选票，就可能出现第三党的体制。　金·沃斯(Kim Voss, 1994)注意到 19 世纪 80 年代一次更早的机会，那时候的劳工骑士团在手工业工会与产业工会的沟壑之间简单搭建一座桥梁，但不久就被铲除了。　她说，镇压主要是来自联合起来的雇主，并得到政府的支持。　戴维·罗伯特森(David Robertson，2000)提出后来还出现第三次机会，就在 1990 年之后，大企业兼并运动导致一场"开放工厂的战争"(Open Shop War)，但美国劳工联合会还是失败了。　这三次工人阶级对现状的挑战都以失败而告终，这可能并不是偶然的结局，而是一种政治模式造成的。　美国工会在工会增长时期与其他国家之间只有少许共同的特点，并不像欧洲国家或者其他盎格鲁国家那样。　美国工人并没有与自由派进行斗争并且在全国建立一个自由主义工党联盟，或者走向社会主义道路。　自由主义工党的因素在进步主义时代一开始就停滞不前了。　总而言之，这使得美国变得非常极端，不过这并不全是例外。

实现了再分配：教育与社会性别

美国在这个时期进行了两次主要的再分配改革，基本上都不是阶级议题。 第一个是关注社会性别：1920 年为白人妇女赢得投票权，使得所有被授予政治公民身份的人口数量翻两番。 美国并不是第一批让妇女获得选举权的国家(新西兰在 1893 年、澳大利亚在 1902 年、芬兰在 1906 年、挪威在 1913 年)，而是属于第二次浪潮(1918—1920)，这次浪潮中，有 15 个国家赋予妇女以选举权。 第二个成就是关注教育：美国处于所有教育开支并且中小学男女生比例都很高的国家前列。 美国比欧洲国家更早发展了大众型的公立小学(Lindert，2004：chap.5)。 在 20 世纪早期，美国也扩展中学教育。 1910 年至 1940 年，年轻人高中毕业的比例就从 9% 上升到 50% 以上。

民主化起步较早通常被视为美国教育进步的一个主要原因(Skocpol，1992：88—92)，虽然威权政体的普鲁士也是教育领域改革的佼佼者。 美国妇女在她们获得选举权之前很久就获得了受教育的权利。美国较为独特的方面是地方控制教育，以及新教运动，宗教多样性，一种更强有力的世俗化运动，这些方面都有利于发展出更好的教育制度(Lindert，2004：104—110)。 就像在盎格鲁白人殖民者控制的其他殖民地一样，美国的学校教育是由地方控制的，地方也掌控着教育改革。在这些国家，地方社区有权决定自己征收教育税，用于教育它们的儿童，这是一种最接近家庭的投资。 地方社区的同质性越强，越是稳定，要求扩展小学和高中的决心就越早，也越强烈，学校教育越发达的地区就越平等，在种族方面也就越具有同质性(Goldin & Katz，1999，2003)。 学校一直处于地方社区生活的中心地位，处于美国民族认同感的核心位置。 在一个领土规模如同一块大陆的国家里，移民国家的儿童是在一个完全说英语的体制下接受教育的，在这里，他们学习到的是自己生活在一个"世界上最自由的国度"。 与在其他国家一样，历史教学被视为一种传授民族美德的方式。 这段时期的主要教育争论是关注宗教：学校是否应该继续表达本质上是新教的主题，或者天主教的移民是否可以拒绝接受带有新教色彩的主题。

女孩接受的教育比男孩更少一些，这与其他教育处于前列的国家一样，但她们通常并不是与男孩在同一个学校接受教育(Goldin & Katz, 2003)。 家长制在美国不那么强烈，这与其他白人殖民者控制的殖民地一样。 一般来说，原因归结为三点：其一，这里的边疆生活(frontier life)不受既定的制度所约束；其二，殖民者家庭的所有人都需要对生产做出贡献；其三是缺乏女性，她们在家庭中的地位得到提高。 性别歧视更多体现在劳动力市场，虽然女性就业在 1880 年到 1900 年间翻了两番，并且到 1920 年为止迅速上升了 50% 之多。 男性与女性之间的工资差异是固定的，在总体收入不平等不断扩大的时代，这算是一个小小的成绩。

在这段时期，没有一个国家在公民的其他社会权利方面有大的提高，也没有哪个国家认为这是迈向一种"福利国家"的道路，直到第一次世界大战之后人们才意识到这一点，但美国男性福利的发展比其他国家落后了。 有许多学者对 15 项福利项目在新政之前的状况进行过研究，其中五项是有关男性的。 在当时工业化程度最高的 15 个国家里，对于这五个福利项目的实施、推广并作出约束性规定方面，美国排在第 9 位与第 15 位之间(Hicks et al., 1995：337；参阅 Tanzi & Schuknecht, 2000；Hicks, 1999；Rodgers, 1998：28—30；Keller, 1994：178—182)。[1] 不寻常的是，新政之前，女性的福利项目比男性的要落实得更好一点。 联邦政府对男性与女性的福利都没有任何贡献。 在州的层面，男性的福利微乎其微。 在支持通过有关工会的立法方面，西部各州比北部侧重工业的各州有着更高的积极性，但这些立法都不是工业方面的(Hacker & Pierson, 2002：289—290，294—295)。 在 1923 年之前，没有一个州通过法律来规范男性的最高工时和最低工资标准，但却有 41 个州对女性最高工时进行具体的法律规定，有 15 个州通过了女性最低工资标准的法律。 但直到新政时期才有失业保障。 到 1920 年为止，有 42 个州规定了男性工人的工伤补偿标准，但绝大多数都是为了回应工人阶级的陪审团要求赔偿大于新补偿法所规定的金额(Bellamy, 1997)。 仅仅 6 个州通过法律确立老年男性的养老金。 相比之下，40 个州支付养老金给贫困但又抚养小孩的单身母亲，到 1930 年为止，有 46 个州支付这类单身母亲的养老金。 美国在关照单身的未婚母亲方面走在改革的前列。 在 1945 年之前，英国的未婚母亲不能享受政府的任何补贴，因为不鼓励这种不道德行为(Gordon，1994：44；Kiernan et al.，1998：6；Gauthier，1998：tables 3.1 and 3.2)。

妇女的福利比男性更好，因为她们生育并抚养小孩。 母亲在政治上是有价值的，因为她们抚养的孩子是这个种族的未来(Mink，1995)。1908 年在《穆勒诉俄勒冈州案》(Muller versus Oregon)中，最高法院的审判为妇女确立了最高工时的法律标准，宣布"妇女的身体良好状况成为公共利益与关心的一个对象，其目的是为了维持这个种族的力量与活力"。 斯考切波(Skocpol，1992)把这个事件称作女性社会权利迈向"母性主义"的路线。 女性社会权利的第二条发展路线是"就业"路线，其中的最低工资也是一个真正的成就，虽然限制劳动时间被认为是对"弱势性别"的一种"保护"。 采矿业与制造业的劳动条件很恶劣，从事这个职业的女性必须得到某种保护。 当然，白人妇女被认为比黑人、亚裔和墨西哥妇女更值得保护(Glenn，2002：83—86)。 不过，这样的保护对于那些主要为生计而奔波的男性来说也降低了劳动力市场的竞争。

母性主义的主张是由妇女俱乐部和女性社会工作者提出的，有一个观点提出，由于母亲处于劣势地位，一战期间征募的士兵的身体素质都较差(虽然欧洲的士兵都认为美国人看上去无比健康)。 1920 年，政府建立了一个联邦妇女局，第二年建立了儿童局，并通过一个法案。 这个法案第一次在联邦范围内授权设立联邦医疗保险项目。 斯考切波(Skocpol，1992：522)说，这些"新的政府功能可以恰当地被确定为母爱的一种普遍化"。 她认为，中产阶级的妇女运动在获得这些项目方面具有决定性的作用，由于享有投票权，妇女现在正在撞击的门实际上是处于虚掩状态。 女性主义者可以充分利用投票以及自由主义的个人主义意识形态，福利改革和父权制以及宗教意识形态都给予支持。 妇女也发起了一场禁酒运动，这是这个时期美国最成功的社会运动，差不多充斥着美国任何一个地方。 这场运动的成就就是摧毁了 20 世纪头 10 年的红灯区和 1918 年颁布的《禁酒令》(Prohibition)。 她们把饮酒视为男性的一种罪恶，会导致妇女儿童遭到家庭暴力。 只有男性才能享受的娱乐本身就是一个社会问题，而解决的办法是友好平等的婚姻。 男性都是软弱的，但女性可以在道德上让男性坚强起来。 哎，禁酒令被证明是失败的，而男性是根深蒂固的软弱和罪恶。

走母性主义路线的女权主义提出的方案并不需要很高的成本，而且，在商业说客让这些方案大打折扣之后，商业组织甚至并不抵制妇女劳动时间与最低工资方面的立法(Hacker & Pierson，2002：291—292)。然而，很少人愿意接受这些方案规定的各项福利项目，方案给予的资助也很低，而且，在资格审核的时候不断提出各种令人厌恶的限制性的条件，包括"监督、规范并支持其接受者"(Gordon，1994：45)。 斯考切波说，这是通向母性主义福利国家的潜在路径，因为国家从来没有很大程度地被物质化(1992：526)。 虽然这些方案是不够慷慨大方，但却是第一次承认，联邦政府应该对穷人的福利承担责任。 至此，美国不再落后于其他先进国家，甚至在社会性别再分配方面有时候是领头羊。 作为领头羊的方面还更多表现在教育改革领域。 这些领域的成功改革并没有对资本主义权力构成威胁，相反，两者构成垂直的正交关系，成为一种独特的政治现象。

种族方面的倒行逆施

在发达国家行列，美国作为一个例外的国家表现在种族方面，即在全国范围内大规模压迫少数民族。 虽然巴西是在美国之后的二十年才完全废除奴隶制度，但其奴隶制度的种族构成因素从来没有在美国那么突出。 结果，在巴西解放奴隶之后，之前的奴隶比在美国更容易融入社会。 在巴西，虽然肤色始终与阶级关联在一起，但它并没有把巴西黑人拆解为一个孤立的等级。 澳大利亚土著人和新西兰的毛利人(Maoris)不同于美国，这两个国家的确在实质上形成了按照种族来划分的少数民族，但土著人绝大多数与白人社会不生活在一起，而且，毛利人有着更大的权力。

　　一个贴上"进步主义"标签的时代并没有种族上的进步，实际上反而是倒行逆施。 绝大部分的土著美洲人都被杀害，幸存者处于国家的生活边缘。 非洲裔美国人不一样。 他们大多数人生活在南方，在那里虽然本质上是区域经济，但他们在种族上被隔离，经济上被剥削，排斥于民事与政治权利之外。 大多数黑人(也有一些贫穷的白人)在强烈反对重建(Reconstruction)过程中被剥夺了投票权，并且遭受恐吓。 在弗吉尼亚，享有选举权的人在二十年里减少了一半，到 1904 年只有 28% 的人有选举权(Dawley，1991：161)。 非洲裔美国人可能并不同意美国是一个软弱而民主的国家。

　　绝大多数"进步主义者"对非洲美国人的生存状况都漠不关心，甚至把种族隔离制度视为得到新种族科学的支持。 最高法院在 1896 年普莱西诉弗格森案(Plessy versus Ferguson)的判决中指出，公共场所的种族隔离制度是合法的。"这个案例表明，进步主义时代的司法依赖于当时的社会理论及其是否愿意接受国家监管(Keller，1994：252)。 法院不断削弱非洲美国人的权利，而且，这些权利被认为是内战后在宪法第 13、14、15 条修正案中确立的，修正案还废除了奴隶制度，确保了公正的诉讼程序、平等的法律保护和选举权(Burns，2009)。 州的权利得到重新确立，主要是保护南方低工资的种族经济。 并且，1890 年到 1920 年南部还不断出台黑人法(Jim Crow laws)，这些法律并没有废除私刑，而北部的白人也频频发生种族叛乱(Belknap，1995：5—9；Dawley，1991：240—241)。 这样的种族主义对美帝国主义产生很强烈的影响。 唯有在被种族隔离的黑人社区才出现种族方面的进步，那里的识字率和学校教育得以提高。 在 1865 年南部黑人不到 10% 的识字率，但在 1890 年却达到55%(Blum，2005：82—83)。 黑人教会获得了组织空间，免于白人的侵扰,还兴起一个服务于自身社区的黑人中产阶级,出现越来越多针对种族隔离制度的反抗(Glenn, 2002: 109—143)。 但这些种子从发芽到成功反叛的开花还需要很长一段时间。

这个时期也存在当地人强烈反对移民的冲突。 施加在中国和日本移民的各种限制出现在 1924 年的《亚洲排华法》中(正如我们在第四章将看到的,这在外交政策上导致负面后果)。 随着海外移民下降,墨西哥人正好补充了这个其他国家移民减少的缺口。 在农业上,种族与劳工结合在一起,形成诸如契约劳工、偿债劳动、罪犯劳动,再加上《反流浪法》(Anti-Vagrancy Law)阻止了数以百万计的工人获得公民权利(Glenn, 2002: 186—192, 156—158)。 社会工作者认为,母性主义方案是出于好意,对妇女进行"种族解放",让她们适应盎格鲁中产阶级的母爱观念与营养实践。 一位来自意大利家庭的社会工作者写道:"仍然在吃意大利粉,还是没有美国化。"另一位社会工作者注意到,犹太人的食物是"一般都添加了过多的佐料,太丰盛了,太辣了,或者太过于浓缩(overconcentrated)了"。 有一个小册子建议,用生菜或者全麦饼干(graham crackers)做的三明治取代墨西哥菜(Mink, 1995: 90—91)。 这些表明,已经开始发起一场通过其垃圾食品来统一民族的运动了。

我不应该过多谴责美国的种族主义,这是因为,如果我们对比其他国家的海外殖民地,就会发现这个时期它并不是例外的。 英国、法国、德国、比利时、日本在这个时期都获得新的殖民地,也拒绝了被认为在种族上低一等的人口的权利。 与这些民族从殖民主义的解放同时进行的还有非洲裔美国人获得其民事权利,在美国和殖民地的黑人也明显拉平了地位。 欧洲人和美国人都有奴隶制度的遗产,唯有不同的地方在于,美国人是在其国内的权力安排中来继承这个遗产的。

简言之,进步主义有助于经济与政治权力的现代化,并且改进了女性的地位和教育水平。 他们使商业更有诚信,也更加开放,但却并没有使许多权力得到再分配。 政府的基础权力被大型商业集团利用了。美国完全被企业、银行和垄断托拉斯所主宰,并且得到联邦与州行政官僚机构的支持，所有这些权力机关对工人或农场主都没有兴趣，对当地美洲人、非洲裔美国人和亚洲裔美国人更是漠不关心。 教育发展得很快，妇女在政治地位方面得到大幅度的发展，一些贫穷的母亲得到某种少许的帮助，工会也缓慢扩展。 然而，这些改革通常是通过阶级行动来获得的，北部依然由经济保守主义所支配，而南部却在种族保守主义的控制之下。 民粹主义荡然无存，工会仍然是没有政治色彩。 此外，美国几乎不存在社会主义，自由主义工党没有踪迹。 然而，美国并不是"例外的"，但在这段时期，它是发达国家中更为极端的国家之一。特别的是，工人在组织上被一个更有集体感并且组织得更有秩序的资本主义所挫败。 在这方面，日本是与美国最值得比较的案例。

保守的 20 世纪 20 年代

美国经历了一场不寻常的大战争——第一次世界大战。 美国虽然动员了 200 万美国士兵，100 万人抵达前线，但他们只参战 17 个月。 其阵亡人数达到 116 000 人，其他每个参战国都达到 100 万以上。 大规模动员战争有着一定的规律性。 因为美国是胜利方，战争让其既定的权力结构获得合法性。 由于美国参战持续时间不长，美国人对统治集团的无能或者不平等的牺牲非常愤慨，但这种愤慨没有时间表现出来，这一点不像所有其他的参战国。 由于美国人做出了并不重大的牺牲，所以对于战后更美好的未来生活没有做出任何承诺。 因为美国只是经历了一年的战争，爆发首次爱国主义情感，举着国旗上街游行，批评那些缺乏爱国主义战争热情的人。 这场战争反而巩固了既定的权力分配格局。

对于美国社会主义者、工团主义者和激进的民粹主义者来说，这一后果是负面的，他们在战前展示了对生活的向往(就像在大多数国家一样)。 许多反对战争的人认为，战争似乎与美国人及其价值观都没有多大关系。 他们是对的，但他们得到的回报仅仅是迫害。 一股爱国主义热情支持了战时对和平主义者与左派的迫害(Lipset & Marks, 2000: 237—239)。 社会主义者尤金·德布兹(Eugene Debs)因做了一场反战的演讲而被判刑 10 年，却获得了普遍的支持。 他曾经在 1912 年的总统选举中赢得 6% 的选票，但 1920 年在监狱中参加竞选，其选票跌至 3.4%。美国社会主义因战争而遭到打击。 俄国布尔什维克党的出现并没有对此有任何帮助。 就像其他国家一样，虽然战争使得国家对经济的干预更多，但这些干预是临时的(虽然有些干预在新政时期得以恢复)。 国家主导的有影响的改革计划受到了质疑，因为绝大多数改革是借鉴德国的(Rodgers, 1998: chaps.6, 7)。

在战争期间，联邦政府与工会合作，其回报是保证不发生罢工。这反而导致了工会与罢工在战后的一浪高于一浪，但都受到镇压，比其他任何国家消退得更为迅速而彻底，美国再次出现一个不受限制的、自由雇工的时代(open-shop era)(Haydu, 1997)。 在无政府主义者的爆炸的帮助下，总统哈丁(Harding)强化了美国最致命的"红色恐怖"(Red Scares)。 在 1919 年至 1920 年的"帕尔默冬季攻击行动"(the Palmer Raids of the winter)中，1 万名左翼人士被逮捕，许多人被殴打并银铛入狱，其中在国外出生的人被驱逐出境。 主要是以行业和地区为基础的美国劳工联合会与社会主义者以及摇摆不定"(wobbly)的工团主义者却被笼统地归为"红色威胁"(Red Menace)。 美国军团(The American Legion)与三 K 党(Ku Klux Klan)率领暴徒打断工会会议，摧毁工会办公室，甚至处以私刑。

1922 年的铁路罢工出现许多暴力冲突。 战时的规定已经提升了铁路工人组织工会，其成员达到 40 万人，80% 的工人都放下手头的工作，反对战后私有化和去管制的计划。 雇主拒绝承认工会，雇用专门破坏罢工的人，他们可以得到公司警察、地方与州警察和联邦陆军统帅的庇护。 在遭遇暴力冲突之后，总统哈丁认为必须进行干预。 他首先尝试让双方妥协，但绝大多数雇主都不愿意屈服。 然后，检察长说服总统，认为解决办法是得到联邦军队的支持，发布一条涵盖所有反托拉斯的指令，反对罢工。 这种做法最终结束了工会的抵抗。 较为幸运的铁路工人被允许返回工作，但必须遵从雇主的条件，包括他们被迫加入公司工会并签署黄狗协议。 实际上，这场赤裸裸的阶级斗争最终是以老板获得成功而告终(Davis, 1997)。

虽然 20 世纪 20 年代工会在许多国家都停滞不前，但美国的劳工运动的急退尤为剧烈。 工会的比例从 1920 年的 17% 下降到 1933 年的仅仅7%。 只有日本(一个工业化程度低得多的国家)比美国工会组织更小。工会只残存在古老的手工业行业，而大部分都在增长的工业中消失了，比如化工、钢铁、汽车和橡胶制品。 社会主义政党的党员从 1920 年的109 000 人下降到 1921 年的 27 000 人。 而且，在接下来的一年还继续减半，从此再也没有恢复过，到 1924 年为止，社会主义者的投票变得没有任何意义了。

美国对社会主义的镇压得到广泛的支持，因为社会主义的目标在媒体中被明确宣扬为极端暴力，甚至出卖国家。 社会主义者与共产主义者被谴责为"异端"，认为禁止这些人移民对于阻止非美国观念流入来说是必要的。 三 K 党自我赋予的使命是：捍卫白人新教徒的统治(White Protestant Ascendancy)，反对黑人、天主教徒、犹太人和"国外的布尔什维克"。 在 20 世纪 20 年代早期有 50 万妇女加入三 K 党发起的一场妇女运动，三 K 党逐渐"整合到白人新教徒正常的日常生活中"(Blee, 1991：2—3)。 三 K 党干扰了女性主义希望通过一个平等权利的修正案，但却使这种希望偏离了正常进程与程序。 保守的共和党人主导了整个 20 世纪 20 年代。

然而，美国经济增长恢复了，战争给美国带来丰厚的利润。 英国与德国对美国银行负债累累，美国从而把持着居于世界领先地位的经济权力。 经济恢复是因为诸多公司利用其对新世界的统治。 在 20 世纪20 年代实际国民生产总值(GNP)年增长率超过 4%；制造业生产能力超过 5%(Abramowitz & David, 2001)。 商业集中度增强了：到 1930 年为止，100 家公司控制了几乎一半的经济命脉。 电动工作台、内燃机和流水线都是普遍运用的技术，大大增强了生产效率(David & Wright, 1999；Abramowitz & David, 2001；Gordon, 2005)。 汽车组装流水线成为现代性的象征。 1916 年公路上就有 900 万辆汽车，1930 年达到 2 700 万辆，消费成本进一步大大降低。 钢铁、玻璃、橡胶与石油工业进一步增长。 汽车的发展刺激了小城市的快速发展，这又带动了建筑业的发展。 亚历山大·菲尔德(Alexander Field, 2011)认为，落后的规划、无效利用土地以及不成熟的投资泡沫带来过度投资、落后的基础设施与铺张浪费的建设。 然而，电已经进入 60% 的家庭，家庭设备的生产与供应成为一个新的经济增长点。 纺织业通过服装行业得到扩展，连锁店和目录表有助于中产阶级消费社会的成长。 报纸与杂志通过广告得到资金支持；收音机、电影和录制的音乐都在飞跃式发展；好莱坞取代了法国，成为电影之家。 整个民族在经济上更为一体化，经济学家通过提出民族性的、局限于民族范围内的经济等理论作出相应的解释(Barber, 1985)。

种族主义的立法严重阻碍了移民。 在 20 世纪 20 年代的十年失业率只有 4%—6%，刺激了一些企业尽力留住技术工人，其手段是提供给他们一系列诱人的福利与可观的利益，通过国内劳动力市场不断雇用新的技术工人(Berkowitz & McQuaid, 1992：chap.3；Cohen, 1990)。"福利资本主义"让劳动力分化了，削弱了潜在的阶级团结。 劳动力短缺又开始刺激非洲裔美国人大规模向北移民，在那里他们可以获得更高的工资，但在住房方面依然是遵从种族隔离制度——想融入美国主流社会仍然是想入非非。

20 世纪 20 年代，人均国民收入可能稍微得到提高(Costa, 2000：22)。 保罗·戴维与加文·赖特(Paul David & Gavin Wright, 1999；参阅 Smiley, 2000)认为实际工资有增长，但戴维·戈登(David Gordon, 2005)却认为劳动力在国民收入中的份额依然没有变化。 虽然收入数据非常模糊，但并不模糊的是，本土出生的人的平均寿命、出生率与平均身高在 20 年代都有所提升，这些都是比过去很长一段时间营养更好的标志 (Steckel，2002)。 不平等问题在一战期间有所缓解，但随后却开始变得严重了。 到 20 年代后期为止，收入与财富的不平等比 20 世纪的任何时期都更为严重(Wolff & Marley，1989；Piketty & Saez，2003)。

经济上，农业的表现是最糟糕的。 农场劳工和小农场主的收入明显下跌，农产品价格也是一路下滑。 他们采取的措施通常是过度使用土地。 许多人放弃其农场，移民到城市从事商业，这进一步弱化了农村的民粹主义。 城市继续保持多种族的状态，但白人之间的种族冲突减弱。 全国性的三 K 党土崩瓦解了，很大程度上成为南部的一股势力 (Blee，1991：175—176)。 民主党从分化新教与天主教工人的禁酒令束缚中解脱出来。 两个主要的政党越来越更像其他工业国家的政党，共和党是商业的政党，而民主党是普罗大众的政党，除了在南部地区之外 (Craig，1992；Dawley，1991：213—214)。 自由主义工党之间的联盟现在成为可能，不过仍然没有成为现实。 民主党领袖依然是保守的，他们看起来并不会很快重新掌握政治权力。 美国已经向右转，保守势力巩固了优势地位，强化了人们的"美国例外论"的印象。

广为宣传的"新消费社会"并没有给普遍的公民增添内容，因为它并不是可以让所有人都感受得到。 正如好莱坞所刻画的一样，美国社会有很多特权，外国人羡慕不已，不仅如此，美国工人也羡慕不已。 有一半的美国人生活在或者接近于维持生计的水平，仍然靠向典当老板和当地放高利贷的人借债度日。 蒸蒸日上的信贷产业正说服中产阶级家庭，家庭抵押并不是不负责任的债务，而是一种值得尊重的独立象征，但对于普通工人来说，房租却仍然成为重要的支出(Calder，1999)。 提出"消费不足"学说的理论家(Underconsumptionists)认为，大众中的穷人购买力不足使消费下降。 富人有钱投资，但普通大众的工人却没钱开支。 这限制了资本主义从高生产力向高消费需求的普遍转向，这在其他经济发达的国家也是如此。 美国经济只是让中产阶级和上流阶级的人得益，导致生产能力过剩，股票市场的暴涨导致社会基础的动摇。

这些都最终带来了 1929 年的大萧条，全球危机进一步导致受压迫的劳工阶级的强烈不满并奋起反抗，把美国带回到成为全球主流的国内政治。 美国在地缘政治方面更早回归主流。

帝国主义的第二阶段：半个世界的帝国（1898—20 世纪 30 年代）

恰恰就在 19 世纪临近结束时，美国突然进入海外帝国主义的俱乐部，扩张到中美洲、加勒比海、太平洋诸岛和中国。 实际上，这个时期的海外帝国主义扩张速度已经放缓。 虽然 1823 年的门罗主义很早就宣称要占领半个世界，但其前提条件：只有当英国及其海军离开大西洋，转而关注亚洲与非洲；美国完全征服自己的大陆；第二次工业革命使美国成为一个主要的经济权力；美国建立了一支真正意义上的海军。所有这一切都是在 19 世纪 90 年代出现的，意味着此时的美国可以通过帝国主义在海外追求利润、安全和地缘政治地位。 美国迅速地做到这一点，就像同时代其他后来者一样，比如德国、日本和意大利。 美国在这方面并没有什么例外。

美国的政策一度曾经是追求一个最小意义上的非正式帝国主义，其目标是不让其他国家的市场封锁美国商品。 为了达到这一目标，美国努力探索环太平洋地区以及海鸟粪便丰富的群岛，以此夺取煤炭和海军补给站。 1890 年，美国海军总司令艾尔弗雷德·塞耶·马汉(Alfred Thayer Mahan)出版了有影响力的《海洋权力对历史的影响》(The Influence of Sea Power on History)一书，主张现代经济依赖于国际贸易，这需要得到蓝色海洋舰队的保护。 联邦政府现在拥有大量的预算剩余，可以建造船只。 盎格鲁—撒克逊对世界的使命这一意识形态也深深吸引了美国的精英。 海军政策从商船、巡洋舰和海上防卫舰队转向战船，到 1898 年为止，美国已经拥有世界上第三大海军。 对于一个工业处于领先地位的国家来说，发展战舰是很容易的。 陆军只有 25 000 精锐兵力，但陆地战并不是美国重点考虑的问题。

美国也有着新战略的考虑。 新帝国主义充斥全球，美国加入对东亚地区的瓜分，不甘落后。 欧洲在美洲的活动迹象让美国外交人员非常焦虑。 法国计划占领巴拿马运河，德国的投资不断增长，欧洲各国政府派遣炮舰，试图收回该地区各国政府拖欠的债务。 华盛顿政府官员达成一致共识的是，必须阻止这种"外部干预"。 1895 年，美国调动战船对列强施加压力，并提出一个方案来解决委内瑞拉与英属圭亚那地区之间的边界领土争端问题。 美国与英国作了最低程度的协商，但与委内瑞拉却根本没有商量。 美国国务卿理查德·奥尔尼(Richard Olney)对此次成功欢欣鼓舞，宣称："如今的美国在实践上是这个大洲的统治者，美国的命令就是美洲的法律"(LaFeber, 1993: 2142—2183; Ninkovich, 2001: 12—13)。 到 1898 年为止，总统威廉·麦金莱(William McKinley)也已经从踌躇不定的法国人手里成功接管了巴拿马运河的工程，建立了一个美国控制的运河区域，从哥伦比亚或尼加拉瓜分割出来一个"无权的飞地国家"(shell state)。 但美国试图购买而不是掠夺这块领土，就像它之前已经买到的路易斯安娜和阿拉斯加一样。

在国内，第二次工业革命给雇主与工会之间带来越来越大的冲突，而大规模的种族移民又带来很多紧张关系。 社·会·帝·国·主·义(Social imperialism)理论家主张，在海外发展帝国以帮助缓和国内的阶级矛盾与种族冲突，这似乎是一个可以解决某些问题的方案(Weinstein, 1968)。进步主义者鼓吹解决冲突的方式是增加工人的权利，激励大众消费者的需求，但保守主义者拒绝接受雇主失去自由以及由此改革带来的高工资。 然而，帝国很少得到来自下层的支持，首要原因是没有殖民者的游说。 美国人仍然集中精力向上层流动。 当美国保持其纯粹成为资本进口商的地位时，美国资本就没有剩余去寻找新的突破口，霍布森/列宁的帝国主义观点并不适用。 因为 1893 年至 1897 年期间的经济危机的特点就是国内市场"饱和"，有些工业主义者的确支持抓住海外市场以吸收过剩产能。

1895 年，经济恢复最初是由出口引导的，制造业商品第一次替代农产品成为主要出口产品。 美国进口拉丁美洲与加勒比海的原材料，以及美国本身不生产的农产品，比如糖、咖啡和香蕉。 主导这些贸易的大公司还参与到采矿以及糖、烟草、咖啡和热带水果的种植，而且运输方面得到美国拥有的铁路和港口的服务与支持。 1899 年香蕉生产商合并到大型联合水果公司(UFCO)。 制糖业的公司一方面在美国加工提炼，另一方面在西班牙的加勒比地区进行集约种植生产。 到 1895 年为止，美国的商业已经在西班牙的古巴殖民地投资了 5 000 万美元，美国与古巴之间的贸易总量比古巴与西班牙之间的还要大(Ayala，1999；Perez，1990；Schoonover，1991：170)。 虽然这些公司仅仅占美国经济总量的一小部分，但却是囊括了对该地区政策充满兴趣的绝大部分美国人。 这些人正在形成一个帝国游说集团，它看到一个在美洲每况愈下的西班牙帝国在等待着美国人来接手。

这个时候的美国是一个潜在的经济帝国，这个帝国主要是公司与银行主导，而不像以前的英帝国有一个由冒险家和武装起来的贸易公司相结合的专门网络。 有些人说，这个帝国游说集团的游说导致了美国于1898 年对西班牙的战争(LaFeber，1993：chaps.4, 5；Smith，2000：27—29；Schoonover，1991，2003)。 沃尔特·拉塞尔·米德(Walter Russell Mead，2001)把这时的美国看作是一个"汉密尔顿式的"政府—商业合作体系，这个充满活力的国民经济在对外扩张。 工业主义者诸如安德罗·卡内基(Andrew Carnegie)和约翰·D.洛克菲勒(John D.Rockefeller)都支持扩张政策。 美国大多数商人和总统都不关心外交政策，麦金莱在1896 年的当选带来一个全面支持商业的共和党总统，他致力于积极寻求并开拓国外市场，这得到一直迅速扩张的舰队的支持(LaFeber，1993：330—333)。 麦金莱也看到了一个战略机会，可以把西班牙从西半球驱赶出去。 美国不得不阻止其他帝国来摄取西班牙的殖民地，所以决定先声夺人。

　　然而，任何政策都不得不经过国会的同意，而国会不愿意把国家财政花在外交冒险事务上，而且，有些企业在该地区有着商业利益，仍然愿意支持西班牙帝国。 外交政策在国会讨论上一直排在后面，甚至连商业财团提出在国外建立更好的领事服务机构的提案都会深深陷入党派之争的泥潭(Pletcher，1998：4，26—45)。 然而，彼得·特鲁布维茨(Peter Trubowitz，1998：31—95)认为，此时的国会正在改变观念。 19 世纪 90 年代的选举记录显示，南部与北部的议员之间对于外交政策存在分歧。北部的议员支持关税以保护国内工业，支持海军扩张(造船是在东北部)，而且以非正式帝国主义的方式窃取美洲与亚洲的自由开放市场。南部的议员支持自由贸易，因为他们依赖于廉价的农产品出口，他们的主要贸易伙伴是英国，而他们最担心的是，英国会警惕美国海军扩张。西部的议员更倾向于国内市场，其选票也摇摆不定(swing votes)，会投票支持他们认为最重要的国内事务。 北部的议员更愿意赞同贸易。 民粹主义者是传统的反对帝国者，他们集中在南部与西部，虽然现在两者还未分崩离析。 这样，一个帝国此时正在国会孕育形成，但美国是有着激烈竞争选举的代议制政府的国家，加上其媒体充满活力但"捕风捉影"(yellow Press)，可以吸引各种包在观念外衣中的利益，并获得一般民众的关注。 在最后一章，我注意到，在英国，广泛的选举对政治家施加压力，使帝国看起来似乎具有合法性。 同样，美帝国必须把自己说成是既可以给民众带来利益，也可以满足大公司的利益，但这对于进步时代的许多美国人来说都是不可信的。

　　有些人认为，美国对世界越来越强烈的使命感是这股帝国主义扩张的主要动因(Ninkovich，2001)。 正如现在一样，许多美国人相信，他们是世界上最自由的人，应该具备对世界承担责任的意识。 这种责任是榜样还是使命？ 约翰·温思罗普(John Winthrop)在 1630 年对美国人的著名描绘就包含了榜样的意识，他认为，美国人"在山上建造一座城市，所有人的眼睛都盯着我们"。 设置这样一个榜样是一种国民共识，但这可能导致孤立主义，而不是帝国。 第二种意识是一种帝国使命，把美国榜样带给世界人们，并且通过人道主义干预来落实这种榜样。 罗斯福宣称，美国人将因其帝国美德而被世人记住，就像罗马人一样："所有强有力的伟大种族都进行种族战争，一旦该种族丧失了英勇奋战的美德……无论其商业、技术、科学或艺术上多么先进，它都将丧失其居于最好的种族行列的权利"(Auchincloss，2001：4)。 参议员亨利·卡伯特·洛奇(Henry Cabot Lodge)吹嘘道："我们的征服、殖民与扩张的记录是19世纪任何其他民族都不可比拟的。 我们现在不会受到任何约束。"(Schoultz，1998：135)他还加上一点，美帝国主义将传播"自由"，而不是英国人与法国人那种"粗暴的物质主义"。 有人还补充了社会达尔文主义：白种人的义务就是"提升所有的有色人种"。 其他人主张，那些在西班牙人统治下遭受折磨的人应该得到解放。 这些说法有着很大的吸引力，尤其是对于民粹主义者，因为他们拒绝任何仅仅由商业与战略精英们所推动的外交政策。

反对帝国主义的人宣称，自由不能用枪炮来推行，帝国主义背叛了美国宪法规定的各种自由。 其他人从种族主义角度加入反帝国主义的行列：海外干预存在"种族污染"的风险。 加利福尼亚的本土主义者把亚洲人视为种族毒害的主要来源；南部的民主党害怕加勒比地区的拉美人和黑人。 威廉·詹宁斯·布赖恩是1900年失败的民主党候选人，他把许多非常不同的观点结合在一起反对帝国，认为："菲律宾人成为公民会威胁到我们的文明；他们成为臣民就会威胁到我们的政府形式。"(Schoultz，1998：142)在他的观念里，宪法规定的权利和种族主义不寻常地结合到反对帝国主义中。 左派与右派都有帝国主义和反帝国主义的支持者。

为了让这场争论更加公平一些，我们可以提出一个与事实相左的假设性问题：要是美国没有参与任何外交上的投机与冒险，世界会怎么样呢？ 西班牙的殖民地可能推后获得其独立，而美国可能直到一战都继续坚持孤立主义。 此时的世界即将发生巨大变化，引发这个巨大变化的事件更多地源自古巴发生的事情，而不是美国本土发生的事情。

1895 年古巴开始爆发血腥的反叛。 西班牙的回应方式是镇压,包括发明了"集中营"。 在美国,那些鼓吹"古巴自由解放"的人呼吁,美国的宪法传统要求美国帮助那些为自由而战的人民。 然而,美国在 1898 年派遣出的军舰"缅因号"(Maine)进入哈瓦那港口(Havana Harbor)并升起国旗时就被炸沉了,并且 200 多名美国士兵被杀害,到了这时候,美国干预主义者才获得了成功。 在大众看来,这次失败似乎归因于卑鄙的西班牙人,虽然这更可能是一个意外事件。 情感终于战胜了理智,国会迫使麦金莱总统宣战,虽然他可能倾向于干预。 军方使他相信他们一定能成功,并且古巴与菲律宾都出现了很多的反叛。 缅因号战舰的沉没明显是一个意外事件,但却成了一个及时的借口。 至今为止的战争都是由"多种因素决定的"(over-determined)(Offner, 1992: ix & 225; 参阅 Peceny: 1999: 56—65)。

西班牙—美国之战仅仅持续了三个月。 美国的多次胜利都是速战速决获得的,不但在加勒比地区而且在整个太平洋地区都是迅速摧毁西班牙木质结构的舰船。 国务卿海约翰(John Hay)说这是"一场壮观的小规模战争"。 但美国要获得西班牙占领的殖民地并不都是那么容易,麦金莱总统与他的幕僚们对于如何处置这些殖民地还没有清晰的想法。 在某种意义上,这是"偶然形成的帝国"。 在大陆扩张期间,最高法院曾决定"宪法跟随国旗走"(当然不是为了印第安人,他们都被杀死了)。 所以,宪法权利应该给予之前作为西班牙的臣民。 然而,麦金莱总统并不想介入"这块有着 150 万混杂人口的殖民地政府事务,主要都是西班牙人、古巴人与黑人。 他们对于我们的宗教、行为方式、政治传统、习惯与思维方式的了解程度,老实说,就像达荷美(Dahomey)的国王对于他们的了解程度一样"(Schoultz, 1998: 142)。 因为"殖民地"这个词并不能接受,所以古巴、波多黎各、菲律宾以及太平洋许多小岛都被最高法院委婉地界定为"非合并的领土",其目的是为了阻止当地人变成公民。 这些领土实际上都是美国的殖民地。

古巴殖民地

古巴距离佛罗里达只有 90 英里，与波多黎各一起控制着加勒比和中美洲地区的进出口，因此，美国是出于战略性考虑才占领这两个国家(Boot，2002：134—135)。行政当局此时试图控制古巴。美国军方并没有与古巴讨论采取何种战争方式，也不允许他们接受西班牙的投降，并且拒绝承认由反叛力量建立的共和国。美国认为，自由意味着把西班牙人从美洲"赶出去，保护美国的商业自由不受反叛者的影响"。在麦金莱给国会的战争咨文报告中，他说，他将"对古巴两党实施敌对性的约束"(LaFeber，1994：202；Perez，1983：178；Perez，1998：19，79—80；Offner，1992：194，222)。反叛者看来很有危险，尤其是那些以前从事制糖和烟草的工人。美国领事把他们描述为"不愿意接受任何文明与基督教的人……主要是黑人，加上来自国外的冒险家……他们企图获得权力或利益"。麦金莱驻西班牙的外交官说："在我看来，美国作为古巴的保护国，似乎就像负责任照料一家精神病院一样。"(Schoultz，1998：136)

美国镇压反叛运动之后，其占领并不受欢迎。欢迎美国人的主要是精英，他们被看作"非常有能力作出正确判断的商业阶层"，"他们是品质优良的"、"有文化、有教养的"、"有财产的"，"白人和富裕家族和社会地位高的人。在主要的军官中只有三位是黑人血统"。总督伍德(Governor-General Wood)非常高兴地注意到，在议会，议员是根据有限选举权当选的，"白人在数量上大大超过了黑人"。然而，他改变了想法说："我应该说，我们大概有 10 位绝对属于一流的人，大约 15 位品质与性格不能确定的人，大概 6 位古巴最糟糕的捣蛋鬼和骗子。"参议员普拉特(Platt)提出"在许多方面他们都是像小孩一样"(Schoultz，1998：144—148，202)。总督伍德与秘书长鲁特(Root)说，这需要美国人用几十年时间来指导，实现的目标不是自治政府而是"欢迎被吞并"(annexation by acclamation)。 总督沙夫特(Shafter)惊呼道："自治政府? 这些人如果适合自治政府，那么火药就能适合热锅。"(Healy，1963：36，91—96，148；参阅 Hunt，1987)

1903 年，《普拉特修正案》写入了古巴宪法，要求古巴"维持低限度的债务水平，禁止签订任何条约，以确保不伤害对美国的义务；授予美国干预的权利，以保护生命、自由、财产；确保军人政府行为的有效性；如果需要，提供长期的海军租约"(Langley，1980：21)。 这些规定最大限度地限制了古巴主权。 美国军人的行政管理在这个岛上维持了二十年，监督着古巴代理政府。 驻扎在关塔那摩湾(Guantanamo Bay)的海军基地始终证明对于当今帝国的可质疑的角色起到非常重要的作用。

美国公司现在接管了古巴制糖行业，美国 1898 年占领波多黎各与1916 年占领多米尼加共和国八年之后也是如此。 这些岛对于美国公司来说非常安全，可以根据竞争来控制产量和价格浮动，根据最低劳动成本来核算生产。 这些地区都有经济增长，但农民并没有从中获益。 铁路得到延伸，但正如在其他殖民地一样，美国公司只考虑把外国投资企业的产品运输到港口并远销国外。 绝大多数铁路是在蔗糖收获季节经营，没有建立新的交易网络(backward links)，对经济没有多方面的影响。 这是经济增长，但不是经济发展(Ayala，1999；Zanetti & Garcia，1998)。 美国对这些殖民地的占领出现在废除奴隶制度之后，所以美国公司的雇员免除了最糟糕形式的殖民剥削。 实际上，他们通常要比在其他岛屿工作的工人付出更多。

这时，美国军事权力又一次变得强硬起来。 如果古巴的选举走入"歧途"或者代理人政府不是很受欢迎，美国军队将进行干预。 美国的外交大使解释了干预政策："让他们来选举投票和决定他们自己的生活。"如果出现麻烦，"我们就开始进入，并且让他们再次举行投票"(Smith，2000：52)。 美国在国内是相对民主的，但在古巴的统治却非常专制。

菲律宾殖民地

麦金莱总统最初没有想到把菲律宾变成殖民地，但他说，几个不眠之夜之后，他的良心终于获胜了：

> 我跪着向万能的上帝祈祷阳光与引导……他有一天晚上来到我跟前……除了全部拿下这块土地之外没有给我们留下什么选择，教育菲律宾人并改善他们的生活，使他们得到文明的洗礼，得到上帝的恩典，通过上帝的威严我们才能做得最好，正如耶稣为我们而牺牲的一切那样……第二天上午，我就派出陆军部的首席工程师(我们的地图绘制人员)，告诉他要把菲律宾放在美国的地图上。(Schoultz,1998:89)

他似乎不知道，菲律宾绝大多数人都是基督徒。

事情一开始进展并没有那么顺利。而且，美军没有与当地的反叛联盟协商就成立了新政府。结果，当地人群起反抗并与美国进行了三年的殖民战争，美国杀害了 20 万至 40 万菲律宾人。许多人关押在美国集中营，这些集中营都是从西班牙人手里直接改编过来的。反叛地区被中断了食品供应，变成了被美国官员叫做一个"鬼哭狼嚎的野蛮之地"。但至少有 4 000 位美国士兵在菲律宾牺牲，绝大多数死于疾病。如果麦金莱提前知道所有这一切，他可能不会宣布占领菲律宾群岛。占领菲律宾之后，美国爆发第一次大规模反帝运动，而马克·吐温是这次运动最著名的发言人。耶鲁大学一位社会学教授威廉·格雷厄姆·索姆奈(William Graham Sumner, 1899)把这场战争描述为"美国采取西班牙方式进行征服"。他的意思是指，在获得殖民地的过程中，美国已经被西班牙帝国主义价值观所征服，而集中营就是一个例子。

美国人明智地降低了他们的使命感。他们领教了英法帝国主义者早已经吸取的教训：只有大量利用当地精英才能有效进行镇压，即实行间接帝国，把种族上的少数群体武装起来，利用他们来打击主导反叛的他加禄人(Tagalogs)。随后，他加禄人上层阶级为了保留自己的财产不得不放下武器。美国人一般不愿意担当起完成帝国使命的任务，也不愿意在那里设立商业据点，菲律宾的酋长——由60个最富有的家族组成，享有大规模的庇护网络——意识到美国人不可避免要利用并与自己合作。美国也需要这些家族来投票决定税收，因为美国议会拒绝在财政上支持殖民地。朱利安·戈(Julian Go，2008)认为，菲律宾与波多黎各不一样，波多黎各地方精英掌握的经济权力受到驻守此地的美国人(可怕的飓风)严重的干扰，美国人迫使他们进行政治改革，包括接受美国的多党体制，但这在菲律宾历史上是没有的。虽然美国人一直在抱怨精英那种庇护—代理关系的"腐败"，但无论他们如何建议改革，这些家族都搬出革命的魔咒，美国人只好妥协退让。美国行政当局对菲律宾的主要影响是，让那些"受到启蒙的"(illustrados)精英把他们的控制网络从地方政治延伸到全国政治，延伸到美国人引入的新制度，诸如改革和扩展现代的学校教育体制(Hidalgo，2002；Go，2003，2008：254；Boudreau，2003；Ninkovich，2001：54—59)。美国与其他帝国一样授权当地的传统精英，但由于菲律宾没有美国的殖民主义者，白人的种族主义也就相对不那么重要，并仅仅是采用拉马克学说的形式。美国对菲律宾的"指导"是以学习英帝国制度为基础的，试图把当地人提升到一种文明状态(Go，2011)。国会也受到反帝国主义者的影响，他们的力量是在一战之后逐渐增长的。国会也会受到美国农场主的影响，他们与菲律宾商品之间存在竞争关系。由于菲律宾不可能实现真正的民主，也不可能有很大的利润空间，因此，控制群岛对于美国就没有多大作用。海军在1908年作出决定，认为美国的基地暴露太多，而且距离美国太远，这个决定强化了不愿意控制菲律宾的想法(Pomeroy，1974；

158—159)。 1941 年，菲律宾发生的一系列事件证明了这一点。

到 1912 年为止，除了国防与学校之外，菲律宾人控制了其他方面的政府事务。 菲律宾的教育体制得到扩展，100 名菲律宾退休人员每年赞助那些成绩处于教育体制顶端的学生，把他们送到美国大学去镀金，但绝大多数都是精英的孩子。 到 1920 年为止，学校入学人数接近 100 万(Calata，2002；Ninkovich，2001：60—72)。 美国迅速从直接统治转为间接统治，再转变为建立相当程度上的自治政府，其速度远比英国任何一个殖民地都要快得多。 1934 年开始，美国为菲律宾的独立准备了十年之久，帝国权力做出这样的举动这是历史上的第一次(Villacorte，2002；Roces，2002)。 只是由于日本的侵略，正式独立延误到 1945 年之后。 这是美帝国主义的一次真正的成就，虽然事实上是菲律宾的精英自己争取到的自治。

美国的种族主义与某种善意的家长制相结合。 美国人将指导"像孩子一样"的本地人并带入"成熟期"，其速度在菲律宾与波多黎各的案例中显得非常快。 美国人的责任是提升有色人种，他们"情绪化、非理性、不负责任、没有商业头脑、不稳定、像孩子一样"，"棕色的小兄弟"、"缺乏男子气概、弱不禁风"。 拉丁美洲人和菲律宾人在文明程度、进化程度和种族等级方面比白人低，但高于黑人，也高于生活在未开垦的森林里的野蛮人。 西班牙的统治降低了所有人的品质，但在接受美国人的指导之后，除了野蛮人和穆斯林之外的所有人都可以自我统治。 实际上，正如戈(Julian Go，2011)提出的，只有当菲律宾人已经达到很高的文明程度之后，指导才会有效，其效果的显现远比在绝大多数英国殖民地都要快得多(参阅 Go，2004；Rosenberg，1999：31—35；Hunt，1987：chap.3；Smith，2000：48—49)。 在大众的漫画上，一个特别大的自由女神或者山姆大叔或者美国大兵，为一个小的、像孩子一样的菲律宾人或者拉美人，伸出一只援助之手，或者点亮一盏灯，或者指明一条路。 有些漫画刻画出父母对孩子的惩罚，比如美国将军伍德强迫一个嗷嗷大哭的古巴黑人洗澡，或者哥伦比亚(Columbia)用剪刀剪掉一个晚清中国人的辫子(这是一个反动社会的标志),剪刀的刀片上刻着"20世纪的进步"。 这种常见的帝国行为混合了种族主义与启蒙价值观。 然而,儿童和小兄弟最后总会长大成人,而有色人种也不是永远被视为是劣等的。

1904年,圣路易斯世界博览会(St.Louis World Fair)有一个来自菲律宾的殖民地生活展览,包括1 000名"野蛮人"和"非基督教信仰的部落",这些展览都是以文明的层级进行陈列的。 最低层次的是野蛮的伊哥洛特人(Igorots),其特征是手提着敌人的头,吃着狗肉,几乎是赤身裸体,他们是最引人注意的。 最文明的是接受过美国训练的菲律宾士兵,展示着美国传播文明的能力。 到20世纪30年代,美国人认为,他们的任务在很大程度上已经完成,现在不需要这些殖民地,甚至连真正的殖民地也没必要保留。 美国对亚洲的统治模式就是非正式帝国模式,即不侵占任何一块领土,只待在近海落实美国的利益——主要是"门户开放"的自由贸易。

殖民地为何是临时的?

1900年之前,美国由于经济与战略的原因而打了一场很轻松的仗,而且相当出乎预料地获得了许多殖民地。 接着,美国放弃了直接或间接帝国模式,考虑建立临时殖民地之后就很快转向非正式帝国的统治模式,其理由与其说是美国本质上讨厌帝国,不如说是形势使然(参阅Go, 2011)。 美国的转变主要有六方面的理由。

(1) 美国在古巴、菲律宾和波多黎各建立帝国刚开始就受到巨大挫折。 打败了西班牙人是最容易的阶段,而最艰难的阶段是没有殖民者的统治,并且疏远了当地精英。 这些现在我们似乎很熟悉,因为美国最近对伊拉克的占领也面临着同样的困境。 当地精英的联盟转而反对美国的占领,美国人的理想使命被抛弃了,地位下降了。 美国在古巴驻扎了 20 年，在菲律宾有 40 年，至今依然驻守在波多黎各，但它不再想要这些经历了。

(2) 美国几乎没有派遣殖民者。 在非洲，英帝国基本上是通过其殖民者与冒险家努力去获得新的殖民地。 殖民者的游说在日本帝国也是很强大的。 殖民者一直在进入美国而不是离开美国。 夏威夷是一个例外，在那里，美国种植园人数不断地增加，确保夏威夷成为美国的殖民地，并且由他们进行控制。 在二战之后有一个令人高兴的结局：夏威夷被吞并成为美国的一个州。 社会帝国主义需要从下而上获得支持，但美国是缺少这一点的。 美国并没有一个强大的大众游说群体要求发展殖民地。

(3) 欧洲人正在瓜分非洲，他们都担心别的大国捷足先登攫取领土。 但美国人没有任何对手来与它竞争。 德国或日本可能有兴趣进入菲律宾，所以英国人希望美国人驻守在那里。 美洲半球的最大威胁是一两艘外国的战舰，美国通过简单的非正规的战争就把敌人吓跑了，在这个半球里英国也喜欢采用这种方式。

(4) 在欧洲扩张三个世纪之后，英国与法国都已经摸索出了一整套殖民化的制度，包括殖民地的市政管理，具备垄断特权的贸易公司，殖民军队与海军。 这些军队承担的任务是做他们被训练去做的事情。 作为后来者的美国并没有这样的制度，它只拥有一支更适合非正式帝国而不是殖民地统治的海军。 与其他帝国比较起来，美国缺乏殖民制度、专家与人事管理。

(5) 这个时期是民族主义时代的开端。 在帝国边缘地区，受过良好教育又有财产的精英们正在宣传反帝的和种族适应宪法革命的意识形态，这些意识形态在全球范围广泛宣扬。 建立殖民地比以前更为困难。 在现代民族主义运动兴盛之前，欧洲帝国就已经征服了很多国家。然而，此时的民族主义叛乱拥有更多的意识形态权力。 在 1898 年，一支意大利军队在阿多瓦(Adowa)战役中被埃塞俄比亚国王(Ethiopian monarch)彻底击败，其方式就是动员基督教民族主义情感，这是之前在反对穆斯林邻国过程中培育起来的情感。 从 1899 年到 1902 年，南非布尔人的反叛让英国殖民者感到震惊，而布尔人本身就是荷兰移民的后裔，他们作为早期殖民者有着荷兰血统及其自身的民族文化。 然而，就像南非的英国人一样，美国人也学会了如何处理民族主义的反抗，主要是给予他们更多的自治权，比如美国人就给予菲律宾有特权的精英一种"酋长民主制"(Anderson, 1988)。 他们愿意与美国分享权力以维护其财产权利，但美国没有在其他地方取得类似的成功，没有找到控制殖民地的模式。

(6) 这段时期兴起公司资本主义，大规模的农产品企业与银行托拉斯努力在海外获得垄断特权。 拉美诸国已经建立了西方模式的国家保障财产权利和颁发垄断许可证。 许多政权非常腐败并且危机四伏，但对于国外企业来说，更为简单的策略是实施强制性的政治改革，而不是颠覆政权。 在西半球获得更大利润的方式并不是殖民，而是用炮舰在近海进行威胁。 英国人在西半球基本上都是这么做的，但对于美国人来说，非正式帝国是更为容易的解决办法。 美国人选择最适合自己的帝国主义形式。 这种形式与其说是国家主义还不如说是资本主义，因为国家主义的管理不会采取像美国那样残酷的镇压和剥削。

船坚炮利的非正式帝国

美国没有吸取的教训是它应该放弃帝国主义；它只是改变了帝国主义的形式。 在 1899 年与 1930 年之间，美国发动了 31 次惩罚性的军事干预，每年一次。 在亚洲，美国与欧洲人维持一种次要的合作伙伴关系。 国务卿海约翰在 1899 年至 1900 年间提出在中国实施门户开放政策，这标志着一个晚到的帝国要坚持进入中国市场，并且与欧洲人享受同样的不平等条约和优惠政策。 在 1900 年，美国派遣 5 000 人的部队参与并支持帝国同盟军，镇压了义和团的反抗运动，日本派出了 8 000

人的部队，美国与日本一起顺利地进入不平等条约的俱乐部。 通过战争来保持开放的主要市场是对中国输出鸦片，但这恰恰是义和团反抗运动与中华帝国政府都极力阻拦的。 于是，美国正式加入罪恶累累的现代帝国主义阵营，虽然只是一直主导鸦片输入中国的英国人的次要合作伙伴。 门户开放政策仅仅是单向的开放，因为直到 20 世纪 30 年代为止，美国的市场依然得到高度的保护(Eckes，1995)。

在美国的 31 次干预中，有 28 次是在中美洲和加勒比海进行。 这个地区的国家很少发生战争，但大多数国家的不平衡发展意味着，有一些飞地经济可以出口农产品或者原材料，但该国的大部分地方仍然非常贫困。 阶级、种族和族群差异加大，进一步恶化了不平等。 保守主义、自由主义与民族主义在寻求出路的改革方面存在尖锐的政治斗争。 斗争的结果是政治不稳定和政变。 但美国人对此几乎不承担任何责任(Mares，2001)。 然而，外国的商业恶化了不平等，打击了国家发展，因为外国企业的利润来自在采矿和农产企业飞地的垄断特权，与当地其他经济很少有任何联系。 当地的主要受益人是那些地主与商人，他们是外国商业的代理人，在飞地工作的工人也可以受益，因为他们比在其他地方工作的工人的状况更好(Bucheli，2005；chap.6；Dosal，1993)。 大部分利润重新流出国外，与当地很少有联系。 我再一次强调，这是一种没有经济发展的经济增长。 有一项研究是关于 1850 年至 1929 年间的咖啡、赫纳昆纤维和炼油三大行业，其结论是，美国公司反过来对拉丁美洲大多数国家的经济发展产生负面的影响(Topik & Wells，1998)。

殖民地的关键问题是国外商业从一个腐败但又不断抱怨的寡头集团那里获得了垄断特权，而这个集团是由元首(caudillos)来主导，其作用在于维持秩序和镇压大众反抗。 这是导致古巴、多米尼加共和国、危地马拉、尼加拉瓜等地宪政秩序与国民经济发展失败的真正原因(Leonard，1999：95；Whitney，2001：1—9，18—20；Hall，2000；Dosal，1993：1，75—94，119—140)。 这些国家不时遭到自由派和激进派的挑战，他们在民族主义旗帜下动员大众的反抗，但美国企业往往抵制这些抗争,并且利用"革命的潜在威胁"警告他们(Hunt,1987:105)。 美国企业对当地的反抗显得很敏感,并游说美国政府干预,其干预的方式是先对当地施加经济压力,使得当地的自由派内部不稳定,再进行军事干预,打击激进派(Paige,1997:45—46;Mahoney,2001:19—23)。 这就是先由企业挑衅而后政府提供支持的模式。

在武装干预之后,美国可能会接管海关和政府预算,确保"财政稳定",这种做法比当今美国实行的"结构性调整方案"更为直接、更具压迫性。 罗斯福借用英国在埃及的政策,开始实施这个方案(Rosenberg,1999:41—52)。 在威廉·霍华德·塔夫特总统(William Howard Taft)时期,美国转而实行著名的"美元外交"政策。 美国的"货币医生"带来美国的银行贷款,稳定当地的货币流通,甚至用美元来取而代之,其黄金储备直接转移到纽约,重新安排债务,管理其预算和海关赋税的征收(Paige,1997,79—80,162—168,178;Mahoney,2001:190)。 这个医生采取稳健的财政手段,确保殖民地能从根本上偿还外债,既让这个国家吸引了外资,也扩展了美元的势力范围,成为英镑驰骋全球的一种替代性补充。

美元外交深深嵌入带有商业色彩的文明化使命中。 赛勒斯·威瑟(Cyrus Veeser,2002)在对委内瑞拉的研究中发现,美国人不提民主。 相反,他们说得最多的是,"扩展理性与不可避免的自由市场,支持明智而进步"的政府(与此对立的是"不明智"或者"不理性")。 帝国主义的激进的家长制意识形态与商业的渗透结合起来:白人种族的"成熟"与"男子气概"已经发展了"自制、统治权和谋划未来的能力……西班牙三个世纪的统治已经让殖民地成长为儿童,但不是独立和自立的男人"。 普鲁斯顿大学的埃德温·凯末儿(Edwin Kemmerer)在康奈尔大学演讲时,对一个义愤填膺的菲律宾学生观众发表了这个观点。 然而,埃米莉·罗森博格(Emily Rosenberg,1999:33—39)说,不仅银行家们有类似凯末儿的情感,而且那些"土里土气的小市民、中层管理人员和奋发向上的专业人士"也有这样的情感。 美元外交是一种不平等的条约形式，受益最大的美国的商业与外国债券持有人，然后有利于地方的代理人，对当地社会没有任何好处。　然而，美元外交与现代结构性调整规划不一样的是，它不是一种霸权，不要求反复进行军事干预。　这是一种美元加大棒的外交，主要得到在该区域有利益的美国企业的支持。

美元外交并不能解决当地的主要问题。　美国干预的长期影响可能导致当地的不稳定，虽然这种不稳定并不是由干预本身产生的。　美国舰队会在一个地方待上三个月到两年半时间(在尼加拉瓜)，但不会对其宣称主权。　唯一一个例外的是美国对巴拿马要求拥有一半主权，这是因为该运河具有独特的重要意义。　美国的干预是随着美国农产品企业的托拉斯在当地扩张而增强，这一点已由西泽·阿亚拉(Cesar Ayala, 1999)在研究加勒比地区的制糖工业时指出了。　威尔逊被认为是自由派，他派遣海军的数量高于自称为帝国主义的罗斯福派遣的数量，这表明民主党也重返帝国主义政策。　此时的两大政党都在实行帝国主义政策，但是民众却很少关注帝国。

从 1900 年到 1930 年代中期，美国的行政当局有时候宣称对外干预的目标是恢复民主。　坚船利炮增进了"自由"、"自决"和"自由的自治政府"，但无论何时，只要稍微出现一点点"社会革命"的(比如再分配)、自由的或大众的运动，似乎威胁到美国的商业利益的时候，美国就要利用短期的、猛烈的军事干预进行镇压(Schoonover, 1991：173；Leonard, 1991：79—81；Whitney, 2001：138—139)。　帝国主义国家政权的具体而主要的动机是远距离的战略性安全所带来的利润。　古巴总督伍德(Governor-General Wood)说："当人们问我稳定的政府意味着什么，我告诉他们它意味着'有 6% 的利润'。"(Ninkovich, 2001：102)委内瑞拉的总统胡安·维森特·戈麦斯(Juan Vicente Gomez)与美国结成了忠诚的联盟。　作为回报，美国漠视戈麦斯总统 27 年残酷的专制统治，反而把他称作为一名"民主的恺撒"(Ewell, 1996：107)。　这些元首知道如何操纵民主的修辞，谴责殖民地反帝人士为暴君或者革命者。　美国此前最坚决要求实行民主制的几个国家却受着冷酷无情的专制者的统治

(Drake, 1991：33)。 马克斯·布特(Max Boot)总是希望找到美帝国的好处，但也不得不承认，美国的民主化方案是失败的，但他又说，这是因为"专制独裁是根深蒂固的，民主是外国移植的，之所以不成功，部分原因在于美国没有用足够长的时间来坚持培育民主。"(2002：251)。 然而，实际上，美国的干预激化了社会冲突，使得宪政政府无法实现(参阅 Smith, 2000：63)。

如果美国的政策是鼓励国民经济发展，并辅之以一种再分配措施，本来可以给殖民地带来社会稳定与经济增长，也可以巩固美国的对外贸易与美国公司的利益。 但美国公司却认为这并不可取。 哥斯达黎加(Costa Rica)就是这样一个正面案例。 这个国家实行的替代性战略对双方都有利。 拉丁美洲国家越是独立于美国，就越容易获得经济增长，就像英帝国的殖民地一样。 然而，从垄断特权中获益的公司游说却限制这种双赢。 在西半球的美帝国主义超乎寻常地偏向这些垄断企业。对于绝大多数美国人来说，他们日常生活与帝国无关，大多数美国的商业也与帝国毫无关系。 只有少数拥有垄断特权的公司才关心帝国，因为它们在该地区有采掘工业、运输产业或者种植业。 因为该地区并没有与其相抗衡的利益群体，于是这些公司就恶意地利用美帝国主义。在 20 世纪的前半期，那些远离美国的国家都更有能力控制并保护其国内经济，它们的经济也比周边那些受到美国深入干预的国家发展得更快。 我们可以据此得出结论，美帝国主义是剥削性的。

国内出现的种族意识形态也渗透到了并且恶化了帝国的政策目标，这是国内权力关系对国外权力关系造成的最直接影响。 各个种族被排列成不同的文明等级结构：白人高于混血儿，混血儿高于黑人，黑人高于土著居民。 英国人在间接帝国阶段获得了经验，与当地精英做过很多交易，在当地人之间划分出各种阶级类别和文化差异。 就像我们将在最后一章所看到的，他们的种族主义在殖民地私人生活中可以自由表现出来，而公共政策却更加务实，就像当时英国相当乏味的官方文件所反映的那样。 美国国务院的文件却与英国不一样。 有一个摘要性的文件指出："这些国家的政治稳定性或多或少与纯白人居民的比例是呈正相关关系的。"美国国务院的巴西分部摘编了国务卿的话，并指出，混血儿是"自我中心的，贪图享乐与权力"，而黑人"差不多全部是文盲，像孩子一样无知。"墨西哥分部指出，墨西哥人是"被印第安种族那种更低文明的人所统治。 与对待白人种族这种更高文明的政府一样来对待他们的政府，这是犯了一个基本的错误，或者说，当正义与国家的抱负相冲突时，如果指望仅仅通过逻辑推导的力量来实现正义，这也是一个基本的错误。"美国的外交大使表示同意，并说道："在内阁中没有白人血统的人"，他继续逐个浏览其内阁的成员，把他们区分为"印第安人"、"犹太人"、"纯血统的印第安人和非常残酷的印第安人"，等等诸如此类(Schoultz，1998：278—279；Hunt，1987)。 这些人都是外国佬(dagos)、黑鬼或者野蛮人。 几个世纪以来，白人由于西班牙"血统"和"种族混合"降低了品质。 罗斯福把哥伦比亚人称为"卑微的小型生物体"、"长腿大野兔"、"愚蠢而杀人嗜血的腐化分子"，他们"昏庸软弱、愚钝无知、残酷、背信弃义、贪得无厌、空虚浮华"。 海军上将斯梅德利·巴特勒(Smedley Butler)把尼加拉瓜人称为："我打击过的最无用的寄生虫。"美国一名高级军官说："正如你所了解的，夏威夷人是一个非常歇斯底里的民族。"整个西半球居住着1 500万"稍微被天主教教化的野蛮人"，"懒洋洋坐在一堆金子上的乞丐"，"这个大洲简直在走向报废状态。"这些人的偏见比英帝国主义者更为强烈。 这些偏见的力量是由美国国内的种族主义所造成的，由此提高了军事干预的可能性。

那些与美国作对的人成为恶毒攻击的对象。 尼加拉瓜总统萨卡萨(Sacasa)被罗斯福形容为一个"坏透了的污秽者"，委内瑞拉总统康特雷拉斯(Contreras)则是一个"无法形容的、恶棍般的小猴子"(Schoultz，1998：210，243，254；Ewell，1996：98—99，109；Auchincloss，2001：57；McBeth，2001)。 拉美较为友好的精英(总是白人)是"更好的一类人"，具有"商业精神"以及"良好家庭出身和上流社会地位"。 然而，他们在数量上大大少于那些"非常自私、政治上不负责任的土匪……比野蛮人好不了多少"，"农民的心智……只不过是那些没超过7岁的小孩那样"，他们是"非理性的"、"无效率的强盗"，"做事毫无既定的原则"，"他们喜欢烧杀抢掠，血腥屠杀和闹革命，似乎从来都没有满足过"(Schoultz, 1998：76，148，164，172，179，183，210；Park, 1995：23—24，33，44，78—90)。 这些引文都是摘自美国的外交官、士兵和商人的记录。 美国根据这样一些陈词滥调制定出来的政策几乎不可能是单纯的现实主义的经济利益或者地缘政治利益。 这些人显然都没能力治理好政府。 帝国主义保护着渗透种族主义意识形态的美国商业利益。

这些言论无疑是帝国主义性质的观点。 美国只使用足够的武装力量来帮助美国公司控制出口和金融部门；美国公众对帝国没有任何兴趣。 这种帝国主义在本质上就是私人的外交政策，成本很低。 但第一次世界大战之后，越来越多的美国人反对帝国主义，船坚炮利的帝国看起来在蹒跚前行。 海军进入占领区后通常又很快离开。 然而，那些代理政权往往偏离了美国的预期，要么是偏向于民族主义，要么是陷入腐败。 反抗美国的力量随着反帝国思潮的兴起而变得更为持久(LaFeber, 1984：16—18，302，361；Leonard, 1991：60—68)。 在20世纪20年代，甚至那些银行家都作出决定，认为坚船利炮式的外交政策没有产生任何结果。 在1928年，胡佛总统及其民主党的竞争对手阿尔·史密斯(Al Smith)都主张实行一种更柔性的外交政策。

美国已经找到一种全新的策略——训练土著军队来镇压反对派。作为美国代理人的独裁者来自这些军队，他们在美国间接的军事与经济援助的帮助下维持秩序。 美国现在全然放弃任何民主化的使命。 科德尔·赫尔(Cordell Hull)是美国富兰克林·德拉诺·罗斯福总统(Franklin Delano Roosevelt)的国务卿，他有一句经典的话是用来批评多米尼加共和国的独裁者拉斐尔·特鲁希略(Rafael Trujillo)的："他是狗杂种，但却是我们的狗杂种(son-of-a-bitch)"。 这句话也适用于尼加拉瓜的独裁者安内斯塔斯奥·索摩查·格西亚(Anastasio Somoza Garcia)、委内瑞拉的戈麦斯及其之后的马科斯·佩雷斯·吉梅内斯(Marcos Perez Jimenez)、古巴的弗尔亨西奥·巴蒂斯塔(Fulgencia Batista)和海地的弗朗索瓦·杜瓦利埃(François Duvalier),其绰号为"爸爸医生"(Papa Doc)。 为期很久的代理机制的非正式帝国主义就正式开始了,从那时起美国就有了越来越多的狗杂种。

到1935年为止,海军上将巴特勒退休了,他找到了一种新的视角评论他的事业,并且在他给《常识》(Common Sense)杂志写的一篇文章中表达了出来:

> 我在现在的军事机构服役了33年零4个月,在此期间,我浪费了我大部分时间来充当一个为大公司、华尔街和银行家等服务的高级恶棍。简言之,我曾经是一名服务于资本主义的骗子,一名歹徒。1914年我为了让美国石油利益在墨西哥获得安全而提供了帮助,在塔皮科(Tampico)尤其如此。我协助使海地和古巴变成一个适合于花旗银行(the National City Bank)的职员征税的地方。为了华尔街的利益,我还协助掠夺中美洲12个共和国几乎一半的土地。1902年至1912年,我协助纯化尼加拉瓜的目的是为了布朗兄弟国际银行(International Banking House of Brown Brothers)。1916年我还为了美国制糖业的利益而给多米尼加共和国带去光明。1903年我协助美国的水果公司争取在洪都拉斯的权利。1927年,我协助负责标准石油公司(Standard Oil)在中国畅通无阻。回顾这一切,我或许可以给阿尔·卡彭(Al Capone)这个美国最知名的罪犯一些提醒。他所能做到的仅仅是在三个国家叱咤风云,而我却曾经在三个大洲叱咤风云(Schmidt,1998:231)。

　　然而，这个恶棍并不是非常惨无人道。 美国与拉美国家之间的势力太不平衡了，这意味着，干预并不一定导致大规模的伤亡。 美国对墨西哥进行过四次突然袭击，并且意识到墨西哥太大以至于难以控制，所以转向对小国家采取正面打击，小国政府以及反叛组织都不可能经得起美国军事力量猛烈而迅速的打击，除了在那些边缘地区的丛林和高地地区。 所有的帝国所犯下的最残暴的行为都是为了回应当地人的反抗，而美国在残暴行为方面却相对较少。

　　美国可以不费吹灰之力就找到当地的代理人。 不像在英帝国或者法帝国那样设立国王、首领或者伊玛目(imams)，美国所扶持的菲律宾的酋长家族拥有大量的种植产业与商业，扶持拉美的地主与商人，他们倾向于出口农产品。 属于买办资产阶级(comprador bourgeoisie)的人包括律师、金融顾问、商人以及有能力化解民族主义反抗的政客。 美国的政策是用阶级来削弱民族的力量。 许多现实主义者也看到反对美国没有任何意义，因为任何反抗都不可能成功。 在洪都拉斯(七次小规模的干预)，自由派最终放弃他们早期的发展规划，转而鼓励一种飞地经济，并允许美国企业的控制(Mahoney，2001：176—178)。 在整个 20 世纪，美帝国都采用这种非正式统治模式。

　　到 20 世纪 30 年代后期，美国的目标是确保把纳粹德国驱逐出西半球。 然而，尽管受到了法西斯主义的吸引，但拉美的"狗杂种"知道哪边是可以给他们的面包抹黄油的。 在二战期间，只有阿根廷没有支持美国。 美国通过代理人施加的间接胁迫并没有出现金融和劳动力的过度紧张，也没有影响到美国的民众。 美国许多公司发了战争财，当地的买办(comprador)阶级也获益不小。 罗斯福把这种政策叫作他的"睦邻政策"(Good Neighbor Policy)，但在很大程度上已经改变了方式。美国让出已经过时了的利益，但保住了经济发展与战略利益提升的必要优势(Gellman，1979，1995；参阅 Roorda，1998：22—30；Wood，1961；Mares，2001：68)。 这个政策给独裁者喘息的空间，由此才能追求他们自己的利益，有些国家开始其之前被美元外交所耽误的国家发展规划

[他们后来发展成为"进口替代工业化战略"模式(ISI)]。 在新政期间，美国似乎支持一种改良资本主义，拉美国家相信美国不久可能在西半球鼓励经济改革。 不幸的是，第二次世界大战中断了这种发展前景，机会因此而丧失了。

美国统治西半球的政策持续了整个 20 世纪。 在布尔什维克革命之前所实行的政策在苏联时期没有任何变化。 美国的确是一个帝国，尤其是在它"自己的半球"，虽然主要是通过更温和的帝国形式。 在某种意义上它是务实的，因为美国吸取了它之前不成功的殖民主义教训，统治也没有那么直接，美国的统治比其他任何帝国的统治都更宽松。 这可能是现代帝国主义做得不错的地方，但它并非全是实用主义的。 然而，美国的选择空间越来越狭小，它怀有的强烈的种族主义与对"无政府主义"的恐惧混杂在一起；它不太担心左派可能真正获得革命成功，更为担心的是"左派革命的骚动产生的混乱"(Hunt，1987：chaps.3，4)。 自由派遭到反对，这是因为他们可能打开了通向混乱的阀门。 美国政策的悲剧在于，它更可能制造了混乱，因为它强化了不平等、腐败、专制主义，因此也强化了反抗。 这是因为美国的政策并不纯粹是物质主义的和工具理性的，相反，它带有强烈的情绪化，它的反对共产主义的偏执狂才刚刚开始。

结论

在这一章中，我们已经看到美国势不可挡地成长为主要的经济世界权力，虽然这种权力的目标并非全球性的。 由巨大的武力推动的国内的趋势，是迈向了资本主义的道路。 美国不但不支持劳工，而且也不支持种族与少数族群，虽然在对待妇女方面它比绝大多数国家都做得更好。 像所有国家一样，美国是独一无二的，虽然支持资本主义的趋势一开始就似乎像通常所认为的那样有点例外，然而，这并没有持续太久。 在外交政策方面，美国出现更为偶然的转向，给这个世界增加另一个帝国，虽然到这个时期末为止，美国退出了这种角色。 这两种趋势表明了，美国的历史发展在总体上是相当复杂的，被多种权力来源和表现形式反复折磨。 所有的帝国都各具特性，美国也具有与其他帝国都不相同的特性，但它并不例外。

注 释:

[1] 因美国内战而发放给退伍军人、军人遗孀及家属的抚恤金是一个例外。 抚恤金的数额最高时占了美国联邦政府开支的三分之一。 领取抚恤金的退伍军人或军人家属人数有 100 万。 法国支付给退伍军人的抚恤较少，而德国、奥匈帝国为退伍军人提供了政府雇员的职位。 美国联邦政府由于收取了高额关税之后有了一大笔预算剩余，所以才支付抚恤金，抚恤金的数额随着关税上下波动。(Hacker & Pierson, 2002：288—289).

第四章

亚洲帝国：衰落的龙与崛起的太阳

导论：西方的威胁

这一卷主要是处理欧洲权力在世界的兴衰。后继者是美国、苏联，最后是东亚，所以我用几章的篇幅来阐释这三个后起的帝国。这一章是关注这段时期的东亚地区，时间一直延续到 1930 年左右。我追述日本的兴起，关注的内容包括，这个国家抵制西方帝国主义，走上工业化道路，并发展出具有其自身特色的帝国。日本之所以取得这些成功，很大程度上是以牺牲世界最古老、延续时间最长的中华帝国为代价。我的讨论大致定位在 1930 年之前的中国—日本关系，也就是在日本发起侵略性的军国主义之前。军国主义不仅导致日本帝国本身的崩溃，也促成了共产主义意识形态与体制最终在东亚地区占据主导地位。

东亚处于西方列强后勤补给鞭长莫及之处。它们无法完全对中国与日本实施殖民统治，不得不以一种船坚炮利的非正式帝国方式来维持。中国与日本的文明程度都很高，其文化具有高度内聚性的团结，催生出现代民族主义的动力，使之抵制、适应并产生出具有民族特性的现代性因素。然而，这个过程对于中国来说更为漫长得多。在这段时期，我将对比中日两国的精英群体。中国精英不能团结一致改革对于现代化来说非常必要的制度，也无法扭转帝国主义列强的瓜分统治。但日本精英更为团结，他们能够在国内进行改革，又可以模仿并赶上西方帝国主义。

在一千多年的过程中，也就是从公元前221年的统一到公元1911年期间，中华帝国统治着亚洲大部分地区，曾经推动了经济发展、商业化和某种原初的工业化。 中国的上流社会过着很奢华的生活，其他人的生活也非常不错，足以大大刺激人口规模的增强。 不足为奇的是，皇帝把自己视为天子(the Son of Heaven)，把自己控制的势力范围视为"中国"，远比其他地区优越，有能力统治已知的世界。 然而，在15世纪早期，中国开始放弃作为一个全球性王国的地位，烧毁了曾经七次到达非洲的海船舰队，它比欧洲人到达那里足足早半个世纪。 相反，中华帝国却选择了集中资源，以捍卫北方边陲。 中国继续从其他亚洲国家获得忠诚、顺从与朝贡，偶尔也发起惩罚性的军事远征。 然而，在现代早期，中国的统治绝大多数时候都是属于文明的霸权，很少发动战争(Fairbank, 1968, Andornino, 2006)。 日本群岛可以享有一千年的独立并长期保持其文明的稳定成长，这部分原因可以归结为中国对自身权力的克制。 要知道，中国的手工业生产与贸易的网络，已经扩展到整个亚洲，在现代社会的早期成为世界最发达的国际经济中心。

然而，在18世纪，欧洲人发展出了商业与工业的资本主义，作为武装精良的帝国主义者进入亚洲。 到19世纪早期，东亚开始感觉到了英帝国相当大的压力。 中华帝国已经完全走向衰落，并且在其朝贡体系的周边国家面前丧失了权威，生产力的发展开始不能满足人口增长的需要。 战舰为英帝国提供了对外扩张的手段，而印度输出的鸦片提供了让人上瘾的刺激，大大削弱了中华帝国的权力。 清朝皇帝及其宫廷尽量禁止鸦片输入，但又缺乏基础权力来实施这种禁令。 到19世纪30年代为止，英国商人每年运输3万个箱子像洪水般涌入中国市场，每一个箱子都装有150磅的鸦片提取物。

1840年，充满爱国热情的中国官员烧毁了英国仓库储备的所有鸦片，并逮捕了两名醉醺醺的英国海员。 英国人派战舰过来。 第一次鸦片战争中，英国因军事上的优越性而迅速获得成功，而天子被迫签署令人羞辱的不平等条约，条款包括割让香港，对英国人开放五个港口，禁止中国朝廷审判英国公民，强迫中国支付一笔因发动战争而造成损失的补偿费。 鸦片贸易是循序渐进的，逐渐把得到担保的中国劳工输送到欧洲列强在亚洲的殖民地。 中国人进一步的反抗激发起 1856—1860 年的第二次鸦片战争，但结果与上次是一样的。 签署的各种条约包括开放鸦片的自由贸易，没有任何管制，基督徒可以在中国自由宣扬他们的信仰和发展教徒。 在接下来几年里，其他欧洲的帝国主义者也与中国签署了不平等条约。 这些条约及其后果无一例外地限制中国人(以及其他亚洲国家)对输入的商品采取非常低的关税(低于 5%)。 同时，绝大多数的西方市场仍然得到其本国政府的高度保护。

　　然而，中国的领土面积与人口规模太大了，以至于难以征服，中华帝国的各种权威与精英仍然可以提供足够广泛的基础权力把西方人局限于沿海的省份。 西方帝国主义者无法对中国实施殖民统治，也无法有效利用他们惯用的分而治之策略，找不到足够多心怀不满的当地精英来支持他们推翻统治者。 中国在世界上依然保持着相对独立的地位。

　　有些中国官员曾经领导民众抵制英国鸦片，后来则呼吁帝国通过采用西方的组织与技术来进行更好的反抗，即所谓"师夷长技以制夷"。这样的观念得到迅速传播，引发了官员与知识分子们对改革的争论。西方的著作不断被翻译成中文，也作出一些进行制度改革的姿态。 朝廷小心谨慎地支持"自强运动"，尽力把西方科学与技术与传统制度结合起来。 然而，县一级的行政管理仍然由当地乡绅地主所控制，他们也担任地方官员，他们大多数人并不热衷于改革。 帝国的政权比日本的政权更少资源，税收只占总收入的 5%—10%，但日本却高达 30%—40%(Esherick，1995：57)，而且中国的地方官员更大幅度变相削减税收。 中央—地方政权之间实现平衡的方式上的差异是中国走向衰弱与日本走向强大的关键原因。 然而，由于西方资本主义进入中国，许多地主也利用各种机会迁移到大城市，这相应削弱了对农民的控制。 提高赋税或者租金的种种尝试遭遇到更多的地方势力的抵制(Bernhardt，

1992)。 地方自发组织力量捍卫村庄并反对政府，地方土匪也增多了。政府与精英一样不断丧失了一些专制权力。

荷兰与俄国试图让日本门户开放，结果失败了，但却引发了日本国内的许多争论，主要是关于抵制外敌是应该强化本土传统还是适应西方道路(Hane，1992：58—64)。 1853年外国威胁再次来临，四艘美国战舰停泊在江户(东京)海湾。 准将佩里(Perry)报告："蒸汽升上来了，启航的船只开到最佳位置，让他们的枪炮射击到岸上的码头。"但他以轻蔑的口吻说，日本的帆船没有风就无法前进，无法到达河口。 他派遣一支登陆队伍，并且评论道：

> 所有美国人的数量，包括海员、水兵、乐手、官员，总数接近300人……但却是非常充满活力、体格强壮的汉子，与看起来更弱不禁风的小个子日本人形成鲜明对比。日本人集结了大量的兵力……但这支日本军队的秩序松散，毫无纪律，不堪一击……他们的武器是剑、长叉、火绳枪……他们看起来几乎是一支五颜六色的华丽队伍(Hawks，2005：247—250)。

美国人低估了日本人的力量，但日本人也高估了美国人。 他们并不知道佩里率领的"黑船"占美国全部海军的四分之一，但他们知道中国签署的不平等条约，所以他们感觉到改革和外交方面的威胁即将来临。 最后一代德川幕府宣称："一个国家要存在下去，就必须依靠遵守条约……在这样一个时代，如果只是我们坚守过时了的习俗，拒绝一种对所有国家都很普通的国际关系，那么我们的行动就违背了事物的自然秩序"(Auslin，2004：142)。 接下来就是签署各种不平等条约。 日本不得不开放港口，承认外国人有治外法权的各种权利，给予最惠国待遇条款，接受与西方贸易的低关税。 从此，亚洲两大列强都开始遭遇西方帝国的侵略。

崛起的太阳

在准将佩里到来时期，日本是由幕府以天皇的名义来统治的，辅之以 250 个封建领主(大名，daimyo)，他们起初都有着强有力的地方力量。随着大名的权力在幕府后期逐渐衰落，地方群体的力量加强了，同时相互联手在一起，这与中国并不一样。日本是一个"去集权化但又按照等级结构整合在一起"的国家和市场体系，在集体组织方面具有强大的能力(Ikegami，1997：133，171，235)。在 1864 年，日本的军事力量成功对抗了英国炮舰外交，对英国人进行了沉重打击(Auslin，2004： chap.4)。然而，由于看到中国遭遇西方人的羞辱，越来越多的日本人呼吁，生存不仅需要采用西方列强的技术，而且要改变日本的制度。

接下来，在日本的保守派与改革家之间发生的一场权力斗争中，保守派内部无法就一个连贯的政策达成共识，所以改革家就胜出了(Hane，1992： chap.4)。在 1866 年至 1868 年间，他们解决了幕府问题，镇压了反叛，开始了著名的明治维新改革。这次改革形式上将幕府统治转变为明治天皇的统治，但实际上真正控制权力的是一个由武士与下层贵族联合而成的寡头阶层，武士来自萨摩(Satsuma)与长州藩(Choshu)，而下层贵族则来自于旧时的京都宫廷。他们的目标是总体上提升日本的经济与军事权力，以达到他们所谓的"国富军强"，有能力与西方列强抗衡。这些寡头还相应采取非常激进的措施，废除所有的封建与阶级特权，让民众尽可能参与经济生活。大名的领地也被废除了，42 万武士每年享受的固定津贴改为由国家发放的工资、年金和政府福利。这项民族主义的改革纲要是由团结一致的宫廷精英所推动的，具有决定性意义，但也非常激进。

这不全然是一场"来自上层的革命"。虽然新的明治中央政权施加压力让地方势力走向改革，但并不能强迫它们。所以，国家与地方商人、作坊主、富农形成一种结盟，所有支持经济与政治现代化的人都可以获得好处，他们反对一种由幕府力量集中代表的旧时封建秩序。 改革并不是一帆风顺的。 国家改为采取固定的货币税收方式，迫使许多小农通过出售土地来筹集现金，结果成为佃农或者劳动力。 国家有时候还印刷纸币来支持改革，结果是带来不可控制的通货膨胀。 接着国家又实行货币供应的紧缩政策，这加剧了社会抗争。 反抗首先是来自幕府，其中有名的是 1877 年至 1878 年被镇压的反抗，接着是来自贫穷农民的反抗，因为他们遭受 19 世纪 80 年代的经济萧条。 农民的不满依然持续了很久，这是因为这时的日本就像大多数工业化国家一样，通过抽取农业的赋税来补贴工业。 正如巴林顿·摩尔(Barrington Moore, 1967)所言，这是一种"压迫劳动力"的农业，它与共产主义的工业化进程一样残酷。 然而，农民的反抗实际上有助于改革家，因为受到威胁的地方首领要求国家招募军队以维持秩序，这样就可以把军事权力和政治自主性归到中央政府。 这就可以确保国家与地方精英的团结一致，从而维持一种真正的专制权力。

日本建立的"国家主义"是以集权的军国主义为基础，这一点与中国不一样，但它的成功并非轻而易举来自于服从等级结构的日本文化传统，也不是简简单单由明治寡头们实施政策的结果。 这是几十年以来逐渐获得的成果，但的确是在激烈冲突之后出现的。 实施这些改革不但是为了现代化，而且还为了保护地方精英。 所以，无论现代化给地方带来什么变化，他们都始终可以掌控权力。 改革目标是设计一种体制，既能激发起日本人的热情与动力，又不让他们分享权力。 这种理想是一种以人民的名义垄断国家权力，既动员民族主义，又不让民众参与统治。 这种民族国家典型的特点就是专制主义。

明治维新的寡头们能够为这个国家增强四个方面的力量。 首先，良好的生态环境使日本的人口密度和集中度比中国大得多，更有能力进行民族动员。 其次，德川幕府后期已经比同时期的中国更好地实现商业和文化一体化；城乡差异并不大。 其三，与中国政治精英不一样的是，明治日本的寡头们成功保持了统一，并且使地方与中央得到了很好的控制；使改革可以有效推行。　最后一个力量在于日本的地缘政治位置比中国更有地缘优势。　日本精英也因此可以持续争论和改革三十年，而不用顾虑严重的外国干预。　西方白人主导的帝国受制于其距离太远的后勤补给线，而且这段时期他们把重点放到其他地方。　美国主要是因其国内战争和重建而分散精力，英国与俄国的兴趣不在于日本，而是在中国。　这些同一时间出现的诸多偶然性意味着施加给日本的不平等条约对日本经济的破坏性并没有对中国的那么严重。　日本人相信，在西方列强再次发动打击之前这是一次关键的喘息机会。

这个至关重要的喘息机会一直持续到 20 世纪，在此期间，日本向西方派出了外交使团。　最著名的一个是 1872 年至 1873 年的岩仓使团(Iwakura Mission)，其目的有两个(Nish, 1998)：一是修订不平等条约，但他们所到访的国家都没有准备考虑这个问题。　二是寻求学习西方的制度、科学与技术，并且建议日本如何采用这些看似有用的制度形式。他们所取得的成功远远超过预期。　他们的主要参照物是西方，而不再是过去的中国和东亚。　日本人很少出现反白人的种族主义，因为他们有太多东西需要学习外国人(Gaijin)。　他们把西方等同于"文明与启蒙"，决定强制通过一项从西方最新模式学来的"后发追赶式"方案。

明治维新的改革包括社会权力的所有四个来源。　在政治权力方面他们引入了德国模式的国家政权，即一个强大的官僚体系与议会分享权力。　对于这一点，日本精英还补充了日本的特点，即神圣的皇帝(天皇，tenno)，由此体现人格化的主权。　明治宪法一直持续到 20 世纪中期，其第一句话："大日本帝国，由万世一系之天皇统治之。"这个宪法为天皇保留了军事、警察、公共福利、宪法修正和紧急状态的权力，不过在其他领域的活动他需要得到议会或立法院的投票支持，虽然这可能有生效日期的。　在意识形态上，天皇的合法性是来自诸多价值，包括宗教上认可的权威，忠诚和家庭孝顺。　天皇体制(tennosei)依赖于日本国民对其父亲承担的义务。　国体(kokutai)是统治国家政体的原则，包括的观念是政治和谐与对民族和国家的忠诚，而人格化的天皇在字面上来说就是国体之父。

然而，寡头阶层几乎不愿意把他们的权力拱手相让给一个历史上从未有过实权的天皇。 不过在实践中天皇却发挥着重要作用。 寡头阶层不喜欢自己看到类似于法国和美国的共和主义与个人主义，他们喜欢的国家是，精英能够通过一种家长式的义务与忠诚集体制度继续获得统治地位。 日本像德国一样，执行机关与立法机关都拥有实质性权力。 日本的国会主要有预算的权力，但与德国不一样的是，日本国会常常否决首相的预算。 贵族控制国会的参议院，对行政权构成制衡。 然而，首相与其内阁并不是来自国会两院，而是天皇根据其顾问的建议而逐个任命的，内阁不需要对国会负责。 国会、行政体制、陆军、海军、首相与大臣等每一个主要的政治制度都是彼此分离和独立的。 它们在形式上只有通过天皇才彼此沟通，天皇在原则上享有作出行政决策的权力，尤其是关于战争与和平方面的事务。 这样，接近天皇是行使权力的关键，行使权力就是颁布并实施政策。 有些社会地位很高的参议院议员有接近天皇的办法，有影响的枢密院(Privy Council)成员也有其接近天皇的办法，而枢密院是由寡头阶层组成，大多数成员并不是内阁大臣。 军方的最高级官员也不是。 各种政策在这些人际圈中制定出来，但谁真正承担责任却非常含糊，当然，除了天皇要承担最后的责任之外。 不同的精英派系都可以"俘虏"天皇这个人，也可以以他的名义发布命令。 这样，如此含糊不清的一个宪法体制就可能导向不同的政策方向。

赫伯特·比克斯(Herbert Bix，2001)注意到，天皇体制允许天皇扮演的主要角色，一方面是制定政策，另一方面却无法纠正那些以其名义颁布命令的人。 这个体制的运转主要是通过寡头阶层那些说服性的社会网络纽带，其共同的价值与规范都是倾向于共同体、等级结构和义务，而不是个人主义、平等与权利。 正如安东尼·伍迪威斯(Anthony Woodiwiss，1992：chaps.1，2)提到的，新的明治法典的确承认个人的权利，但绝大多数的个人权利都受到限制，原因是需要满足国家机构所界定的公共秩序的需要。 限制公民的民事权利可能是宪法最为保守的表现。 资本主义的财产自由并非绝对受到保障，工人的组织权利也得不到保护。 这是法制而非法治，不但是司法官员管理着法律，而且警察与军队也参与其中(Hane, 1992：95—97, 128—130)。 所有这一切都是日本独一无二的，不同于西方现代化的开拓者。

然而，在日本，这种理想化的专制主义从来没有完全实现，保守的寡头阶层与快速工业化过程中所产生的技术官僚和下层工人阶级之间的冲突撕裂了政治。 寡头阶层无法控制这些新兴的力量，实际上也没有试图去限制这些力量。 他们相信，政治党派在社会上是分裂的，声称"超越性内阁"有能力超越政党或者派系的利益，从而会统治得更好。然而，大概从 1895 年开始，寡头阶层被迫与各政党达成一些交易，而各个政党是在国会中形成的，主要是代表中产阶级群体的利益。 这些政党所获得的选举权从 1910 年成年人口的 1% 开始越来越扩大。 1911年，成年男子获得了众议院的普选权，但依然不能参与参议院议员的选举。 到 20 世纪 20 年代，国会政党开始处于有利地位，在 1925 年通过成年男性的普选权，并且，首相首次成为政党领袖。 自由派政党曾一度比保守派政党获得更多选票而成功执政，同时，劳工党的组织也越来越有规模。 随着日本的工业化发展，重工业和金融的所有权问题越来越受到关注，大型企业集团的首脑即财阀(zaibatsu)获得了权力，而他们发挥作用的方式主要是担任非正式政治顾问的角色和政党的财政支持者。 他们的影响是隐秘的，但却是巨大的，尤其体现在国内立法方面。 到 20 世纪 20 年代中晚期为止，日本似乎迈向民主与资本主义的混合，虽然这种混合依然带有高度的日本特性，但因与欧洲各国有着家族相似性而得西方的高度认可。

然而，日本公民的民事权利依然受到很大的限制，部分原因是军方拥有更多的自主权。 军方为自己辩护的理由是，这对于对抗外国的军国主义来说是必要的。 宪法赋予军方"自主指挥的权利"，所以高级司令官可以直接向天皇报告，而不需要向首相和内阁报告。 军方官员也并不是都喜欢战争，但他们的确试图扩张军费预算，增强军方的地位和自主权。 那些本来对战略性议题有分歧的官员在争取更多预算的斗争中联合了起来。 日本军官可以与天皇体制建立直接的联系，他们认为，武装力量体现了国体的精神，这种精神在本质上应当是和谐统一的，因此必须压制不同政见者；与西方国家的情形相比较而言，日本军队在国内政治中扮演着更为自主和反动的作用，把左翼与对立的国会制度视为分裂与腐化，并且一并加以镇压。

军国主义是关键性的，但也是新近出现的。 虽然日本经过了长达几个世纪的"封建"时期，一直都充斥着持剑的幕府武士，然而，日本在这几个世纪也是和平的时期，幕府武士被驯化为"封臣的官僚"，他们的武士文化告别战争，转向一种仪式化的"程序化荣誉"。 他们可以佩剑上街，虽然剑一般并没有什么用途。 在动荡的明治维新时期，寡头阶层发现了混合起来的武士—农民军队比纯粹的幕府武士更有战斗力，从此他们就专门招募一种农民军，由前幕府军官来管理与训练。农民花费很多时间来学习纪律与服从，这使得日本军队后来名声显赫。幕府文化转向为民族与天皇的军事服务(Ikegami，1997；Gordon，2003：66—67)。 熊彼特的帝国主义观是依据一种古老传统的社会结构提出来的，与迄今讨论的其他列强较为适用，但是不适合日本。 日本军事化的帝国主义是全新的，产生于日本危险的地缘政治地位，其武装力量的内部组织是有意识地模仿西方的，尤其是法国陆军与英国海军。

明治维新的改革家们也取得了相当大的经济成功。 他们能够在德川幕府后期的发展基础上获得成功，因为到 19 世纪中期为止，资本主义类型的商业市场比同时期的中国发展得更平衡，是一种广泛扩散性的"原始工业化"生产。 托马斯·史密斯(Thomas Smith，1988：43—44)说，绝大多数日本的农民家庭都不止一代人有着非农职业的兼职工作经历。 手工业与工匠技能得到广泛传播，尤其是在纺织行业。 杉原熏(Sugihara，2000，2004)表明，原始的工业化嵌入日本的家庭农业，发展出一种"劳动力密集型"的工业发展形式，首先是在纺织业，然后是在其他行业，这非常不同于西方那种资本密集型的发展。 当土地与资本都匮乏时，劳动力的价格不仅便宜，而且都是熟练工人。 女性劳动力受到沉重的剥削。 日本相对于其他农业社会来说识字率很高——男性大约40%，女性为10%。 比中国人当时的平均水平高得多(Ikegami，2004：214—216，300—302)。 这是一种低工资、高生产力的经济，对于一个发展中国家来说并不多见。 池上荣子(Ikegami)说，德川幕府时期可谓是一个"网络革命"时代，在政治上有点去中心化，经济上是商业化，艺术表演文化广泛流行，各地都有各种商业出版传播渠道。 这就产生一个"公民社会"。 在德川幕府统治的社会里，上层与中层阶级的人都有一种文化上进入"早期现代"的感觉，包括"沟通的技巧模式和一种日本的民族认同"，虽然人们因社会地位差异而分化，但地位之间相互作用的各种仪式可以产生社会团结。 她说，这为日本的现代化提供了一种意识形态基础(2004：10，221)。

接着，国家政权废除封建与阶级特权，从1873年征收新土地税中每年得到了一笔稳定的收入，可以进行公共投资，以此支持投资引导的经济增长。 商人资本主义充满活力，现在日本获得了西方工业资本主义、科学与技术(Lockwood，1954：35)。 然而，政府也还存在对外国投资的怀疑，认为英国与法国投资是实施殖民统治的开始(Gordon，2003：71)。 在全部的资本构成中，大约有30%—40%来自于国家自身，包括建造基础设施和模范工厂，暗地里补贴新兴的工业，因为不平等条约禁止通过高关税来保护本国企业。 剩下的投资来自农业精英与商人，他们投资到矿藏和纺织生产，利用从西方引进的蒸汽机和电力。 日本人学得很快：英国公司在1874年建造第一条铁路线，而8年之后，日本工程师就能够在没有任何外国人的帮助下建造一条同样长度的铁路线，而且其地形复杂得多(Thomas Smith，1988：45)。

1885年之后，日本的工业化进程开始加快发展，直到1913年为止，国民生产总值(GNP)在有些地方每年以2.6%—3.6%的速度上升，比西方国家过去时期的增长幅度更高(Crawcour，1998：391)。 政府补贴规模经济的成就是产生了著名的联合公司和财阀,最初是小金融集团,到1900 年之后发展成为工业大财团公司。 重工业得到补贴,而出口工业还得到资本与技术的支持。 1894 年和 1904 年的战争推动了国家进一步补贴与战争相关的工业。 19 世纪 80 年代政府在商品与服务方面的开支占国民生产总值(GNP)的比例上升到 10%,比西方任何国家都更高。 西德尼·克劳库尔(Sidney Crawcour, 1997a:446)说,政府干预的关键作用是,政府有能力引导相互依赖的行业进行协调性开工建设合作,比如钢铁制造、煤炭采矿和铁路,如果所有行业都联合起来建造,每一个参与其中的公司都可以获得利润。 单独靠市场不可能完成这些行业的合作,因为私有投资人不愿意凭借自身的能力对其中任何一项活动投入大量的资金。 由于日本是一个新兴发展起来的国家,它可以面向海外向诸如那些在日本工作的英国铁路工程师寻求自己所需要的工业化的发展模式,国家就能够推动私人资本家实施这种模式。 正如整个 20 世纪的东亚地区所出现的情况一样,这种工业经济的发展模式是国家协调的模式,而不仅仅是国家计划模式。 在 20 世纪初开始并且一直持续整个 20 世纪,日本利用这种方式在推动经济发展方面都非常成功。

发展经济是资本家的事情,而国家引导似乎被视为一种临时的辅助性手段。 工业化一旦得到发展,政府就自然会想从经济生活中撤离出来,虽然从来没有做到这一点。 日本的轻工业完全是私有的。 到 1868年为止,西方列强把日本转变成为几乎是自由贸易的国家,因为中国与大英帝国的市场是开放的(英国希望日本的发展能抗衡俄国),日本在整个亚洲都有出口贸易,尤其是在纺织行业方面。 日本的成就之所以不同寻常,是因为其重工业(最初是从西方进口其机器设备)是为国内消费需要而生产的,其贸易支出的平衡需要通过出口轻工业产品来维持,而轻工业产品恰恰是来自劳动成本低廉但高效率的女工,超过了西方的制造业。 亚洲市场的规模有能力满足日本的大量出口,而日本以此获得的利润和资本来购买西方国家的技术。 杉原薰认为,这就是东亚劳动密集型工业化独特模式的关键所在。

第一次世界大战(其原因与日本毫无关联)出乎意料地让日本出现了经济繁荣。 日本站在协约国一边参战，但仅仅在开战前几周期间实施了一些非常成功的军事活动。 不久，日本就发现自己可以供应世界对非军事商品的需要，因为参战各方无法再自给自足了。 日本在一战期间的年增长率达到 9%，以此还掉了绝大部分外债。 时至今日，农业虽然赋税过重，也得到了改善。 然而，战后世界各国出现的种种困难也降临到繁荣之后的日本，日本在 20 世纪 20 年代的增长一直非常缓慢。农业最为糟糕，其原因在于全球生产过剩并且从日本第一批殖民地大量廉价进口商品。 1918 年，日本出现 大规模"米骚动"(Rice Riots)，紧接着是 1923 年发生一场 7.9 级的大地震，袭击了日本关东地区。 到 1930年和 1931 年大萧条到来时，日本的经济已经得以恢复，而且速度很快。总而言之，这几十年是发展得非常好的。 在 1913 年到 1938 年期间，日本的年平均增长率是 3.9%，比其他任何国家都高得多，只有当时的挪威达到 3%。 日本出生率大约到 1923 年为止都是稳定增长，但人们越来越长的寿命也是此后人口出现增长的重要因素(Mosk，2001；Minami，1994；Pratt，1999；Tsutsui，1998；Crawcour，1997a，1997b；Nakamura，1997：table.2；Maddison 2004：table.4)。 虽然日本并没有西方列强那么发达，但它在实质上已经实现了工业化过程，每年都把中国远远抛到了后面。

日本实施全民性的小学义务教育体系，扩大了中学与大学教育体系，随着也推动了私人商业性的报纸、小册子和书籍印刷公司的发展。然而，日本的和制汉字系统(kanji)太过于复杂，以致难以作为一种普遍的书写系统来运用，这限制了日本的意识形态凝聚力。 这成为改革家们争论的主要议题。 自由派想发展简化字，但这遭到更为保守的改革家的反对。 从和制汉字改为更为简单的训读或者罗马文系统，但这些提议都失败了，但和制汉字却被简化了许多。 此时，儿童学习以日语的口语形式来写作，取代之前历史传承下来的古代格式的书写体，其后果可能成为大众进入权力舞台的一种文化障碍。 尽管如此，到 20 世纪头十年为止，日本出版的书刊在世界上仅次于德国，是美国人的两倍(Gluck，1985：12)。 公共领域与私人领域的媒体都在宣传天皇制与国体的观念，并且把新的与传统的观念混合起来：崇拜天皇、民族主义、武装力量的集中、帝国的集权。 这些观念都利用了旧时的农业村社与家庭的传统美德、武士道精神、神道儒学的美德。 民族主义是通过学校、武装力量、军事院校、帝国军事预备联盟和许多宣传运动，来反复灌输。 有一个愤世者评论道，日本人不得不"为民族而吃，为民族而洗脸，为民族而上厕所"(Gordon，2003：137)。 教育与军事之间的紧密联系更容易把日本的民族主义推向对外侵略。

我们很难评价的是，日本不同阶层与地区的人在多大程度上内化了官方的价值。 差异当然是存在的。 这取决于人们认为自己到底从这种社会秩序中收益多少。 虽然日本经济增长是世界其他地区无法比拟的，但它的资本主义发展周期也被持续一体化的全球经济所打断。 尤其在这段时期农业的过度生产。 大量移民从乡村进入城市，带来了混乱，战争也是导致混乱的一个因素。 所以，国家建构与民族建构的争论之后又出现了"现代性的社会问题"的争论(Gluck，1985：27—28)。日本由此出现自由主义、社会主义与女权主义的思潮，不过这些思潮与西方相比具有更多社会性而更少个体主义道德因素，对于财富的获得也更少荣誉感。 然而，此时的日本人的道德也充满张力，张力的一端是公民身份平等与机会平等的平等主义公共价值，另一端是等级结构、孝顺的服从，服从等级、官僚体制和军事技能，效忠天皇(Gluck，1985：chap.8)。 因此，日本未来的发展道路仍然是不确定的。

日本帝国主义的兴起

到 1900 年为止，日本已经完全仿效西方的帝国主义。 许多人把日本的帝国主义视为来源于一种高度军事化的经济与国家政权，但在最初时期并非如此。 日本帝国主义来临是由很多偶然因素导致的：日本国内缺乏工业化的原材料，其相对匮乏的国内市场，人口密度很高(所有这些都与美国相反)，这迫使日本转向一种对外扩张的模式。 当日本走向工业化时，其进口不得不越来越提高资源的比重，这方面远高于其他列强，也不得不通过提高出口量来补充进口。 当日本的经济开始增长，其人口结构也开始发生变化，人口过度密集看起来也是形势逼人。所以，追求现代化的日本改革者们同意，这个国家必须谋取更多机会来获得原材料，并寻找海外市场，向海外派遣更多的殖民者。 这使得日本走帝国主义道路的可能性更大。

日本应当采取什么形式的帝国主义？ 日本精英极力鼓吹对外扩张，这一点与西方列强一样，实施的政策包括利用一系列开放国外市场的贸易协定，发展其殖民地。 直到 19 世纪 90 年代，日本的主导性政策是非正式的帝国主义，即仅仅开放市场，如果有必要的话采取胁迫的方式，其目的是给予日本与西方列强享有在该地区完全一样的不平等权利。 然而，西方列强不愿意解除已经施加给日本的不平等条约，更不用说让日本平等享有进入中国市场的机会。 英国、法国、荷兰已经在亚洲有实质意义的殖民地。 法国人殖民越南，俄国占领中国北方和朝鲜，并修建铁路把中国与俄国远东连接起来。 美国、法国、德国与英国正在越过港口城市进入内陆的势力范围，建造铁路，开采矿藏，开工厂，租赁大块土地，获得司法与行政监管权利的治外法权。 它们的非正式帝国主义借助于军事干预，寻求对市场的控制。 许多亚洲人认为，它们接下来的一步是瓜分中国沿海地区，进而最终转向把中国变成殖民地或者附属国。

日本的一个政治家评论道，这是一个"弱肉强食"的世界。 关于不断衰弱的中国，日本的常驻公使说道："当珠宝店里发生火灾时，不可能期待邻居自我克制不去趁火打劫"(Tarling，2001：25)。 如果一个像日本那样资源匮乏的国家，错过这样的机会，它就有可能被迫遭遇与中国同样的奴役和压迫。 于是，日本没有理由仅仅追求一种开放的市场政策，当它在许多不平等条约下艰难前行时尤其如此。 某种扩张性的帝国主义形式对于日本来说是最容易的发展模式，就像它的许多对手那样。 日本不仅仅要走上工业化时代，而且也要走上帝国主义道路。

帝国扩张完全是可能的，而且其成本并不太高，因为在东北亚，日本可以逐个占领中华帝国原有的附属地。 朝鲜是一个弱国，晚清如今对朝鲜只有微弱的影响。 日本的地缘政治地位恰恰与美国相反，受到外来帝国主义的威胁。 日本自觉地转向帝国主义，以此避免走向与衰弱中华帝国同样的命运，扩张是最好的防御形式。 因此，日本帝国主义比这段时期美国的扩张更容易理解(或许还可以谅解)。 西方人对于日本走上帝国主义道路毫不诧异，他们认为这是和自己一样的行为。 唯有其成功让西方人惊叹不已。

日本军费开支在 19 世纪 80 年代后期占政府开支的 15%，但在 1891 年至 1900 年间，平均每年都占到 34%，1901 年到 1910 年占到 48% (Crawcour，1997a：445)。 在明治时代，寡头阶层的政策都体现在城市化、工业化、崇拜天皇、国民军、国民教育体系方面，产生了一种大众性的国体(kokutai)民族主义，寡头阶层视之为有效化解国内冲突的手段。 他们借助民族主义迈向社会帝国主义，从上而下动员大众，寻求集体生存和扩张，以反对外来威胁，以此转移国内矛盾。

对于日本而言，占领朝鲜与台湾，安全意识最初是首要的动机。这些领地被视为是环日本诸岛建立的一个安全防御区域。 朝鲜有矿藏，但朝鲜与台湾主要是输送农产品到日本，以交换日本的殖民者和制造业产品。 两个地区的经济逐渐依赖于日本。 在两次战争期间，两地与日本的进出口贸易额占总量的 70%—90%，到 1935 年，包括中国东北地区的矿藏和中国内陆的市场在内的殖民统治地区几乎占了日本出口的四分之一。 长期占有这些地方所付出的代价是否值得呢? 这个问题另当别论。 这些地方对日本的经济发展从来都没有做出很大的贡献 (Lockwood，1954：52)。 这个问题是这个时代的所有帝国所遭遇的一个普遍问题，因为帝国很少会在扩张中获得过真正的收益。 驱动帝国主义不断对外扩张的理由并非简单追求经济利润的工具理性，还有一些原因：情感上追求荣耀，在安全保障上害怕对手，所占地方的软弱，特定利益群体怂恿的时机，等等。 其中一些是出于经济上的动机，另一些应该是作为增强国内权力的战略，再加上受到未来可能会获得利益的诱惑，每个时期每一个阶段都有令人感兴趣的理由。

从 1876 年开始，日本对朝鲜强加不平等条约。 1894 年，朝鲜国内没有处理好一场叛乱，这显示了君主专制政体的软弱。 中国派出一支小规模的军队去朝鲜维持秩序时，日本政府利用这一点作为战争借口。日本在很短时间内就获得全面胜利，这是因为他们有训练有素的军官，他们领导着一支团结有力的军队，并不像清军那种纪律涣散，松松垮垮。 这反映出亚洲两大强国的精英之间存在巨大差异。 日本在其他地方很谨慎地保持克制，唯恐得罪西方人。 英国对日本很友好，因为它想通过日本来"平衡"更令人害怕的俄国人。 英国是第一个与日本在1894 年撤销不平等条约的国家，接着 1899 年其他西方列强也跟着撤销了。 战争的结果是，日本对朝鲜实现更自由的控制，但没有把它变成殖民地。 日本也从中国获得了一笔经济上不小的赔偿，签订了不平等条约，兼并了属于中国的台湾。 日本以很少的代价就达到了目标。

这些都是日本通过一场短暂的战争而成功取得的丰硕成果。 日本原先害怕其他的帝国主义，而此时却看到自己的帝国扩张机会。 至今为止，"日本的决策制定者得到的更多是陶醉感，而不是妄想狂"(Dickinson，1999：256)。 三年之后，美国很高兴地在世界其他地方猎取了相当多的机会。 战争也成为世界经济的一部分：日本通过在伦敦市场上借债来偿还战争费用，并且，日本也把中国赔偿的钱款投资到伦敦交易市场。 帝国主义是国际投资的一种合法形式，英国的金融家也对日本帝国主义进行投资(Metzler，2006：chap.2)。 全球化继续沿着崎岖不平的道路前进，俘获越来越多的民族国家，虽然世界经济的趋势是广泛跨民族性质的，但身陷其中的民族国家却不断追求起分裂作用的帝国主义。掠夺成性越来越成为日本的常态,但这却成为近代中国的灾难。

衰弱无力的龙

对于晚清帝制中国来说,1895 年的失败是毁灭性的打击。中国在亚洲具有优越性的虚假面纱此时荡然无存。日本人已经夺走了朝鲜和中国台湾,而且不费吹灰之力。晚清朝廷出现一种危机感,自强的改革没有解决越来越大的压力。发起反朝廷、反"满"(清朝最初是起源于满族)的"立宪"运动提出中国的制度需要改变。这种反抗与改革运动主要集中于学生与知识分子,尤其是那些在海外受过教育的知识精英,以及倾向于改革的行政官员与军官。然而,他们的民族主义运动很难得到主导各省行政资源的地主—官僚阶级的积极响应。中国精英阶层内部的政治分化进一步扩大,尤其是,1904 年[*]义和团运动反对外国帝国主义者但惨遭失败,此后精英阶层的内部分化更为明显。朝廷许诺制定一部宪法,但却没有实施。

结果就出现了 1911 年的辛亥革命,这是一场政治的而非社会的革命(Skocpol, 1979),局限于推翻皇帝及其朝廷,而占人口多数的农民并没有参与其中。这是一场士绅与城市中产阶级的运动,其理论基础是孙中山著名的"三民主义原则":民族、民权与民生。"民族主义"意味着推翻"外族"的清王朝,驱逐帝国主义列强;"民权"是指引入一种选举的共和政府,不过实行有财产限制的选举权,不实行议会主权,因为孙中山认为现代化需要一个威权的中央。"民生"涉及在"耕者有其田"口号下的某种土地改革,实施某种国家资本主义。孙中山后来发展出一种相当于列宁主义模式的政党,试图以此来达到这些目标。这

---

* 应为 1898—1900 年。 ——译者注

个政党是由一小部分职业革命家组成的先锋队，诸多交费党员组成党小组，服从一个政党领袖。 苏联共产国际(The Soviet Comintern)要求并指导规模不大的中国共产党(CCP)，支持孙中山的革命政权(Dreyer，1995：120—121)。 然而，孙中山的国民党并没有任何社会基础，因为中国资产阶级力量很小，实际上也没有一个独立的工人阶级，大多数农民对国民党都没有兴趣。 在缺失大众基础的情况下，中华民国只是由精英群体发动改革的一种尝试，他们在一个相当无序的社会情境下，受到各种社会政治思潮的影响，比如自由主义、社会主义、民族主义等。 他们面临一场艰难的斗争。

　　1912年，最后一个皇帝——一个叫溥仪的小孩子——被迫退位。孙中山不得不把共和国的总统宝座让给袁世凯，因为袁世凯是统帅军队但又有改革倾向的军阀。 新政权中各种军阀与政治派系之间充满冲突，其中的一派就是新成立的国民党。 革命尚未成功，这进一步弱化了国家政权对各省统治的权威。 地主官僚精英执掌地方权力，许多精英对新政府充满敌意。 控制地方的更强势力是军阀。 正如斯考切波(Skocpol，1979：238—242)所强调的，中国的情况不同于法国与俄国在革命前的社会状况。 在中国，地主阶级一直保留大部分的地方权力，但如今与中央政权之间脱离开了。 它可以控制着当地农民，但如果农民的确发生暴动(jacqueries)，他们就不会很容易要求中央政府来帮忙镇压。 在中央与其在省一级的自然代理人之间缺乏团结，这必然把中国带入四分五裂的境地。 中国与日本有着决定性意义的差异，与明治维新没有任何可比之处，中国倾向于改革的寡头阶层没有联合起来。

　　中华民国政府努力收拾地方割据的军阀时，日本利用第一次世界大战，加入协约国一方，并且占领了德国在中国的租界地。 接着，日本不断对中国施加压力，试图把袁世凯总统变成日本的代理人。 袁世凯顽强抵制这种压力，并于1915年鲁莽地宣布自己是中国的新皇帝。 这让其共和国盟友大为惊讶，第二年他被迫退位。 到1917年为止，中国陷入半分裂状态，逐渐转为地方军阀之间的联盟与冲突，各霸一方。

"军阀混战年代"从 1917 年一直持续到 1927 年,在此期间,农民自我防卫运动诸如红枪会(the Red Spears)不断发展起来,旨在保卫自己的地方社群,反击日本人、强盗、军阀、共产党人或者国民政府本身(Perry,1984:439—441)。

在较为发达的沿海城市出现一些工业与商业,开始出现追求宪政的运动。 1919 年,学生爆发游行示威,反对北京军阀政府和日本干预,这就是城市阶层中的一场所谓的"觉醒"。 这种带有民族主义情感的五四运动推动了孙中山在南京建立一个形式上由国民党领导的国民政府*,并且与共产党结成联盟。 在 1925 年孙中山去世之后,北伐军总司令蒋介石接过了国民党的领导权。 但他陷入左右为难的困境,右边是地方军阀与法西斯主义,左边是共产党人与国民党的激进派。 然而,到 1931 年为止,蒋介石在南京重组了国民政府,控制了中国东部与中部的大部分地区。 他仍然保留了国民党的左翼,但肆意屠杀共产党人,让许多军阀不得不归顺,但在其统治区内部却又产生了激进派和军阀,削弱其凝聚力。 比如,在江苏省,国民党左派继续控制地方的政党,领导反日的抵制运动,打击成为帝国主义工具的买办商人,在反迷信运动中摧毁寺庙。 派系冲突一直延续到 20 世纪 30 年代,有时候还发展成为武装冲突(Geisert,2001)。 在 1937 年之前,蒋介石的国民党政权取得了某种进步(后面将讨论到),但在政治与军事上,中国龙依然是弱不禁风的,不再是一个对外的掠夺者,更多是成为一个诱人的猎物。

中国之所以能吸引列强,是因为其沿海经济显示出生机勃勃的迹象。 经济的主体是农业生产,商业化很早以前就开始了,但晚近很长时间以来都没有得到发展。 小农经济占主导地位,一半左右的农民拥有自己的小块土地,另一半农民是租用土地。 这种落后导致我们很难获得可靠的总量统计数据,整体上的评价存在相当大的差异。 罗友枝的统计数据(Rawski,1989)表明,中国在 1914 年到 1937 年间经济增长速

---

* 原文有误,应为孙中山在广州建立广州军政府。 ——译者注

度年平均刚刚超过 1%，这还是比较健康的水平，没有日本的增长幅度大，但略好于英国的印度殖民地。 白若文(Loren Brandt，1989)也看到一点，商业化导致农业生产和真实工资的增长。 弗朗西斯·帕金斯(Frances Perkins，1975)提出，这个时期的国民生产总值有所增长，但是被人口增长的影响抵消了。 黄仁宇(Huang，1985，1990)研究了北方比较贫困的地区和上海周边长江三角洲较为富有的地区，他认为仅仅存在一种过密型的增长(involutionary growth)：农民家庭不得不更勤奋劳动，才能得以继续待在他们所生活的地方。 虽然这些争论并没有解决，但在这段时期毕竟出现某种经济的增长(Ma，2006：10；Richardson，1999：81—82)，即使大多数中国人都生活在维持温饱的水平。 中国经济明显存在地区差异，并不存在整个国家的经济整合，但大萧条也因此对中国并没有造成很大影响。 之所以如此，恰恰是因为其落后的经济状况、缺乏全国性的整合以及外贸量很少。 还有一个原因就在于中国还是实施其银本位，而不是国际通用的金本位标准。 工业可能恰恰是因世界经济的大萧条才得以增长。 这个时期最大的问题是军事上而不是经济上的四分五裂(Wright，1991，2000；Chang，1969：60—61；Myers，1989)。

中国有两个地区的确是出现了增长与现代化。 其一是满洲和北方一部分地区，拥有采掘工业与重工业基地；其二是按照不平等条约规定的沿海开放城市(通商口岸周边地区)，商业与制造业蓬勃发展起来，尤其是上海。 上海地区为中国国民生产总值贡献了 7% (Ma，2006：9；Perkins，1975：119)。 这些地区在运输等基础设施方面都得到了改善，外商与后来的中国民族资本家的投资都相当多，财产权利也更有保障。制造行业在 1912 年至 1936 年平均每年增长 10% 左右(Chang，1969：71)。 通商口岸体制现在实际上产生出相当多经济上的外部效应。"世界体系理论"的分析认为，中国经历了一种"依附性发展"，是一种依赖于西方资本主义核心的边缘经济结构。 然而，中国的商业化有几个世纪的历史，很大程度上是独立于西方之外，而东北三省与通商口岸对西方也越来越少依赖性(Bergère，1989：4；Ma，2006；Brandt 1989)。

然而，在接下来的政治与军事发展过程中，满洲以及通商口岸与广大的农村地区之间的分化越来越明显。国外列强所能够看到的中国只有港口和"满洲国"，这两者都是令列强虎视眈眈的肥肉。依据帝国主义标准的意识形态，列强认为它们实际上有能力发展这个国家，它们自己也可以从中获得丰厚的利润。它们看到中国巨大的市场潜力。中国的悲剧在于，国家力量本来应该依托于经济现代化的地区，但在中国，经济现代化地区却在战略上又是最为脆弱的地区。虽然英国人与美国人现在抛弃了中国的殖民地，在中国寻求更为非正式的扩张手段，但日本人与其近邻俄国人一样，却对东亚殖民地的控制有着丰富的经验。

日本：殖民的太阳

日本的帝国主义有一个很重要的方面优越于其他帝国主义，那就是经济增长。在台湾，日本在 1913 年到 1941 年间实施直接的殖民统治，国民生产总值年均增长大约在 4%—4.5%。这为台湾 1950 年之后的经济腾飞奠定了基础(Kim & Park，2005；Maddison，2004：table.4)。台湾男性的身高持续增长到大约 1930 年，此后到二战结束才基本上平稳下来。这是营养有所改善的一个标志(Olds，2003；Morgan and Liu，2007)。朝鲜的领土范围更大，存在一个既定的政权和一种更为团结的文化。日本人刚开始是试图通过朝鲜的君主专制和精英对朝鲜进行间接统治。但是，他们无法在朝鲜找到一个可靠的代理体制，而且与俄国在朝鲜半岛的冲突与日俱增。在 1898 年，其他列强迫使日本把满洲的辽东半岛(1895 年从中国获得)让给俄国。* 日本与俄国如今在这些地区展开修建铁路工程的竞赛。英国更加防范俄国，所以在 1902 年与日

---

* 实际上，按照《马关条约》，清朝割让包括旅顺在内的辽东半岛给日本。后在俄国、德国、法国的干涉下，日本由清政府出钱，"赎回"辽东半岛。1898 年 3 月 27 日，沙俄迫使清政府租借军港旅顺口、商港大连湾。——译者注

本签订一个海军协议。 因为美国与法国替代英国在东亚地区占主导地位，所以，日本并没有遭遇来自西方列强的干预。 日本现在是朝鲜最强大的外来势力，但一直遭到俄国对朝鲜的干预，朝鲜被日本人视为"民族防卫的关键所在"(Duus，1995：175—184)。

起初，日本不愿意在军事上与俄国较量，然而后来考虑到俄国在完全修建好所有的规划铁路与港口之后，将会在一场太平洋大战中延伸后勤补给，在这一点上权力平衡可能转移到俄国，所以，日本决定在1905年先发制人，打击俄国的军事力量，非常类似于德国在1914年先发制人打击俄国。 其他国家都不会来干预日本的帝国主义扩张计划，伦敦《泰晤士报》支持了这次令人震惊的袭击(Lone，2000：100—105)。 西方人没有预料这场战争会产生一个决定意义的结果，日本人赢得了胜利。 这个结果令所有国家都惊讶。 俄国主力舰队从黑海航行数千英里，赶赴日本海，在那里日俄之间展开一场对马大海战，由于俄国的战舰太靠近日本的沿海堡垒，而且更致命的是低估了日本的海军力量，遭遇到"一场现代海军战役历史上的歼灭性打击"(Dickinson，1999：256；Evans & Peattie，1997：124)。 俄国军队在西伯利亚与中国东北处理得较好，而日俄双方的军队都损失惨重，但日本军队在组织上更胜一筹，并且越来越占上风。 日本人的几次普通的军事行动都失败了。 虽然日本的大众媒体宣传进攻性的、追求荣誉的民族主义，但它们的新闻快讯过多地描述士兵的惨重代价，许多日本人感到震惊。 分析士兵的日记可以表明，日本士兵在这个阶段并没有狂热地为了民族和天皇而战。 他们也害怕死亡，也很思念自己的家乡，很爱自己的家人。 他们对待敌人、俘虏也还不错。 许多士兵通过部队服役才第一次意识到他们是日本人，与俄国人、中国人或者朝鲜人都处于对立状态(Shimazu，2009)。他们把一种朴素的民族主义内化为情感，并且认为"敌对民族"都是进攻他们，但也并不完全是一种侵略性的民族主义。

俄国的国内困扰于1905年的革命，需要其军队来达到国内的目的，希望尽快结束在东亚地区的战争，从而对日本做出了重大让步。

1905 年 9 月 5 日，日俄双方在美国的新罕布什尔(New Hampshire)，签订了《朴次茅斯条约》(The Treaty of Portsmouth)，该条约让日本毫无挑战地获得了朝鲜半岛和中国辽东半岛的间接统治权。中国东北的其他地区在实际上是受制于日本军队与当地的军阀。这是几个世纪以来非欧洲人首次打败一个欧洲主要帝国而取得的战争胜利。不但是日本为之欢欣鼓舞，而且世界上许多长期被欧洲人压迫的民族也兴奋不已。

迄今为止，日本的扩张类似于西方的模式，不过它事实上先是被迫开放，接着面临自然资源的匮乏，所以被迫以更快的速度推进帝国主义。虽然日本与俄国的战争是先发制人而取得了胜利，但普鲁士在 19 世纪的战争以及美国 1989 年的战争也都是如此。日本精英把与俄国的战争视为是第一次伟大使命。到 1912 年明治天皇去世为止，日本政府都认为，日本已经赢得了诸多国家的尊重，"那些国家都对日本人恭恭敬敬，如同面向太阳的向日葵"(Gluck, 1985：90, 216—217)。

日本接下来的帝国升级出现在 1910 年，日本增强它在朝鲜的军事实力，并且静悄悄地占领了朝鲜。这一步并没有受到挑衅，因为俄国失败之后，仍然处于革命骚乱后的恢复过程中，对日本没有构成威胁。日本所有的政治派系都认为应该对朝鲜扩张。温和派希望的扩张方式是援助朝鲜的改革家重建公共秩序，稳定的财政，但朝鲜的改革家们在国内深受专制主义者与反日的民族主义者的双重夹击，没有取得太大的进展。日本人认为应该实行更为直接的帝国统治，稳定秩序，虽然他们自身是在朝鲜破坏秩序。有一个导致朝鲜不稳定的因素出现在 1910 年，17 万日本殖民者要求更多的安全保障，并且得到国内强硬民族主义者与保守的寡头精英群体的支持。虽然日本正在经历一场工业革命，但它花了大半个世纪(就像英国人所做的一样)让普通日本人都受益，农民家庭受益更多。对于日本的普通老百姓来说，殖民地的诱惑力很大。日本走向具有侵略性的民族主义特征的社会帝国主义是有一个社会基础的。西方列强抗议日本对朝鲜的吞并，但日本的回应是，这是因为非正式帝国主义不足以应对朝鲜局势。虽然吞并朝鲜被认为是提高了日本的安全保障，但这却也加重了不安全感，因为日本的对外侵略与占领提升了其竞争对手的反日情感。 武装力量现在需要得到更高的军备预算才能满足帝国的防御。 这样，日本就开始一步一步走向军国主义，虽然仍旧没有任何总体性的规划(Duus，1995；Lone，2000：chaps.8—10)。

日本精英利用惯用的帝国使命话语，宣称朝鲜人自己没有能力走向现代化，是"不文明的"、"落后的"，生活在"肮脏、贫穷与懒散"的状态中，他们的政治生活受制于"消极、腐败与阿谀奉承"。 我前面论述英帝国与美帝国的章节应该会让我们很熟悉这种论调。 然而，这两个亚洲国家也继承了非常相似的种族遗产和文化关联，这让"提升"朝鲜人似乎成为可能。 日本人尝试文化同化：如果朝鲜人与其他人都能够引导或者被迫讲日语并使用日本人的文化概念(比如选择他们的名字)，他们就或多或少可以成为日本人。 日本人广泛宣扬的首要一点是，朝鲜人、台湾人和其他人都是日本的"邻居"，或许都来自同一个种族和同一个祖先，这意味着日本殖民主义实际上与同时代的欧美殖民主义在种族方面并不一样。(Duus，1995：203，399—423；Eiji，2002)

然而，日本人并没有仁慈地对待当地人。 由于朝鲜距离日本最近，所以日本就进驻大量的陆军部队，其原材料与消费市场都与日本整合在一起，也有相当多的日本人志愿加入殖民者的队伍。 日本残暴无情地镇压朝鲜人的反抗，殖民者被授予征服者的特权，以非常低廉的价格购买土地，并且支配着利润丰厚的政府与商业部门。 彼得·杜斯(Peter Duus，1995：431)说，日本殖民动力的来源主要"并不是强大的城市商业利益，而是来自日本社会中低阶层那些残酷无情的、野心勃勃的、艰苦朴素的因素"。 日本与朝鲜的贸易规模并不大，但日本对贸易的控制却可以牟取暴利(Duus，1995：284—288)。 于是，殖民者与商业利益怂恿日本走向一种社会帝国主义的形式，它更具有民粹主义特点，与希尔弗丁构想的那种大公司主导的社会帝国主义还不一样。

日本在带领朝鲜走向现代化方面的确做得比较成功。 除了较小的密克罗西亚岛(Micronesian)之外,大日本帝国的殖民地比较紧凑,更接近于宗主国,这与其他帝国占领的殖民地也不一样。 日本本土的人口比起所有殖民地加起来的人们还要更多(这一点类似于美国)。 这种帝国并不担心殖民地的竞争与反而"被吞并"的危险,也无意把殖民地的民族排斥于帝国经济利益之外。 农业与工业技术很自由地从日本转移到殖民地。 在台湾,殖民政府引导的发展比私有企业引导的发展快得多(Peattie,1988:254—255)。 铁路与公路让朝鲜半岛走向一体化,虽然其目的在于军事方面,但却为经济发展提供了条件。 到 1945 年为止,小小的朝鲜现代化公路的里程是整个中国的一半。 教育体系也扩展了好几倍,朝鲜落后的古代灌溉系统的衰败状况得到改善,建造了许多化肥工厂。 日本的投资首先用在农业方面,然后才是工业。 朝鲜制造业从1911 年占国民生产总值的 6%,1940 年发展到令人吃惊的 28%,除了日本本身之外,远远超过了中国或印度或者亚洲其他任何地区。 在成为被保护国的前二十年期间,朝鲜被视为一个丰富的米篮子,但大约在1933 年之后,随着军工复合体从日本到中国东北的扩展,在朝鲜的工业成为其先进的补给基础。 朝鲜国民生产总值的年增长率在 1911 年到1939 年间大致保持在 4%,这与台湾和日本本土是一样的。 朝鲜是所有的帝国中唯一一个经历过大规模工业化的殖民地(Kim & Park,2005,2008;Eckert,1996;Chou,1996;Cha,2000;Ho,1984;Madison,2004:table.4)。 日本为韩国二战后的经济突飞猛进奠定了基础,台湾也是如此。 朝鲜人的平均寿命也从 26 岁上升到 42 岁,高于殖民地的正常水平。 这表明,对于大多数朝鲜人来说,经济增长已经转化为一种更好的物质生活条件。 日本帝国主义的第一次浪潮并没有出现其他帝国那样的全球大分流,有利于重新整合而不是分离东亚地区。

然而,这些成就背后却是相当多的负面后果。 商业在很大程度上被日本人垄断,到处都是被迫的劳工,日本对反抗的镇压采取野蛮的方式,日本人试图通过野蛮的方式来压制朝鲜的语言、家族姓名和文化。采用日本人家族的名字意味着拒绝朝鲜文化的所有父系家族传统,转而喜欢日本人那种更类似于一个家庭(ie)的文化(Chou, 1996, Eiji, 2002：334—335)。 日本的殖民地终结于太平洋战争的后期阶段，在整个过程中数以千计的朝鲜妇女悲惨地遭到"慰安妇"体制的大规模强奸。

"大日本帝国不是给有些人带来好处吗？" 但对于这些殖民地来说，对这个问题的任何回答肯定迥异于对英帝国提出类似问题的回答。 我在第2章试图平衡英帝国的边际利益与边际损失。 日本帝国主义带来的损失与好处都比英国大得多，我们难以作出一个总体判断。 这取决于我们如何评价经济福祉与残酷镇压。 大多数朝鲜人都相信，后者比前者更重要。 他们只记得日本人对他们造成的伤害，虽然台湾人对其前征服者更为大度一些。 有的朝鲜学者*最近也承认长期的经济发展得益于日本的统治(Shin et al, 2006)。 然而，成千上万的日本殖民者获得了巨额财富，提升其在国内的社会地位，而这在日本本土更为封闭的社会中是得不到的。 所以他们竭尽所能地发展殖民地。 对于一个正在升起的太阳帝国来说，获得大众支持是非常重要的。

日本对帝国主义的争论

帝国主义是一种牢牢确立的政治结构形式。 很少有日本人怀疑其带来的利益，所有争论关注的问题是它应采取哪种帝国主义(Gordon, 2003：74, 122—123)。 直接控制领土的帝国主义成为最终选择的道路，但这并不是事先就计划好的。 日本在1905年与俄国的战争之后就不存在对国家安全的严重威胁。 帝国列强全都有自己的势力范围：俄国在中国东北地区；日本控制中国东北的南部地区、台湾和朝鲜；美国控制菲律宾；法国在印度支那半岛；英国在中国长江下游领域和南方以及南亚；德国在山东半岛以及太平洋零星的群岛。 他们都加入国际列强瓜

---

* 疑为韩国学者。 ——译者注

分中国的狂潮。 这是一种可以接受的权力平衡吗？ 日本现在是否可以守住它所拥有的东西？ 是否可以继续非正式帝国的逐渐扩张，更深入地参与到国际市场？

亚洲到处都充斥着帝国列强。 其他帝国越是不愿意把日本看作是一种抵制俄国的平衡力量，而是把它看作一种实际上统治该地区的力量，那么遭到战争威胁的可能性就越来越大。 在1905年之后，日本的军事与平民机构开始怀疑运用武力的智慧，不相信以此可以增强日本在中国东北部的势力范围。 另一种风险较小的做法是，通过国际协议，让所有外国人都有进入中国东北地区市场的机会，以此确保该地区的中立性。 这可以避免俄国一旦恢复之后就寻求报复，也可以减少军费开支。 然而，第一次世界大战和苏联革命打乱了这种权力平衡。 德国因其失败而退出这种瓜分，俄国人也进一步被削弱，法国和英国需要一段时间才能复兴。 对于日本来说这似乎是一个扩张的机会。 而且，日本在战争的第一年轻而易举就取得成功，获得了德国在山东的青岛与其他地区和密克罗尼西亚岛的诸多殖民地。 山东成了日本扩张到中国东北和北方的一个跳板。 日本在1915年继续扩张，其方式是与中国政府签订"二十一条"，包括承认日本占领山东的权利以及在中国修建铁路的特权。 对于中国的民族主义者和其他列强来说，这些要求似乎都是日本进一步扩张的前奏曲。

到20世纪20年代，日本已经在台湾与朝鲜建立了殖民帝国，而在中国东北以及其他大部分地区建立非正式帝国；与亚洲其他国家、英帝国和美国都实现了规模相当大的自由贸易。 日本有一个共识是，必须捍卫它自己的"主权圈"，包括日本本土及其殖民地，同时还要保护更大范围的"利益圈"。 因为日本的国际贸易在继续扩张，这个利益圈的范围仍然不明确。 日本的扩张是可以通过延伸国际市场来进行的，可以通过在东北和中国北方以及福建(是与台湾隔海相望的一个省份)的势力影响范围来延伸非正式帝国；或者通过征服更多殖民地来延伸其主权圈。

　　日本史学家在争论外交政策时明确分成了自由主义者与民族主义者或者军国主义者。 日本没有只赞同开放市场的西式的自由派，西方也没有。 大多数日本的自由派并不愿意疏远其他列强，但如果他们认为军国主义可以以低成本来运作的话，那么他们都有可能走向激进。 支持非正式帝国的一派与支持殖民地或者保护国的一派之间展开了争论。关于朝鲜和满洲的争论反映出两派所持的观点上的差异，即是通过武力占领还是通过与中国汉族人和满族人协商达成妥协来达到扩张目标，是扩张到达长城就停止还是继续向内陆扩张。 外务省的一派倾向于第一组意见，而军方倾向第二种选择(Duus，1995；Matsusaka 2001；Brooks，2000)。

　　20 世纪 20 年代似乎有利于自由派。 第一次世界大战之后，自由派势力大增，建立了国际联盟，1922 年签定了《华盛顿海军条约》(Dickinson，1999：151，242—256)。 条约限制了海军的规模，包括日本的海军，但也终结了英国在亚洲的支配地位，让日本有机会挑拨美国与英国的关系。 美国此时是日本最大的贸易伙伴和外资供应国，大部分政治家都支持谨慎的市场扩张政策以及在中国实行非正式的帝国模式，不能再在中国扩张殖民地。 币原喜重郎(Shidehara Kijuro)是 20 世纪 20 年代重要的外务大臣，他支持扩张，但更倾向于与其他列强合作。 任何扩张都将以中国为代价，但许多日本人希望中国会满意由日本领导亚洲复兴。 他们相信，中国人可能欢迎日本的托管。 然而，中国越来越强烈的民族主义使之成为一种妄想。 日本在世界历史上的扩张似乎太迟了。 这仍然是一个帝国年代，但帝国已经越来越遭到文明程度较高地方的民族主义者的反抗，就像英国人在印度的遭遇以及日本人即将在中国的遭遇一样。

　　国民党政府试图废除中国的不平等条约。 在日本的中国顾问官员和大多数大型公司的支持下，币原喜重郎准备屈从于英国与美国的压力，重新与中国协商这些条约，前提是中国要为日本偿还各种债务。但日本在中国的商业利益支持其他的政治家反对这种做法，而且，保守派害怕一种共和价值观会从中国传入日本。 对左翼的恐惧使得绝大多数精英都联合起来对付自由派(Hata, 1988：282—286)，但军国主义在日本并不是很受欢迎。 战争一旦结束，政治家就试图减少军备预算，这得到了大众的支持，因为这意味着降低赋税。 由于军费预算减少，形势都开始转向温和派。 日本的工业化发展得越好，它就越依赖于国际市场。 绝大多数经济学家都建议日本此时服从国际经济规则。 由于日本最依赖的市场是英美帝国的市场，所以疏远这两股国际力量并不是一个好主意。

由于经济争论的倾斜，自由主义经济学说开始在日本占上风。 这个学说宣扬古典经济学、开放市场、金本位标准、通货膨胀政策以及相随而至的"节俭的"道德修辞。 日本在20世纪20年代并不遵守金本位制，而自由派要求恢复它。 这遭到左派与右派的双重反对，因为他们都赞同一种偏向于国家主义和民族主义的发展路径。 保守派想通过官僚制与参议院保留他们自己在明治宪法中的权力。 帝国、军队与威权主义都被保守派视为日本国体的核心。 欣赏盎格鲁—撒克逊文明的自由派支持国内的议会政治和在海外的非正式帝国。 赞同前一种路径的人被称为德国人，他们多来自寡头精英，而军官和政府官僚倾向于"盎格鲁—撒克逊"模式，而且，他们在政党与平民中产阶级中有着更大的影响。

中级军官是最为极端的，他们开始显示出摆脱最高统帅部的某种独立性。 日本最近取得的军事成就让他们获得自信。 他们认为日本具有领导一个泛亚洲的光荣使命感(两个层面的民族主义)，通过"总体战争"或者"帝国道路"来抵制西方。 帝国道路后来变得更为重要，这在第十三章将专题讨论。 支持总体战争的这一派是由中校石原莞尔(Lieutenant-Colonel Kanji Ishiwara)领导的。 作为一位非常有影响力的军事理论家，他注意到，历史性规律是，短期、残酷而决定性的战场拼杀形式之后，会出现另一种全体人民战斗至死的"灭绝性的或者毁灭性的"战争形式。 日本前几次战争都是属于速战速决和富有决定性意义的类型，需要组织良好、具有攻击性的活力(élan)以及很高的斗志。 然而，现代工业国家的兴起让这种速战速决的、决定性意义的战争跟不上时代了。 毁灭性的战争将会到来，领导西方的美国与领导亚洲的日本之间将会展开最后对决。 他写道："人类历史上的最后战争已经来临……'世界巨大的冲突，是人类历史上前所未有的'——这是通向人类文化黄金时代的门槛，是东方与西方的融合，是人类文明的最后和最高阶段"(Peattie, 1975：29，57—63)。 他的世界史观的结论是日本最终会光荣胜利。

主张总体战争的一派的结论是，日本必须为这种未来的战争建立物质资源，方式是在中国东北与内陆地区不断扩张，建立一个以亚洲大陆为基础的自足的工业力量，倾向于与中国合作。 诸如高桥惟精(Takahashi Korekyo)这类民族主义的经济学家说，使日本成为一股重要力量的方式是与中国合作，创造"一个统一体……把日本的经济权力与中国的自然资源之间、日本的工业能力与中国的劳工力量之间和谐地结合在一起"(Metzler, 2006：128)。 石原莞尔提议，在中国东三省，日本经营重工业与高技术产业，中国人经营小企业和商业，而朝鲜人专门种植水稻(Peattie, 1975：100)。 他并没有提到的是，如果中国人与朝鲜人抵制这样一种安排，日本应该做什么。 他还认为，经济政策应该适应长期的军事战略，并不是满足银行家或者财阀的短期利润。 公务员也应该积极投入政治领域，去影响政策。 全面战争的政策是获得资源富裕的殖民地，在日本建立一个军事与工业相混合的模式，强化军事在政治中的作用，不过不需要军事上的冒进主义，因为这可能疏远了其他列强。与其他列强的战争可能最终来临，但正如海军大臣加藤所言："假如我们没有钱，我们就不会发动战争。"(Iriye, 1997：50—62)

那些赞成殖民地或者被保护国的人主张，日本有足够的军事实力填补中国衰落留下的真空。 这是日本的邻居，除了因革命而被削弱的俄国之外，其他列强距离遥远。 军事行动已经完全成功，并且越来越引起他们进一步干预的兴趣。 颓废、腐败与支离破碎的中国是很容易通过短时间的、猛烈的军事占领来重新统一起来，打击并歼灭地方军阀完全是可能的。 日本在中国东北部不断扩张势力范围，很容易掠夺其经济资源。 一场短暂的战争可以带来喘息的机会，获得长期的资源利益。 日本不可能停滞不前，尤其是在东北地区。 日本在东北的影响必须越来越大，否则就有可能被迫撤出来。 这样一些观点在制定军队作战计划的精英群体中占主导地位(Peattie, 1975：96—98；Barnhart, 1987；Jordan, 1987)。

　　日本国内也存在种种压力。 帝国早期的成功使侵略性的民族主义有了一些大众基础，保守的寡头阶层与官僚阶层支持社会帝国主义，以此巩固自己的权力并铲除"诸多破坏性因素"。 苏联在中国北方建立其势力范围，而国民党左翼在沿海的活动很频繁。 保守派担心，对一种共和国体制的诉求可能从中国扩展到日本，所以他们以及军队要坚决抵制布尔什维克主义与苏联扩张主义的威胁(Humphreys, 1995)。 在中国的殖民者和商业利益集团承诺让每个人都走向富裕，因此大众也要求对殖民者进行补贴。 虽然人口专家怀疑殖民者移民到殖民地是可行的并且支持日本移民进入南美洲，但媒体极力鼓动政府援助移民进入亚洲(Wilson, 1995：253—255；Young, 1998)。 日本媒体与政府的这种结盟也激发起一种有吸引力的使命感，即"捍卫亚洲人种"，抵制西方(Iriye, 1997：13—26)。 媒体夸大日本人移居朝鲜与台湾的受欢迎程度，这与美国的新闻媒体形成强烈对比和呼应，因为美国制定了许多带有种族主义偏见的法令，反对中国与日本移民，禁止所有日本人移民美国，1924年的《联邦排华法》代表了这种政策的顶点。 日本舆论也因为西方人担心的"黄祸"(yellow peril)而感到震惊(Iriye, 1997：26—28)。日本没有能够把一种反种族主义的条款加入国际同盟宪章，因为其他列强要么是种族主义的帝国，要么在国内实施种族主义政策。 西方的"自由主义"看起来是言不由衷的伪善意识形态。

　　虽然日本各派都对日本"客观利益"作出某种理性判断，但这并不能对这些地缘政治选择作出决定，决定权受制于日本内部分配权力的平衡。 在一战之后，这种平衡最初稍稍偏向于左派。 保守的寡头阶层与新兴的专家统治官僚以及城市专业技术人才之间存在张力。 政府推行一项廉价的食品政策，得到从殖民地进口食品的利益群体的支持，但却压制了国内农民的农产品价格，激发起农民的反抗与暴动。 由于受到布尔什维克革命的影响，工人也要求追求包括选举投票权在内的更多权利，大众还要求减少军费预算。 在这些压力下，有些寡头认为有必要妥协，为了让日本更为强大，必须把大众带入政治民族中来，而且，议会就是扮演着大众反抗的"安全阀"角色。 在 20 世纪 20 年代的大正民主期间，政党开始主导国会众议院，这让寡头们不断丧失社会基础。1925 年，日本普及了男性普选权，同时还进一步强化了公民的民事权利(Benson & Matsumura，2001：21—38；Nish，2002)。

然而，日本自由主义在三方面遭到削弱。 其一，农村享有过多的投票选举权名额(如今的日本依然如此)，农村又更容易被庇护—代理网络所控制，也就是说，占有土地的贵族代表农民进行投票，而不是农民自己进行选举与投票。 其二，男性的选举权是与治安维持法(Peace Preservation Law)同时产生的，但实施该法令又限制了公民的民事权利。实际上，这种法律统治带有明显的阶级倾向，旨在压制那些寻求改革政府形式或者废除私有财产权的社会群体，并且还允许警察以维护公共秩序为理由镇压社会主义和共产主义政党，禁止工会，干预各种选举。其三，中产阶级的绝大多数如今都获得选举权，并且在城市都控制着他们自己的自由党，放弃与底层大众的短期结盟。 保守党和自由党实际上受制于上层阶级，并且得到中产阶级的支持，与左翼、工人竞争权力，农民被排斥在外。 公民权利停滞不前，使得绝大多数日本人保留半臣民、半公民的尴尬身份。

财富分配权出现了倾斜，倒向了保守派与帝国主义那一边。 但这并不是出于日本资本主义的需要，满足这一需要反而有益于日本走向一种更自由的发展路径。 19 世纪自由主义者霍布森的观点认为，驱动帝国主义动力的是资本过度发展，因为资本需要寻求海外利润。 然而这种观点并不是适用于日本。 实际上，日本直到一战为止都是一个资本输入国，之前从未有过很多剩余资本。 列宁的理论强调从殖民地榨取超额利润，但这对日本也难以有效，因为日本或者外国的私有资本投资很少流入殖民地。 私有资本差不多全部流入日本本土，因为这样更有利可图(Lockwood，1954：35)。 列宁强调金融资本垄断的权力，但这对日本也无效，后来的主流观点是强调军工复合体的影响，这包括了财阀的联合大公司与武装力量，但这种复合体只是到了后来发展的过程中才发挥重要的作用，给日本和亚洲人民带来巨大灾难。 直到20世纪30年代，财阀较多地集中在银行与贸易，较少集中在重工业，大型的商业也没有卷入日本的殖民地企业，殖民地只是由小型企业所支配[有一些例外是，比如日本的三井公司(Mitsui)在中国特别活跃]。 实际上，大型商业直到30年代后期对帝国主义依然是模棱两可的态度。 虽然商业公司提供军事补给，但它非常严重地依赖于盎格鲁—美利坚的进口。 主要的商业领袖都支持币原。 但情况在30年代后期发生了变化，那时的经济总体上逐渐类似于一个庞大的军工复合体，其核心就是"新财阀"。大型企业没有意料到这种转型，虽然它们的确参与了在1937年至1938年期间所有军工复合体达成的法团主义的合作与协商，(Nakamura，1997；Berger，1977：85，225，333—334，345—346；Snyder，1991：134)。公司资本主义并没有直接推动日本走向帝国主义，虽然它们要求镇压反帝国主义的左翼与工人阶级群体。

农民与工人阶级的软弱也弱化了反帝阵营。 天皇制在这方面扮演着重要角色，为社会和谐、义务、服从和家长制而制造出一种意识形态的偏见，压制冲突与阶级。 这种意识形态虽然不能阻止工人与农民因为怨恨而进行的罢工甚至暴动，但的确鼓舞他们通过体制内诉求"尊重"、"尊严"与"福利权利"；也就是说，诉诸阶级合作而不是阶级斗争的解决方式(Smith，1988：chap.10)。 这也是立法条令体现的一种倾向，尤其是1900年以降的各种治安维持法和警察法，都倾向于通过公共权威进行协商，而不是单独诉诸雇主与工人组织之间的冲突。 法律条文不容忍"局外人"(比如全国劳工联盟)在劳资纠纷中发挥任何作用,这对摧垮阶级意识起到很大的影响(Woodiwiss,1992:58—66)。

因此,日本全国性工会一直都不发达。 与政治无关或者不关心政治的工人组织却从较早时期延续下来了。 日本早已经发展出"流动"的技术工人,类似于西方的手工业工人,但没有手工业协会,这种协会在西方首先发展出以手工业为基础的全国工会组织。 当日本的工厂发展起来时,他们把工人组织局限在单个企业组织内。 工人的反抗是从一个车间接着一个车间进行的,而没有全国性反抗。 日本也有几次尝试建立全国性工会的运动,但集体行动主要局限于公司内部。 日本适应了正常的几种工人运动——工团主义、共产主义、社会主义、社会民主、保守—合作主义、工联主义等——但所有这些运动都是在不同公司与城市同时存在的,没有一个全国性的统一的办法解决它们的目标与策略上的分歧。 派系林立削弱了工人运动建立全国性组织的能力,尽管在 1917 年至 1919 年这段时期各种骚乱与罢工活动一直不断,在 1930 年至 1931 这两年相对更少些(Gordon,1985:416—425,251;1991:203)。

日本也发展出一种二元经济。 第一部门重工业部门,比如化工、钢铁、机械都是资本密集型,主要是满足日本自身的需要。 这个部门要求很高技术含量的工人来适应技术变迁,而且不会捣乱。 重工业部门有能力支付男性工人高额的工资报酬,可以发展出年功序列工资制,这是某种程度的福利资本主义,其目的是留住有经验的工人(Taira,1988:618—619;Gordon,1985)。 规模更大的第二部门是轻工业与出口农产品的行业,这些都是小规模的劳动密集型企业。 它们支付的工资比较低。 纺织工厂的工人数量最多,雇员主要是年轻女性,她们直到可以结婚之前都是根据家庭或者村庄与雇主签订的契约参加工作。 她们的工资只占男性工人的 50%—70%,而且工作时间更长,但她们还是把自己视为临时工人。 她们几乎没有物质条件去参加各种工会,虽然在 20 世纪 20 年代表现得更为活跃。 然而,日本仍然是一个由小企业构成的国家。 直到 1930 年,有 40% 的工人工作在只有五个或更多人的公司里，大约有一半人是年轻的女性。 女性工人在制造业车间的比例比在其他任何国家都更大，在 20 年代事实上是占多数，但是 30 年代则少于一半。 日本差不多 40% 的农村家庭都参与到养蚕的行业，而他们的女儿却进入工厂从事纺织(Taira，1988：619—621；Gordon，1991：36—37，64，75—78，185；Gordon，2003：100—105；Metzler，2006：226)。从事农业与从事制造业的工人工资之间，以及第一部门与第二部门之间，存在着不平等，并且不断在拉大距离。 这就难以产生全国性的工会组织或者工人—农民运动。 阶级认同非常微弱。

在冲突不断的 1917 年至 1925 年期间，农民加入到左派阵营。 明治改革很少包括土地改革，商业化让许多佃农越来越贫困，他们耕种了日本几乎一半的可耕种土地。 冲突在商业化程度更高的地区更明显。1918 年出现抢米风潮事件，兴起佃农联合会。 农民继续诉苦，但很少使用阶级性话语。 他们只是想要在自己的村庄中获得正式成员身份，但其要求都是根据非常公平的条约而进行的。 在这种冲突不断的岁月里，各级政府部门只是受到短暂的恐吓之后采取措施让这些冲突淹没在国家控制的媒体以及合作组织中(Taira，1988：578—589)。 因为农村家庭的儿子是日本士兵的主要来源，他们至少部分依赖于军队发放的抚恤金。 他们也受到政府和媒体引导，相信通过作为侨民的身份迁往殖民地，就能够摆脱贫穷。 这种结合意味着，右翼军国主义在许多农村地区逐渐比左翼的社会主义更能获得支持。 日本的农村人口从来没有与城市工人阶级、激进主义或者反帝国主义建立联系，但在 19 世纪后期和 20 世纪早期，这种联系曾经出现在法国、西班牙或者美国。

我分析了工人运动，并且对照三种组织类型：阶级、部门与区隔。工人越是被行业之间的部门差异所分割，被雇主群体之间的区隔差异所控制，就越不可能有机会发展出全国性的工人阶级组织和大众性的社会主义运动。 城市工人阶级被分割为重工业与轻工业两个部分，而且在重工业内部又进一步被分割。 正如在美国一样，雇主希望先发制人。所有这一切同时削弱了工人阶级和自由派。 在这些方面，1929 年的日本就很类似于美国。两者都毫无例外可言，都经历了一段反动时期，但这并不是不可避免的。毋宁说，诸如大萧条和中国革命这些更为偶然的事件，才能把日本进一步推向拓展海外殖民地的军事帝国主义，才能在国内实施一种半法西斯的专制主义，此时，美国开始向左转，并且抛弃了帝国主义。正如我们在第 12 章要看到的一样，事实逐渐证明，在亚洲，1930 年和 1931 这两年是很关键的时期。

第二至第四章的总结：三个帝国

在以上三章里，我们已经分析了三个帝国，其宗主国处于三个不同的大洲。大致而言，对于任何新兴的工业国家来说帝国已经完全是正常的选择，恰如老牌强国的选择一样。日本、美国、德国、意大利、比利时都是后来成为帝国的国家。虽然它们走上工业化的发展道路有所不同，以各自独特的方法处理企业与国家之间的关系，但都选择最好的方式建立帝国：模仿已经建成的帝国主义国家，建立起强大的武装力量。当然，日本的国内现代化有非常独特的形式，但是，发动战争并掠夺殖民地都是运用与现代化结合在一起的武装力量，这与西方列强是完全一样的。欧洲人最初发展出竞争性的帝国和军国主义，但后来扩展到非欧洲的列强，最后统治了差不多整个世界。

当美国转向海外帝国主义(恰如德国、意大利、比利时一样)时，在精英群体内部开始出现的各种争论只是偶尔得到大众的回应，但日本转向帝国主义时，却得到更为广泛的社会支持。两者的差异的主要原因在于，美国没有受到来自外部的威胁，其帝国道路是大众普遍冷漠与少数人选择的结果，但许多日本人认为他们自己没有多少选择机会。他们相信，向海外扩张是反对外国帝国主义的唯一防御战略。俄国、英国和美国不断挤压了日本其他的替代性方案。随着西班牙在美洲半球的衰落，中国的衰落似乎给日本提供了机会。美国与西班牙在 1898 年最初爆发了全面战争之后，西班牙被赶出所有殖民地，美国人找到了一种更轻度的非正式帝国主义模式，这种模式符合美国这样一个缺乏海外移民的国家，而且美国的国家政权缺乏帝国经验与能力，普通大众也对帝国没有兴趣。 相比而言，在20世纪20年代，中国的衰落依然非常有吸引力，日本在海外的侨民有100万，而且，与美国人不一样的是，日本在殖民地的早期实验非常成功。 20年代，国内外的自由主义都相对得势，这也临时限制了日本进一步的冒险行动，但到了20年代末，日本的自由主义没有得到发展。 日本与美国之间最大的差异在于，日本内部的军事部门有着更大的权力，更具群众基础。 大萧条向日本袭来的时候，这两者将成为帝国主义的推动力，这些因素在美国和英国都不存在。 没有全球性的危机，也许根本就不会存在这种推动力。

最为复杂的是大英帝国。 它的资本主义是最具有跨国特征的，所以它的扩张范围总是超过其当时统治的帝国。 其结果造成两个特征。其一，国家政权的作用大多数时候都是在急于追赶帝国的扩张速度，可谓是疲于奔命，努力统治着那些首先通过独立冒险家、贸易公司和殖民开拓者赢得的广大领地。 其二，英国的经济与金融扩张大大超出其帝国控制，形成的全球化萌芽状态到1945年之后成长为更为普遍、更具跨国性的全球化。 美国与日本走向两个帝国的时间相对较晚，各自在第二次工业革命中发展出两种不同的更具组织性的资本主义形式。 美国的资本主义主要是法团主义性质的，但不是国家主义的，对外界并不关心，而且是保护主义的。 20世纪初出现一股帝国扩张的浪潮，不过这在美国国内并没有很大的支持基础，也很快就减弱了。 英美帝国主义都相对务实，除了共同的种族主义以及美国天生的反共产主义。 日本的公司资本主义有较多的国家协调，国家越来越多地影响政策的制定，其结果是军方领导对海外直接实施帝国主义形式，追求一种更为情感化的、追求荣誉的道路。 日本人普遍认为这对于维持日本的繁荣是至关重要的，但是这却最终摧毁了荣誉与繁荣。

帝国之间的白热化竞争以几种新的方式撕裂了这个世界，其表现不仅仅是每个帝国设置障碍反对外来者，而且还存在其他更复杂的断层线。 英美的扩张是北大西洋经济越来越相互依赖的一部分，有时候这被简单地看作是全球化。 但英美的经济合作并不是全球化，因为事实上这只是确立一种宏观区域的新断层线。 随着白人种族越来越团结，种族主义以更大规模的扩张确立新断层线。 更为复杂的是，这两个国家加上白人殖民地有时候把白人种族化约为盎格鲁—撒克逊的种族。在那些宗主国中首先出现一种反全球化的潮流，即越来越走向一种民族认同感。 尽管如此，经济扩张也会让白人身份走向一种更为普遍的、跨国的全球化，尤其是因为金融资本更自由地扩散，超越民族国家的边界。 然而，大分流也扩大了帝国本土与其殖民地以及独立的穷国之间的经济差异。 我已经提出，帝国的剥削对这种大分流并没有产生什么影响。 从原则上来说，大分流是由国家之间的一种简单差异造成的：西方国家经过了工业化，但其他国家并没有经历过。 大日本帝国有所不同，因为日本与其殖民地之间并不存在拉大经济差异的趋势。 宗主国与殖民地都有相类似的经济增长率，其经济越来越整合在一起。 然而，日本对其他亚洲人有一种近似于种族意识的优越感，这与其他的剥削形式一起，大大限制了与其他权力关系的整合。 全球依然遭遇严重的撕裂。 1914年确定无疑地证明了这一点。

第五章

半个地球的危机：第一次世界大战

在 20 世纪的前半叶，整个世界被两次战争撕开了一道深深的裂缝。事实上，人们已经习惯于将 1914 年到 1945 年这个时间段看作是和以往以及以后完全不同的一个时代，一个冲突与混乱所主导的时代。没有人会怀疑这个时代无可置疑地陷入了分裂。而我在以前就强调过这种分裂在此次战争之前已经存在了。我们将会看到第一次世界大战是如何强化这个分裂的。

在欧洲持续爆发了一个世纪的小规模战争之后，第一次世界大战给欧洲带来了巨大的灾难。这个灾难的中心是在欧洲，但是扩展到几乎所有地区，从而几乎变成了全球性的灾难。我在本书第二卷第二十一章用了较大的篇幅讨论了这次灾难的原因。在这里。我想补充强调的一个原因就是欧洲的尚武文化(warrior culture)。我在第二章讨论了这个原因。这种文化将侵略性帝国主义扩展到欧洲大陆及海外殖民地。在19 世纪，随着战争带来的灾难显著增加，各大国倾向于用结盟来防范战争，因此，战争在欧洲日渐减少。到了 1914 年，德国、奥匈帝国和意大利结盟，对抗俄国、法国和英国之间的结盟。奥斯曼帝国没有参与结盟。外交家们运用权力平衡来防止战争。不过战争仍然是一种默认(default)的外交手段。各国的军事领域在继续走向现代化。欧洲大陆的年轻人被征召进入军队并被训练成预备队——大战之前就已经这样做了。只有大不列颠由于拥有的是资本密集型而不是劳动密集型的军队，所以还没有开始实行征兵政策。孩子们(包括男孩和女孩)都在阅读着浪漫勇敢的帝国冒险的故事，潜移默化地受着尚武文化的影响。欧洲人仍然是战神的后代(Europeans were still from Mars.)。我在本书第一卷把欧洲视为一种多权力行动者(multi-power-actor)的文明。这种文明有许多不同的相互竞争的行动者组成。这些行动者产生于四种权力来源，并且全都是非集权性质的。我高度评价了这种结构所具有的活力产生了前所未有的经济增长的欧洲奇迹。多国家的体系(multistate systems)并不必然会爆发大量的战争。不过，当多国家体系发展出欧洲那样的军事文化的时候，这种军事文化倾向于产生无休止的战争和竞争性的帝国主义。

然而，尽管此次战争主要是在建立了帝国的各个国家之间进行的，但战争的导火索却并不是它们拥有的殖民地或者是国际贸易方面的争端。殖民地对于宗主国的商业利益而言并不像以前那样多么重要，因为最近非洲的混乱产生了令人失望的结果。由于白种人在压迫土著人方面拥有共同的利益，不少人会得出一个正确的结论，那就是白种人之间的战争只会导致所有帝国的不稳定(Strachan, 2001：495—496)。这次战争主要是欧洲人为了争霸欧洲所进行的。在亚洲只有极少量的军事行动。在拉丁美洲，军事行动则完全没有。日本参战的时间也不长。1914年爆发的冲突跟以往一样都在欧洲本土。战争是以一种传统的进攻方式开始的：奥匈帝国和德国两大强国攻击塞尔维亚和比利时这两个小国。这两个小国的主要保护国就开始进行支援。这种进攻方式体现了整个一千年欧洲的军事帝国主义至关重要的路径依赖。

另一方面，欧洲的战争其实是相当具有偶然性的。因为，导致战争爆发的一系列令人眼花缭乱的事件可以很容易地向别的方向发展。1914年6月28日，一个年轻的塞尔维亚民族主义分子从萨拉热窝一家熟食店走了出来。萨拉热窝当时属于奥匈帝国。他和他的朋友刚刚做了一次拙劣的尝试，想暗杀当时正在这个城市访问的哈布斯堡王室的继承人弗朗茨·斐迪南大公。这个年轻人刚刚吃饱饭。让他大吃一惊的是，他看见大公的敞篷车朝他这个方向转过来。这辆车已经迷失方向

177

了。 一个头脑混乱的司机就要引发世界大战。 年轻人抓住了时机，跑到汽车侧面掏出手枪。 警察根本没有时间作出反应。 他朝着大公及其夫人索菲亚打了两枪。 之后不到半小时这两个人就死了。 谋杀计划得逞了。 有证据表明塞尔维亚政府与这次谋杀有关，塞尔维亚军事情报局长提供了武器。 塞尔维亚政府的内阁成员明明知道谋杀计划却没有采取任何措施加以阻止。[1]

塞尔维亚最近刚刚从奥斯曼帝国的手中攫取了马其顿和科索沃，并且试图在这个目前由奥匈帝国统治的地区中的塞尔维亚人社区扩张势力。 具有讽刺意义的是，死去的大公一直是一个敦促与塞尔维亚进行和解的温和派。 他的死亡强化了奥地利的主战派的力量。 主战派说服帝国大部分的朝臣必须惩罚塞尔维亚民族主义分子，否则其他地区的强硬的民族主义分子将会要求瓦解这个多民族的帝国。 在维也纳和布达佩斯之间关于国防预算的争吵中受到严重制约的帝国朝廷，也相信只有通过战争才能推进军事现代化。 帝国王室在德国政府官员于6月5日提供无条件支持的情况下减少了顾虑。 由于年迈的皇帝是一个谨慎的人，维也纳展开大量争论。 之后，奥地利在7月23日向塞尔维亚政府发出了强硬的最后通牒，要求由一个独立的委员会调查此次刺杀行动。塞尔维亚推诿行事，并且开始调动军队。 于是，7月28日，奥地利动员军队并向塞尔维亚宣战——不过陆军元帅康拉德说，奥地利的军队到8月15日才有能力发动实质性的进攻。 在此之前，防范走向战争的时间仍然是充足的，这样就会仅仅出现一场地区性的冲突。

然而，俄国是塞尔维亚的保护国。 俄国政府希望俄国的军事动员能够阻止奥地利发动战争并且恢复罗曼诺夫王朝的声望，缓和俄国内部的冲突。 7月28日，沙皇发布了只是针对奥地利的局部动员令。 这个措施本来以为可以避免战争，但是奥地利立刻对俄国和塞尔维亚进行了反动员(counter-mobilized)。 沙皇的高级指挥官认为只有包括德国在内的总体动员才在技术上具有可行性。 第二天，他们说服沙皇发布了一道总动员令。 这个时候离刺杀行动刚刚过去一个月时间。 奥地利向塞尔维亚发布的最后通牒也仅仅过了一周时间。 碰巧的是，法国总统及其外交部长这个时候在访问圣彼得堡。 他们并没有劝阻俄国这个盟友。法国领导人甚至希望他们与俄国、英国的结盟将会威慑住德国，并且认为让俄国去威胁德国并不是一件坏事。

在整个危机过程中，德国领导人对所有的危险都好像无动于衷。他们不惜冒着战争的风险支持奥地利。 俄国的总动员被柏林看作是一种威胁，不过最高统帅部从情报中获悉情况可能并非如此。 最高统帅部谎称受到威胁，因为它需要战争，并且也做好了准备并有信心对法国和俄国先后采取行动，但不是同时采取行动。 于是，德国政府在东线、西线都作出了反应，开始了军事动员。 绝大多数德国内阁成员明显感到惊讶的是，这次行动包括夺取比利时、卢森堡的铁路及其防御设施，而法国与英国都承诺维持这两个国家的中立地位。 德国的行动具有挑衅意味。《施里芬方案》的计划是，德国的动员令寻求暴露法国军队的侧翼，试图从比利时进攻法国的北部。 然后，德国人向东对巴黎发起决定性的打击，这就会很快把法国从战争中踢出去。 另外一种替代性的方案是，如果法国在北部发动反击，德国人将在比利时包抄其侧翼。 无论选择哪一种方案，德国都将会转向东线战场去解决被视为更危险的敌人——俄国。 德国人和其他国家的军事家们一样都接受了一个假设，即军事技术和组织已经发展到了目前这样一个阶段：进攻比防御更具优势地位。 快速包围的进攻将会获胜。[2]他们犯的错误有多么严重！

让人好像感到不可思议的是，德国领导人竟然接受了可能会出现的两线作战局面。 不过他们期待快速进攻将会避免出现两线作战。 另外，尽管英国是法国的盟友，并且承诺保护比利时的中立状态，德国皇帝以及其他人还是没有想到英国会参战。 英国政府已经拒绝给予法国帮助的承诺，也没有就比利时问题对德国发出最后的战争通牒。 陷入分裂的英国执政党自由党在英国议会中仅仅是微弱多数。 在英国内阁大臣中，反对以战争作为威慑的人多于主战派(实际上，只有外交秘书格雷，海军大臣丘吉尔，以及首相阿斯奎斯)。 英国政府是当时唯一一个和平主义分子明确反对军国主义分子的政府。 尽管和平分子在内阁中的政治地位比较低，领导人还是担心如果政府采取更多的强硬立场，就会逐渐受到选民的抛弃。 这一点制约了英国的军事化倾向。 受英国统治的爱尔兰此时有可能会出现内战，这对英国政府来说是更加迫切的问题。 大多数的政治家把国内问题看得比外交问题更加重要，爱尔兰问题就是一个明显的例子。 所以英国没有能够去阻止德国。

英国两大政党的领导人及其外交官员私下里同意，他们都不能容忍德国占领英吉利海峡的港口。 数百年来英国的政策一直是致力于支持欧洲大陆的力量平衡。 结盟是一项至关重要的政策，因为英国仅仅是欧洲大国中的其中一个。 英国的欧洲盟友确保了大英帝国能够在世界其他地方稳步地占领大片领土，建立起霸权地位。 所以德国称霸欧洲并占领北海港口对于英国地缘政治家而言是不可接受的。 吉卜林说，英国大部分的粮食需要进口。 假如皇家海军的权力受到挑战，英国人的早餐将"不会有咖啡或者是熏肉"。 不过，英国领导人仍然觉得，他们的人民不会接受吉卜林这样一种冷冰冰的发动战争的地缘政治动机。于是他们愿意等待，直到小国比利时受到攻击之后，他们就可以鼓动起英国人民的道德义愤，在自由党的选民中获得更多的战争支持——这也是他们要求政府持和平立场的方式。 德国军队进入比利时的时候犯下了受到广泛谴责的暴行，这也是一个英国政治家可以利用的因素。 正如我们在第二章中看到的那样，大英帝国自认为它是保护世界上比较不幸的人民的慈善机构。 实际上，英国领导人参加第一次世界大战正如他们参加第二次世界大战一样，其目的是为了保护他们的大英帝国，既不是保护此时比利时的中立地位，也不是保护 1939 年的波兰。

许多德国领导人认为假如法国受到攻击，英国或许会参加战斗。但是他们知道英国曾经避免作出任何承诺。 绝大多数人并没有意识到他们自己的战争动员计划涉及进攻比利时。 当这个事实于 7 月末呈现在他们面前的时候，他们并没有退回来，因为觉得这样会损害他们的声望。 另外，他们低估了英国的力量，并且其中一些人确实想要战争。

许多德国人自认为英国的资本主义多于军国主义，他们愚蠢地相信英国自由主义的伪善之言，把英国人看作是"商人"，而不是桑巴特所谓的"英雄"。他们说，英国缺乏尚武的"精神"以及"荣誉感"。英国无论什么时候打仗都仅仅为了获得利益。而这场即将来临的战争很难让人看到获利的机会，所以英国人不会参加战争。或者是不会认真地参加战争。在德国的决策层起着重要作用的将军们没有高估英国军队，这是正确的。但是英国的军国主义之所以没有呈现给欧洲，是因为它的军国主义主要体现在海军方面，并且展现在全球范围，感觉到了英国军国主义锋芒的并不是欧洲人，而是距离遥远的土著人——不过，英国人的锋芒会非常迅速转向对德国进行毁灭性的海上封锁。甚至那些能够理解到这一点的德国人仍然认为大英帝国不堪一击，并且希望这次战争也许会促使大英帝国统治下的土著人起来叛乱。他们还看到了，英国现在已经进入一个实力相对衰落的时期(Strachan，2001：1128—1130)。这个观察也许正在成为现实，但是他们动手太早了，英国的衰落才刚刚开始。德国如果再等上十年才发起挑战，结果会更好。因为到那个时候，他们将会在经济上成为整个欧洲霸主(Offer，1989)。战争的一个重要原因就是人类容易犯错误。

第一次世界大战在 8 月的第一个星期爆发了。各国政治家都在互相宣战。他们的宣战是一次偶然的刺杀行动之后各大国支持各自小盟友采取一系列行动所导致的后果。某些不受民事官员控制的军事集团的自主性，没有能力预测其他国家政府的决策，没有能力预测即将到来的军事斗争的性质——并不是进攻战胜防守——上述这些都进一步地恶化了形势。巴尔干半岛出现的危机，涉及三大君主制国家的危机，接着波及所有大国，再然后就是准世界性的战争。这个结果并不是不可避免的。它是一系列压力的结果，是一系列不同的因果链相互作用的结果。其中的某些因果链深深地扎根权力结构中，另外一些链条则是偶然性的。在其他条件下会保持在隐藏状态的一些弱点被暴露出来，并强化了战争的倾向。比如英国自由主义政党内部的裂痕，以及军事力量失去控制。 这一些因素之间的相互影响很大程度上是相当偶然的。 但是把它们综合起来之后，其影响就会增加战争的可能性。 意识形态的消极性增加了战争的可能性，比如人们明显地接受军事是一种默许的外交方式，以及担心妥协可能会带来羞辱。 国家的军事化倾向带来的是战争不是和平。 在社会达尔文主义的伪科学理论的影响之下，他们不仅认为战争是不可避免的，甚至是必须的，最适于生存的国家将会淘汰落后和衰落的国家(当然，他们全部都认为自己的国家才是最适合生存)。 有些人还认为战争会激发起爱国精神，从而可以摆脱国内的阶级和民族冲突。 还有人认为这场战争不会持续太久。 这几点综合起来让政治家相信，在一个军事化的多权力行动者的文明社会，最坏的事情就是退让。

政治家们并没有特别具体地界定什么是国家利益。 尽管有几个地区是存在争议的，这对于大多数大国而言一开始并没有成为危机的主要因素，除了塞尔维亚与奥地利的争议之外。 不过，当战争爆发之后，敌对双方才提出了对于领土、工业及贸易方面的诉求。 在此之前，政治家们首先是为了地位(status)而战。 这里所用的地位一词是韦伯意义上的。 尽管他们确实假定了胜利会带来物质上的收获，但他们并没有对这个假定进行严密论证。 更引人关注的是，政治家们都很看重的一些东西，主要是受到尊重，荣誉，地位，得到认可，耻辱，担心被看作是弱者而受到讥笑——在操场上打斗的男孩子们所怀有的情感上的不安。 这里涉及"什么是男人"的观念。 所有的决策者都理所当然的是男人。 阿维纳·奥弗(Avner offer, 1995：234)说，"第一次世界大战的开端是一条羞辱链。 没有任何一个领导人在公众的关注之下对这些羞辱可以置之不理。"在政治家那里，地位和男人气概既涉及国家也涉及个人。 之所以涉及国家，是因为退让或者是放弃对于盟友作出的承诺，会让人觉得降低了国家的地位。 之所以涉及个人，是因为政治家如果退让了就无法面对他们自身受到的屈辱。 当然，他们自己显得过于老迈而无法参加战斗。

　　对于地位的考虑还蕴含在广义上的意识形态的概念中。 这些国家绝大多数是多民族国家。 它们在构建民族国家的时候都声称自己体现了一些普世价值，一般是启蒙运动所传播的价值。 对它们来说，法国代表着自由，英国代表着民主，德国代表着更高的文化，俄国和奥地利——两个多民族的王朝——体现了传统和秩序。 这些价值被认为是渗透在各自的国家共同体之中。 妥协退让就是意味着削弱这些普世价值在世界上的影响。 作为一种战争起因，意识形态的权力在情感层面、民族层面和全球层面都是重要的。 现在仍然如此。

　　然而，在任何地方，一种真正的尊严感总是与操纵民意分不开的(今天也仍然如此)。 战争在民众的意识中必须被看作是自我保护性质的，因而也应当是光荣的。 于是政治家们用隐秘的方式努力让民众产生这种意识。 德国的领导人利用俄国的动员令去占领道德的制高点，就像英国人利用比利时被德国侵略一样。 对于欧洲走向战争这个问题，我希望在这里作一些比第二节末尾所作的更加详细的分析，补充的内容主要是这种体现在意识形态之中的欧洲军国主义——这种军国主义被默许为一种外交手段、好斗的/小男孩的情感以及操纵。 可惜，尼尔·弗格森(Niall Ferguson, 1999：1—30)犯了一个错误。 他说欧洲的军国主义已经衰退了。 欧洲现在仍然是一个军国主义的大陆，尽管所展现出来的结果既有痛苦，也有权力，并且现在是出于受到威胁的但少得可怜的物质利益。

　　然而，三个大国毫无疑问要比其他国家更容易被激怒。 哈布斯堡王室认为这个时候是自己幸存下去的一个时机。 假如不对塞尔维亚采取强硬的态度，他们认为自己的王朝帝国可能会崩溃。 他们压倒一切的动机是战略上的不安全感。 俄国和德国则怀有比较复杂的安全动机。 一方面是俄国政府最近已经提出了一个泛斯拉夫的统一体，并且认为现在不能放弃帮助塞尔维亚人，否则会严重地损害他们的声望，并且还会威胁罗曼诺夫王朝的生存。 另一方面，有些俄国领导人看见了扩张领土的机会。 他们现在是以哈布斯堡的代价来进行扩张，将领土扩张到康斯坦丁海峡(这是他们长期以来所追求的目标)。 自从 1905 年俄国受到日本人的打击之后,这个动机混杂着一点恢复俄罗斯自豪感的想法。 德国精英的挑衅心态有双重性。 他们有一种地缘政治上的不安全感。 因为他们的国家处在敌人的四面包围之中。 他们觉得出于自我保护有必要开辟出一条新的出路。 另一方面。 他们对于德国军队怀着很强的信心。 历史学家们的分歧在于,他们对于这两种心态给出了不同的分量。 弗格森(1999:149—154)与休·斯特罗恩(Hew Strachan,2001:1—35)把德国领导人看做是焦虑的和有危机感的,像赌徒一样想闯出一条新路。 他们在目前俄国的现代化进程还没有完成之前贸然地进攻俄国。 这样,德国就陷入了困难境地:一方面德国需要快速进攻俄国和法国,另一方面又需要等待时机进攻英国。 但是马克·休伊森(Mark Hewitson,2004)提出的证据表明,绝大多数的德国领导人在制定外交上的冒险性政策时并不感到困难。 他们把战争看作是国家成长的一种正常的默认选择,对于德军的胜利充满信心。 无论上述两种心态中的哪一个占据主导地位,此时三个大国都需要战争。

以上分析的三个政权都是专制政权,俄国的专制色彩最浓,德国的专制色彩最少。 这三个王朝及其王室担心现代化和它们的统治方式之间存在着冲突。 而战争会延长它们的统治,毕竟,如果不发动战争并获得胜利,那么这些王朝还能叫作王朝吗? 王朝一直是用战争的方式来提升自己的荣耀。 荣耀一直是一个具有决定性意义的非工具性质的目标。 德国所独有的一个特点就是,它的军国主义最近非常成功。 这使得它的领导人对于侵略更有信心。 侵略是危险的,但同时也是有效的。 对于另外两个王朝的精英来说,侵略在意识形态上是愚蠢的。 这两个古老的政权对于资本主义的、民主的现代主义感到不适。 他们决定坚持他们所熟悉的东西:军国主义。 假如哈布斯堡和罗曼诺夫王朝或者是德国的政府被企业家、金融家或者是其他的普通平民控制,它们也就不会发动战争了。 俄国现在正在实现军事的现代化。 奥匈帝国不具备打一场大战的条件。 德国的经济扩张速度意味着再过十年或者是更长一段时间就会主宰着整个欧洲，并且可以获得他应有的国际地位。然而，基础更为广泛的平民精英在这三个政权之中都没有掌控权。 人民也没有。 人民大多数表现消极，并且对于他们作为平民而即将面临的威胁几乎毫无所知。

民主国家是不是有所不同？ 法国是一个男人享有选举权的民主国家。 英国在很大程度上也是如此。 这两个国家都不是侵略者。 但是，它们的民主程度非常有限。 除了那些城市化、工业化、一体化的工人，绝大多数民众仍然服从于他们之中的上等人(their "betters")，并且在政治上持有消极态度，在外交政策方面尤其如此。 不论如何，很难说是不是民主造成的英国和法国与上述三个专制国家的差异，因为这两个国家本身也很贪婪。 他们对自己所占有的帝国是感到满意的。 这两个国家后来都受到了谴责，因为它们没有实施更大胆、更协调的外交来避免大战。 然而，民主政治给英国带来的却是失败，因为自由党领导人听从了党内和平主义者的强烈主张，后者相信人民之中占主导的是反战情绪。 领导人选择了等待，直到可怜的小比利时受到了德国的进攻为止。 勇敢的领导人或许会咬紧牙关来应对国内的政治——哪怕只是为了保持他们的帝国权力，也应当更早一些向德国表明他们在比利时和法国方面的强硬立场。 他们还可以对德国人更为宽容一些，让德国获得与其经济实力相匹配的地缘政治权力。 弗格森(1999：168—173)观察到，在这个阶段，德国已经限定了战争的目标只是在欧洲。 这并不会很大程度上构成对英国权力的威胁。[3]当战争顺利地向前推进之后，德国的目标才进一步扩大。 难道英国就不能接受法国的衰落以及德国成为欧洲大陆西半部分的霸主？ 英国真的不能忍受这一点吗？

法国总统普安卡雷(Poincaré)此时犹豫不决，他陷入了困境。 基于对德国侵略的担忧，他上台的几年时间里一直加强法国的军事，以及强化与英国、俄国的联盟关系。 他命令他的将军放弃先发制人进攻比利时的方案。 这一点在军事上具有合理性，因为法国有更加庞大的陆军，而德国会不得不花时间集结预备役部队。 然而这个计划疏远了英国,从而被束之高阁。 不过他的主要错误是在 7 月危机之中在俄国犯下的,当时他没有阻止俄国人。 他答应给予俄国无条件的支持,没有听从外交部长的建议。 他本来可以做得更好。 英国与法国政府的责任也会因此而更少一些。 到了 8 月,法国不得不参战,因为它已经受到攻击。 法国民众普遍支持战争。 英国的参战是因为英国政治家们认为在比利时港口航行着德国的战舰是无法接受的。 加上绝大多数人听信了德国人在比利时犯下的残暴行为的报道。 英法两国都是全球性的帝国。 两个帝国的宗主国现在看来似乎显得脆弱不堪。

其他外围国家的参战动机具有更多的工具主义性质。 奥斯曼帝国于 1914 年宣布加入同盟国是因为德国提供的援助更多,俄国则是它最具威胁的敌人。 日本 1914 年宣布加入协约国是因为它可以轻易地获取周边的德国殖民地。 意大利则受到了奥地利领土方面的诱惑,于 1915 年抛弃了三国同盟而加入了协约国。 以上这些国家都具有非常功利性的动机。 ——都认为他们一方会获胜。 巴尔干的各个小国家分成了两派。 美国和中国后来于 1917 年参加协约国,其动机则非常复杂。

上述所有参战国动机尽管各不相同,但具有一个大多数战争都存在的不合逻辑的因素。 几乎所有的国家在走向战争的时候都怀有一种胜利者的自信。 但是这又如何可能呢? 因为失败者一般是和胜利者一样多。 这场战争跟以往的战争一样会造成巨大的损失,真正的胜利者也会非常少。 只有美国和日本能够算作是参加了一场"有利可图"的战争,付出了相对较小的代价。 对于别的国家存在着过度的自信产生于领导人(以及各国人民,正如我们以后看到的那样)狭隘地局限在本民族这个笼子之内。 他们都陷入了对于战争的集体性的狂热之中,大多没有意识到敌人是完全相同的狂热。

一旦宣战,军事权力开始占上风。 战争开始蔓延开来,在欧洲的边缘地区,包括东线,巴尔干以及俄罗斯与土耳其之间的高加索地区,战争变得尤其激烈。 由于主要的参战国都有自己的殖民地,所以这场战争又演变成大帝国之间的战争,战争扩散到了世界上的各个殖民地。

所以这是一场半个地球的战争。 英国与法国从各自的殖民地和自治领抽取了相当多的资源。 英属印度军有 120 万人的规模，是世界上规模最大的志愿军——有 60% 的人来自印度的旁遮普邦。 英国的白人自治领提供了 120 万人参加战斗。 有 200 万非洲人参加了战争或者是为欧洲各国提供劳务支持，其中至少有 25 万人死于非洲(不包括在战后流行的疾病所造成的死亡人数)。 战争弥漫到除了利比亚、埃塞俄比亚以及西班牙与意大利的小块殖民地之外的非洲所有地区，尽管在这里因为存在着巨大的后勤运输困难而只是发生了小规模的战争。 有一支印度军团跑遍整个世界增援西线的英国军队。 法国军队的减员得到了非洲及其他地区殖民地军队的补充，人数超过 60 万。 法国将军芒然(Mangin)因为说了一句带有种族意味的赞美之辞而闻名。 他认为塞内加尔军人比法国人更不容易受到疼痛的影响。 日本人出乎意料地进攻了太平洋上的密克罗尼西亚群岛的德国人。 澳大利亚和新西兰军队进入黑海的门户对土耳其发起反攻。 德国人称这场战争为"世界大战"("World War")。 他们说对了一半。 英国人和法国人称这次大战为"伟大的战争"(the Great War)，事实确实如此。 现在，我们可以将这场战争看作通往更少分裂更多普世性的全球化道路上的致命性中断点——尽管只有极少数人预见到了这一点，并且，这场战争本身是欧洲文明自身可怕的断裂。

然而，战争是在欧洲内部爆发的，并且焦点也是在欧洲，而不是在殖民地。 所以这是一场本质上属于欧洲的战争而不是全球性的战争。在赢得了 1914 年 12 月的福克兰群岛海战之后，甚至连英国和德国的所谓的世界舰队也主要局限于北大西洋及其附近的海域活动。 这场战争关系到欧洲各国自身的"生死存亡"，对于哈布斯堡王朝、罗曼诺夫王朝、塞尔维亚与比利时而言更是如此，在较小程度上对于法国也是如此。 甚至连不列颠人和德国人都相信，这是关系到自身民族存亡的战争。 大国都利用了安全、荣誉这双重的意识形态观念的灌输，目的是为了地缘政治的地位而进行战争，从而防止了任何人的妥协。 假如我们认为唯一合乎理性的战争就是为了获得好的物质机会或者是为了获得具有战略意义的利益，那么这场战争就是不合理性。 而且，几乎没有一场战争是合乎理性的。

这场战争并不是一场物质取向很强的战争。 这个事实意味着从根本上讲此次战争和资本主义没有关系。 没有一个大国对资本主义构成威胁，也几乎没有一个资本家在战争之前是好战分子。 世界体系理论家说这场战争是关于霸权的争夺：崛起的德国寻求从衰落的英国手中抢夺世界体系的霸权。 我们在第七章将会看到，迄今为止，英镑之所以能够作为国际储备货币，是因为能依靠德国的联邦银行和其他主要的中央银行之间的积极合作。 英德两国之间的贸易也在不断的增长，两国的经济政策变得越来越相互依赖。 事实上整个 19 世纪大西洋的经济在战争之前十年时间里大幅度上升。 在这个时期，国际贸易与世界 GDP之间的比值是 20 世纪 90 年代之前最高的(Chase-Dunn et al., 2000)。 大量的经济增长，特别是投资方式，相当多是跨国性质的。 经济以一种非常密切合作的方式走向了全球化。 况且英国从来都不是真正的世界霸主。 德国领导人也并不想成为霸主。 他们仅仅是想削弱英国、法国和俄国，在一个多权力体系之中获得他们自己应有的位置。 其他大国当然拒绝了德国的这个要求，就像他们在过去八个世纪之中一贯的做法那样。 经济权力和军事权力实际上是在不同的轨道上运行。 前者是基于合作关系而得到提升，而后者则会因为关系破裂而得到提升。 当破裂的关系走到战争边缘的时候，就会明显地严重损害经济。

资本家主要关注的是获取利润，他们倾向于稳定的而不是具有风险的利润。 资本家很少过多地卷进外交政策，尽管他们确实会表现出浓厚的兴趣，并且还会在直接关系到他们利润率的国内事务方面大力游说政府——比如税收、补贴、工资水平、劳工联盟等方面。 政治家站在自己的立场上想保住权力。 他们通常会认识到资本主义经济的整体健康对于保住权力是至关重要的。 因此我们会看到国家与资本家之间是一种很典型的利益一致关系，尽管左翼政府会让资本家感到担心。 功能主义的马克思主义国家理论正是建立在这种互利关系的基础上。 这个理论提出，现代国家追求作为一个整体的资本家的利益，体现了"资本家的理性"(Zeitlin，1980：25)。 即使是通常意义上的左翼政府也会如此(Offe & Ronge，1974；Block，1987，Zeitlin，1980)。 我拒绝这种功能主义，尽管我必须承认这个理论的经验性主张有真实可信的一面，即政治决策是经济事务方面尤其是国内事务的集中体现。 但是正如我在第二卷的第三章之中所主张的那样，国家是多形态的(polymorphous)，当受到不同的选民的压力的时候，会在不同的政策领域以不同的形式表现出来。 资本主义一般对宗教、道德、性别、家庭问题、恐怖主义以及绝大多数战争(尽管不是所有的战争)没有兴趣。 国家在上述这些任何一个问题上都不会体现资本家的理性。 所以，尽管所有国家的绝大多数商人在1914年并不想要战争，但是他们既不努力去游说和平，也不去跟踪上面所阐述的引发这场战争的微妙的外交与军事方面的问题。

弗格森很正确地指出，"因此，马克思主义关于这场战争起源的解释可以被扔进历史的垃圾桶里了。"这场战争并不是关于利润或工资问题的战争，因为对于这两者而言，和平是被认为是更好的选择。 另外，假如这场战争确实是关于霸权的战争，那么打这场战争就不是明智选择。 事实上，战争将会导致反抗资本主义的革命。 在这之前有很多人就已经预料到了这一点。 正如世界各国的证券市场所证明的，资本家并不是累积战争风暴的人。 直到7月的最后一个星期，当奥地利向塞尔维亚发出最后通牒之后，股票价格才开始下跌。 在战争爆发之后，证券市场不得不关闭以避免崩盘(Ferguson，2006：84—91)。 当然，资本家一旦投身战争就会思考如何从战争中获利——资本家可以从任何事情上获利。 当德国开始对资源丰富的比利时和法国以及对英国和法国的殖民地提出领土要求的时候，德国的重工业资本家们开始迫切地介入其中。 然而，发动战争的既不是工业也不是资本家。 发动战争的是受意识形态影响、迷恋地位的政治家。 他们挥舞着地缘政治的理由，而这些理由并不那么明智。

发动战争的不是人民，也不是所谓的民族主义。尽管大多数的民众此时都具有正常的、朴素的民族意识观念，极少数人才是侵略性的民族主义者。绝大多数人仅仅相信他们的上等人(their betters)告诉他们的东西。民族主义并不是问题所在。有组织的劳工，绝大多数农民，甚至绝大多数的中产阶级都不是好战分子(我在第二卷标明的一小部分民族国家主义中产阶级排除在外)。在战争之前，民族主义和帝国主义的压力集团支持的游行要少于规模更大的反战游行。然而，民众很大程度上没有办法参与决策。这场战争是由政治与军事精英分子所决定的。而他们应当是知识更为全面，并且对于产生的后果会更加感到担忧的人。在这个方面，所有这些大国都没有体现出"民主"这一特征(更不用提它们在这个时期选举权方面的限制因素)，因为一个世纪以来最重要、最具毁灭性的政治决策都不是通过和普通民众进行协商而作出的。现在，在"民主国家"，外交政策不和民众集体协商仍然完全是一种正常现象。

然而一旦宣战之后——如同所有的现代战争一样，这次战争从一开始就获得了各个阶级各个政治派别相当有力的支持(Strachan，2001：chap.2；Audoin-Rousseau & Becker，2002： chap 4)。政治家们可以很轻松地拉动已经牢牢建立起来的民族认同和等级忠诚的绳索了。我在第二卷提出，民族认同和等级制度是通过在全国逐步扩展权力基础建立起来的。国家通过经济工作条件、健康、教育、基础设施以及招募军人等政策在全国范围不断地加强管理。在民族国家，民众实际上被卷入了社会互动的约束性网络，这就产生出一种潜在的民族认同感。比利希对此很好地进行了分析。他提出了一个"朴素的民族主义"(banal nationalism)概念。这个概念涉及稳定的民族认同，这种民族认同会时不时地通过"悬挂着"他所说的日常生活之中的民族象征物而得到强化。旗子更多的是挂在建筑物上而不是经常用来挥舞。语言、烹饪风格、音乐以及独特的地貌特征都会激发出民族认同感。然而我们必须小心，不要将今天的感情强加于过去。在 1914 年，这类情感是通过社会等级制度的结构渗透开来的。 民众听从于地方权贵。 年轻人听从长者和上等人。 女人听从男人。 除了一些人数极少的激进的女权主义者之外，绝大多数妇女都忠诚地支持战争。 她们鼓励男人"作为真正的男人"参加军队，并且将白色羽毛作为懦夫的标志送给那些不参军的人。在那个时代，所有的关键性的决策者都是男人，即使有一半的决策者是妇女的情况下也是如此。 政党的地位位于普通民众之上。 绝大多数政党仍然是一种等级制的庇护性质的网络关系。 民众是半个公民半个臣民。

以上这种平凡而又具等级制度的民族主义很快就变得狂热起来。"狂热"在这里的意思是指民众对于民族事业的正义性，以及可能出现的后果充满了热情和自信以及战斗的意志。 某些政治家在战争刚开始的时候有些沮丧——比如英国的外交秘书格雷(Grey)说了句著名的话："整个欧洲的灯都灭了。"——尽管如此，战争爆发之后。 在公共媒体和街头游行方面并没有显示出民众会感到很害怕。 绝大多数人在各自的民族国家境内很快地聚集在国旗周围，令人不解地将这次战争看作是一场自卫性质的战争，是一场抵抗别国的野蛮主义，保卫他们心中的文明社会的战争。 信仰上帝的人都认为上帝是站在他们那一边的。 他们认为这场战争将会是一场轻松的战争，就像他们在冒险故事之中读到的那样。 于是他们就欢欣鼓舞地非理智地期待着很快就会赢得这场战争。 士兵们在离别家人的时候叫嚷着"圣诞节我们就回家。"

我们事后聪明的好处在于，我们知道圣诞节回来的士兵都或伤或残——战死的士兵都埋葬在了战场上。 在这场战争中，超过 6 000 万的人被动员起来参加军队。 在战争中牺牲的有 920 万人，超过 1 500 万人受伤，将近 800 万人列在战俘或者是失踪人员的名单上。 绝大多数的失踪人员是身体遭到太多的摧残而无法辨认身份的人——一半以上为保护祖国而战的法国士兵都是这种情况。 因而可以说有一半的军人伤亡了。 巴尔干小国士兵的死亡率是最高的——塞尔维亚 37% 的战士牺牲。 德国、奥地利、俄罗斯和法国的军队死亡率在 15% 到 20% 之间。

大英帝国、意大利、奥斯曼的部队死亡率在 10% 到 15% 之间。 步兵的伤亡最严重。 因为他们更多是在前线战斗。 法国步兵的军官伤亡了三分之一。 二等兵伤亡了四分之一。 每天都有 900 名法国士兵和 1 300 名德国士兵阵亡。 灾难持续了整整四年。 第一次世界大战大概是士兵牺牲最多的、争夺的地形最具毁灭性的、军队的耗费最高的战争。 它是人类有史以来动员起来的人数规模最大的、后勤组织保障规模最大的军队之间的战争。

军事权力有着自己的技术、社会组织和发展逻辑。 它的逻辑和别的逻辑不同，因为在战争中没有任何事情是不可避免的。 军事权力有一种固有的偶然性特点。 假如西线事态是按照德国制定的方案去发展，德国将会很快获得战争的胜利。 德国领导人已经将一切都赌在了一场短期战争之上，他们期待进攻将会打败防御。 结果却并非如此。 防御战胜了进攻。 几百万士兵虽然可以有效地集结到铁路站，但是，接下来的却是人和马匹慢吞吞地走着，旁边是装载着火炮弹药的行驶在经常被堵塞的道路上的卡车。 比利时人拆掉了铁轨。 法国北部缺乏必要的公路。 德国的卡车常常坏掉了。 令人惊叹的是，克拉克的德军第一集团军确实按照计划于 8 月完成了到达马恩的集结。 这支部队用了三个星期的时间，每天行军 14.4 英里，动用了 84 000 匹马，最起码需要每天吃掉 200 万磅的饲料——一项了不起的军事行动。 然而他们到达目的地之后，人困马乏，缺少大量的火炮，根本无法战胜法国军队。 在接下来的一个多月时间，德军在马恩河上一次又一次被法军击退——伤亡 25 万人。 这对于德国军队来说简直就是大屠杀。 英国因而获得了调集军队到法国的时间。 英国与德国都想从西面的侧翼包抄对方，于是出现了一场谁先下海的竞赛。 在 10 月到 11 月在比利时伊普尔(Ypres)展开了一场决定性的战斗。 这个城市是唯一一个由协约国控制的比利时主要城市。 在这次交战中，英国的远征军尽管丧失了大量人力，但也彻底阻止了德国人的进攻。 在德国人的报道中，这次战斗被称作是 "Kindermort"，即 "孩子们的死亡"，因为参加这次战争的德国军队中绝大多数是缺乏实践经验的预备队战士。 德国人期待的一场短期战争结果却变成了在两条战线上的两个地区停滞不前了。

接下来的战争就是在从瑞士边境到北海 475 英里之间这个西线地方陷入了被称作绞肉机的状态，平均每英里伤亡 1 万士兵。 一个成熟的工业化水平，意味着德国人、英国人和法国人能够让数百万年轻人成年累月地在战场上战斗，供给他们武器、食物和衣服，不生严重的疾病（在战争史上这种情况首次出现）。 在接下来的两年里，德国人明显占有微弱优势，但甚至连他们也想不出如何才能够夺取并守住获得的领土。大炮和机关枪主宰的战争技术更适合的是防御而不是进攻。 在此情况之下，大量的步兵付出巨大的伤亡代价之后可以取得最初的突破，但是接下来防御方可以用铁路将后备部队输送到被突破的阵地后方。 他们的速度要比进攻方的行走更快。 接下来就是大规模的反攻——又将前线阵地恢复到最初的状态，这时需要补充兵员的则是另一方。 所有主要的参战国将大量的金钱都投入了杀人的科技中，以惊人的速度研发出了潜艇、战斗机、坦克和大炮，其中在战场上最致命的一项研究就是装满了碎片的炮弹。 这个炮弹的目标不是战略要冲和武器（如在第二次世界大战中的那样），而是消灭敌人的步兵。 自火枪问世以来造成人员伤亡的主要是火炮。 而现在火炮造成的伤亡人数上升到了超过三分之二（Collins，2008：58）。

这意味着牺牲大量的人却只获得一小块土地。 冯·法尔肯海因（Von Falkenhayn）元帅早些时候曾经建议德国皇帝进行谈判议和。 但作为西线德军指挥官，他在 1916 年 2 月的凡尔登不无讽刺地陷入了所谓的"消耗战"，去尽可能多地杀死法国人。 他说这样可以让法国坐到谈判桌前。 十个月之后，他的消耗战造成了 50 万法国人和 43.4 万德国人伤亡。 但他既没有拿下凡尔登，也没有让法国人坐到谈判桌前。 正是这种令人沮丧的法国人的坚强的防御——法国人提出了口号"不让野蛮人过去"（Les Boches ne passeront pas）——这一点成了西线战争的军事关键，并且与第二次世界大战的开端形成鲜明的对比。

接下来，由三分之二的英国人和三分之一的法国人所组成的混合部队在索姆河上的一段 12 英里长的地区展开反攻，部分原因是为了吸引德国离开凡尔登。 协约国部队在东线与意大利也同时发起了进攻。 历时五个月的索姆河之战伤亡 110 万人。 7 月 1 日(战役第一天)，尽管英国部队向德国人发射了 300 万发的炮弹，自己的人员伤亡却超过了任何一天，伤亡人数达到 57 000 人，其中 19 000 人阵亡。 这一天同时也是所有参战军队在两次世界大战中伤亡最惨重的一天，或许还是任何有史以来的战争中一天伤亡最惨重的(除非是有人相信中国古代历史书上记载的数字)。 索姆河战役结束之时，英国军队重新夺回了丢掉的阵地。他们向前推进了三公里，平均每厘米死亡两个人。 然而，他们的决心具有更大的意义。 德国的最高统帅部现在作出了判断，他们无法在陆地上进行的所谓的"机器战争"中取胜，需要转向海上潜艇作战。 这是一个决定命运的判断。

东线战场的地势更加开阔，战壕更少一些，可以打更多的运动战。德国人在这里部署了三分之一的兵力，一开始就从俄国的手里攻取了大量的领土，就像俄国人和奥地利、土耳其人交手的结果一样。 不过东线的地方交通系统很原始。 使得每一步的协同作战和炮火进攻变得很困难。 奥地利的反攻也获得了一些俄国的领土。 东线战场的伤亡人数也在不断攀升，这导致了一个决定性的后果。 俄国军队在令人精疲力竭的压力下崩溃了，革命爆发了。 布尔什维克提出了停战条件(参见第六章)。

两线战场长时间的消耗战对德国并不有利。 比较起来，同盟国在经济权力资源数量上日益不利。 在人口、GDP、海军舰艇和军队人数规模上，对手都是它们的两倍。 它们的对外贸易受到英国皇家海军的封锁。 它们对于军队和平民的供给变得越来越困难，GDP 正在下降。而英国的 GDP 却在上升。 法国的 GDP 从 1915 年末开始得到恢复。 在西线战场，德国的对手法国拥有的部队人数更多，英国更加富裕，拥有更多的全球性资源，能够更有效率地征税，以更低的利率借款，以及能够给它的法国朋友提供物资(特别是煤炭)和金融援助。 一旦这些差距变得很清晰之后，后来的参战国就不会站在同盟国而是站在协约国一边。作为一个联盟，同盟国比不上协约国，而且又变得越来越弱。

德国拥有的军事力量优势抵消了他的劣势。 德国拥有世界上受到最好训练的士兵(包括所有的常备军或者是预备部队在内)。 它的下级官员能够因地制宜地作出灵活的决策。 德国军队的效率更高，前线部队所占的比例更高，几乎可以确定无疑让对手遭受更多的伤亡，抓获更多的俘虏。 弗格森(1999：300，336)说，从1914年8月到1918年1月，德国人每个月杀死或者是抓获的协约国士兵要比自己损失的多。 他估算，协约国杀死一个敌人的代价是36 485美元，同盟国只需要花费11 345美元杀死一个协约国士兵，明显的不成比例。 战争初期，德国总是有可能在西线进行一场有效的突破，法国人总是极力地进行抵挡，英国人设法承担起他所设想的更大的陆地上的义务。 后来，英国和法国军队之间的协调技术得到提升以后，德国人成功突破的可能性就变小了。 德国人于1918年初在西线进行了最后一次大规模的推进之后，英国领导人担心防线会彻底地突破。 但是英国所拥有的经济力量正在缓慢地战胜军事实力，阻止了一场德国人的胜利。

造成交战双方陷入僵持状态的还有一个因素就是两个最强大的国家都没有能力给对方一次有力的还击：英国人(联合了法国人)也没有能力在西线战场击败德国。 大英帝国在世界其他地方的资源确实多得令人生畏。 第一位海军大臣费舍尔海军上将认为英国海军对德国的封锁体现了"所有说英语的人是一个联邦"。 奥弗(1989)表示同意。 他说，"英国安全的真正的财产是英语世界之间的纽带和资源。"如果把英国许多殖民地军队不能说英语这一点排除在外，那么他们的观点是正确的。 殖民地和白人自治领几乎让英国的经济资源翻了一倍，并且提供了大约50%的英国军人。

英国的优势就在于它的皇家海军。 德国的舰队1916年5月动身进入北海的时候在海战中表现出色，但是在后来的战争期间又退回到了原来的基地。 比利时港口的德国军舰确实让英国人睡觉都不得安宁，但是德国的军舰却被英国的多佛尔巡逻行动(Dover Patrol)围困在那个地方，没有办法入海。 德国对于其处于劣势的海军力量作出的积极策略就是实施潜艇战。 这是德国人对短期战争下的又一个赌注。 他们希望能够大量地消灭英国的驱逐舰和商船。 但是结果在这场潜艇战中并不十分有效，从长期来看却是造成了极大的错误。 潜艇只有两个选择：要么就打沉商船要么就放过。 如果潜艇浮出水面查看商船的国籍或者是装载的货物，那么就会丧失掉他的巨大优势，即潜艇的隐蔽性。 由于这个原因，德国的潜艇经常打沉了包括美国在内的中立国家的舰船。潜艇战是一项冒险的决策。 英国对德国的封锁清除了德国在非洲的绝大多数殖民地，最后，1918年在中东打败了奥斯曼帝国，并且在西线为法国提供了充足的支持和补给，使其能够经受住德国人的进攻。 不过这已经是英国人的极限了。 它需要美国的参战才能够取得决定性的胜利。

俄国的军队在革命中事实上已经解体，使得德国在东线取得了胜利，并且开始于1917年底将军队向西线输送。 此时，德国的潜艇战与美国的全球野心之间开始发生了冲突。 美国参加战争了。 德国人在1918年春天的进攻获得了一些进展，但是跟过去一样，他们把前线推进得太远，协约国又一次把他们赶回去。 到了夏天，协约国占据了上风。 协约国的新式坦克和飞机开始发挥作用。 德国人在1918年7月15日到8月5日在马恩河上发起了最后一次孤注一掷的进攻，结果失败了。 现实开始恶化了(the reality sunk in)———一百多万美国军队已经到达法国(尽管他们准备不足，领导不力)。 美国的加入还意味着它的盟国可以获得不受限制的金融贷款。 威尔逊在美国曾经提出的竞选口号是"让我们远离战争"。 这个伟大的自由主义者相当坦诚地对他的国务卿兰辛说，中立是绝对必要的，因为"白人文明及其对世界的主导权相当程度上依赖于这个国家的完好无损"。 然而，他希望成为欧洲列强的仲裁人，加上美国与英国之间日益增加的经济联系，使得他想加入这场战争。　他利用了德国潜艇战的威胁将美国带入了这次世界大战。　现在，德国将军们告诉他们的领导人，他们没有办法继续战斗下去了。

没有美国的参战，德国也许还会继续打下去。　谈判的结果也许会更有利于和平——这对于整个世界而言也许是一个更好的结果。　然而随着美国的参战。　德国除了投降敌人之外没有别的选择。　英国和法国也知道他们应当谋求和平，因为战争持续得越久，美国对于他们的权力就越大。　其实，另外两种战争的结果都有可能出现。　第一，德国会早一点对法国实施决定性的打击，迫使英国撤出法国，然后再转向俄国。在对俄国取胜之后，英国就可能会提出条件并接受德国在大陆的主导地位。　第二，假如德国没有升级它的潜艇战，或许也不会让美国卷入战争。　这样当德国人、法国人、英国人都意识到双方不可能获胜的时候，他们就会进行谈判。　上述这两种结果都有可能避免纳粹上台、第二次世界大战以及其他大量的事件的发生。　然而一旦这两种可能性都没有出现，两大集团的经济实力上的差距就决定了最终的结果，短期战争的赌博失败了。

士兵为什么参加战斗？

这场战争本来是由精英们发动的，但是上场打仗的都是普通民众。士兵和平民们如何以及为什么支持这样一种军事权力？　战争对于士兵的影响是最大的。　当面临巨大危险的时候，他们为什么去战斗以及为什么会继续战斗？

在某种程度上，上述这些现象在欧洲这样一个尚武文明的社会是一种正常的现象。　这种社会一直都在坚持不懈地发动战争，并视其为正常状态。　年轻人服从命令走向战场也是正常的。　热情加上严格的程序就把这次战争给启动了。　习惯了军事纪律的后备人员经过训练之后能够快速地扩大正规军队的规模。　在战争的第一年或者是第二年，受到刚刚兴起的民族主义战争狂热影响的志愿者会补充到他们的队伍中。1915 年初德国的志愿者人数达到了 308 000 人。 英国起初没有许多后备人员,几乎完全依靠着尽可能多地招募那些没有经过训练的志愿者——在战争的前 18 个月这个数字达到了惊人的 240 万。 高失业率有利于战争刚刚开始的时候形成一个志愿参军的高潮,而最大的一波是在 9 月初到来的。 这时候人们意识到此次战争不会是在公园里散散步那样简单了(Gregory,2003:79—80)。 接下来志愿者就开始减少,征兵在全国范围开始实施。 英国落后于其他国家,直到 1916 年才开始实施征兵政策。 所有的国家在强制性征兵增加所需的兵员的时候都没有遇到困难。 只有一些少数民族似乎不愿意参加军队——爱尔兰天主教徒以及说法语的加拿大人。 有五个原因解释上述这些现象。

(1) 年轻人受到一种军国主义文化的影响。 这种文化把战争看作是正常的、令人尊敬的、英勇的和光荣的,英国的男孩子们所读到的都是关于帝国和海军荣耀方面的故事。 读者能够产生共鸣的英雄总是会活下来并佩戴上荣耀的花环。 41% 的英国男孩子参加了类似于童子军或者是男孩营(Boys' Brigade)这样的组织。 英国就像整个欧洲一样已经习惯了军事训练。

(2) 年轻男性中存在的冒险动机,希望逃避乏味的工作或者是中产阶级生活,追求冒险的生活方式。 他们头脑中的冒险并没有导致死亡这样的结果。 在冒险性儿童漫画和书籍中,冒险并不会导致死亡。

(3) 报名参军的新兵认为这是一场自我防御的合乎理性的战争。 而这正是他们的政府、地方的名流以及大众媒体告诉他们的。 他们对于外国也没有什么别的信息渠道。 其他国家进攻他们或者是"压制"了他们,这是德国人所接受的版本,而上帝是站在他们那一边的。 战争爆发之后,他们受到的宣传是这场战争是保护文明不受野蛮人的破坏,并且敌人很残忍。 德国人因为法国人的兽性(francs tireurs)而感到愤怒——法国人和比利时的游击队在战场之外的其他地方杀死了他们的战士——然后德国人又因为英国人让他们挨饿的封锁而感到愤怒。 德国人在比利时和法国北部的残忍行为又激怒了英国人和法国人。 尽管士兵的不安全感和宣传夸大了残暴行为，但是残暴行为确实是存在的。

（4）征兵都是地域性的。 志愿者们都在家乡部队报到。 比如英国的朋友营(Pals' battalions)。 他们所尽的义务是针对他们所了解和他们所服从的家乡名人。 他们受到的尊重和部分资助也是来自他们的家乡。同辈群体的压力促使着他们报名而不是去逃避。 成为一个真正的男人，特别是在女人眼里的男人是一个重要的情感动力。 女人们送的白羽毛又强化了这个方面，这种强化是一种地域性的而不是全国性的。

（5）稳定的报酬在战争初期是一个因素。 对于穷人来说，这个因素一直存在，因为战争会带来充分的就业(Silbey，2005：81，123；Winter，1986：29—33)。

尽管上述说的某些动机是以民族性的术语来表达的。 但是其实质在过去一千多年的时间里就一直存在于欧洲的军队中，包括军国主义文化，假想的、野蛮的敌人，地方性社区的压力，受尊重的地方名人强化了这种压力，男子汉气派，冒险，稳定的报酬以及来自社会等级制度的激励。

他们在战争初期并不感到害怕，因为他们期待很快就会获胜。 但是一旦上了前线，他们才明白战争完全不同于他们所读到的冒险故事。死亡大规模地向他们袭来，士兵们很少是经过一场英勇的战斗而死去的。 他们的死亡通常是远距离的火炮造成的。 他们在炮火面前蜷缩着躲进战壕或者是后方的基地，几乎完全无法预测死亡的概率，这让人感觉到无法承受。 军官们不得不承认，战场经验磨灭了绝大多数士兵的士气，战士们都精疲力竭。 只有10%左右的人能够表现出攻击敌人的进攻精神。 除了那些操纵大炮的人，其他人要杀死敌人是一件困难的事情(Bourke，1999：chaps.2，73)。 尽管如此，部队仍然能够保持凝聚力，在前线，士兵们的生活条件产生的相互之间的亲密关系、尽量分享经历和相互依赖有助于强化战友关系。 一个只靠自己的人相当是一个已经死去的人。 部队是一个互助性的群体，有时候甚至是一个替代家庭的组织。 在这里，传统的军事权力结构的双重性——战友关系和等级关系——再一次结合在一起。 不幸的是，直到关于第二次世界大战方面的经典研究工程——《美国士兵》——出来之后，人们对此才有了系统的研究。 这项研究工程的第二卷揭示出，绝大多数的美国步兵说他们在战斗中的首要动机来自他们在部队中形成的强烈的情感纽带，而不是任何更抽象的对于整个军队或者是等于国家意识形态方面的责任(Stouffer et al.，1949)。[4]有人认为，第一次世界大战中的情况可能也是这样(Timothy Smith，2003：98—100)，尽管有一些研究者在法国军队中发现了某些民族主义的动机。 由于地方方言阻碍了士兵之间的交流，所以就产生了一种战壕里通用的俚语（"trench slang"）。 军队的用餐方式也强制性地形成了一种共同接受的 "法国"的食物，而他们以前的烹饪风格都是地域性的。 随着战争的推进，法国士兵吸取了更多的法国民族文化。

我在第二卷中提出民族笼子(national cages)这个概念。 在战争中，这个笼子的强化意味着士兵们接受了一种日常意义的民族身份观念，将自己简单地视为德国人、法国人、英国人等等。 但是，殖民地有色人种的部队却并非如此。 澳新联军(Anzacs)在经历了与严格执行纪律的英国军官之间的冲突之后发现，他们并不是英国人。 几乎所有的人都带有这样一个观点，这是一场自卫性质的战争，所以民族认同变成了爱国自卫。

自卫这一点对于法国士兵而言是很明显的。 斯蒂芬纳·奥杜安—鲁佐与贝克尔(Stephane Audoin-Rouzeau & Annette Becker，2002： chap.5)提出，绝大多数法国士兵认为他们自己是为了正义的事业而战，是对抗野蛮主义，保护文明社会。 他们认为上帝保佑着他们的事业成功。 其他的法国历史学家持有怀疑态度。 他们质疑意识形态的责任与战壕里的士兵经验之间存在着必然关联性。 朱尔·莫兰(Jules Maurin)认为，到了1916年的时候，长毛人(The poilus：法国兵的外号)已经忘记了他们为什么而战。 他们之所以上战场是因为有人告诉他们必须这样做，因为在他们已经习惯了的阶级、国家、学校和教堂这些关于教化性质的等级体制中回荡着战争的声音(1982：599—637)。 史密斯等人(Timothy Smith, 2003：101—112)发现，军队存在着一种更深层的朴素的爱国主义。 长毛人觉得他们必须把德国人(Boches)从法国驱逐出去。 由于他们中绝大多数是农民，他们对于赶走德国人需要挖战壕而感到称心(digging trenches every meter of the way)。 对他们而言，保卫法国的领土并不是一种抽象的概念。 他们认为是自己是在保卫他们的家庭和家乡，以及为他们的孩子创造出一个"新法兰西"。 他们还表现出文化上的传统主义。 在闲暇时间，他们把木头、金属和其他材料雕刻和塑造成小雕像以及浅浮雕，其风格根植于战前规范的保守的传统。 子弹和扭曲的金属变成十字架和圣经雕像、风景画。 他们画的裸体女人和大众报刊上的完全一样。 体现在实际生活和日常权威结构施加的纪律中的爱国主义比抽象的说教更多。

英国的军队显得更加接近莫兰的这种模型。 他们保卫英国并不具有直接性，因为他们是在海外战斗。 他们作为英国人的意识中包含了一定程度上的爱国主义，但是他们也是顺从的，因为他们习惯于服从它的社会中的上等人。 只要军官们能够正常地行使自己手中的权威而不是表现出高人一等的姿态，那么士兵就会表现出对他们的服从(Bond, 2002)。 他们所生活的社会也是等级制，而现在则又加上了严格的军事纪律来支撑等级制。 奥匈帝国大概是民众支持力度最小的政权。 到了1917年，帝国少数民族中流行的政治意识是，对他们而言战败比战胜反而更好。 然而他们也仍然几乎是战斗到最后一个阶段，因为不这样做是很困难的。 所有国家的等级制度都在发挥作用。 民众都会去做他们被告知的事情，因为这个世界就是这样的。

权威结构的一个重要合法性来源就是它不要求士兵去做官员们——至少是直接接触到的低级官员们——没有要求他们去做的任何事情。 军官们以身作则，他们的伤亡率要高于他们的手下。 在英国，和工人阶级相比，处在中产阶级下层从事商业与文职工作的人报名打仗的可能性会更大，因为他们更加健康，更有可能通过体检，因而被派往前线执行任务之后也更有可能会牺牲。 新入学的牛津和剑桥的学生作为低级军官群体是最可能牺牲的，就像法国圣西尔军事学院与巴黎高等师范学校两个学校的毕业生一样。 其中的一些部队的伤亡率是 50%(Winter，1986；Smith，2003：69)。 随着大批的伤亡持续不断，所有的军队都需要扩充自己的军官，更多的军官是从普通士兵提拔上来的。 战争磨平了阶级之间的不平等关系，提升了战友关系的感觉。 战争中主要的不平等体现为城市与农村：制造业工人，特别是技术熟练的工人在被保护的范围之内。 他们被征募以及在战场上牺牲的可能性比农民要小一些。 农民和农场工人上战场打仗的时候，他们家庭其他的人可以继续经营农场。 对于这种不平等，农村地区存在着广泛不满。 这样就削弱了战后工人与农民之间潜在的阶级团结。 潜在的阶级性不满就以这种方式产生了。 所有这些后来都刺激了法西斯主义的产生。

当然，士兵们上战场的动机是千差万别的。 绝大多数人是随大流(keep their heads down)，少数人是强烈的爱国者，有些人是发自内心地仇恨敌人，有些人是受到了一些夸张的男子汉冒险故事的影响，还有一些人仅仅是喜欢杀人(Ferguson，1999：357—366；Bourke，1999)。 然而，追求荣耀的观念在战壕里并没有持续很长时间。 士兵们在战后不愿意谈论他的战争经历就说明，他们已经意识到了他们的行为——有时候残忍，有时候表现出怯懦，但是最多的时候表现的是谨慎——与他们想象中的英雄理想并不相吻合。 不过，我们也得不到权威性的答案。 研究暴力的学者一般分为两派。 有人认为人类不喜欢暴力，特别是杀人。在这方面人类会表现得特别拙劣(Collins，2008)。 而另一些人认为人类崇尚暴力。 无论人类的"自然"本性是什么，人类社会已经发展出精巧的社会组织以及合法的常规程序，使得大规模的杀戮变得容易了很多(Malesevic，2009)——特别是在具有好战传统的欧洲。

在前线，服从要多于热情。 死亡或者受伤都是巨大的风险，一半以上的法国士兵受伤两次或者更多。 大多数人时不时感受到了害怕，遭受到情感上的伤害。 酒精和烟草对士兵的情感伤害起了一定的抚慰作用，尽管精神病方面的药没有完全开发出来，并且也不存在对受到伤害的士兵进行实质性的诊断。英国人和美国人对士兵情感问题的诊断是"炮弹休克"。法国人的诊断是 commotion 或 obusite "脑震荡" (Audoin-Rouzeau & Becker, 2002：25)。而军事和医疗权威常常认定这些人掩饰自己逃避责任的行为。在第二次世界大战中，"战斗衰竭症"被认为会导致大多数美国士兵在 140—180 天的时间里无法战斗。十分之一的士兵因为精神障碍而住进医院。在第一次世界大战中，士兵们持续参战的时间更长一些，约翰·基根(John Keegan)认为，这些长期参战的士兵在此次战争已经达到心理上的临界值，他们不愿意再发起攻击。并且，到了 1918 年，所有主要部队都已经出现这种心理临界点，除了刚刚参加的美国士兵，所以他们具有决定作用(1978：335；1999：331, 338, 348—350, 401)。在这样的情况下，爱国主义或民族主义的表现是令人难堪的，会让士兵感到气馁。

本杰明·齐曼(Benjamin Ziemann, 2007)研究了大多数在安全地区服役的巴伐利亚农民。他们在家信中表明，他们不是民族主义分子，都不情愿打仗，并且自 1917 年之后就希望和平。他们的阶级意识很强烈，因为他们发现他们的军官都是辱骂人的、傲慢的普鲁士人。他们受到严厉的纪律约束不能离开驻地，只允许在季节性的压力下请假回家务农。

尽管战壕很令人害怕，军队纪律与战友关系要求士兵必须服从命令。投降是危险的，因为敌人反应是无法预测的。在战斗最激烈阶段，许多人放下武器之后却被对方杀死。那些负责清理战壕的人由于战友的牺牲而充满了愤怒，或者觉得押送战俘经过荒无人烟的地方是很危险的事情(Audoin-Rouzeau& Becker, 2002：40)。许多人一起投降较为安全。而这只会出现在战争结束的时候。俄国人在 1917 年出现了大规模的投降。从 1918 年 8 月开始。在西线投降的德国士兵增加了将近四倍(Ferguson, 2006：131)。

开小差也是危险的：被抓住之后就会立即枪决。法国人开小差的比例只有 1%(Maurin, 1982：522)。在意大利和俄国军队中开小差的比例更高一些。 但高级指挥官认为这并不是一个严重的问题(Wildman, 1980：203—245；Ferro, 1972)。 在奥斯曼帝国军队中，开小差的比例大概是最高的，当局缺乏基本的手段去抓捕那些开小差的人。 土耳其人和库尔德人如果发现驻扎在他们家的附近，就有可能会溜掉。 但是在前线如果要生存，就必须呆在这种权力结构中，而不是脱离它。 和平民大众相比，前线的士兵拥有更好的食品、酒和烟草可以消费。 在1917年到1918年之间的冬天，英国士兵大规模地集会抗议：尽管他们为祖国而冒着生命的危险，但是他们的妻子和孩子却在家里得不到应有的食物(Harris, 1982：143)。 军官们也逐渐认识到，如果士兵得到好的休息、闲暇和假期，他们的士气会更高。 稳定的物质供给也会强化士兵的忠诚感。 这些做法在绝大多数部队都得到实行。 这个包容士兵的部队是唯一可以让士兵获得保护的环境(Keegan, 1978：274—278, 314—317)。 它是一个真正的笼子(cage)(这让我认识到民族国家是有局限性的笼子)。 在这个笼子里，动物会吃得很好，会感到比在笼子外面更加安全，并且他们也很难看到笼子外面的情况。 莫兰所研究的法国老兵说，除了从后方带来的报纸上读到的情况之外，他们确实不知道战争的总体格局(1982：581—597)。 马丁·米德尔布鲁克(Martin Middlebrook, 1972)指出，英国在索姆河上的老兵只能看见每个方向几码远的地方，把他们每一个人所见到的一切综合起来，最后变成的却是一个混乱的、无法理解的战斗情况。 刚刚到前线去的新兵就会得到更多的信息更具有民族主义的情感，因为在家里比前线能够接触到更多的宣传信息。 士兵们的信息流和物流都受到一系列规定的制约。 正是这个原因造成了为什么绝大多数士兵会战斗到最后，而不是因为意识形态的承诺。

　　士兵叛乱也会出现，至少是会在战争最后几周时间出现。 英国、德国、奥斯曼和美国军队中几乎没有叛乱。 英国军队中最严重的一次事件是发生于后方的加莱海峡地区的埃塔普勒(Etaples in the Pas de Calais)。 这次事件针对的不是将军，而是反对滥用职权的军事警察和士官们(NCOs)。 澳大利亚的军队出现了一些静坐抗议，不过，英国军官认为他们有一些抗议是叛乱。 有三千多英国士兵因为开小差、胆怯、叛乱或者是其他罪行而被判处死刑，其中只有 364 项判决得到了执行。 然而这也超过了法国所执行的所有枪决，并且是德国的七倍——尽管意大利的数目是这个数字的两倍(Ferguson, 1999：346)。 相比整个军队的规模而言这仍然是一个小数目。

法军于 1917 年 7 月到 12 月出现了一次看起来较为严重的叛乱。 这次叛乱引起了相当多的关注——在威廉震撼人心的讽刺小说《一个寓言》中达到了高潮(1954；学术著作参阅 Pedroncini, 1967, Timothy Smith, 2003：117—131)。 有 2.5 万到 4 万士兵像波浪一样越过前线的一个区域。 拒绝执行尼韦勒(Nivelle)元帅的进攻计划。 1917 年 4 月，他对一个狭长的走廊地带，即著名的舍曼德达梅路(Chemin de Dames)，发动了猛烈炮击，按照计划命令步兵发动冲锋，然后可以形成一个隐蔽的突破口。 上述计划所导致的唯一后果就是法国军队的灾难性伤亡。 于是连续几个星期法国军队都拒绝对德国阵地发起冲锋，并且要求得到更好的食物、掩蔽所与和平(但不是投降)。 他们并没有攻击军官们，也没有丢掉阵地。 他们说，如果德国人发起进攻，他们会反击。 在这些部队中其实也没有发现带有革命性的宣传，他们和后方的左派激进分子之间也不存在联系。 甚至参加叛乱的单位之间的联系都很少。 这次事件与其说是一次叛乱，不如说更像是一波始料未及的抗议。

具有讽刺意义的是，这次风波发生在尼韦勒元帅刚刚被贝当代替之后不久，而后者的看法是前线进攻牺牲的人太多了，他转而用消耗机器来代替牺牲生命，并且改善了士兵的条件。 和贝当一样，士兵也在寻求改变政策。 士兵们并不认为他们的行为超越了合法的抗议范围。 史密斯等人认为这次事件体现着法国的战争政策开始向左转变。 这种向左转的倾向在首都随着克莱蒙梭的上台而明朗化了。 在前线体现为守住(tenir)战略代替了尼韦勒的一步一步前进(grignotage)的战略。 贝当确实表达了士兵的不满情绪，但此次事件中的四十九个首犯仍然被枪决了，以此警示以后的叛乱分子(Pedroncini, 1967：194, 215)。 尽管发生了上述这样的事件，尽管付出了巨大的牺牲，法国军队仍然坚守住了阵地。 到战争结束的时候，他们显得要比前一个阶段的状况更好，比德国人的状况看起来可能更好一些

在卡布雷托(Cáporetto)战斗结束之后，意大利士兵在奥地利人的进攻之下仓皇逃跑。 但这是一次军事意义上的溃败，是指挥无能和解体的指挥结构所导致的结果。 在以往的战争历史上，意大利军队是最缺乏战争经验的。 它期待着能够从即将垮台的奥匈帝国手中轻易地获取战果。 但哈布斯堡王朝即使是走向衰退的过程，领导的仍然是一支职业军队。 意大利的问题如法国一样，由更有能力、更谨慎的指挥官解决了士兵的问题，召回了绝大多数"分散"的部队并得到重建(return to the colors)。 奥斯曼士兵遭过两次溃败。 第一次是 1914 年战争刚开始的时候，指挥官恩维尔·帕夏(Enver Pasha)率领他们过于仓促地对俄国牢固的前线阵地发起进攻。 第二次是 1918 年 9 月在巴勒斯坦米吉多(Megiddo)败了英国人。 在两次失败期间，他们经受住了比任何其他军队里更艰苦的处境，人员重组之后顽强战斗，赢得了对手的尊敬。

随着战争的推进，奥匈帝国对俄国军队的抵抗能力被削弱了。 他们于 1906 年在布罗希洛夫的进攻之下溃败了，德国不得不给予援助。此后，奥地利自觉地只是对付意大利和巴尔干的敌人。 俄国爆发的革命让他们暂时得到了喘息之机。 他们的战斗力不强主要是因为组织和装备很差。 和俄国相同的是，他们的高级指挥官在简陋的交通条件之下进行两线作战遇到了很多困难(只有德国人有能力进行两线作战)。 军官们因为要与多民族、多语言的帝国的离心力倾向作斗争而大大削弱了能力。 匈牙利人大部分时间独立于奥地利的最高指挥部单独作战。 在奥地利和匈牙利的核心部队中很少发生叛乱。 即便是在少数民族——这些少数民族在 1917 年明确地提出要求脱离二元君主制(Dual Monarchy)——所组成的军团中也是如此，从 1918 年 5 月开始出现了一些严重的事件，但是都比不上法国军队叛乱的规模(Zeman, 1961: 140—146, 218—219; Rothenberg, 1977: 78—84)。 法尔肯海因与鲁登道夫

(Ludendorff)通过整合德国与少数民族的部队或者是安排德国的军官或士官的方式来提升少数民族的战斗力。 普鲁士的上校说服捷克人、卢森堡人、克罗地亚人以及其他民族的士兵为哈布斯堡的统治者而战，直到最后战死(Stone，1975：254—255，262—263，272—273)。 有一个战俘组成的捷克军队被俄罗斯控制住了，反过来对付自己原来的统治者。 除了这一个例子之外，多民族的军队的动摇，更多的是因为他们的指挥结构很弱，以及装备很差，不是因为不愿意打仗。

1918 年，两个同盟国的海军发动了叛乱。 德国海军出现叛乱是因为没有办法参加战斗——他们的舰队被英国围困在港口及其附近达到两年时间。 1918 年 2 月，奥地利的海军在科托尔(Kotor)海湾发生了一次叛乱，要求改善条件，并且要求结束战争。 他们在受到忠诚于政府的军队镇压的时候，发生了一次时间很短的小冲突。 在四个水兵被枪决之后，没有再发生更多的意外事件。 德国与奥地利的叛乱主要发生在战争结束之际，发生在后方的叛乱要比前线的多(Carsten，1977：21)。尽管如此，两个同盟国的后方部队随时都准备着对普通平民实施戒严——一直到人们都知道最高统帅部不再想继续战斗为止。

接下来的一切都改变了。 现在，每一个决定都由军官和士兵来自主作出。 他们从等级制的约束中解放出来之后，就作为个体或小群体自由地作出决定。 明天是否继续进行送装备和人员的常规后勤工作？士兵们是否原地待命？ 在兵营和岗位上呆着不进行任何活动？ 投降已经开始的时候，战争还有意义吗？ 绝大多数奥地利士兵现在决定停止战斗。 当基尔的水兵拒绝在这种情况下出港迎战英国的时候，德国就开始革命了。 更常见的是军官、士兵们和水兵们现在都开始讨论应当做什么，讨论的结果千差万别：有人服从命令，有人叛乱，绝大多数人原地不动。 只有第一个结果会有利于政府，因为当叛乱开始的时候，政府需要军队去镇压叛军。 一旦指挥系统中断导致出现讨论与选择，那么，除军官群体之外就再也不存在充分的程序性服从。 只要军队的基层组织在进行着战斗，指挥系统会很少允许我们所想象的"大批"士兵之间的相互交流。

失败以不可思议的速度降临到德国与奥匈帝国。当德国的春季攻势和奥地利的六月攻势逐渐消退之后，鲁登道夫认识到他的军队无法长时间地抵抗汹涌而来的美国人。8 月 14 日，他将这个判断告诉了两个国家的皇帝。几个星期之后，他们提出要求谈判。美国于 11 月初签字。10 月，新的哈布斯堡皇帝查尔斯实际上已经退位了，因为他允许少数民族有权建立自己的国家。一旦政权组织在失败中解体，士兵和工人就开始起来叛乱。服从与合法性其实更多地来源于组织机构，较少来源于意识形态的性质。而现在纪律和组织机构已经崩塌了。我将在第六章讨论这些革命。

总体战

战争到了 1916 年，有些人把这次世界大战叫作"总体战"(total war)。这个概念表明战争的动员和打击的范围都是整个民族的经济和人口。当然这个术语有一点夸大其词，因为战争前线是相当确定的。民众也很少受到轰炸。痛苦的分担在各参战国也是极不均衡的。不过这个术语确实表达了一个意思，即战争动员涉及的不仅仅是武装及其后勤保障人员，而且涉及了大量的经济和平民的生活。只有能够统筹协调工业化、科技化经济的现代国家才有可能进行这样一场战争。我在第二卷第一章提到，19 世纪的国家在后勤基础方面的改进已经可以对权力资源实现规模巨大的集中组织。那个时代的西方国家并不寻求(它们也不被允许)利用哪怕是一点点这些潜在的资源。然而现在要求国家对经济进行大量的干预，调度上百万人的武装到牙齿的陆军和装备有成千上万复杂技术的舰船的海军。政府要以很快的速度进行人口统计，计算补充伤亡人员的年轻人的数目，以及军事、工业和农业方面的人力需求。政府通过这样的计算，了解到人员现在出现短缺情况。它们在战争初期都犯了一个错误，即它们从必需的工业领域抽掉了太多工人进入军队。 为了弥补这一错误，政府寻求增加女性和青少年劳动力的供给，并依靠妇女来经营农场，因为她们的男人去打仗了。 政府还尝试控制工资和价格，调节资本家和工人之间的矛盾，制定出武器装备、纺织品、食品及其他物品生产计划。 由于参战国的政府都不想谈判——此时不失为一个明智的选择——它们都强化了自己的努力，特别是 1916年几个"旧体制"（"old regimes"）国家转轨到另一个方向去了之后：英国的劳合·乔治，法国的克莱蒙梭和德国的兴登堡将军和鲁登道夫将军上台，意味着要进行一场总体战。 这个笼子就像困住了士兵一样也困住了平民，虽然这两者在困住的程度上不一样。 这场半个地球的战争强化了较先进地区的民族国家这个笼子。

这场战争对国家产生的影响是引人注目的。 在战争期间，军费开支占 GDP 比重迅速上升的情况，类似于我在第一卷和第二卷中有文字记载以来就曾经出现过的那个模型。 在第一次世界大战中，这个比例飞速上升，至今仍无人搞清具体的比重——在德国为 59%，法国为54%，英国的最高年份是 33%（1917 年或者 1918 年）较为落后的国家没有能力提取如此之高的军费比例。 俄国和奥匈帝国只能提取三分之一，奥斯曼帝国大概只有五分之一（Broadberry & Harrison, 2005：14—15）。大量的私人经济活动，较小程度上的农业生产活动，现在都服从于战争的需要。 由国家组织的生产委员会决定着整个工业领域生产哪些产品，总体战是国家为中心的。

尽管如此，这些国家仍然维持着资本主义的经济，除了俄国之外，所有国家关键性的生产委员会的组成人员是由企业家和金融家组成的。他们和部长、民事官员以及将军们一起工作。 在德国，最高统帅部在形式上主导这些委员会，但是在实际操作中，将军们必须与企业家协商，他们经常无法控制后者（Feldman, 1966）。 英国的各部大臣和民事官员只与企业家们商议，而把军官排除在外（Burk, 1982）。 在法国，上述所有三种人——各部门部长、最高指挥部以及企业家共同构成了中央战时计划机构。 巴黎之外的商人享有很高的自主权(Timothy Smith，2003：61—64)。 在美国，商人们具有主导作用(Koistinen，1967)。 在意大利他们也几乎这样(Sarti，1971：10)。 独裁性质的俄国情况与上述完全不同。 当俄国的爱国企业家们自发地建立起战争工业委员会的时候，他们很大程度上被忽视了。 俄罗斯政权并不想与别人分享权力，哪怕是跟资本家分享权力(Siegelbaum，1983：118—119，156—158；Gatrell，2005)。 绝大多数企业家获得了稳定的民族身份，因此他们变得相当爱国，并且相信战争的努力是值得的，而且他们与政府之间的关系，一般来说也是相当友好的。 然而，因为商人在分配工作和投资方面拥有自主权，结果就会产生卡特尔、价格管制和高利润。 当国家的需求越来越大的时候，利润就会不断产生，爱国主义对于商业来说是有利的，资本主义并没有导致战争，但是掌控了战争的经济基础。

战争在某些国家比其他国家更具有总体性：日本只是在战争最初几个月参战，美国的参战是在最后 15 个月，这两个国家从战争中获益颇多，他们都把协约国已经不再生产的产品运给协约国，美国在 1914 年正处在衰退期，但是到了 1918 年，它的 GDP 增长了 13%(Rockoff，2005)。 意大利一直到 1915 年参战，它的南部没有受到很大影响。 如果意大利提供的数据可信的话，它的 GDP 到了 1918 年的时候增长了 15%(Galassi & Harrison，2005)。 而另一个极端，比利时和乌克兰的一部分地区，被德国军队纳入了"总体化"的战争，并且被占领了和无情地剥削了(Horne & Kramer，2001；Zuckerman，2004；Liulevicius，2000)。

参战国之间在战争能够适应各国的经济的程度方面也是不一样的，在最早参加的国家中，英国的经济是最发达的，并且统治着海洋，因此仍保持着最自由的国际贸易，并且金融活动走向了国际化。 正如我们在第二章所看到的，盎格鲁—撒克逊人仍然统治着国际经济。 英国统筹战争经济的方式是很特别的，可以对于需求作出一套特别的反应，当需求上升的时候，它具有抑制性的瓶颈作用，这种市场经济的适应能力对于战争作出了巨大成就。 尽管英国人民的确为战争作出了牺牲，但是英国并没有受到攻击，它的 GDP 增长在 1914 年到 1918 年大约是 15% (Broadberry & Howlett，2005)。 由于英国实现了充分就业，以及政府理性的分配充分的食品供应，又带来了生活水平的大幅度改善。 杰伊·温特(Jay Winter，1986，1997)计算得出，英国在战时的阶层之间预期寿命差异缩小了，整体预期寿命提升了——尽管在弗兰德斯，大批年轻人死亡。 对活着的人来说，战争是很有利的，并且，英国在没有实行直接的再分配政策的情况下，财富出现了再分配。

法国得益于和英国、美国之间建立的联系，能够从这两个国家借到和接受原材料。 英国和法国还可以根据他们的购买计划从世界其他地方进货。 法国的资本主义经济相当分散——在一个没有受到侵略的国家里，这是一个优点——从 1914 年到 1915 年，能够把损失了北方地区的生产能力艰难地恢复到原来的水平，以至于避免了巨大的灾难。 在巴黎以外的其他地区，都有一个最大的公司来领导企业家们自主组织的武器生产——并且可以盈利。 然而，因为企业的产量暴增，并且提供了充分就业，北方以外的法国农村也表现得非常好，绝大多数法国平民并没有在战争中遭很多罪(Godfrey，1987；Hautcoeur，2005；Smith，2003：60—68)。 因此，最初参战的协约国中有三分之二并没有在日常经济方面受到总体战的影响。

俄国和同盟国一样，情况大不相同。 战争使其经济总体化。 德国将自己的经济转向战争的需求的程度超过其他任何国家，将军事凌驾于民事之上的时间持续得更长，并且还遭受到英国有效的封锁，孤立于国际经济，尽管它掠夺了被征服的东欧地区的资源——或者说是撤退的俄国人扔在农村的一切东西——德国的国民收入在战时下降了三分之一。到 1918 年，煤炭产量是 1913 年的 83%，铁和钢的产量是 1913 年的53%。 对于较穷的城市人来说，主要的问题是获得食品，尽管德国有发达的工业，但并没有现代农业，它的农业结构一方面是大规模的农庄，另一方面是小农场。 很难让农场主或者农民以城市工人或者是较低的中产阶级能够支付得起的价格出售剩余粮食，他们宁愿出售到利润更高的黑市。 德国黑市很庞大，在英国或法国却没有黑市。 在柏林——尤其是假如允许黑市存在——物价飞涨，在伦敦或巴黎，都没有出现物价飞涨(Manning，1997：258—260；Ritschl，2005)。 在奥匈帝国，这些困难甚至更大，因为这个国家也受到封锁，工业更少，各省之间的协调更艰难。 奥匈帝国产量下降，农业地区囤积粮食，城市人口忍饥挨饿，尽管这个国家为发动战争而抽取到了30%的GDP，但是崩溃的经济意味着政府从经济中榨取的会越来越少(Schultze，2005)。

奥斯曼人统治的是一种农业经济，缺少榨取更多资源的基础权力。他们只能通过巨大的财政赤字(Pamuk，2005)以及通过获取被屠杀的亚美尼亚人的财产来给战争提供财政支持，这个落后的帝国不能够真正实现总体战这个目标——除了针对亚美尼亚人的种族屠杀之外(Mann，2005：chaps.4—5)。 然而，它经受住了协约国夺取达达尼尔的所有的进攻，这个海峡控制住了通往黑海的要道，从而成功地使得俄国处于被封锁的状态，无法从其盟友那里获取长期的供应。 这一点加剧了俄国经济的灾难。 大片领土的丧失，农民囤积粮食，长期的交通困境，这些都导致了俄国经济的灾难，我将在下一章中对此进行详细分析。 我们会看到，俄国的危机是一种比其他国家都要巨大的秩序(an order of magnitude)危机。

有些人说，民主国家能够更好地应对总体性战争，杰勒德·费尔德曼(Gerard Feldman，1966)说，尽管德国的战争机器更加有效，但是它的政府权威性能力不足：民主国家能为总体战更好地组织工业生产，为士兵和平民更好地分配食品和其他物资。 迈克尔·内伯格(Michael Neiberg，2005：7)表示同意。 他说，英国、法国和美国赢得战争，是因为他们"更少地依赖已经过时的君主体制的权威"(参阅Winter，1997：10—11，Offer，1989)。 而其他人不同意这种观点。 弗格森(1999：257—281)睿智地评论道，如果协约国的效率和他所拥有的资源一样大的话，战争将会结束得快得多，协约国犯的错误和同盟国一样多，例如，法国人特意在罗阿纳修建巨大的军火库却没有发挥作用，导致英国人缺少必要的弹药。 安东尼·亚当思韦特(Anthony Adamthwaite，1995：25ff)说，法国的外交陷入一片"混乱和使人困惑的"状态，它的税收体制是不完善的，财政运作是过时的。 而在英国，实际工资的上涨也许表明了它没有能力将社会的剩余转化为战争需要。 有些人已经看到了，德国的食品分配体制使得在军队的仓库里出现了腐烂的粮食，而与此同时，德国的城镇食品出现短缺，有相当多的协调机构无法完成对于食品和服务的均衡分配(Bonzon & Davis, 1997；Winter, 1997：21—22)。 但是其他人的说法与此相反，基思·艾伦(Keith Allen, 2003)称赞德国的食品分配方面的管理，他说，德国会小心地和包括社会主义者在内的市民社会组织进行协商，德国尽管存在着这种配额制度的缺陷，绝大多数的柏林人宁愿选择这种制度而不是黑市，所以，更加有效的究竟是谁呢？

对于德国和奥地利而言，还有一些困难来自协约国的封锁与落后的农业，另外，它们还不得不克服将军事和战争工业置于平民和其他工业的位置之上造成的困难。 为了实现这一目标，它们既要应付这一点，又要分配充足的食品以及停止迅速增长的黑市，这实际上是不可能的。 政府的无能首先就表现在宣布打这场战争的时候，而不是当事情变得困难之后再去采取行动的时候。 由于缺少一些更精确的比较方式，我们无法给这些国家在效率这方面进行排序，除了能够把俄国排在最后而把英国排在第一之外——并非巧合的是，一个是经济最不发达的国家，一个是经济最发达的国家。 即使民主确实是产生各国效率差距的一个因素，但不是重要的因素。 根本性的差异是经济发展的水平。 交战双方在经济资源方面的差距，被英国封锁同盟国的军事能力进一步拉大之后，对同盟国的战争管理施加了压力。 而英国、法国与美国则无需面对这个压力。 交战双方关键性的差距，更多的是来自经济资源，而不是民主。

对于平民的影响：对战争的支持

我们无法准确地判断公众舆论，因为不存在全国性的选举或者是民

213

意调查,相反,却存在着大量的审查制度。 如果有人表达出不满,就会受到来自政府的压制,各类组织机构一般来说都是忠诚于政府的,绝大多数的政党和压力集团都支持战争。 在战争初期,人们对战争充满了积极的热情,在中上等阶级中尤其如此,但是也存在着一些焦虑和警惕。 在英国,人们在写给报社的信中表达出不同的情感:威尔士人的来信一般缺少热情。 不少英格兰的来信说,他们宁愿要中立而不是战争。他们还表达出对俄国和塞尔维亚比德国更多的敌意,在战争前夕,即 8月 3 日银行假日(bank holiday)的那一天,原以为会出现大规模的支持战争的游行,结果只有 6 000 到 1 万人左右参加,而且是在一个几乎有 700 万人口的城市。"战争狂热主义"在 1914 年 8 月的英国仅仅是一个虚构(Gregory, 2003)。 罗尔夫—迪特尔·马勒(Rolf-Dieter Mueller, 2003:66)说,英国民众和德国民众都会同时感觉到"害怕与热情,恐慌与备战"。 在所有地方,战争几乎总是被看作是必要的邪恶(Ferguson, 1999:chap.7)。 民族主义确实存在,但是并没有转化成对民族敌人的仇恨,或者是变得具有进攻性。

让—雅克贝克尔(Jean-Jacques Becker, 1985:324)说,法国的神圣联盟有一个狭隘的观念基础:法国一直是受他国侵略的目标,需要受到保护。 除此之外,法国的政治分歧仍然存在,各种不同的政治派别都作出了关于战争的解释。 社会主义者试图绕过他们的和平主义主张,宣称他们打仗的目的不是反对德国人民,仅仅是反对德国反动的统治者以及资产阶级。 贝克尔(1977)检查了法国儿童的作文,发现存在着巨大的地区性差异,支持战争的人在城市要比农村地区多。 然而,当战争开始的时候,公众支持度增加了。 总统普安卡雷说服民众相信德国是一个侵略者。 接下来就是宣传机器开始通过爱国志愿者、编辑与新闻记者的自我审查运转起来。 他们写的东西里面渗透着英雄主义的接二连三的军事胜利。 最后,法国公众学会了如何解读报告的真实的含义,比如像"我们勇敢的年轻小伙子,根本就没有被打败。 他们笑着,开着玩笑,恳求回到战争的最前线"。 这类报道意味着失败——新闻报道中宣传的都是胜利，前线却并没有发生变化！　不过，除此之外，记者们还能做些什么呢？　几乎每一个人都想要和平，左翼分子、罢工者和其他人不时提出要求和平，但是德国领导人不允许和平。　神圣联盟赖以生存的一个观念是，和平肯定不会以失败的代价来换取(Becker，1985：325，引自38)。

　　1914年的8月在很多德国人后来的记忆中是一个民族空前团结的时刻，是德国统一的最后完成。　但是，杰弗里·威尔海伊(Jeffrey Verhey，2000；参阅Ziemann，2007)表明，这也是一个虚构。　各地都是政府的宣传，那些支持战争的人有资格发表他们的观点，但是持不同政见的人则受到了审查。　狂欢的气氛在城市大约持续了六个星期后才消退，城市人要比农村人更喜欢和平。　工人和农民要比中产阶级和受教育的人更倾向于和平。　真正的狂热者是年轻的、中产阶级成年男性。　德国人期望从战争中获得的东西，随着他们的阶级和他们的政治观点的不同而不同。　保守主义者希望战争能够压制阶级冲突，能够产生以国旗和政权为对象的爱国精神。　自由主义者和社会主义者期待着战争能够带来更多的有利于民众的进步，尤其是让民众认识到这是一场涉及需要大众作出巨大牺牲的总体性战争，并因而开始争取自己的利益。　德国人希望臣民能够变成公民，法国人则希望出现一个新的法兰西，而英国人则希望成为一个适合英雄成长的国家。　他们都希望能够更充分地完成从臣民到公民的转型。　德国社会民主党的右翼和几乎绝大多数的工人阶级的支持者可以毫无困难地将社会主义与爱国主义结合起来。　假如社会主义的中间派不是害怕德国政府有理由镇压他们，他们会反对战争。　只有极端的左翼分子宣扬完全反对战争，尽管他们的代表仍然投票在财政上支持战争。　当敌人不寻求和平的时候，既反对战争又不接受不受欢迎的失败主义，这是很难做到的。　只有在俄国、意大利和美国，相当多的社会主义组织坚持原则，谴责战争。　令人悲哀的是，现实主义的政治一般会压倒原则。

　　绝大多数民众支持他们的领导人进行备战的号召。　为数极少的人具备国际性经验,他们会持有不同的立场。 由于大多数人缺乏这种经验,保卫小比利时、民主(在英国)、共和国(在法国)、我们在国际社会的应有位置以及我们精神上的理想主义(在德国),甚至是君主制(在奥匈帝国)最初都能够得到大量的拥护。 关于敌人是罪犯或者是另类的消极观点不断增长,法国人被视作是堕落的、物质主义的和腐败的;德国人被视作是受到严格控制的、与自由为敌的;不列颠人被视作是贪婪的资本主义的;俄国人是亚洲的、失败、堕落的,生活在专制主义之下,信仰原始的宗教。 宣传俄国幽灵在德国特别有用,因为用它既可以召集天主教徒也可以召集基督教徒,既可以召集自由主义者和社会主义者也可以召集保守主义者。 英国与俄国之间的联盟被看作是对西方文明的背叛(Hewitson, 2004: chap.3; Nolan, 2005: 2—6, 47—8; Mueller, 2003; Verhey, 2000: 118, 131)。 这场战争与民族主义者无关,进攻性的民族主义只是这场战争带来的结果。

奥杜安—鲁佐与贝克尔(2002: chap.5)注意到,这场战争被视作一场"神圣的战争",是文明与野蛮之间的搏斗,在任何国家,敌人都被看作是针对文明人实施的残暴行为——谋杀,强奸,破坏,驱逐。 大规模死亡并不简单是技术的产物,还需要杀人的人。 敌人总是具有种族特点的老生常谈:法国军人说德国人身上的味道难闻,还给出了人种科学方面的解释,德国人谴责英国人和法国人背叛种族。 他们控诉英法两国在欧洲所派遣的殖民地有色人种军队是野蛮人的行为(cannibalism)。伊莎贝尔·赫尔(Isabel Hull)说德国军方已经发明出一种"灭绝性战争"的"制度文化",在消灭敌人的时候迅速、坚决、无情、残暴,其目的在于弥补它的人员不足以及两面作战所带来的脆弱性。 当然,俄国在巴尔干半岛的军队对于文明人而言也是同样可怕的,他们都会强奸妇女,枪杀俘虏。 英国封锁可以被看作是最残暴性的行为。 这个封锁一直持续到战争结束以后的 1919 年 6 月才结束。 据估计,封锁带来的死亡超过 50 万平民,这是一次野蛮的战争。

战争早期一系列的胜利给德国带来了更多的狂热,从工人阶级居住区飘扬的国旗上可以看出这一点。 但是，当战争双方陷入僵局的时候，激情开始消退。 那些仍然支持战争的人，从公开表达狂热转向冷峻地决心让战争继续下去。 德国投降之后，军方试图将责任转嫁给德国民众，说德国民众没有能够继续保持这种决心——德国人的背后被捅了一刀的故事。

对于民众的影响：遭受的灾难和阶级冲突

当战争继续向前推进的时候，它对于更为集权的(totaled)国家的打击更深。 维也纳的问题最大，因为匈牙利和其他地区停止向它输送食品。 政府本来想对食品进行价格控制，但是农民以更高的价格卖给商人，而商人又通过黑市卖给有钱人。 为买食品而排的队很长，而且到处都是。 当短缺不断加剧的时候，绝望、黑市和邻居之间的指责也在增加。"在这场战争中，敌人不是俄国、法国或者是英国，而是邻居和同事。"莫琳·希利(Maureen Healy, 2004)指出。 维也纳的种族紧张关系由于基本服务的逐渐垮掉而加剧紧张。 种族方面的老生常谈逐渐增多，比如唯利是图的犹太人，喜欢俄国的捷克人，从而在维也纳人中分化出了大量的敌人。 那些没有入伍而待在城市里的年轻人被攻击为"逃避战争的犹太人"，或者是"心怀叵测的捷克人"。 在这种压力之下，就连家庭甚至都会被削弱。 父权性质的权威不再能够定义男人气概，或者是支撑着君主合法性。 只有那些上了前线的人才是真正的男人。 妇女不得不撑起家庭，但是仍然不被视作是真正意义的一家之长。 希利总结说，维也纳社会在战争结束之前已经在压力之下崩溃了。

英国平均每人在整个战争期间消耗 3 400 卡路里，然而德国每人消耗的卡路里是英国的一半还不到，妇女的消耗就更少了。 伯林达·戴维斯(Belinda Davis, 2000)描述了从 1915 年早期开始出现在柏林的争取食品的抗议，这个抗议在 10 月达到高潮，愤怒的妇女为了一小片土豆或者是面包而冲击市场。 英国人的封锁，大量的征兵，征收牲畜，脆弱的输送和储存体系，以及无力管控价格，这些情况结合起来导致了德国普遍严重的城市粮食危机。 英国人的封锁在 1915 年 3 月开始发挥充分的影响：动物饲料的供应瘫痪了，化肥的进口受到严重影响，导致德国的农业产量至少下降了 40%(Offer，1989)。 1916 年初，柏林的死亡率开始大幅上升，导致了持续的人口危机，而伦敦和巴黎一直没有这种危机。 这两个地方出现了较多的暂时性的危机——在 1915 年的伦敦，1917 年的巴黎(Winter，1997：chap.16)。 德国当局努力试图改善食品的分配，艾伦(2004)说，令人印象深刻的是柏林出现了市政当局和志愿组织提供一批批午餐的行动，确保柏林的面包供应。 另外，柏林当局将福利国家的措施延伸到家庭，制定了家庭援助计划，不断努力提供失业补贴(Daniel，1997：176—181)，上述所有这些延长了政权的合法性。

然而，战争的持续让德国变得更糟糕。 配额变得越来越少，当局不能够说服或者是强制农民和商人以能够接受的价格提供食物，而不是把食物以更高的价格卖给黑市。 德国从 1916 年开始出现了通货膨胀，政权的合法性也在流失。 警察的报告特别指出，工人阶级的妇女表现出最多的不满，制裁妇女不是一件容易的事(例如送她们上前线)。 妇女承担的一项困难任务就是在餐桌上放上食物。 她们组织了多次游行。 食品短缺导致无法让更多的妇女进入军事工业，而这正符合德国企业主的保守的态度。 如果没有什么东西可以买，较低的工资有什么意义呢？ 更好的做法是将精力放在以非法的手段获取食物上面(Daniel，1997：196)。 这样一来既出现了食品短缺，又出现了劳工短缺，激增的不满还导致当局觉得要强化宣传和监控机器。 表达不满的人并不必然就是左派分子。 德国这时出现一种呼声，希望出现一位"食品独裁者"可以有权强迫"内部的敌人"，比如农民和商人，让他们表现出更多的爱国主义行为。 在这里，几乎不存在工人和农民之间的阶级团结(Moeller，1986)。 德国人和奥地利人叫嚷着反犹主义的陈词滥调，说他们是粮食的囤积者(Davis，2000：132—135；Daniel：1997：253)。 民粹主义既可以转向左翼也可以转向右翼。

这些困难增强了德国的民族凝聚力，在城市人口中尤其如此。 共同受难抹平了阶级之间的差异，中产阶级的下层民众与工人一起经历食品短缺，戴维斯(Davis，2000：chap.3)报道说，相当多的中产阶级对于"生活用品较少的妇女"的抗议表示同情。 史密斯(Smith，2007)发现此时正在形成一种民族主义话语(nationalist vernacular)，一种与威廉政权(Wilhelmine regime)相对立的爱国的民粹主义开始出现了，它一开始是由中产阶级领导，接下来跨越了阶级之间的界限而团结了所有的德国人，摧毁了充满了等级和阶级的君主制世界。 这表明，民族主义可以转变形态。 随着兴登堡、鲁登道夫在1916年底建立起了独裁统治，皇帝已变得无足轻重。 因改善食品分配而获得声誉的米夏埃利斯(Michaelis)作为首相取代了贝特曼—霍尔维格(Bethmann-Hollweg)之后，民族主义意识形态的转型获得了成功。 他们"自上而下地"努力转移民粹主义者的不满，并有一定效果。 民粹主义并不反对阶级统治。 但是史密斯看到，1918年11月爆发的革命(下一章会讨论这个问题)并不是因为突然失去了这次战争而发生了制度上的脱节，而是正在上升的民族主义话语(nationalist vernacular)不断增强的结果——尽管妇女在战争期间确实有时在政治上表现得较为活跃，但是当政党和工会在战后回归的时候，她们又被边缘化了。

军事工业的报酬一直比较好，政府确保技术领域之间的差异缩小了，妇女进入更繁重的、工资更高的工业部门的时候，她们的工资与男人比较接近，而男人的工资降低了。 然而，在绝大多数地方，生存变得更加艰难。 在从战区逃难出来以及搬进军事工业的压力之下，家庭储备减少了。 通货膨胀的上升比工资要快，从1916年早期开始，俄国与同盟国的大众生活水平开始下降，1917年因为受到封锁而下降得更快。 在法国，充分就业和超时工作往往会补偿实际工资的下降，军人家庭会获得福利补贴，农民的经济因为一些价格上涨而表现良好。 法国的资本家赚了大钱，而工人和农民也能够争取到基本充足的生活水平。 贝克尔(Becker，1985)提供的法国官方的数据表明，普通民众正在竭力避免陷入真正的经济困境。 英国民众做得更好，美国则因为充分就业而在全国范围实现自给自足，并且因为向协约国提供物资和信用支持而实现了经济繁荣。 当英国的封锁开始发挥作用的时候，同盟国遭殃了。 当土耳其—德国的封锁发挥作用的时候，俄国也遭殃了。 俄国的运输系统不堪重负，需要将食物运到城市，把原材料运到加工中心，将战士运送到前线，将难民运出战争区(关于法国，参阅 Smith et al.，2003；Gallie，1983：231；关于俄国，参阅 Gatrell，2005；Ferro，1972：19—22；Hasegawa，1981：84—86；关于德国，参阅 Moore，1978：282—284；Feldman，1966：472；Daniel，1997：chap.3；关于英国，参阅 Routh，1980：136—146；McLean，1983：168；关于德国、英国、美国之间比较，参阅 Bry，1960：191—214，306—309；关于巴黎、伦敦、柏林之间比较，参阅 Winter & Robert，1997)。

当民众长时间地、更大强度地从事劳动的时候，工作条件也就更加恶化了，妇女的工作特别辛苦，她们代替上前线的士兵而承担了工业和农业方面的工作，并且还要提供家务劳动，在较为糟糕的乡村生活的妇女还需要搜寻食物。 妇女还很明白，一旦战争结束，她们将会被踢出工业领域。 工作纪律变得更加具有专制性，由民事或军事机关所维持的更具有强制性的权力约束着工人。 非常时期的措施也制约着健康和安全规则的实施，对于妇女和青少年而言尤其如此。 市场和工会的绝大多数自由被取消了。 在德国和法国，外国劳工受到了糟糕的对待。

在德国，这场战争是不是拉大了阶级之间的差距这个问题存在着大量争议。 于尔根·科卡(Juergen Kocka，1984：chap.2)认为确实如此。但是艾伯特·里奇尔(Albrecht Ritschl，2005)表示反对，并且指出，军事工业领域的工资尽管下降了，但是在其他工业领域，工资是上升的，因为存在着充分就业和以租金为生的人。 生活比较富裕的人则由于股票特别是证券价格下降而遭受损失。 德国和其他国家一样，总体上不平等在缩小(Manning，1997)。　许多人相信工业和农业领域的巨大利润影响了战争的投入。　配额制度被引进来了，但是当分配体系崩溃了，为更富有的人服务的黑市繁荣起来的时候，配额制度被看作是不公平的(Feldman，1966：63—64，157，469—470，480—484)。　德国农民善于通过阻止向城镇输送食物推高价格。　当战争让生活更艰难并且需要减少卡路里的时候，工人们维持生产性工作的能力下降了。　协约国因为更加健康的工人而在工业生产和作战能力方面肯定具有很大优势。　在德国的城市，有些德国人甚至找不到足够的食物和其他可以消费的东西。这种经历缩小了工人和下层中产阶级之间生活水平的差距。　资本家和工人此时似乎成为两个庞大的极端对立阵营，《共产党宣言》早已对此作出了预言，但是和平时期却没能证实这一点。　民族主义似乎在1914年与1915年战胜了阶级意识，接下来是两者出现了艰难的共存。　一般由左翼分子来领导心怀不满的群体，他们从上层阶级那里接受了民族主义之后发展出了一种更加具有民粹主义色彩的民族主义。　这并不是阶级打败了国家，而是阶级俘获了(capturing)国家，强迫国家服从更加进步的目的。　这一点只在俄国充分做到了，并且几乎所有国家都出现了这种倾向。

　　然而在德国，这种倾向较少出现在农村，因为农民更善于生存下来，他们甚至能够从事食品短缺中获益。　阶级关系的强制性更加明显，雇主能够呼吁国家压制关于随意解聘、换岗、降低技术等级、加班补贴、轮班、艰苦而危险的工作(在军工厂非常具有争议性)等方面不同的声音。　这样就形成一种全能的、统一的统治阶级和国家精英的结果。　一旦战争结束，资本家有组织地挫败工人和农民运动的能力就会相应受到削弱，因为这两种运动都在全国范围组织起来了。　在战争爆发之前，资本家也拥有相当规模的全国性组织。　战争终结了他们的组织。　资本家现在被困在国家的复杂结构(terrain of the state)中。

　　战争对于情感方面的限制——食品短缺，消费和休闲方面缺少变化，计划的中断，缺少年轻人——也造成了一些不愉快。　但是战争带来的剥夺、不平等、强制没有导致公开的阶级冲突——俄国除外。 这些问题给中立国带来的麻烦更多一些，但它们遇到的经济困境少一点，没有暴力死亡问题，并且也极少有情感上的剥夺。 我们获得的战争最后两年的相关数据表明，各个参战国工人罢工的次数确实开始上升，但是在所有国家都没有回到战前的水平，而且也不会像挪威、瑞典和西班牙这样的中立国那样上升很快(Meaker, 1974：30—39, 76—95, 141—145)。 尽管战后的动乱和匮乏之间存在着关联性，但动乱发生的时间与生活成本引发的运动之间的关联性是不确定的，发生革命的核心地区都是相对较为富裕的工业区，比如金属制造工业区(Cronin, 1983：30；Feldman, 1977；Meaker, 1974：38—39)。

但是，倾向于合作的政党和工会领导人不再组织大量的不满人群。他们能够通过国家的管理部门转达不满情绪，获得一些让步，从而有助于提升他们在工人中的权威。 于是，通过传统的渠道表达阶级性反对意见的做法在组织机构中行不通了，于是就慢慢转向寻找工厂(shop-floor)的组织形式。 不管工人对于战争抱着什么样的看法，他们都会选择合作。 不给予合作会受到正式组织机构的谴责，然后是压制。 支持与工作或食品短缺问题相关的不满、游行示威和罢工是危险的。 组织者通常都很极端，不过他们希望游行示威看起来是从群众中自发地产生出来的反战的或政治性情感表达。 如果他们的组织行为被察觉了，他们会被捕，被征入军队，或者是受到审判。

如果技术熟练的工人代表(shop stewards)非常强势，雇主就不得不在工厂进行安抚，在金属加工企业和军事工业特别需要如此。 雇主的压力来自缺少人力，以及迫切需要生产：没有组织起来的工人会到别处上班，组织起来的工人会静悄悄地进行抵制。 只要工人代表在工厂内部继续进行抵制，和解就会出现，军队或民事部门也来协助。 当雇主们拒绝和解的时候，政府有时候试图给他们施加压力，尽管不会很成功(Kocka, 1984：chap.4)。 如果工人试图进行公开的抗议，政府就会将其遣散、送进部队，或者是以煽动叛乱罪审判他们。 当左翼的社会主义分子卡尔·李卜克内西于 1914 年 12 月投票反对战争借款(唯一一个代表这样做)，他被强制征入军队并且被送往前线。　英国的工会更为强大一些。　当首相劳合·乔治试图让"dilutees"即不熟练工人承担熟练工作来弥补劳工短缺的时候，他后来懊悔地评论道："引进不熟练劳工的实际安排，不得不单独与每一个车间的熟练工人达成一致意见之后才可以进行"。　英国战时的罢工数量要比德国高得多(Ritschl, 2005：55—57)。法国的工会要弱一点。　工会被排除在政府和雇主的谈判之外，直至战争的后期。　假如技术熟练工人由于工业需要而退役回来，他们仍然需要遵守军事纪律。　他们的雇主可以因为不服从安排把他们送回前线，这在英国是不可想象的。　后来，法国工人的状况得到了改善，因为法国的社会主义者，军事部长阿尔伯特·托马斯(Albert Thomas)规定必须集体协商，引进最低工资制度。　俄国工人的状况更加严峻，经常抱怨的工人一般会受到送进军队的威胁，参加罢工的人一般会送进军队。在所有国家的工厂里，工人都在不知不觉地扩展了他们的非正式权力，即使最终受到工会、社会主义政党领导人和政府的压制(Smith, 2003；Godfrey, 1987；Becker, 1985：chap.17；Gallie, 1983：232—234；Pedersen, 1993：chap.2，尤其是 84—86；Hasegawa, 1981：86—89；McLean, 1983：73—75, 83—85, 91, 120, 138；Feldman, 1966：116—137, 373—385, 396, 418—420；Broue, 2005：53)。

　　因为这是一场人民的战争，所以大概从 1916 年开始，民众要求和希望他们付出的伤亡能够得到的回报是，战争结束以后能够得到更多的政治与社会权利。　民族主义变成了进步主义，这场战争不仅仅被视作是政权之间的对抗，并且是整个民族在捍卫自己的安全和价值观。　最大的政治变化发生在英国，大约有 60% 的男性战前已经有了选举权，但是在 1917 年 3 月，所有的英国男人(但不包括女人)全部获得了选举权。在德国和奥地利，社会主义者首次可以参与讨论重大政策问题，并且，普鲁士的阶级性质的选举权在 1917 年被废弃了，尽管在其他各州仍然保留下来了，另外，德国帝国议会并没有获得所有的最高权力。　一定程度的君主专制主义的色彩保留了下来。 在经济领域，配额制度、最低工资制度、价格管制看起来是在马歇尔意义上的"公民社会权"的一个前奏。 劳合·乔治与克莱蒙梭的上台，甚至是德国的军事独裁似乎都默许了这些转变。

在战争期间，更多的公民权利得到仅仅是含糊其词的承诺。 劳合·乔治承诺建立一个适合英雄生活的国家——在战后。 奥匈帝国的民族主义运动提出要求，为了回报他们在战争中付出的牺牲，他们要在战后获得更多自主权。 大英帝国的海外民众也受到了争取公民权的影响。 英帝国对于反抗奥斯曼帝国的阿拉伯人作出了明确的政治承诺：如果他们与英国部队一起对抗奥斯曼帝国，他们将会建立自己的国家。 他们绝大多数人都符合这个条件。 唉！ 不讲信义的阿尔比恩(perfidious Albian, 指英格兰或不列颠)只是大英帝国中的少数。 大英帝国和法兰西帝国的印度人和其他发达的民族主义运动都提出诉求，一直都期待着更多的自治权，尽管没有得到明确的承诺。 他们再次受到欺骗。 从整个世界而言，民众的期望值并没有提升，但是某些国家的民众确实提升了期望值，而这对于既定的政权来说是危险的——特别是假如它们战败的话。 不过，这次战争的失败者并没有多少海外领土，于是堤坝决堤出现在了欧洲。 1917 年 2 月和 10 月到 11 月的两次俄国革命是首次决堤，体现激进分子的全球性质，但是在 1918 年 1 月，革命看起来要传播到欧洲其他地方。 我在第六章讨论这个问题。

结论：毫无意义的伟大战争

当战争最终结束的时候，发动战争的三个王朝帝国全都被消灭了，奥斯曼帝国也是如此。 民族国家在欧洲几乎所有的地方都建起来了，其中不少国家赋予了公民更多的权利，但是海外帝国仍然和过去一样。英国和法国的权力形式上得到了恢复，但是它们受到的损害是无法弥补的，只有美国和日本获得了大量利益，美国从一个主要的债务国转变成世界的银行家，拥有所有欧洲大国的大量借款。 日本获得了远东的德国殖民地，作为以后在中国和跨越太平洋进行扩张的跳板。 由于欧洲的政治家们犯了一系列可怕的错误，他们付出的惨重的代价是欧洲在这次伟大的欧洲战争之后陷入严重的分裂。 当更加和平的全球化进程持续一段时间之后，权力现在开始往其他大陆转移。 为了理解他们为什么要发动战争，我们必须将自己置身于一种文化中，在这种文化中，战争被看作是正常的、合法的，国家被认为具有生存与安全方面利益，并且可以要求普通的男性公民用他们的生命来加以捍卫。 在这种文化中，所有人都服从权威人物直至死亡，不管这些权威是多么的愚蠢。1914 年的欧洲就是这样。 进攻性的民族主义是作为战争的结果而产生的，而不是战争的起因。 进攻性民族主义随后转变成了民粹主义的民族主义，对于战争中的权利不平等充满了怨恨，以及要求结束战争。这次战争帮助大众登上了历史舞台。

可以肯定的是，这不是一次理性的战争，尽管导致这次战争的是军国主义文化和制度，这种军国主义最初是合乎理性的，并且一直被视作理性的。 战后的和平条约也并没有以理性的方式实现两个主要的目标，即摧毁德国权力以及找到一个世界永久和平的方案。 一直以来，人们都是从消极的观点来看待这场战争，认为它是由无能的人所领导的没有目标的战争——"猴子领导狮子"，这是英国人对他们军队的描述。 最近，历史学家们试图恢复政治家和将军们的名声。 他们提出，至少对于英国和法国而言，这场战争是值得打的(Bond, 2002)。 我持怀疑态度。 我们应当批评包括英国以及法国在内的这些政治家，他们在外交上缺乏耐心，他们愚蠢地把各个国家带进了战争，然后，当战争陷入僵持状态的时候，他们再一次犯了错误，没有运用外交谈判来获得一个折中的和平方案。 从他们的立场来看，他们追求的是将战略安全和地位——个人与国家的声望——结合在一起看起来也许是理性的，但这是彻头彻尾的愚蠢。 我们应当把他们的政策视为非理性的和不人道的。 我们应当批评那些将军，他们不断地把士兵的生命献给他们的碾肉之神。 政治家和将军们都不会冒着生命的危险上前线。 在现代战争中，精英们是用别人的生命来为他们自己的荣誉进行战斗，观看比赛的英雄主义是很容易做到的。 我们从这次战争中应当汲取的一个主要教训就是：我们决不能允许西方文明的军国主义文化再一次合法化，以致大规模的屠杀又一次被看作是有价值的或者是有必要的。

拉迪亚德·基普林(Rudyard Kipling)为他的死在战场上的儿子写了两句动人的诗，他的儿子死于 1915 年的 18 岁生日之后的一天：

如果有人问我们为什么会死？

告诉他们是因为我们的父辈们撒谎了。

[1914 年 至 1918 年 的 战 争 祭 文：《数 年 之 间》(*The Years Between*)，1919]

令人不安的是，这两句诗接近事实。 父辈应当懂得更多事情。 这场战争是由政治家来发动的。 他们推崇战争，视其为国家之间进行外交的默认手段，但又让别人来打。 这是多权力行动者(multipower-actor)文明的阿基里斯之踵，它将会彻底毁灭我们这个文明。 这次战争的确有一个好的结果：它削弱了父辈和上等人的统治。 它是一场由民众参战的、民众提供物资的、民众受难的战争，其结果是，在战后的欧洲，公民的权利和力量开始从根本上登上了舞台。

这场战争的结果——谁胜谁负——并不是偶然的，尽管在战争的第一年或者是第二年可能会出现其他的结果。 当战争继续推进的时候，越来越有可能的是，西方的民主资本主义庞大的阵营赢得这次战争，它们的胜利更多地来自于力量而不是来自于美德。 这即使不是一场世界性或者是总体性的战争，欧洲的英雄主义已经动摇了欧洲社会的基础，造成了欧洲社会的衰落，虽然不能说是崩溃。 英国和法国这两个欧洲的大国所得到的仅仅是幸存了下来，它们的权力在这场战争中转移给了别的国家。 这场战争摧毁了大部分地区的专制君主国家，尽管剩下的传统国家表现得若无其事。 然而，当登上舞台的平民大众听到从战争中产生的以及战后所经历的苦难中产生的新的意识形态的时候，一切都受到严重的挑战。 无论大众经历的是胜利或者失败，他们的参与和受难现在正在改变世界以及他们对未来的抱负，我们已经在第二章看到了印度人的例子。 在这个方面，没有什么国家能够比俄罗斯更清楚。

注 释：

　　[1] 接下来的文字需要参照我的第二卷第 21 章。 威廉姆森与迈(Williamson & May)(2007)作了特别补充。

　　[2] 有人怀疑德国真的会执行施里芬计划，或者这个强有力的计划是否真的存在。 不过在 1914 年。 德国军队确实试图更为灵活变通地执行这个计划。 见 Zuber，2002；Strachan，2001：163—184。

　　[3] 本卷第二章对弗格森关于大英帝国的观点进行了严厉的批判。 很高兴在这里重新引述他关于第一次世界大战的优秀著作，并给予肯定。

　　[4] 我们在第十四章会看到，并不是所有的"二战部队"都存在这种情况。 希尔斯与雅诺维茨(1948)关于德国的军队方面的研究也得到了类似的结论(受到了《美国士兵》这个研究项目的影响)，然而，最近更多的研究表明，大量的德国士兵受到了纳粹意识形态的强烈影响。

第六章

解释第一阶段的革命：无产阶级革命 (1917—1923)

导论：革命的理论

表面上看，20 世纪的主流似乎是渐进性变革，因为整个世纪在物质方面有巨大的增长。世纪之初出现的一些权力结构(power structures)蔓延到了全球各地——资本主义、民族国家(the nation-state)和(不够充分的)民主政体——但它们当时的发展似乎并没有表现为一种渐进过程。20 世纪前半叶以布尔什维克和中国共产党发动的两大革命为主导。这两次革命激起了全球范围的更加深入的革命和反革命运动——包括法西斯主义和美国的焦土式镇压策略(the scorched-earth counterinsurgency strategy)。这个时期，各种对立的意识形态席卷全球。20 世纪最后 25 年的主流便是这些革命的消退和其中一种意识形态(不够彻底)的胜利。

上述这些是一个跨越国界的，甚至全球性的总体趋势。这种趋势可以被视为一种间断性平衡(punctuated equilibrium)，其总的趋势保持不变，又突然被战争和革命扭转方向。然而，随着欧洲多民族帝国的垮台，民族国家部分地控制了这种趋势和中断的进程，它们内部各派力量的平衡存在着差异，因而分别程度不同地经历了战争和革命(或改良)。因此，有必要采取民族主义的方法对各主要国家进行单独的分析，并充分认识世界各地的革命与反革命浪潮的跨国蔓延背景。本章主要讨论从俄国开始蔓延到中欧各国的革命与反革命运动，第十三章讨论中国革命，第四卷探讨中国革命引发的革命浪潮，同时也包括我对现代革命的最终解释。

大多数关于革命的定义涉及了政治、社会和经济关系的颠覆。 我延伸了这一用法，认为革命是通过暴力手段激进而剧烈地颠覆社会权力的四种来源中至少三种的民众反抗运动。"革命"一词有时仅指政治权力关系的变革。 蒂利(Tilly, 1993)就持这种观点，他发现 1492 年至 1992 年的 500 年间，仅在欧洲就发生了不少于 709 次革命。 我把几乎所有这些革命称之为政治革命，而将"革命"限定于为数不多的转型更彻底的事件。 必须指出，迄今为止，政治革命一直是主流。 进入现代以来，政治革命几乎都采取了"宪政"形式，依据宪法或公法规定将立法权与行政权分离。 美国与法国革命之后，这种宪政形式的政治革命仍不断爆发。 但是，美国革命与法国革命在 19 世纪已经获得了更多改良主义的社会内容，最后一波宪政革命运动恰好出现于一战前，依次分别是 1905 年遭受挫败的俄国革命，1908 年土耳其青年党(Young Turk)夺取奥斯曼帝国政权，1910 年的墨西哥革命和 1911 年中国的辛亥革命。 在所有这些革命中，政治而非经济目标成为占居绝对优势的革命目标。 俄国的布尔什维克革命从根本上改变了这一点，由其引发的革命浪潮成为二十世纪的发展主流。

革命因具有某种偶然性和不可预见性而不易作出解释。 比如大街上的人群发生骚乱，叛乱分子拿起武器，其后果本来就是难以预料的。 决策和领导的能力显然十分关键。 猛烈镇压或明智改良都可能将起义扼杀在萌芽状态，使一些本可能出现的革命销声匿迹，不再具有影响力。 城市革命开始一般表现为纯粹的政治革命，然后不稳定地升级，但大多数政治革命并不会进一步升级。 农村革命一般有更多的社会内容(social content)，而且更早使用暴力。 这些都使对革命进行解释变得更加困难。

马克思主义在 20 世纪的革命实践与理论中占据了主导地位。 从这一意义来看，马克思主义与自由宪政主义一起首先成为真正意义上的全球性的意识形态。 其信仰者认为他们的模式适用于全球各地，最后形成一个全球性的社会。 马克思主义可被看作是一种世俗的救世主义(Salvationism)，它带给骨干分子(cadres)的意识形态权力堪比救世宗教。马克思主义者注意到革命动乱具有不确定性，从总体上将革命解释为阶级斗争，这也是他们的核心概念。 马克思主义把从英国内战到法国革命期间发生的革命看作是旧的封建阶级与新兴资产阶级之间的斗争。1917 年 2 月至 3 月间发生的俄国革命被看作是资产阶级取得的短暂胜利，而 10 月至 11 月间的布尔什维克革命是工人阶级的胜利，中国革命的胜利则被视为农民阶级的胜利。 通过对其他社会群体以及对立阵营双方组织和领导的分析，这些马克思主义的解释补充了阶级斗争这一基本模式。 摩尔(Barrington Moore，1967)显然受了马克思主义的影响，从社会阶级和国家政权之间的权力关系角度对革命进行分析。 马克思的各种理论具有长远眼光，将革命视为各种结构性趋势长期发展的必然结果。 然而，马克思主义的主要的革命理论贡献来自列宁、托洛茨基、毛泽东和格瓦拉等革命家，他们为各种结构性因素添加了一些短期策略。

1920 年列宁对俄国革命原因的总结可以作为我们讨论革命的出发点：

> 仅仅被剥削和被压迫阶级懂得不可能继续旧的生活方式并要求变革是不足以发生革命的,革命发生的必要条件是剥削阶级无法继续以旧的方式进行生活和统治(原书第 168 页)。只有当"下层阶级"**不喜欢旧的方式**,且"上层阶级"无法继续推行旧的方式——只有这时革命才能成功[第 2 卷,1947 年版,第 621 页,列宁用黑体字表示强调(his emphasis)]。

请注意列宁对两大阶级都作出了强调：一方面下层阶级极力要推翻旧的

秩序，另一方面上层阶级的抵抗变得软弱无力。至少需要具备这两点革命才能发生。

第二种解释革命的理论源自结构功能主义，该理论强调革命形成的原因是"社会紧张"、"结构失衡"和"政见分歧"。但这些条件不易操作，而且这些条件广泛存在，革命却很少发生。这也是关注于反对派精英和民众所感受到的"相对剥夺"理论所遇到的一个问题。相对剥夺理论的"J曲线"模型具有可以验证的优点，该模型主张，革命通常发生在经济长期增长之后转入的低迷时期——人们的期望值上升，然后破灭，这造成人们的强烈不满。但是革命爆发之前有时的确如此，但有时也未必会这样。这一理论无法解释俄国或中国革命，它们是这个时期的两次主要革命，因为经济低迷不是解释两个动员民众战争(mass mobilization warfare)摧毁国家的最好方式，而且中国革命持续了整整二十年。这些理论提出，人们产生不满时革命便会发生，然而，当人们发现无法改善自身命运时，无论剥削如何严重，他们大多数便会顺从剥削。因此，当不满的人民认为统治政权衰弱到他们可以发起挑战时，革命才会发生。这便是列宁提出的革命的第二个因素反作用于第一个因素。

近来学界沿用列宁率先提出的观点，即统治政权的走向衰弱与下层民众的起义至少同等重要的观点。斯考切波开始了这一转变，她从与阶级冲突相互作用的国家所承受的地缘政治压力的角度解释了法国革命、俄国革命和中国的辛亥革命。据此，她认为引起现代革命的原因有，"(1)受制于国外更为发达国家不断加剧的压力，国家机构处于濒临管理和军事的崩溃以及(2)推动广大农民反对地主的暴动的农业社会政治结构"(1979：154)。她把这两者看作革命发生的必要原因；两者结合在一起，就构成革命发生的充分原因。当两个因素都具备，革命就必然发生。她认为法、俄、中三个国家为打仗付出了高昂的代价，输掉了战争，国力削弱，国家分裂，由此变得不堪一击。这一点得到普遍认同，但斯考切波认为起义源于农业阶级冲突，特别是心怀不满的农民。 这涉及她对三个主要变量的研究:"农民共同体(communities)团结的程度和类型……地主及其代理人(agents)日常监管与控制下的农民自治程度……以及国家放松对农民暴动强力压制的程度"(1979:115,154)。 这的确能说明一些问题,但还有没有其他重要的参与力量? 法国革命中没有资产阶级吗? 俄国革命中没有无产阶级吗?

有学者对斯考切波的研究进行了补充。 沃尔特·戈德弗兰克(Walter Goldfrank,1979:148,161)确定了革命爆发的四个必要且充分累积的因素,其中两个影响统治者,另外两个影响起义者:(1)一个宽容、容忍的国际环境,外国势力不会干预起义者或者对起义者进行援助;(2)一场导致国家的行政能力和强制能力陷于瘫痪的政治危机;(3)广泛存在的农民反抗斗争;(4)城市反对派精英进行的反抗活动。 前三个因素相互作用,促成革命形势的出现;第四个因素的出现将影响革命者军事优势确立之后的政治和社会转型。 在我看来,这最后一句应是革命的第五个必要条件,即军事权力优势。 杰克·戈德斯通(Jack Goldstone,2001)区分了政权得以继续维持的三个基本条件:(1)该政权是否具备公正有效地执行需要完成的任务的必要资源;(2)精英(elites)是团结一致,还是四分五裂或两极分化;(3)反对派精英能否联系下层民众的反抗力量。 福伦(John Foran,2005)论及20世纪革命时,确认了对革命有利的五个条件:(1)经济发展不能独立自主;(2)经济发展处于衰退期;(3)一个压制的、排斥的和人格主义的国家政权;(4)反对派强大的政治文化;以及(5)一种"不干预革命的世界体系"(a world-systemic opening)。

以上各种理论的共同之处在于,都强调主要由外部地缘政治压力下产生的旧政权内部的政治分歧。 而在起义者方面,农村和城市民众阶级都强烈希望实行重大变革,而且能与领导革命的反对精英建立起联系,这些成为革命的必要条件。 有些作者将国家政权因素凌驾于其他因素之上,认为一个高压的,而又缺乏广泛基础(例如,派系化)的,排他的、人格主义的或世袭的政权,缺乏公民社会的坚实根基的政权是最脆弱的。 他们认为如果革命仅仅是阶级冲突,工人和农民攻击的对象就是资本家和地主，而不会是国家政权。 对于一个政治性的后果，我们需要分析其政治方面的原因(Goodwin 2001；参阅 Goldstone，2004)。这些观点都有一定的意义。

我的观点与上述观点大同小异。 不过，我依据社会权力四个来源的框架来分析革命的原因，这四个方面都是促进或阻碍革命发生的因素。 我也注意到国家政权对付起义者时，可能会从两个方面受到削弱：一是可能出现派系纷争，无法形成抗击起义者的统一战线；二是可能缺乏基本的基础权力在整个国家强加其意志。 我还更多地强调军事原因。 在 20 世纪的革命以及预谋革命(attempted revolution)浪潮中，阶级斗争尽管重要，但对手的意识形态凝聚力、国家当前的实力和立场、该国与其他国家之间以及国内各竞争力量之间的军事力量平衡也同样非常重要。 我强调农民、工人和士兵的重要作用，因为这些国家都处于工业化进程中，至少是半(有时远超过一半)农业化国家，工人和农民的重要作用就可想而知了。 大众动员战争也对促成 20 世纪革命的发生有着意义深远的影响。 绝大多数革命以及所有重大革命都发生在战争期间或战后。 但是对革命而言，权力必须通过暴力夺取。 社会内部的军事与准军事力量平衡最终决定着革命是成功还是失败，或者实际上决定着是否能阻止激进分子产生革命的想法。

我的方法与传统的研究也有所不同。 我和福伦保持一致的方面是，我们都对比研究了革命与"非革命"(non-revolution)，即预谋革命(an attempted revoluton)。 然而，"民族主义的"比较方法成为当今主流，该方法把每一次民族革命看作独立运动，然后在所有运动中寻求引发革命的共同原因。 这种方法有其优点，但革命历来很少是独立运动。 几乎所有现代革命都由马克思主义者领导，他们以一套自信可以适用全世界的历史理论作为行动指南。 尽管他们有一个乌托邦式的目标，但这并不妨碍他们依照自身经历适应与改造这一理论。 革命者需要经历一个新策略的学习过程，当然反革命者也是如此。 革命活动能跨越时空相互影响。 况且，这种民族主义比较方法太多平均主义，即使把所有其他革命加在一起，也抵不上俄国布尔什维克革命和中国共产党领导的革命：这两次革命迅速激起了它们周边广大地区的进一步谋划的革命浪潮，带来了世界范围的影响。 如果这两次革命没有发生或只发生一个，其他许多革命很可能就不会发生。 革命的时间也不会呈线性发生；这两次革命引发了两股革命浪潮，而这两次革命本身也发生在 20 世纪两次世界大战期间和刚结束之后。 因此，要认识 20 世纪的革命，必须首先关注这两大革命，其意义远超过其他革命。 我们必须在这两大革命发生的时空背景下对它们进行分析，而且分析时必须比本章前述学者赋予军事权力关系更大的权重。 第一次世界大战后，革命从俄国蔓延到了中东欧，但这些革命都失败了。 我在这里试图分析一下这些革命失败的原因。

20 世纪早期的改良与革命

相对发达国家 20 世纪前 50 年的关键问题是如何满足平民阶级——农民、工人和较低层的中产阶级，——他们对于充分享受民族国家的公民权利的渴望。 这涉及 T.H.马歇尔关于公民的民事的、政治的和社会权利三种形式的全部，该部分内容在第九章有更为详细的论述。 获得这些权利可以通过革命手段来实现，但这并不常见。 而更为常见的是通过改良获得公民权利，统治阶级和精英迫于压力，在资本主义改良的前提下，扩大选举权，承认民事权和工会组织，以及提供福利以实现全民的最低生活保障。 改良成为一种常态，而非革命，第九章对此有论述。

在一战爆发前夕，各国选择了什么样的道路？ 我在第二卷第十七章至二十章对此作了详细论述，这里简单回顾一下背景。 第二次工业革命带来了更大规模的企业和工厂，特别是炼铁、铸钢、金属加工、化工和采矿等行业；同时城镇化、政府科层化进一步提升，军事力量也得到扩充。 各种劳动力正不断地同质化，成为雇员，工厂技术熟练工人成为其组织先锋，他们居住在城市的工人区(以及更多的农村矿区)。 由于受制于比过去更多的等级制的控制，工人们非常不满奋起反抗。 各工业化国家的工会也开始觉醒。 然而，正如第二卷所谈到的那样(本书第三章也再次提到)，工人们组织了三种不同类型的运动：(1)力图代表所有工人利益的全体工人"阶级性"组织，这种组织通常以社会主义或工联主义为旗号；(2)仅代表某种特定职业(通常是熟练工人)的"行业性"(sectional)组织；(3)"区域性"(segmental)组织。 这种组织以工人当前工作所在地为基础，工人对所在地十分依赖，因为他们的技术和报酬不宜转到别处。 第二次工业革命聚集了劳动力，雇主对付工人的主要方式在于降低行业组织中的手工业工人的技术水平，迫使他们加入不断增长的半熟练工人大军。 这导致了以阶级为基础的工会运动的巨大增长，一战前涌现出了一股工人罢工、社会主义和工联主义的潮流。 一战前劳工运动处于上升趋势(Silver, 2003：15—18)。

但这还不足以构成一个巨大的威胁。 一直到 1914 年，没有一个国家的工人运动能够组织一半的劳工参与。 澳大利亚工会化比率为 31%，英国和丹麦为 23%，德国为 17%，美国为 10%，其他国家更低于美国，未及 10%。 劳力更集中的金属、采矿、化工和纺织行业，工会组织也更强大，阶级意识不断增强。 然而，大多数工会由手工业工人领导，行业保护主义仍然很强；而新型的、更大规模的公司需要某种企业或行业的特有技术，其管理人员与工人相互依赖的程度很高，这就导致了基于企业层次的区域性工会主义。 有一些是企业工会(company union)——在美国蔑称为"黄狗工会"——但还有些表现出了独立的工联主义趋势。 行业工会主义和区域工会主义都会破坏工人的阶级团结，实践中大多数工会运动兼具以上三种运动的特征。 我还认为政治排斥很大程度上激化了阶级运动与革命情绪。 一旦所有工人都被剥夺公民政治权利，这会使工人们摒弃行业和区域差异，团结一致，公开进行全阶级的运动，有时拥护革命——尽管工人的日常行为更倾向于改良。

除美国外，世界各地的社会主义政党和工人党活动也处于上升趋势。一战前，这些党派在选举中获得的选票增加最为迅速。德国社会民主党轻松处于领先地位，1912年成为最大的党，选举中获得35%的选票。而其他社会主义党或劳工党不及25%。由于工人通常将国家与镇压联系起来，他们不大信任国内政治。但是工会以及社会主义和无政府工联主义不断发展，这令各国的旧体制越来越感到不安，其中较为机敏的一些政府除一味镇压之外开始制定一些策略以讨好工人，避免工人走极端(见第九章)。

这些趋势相互融合的方式在每个国家都表现得各不相同。从第三章可以看出，美国长期以来实行白人男性民主(white male democracy)，政治上唯独排斥非裔美国人和妇女。然而，政治精英和统治阶级在经济改良方面很少让步，雇主和政府也比除沙俄以外的其他国家更频繁地实施镇压。美国将民主和压制巧妙结合，使劳工受到的打击比社会主义政党更大。同时，英国及其以前的白人定居殖民地赋予了大多数男性选举权，并可以自由组织工会和劳工党派。虽然阶级组织形成了，却极少支持社会主义。这些英语国家提供了不同形式的自由主义工党式改良途径(a lib-lab path to reform)，在斯堪的纳维亚、荷兰、比利时和法国等地，这一改良途径有更多的社会主义性质。西北欧似乎已经朝着自由民主、自由贸易联盟和启动福利改革的改良主义迈进。西班牙和意大利的情况更为复杂：尽管它们已经有男性广泛参与的议会和选举制度，但这些议会和选举相当腐败，且受当地权贵的控制。西班牙语Caciquismo一词是对这一自上而下的腐败的阶级控制形式的称谓，意大利语transformiso用来指行政长官贿赂各党派，组建一套俯首帖耳的内阁成员队伍的能力。工人们可以组织工会和成立党派，但现实中却被剥夺了公民的政治权利，这迫使他们左倾，转向社会主义和工联主义。在两国的一些地区，农民的不满情绪相当严重，并且还有强大而又保守的天主教教会。这些都为革命对抗创造了一定的条件。

德意志和奥匈两大帝国仍然保持较为专制的制度。它们有男性普遍参与选举的议会，但选票有阶级权重，而且议会没有最高统治权，最高权力掌握在国王手里。 虽然允许成立工会，但集会和罢工的自由被一些惯例(ritual forms)剥夺，这些惯例约束工人不诉诸暴力。 受这几种因素综合的影响，两国出现了一些较大的社会民主党派，这些党派被排斥于政府之外，表面上致力于革命，实践中却非常温和。 而且，政府和许多地方当局支持一些福利改革，以阻止社会主义势力的发展，分化工人阶级。

最为极端的例子当属沙皇俄国。 尽管迅速的工业化使俄国有了世界上最大的工厂，但政府拒绝在民主和经济改良中作出丝毫的让步，允许工人享有很少一些集体权利。 可以预见，受到全面的排斥必然会不断滋长工人、农民，甚至中产阶级的革命情绪。 当极微小的改良带来了来自下层人民的更多诉求时，随之而来的便是压制。 1905 年的日俄战争中，俄国战败，引发了一阵强烈的革命风暴。 尽管革命被镇压，但末代沙皇统治下的俄国面临的似乎不是改良，而是酝酿着再一次的革命。

最后，正如第二卷第十九章提到的那样，各国农村阶级关系也不一样。 到 1910 年为止，仅有英国的农业人口数量减少了。 只有英国、比利时、澳大利亚和瑞士四国的工业从业人口多于农业人口。 美国农业人口仍占 32%，德国 37%，法国 41%，俄国和奥匈帝国则超过了 55%(Bairoch，1982：table A2)。 这些国家是真正的工—农业二元社会。 在法国、西班牙、意大利和美国，有些地区的农民很激进，还有些却很保守；德国和奥匈帝国的农民更倾向于保守主义。 俄国农民的不满情绪最为强烈，这在 1905 年那场失败的革命中表现得淋漓尽致。

第一次世界大战前，俄国政府的排斥性最强并因此爆发了唯一一次胜利的革命；德国和奥匈帝国排斥性稍弱，这两个国家发生的革命就失败了；而其他国家有着更强的包容性，只出现了改良活动。 这种排序似乎表明一战并不是解释革命的必要因素，也许即便没有战争也同样会发生革命。 正如在前面几章所看到的，战争不是这种阶级关系的产物——而在很大程度上取决于欧洲列强传统的军国主义。 阶级关系是否会因为发生战争而改变显然取决于军事参与的两大坐标轴。 首先，一些国家只是最低限度地参与战争，比如日本和美国。 战争不太可能在很大程度上影响他们。 而其他一些国家则完全陷入了战争——俄国、德国和奥地利。 其次，有战争就有战胜国和战败国。 战胜可以使现有权力关系合法化，仅需进行一些源于人民战争的改良；战败则刚好相反，要面临权力关系丧失合法性的结果。

布尔什维克革命

　　俄国在两个方面颇为独特：一是取得唯一一次胜利的革命，二是唯一的一个革命发生在战争期间而非战后的国家。 工人、农民、士兵和城市人群参与的革命动荡始于 1917 年 1 月底，之后全年不断。 3 月初罗曼诺夫王朝被推翻，随后通过一场准宪政性质的革命，临时政府暂时掌握了政权。 这场革命也带来一些意识形态的变革。 但由于当时俄国军队正与德军激战，并没有实现经济变革。 10 月，布尔什维克党推翻了临时政府的统治。 1921 年末，布尔什维克党巩固了政权，拒绝宪政主义，并着手变革政治、经济和意识形态的权力关系。 国有制取代了资本主义私有制；马克思列宁主义的官方意识形态取代了宗教、君主制、保守主义和自由主义；君主专制不是被社会主义宪政民主取代，而是被一党统治取代。 这一切来自大规模的民众起义，显然是一场革命。 事实上，这场革命仍然是西方资本主义历史上唯一一次取得胜利的革命。

　　前文已经指出，第一次世界大战前俄国就已经陷入一片危机。 改良者有时能成功地使罗曼诺夫王朝作出一些让步——如成立有限选举的议会(杜马)，设立了劳工调解程序等。 但是，让政府作出更多让步的民众压力时刻警醒保守分子，他们最后在朝廷中仍然占据上风。 尼古拉二世对自己的神权统治深信不疑。 罗曼诺夫王朝更多是受到意识形态的主导，而非受着如何通过妥协来维持其存在的工具理性的主导。 沙皇进行的压制和拒绝退让相互交替。 这表明国家处于一定程度的分裂状态，然而由于始终是保守的反动派最终获胜，自由派和立宪派没有获得权力，所以对于政权的相对完整性并不是致命的。 但是，通过镇压结束动荡加深了人民的不满情绪——虽未达到满足列宁关于革命发生的两个条件的程度，但导致游行示威和罢工不断，致使(并和其他原因一起)朝廷保守派督促俄国于 1914 年参战，以期利用民众高涨的爱国热情淹没各种不满情绪。

俄国一些较小的革命党派对只要求宪改而非革命的群众运动产生的影响微乎其微。 三大社会主义党派的核心——孟什维克、布尔什维克和社会革命党或 SRs(实际比其名称要温和)——主要由学生、教师和一些文化程度相对较高、思想较开明的工人(社会革命党主要是农民)组成，他们虽非常努力但没能形成较好的群众基础。 列宁早期理论中关于成立一个秘密小先锋党的政策，在现实中效果也不甚理想。 1917 年初，布尔什维克党宣称有 23 000 名党员，但实际数字肯定要少得多。

我对布尔什维克党 1917 年的 68 位高层领导人的背景资料进行了分析，他们同时也是布尔什维克党中央委员会的成员和苏维埃革命军事委员会的布尔什维克党成员。 在 61 位已知父母出身背景的党员中，仅有 19 人出身工人或农民。 女性只有两人，其中一位是列宁的夫人克鲁普斯卡娅。 后来又增加了两位，有一位是托洛茨基的夫人。 布尔什维克党高层领导人的受教育程度很高，66 位已知教育状况的领导人中，只有 9 人是小学文化程度。 他们大部分是对普适性的意识形态感兴趣的知识分子，但从大学或技术学院辍学的多于毕业的(其比例为 19 比 17)，这也是对正统知识不满的一种表现。 在 66 位已知职业信息的领导人中，14 人最初是工人，10 人从事中产阶级职业，6 人既从事其他职业，也参与革命活动。 剩余 36 人(占 55%)成为职业革命家，没有其他职业。 所有 68 人中初次被警察局备案(acquire a police file)的平均年龄只有 17 岁

(年龄范围为 13—27 岁)。 1917 年时他们的平均年龄显然要大些，达到了 34 岁。 利利安娜·里加(Liliana Riga, 2009)通过对更多的布尔什维克领导人的分析发现，他们中还有相当大比例的犹太人和俄国的少数民族成员，这些人由于各种原因被俄国社会边缘化。 这是由一群边缘人组成的一个 groupuscule "小团体"，他们别无出路(going nowhere fast)。 政治迫害使他们更加团结一致，也更坚定地信仰一套长期的历史理论(因为短期而言对他们相当不利)。 只有俄国政权崩溃，他们的乌托邦和救世信条才有可能实现。 尽管许多人都期待俄国爆发某种革命危机，但几乎没有人——包括列宁自己——期待这会引发一场社会主义革命。

然而，第一次世界大战有如霹雳闪电一般发生了。 俄国人现在也体验着其他国家人民一样的民粹情感，但这种情感迅速加强。 俄国人民迸发出一股强烈的爱国激情，但这还是没能幸免在战争的头几个月在东普鲁士遭受的惨败。 波兰沦陷，德军继续向东挺进(Jahn, 1995)。 俄国损失惨重——到 1915 年底死去近 400 万人。 战争爆发，罢工一度停止。 但 1915 年 7 月又出现了一次罢工浪潮，这大大早于其他参战国家，这次罢工被镇压下去。 K.墨菲(K.Murphy, 2005：225)注意到沙皇警察抓捕的莫斯科一家大型金属加工厂的工人远多于 20 世纪 20 年代投入革命的布尔什维克党。 沙皇的镇压驱散了革命激进分子，却没能遏制工人动乱，1916 年秋又掀起了一阵罢工浪潮。 1916 年 11 月，国家杜马中的温和派提醒沙皇尼古拉二世如果不转向宪政统治，就会有灾难来临。 但是，尼古拉却为此解散杜马，并延迟选举达一年之久。 像之前的路易十六一样，尼古拉的反动顽固可能成为今后局势的一个必要条件。 1917 年初发生了一场大规模的起义，而俄国军队当时正全力参与一战。

这次起义始于 1、2 月间的罢工浪潮。 罢工、示威游行和面包暴动使圣彼得堡陷于停滞；莫斯科紧随其后。 妇女们在 3 月 8 日国际妇女节的重大示威游行、面包暴动和其他的游行示威中有突出的表现。 示威人群强烈要求面包、和平和改良，并且指名道姓地谴责沙皇。 他们似乎缺乏统一的领导。 杜马中的温和派要求沙皇退位，希望有一位更具改良思想的皇室成员取而代之。 然而，尼古拉再一次置若罔闻，2月25日他命令圣彼得堡地区最高军事指挥官全力镇压起义。 这位将军听从了命令，但他的部队于27日发动兵变，大部分的士兵加入了示威者队伍。 然后，叛变蔓延到莫斯科。 从那时开始，革命者拥有了武器和接受过训练的士兵。 而没有军队的国王就好比没穿衣服一样，尼古拉王朝迅速走向灭亡。

　　27日，沙皇内阁提交辞呈，并建议实施军事独裁，但军官们拒绝了这一史无先例的提议。 3月2日，王室贵族、大臣和高级将领抛弃了沙皇。 第二天，他们放弃了从罗曼诺夫王族再立一位沙皇的企图。 此时的俄国就像1789年的法国那样，国内长期酝酿的党派争执还没有开始走向成熟。 杜马内部少数的自由派无能为力，始终只能进行口头抗议。 这场政治革命源自社会底层民众，来势凶猛，令人始料未及，当然这也给了自由温和派一次绝好的机会。 杜马少数成员宣布成立伊凡诺夫(Lvov)王子领导的临时政府。 由于民众情绪发生左倾，社会革命党人克伦斯基，一位中立派，取代伊凡诺夫接管了临时政府。 他承诺进行普选性质的新选举，这成为寻求宪政的纯政治革命的最后企图。

　　同时，在俄国也播撒了进一步革命的种子。 尽管俄国仍然是一个农业经济占主导地位的国家，其工业异常集中且现代化程度也非常高。莫斯科和圣彼得堡(今彼得格勒)周围和矿区一样，有一些大型工厂和主要的工人区。 这有利于在这些重要地区形成一支强大的工人阶级队伍，不必十分地依赖工会，因为工会遭到镇压之后失去了作用，但他们成立了许多非正式组织。 这里的雇主们也处于弱势，很多工厂和矿区的所有权都属于外国人。 托洛茨基(Trotsky，1957)指出，这两个因素致使这些主要城市工业区的阶级冲突异常严重。 在1905年那场失败的革命期间，俄国许多城市在设立工人委员会(workers' councils)的基础上，成立了彼得格勒工人代表苏维埃(Petrograd Soviet of Workers' Deputies)。罢工工人选出代表，代表他们行使权力，同时也有士兵代表和社会民主党派的代表参加，主要是孟什维克和社会革命党成员。 彼得格勒工人代表苏维埃颁布的第一条规定就是在军队各单位成立士兵苏维埃(管理委员会)，但这一阶段的苏维埃并不是要成为一个政府，而只是给临时政府施加压力。 这些人仍然属于社会民主主义者，还没有成为革命者。

2月，军队拒绝镇压游行示威者成为关键，军官们对此意见不一致。 一些人认为20世纪独裁政体可能缺乏统治能力。 武装部队已经现代化了，并且1911年仅一半的军队官员是贵族出身(从1895年的四分之三开始下降)，1903年只有9%的主要将领或更高级将领拥有土地和房屋。 武装部队正在现代化，但政府却没有现代化。 一战期间，当政府基础设施不能供应军队足够的炮弹时，不满情绪便随之增长。 军官们愿意实施君主立宪制，但如果能维持秩序和保障军事供给，自由共和的政体也行。 在面临杜马和反动派之间作出选择时，他们倾向于选择杜马。 这在低级军官群体中尤其如此，因为军官中的高伤亡率使他们有必要提拔出身背景较低的军官。

很少有军官会刻意关心政治。 他们考虑的首要问题是打仗，1917年动乱爆发的那些日子，许多军官发现士兵不愿继续为沙皇作战。 有一两个月时间，他们甚至接受士兵苏维埃分派的工作，冒险与被他们称为革命煽动者的人共同听命于苏维埃。 他们之所以被迫从命是为了保持自己在部队中的威信，还有些是受着部下的胁迫不得已而为之，但大多数人只想寻求一种权力组织可以转运物资，让部下捍卫其地位，为其架设炮台，甚至偶尔袭击敌军。 因此，君主主义者在革命后尖锐指责武装部队背叛了旧体制(Hasegawa，1981：459—507；Wildman，1980；Mawdsley，1978；N.Saul，1978)。 军官们的行为证实了列宁的论断：他们"无法再以旧的方式继续统治下去了"。 然而，之所以出现这种情况，主要是因为列宁所提出的另一个原因：士兵和低层阶级的武装力量不想以旧的方式继续下去。 统治阶级十分不安，但只有当民众拒绝服从时，他们才会陷入无助状态，也就无法保障安定的秩序，而这是良好政府的基本要求。 这是一场发自社会底层民众的革命，它所推翻的这个政府的基础设施权力遭到战争破坏，因此削弱了镇压性权力。

诚然，旧政权疏远知识分子和现代化改革者导致统治阶级内部四分五裂(Haimson，1964)。 但站在朝廷和政府外面来看，这种分裂不是很明显。 不管怎样，朝廷的温和派和强硬派之间的争端总以后者获胜结束。 统治阶级内部派系纷争并不是俄国的主要问题，第一次世界大战才是导致其国家基础权力崩溃的罪魁祸首。

可以看出，分裂德国、奥地利和匈牙利三国潜在革命力量的两支主要力量在俄国却表现得不那么重要。 第一支是农民阶级，第二支是工人阶级，两者都分布在广大的农村和城市人口中。 我曾指出过，这些国家都是农—工二元社会。 尽管农业深受资本主义发展的影响，但其产生的阶级不满与工人不一样，并且战争加剧了城市与农村人口的粮食冲突。 20 世纪初的俄国，城市和农村人们的巨大不满开始同时出现。托洛茨基(Trotsky，1957：chap.1)用"混合却不平衡的发展"来解释俄国革命。 其他国家分别在不同历史时期出现的严重的阶级冲突，俄国却在同一时间出现了：托洛茨基认为，地主与农民的矛盾，作为封建主义的最后危机，虽在其他国家更早出现，在俄国却与资本家与工人的矛盾这个资本主义的危机结合在一起同时发生了。

俄国农民引发的动乱比其他国家更为严重。 从 1861 年农奴解放到 1907 年以后斯托雷平改革的实施，俄国农业经历了一次比其他主要国家更为迅速的变革。 这一过程中产生了更多剥削性质的外居收租地主，由于居住在外地，这削弱了地主在农村的权力。 农民直接经营土地，拥有更多的自主权。 同时，这也导致了一些更强大的村庄的出现。 这样，心怀不满的农民有能力反抗。 1905 年他们进行了反抗，但是那次革命的失败让城市的布尔什维克和许多的孟什维克以及农村的社会革命党深信阶级斗争不再仅是一个抽象概念(a metaphor)(当时对大多数马克思主义者来说却是)：实际上，要取得革命胜利还必须通过斗争和军事化的途径。 1905 年革命和 1917 年春的革命表明，沙皇政府一旦动摇，广大农民将会抗租，袭击庄园，掠夺和重新分配贵族和富裕农民的土地，以及其他所有者通过斯托雷平改革获得的公用地(Gill，1979：1—17，38—46；Skocpol，1979)。列宁认为这种掠夺反映了土地所有者以及富裕的和更贫困农民之间的阶级矛盾，社会主义者必须与贫困农民联合起来。但农民直到沙皇政府1917年2月垮台之后才开始行动起来。因此，农民阶级不是革命运动的发动者。

农民的不满与产业工人的不满之间并不存在固有的经济关联。各政党都没能制定一个对农民与工人双方都有吸引力的明智的改良计划。农村的社会革命党表达了强烈的不满，却没能引起城市的共鸣。相反，城市和工业地区的孟什维克和布尔什维克社会主义者的反抗表现突出，但在农村却缺乏呼应。1917年间，布尔什维克党虽制定了一项特殊计划取悦农民，可这种机会主义与他们的马克思主义理论互相抵触。尽管他们建议工业集体化和土地国有化，但在斯大林和一些其他人的强烈要求下，1917年8月列宁改变了这一方针，决定把土地分给农民个人——或者农民可以保留他们自己夺取的土地！工人和农民的反抗几乎同时发生，而且矛头都指向了同一个统治阶级。但他们各有不同要求，且这种同时反抗也不受制于相同的经济力量。革命要发生，还需要建立城市与农村之间的其他联系。

第一个联系是许多工人曾经也是农民。这源于俄国工业的极速发展，而第一次世界大战的爆发更加剧了这一趋势，许多农民进入工厂成为工人。圣彼得堡的工厂工人从1890年的73 000人，增至1914年的243 000人，1917年又增加到393 000人(S.Smith，1983：5—36)。其中大多数新来的非技术和半技术产业工人都是从农村转移过来的农民，但大多数工人运动领导出生于城市，受过更好教育，技术水平也更高。同一时期的西班牙也可见类似的迁移，也出现了相同的结果：城乡工农运动接触更频繁，相互影响程度进一步加深，城市和农村的社会主义和无政府—工联主义运动非常活跃。关于农村来的农民工人与城市工人对于革命作出的贡献谁大谁小问题，人们对此仍然争论不休。但两者的绝大部分都参与了罢工和游行示威。苏维埃、工人委员会(workers' councils)这些组织明显地与工业无产阶级联系在一起，但却是源自村庄里头领选举的传统(Bonnell，1983：433—434；Mandel，1983；S.Smith，1983：57)。

第二个方面的联系则是由国家无意间造成的。俄国对阶级关系的干预强于其他国家，而且第一次世界大战更加剧了这一干预。国家必须负责给部队和城市运送物资，还要安置撤退时因推行焦土军事战略而流离失所的数百万难民。在这一压力下，落后的交通运输系统近乎崩溃。沙皇政府一方面实现了工业现代化，另一方面实现了军队现代化，但却缺乏基础能力将两者有效结合。这也成为沙皇军队出师不利的主要原因。波兰、加利西亚和乌克兰大部分地区的失守，意味着俄国国民收入降低了大约三分之一，工业生产降低一半，粮食生产也下降了。物资不能正常供给时，政府便转而采取其最擅长的高压政治。政府企图强迫农民把剩余粮食送到部队和城市。然而，中央政府受到了地方政府的抵制，它们力图阻止本地剩余粮食运到外地去。农民则宁愿在黑市上销售粮食，因为黑市价格比官方定价更高些。成立于二月革命之后的临时政府也没能妥善处理这一问题。由于中央政府权力被削弱，边疆地区的民族主义者开始要求更大的民族自治权。其中许多人先和宪政主义者结盟，后来又和马克思主义者结成联盟。他们在布尔什维克党内占据了极大比例。国内秩序也更加混乱。

第一次世界大战极大地加剧了城市和农村民众的不满，也大大增进他们之间的联系。军事失败、经济危机、粮食缺乏和成群的难民影响了俄国欧洲大部分地区，阶级差异消除了，工人、农民和中产阶级紧密团结，形成一个统一的人民团体——人民愈发认为自己被无能者统治着。沙皇因指挥战争失利而被嘲笑为老太婆、傻瓜和醉汉。爱国主义的对象由沙皇、国旗和帝国转变为同志和人民，成为一种差异很大的民族认同感。民众反战情绪变得十分坚定。俄国对奥地利战争的几次胜利是有助于挽救政府的，对德国战争的胜利原本可以救政府于危难，但这却是不可能实现的。 愤怒成为民众情绪的主流,这股愤怒首先指向沙皇,然后又转向精英和资产阶级,这些人被视为处于整个民族之外的"他人",他们威胁着俄国的复兴,不值得与其共享民族复兴的共同成果(Gatrell, 2005;McAuley, 1991;Jahn, 1995:91—97;Gill, 1979:170—187;Steinberg, 2001:导言)。 朝廷王族、工业家、放债人、地主和黑市是明显的剥削者,而国家也身陷其中,这也使各种不同的反抗力量汇聚起来。 工人、农民,甚至普通中产阶级开始逐渐视彼此为盟友,并以期在变革中寻求拯救。

第三个联系,也可能是最重要的联系,是应征入伍的农民和工人共同参战,而且都配备了武器! 士兵和低级军官的 60% 是农民;三分之一的海军军官是工厂工人,四分之一是农民。 重大伤亡意味着更多的人晋升为低级军官(Mawdsley, 1978:6—7, 157—159;Wildman, 1980:98—101)。 海军士兵因各种原因牢骚满腹:呆在疾病肆虐的船上两年无事可做,冬天被冰雪封锁,以及波罗的海德国军舰的绝对优势,无法突破德国和奥斯曼土耳其对黑海西部的封锁。 参军入伍对农民尤其重要。 西奥多·沙宁(Theodor Shanin ed., 1971:259)认为,"征兵组建的现代军队是农民积极参与的少有的全国性的组织之一。 农民阶级的分割状态也因此被打破。"农民中的退伍士兵长期以来都是农民起义的核心力量。 现役士兵叛乱并不多见。 在本次战争中,战士们两年多来在德军前线冲锋陷阵,充当炮灰,以弥补俄军炮兵部队的劣势。 士兵们缺乏食物、鞋子、炮弹,有时甚至连枪都没有,他们手无寸铁地被送往前线,并要他们去拿倒下战友的武器。 他们成了德军的人肉靶子,被打得死无全尸。 俄军士兵在一战中大约死亡 200 万,500 万被俘虏。 惨重的伤亡导致士兵叛乱,投敌和逃跑。 1917 年年中,带枪的逃兵在农民抢夺土地的斗争中有突出表现。 正如斯考切波所说,"1917 年俄国农村的村内政治力量以年轻人为主,他们带回来了参战时的枪支和思想,挑战年龄较长的米尔(沙俄时代的村社组织)首领的权威和告诫,这些首领通常也是村里父权制的头领。"斯考切波接着说,"这必将推动土地革命更快完成，而且方式也会更加猛烈。"(1979：138)。 但是直到城市起义将政府推翻之后，农民才开始行动起来。 在一个农业占绝对优势的社会，农民起义是革命成功的必要条件，但农民并没有发动这次革命。

1916 年军队开始发生叛变，而且情况十分严重。 不像前一章讲到的法国兵变，俄国将军不能转向用炮弹轰炸的方式消除手下士兵的牢骚，因为他们缺乏炮弹。 当牢骚和不满披上政治色彩后，消极应战的海军舰队与后方驻军首先发难。 城市起义一开始，波罗的海海军舰队和首都驻军战士 330 000 人立刻加入了起义队伍。 虽然反复下达命令，但没有一个兵团出兵镇压。 这有着决定性的意义，因为国家不再垄断军事权力。 1917 年这一整年时间里，士兵和工人起义不断，他们从效忠沙皇依次转向效忠临时政府，苏维埃，最后是苏维埃内部的布尔什维克党(Rabinowitch，2004：chap.8；Wildman，1980：375)。 农民和工人虽然有着一致的目标，但直到一起穿上军装之后才共同行动起来。 军事权力也从政府转移到了起义者手中，这样革命就可能取得成功了。

1905 年革命可以看作是一次革命的演习，这次革命也是因为一场失败的战争促发的。 农民夺取土地，工人进行反抗，以及工人士兵、农民士兵与水兵参与一场无力打赢的战争而共同经受苦难。 被日本打败后，俄国远东省份成立了工人士兵苏维埃，更重要的西部省份出现了单独由工人和农民参加的反抗活动(几乎没有士兵参与)。 政府起初答应进行改良，但 1907 年当他们觉得安全了，又转而进行镇压。 这场战争持续时间不长，没有造成长期的粮食危机，士兵、工人、农民和城市人群的团结也不够稳固。 正因为如此，革命者吸取了教训，不相信政府作出的妥协退让。

俄国工人、农民和军人之间形成的融合是欧洲独一无二的。 虽然各国农民的地位极不相同，但农民很少对国家和资本主义表示不满。 西班牙却是一个主要的例外。 西班牙工人的罢工和城市的游行示威也同样长期与农民的反叛相伴而行。 西班牙和俄国一样，工人和农民的不满之间没什么固有的关联。 西班牙工人与农民都进行了起义，但他们是各自独立进行的。 他们的起义分别发生在不同的月份：社会主义工人于 1917 年 8 月起义；无政府—工联主义农民起义发生在 1918 年夏天；工联主义工人起义发生在 1919 年 3 月。 这种时间差足以让西班牙军队在正常军事秩序下将起义逐个镇压。 杰拉尔德·米克(Gerald Meaker，1974：1, 63)认为西班牙左派革命失败的原因在于工人和农民之间的分歧以及马克思主义者与无政府—工联主义者的分歧，两种分歧也因为地理因素而加深。 但西班牙是一战的中立国，西班牙政府没有可导致工人、农民不满的共同原因，也没有大量不满的士兵。 假设没有因为沙皇在战争中的无能而带来的工人、农民和军人之间的团结一致，俄国革命的命运也许比西班牙还要更加惨烈。

再者，改良者和革命者的分歧在工厂工人中间表现得不明显。 尽管各个政治党派之间争论不休，但工人激进主义者很少加入其中。 工人们的激进出于自主，这在国营企业表现得最为明显，圣彼得堡三分之一的工厂工人受雇于国营企业(S.Smith，1983：10)。 沙皇全力支持雇主，甚至反对工人提出的温和要求，这打消了工人中的改良分子的积极性。 没有人提供改良机会的时候，要成为改良主义者非常困难。 一些开明的雇主说服一些工人代表担任军事工业委员会委员，但是由于受到政府恶意干扰和工人内部的怀疑，这些代表发挥不了作用(Siegelbaum，1983：159—182)。

受排斥和压制的共同感受促使技术工人和非技术工人情绪更激进，反抗也更猛烈。 1914 年，圣彼得堡一些大型金属加工厂的工人所接受的阶级性语言的影响要多于行业工会主义。 建筑、运输、通讯和服务行业的工人也开始成立工会。 战争的需求扩大了金属和化工产品的生产，非技术工人、农民工人、年轻工人和女工的数量也因此不断增加。工会领导仍然是技术熟练的工人，非技术工人、农民工人和女工构成工会成员与普通群众。 女工在工人暴动时人数比例略显不足，但在面包游行示威中人数较多，超出了正常比例。 在缺乏技术传统的行业，工人的反抗运动组织较散漫，也更缺乏政治性，但有时却更为猛烈。 这些情况综合起来促使工人阶级认同感进一步增强，反抗运动也更加汹涌猛烈 (Hogan，1993；McKean，1990；S. Smith，1983：190—208，253；Bonnell，1983；K.Murphy，2005：chap.1)。

直到 1917 年初，马克思主义党派仍然在边缘活动。 革命者、处于严重困境的沙皇政府以及崭露头角的临时政府都缺乏凝聚力。 虽然布尔什维克党在一些领域有着较强的影响力，但仍没有一个政党能组织全城范围的革命，更不必说全国范围了。 因此 1917 年革命事件始于不确定的、相当自发的工人和城市运动。 一些年轻的、受过教育的城市长大的金属制造工人，被称为"革命潜在精英"(revolutionary sub-elite)，他们凭自己的力量做了大量的工作，强烈要求通过苏维埃实现工人的统治。 他们仍然怀疑列宁和其他被流放的领导人的宗派主义。 列宁 4 月已经回国，但他仍然有好一段时间处于边缘状态(McKean，1990)。

沙皇政府供给系统的崩溃导致一些城市开始缺乏食物，并且也削弱了那些支持战争的保守派、立宪民主党，以及加入临时政府的孟什维克和社会革命党的力量。 大多数人都直言不讳地支持成立一个非君主制政府，可以给他们面包，给农民土地，尤其重要的是，给所有人和平。也许临时政府各政党本可以制定一部类似于魏玛共和国的民主宪法。临时政府颁布法令赋予了公民一些自由权利，也承诺了选举制度，但临时政府许多成员担心农民会控制这一民主体制，然后认可他们占有的土地，取消外债，并且停战讲和。 如果临时政府举行选举，在农民中占主导地位的社会革命党很可能获胜。 但是社会革命党组织松散，权力分散，且有些混乱，由这样一个政党来维持稳定的政府，其可能性不大。

临时政府拒绝单独与各同盟国讲和。 6 月，临时政府反而选择了向德军发动进攻。 俄国惨败，更多俄国人战死沙场。 假如临时政府坚持参战，成为战胜国之一，其合法地位可得到增强(Service，1997：52—53)。 然而，1917 年战争伤亡人数不断增加，时刻笼罩着失败的阴影。布尔什维克振振有词地谴责临时政府为好战的帝国主义。 政府宣称将担负责任，恪守条约义务，将战争继续进行下去。 假如临时政府讲和，就很可能避免布尔什维克革命。 但事实上，保守派仍然在临时政府占主导地位，他们中一些人仍然期待战争的最后胜利，甚至幻想通过胜利夺取君士坦丁堡，这是俄罗斯帝国一直以来的扩张目标。 德国爱国主义者韦伯估测了俄国退出战争的可能性。 他得出的结论是俄国不会退出战争，因为杜马和政府大多数成员仍然是"极端的帝国主义"。他认为这符合俄国国内的目标：战争可以继续使农民老实地待在军队；战争也是获得国际资本家们贷款的途径，他们害怕取消俄国债务。 他认为临时政府的激进派在这方面属于失败者，激进派跟随"帝国主义者的示威"(imperialist demonstrations)，"从长远看，将是自掘坟墓"(M. Weber, 1995：264—265)。

情况的确如此，但韦伯并没有看到临时政府正在自掘坟墓。 随着临时政府把土地和其他各项改良计划延迟到制宪会议选举之后，这一自取灭亡的进程更加逼近了。 临时政府希望制宪会议不通过各项改良计划，但为安全起见，宣称战争期间不能举行选举。 一直以来活跃于工厂内部的社会革命党现在却开始销声匿迹。 相反，布尔什维克党和他们在社会革命党左派中的盟友，以及孟什维克国际主义派强烈谴责战争，并要求立刻停止战争。 彼得格勒苏维埃迅速发展成为全国性的运动组织，由全俄苏维埃中央执行委员会直接领导。 布尔什维克过去与苏维埃彼此分离，但现在结为了同盟，极力主张"一切权力属于苏维埃"。 他们强烈要求选举前承认农民占有土地，并力促这一切立刻实现。 他们最著名的口号就是："面包，土地与和平！"

这一朝着布尔什维克党的必然转向并不难解释：因为他们提供了大多数人所想要的东西。 1917年民意和激进主义者在不同时期倒向了他们。 许多工厂成立了苏维埃以便维持生产，支付工人工资。 布尔什维克党从4月开始组建民兵组织维持当地秩序，后来这些民兵就成了"赤卫军"。 大多数工人并不把苏维埃和赤卫军看作革命(无论它意味着什么)，而只是当作保护生计的方式。 这些具体的愿望——和平、土地、面包、工厂的控制权以及法律和秩序与马克思主义者的乌托邦之间存在着巨大的差距，这个乌托邦是一个无阶级、无冲突、男女平等的社会，这也是布尔什维克所宣传的。　和建立其与民众的关系相比，这一马克思主义救世思想对布尔什维克内部关系的建立有着更重要的意义。　马克思主义历史理论使他们相信历史站在他们一边，这对他们来说是一种极强的意识形态支柱。　然而，马克思主义正统理论告诉他们，在他们革命之前有必要发生一场资产阶级的革命，因此他们必须联合资产阶级自由派。　但他们认为可以加速实现潜在的历史进程(马克思本人也指出过这一点)，因此他们认为与其他团体结盟在短期是必要的。　他们有时假装成改良主义者，为控制和利用战争产生的新民粹民族主义，他们只谈人民不提无产阶级。　但他们的目光紧紧盯着无产阶级革命，而且他们即使重新返回长期的改良主义也没有太大危险。　同时，这种革命意识形态实际上又使他们成为了机会主义。　这种双重性特征一直延续到他们夺取政权之后，因为这既为他们期待的特殊意义的革命性变革确定了总的方向，短期内暂时偏离这一方向对他们又非常有益。

实际上，无论工人信仰什么，其中许多人已经充当了革命者的角色。　通过创建苏维埃和赤卫军，工人们没收了资本家的财产，并取代了国家对暴力工具的垄断地位。　临时政府自身缺乏社会动员的手段，而不得不求助于军官镇压苏维埃。　科尔尼洛夫将军进行了最重要的一次政变尝试，但当他号召各军团进攻革命指挥部时，士兵们不愿服从军官们的命令。　当然，铁路和其他运输工人也不为他们行军提供方便。大多数有组织的工人和士兵——不仅仅布尔什维克——将这些军事行动视为反革命行动，其中一些行动得到了临时政府的支持：资产阶级企图压制无产阶级。　这种马克思主义的分析基本正确，而且这也使坐等资产阶级革命的长期策略变得非常不可思议，布尔什维克显然必须进行一次策略转变。　而且，布尔什维克的权力地位正在不断上升。　1917 年秋，他们获得了大多数工厂苏维埃选举和全国苏维埃选举的胜利，成员达到了 100 000 人(Rabinowitch，2004；Mandel，1983；McKean，1990；

Suny, 1998：54；Wade, 2000；Figes, 1997：331；Kenez, 2006：27—28；Melancon, 1997；K.Murphy, 2005：53—62)。

布尔什维克认为起义时机不够成熟，没去支持彼得格勒士兵和工人的一次起义，导致其在"七月危机"中丧失了一些民心。 他们的这次行动是否明智日后留下了颇多争议。 后来因为帮助阻止了科尔尼诺夫的军事政变，布尔什维克又恢复了一些民心。 9月，布尔什维克调停了孟什维克与社会革命党之间的争端，并要求他们必须和立宪民主党及其他资产阶级党派进行分裂。 但是布尔什维克没有得到响应，只好独自夺权——也许这一直是列宁所期待的。 在相当少的革命战士的帮助下，布尔什维克党于10月发动了政变，数月之后，工人和士兵轻松夺取了几个主要城市的政权。 这基本上是一次不流血的冲突，实质上这也是马克思以及其以后的第一代马克思主义者所梦寐以求的。 马克思的著作曾经有这样的描写：武装起来的人民在暴力夺权之后，还警觉地保卫无产阶级专政，大批人群冲击和保护建筑，其中仅有一些配备了致命武器。 1917年，革命军事力量并没有直接挫败右派的叛变，因为士兵叛变中途就不断逃散了。 后来的革命很少是这样的，布尔什维克很快发现他们需要更强大的军事力量来保卫革命成果。

布尔什维克党和列宁常常缺少应有的非凡洞察力和操控力(Pipes, 1990；J.Dunn, 1972：42)。 相反，他们有些优柔寡断，跟在工人们之后，缺乏应有的主见——托洛茨基就是这么说的。 列宁最后的确觉察到了机会之窗，并且他运用其个人魅力和组织才能说服了党内更为谨慎的大多数。 马克思主义正统理论以及几十年遭受的迫害和孤立引发了一种进攻为时尚早的担忧。 列宁主要的革命贡献在于克服了这一担忧。 列宁、托洛茨基和其他布尔什维克领导人反应相当敏捷，机敏地倾听着民众的需求，然后根据这种需求展开行动。 亚历山大·拉比诺维茨(Alexander Rabinowitch, 2004)不无夸张地认为这一阶段的布尔什维克主义有一种"本质上开明和草根色彩"，但布尔什维克党还不是列宁早在15年前《怎么办?》一书中所写的先锋队，也不是不久以后将变成的专制党派。 布尔什维克的政治路线很受欢迎。 墨菲说，在莫斯科最大的一家名叫古让(Guzhon)的金属厂，1917年4月仅有9名布尔什维克党人，那年党员人数很少增加；那里的金属工人工会支持布尔什维克路线，到9月工会成员达3 000人，其中有500—800人出席工厂例会。 工人们占领工厂，反对政府企图关闭工厂：他们是实践中的而不是理论上的布尔什维克。 在农村地区，社会革命党左派开展了大量活动，比他们莫斯科和彼得格勒两大主要城市的领导者更加激进。 在俄国周边地区，少数民族主义者掀起了地区自治权的运动，旁观的布尔什维克党人从这三方面逐渐认识到可以抛开正统观念分阶段完成革命，这种理论要求他们指挥一场需要等待的游戏(commanding a waiting game)。 民众已经准备好了，虽然工人、农民和少数民族的三大运动为革命付出了努力，但革命的结果仅由莫斯科和彼得格勒两大主要城市的极少数人来决定(Rabinowitch, 2004：311, 169—173, 308—309；Wade, 1984；2000：207—208；Suny, 1998：50—52；Figes, 1997：471；K.Murphy, 2005；Raleigh, 2003；S.Smith, 1983；Mandel, 1983；McKean, 1990；Anweiler, 1974)。

我的观点不同于许多近期的理论家，我认为推动革命的主力军是平民阶级，而不仅是工人阶级。 工人、农民、城市群众——包括许多妇女，特别是士兵和低级军官，他们推翻了政府，容忍自由宪政主义者命中注定的失败，并催促着布尔什维克继续革命。 如果不考虑官员群体，那么，直到旧体制明显难以逃脱民众起义招致的灭亡前，旧体制内部分歧所产生的影响是无足轻重的。 这非常接近马克思关于无产阶级革命的设想。 我不支持戈德弗兰克和戈德斯通强调城市精英之间政见不一和派系纷争的观点。 沙皇政府旋即被临时政府接替，两者都没有因为内部派系纷争而四分五裂——军队却是一个关键性例外。 沙皇和临时政府的灭亡主要是因为他们不能制定出民众接受的政策。

我也不接受斯考切波强调农民的作用而忽略工人的观点。 诚然，农民因强烈不满而占有了大量土地，这意味着农民不会帮助镇压城市革命，这确实是革命胜利的必要条件。 然而，本次革命的胜利是通过夺取国家政权实现的，尤其是两大主要城市的胜利夺权，主要是由产业工人和其他城市工人、城市知识分子以及陆军和海军分队完成的，这些人并不主要由农民构成。 第一次世界大战拖住了俄国大部分武装力量，这意味着只要较少的武装士兵就可以迅速占领冬宫。 许多不满的农民士兵取道回家，其中许多人领导了当地的武装起义。 而后来中国革命的情况将不一样，中国的农民军队占领了城市和夺取了国家政权。 俄国农民仅在农村进行起义，然后继续待在农村。 事实上，城市夺权也成为农民起义胜利的必要条件。 如果没有城市夺权，一个完好无损的国家的武装力量很容易击垮农民起义，这几乎是历史上所有农民起义的厄运。 尽管政府军队投入一战难以脱身以及农民士兵的支持对于革命的胜利是必要的，工人、工人士兵还有他们的革命领导者仍然是革命的主力。

俄国国土面临着来自军事权力方面的难以承受的巨大压力，这成为加剧广大民众不满的主要原因，也促使他们转而支持一场可能使革命成功的运动。 这更接近斯考切波的观点，却不符合马克思的观点，因为马克思对于军事权力因素欠缺思考。 戈德弗兰克从国际环境的宽容或支持叛乱的角度解释革命，或者福伦强调世界体系的观点是无可厚非的，但他们的观点无关痛痒，没能抓住德意志帝国给俄国带来的惨烈战争与毁灭性破坏这两者之间的因果关系。 戈德斯通关于反对派精英能够联合人民起义力量的观点肯定是说得通的。 这也是一战促使布尔什维克党要去完成使命的一个环节。 如果缺少一战这一环节，俄罗斯帝国最可能的结局就是走向动荡和分裂——正如日后不久奥匈帝国和土耳其帝国将要发生的情况一样。 俄国也不可能出现其他的革命性变革，因为没有别的政治集团能发动人民去使之实现；也不太可能出现持久的资产阶级革命，因为临时政府作为仅有的资产阶级革命的实现工具，缺乏发动群众的力量，只能依靠反动军官维持其自身的存在(Hobsbawm, 1994: 58, 64—65)。 唯一可避免革命，但可能性极小的策略就是临时政府中的所有自由派和社会民主党派，以及更谨慎的布尔什维克党和一些工人苏维埃委员会之间结成更坚固的联盟。 但这能否带来一个不断驶向某种社会民主的坚实可靠的政府？ 这需要政府内更为保守的派别作出更大的牺牲，放弃他们在农村的财产权和工厂等的所有权，冒险参加可能使他们自己下台的选举。 他们显然不愿意做出如此大的牺牲。 但就在这时双方的凝聚力对比发生了转变，临时政府派系纷争更为严重，而布尔什维克的党纪却防止了党内可能出现的派系纷争，更加团结一致了。

我之所以强调战争的影响，是因为我不同意解释革命时太过看重系统的社会或经济矛盾和长期的结构性因素，这与马克思、巴林顿·穆尔和俄国学者利奥波德·赫姆森(Leopold Haimson, 1964)他们不同。 赫姆森认为，即使没有战争，战前的劳工暴动高潮，工人和其他阶级之间的两极分化，以及政府内部日益加深的分歧也足以给俄国带来一场革命。农民已经极度不满，军官们和那些准备改革的人怀疑沙皇政体不能适应现代社会，沙皇政府镇压行业工会和政治改良派，无意间把工人变成了革命者，政府一方面对于改良犹豫不决，一方面又进行压制。 我认同即便不发生战争，俄国政府和资本主义长期的结构性趋势的确会导致人们进行革命，但革命可能难以成功——而这却是唯一重要的方面。 尽管我们不可低估罗曼诺夫王朝的愚蠢，仅有议会中的反对派和工人是不可能发生革命的。 没有战争，他们如何与农民实现联合？ 即便他们可以和其他的群体联合，但这仍然涉及军事权力：如果政府有枪支，如何躲避镇压？ 当受命向游行示威的工人开火时，士兵们几乎总是服从命令，无论他们是什么社会背景，因为他们受着严格军纪的控制。 对士兵来说，军事权力高于阶级认同。 然而，在俄国，在战争的巨大压力下，这条军纪开始动摇了。 和平时期朝廷是不会如此愚蠢地利用有分歧的军队来阻止革命发生的。

战争使沙皇政府战前的各种弊端更加严重，并使之暴露无遗，层层堆积起来，最后形成了一股巨大的革命潮流。 工人、农民和士兵结成的同盟异常坚固，承受着国家镇压和大众动员战争(mass mobilization warfare)缺乏经验的双重考验。 这使布尔什维克党越来越合理地借用剥削为托词来攻击政府。 奇怪的是，作为马克思主义者，布尔什维克党把资本主义看作真正的敌人，很少俄国人有同样的看法。 他们最想推翻沙皇政府，但没想一战让他们连资本主义一并推翻了。

意识形态权力在这次革命的最后阶段也发挥了很大的作用，特别表现在布尔什维克运动内部。 布尔什维克党的世俗救世主义承诺在世界上建立一个基于社会(阶级)团结的世俗的乌托邦，极大地增强了守纪的同志关系意识，始终相信历史与他们站在一边。 目标的强大力量促使他们为了实现目标而不注重手段的选择。 因此，他们提供给民众的意识形态显得非常简单的、平民主义的、非正统和有些机会主义。 通过大力吸引农民加入革命，布尔什维克党填补了传统马克思主义的一个漏洞，但承诺农民可以拥有自己的土地却背离了他们集体主义的革命计划。

在上台掌权前，列宁认为布尔什维克党只要充分利用好工人和市民激进主义，便可获得他们对社会主义革命的支持。 然而，工人、农民和士兵各有其不同的政治企求，布尔什维克党认识到需要高瞻远瞩地指引才能救赎民众。 10月布尔什维克党一旦夺取政权，便重新强制实施层级管理，这包括实施一长制和劳工纪律，并且还将苏维埃和工会纳入了他们的政权组织。 当这种独裁统治的轮廓变得清晰时，许多工人便开始反抗(Smith, 1983：260—265)。 但是，布尔什维克党现在具备了压制分歧的军事力量。 可见，无论是进行革命还是维护革命成果，军事权力都是至关重要的。 革命士兵保留了枪支，并且把一些枪支分给了志同道合的工人们，这样才使革命成为可能。 现在布尔什维克党通过赤卫队和其他军事组织牢牢地掌握了武器。 这使他们在即将到来的内战期间继续紧紧地抓牢了权力，他们开始向着一党专政大踏步进军。这完全背离了他们的路线。 这种情况表明，革命以后，特别是经过短期的务实性放松之后，布尔什维克党将更多地回归原来的正统意识形态教条，但这将是通过武力实现的救赎。

如果没有这场破坏性极强的战争及之后又出现一个有组织、有救世思想，又能敏锐体察民情的革命政党，革命也不会取得成功。 一些后来的马克思主义者也强调战争的作用，但他们是从资本帝国主义的角度进行解释的，从上一章可知，这种说法并不正确。 实际上，欧洲军国主义把战争当成了默认的外交模式。 列宁也多次说俄国是资本主义链条上最薄弱的环节，从军事方面看来，的确如此。 斯考切波和其他学者准确地指出了国际上引发的政治危机的因果力量，但1917年的俄国并不属于因战事太多而引发预算危机的情况。 这些因素过于平淡，根本不足以造成全面战争、军事侵略、城市供给不足和拥挤的难民等灾难。 军事权力在使阶级冲突转变为革命斗争的过程中起着首要作用。战争在引发下行的政治风波时发挥了首要作用，这种政治风波加剧了临时政府内部的派系纷争，而布尔什维克党的意识形态的团结(思想团结)使革命走向成功。

这次革命涉及两个不同的、相互连结的因果链：一个是依靠强力支持高度集中的资本主义的专制王朝，这导致了下层阶级的强烈不满；另一个是欧洲军国主义引发的社会动员战争(mass mobilization warfare)和俄国军事灾难。 第一个促发了工人阶级和农民阶级的革命愿望；第二个提供了革命胜利需要的团结和力量。 布尔什维克党的成熟是第一条因果链起作用的产物，其政治策略却利用了第二条因果链条。 布尔什维克党成员有着对最终胜利坚定不移的理论自信和最初于秘密条件下形成的钢铁般的党纪，这有利于布尔什维克党在不断衰退的国内环境中保持党的凝聚力，而且有利于利用民粹主义的民族主义(populist nationalism)的战略，最后取得阶级革命的胜利。 革命后，布尔什维克党的意识形态权力和党纪在构建社会主义社会国家形式方面具有决定性的意义。

如果没有第一次世界大战这场战争，工人和农民可能仍然会发动起义，但他们单独的起义可能会被各个击破，逐一镇压，就像西班牙的结局一样。 即便工人和农民的起义联合起来，政府的军事力量仍然可与他们抗衡。 这种情况仅发生在20世纪一些战败的国家(through defeat in war)，很少有例外(比如 1979 年的伊朗)。 如果没有这场战争，俄国民众也不会获得多大的利益——而最好是一个支持资本主义剥削的独裁政府，最坏就是分裂和动乱。 如果没有这场战争，布尔什维克党的两大胜利——夺取并维护政权以及使俄国成为超级大国——就不会对全世界产生巨大的影响。 第一次世界大战的军事权力关系诞生了苏联——同时也必须为恐怖主义，法西斯主义一半的失败(one half of the defeat of Fascism)，核军备竞赛和冷战等最后负责。

第一次世界大战与欧洲劳工运动

布尔什维克革命影响了全世界：这场革命有时激起工人和农民的更大反抗；有时又激怒了反革命力量，但是重大的革命尝试仅出现在俄国周边区域(macro-region)，即中东欧地区。 在全欧洲劳工运动中都出现了改良主义者和革命者之间的分歧，手工业工人和非手工业工人之间的行业差异以及不同产业之间的行业差异更是加剧了这一分歧。 当雇主调和与改良者的矛盾，或他们迫于政府压力这样做时，这便削弱了左派，左派需要工人阶级的团结统一来实现革命；而改良主义者仅需与雇主个人的统一就可实现他们的目标。 第一次世界大战前不久，工业领域的主张手工业社会主义(craft socialism)、政治上的左倾改良主义，城市社区团结起来的工人阶级显得更加激进并汇合起来。 第一次世界大战更加剧了这种紧张局势。

(1) 和俄国一样，各国军事工业和金属加工重工业不断发展，成为了工人运动的先锋。 军工生产因雇用了更多半技术工人和实施强制的劳工纪律而对手工操作机械的生产模式构成了威胁，但手工业工人在工资待遇、车间管理、免除服兵役方面仍然享有特权。 手工业工人和数量日益增多的主要工人群体——主要是非技术工人，通常是女性和农村来的农民工人——之间的团结性没有俄国那么强。 大约从 1916 年开始，在金属行业工人的领导下，他们的战斗力增强了，但仍然表现出了社会主义和行业主义之间的矛盾。

(2) 与俄国不同的是，由于战争带来了第一股法团主义运动，欧洲劳工运动领导也被统合进了政府。 阶级关系的调解经由政府代表、雇主和工人组成的三方机构来实现。 在英国和法国，社会民主党/工党和工会领导都进入了内阁；在德国、奥地利、匈牙利和意大利，政府也首次就立法问题征求他们的意见。 作为回报，他们投票赞成战争贷款，要求普通工人发扬爱国主义精神，以及让工人们作出不罢工的承诺。德国社会民主党右派全力支持战争，并赞同政府吞并外国领土的计划；中间派左顾右盼，一方面支持战争，另一方面又为和平谈判徒劳游说。各种不同原因使得民族主义超越了阶级意识，其中有些原因是比较重要的。 工会主义者进入了生产委员会监管劳工关系和工业生产，维持禁止罢工的法律和新的劳动法规。 这使工人们对政府和雇主更加不满，而雇主们却因此有了一个和平稳定的工业生产环境以及有保障的高额利润。 从国家层面来看，雇主和工会的组织运动开始活跃起来。 在德国，社会主义工会和非社会主义工会之间开始合作，同时也出现了第一届雇主工业理事会(Feldman，1966：119)。

这种统合并入也使工会等级制度向下延展。 1916 年 12 月颁布的《德国附加服务法》(the German Auxiliary Service Law)规定推行强制性的平民动员(civilian mobilization)，剥夺了工人更换工作的自由。 作为交换，凡 50 名工人以上的注册企业(enterprises)的委员会必须拥有工会代表的成员。 奥地利投诉委员会(the Austrian complaints commission)和意大利工业动员委员会(the Italian committees of industrial mobilization)分别于 1917 年 3 月和 1915 年 8 月出现了这种类似的交易。 有时仍自称社会主义革命者的工会及政党领导和官员都被统合并入旧体制，并力图表现出他们对旧体制有多么忠诚负责。 这包括压制普通工人表现出来的与约定的条款不符的不满情绪。

(3) 在这一制度下，基层普通激进主义者失去了正式的组织权力，当然也不会面临与权力相伴而生的责任困境。 罢工和反政府游行示威被禁止，工厂和当地政府的谈判也受到严格的限制。 作为重要军事工业的手工业工人的代表，仍然非正式地保留着工厂层面的一些未得到法律认可的权力，也可以建立主要工业城市间志同道合的激进分子联盟。但他们无法信任社会民主党和反战的独立社会民主党左翼开放的政党结构。 因此他们一旦被揭发，将被抓去服兵役或被监禁。

在和平时期，许多工人运动面临过究竟是改良还是革命的困境。现在，因为战争将劳工领导统合并入政府，普通工人激进分子虽可自由发表激进言论，但行动却被严格限制，只能秘密进行。 他们的"革命工厂运动"(revolutionary shop stewards movement)缺乏一种类似于改良主义的全国工会领导者历经三十年时间才逐步建立起来的那种组织(Sirianni，1980)。 某些全国工会领导人有时帮助镇压左派的罢工(Feldman，1966：128—129)。 他们的改良主义倾向不断加强，因为他们参加资本主义政府可以得到一些特权，但他们不能很好发动人民施加改革压力。 仍然处于法团主义结构之外的少数民族左派领导——因为反对战争——对改良主义者更为极端和敌对，在对他们的迫害变本加厉的地方尤其如此。 他们逐渐建立起了反对战争和旧体制的反抗联盟，但是受到工人中各种组织渠道的迫害性镇压，难以发挥其作用。 工厂激进分子集中在金属加工行业，他们组建了革命工厂运动组织；他们控制着工厂，而且经常反对全国工会领导者，但在工厂外很少有这种组织(英国的情况可参阅 J.Hinton 1973；McLean，1983)。 广大工人作出了巨大牺牲，看到了战争行为中存在的体系性的不公正。 然而，他们对上述三类可供选择的领导者仍然举棋不定。 其后果即是无论发达国家还是殖民地和半殖民地国家，都出现了战后劳工动乱的大爆发(Silver，2003：125—129)。 布尔什维克革命不仅鼓舞了各国的激进派，而且震慑了保守派。 但各国的激进派和保守派都企图向俄国学习，这样的结果就是革命不断涌现，但都以失败告终，而且这些革命仅发生在俄国自己周边区域(macro-region)，且均是一战的战败国。

德国：失败的革命，危险的改革[1]

第一次世界大战中德国战败，德意志帝国也随之崩溃。战争的最后两周，德国海军和陆军部队发生叛乱。1918年10月28日，基尔港的海军士兵拒绝离港出海，11月3日，他们占领基地，并且向附近的城市挺进。德国各地的工人、士兵和其他城市游行示威者群起响应，占领了当地的政府机构和工厂。他们很少遭到抵抗，多数起义者不信任旧体制中的权贵组成的政府，强烈要求建立一个新政府。权贵们唯恐布尔什维克革命在德国重演，开始和社会民主党的改良主义多数派进行谈判，以阻止极左分子卡尔·李卜克内西和工人革命代表宣布成立"布尔什维克"政府。社会民主党缺乏布尔什维克党那样的凝聚力，尽管他们都自称马克思主义者，但是改良主义者提出了一套渐进的马克思主义理论：即要经历一个漫长的发展完善过程之后，社会主义终将来到，但是需通过协商改革的方式实现。不同于布尔什维克党，对他们而言，实用主义不仅短期内适用，而是将适用于一个相当长的时期。而实用主义几乎称不上什么救世主义理论。11月9日，德皇退位，当天引发了骚乱，据说造成十二人死亡，但还是实现了权力的和平交接。帝国最后一任首相巴登亲王马克斯正式把权力交给了社会民主党领袖弗里德里希·艾伯特(Friedrich Ebert)，艾伯特之前是位皮革匠。两天后，德国宣布投降。

一战前德意志威廉时期的政治秩序的维持主要取决于君主与保守党之间的合作，通常也得到民族自由党和/或天主教中央党有条件的支持。然而，在战后的第一次选举中，保守党和民族自由党支持率下降，社会民主党支持率急剧飙升，从而改变了德国的议会政治模式(Childers，1983：15—49)。天主教中央党支持率保持不变，并且首次致力于支持普选和与社会民主党的合作。天主教从反动转向民主是德国的一次有重要意义的转变。 作为一个统治政体,君主、地主、军官、工业资本家和保守的政治权贵的旧体制似乎一去不复返了。

工人代表中的压倒性多数支持革命,而非改良,但拒绝采取暴力方式。 他们扩展了战争时期工人委员会的功能,为退役军人及其家属协调粮食分配、房屋安置。 这些成为了工人委员会(the workers' councils),与士兵委员会(soliders' councils)并列。 但大多数委员会主要是处理工厂、街区和社区内的混乱,而不推行政治策略。 然而,这些委员会中还包括柏林工厂革命委员会(the Revolutionary Shop Stewards of Berlin),柏林工厂革命委员会一直在准备着发动政变,但因为艾伯特首相就职,他们停止了行动。 没有人确切知道工人—士兵代表委员会(the workers' and soldiers' councils)的意图,许多旧体制成员和资产阶级害怕布尔什维克主义剥夺他们的权力和财产;虽然重大威胁发生的概率很小,人们仍然会感到恐惧。 资产阶级由于暂时缺乏强制性权力工具,准备作出妥协以避免灾难发生。

这很符合社会民主党多数派的意图,因为对他们来说,战前的马克思主义教义与温和派选举主义之间的矛盾现在进一步加剧了。 他们有些出于民主主义热情而支持战争,认为自己既是社会主义者又是爱国主义者。 然而,大多数社会民主党成员之所以支持战争,是因为他们认为不支持战争政府就会压制他们。 他们于是向旧体制妥协,以保持完整的组织,为战后之用。 第一次世界大战期间,他们被纳入了政府机构——这不同于他们的俄国同志。 战后,社会民主党领导人抓住了机会。 经过与天主教中央党、激进的自由派和独立社会民主党(该党因反战于 1917 年发生分裂)的协商之后,社会民主党建立了一个临时政府,并开始着手启动共和式宪法程序,实施普选制,赋予妇女选举权,取消仅有男性参与的阶级权重的选举制度。 这是一场由半独裁君主制向议会共和制转变的政治革命。

大雇主一发现君主制要垮台时,便立即主动采取措施。 有一些从战时与工会的合作中学会了妥协,但他们这样做主要是恐惧布尔什维克主义，因此社会民主党革命派的革命理念和行动对于改良主义者是很有用的。这是一条间接的、自上而下的、让人们获得更大社会权利的路线。本书第九章将重点论述这一路线。雇主们将承认工会为劳工的代表机构，成立工厂工人委员会，以及在平等代表权基础上设立劳工交换与调解委员会。作为交换条件，他们要求工会同意"维持经济"，意即维持资本主义制度及其管理权力。两周后，雇主代表作出让步，同意实施八小时工作制、工资集体协商制以及终止对"黄色工会"的资助。他们以这些来换取自己企业的经营管理权。资本家(雇主)们在"为资本主义争取时间"(Balderston，2002：8)。争取这些权利是战前劳工运动的主要目标，工会因此同意了协议。劳资双方都想使工业重新发展起来(Feldman，1966：521—531)。

　　一种自由民主的体制，一个社会民主党的政府，以及一些社会民主政策，所有这些在一个月内就建立起来了，这是阶级斗争双方取得的巨大的改良成果。由于并未受到严重抵制，除了君主制被废除外，其他旧的制度都保留了下来。社会民主党领导者公开举行的谈判对象主要是那些立场左倾的委员会、工厂运动组织和独立社会民主党，他们就新的共和国应注入多少社会主义因素展开谈判，而私下则与旧体制的权贵们进行协商。11月10日，首相艾伯特与独立社会民主党就临时政府的组建达成了一致意见。他们将在人民代表委员会具有平等的代表权。人民代表委员会接受工人—士兵代表委员会选出的执行委员会的监督——这足以表明左派力量看来是多么强大。然而，按照历史的传统讲述，艾伯特一回到宫殿，就接到鲁登道夫的继任者格罗纳将军的电话，格罗纳将军是战时与劳工谈判的主要人物。格罗纳后来回忆他们的谈话主要围绕这么几句展开："政府要与布尔什维克主义进行斗争，军官们才会与政府合作……艾伯特对此已下定决心……我们结成同盟一致对抗布尔什维克主义……没有其他政党有足够的民众影响力，可以在军队的帮助下重建政府权力"(Broue，2005：169；B.Moore，1978：293—294；Ryder，1967：149—164)。

　　这样，资本主义制度、土地私有制、军队和行政服务被保留下来，用以交换民主政治、福利改革和劳资纠纷调解(industrial conciliation)。社会民主党领袖不管怎样还是支持改良的，但与旧体制的接触约束了其制定左倾策略的自由。 军队成为具有决定性意义的权力舞台。 士兵委员会要求武装部队更加民主些，废除严酷的军纪，由选举的军官与委员会共同管理。 他们宣称已准备好为实现这些目标而奋斗，并且他们可能打败自由军团(Freikorps)和其他在全国各地游荡的右派老兵。 但由谁来掌管这支经凡尔赛和约许可的十万人的正规军，仍然没有确定下来。要是艾伯特能更激进一些，换届时他可以要求最高统帅将军权转交给他。 艾伯特在高级行政和司法方面的改革也失败了，行政和司法仍然由反动力量控制，他们在 20 世纪 20 年代经常驳回魏玛关于社会权利立法的提案(Mommsen，1996)。 社会民主党只懂得经济权力，认为政治权力就是政党和选举，而且忽略了行政、司法和军事权力。 改革没有延伸到这些领域——这是一场极不彻底的革命，甚至也不是一次很好的政治革命。 艾伯特没有把士兵委员会(soliders' councils)看作自己的同盟，而是一个威胁。 革命不是社会民主党多数派领导人所期待的，他们需要军队和司法的保护，以免受到来自左派和右派的攻击。

　　左派对社会民主党领导人很失望，争论着没有后者的参与能否同样地发动革命。 1918 年，社会民主党极左分子、独立社会民主党和一些工人—士兵代表委员会的反战立场赢得越来越多的支持——极有可能多于他们对社会主义的支持。 他们在一些城市有十分强大的影响力，包括柏林在内，但缺乏全国性的组织。 作为补偿，他们宣称社会主义为一次"运动"，这是工人阶级自身内部有机产生出来的，而非外来先进党派组织工人阶级的形式。 这是罗莎·卢森堡(Rosa Luxemburg)在她的著名的反对列宁的小册子中表达的观点，这两本小册子分别是《群众罢工》(1906 年)和《社会民主党的组织问题》(1904 年)。 左派主张革命的道路是群众罢工，支持工人委员会。 然而，左派虽然反对社会民主党的背叛行径，但他们却无法就替代性策略达成一致意见。 艾伯特采取行动时，他们犹豫不决，意见分裂，无法支配艾伯特与他们签定的协约中赋予的权力。 考虑到他们的处境——革命者情绪虽狂热，但缺乏群众支持，他们的犹豫不决是可以理解的。

各工人委员会的权力延伸到厂区和街区政治活动中，它们之间的差异性也开始增强。 金属加工业和重工业的工人革命代表在战争期间最少被纳入政府的组织，他们经验丰富，善于激发工厂工人和当地人们的革命热情，但他们没有区域性和全国性的组织。 他们与独立社会民主党(USPD)左派一道组建了斯巴达克派，要求工人管理生产。 他们把工人委员会看作未来社会主义社会的主要机构，就像他们的奥地利、匈牙利、意大利和俄国的同志看待苏维埃那样。 斯巴达克派在柏林是很重要的组织，但也并不是全国性的。 他们从布尔什维克的视角来看待1918年末发生的事件：第一次政治革命建立了一个资产阶级民主政体，但它不久将被第二次的无产阶级革命推翻——和俄国一样。 不幸的是，他们的理论与现实政治不一致。 第二次革命缺乏群众支持，1919年1月全国大选，绝大多数工人支持社会民主党多数派。 他们要求稳定的社会秩序、重建经济以及满足劳工最大工时和最低薪资，失业及残疾保障和组织权利等方面的传统要求。 社会民主党多数派正在努力地实现这些目标，但大选中社会民主党发现资产阶级政党几乎恢复了战前的活力，这令他们很沮丧。 大选最后几个月，工人运动的政治成为主流，而且社会民主党忘记了选举政治也包括农村地区、中产阶级和教会。 他们劝告工人不可要求太高，大多数工人同意了。

然后，左派产生了分裂。 极左分子很少获得士兵委员会(the soliders' councils)的支持，当认识到大多数士兵委员会(the soliders' councils)都不是革命者时，极左分子便不想与他们结盟。 他们缺乏军事权力的理论。 由于专注于生产中产业工人的斗争，他们将资产阶级视为敌人。 他们的国家理论把国家看作是资本主义的调节器和镇压工具。 极左分子不看好国家的多形态性特征和军队的自主性。 很显然，国家政权和资本主义摇摇欲坠是因为军事崩溃而不是资本主义危机，但他们理论上却认为革命更多的是一个经济的过程，而非军事的过程。但是，如果帝国国防军仍然完好无损，并且士兵委员会被允许复员遣散，革命早没希望了。事实上，游戏很快就结束了，因为首相艾伯特与最高统帅部达成了协议，而左派没有建立自己的军队。部队被遣散，士兵们都放下武器回家去了。士兵委员会也逐渐消失了。

因此，到1918年12月召开第一次全国苏维埃代表大会时，士兵代表所剩无几，社会民主党在会议上占据了主导地位。社会民主党始终没有成为一个统一的组织，左翼仍然可以在全会上自由表达观点和通过决定(Harsch，1993)。通过执行委员会分享权力似乎从未发生，独立社会民主党仍然是处于区域分割状态，只能施加其左翼压力，但无法阐述一个清晰的计划。由于没有全国性的组织，剩余的工人委员会成为了未来社会主义乌托邦的一个个孤立的细胞，而远非革命政府的工具(Mayer，1977)。

不过，一些斯巴达克派成员仍然决定孤注一掷地发动第二次革命。他们认为必须赶在成立新的政府机构以及士兵遣散回家之前尽快行动。斯巴达克派成员仅有几百人，而1917年俄国的布尔什维克党有25 000人。广大工人准备举行罢工和游行示威，但他们并不想参与武装斗争。在1919年1月短暂的斯巴达克派起义期间，卡尔·李卜克内西和罗莎·卢森堡成为了领导者(这偏离了他们的更好的判断)，独立社会民主党退缩不前，没有给予革命太多支持。大多数工人委员会站在社会民主党一边，在公共建筑周围拉起了保护警戒线。社会民主党政府允许卫戍部队的军官出兵镇压起义。他们破坏革命并杀害了李卜克内西和卢森堡，驱散了其他左派分子(Broue，2005；chap.12)。毫不夸张地说，这次起义是一次血腥的大惨败，而不是应当被理想化，它是极不明智的，其结果就是毁坏了进步的事业。

社会民主党叛变革命激怒了幸存的极左分子，但他们依然乐观地认为工人的不满可以转化为革命。他们参加了斯巴达克团成立之前组建的德国共产党(KDP)，该党取代独立社会民主党成为主要的极左党派。

社会民主党毕竟是一个选举组织，很清楚普选带给中产阶级和妇女的投票权。 社会民主党领导人不想布尔什维克主义把这些人吓跑，并且相信大多数妇女会把票投给中间派和右派。 1919 年 1 月的第一次大选中，社会民主党获得了前所未有的多数票——38%——但还是必须和天主教中央党以及自由派组成联合政府。 它准备疏远左派从而向中间派作出妥协，这一选举策略大致是成功的，1924 年社会民主党 46% 的选票来自妇女，这一比例一直保持到最后。 直到 1930 年，其 30%—40% 的选票来自非体力劳动者(Hunt，1970：111—148)。

社会民主党通过对极左分子的压制稳定了政权，消除了中产阶级的疑虑，并且保留了民主政体。 但同时也疏远了左派，一些工人站到了独立社会民主党和德国共产党一边。 1920 年共和国的第二次选举中，社会民主党的选票下降到了 22%，而独立社会民主党从 8% 上升到 18%。 社会民主党再次保持选举优势，但控制优势还需得到资产阶级的支持。 1919 年和 1920 年，罢工规模更大，政治性更强，尤其在鲁尔工业区这样一个从来都不是革命中心的地区(Tampke，1978；Geary，1981；B.Moore，1978：227—353)，最终爆发了 1923 年德国共产党领导的鲁尔起义，布鲁(Broue，2005：709)称之为"史无前例的革命前形势……德国的十月革命"，这主要是因为当时的通胀和失业消除了阶级差异。大概由 50 000 多名工人组成所谓的红军(B.Moore，1978：328)。 然而，他们之间极少协作，大多数工人不愿意打仗，而且没有人给他们武器。托洛茨基也认为这是革命形势，却十分慨叹德国共产党军事上的无能(Broue，2005：900)。 这场不成熟的革命被由社会民主党参与组织的政权镇压下去了，可这却导致了社会主义者与共产主义者之间的血海深仇，而且十年之后这种仇恨使得一个原本可以联合起来对抗纳粹的左派再没可能出现了。

时间已经太迟了：政治革命的最好时机(斯巴达克起义)在工人阶级对社会民主党的改良主义失望到极点之前的至少一年就已经出现了。现在共和国和资本主义制度机构建设已经完成过半，劳工运动的分歧也差不多已经形成。 一个组织高度严密的社会民主党和一个主要的工会联合会正保卫着这个资产阶级共和国,大力推行社会改良,而且可能——它自称走向"渐进的社会主义"。 皮埃尔·布鲁(Pierre Broue, 2005：168)得出了一个结论,认为俄德两国的根本差异阻碍了一场德国革命：他说,德国资产阶级仍然强大,它有另外可自由支配的两大工具,即一个大规模社会主义政党和一个"高质量"的军官集团的支持。当然这也要以一个分裂的工人阶级为前提,俄国的工人阶级更为团结,但是德国资产阶级却并非布鲁所认为的那么团结。 大多数德国资产阶级在战后危机中不想与社会民主党妥协,20 年代中期来自左派的危险解除时,他们重新确立了自己的地位并开始走向法西斯主义。 自由派、天主教和工业资本家战后危机中都表现出了策略方面的才能,为生存付出了代价。 为避免俄国资产阶级那种失败的命运,他们起了重要作用,是他们阻止了革命取得成功。

　　从某种意义来说,这次革命的失败是由多种因素决定的。 这里有四个主要原因,其中任何一个都可以导致革命的失败。 第一就是工人阶级运动内部的重大分歧,这与布尔什维克形成鲜明对比。 因为改良派掌握了权力并成功地推行了改革,在工人中远比革命派受欢迎。 第二,废除君主制后,主流阶级仍然团结一致而且(在第一关键期)务实。他们通过与社会主义改良派妥协,并得以幸存——后来背信弃义,违背约定。 这类似于布尔什维克的策略。 第三,德国没有农民反叛的传统,也没有农民不满的任何迹象。 因此,城市工业区激进分子与农民之间不能结成同盟,尽管这一因素比较其他国家而言不是很重要,因为德国工业多于其他国家,而农业更少。 第四,而且是至关重要的,起义没有一支军队。 一些左派分子的确配备了武器,但自由军团(Freikorps)准军事力量和经艾伯特首相保障自主权的部队都武装起来了。 这就意味着革命者无法到达革命的第一阶段,不能成功占领首都和它的政府机构。 第四个因素对俄国来说是战争导致的另一个后果——失败之后军队解散。 军事原因以及社会民主党内部的分歧成为德国革命失败的最重要原因。

(1) 奥地利：失败的革命，城市的改良[2]

第一次世界大战被打败后，奥匈帝国君主政体分裂成为民族国家，之前的两个首都维也纳和布达佩斯出现了革命动荡。 维也纳成为小国奥地利的首都，人口以德国人为主。 奥地利的两个资产阶级政党，基督教社会党和规模更小的德意志民族党，也曾反对过哈布斯堡的统治，但不如德国保守的资产阶级那样严重地影响其军事上的失败，它们控制了农村地区和中产阶级。 奥地利社会党(SPO)在维也纳和一些城市的工人阶级中有很大的影响力。 1921 年，社会主义工会吸纳了 59% 的非农业劳动力，这在当时是一个非常高的比例。 在城市工业区，奥地利社会党占据了主导地位，而且经过战争的动荡及战后的余波之后，仍然保持了相对团结一致的状态。 和其他国家一样，第二次工业革命与第一次世界大战极大地鼓舞了工厂革命运动和社会党左派(Left Socialist faction)，但这主要对奥地利社会党内部造成影响，对外面的冒险主义影响不大。 与德国不同的是，奥地利社会党不必面对许多搞破坏的极左分子和在左翼与其竞争的共产党。 与德国社会民主党相比，奥地利社会党是一支更纯粹正统的马克思主义政党，其主要创始人奥托·鲍威尔(Cotto Bauer)也比德国社会民主党领导人更为激进。 奥地利社会党保持着较好的凝聚力，而且有一些意识形态权力——激进的改良主义被认为会带来一个不一样的未来——但是其左派与右派之间民族力量大致平衡，两派中任何一派都不能压倒另一派。 直到 1920 年，两派通过谨慎合作，建立了一个民主共和国。

奥地利社会党拥有一个其他国家的社会主义政党所不具备的优势。哈布斯堡多民族部队解散时，部队的大部分军官立刻回到了他们自己的民族。 这样，维也纳的军事指挥机构大体消失了，一些城市只留下士兵苏维埃作为主要的军事机构。 奥地利社会党抓住了这一机会，带头重建了武装部队和行政机构。 社会党还组建了一支训练有素的准军事部队"保卫联盟"(the Schutzbund)，以保护其核心地区。 这意味着社会党具备运用自身资源反抗 1919 年 4 月和 6 月的共产主义政变企图的能力。 相反，农村地区被右派牢牢控制，右派的准军事部队保安团(Home Guard)，主要由右翼退伍军人组成。

鲍威尔力图在资本主义和社会主义之间开创出第三条路线，目标是在资本主义社会的"蛋壳"内，孕育出一个持久的社会主义制度和文化的"胚胎"。"红色维也纳"便是实施这一路线的典型，在工厂、社区推行激进改良主义，通过教育、社会福利计划，社区建设计划以及为穷人减租政策来推动选举政治。 这些政策在维也纳实现了意义重大的经济再分配，当然这也疏远了维也纳的许多中产阶级(Jill Lewis, 1983)。 这种意识形态性质的政策一定程度上扎根于社区，但基本上局限于一个城市和工业发展均不如德国的国家的首都城市。 选举方面，奥地利社会党由于没有很好协调中产阶级和农村选票，因此 1920 年后仍然属于在野党。 其结果是国家的正规部队仍受右派控制。

鲍威尔认为这些局限源于国内阶级力量的对比。 短期看来，他认为保守主义力量过于强大，难以在全国范围与之抗衡。 因此，社会党应该将其核心地区转变成防御堡垒。 1927 年社会党的林茨计划对于一个社会民主党派来说具有不同寻常的意义，该计划公开声明社会党需要军事力量在未来某一时刻保护自身以不受资产阶级攻击。 长期来看，社会党领袖认为，奥地利社会党可以向绝大多数人展示其城市社会主义(municipal socialism)、制度和文化方面的优势。 通过教育和教化作用，社会主义可以取得胜利(Rabinbach, 1985)。 但是，鲍威尔的力量对比理论意味着社会党——像同期其他社会民主党派一样——缺乏农村组织策略。 有人认为维也纳的典型示范会吸引农民阶级，不需要进行直接的农村动员。

尽管 20 世纪 20 年代工会会员处于正常下降时期，1931 年仍然有 34% 的非农业劳动力参加奥地利工会组织，社会党获得的选票仍然很稳定，并且维也纳十年来都得到了保卫联盟(the Schutzbund)的军事保护。 但奥地利社会党最后抵挡不住一些实力更强的部队和保安团民兵的进攻，这些军事力量受农村的和中产阶级的保守主义的控制。 最后，社会党领袖的悲观主义占据了上风。 社会党起初并没有利用保卫联盟(the Schutzbund)以对抗开始日益增强的专制主义以及法西斯主义的右派，反击不顾一切地抵制着左派起义和运动青年的斗争，它后来想调用保卫联盟，却为时已晚。 社会党极力向右派妥协，让民主制度屈从于统合主义，不切实际地指望着奥地利能完整地保存一些民主体制和城市社会主义(municipal socialism)。 鲍威尔在后来流亡期间十分后悔自己犯下的错误，他反省后认为，社会党领袖本该召集一次总罢工，1933 年 3 月发动保卫联盟(the Schutzbund)与法西斯主义者作坚决斗争。 那时有机会获得胜利。 但是社会党温顺地屈服了，只留下几个更有斗志的激进分子试图发动未经批准的起义，随后即被镇压。 这次起义发生在希特勒的家乡林茨(Mann，2004：232)。 1933 年以后，法西斯主义占据了优势地位，希特勒对奥地利虎视眈眈，奥地利人要追求自己的发展道路就变得十分困难了。 1938 年，希特勒消灭了奥地利社会党。

　　然而，这次革命可谓一次几乎成功的失败，尽管这只是一次激进的改良主义，而不是布尔什维克式的革命。 和德国一样，我从四个相同的因素来分析一下奥地利革命。 首先，不同于德国，奥地利社会民主党左派内部没有出现重要分歧，因为他们的目标不在于革命，而只是其革命理论家所相信和期待的将通向一个平缓渐进的社会变革的第一个改良阶段。 其次，奥地利和德国一样，君主制被废除后，统治阶级和基督教会仍然团结一致，阶级冲突陷入一种势均力敌的均衡状态。 第三，和德国一样，农村地区比较保守，农民一般支持基督教会和统治阶级，这导致左派和右派之间陷入一种力量均衡的状态。 因为奥地利农业比重高于德国，这使总体力量平衡有些右倾。 第四，即便旧帝国军队瓦解，左派和右派民兵力量之间仍然势均力敌，但奥地利法西斯主义和纳粹主义出现时，较之稍软弱的左派，右派能意志更坚定地运用其准军事力量。 布尔什维克意义上的革命始终没有提上日程，然而这种势均力敌的僵局相对来说是由多种因素决定的，最后的结局便是法西斯意志的胜利。

(2) 匈牙利：革命与反革命[3]

匈牙利的精英们统治着哈布斯堡二元君主国(the Habsburg Dual Monarchy)的东南半部。 像奥地利一样，匈牙利也经历了第一次世界大战的失败。 资产阶级政党没有妥协参加旧体制，而是和社会民主党(Socialists)组建了一个过渡的联合政府。 军队解散了，士兵委员会成为首都完整的军事机构。 匈牙利在与协约国支持的邻近小国作战过程中继续遭受失败，它们提议要瓜分匈牙利战前一半的领土。 匈牙利人期待卡罗伊(Karolyi)伯爵的自由派领导的政府与协约国谈判，以劝阻它们这样做，但是卡罗伊没能实现目标，失败的战争仍然在边境继续进行。 政府丧失了主权，布达佩斯主要由工人—士兵委员会(the workers' and soldiers' councils)统治，可他们的军队无法实现有尊严的和平，这与俄国颇为相似。

匈牙利劳工运动分裂为三个主要派别。 匈牙利社会民主党从战前一个经济落后的国家中无足轻重的党派被强行推至执政地位。 由于从未融入过政治和经济的权力关系(不像德国社会民主党)，该党缺乏改良实践经验，且对左倾主义比较开明。 该党一支派系分离出来成立了匈牙利共产党，匈牙利的战俘和流放人员在俄国转而信仰布尔什维克主义，1918 年 11 月他们在库恩·贝拉(Kun Bela)的精明领导下回到匈牙利，成为了一个紧密团结的政党和一支准军事力量。 军事工业的扩增带来了布达佩斯熟练的金属加工工人中的工厂运动的兴起，他们与士兵委员会一起，控制了工厂和街区。 库恩领导的共产党充满活力，吸纳了许多社会民主党的左派加入其中，或成为支持者，这两个党派开始融合。 库恩和其他共产党领导人也因此被联合政府囚禁起来。 从这几个环节来看，他们似乎要追随德国的革命模式：派系纷争、社会民主党叛变、街头动乱和左倾冒险主义。

卡罗伊解散了低效的政府并力邀社会民主党组建一个新的政府。 但卡罗伊不知道，社会民主党正在与共产党合并成一个统一的匈牙利社会党，并且他实际上建立的是一个由贝拉领导的共产党控制的政府。为应对来自布达佩斯城市动乱的压力，并相信贝拉所说的俄国部队将前来营救，1919 年 3 月匈牙利社会党宣布成立匈牙利苏维埃共和国，以库恩为外长，而真正的领导人躲在幕后。　新政府马上解除了卡罗伊的总统职务。　库恩承诺将恢复匈牙利战前的疆域，并使匈牙利成为一个民族自治联邦，这让他获得民心和一些爱国军官的支持。　资产阶级政党逃到了农村地区，他们联合地主力量，并主动向斯洛伐克、塞尔维亚和罗马尼亚的入侵部队示好。

　　革命似乎正在走向胜利，匈牙利苏维埃共和国艰难维持了四个月，并肩作战的需要掩盖了其内部的派系纷争。　红军仓促组建起来，并成功地向斯洛伐克部队发起了进攻，但是政府资源匮乏，土地集体化政策也不利于革命事业的发展，因为农民需要有自己的土地。　政府全面转型的意识形态信念更加地疏远了农民，特别是其中的反宗教运动——目的是更好地盯准教会大面积的土地——通过准军事部队四处游荡对反对者实施红色恐怖。　匈牙利是中欧最大的农业国。　农民存在不满情绪，工农之间本来可能结成联盟，但这种可能却被革命政府的马克思主义生产理论白白浪费了(Tokes，1967：185—188，193，195；Eckelt，1971：82—87)。　这次革命也尝试进行了重大的意识形态和文化改革——其教育部长是一位马克思主义知识分子，名叫格奥尔·卢卡奇(Georg Lukacs)。　救世主义的革命信条只局限于在布达佩斯实施，而且在面临优势的农村军队时，苏维埃共和国无法补给军力。　苏维埃共和国政府一味指望获得俄国的援助，或期待周边国家发生革命，但这两者都成为了泡影。　俄国布尔什维克党陷入了内战而不能自拔，其他国家的革命也逐渐平息了。1919 年 8 月 2 日，罗马尼亚军队长驱直入，匈牙利红军被打败，苏维埃共和国政权随之崩溃。　在经过一个短期的调和型政府(conciliatory government)之后，便开始了激烈的白色镇压。　白色恐怖利用残忍的反"犹太—布尔什维克"的言论(因为库恩政府 26 位部长及副部长中有 20 位是犹太人)，大肆残杀起义者，杀害的人数是红色恐怖的十倍。　匈牙利社会民主党全军覆没，大多数起义者付出了生命——但贝拉后来死在斯大林手里。

左派的派系纷争和意识形态的凝聚力方面基本不存在问题。匈牙利共产党和布尔什维克党一样始终地坚持了马克思主义的救世理论，但是这疏远了布达佩斯之外的大多数人，包括农民——他们是至关重要的支持者。其次，敌对势力也团结一致，教会是他们的思想支柱，对布尔什维克主义的恐惧更增进了他们之间的团结。第三，匈牙利军队在战争末期才崩溃，但双方最初的军事力量平衡只是稍微地倾向于右派，国外反革命军事力量的干预起了决定作用。这是一场困难重重的革命，致命的弱点在于没有解决农民阶级的问题，充满报复情绪的农民军队无情地践踏了城市的社会主义"飞地"。匈牙利战败和革命失败之间的关系带来了一个更为戏剧性的结局。

意大利革命简况

最后，意大利无论在战争还是革命方面都属于"折中型"，而且这也符合我的总体模式。意大利名义上是战胜国，但它的部队实际上已经被奥地利击败。因为意大利站在战胜国一方作战，其政府和军队仍保持完整。国内没有出现士兵委员会(the soliders' councils)，而只有一些逃兵和充满怨恨的老兵。左派和右派都出现了起义者的革命言论，但是缺乏一个衰败的旧体制。意大利也经历了一半的革命：出现了群众罢工和强占工厂，但没出现左派分子夺权。抢占工厂的运动没有蔓延到工人阶级核心以外，并且运动均以失败告终。墨索里尼曾是一位社会党成员，他的确拥有政治策略才能，也有一支武装起来的准军事部队，而且获得了许多军官、政府官员和资本家的同情和支持。他饶有兴致地关注了这次失败。左派在军事上既弱于政府部队，也弱于法西斯准军事力量，这对于最后结局具有决定性的意义。政府吸取了俄国沙皇和临时政府失败的教训，并且法西斯主义者依据布尔什维克党调整了他们的组织模式。 但意大利社会党此时还没有到注定失败的时候——这还取决于法西斯主义者的果断行动——但他们的处境非常艰难(Lyttleton，1977；Williams，1975)。

结论

本章解释了 1917—1923 年间发生的革命以及未成功的革命(attempted revolution)。 纵观这些革命不难发现，民族主义战胜阶级意识并不容易。 革命派将民族主义融入社会的阶级模式，并宣称为人民的领袖时表现得最好。 本章讨论的改良主义劳工运动中也可以看到这一点，但是这种融合通常后来才出现，我们在第九章可以看到。 实际上，阶级冲突最受压制的地方，如美国，民族主义也是非常脆弱的。 阶级和民族是共同持续增长的。

第一次世界大战中被打败几乎成为各国革命动乱的共同原因。 意大利败得不够惨重，国内发生的革命动荡也最少。 中立国西班牙却是一个例外。 战败和革命动乱这两者之间是否有因果关系？ 或者这两者之间某种似是而非的关系是由其他潜在的原因引起的？ 战败国本身不是民主国家，这是否加速了它们的军事失败，而使这些国家更易发生起义？ 我在上一章否认了民主和战争的结果之间存在关系。 但还存在一个较弱的观点。 三个国家战败之后比其他国家变得更加衰弱。 在俄国、德国和奥匈帝国三国，军队对于政权非常关键。 君主、王族和他们任命的官员掌管政府，统帅军队，朝廷和政府也都由军队控制。 一旦军队被打败，君主政府也就不复存在了。 英国、法国、意大利和美国就没有这一特征，它们可在不破坏政权合法地位的前提下更换政治领导。 尽管战争的结果也可能导致专制政府的成立或崩溃，但议会民主可以更换其执政党派。

　　资本家和国家镇压工农反抗时的合作程度也各不相同。 俄国便是一个以高压政权控制劳资关系的极端，然后是德国，再往后是奥匈帝国，意大利，法国，最后是英国。 美国的情况更为复杂一些，他们也压制劳工运动，但更多地由州政府和法院进行，联邦政府很少行使权力。 如果俄国政府战败，俄国资本家(business)将会比战败的德国和奥地利有更少的自主权力资源来应对激进的工人运动，德国和奥地利又将会比意大利和法国有更少的自主资源，依次可以类推下去。 一些国家的资本主义比其他国家的资本主义要更脆弱，更容易被击败。 德国、奥地利和俄国政府没有被打败是因为它们不是民主政体，但如果它们一旦被打败，就会处于更大的革命危险。 这可以看作一次经济革命，也是一次政府革命，革命目标即针对资产阶级也针对国家，因为战争期间这两者明显地联合起来共同剥削民众。

　　革命只有在俄国取得了胜利，而在德国、奥地利和匈牙利，战败加上布尔什维克革命所引发的革命尝试都以失败告终。 意大利由于没被战争彻底打败，国内革命动乱相对较少。 战败后大部分的国家机构被破坏，资本主义摇摇欲坠，极大地鼓舞和动员了社会主义工人运动，但这还不足以使革命获得成功。 两次世界大战中被入侵和打败的俄国和中国取得了革命的成功；战争中遭受重大牺牲之后战败或国内出现混乱，但没有被国外势力占领，这样的结果便是短期的革命动荡和革命的失败。 从第九章可以看出，如果战时付出牺牲之后成为战胜国的，其资本主义和旧体制得到改良，实现了现代化，并且公民民主权利得到加强。 战胜国没有爆发革命动乱，但都经历了罢工浪潮，工人们强烈要求政府和雇主实施改革。 大多中立国也发生了罢工，所有的斯堪的纳维亚中立国都经历了类似于英法两国的改良主义斗争。 瑞典便是其中的一个极端的例子。 1917 年，警备团与反抗工人并肩前行，不携带武器，游行示威和平地进行直到结束，他们罢工的主要成果是建立了一个合法的左翼社会民主党(Left Socialist political party)。

　　第一次世界大战之后的革命动荡比二战后的规模更大。 在第一次世界大战中，主要战败国没有被战胜国占领和控制。德国和奥匈帝国的军队几乎都在外国国土上束手投降，仅几个战胜国军队象征性地进入了战败国的领土。奥斯曼帝国的确有些领土被占领和割让，但土耳其军队仍然控制着安纳托利亚中心地带，事实证明这更有利于国内改良，而不利于革命。然而，1945年战胜国接管了战败国的领土，包括日本在内，以确保建立新的政府。战胜国确保战败国进行改良，以避免发生革命。有几个国家经历了一个与轴心国政府更为复杂的合作过程之后本国军队被打败，然后由本土的军事力量和国外的军事力量的联手参与下获得"解放"。这些国家在组建新的政权时享有部分的自由，因此有三个国家发生了小范围的动荡，分别是1945年的比利时，1947年末的法国和1949年的意大利。希腊则经历了两个阶段(1944年12月至1945年1月间和1946年至1949年间)的内战，交战双方分别是英美支持的保守政府和希腊共产党。如果没有英美军队的参与，这些国家的起义会更加激烈些，希腊也可能会落入共产党手中。可以看出，大众动员战争一直对阶级关系产生着重要影响，但这种影响在战胜国、战败国和中立国各有着不同的表现，并且与当地阶级力量的对比有关联，在革命性更强的国家则与军事力量的对比有关联。

第一次世界大战后，德国、奥地利、匈牙利和意大利革命的失败是因为俄国具备的革命条件在这些国家却不够成熟和完备。这包括给俄国革命提供动力的三大团体——士兵、农民和工人——与统治阶级和精英之间的对抗。革命成败涉及几个因素。首先，各国均是由产业工人阶级和其知识分子领袖领导了革命和改良斗争；而统治阶级构成了反革命的核心力量。其次，左派的意识形态和政治凝聚力不够强大。德国和意大利左派的派系纷争最为突出，而且直接蔓延到了工厂工人中间。在德国，社会民主党改良派心甘情愿地求助右派民兵镇压自己的左派，之前俄国的克伦斯基及其社会主义者联盟的温和派也是这样。与克伦斯基不同的是，德国社会民主党对左派的镇压获得了工人的大力支持。意大利社会党的一派与工联主义者分裂组建了法西斯政党。第三，除俄国和匈牙利外,其他国家的左派并不由革命者控制,而是受改良主义者的控制。 而且俄国和匈牙利革命者信仰马克思主义救世学说,革命者的坚定意志明显得到增强,但只有布尔什维克党将之与短期实用主义结合,较好地处理了一些不可预测的事件。 第四,统治阶级的凝聚力和基础权力也非常重要。 俄国统治政权一直以来比较统一,但在战争和革命不断发展的综合影响下,俄国政府开始分崩离析。 更为严重的是战争对政权基础权力的巨大破坏:战争使政府不能满足城镇的生活需要和供给军队必需物资。 而其他国家的情况刚好相反,在战争末期国家基础权力土崩瓦解,君主制解体,这使民众的不满得以排遣和释放,且统治阶级唯恐重蹈俄国覆辙,迅速地恢复了凝聚力。 从全球性的阶级斗争潮流来看,虽然劳资双方都吸取了教训,但资本主义之所以安然无恙,是因为社会党温和派帮助挽救了它。

第五及第六,这里必须强调士兵和农民的重要作用。 士兵方面,各国与俄国差异非常关键。 俄国士兵叛乱发生在战争期间,保留了武器,并且拿起武器为革命做出了贡献。 别的国家士兵叛变发生在战末,在部队被遣散前或被遣散期间。 遣散复员排除了士兵进行集体行动的危险,而且给了士兵一个更好的选择——放下武器回家。 战胜感觉还不错,战败就不一样了,民兵武装的确组建起来了,但其更多的是代表政治右派而非左派。 社会民主党在奥地利与德国组建了民兵武装,但他们仍不愿意屠杀人民。 而匈牙利除外,其社会党过于善良和仁慈——而其反对者法西斯主义者,则过于残忍。 军官集团和右派民兵武装镇压了革命。 实际上俄国社会民主党也没有发动革命暴动,他们也是借助起义士兵的力量掌握政权的。 虽然马克思主义运用了听起来充满暴力的阶级斗争和革命的理论,但还是缺乏实实在在的军事理论,对于革命运动来说,这是一种罕见的疏忽。 在经过托洛茨基领导的俄国内战和上海大劫("四一二反革命政变")(the Shanghai disaster)之后毛泽东领导的中国革命,马克思主义军事理论才开始趋于成熟。

各国的农民情况也不一样。 农业变革早已开始并正在制度化。 没有哪一个国家的农民能像俄国农民那样可被左派利用，而且农村和城市居民之间冲突和团结的可能性都是一样的。 俄国更为缓慢的工业化和城市化进程导致无产阶级世袭性更强，以及城市和乡村之间更大的意识形态差异。 一战期间，粮食缺乏加剧了城市和农村之间的冲突。 农民赞成农产品的高额定价和黑市交易，而城区居民要求严格控制价格和定量配给。 农民士兵对产业工人可以不打仗极为憎恨。 因此，农民很少参加当时中欧各地爆发的革命动荡。 这些国家一半或以上的人口，和部队一半以上的士兵均来自农村。 保守派紧紧守住他们的农村权力基地，并且征服了城市起义者。 一个极端的例子便是匈牙利，在这里缺乏农民的支持很可能是革命失败的充分原因，因为匈牙利是中欧最大的农业国家。 工业国德国的农民支持的力量想必是可有可无的。 果敢的革命领袖也许可以收买农民阶级，就像俄国一样。 但是在农民夺取土地之后，布尔什维克党才想到了这一策略。 而中欧各国的社会民主党派均是以工业发展为导向的思维，农民在他们的意识中主要是士兵的来源，是压迫他们的工具。 他们是正确的——正是社会民主党让农民变成压迫他们的工具。

这些失败的革命表明，即便工人阶级力量因政府战败而得到增强，也未必就能取得革命的胜利。 这并不只是资本主义一般发展规律的结果。 布尔什维克革命的胜利是因为政治和军事权力的突然介入，但布尔什维克党夸大他们革命成功的可能性这一做法诱导了其他国家的左派。 如果别国社会民主党派能动员受剥削的农民阶层支持革命，结果也许会好得多，尽管这样做有非常大的困难。 但是，如果没有农民的支持，工人内部又存在分歧，革命者手中持有的武器也不如黩武的右派那么多，革命失败就成为必然了。 半个欧洲倡导新的专制右倾主义，尤其是法西斯主义，这将导致进一步的失败。 这样，除俄国外，欧洲的革命力量没有得到发展，反革命却日益猖獗起来。 世界各地的意识形态选择也不断增多：社会主义、自由主义和法西斯倾向的独裁主义，这些意识形态都提出了据称可实现的乌托邦。 全球化也逐渐变得不那么支离破碎——而是更加一体化——不过也呈现出了多形态的特征。

注 释:

[1] 1918—1919 年的资料，主要参考 Broue, 2005: 第一部分; B.Moore, 1978: 275—397。 关于社会民主党(SPD), 参阅 Broue, Breitman, 1981; Hunt, 1970; 关于独立社会民主党(USPD), 参阅 D.Morgan, 1975; 关于德国共产党(KPD), 参阅 Fowkes, 1984; Broue, 2005: 第二部分。 与其他国家的对比分析，参阅 Carsten, 1972; essays in Bertrand, 1977; Cronin and Sirianni, 1983。

[2] 本部分参考 Carsten, 1972; Gulick, 1948; essays in Rabinbach? 1985; 以及 Zeman, 1961: 134—138。

[3] 本部分参阅了 Carsten, 1972: 238—246; Tokes, 1967; Janos and Slottman, 1971; Eckelt, 1971; 和 Vermes, 1971。

第七章

半个地球的危机：解释大萧条

介绍

    大萧条让 20 世纪的世界陷入了第二次重大的混乱。 这次危机如同之前的世界大战一样是半全球性的，不过这一次危机具有相当严重地冲击着国家和帝国的边境的跨国性质，对于半个世界的经济带来了持续十年之久的严重灾难，在这一章中我们将会看到一个消极的、正在解体的全球化。

    各个国家对于这次大萧条的反应是试图从全球性经济危机中回撤一下，强化民族国家这个笼子。 因为大萧条的震中是此时最大的民族经济体——美国，所以我关注的焦点也就放在美国。 与所有其他时期的资本主义萧条相比，这次大萧条在深度与广度上都是空前的，在当时被认为是资本主义本身的危机。 左派由此受到激励，错误地把这次危机看作是资本主义死亡阵痛的开始。 这种危机意识其实在资本主义最重要的支持者——投资家和企业家，保守的政治学家和经济学家——那里也是广泛存在着。 他们要求作出巨大的努力来拯救资本主义，资本主义最终通过右派与左派之间的一系列政治妥协获得了拯救，但是它也因而被改造成了一个受到更多管制的、社会民主的或者是一种自由主义工党式(lib-lab version)的资本主义。 这种资本主义将社会权利赋予所有人。

因为大萧条是一种经济现象，我们有理由认为萧条的主要原因存在于这之前的经济力量关系中。 大多数经济学家甚至走得更远，他们把经济看作是一个相当封闭的体系，许多理性人推动了这个体系。 他们之间的互动形成了市场。 这个市场中的资源稀缺性规律、供给与需求的规律持续地运行，最终会达到一个均衡状态。 这个均衡状态经常被商业周期打断。 凯恩斯主义者对这个体系作了修正。 他们指出，市场短期来看并不必然会实现均衡，尽管从长期来看会重新实现均衡状态。马克思主义经济学家否定经济体系在任何时期都存在均衡状态。 认为资本主义包含了系统性的矛盾。 这些理论都没有错误。 事实上，当经济学家把他们的体系模型运用到实际世界经济中的时候，对经济作出的短期预测的成功率通常超过 50% ——这个成功率高于其他的社会科学所能够达到的水平。 经济学家在短期商业周期方面确实作出了相当好的解释。

但是，对他们而言不幸的是，现代经济发展包含经济增长和经济危机，远远偏离正常的经济周期。 19 世纪 70 年代曾经出现过严重的萧条，而 1929 年又是一次大萧条，在第二次世界大战之后出现大繁荣，在最近的 2008 年又开始了大萧条。 这些大萧条不再是简单的周期性的现象。 它们的规模太大了，受到了经济中的结构性变化的影响，尽管方式并不相同。 因此，它们对传统的经济学理论提出了两个重大的问题：一个主要是来自经济权力关系的内部，而另一个主要来自经济关系权力的外部。

内部的问题纯粹是经济方面的困境问题。 为了生产、销售和消费产品，也就是说，市场能够运作而需要涉及人类活动的许多方面。 绝大多数经济学家(以及绝大多数马克思主义者)认为，在这些经济方面中存在着某些不可还原的决定性的关系。 他们努力的理想目标就是创造出一个把这些方面全都包括在内的数学公式。 但这些方面的内在联系很可能是不确定的。 在理论上，供给应当等于需求，但是这个等式的成立条件还需要考虑到在这个巨大的链条之间所涉及的相关方面和行动者——投资者、创新者、工人、雇主、消费者、储蓄者，再加上所有的游说集团的社会运动和政府。 在经济体系中，上述所有这些行动者都是相互关联的，但是这种联系链条又是不完美的、很长的、松弛的。每一个环节都联系着一个特定的分支链条。 链条之间还可能会断裂。在正常状态下，绝大多数的环节能够产生充分的协调并完成资本主义经济的各项功能。 其运作尽管并不完美，但足以能产生出一个大致均衡的状态，并且能够实现经济增长。 当经济的某一个环节并不能很好运作的时候，通常也就出现了我们所说的危机，比如说资本的过度积累，或者是需求不充分。 而对于平稳的经济运行而言，任何一个因素的影响可能要么就是"太大"要么就是"太小"了。 我们现在已经比较熟悉的是第二次世界大战之后供给与需求之间的平衡关系上出现了困难，于是经济就在资本家利润的减少以及工人的消费减少之间上下波动。同样，技术创新的滞后会导致工业停滞不前。 而技术创新过快会导致劳动密集型的工业被资本密集型的工业所取代，失业率会上升，消费需求降低。 一个运行良好的资本主义经济应当是在所有运行阶段都处在"上下波动的中间位置"(steering down the middle)，避免过剩或者是不足。 这个过程远远谈不上是持续的均衡状态。

经济学家的模型可以解释特定环节的危机，甚至也能够提出一种解决的办法——至少是一种弥补性的解决办法——但是一个规模极大的结构性危机不应当被看作是一个特定环节或领域的危机或者是一种单一的系统性危机。 它应当是一系列更偶然的多重性危机同时发生的结果。在社会其他方面存在的更加出人预料的缺陷"暴露出来"之后，危机开始向整个社会扩散。 这种危机形成了资本主义的"超级风暴"(perfect storm)。 农业生产中出现的危机暴露出农业银行中的出人意料的缺陷；快速的技术创新会导致过度的投资，而过度的投资可以暴露出证券市场的弱点；一场影响着不同国家的银行领域的债务危机暴露出了欧洲联盟的弱点；等等。 我在这一章中提出的观点是，这次萧条是一系列相互关联的危机的同时爆发。 但是请注意，如果事实与此相反，如果社会所有的方面都是协调的，就像第二次世界大战之后的情况一样，那么经济将会出现不同寻常的增长现象。

外部的问题已经得到经济学家的承认。 许多经济学家承认，他们并没有很好地发展出一种长期(secular)经济增长或者下降的理论。 他们认识到，市场外部的力量，比如说制度文化和技术，在经济增长和下降中扮演着重要的作用。 但是他们仅仅是以一种随意敷衍的方式来对待这些因素。 其实，社会学家也并没有提供多大的帮助，因为我们缺乏一个普遍接受的关于文化、制度发展和技术创新等方面的模型。 不过我确实有这样一个模型。 我把它们看作是受到社会权力的来源驱动，并且具有内在能力去推动社会和经济发展。 在现代社会中，最重要的制度是经济制度(市场财产权和企业)、军事制度(军队与准军事机构)与政治制度(国家)。 其中，地缘政治是政治功能和军事功能的混合物。在我的模型中，文化——我更倾向于"意识形态"这个术语来代替文化——主要产生于经济、军事和政治力量的相互联系，尽管意识形态自身的一种内在逻辑是发现这个世界的终极意义的一个动力。 然而当危机爆发而现有的权力关系看起来没有能力找到一个有效的解决办法的时候，新的意识形态就会出现，其中的某些意识形态将会变得很强大，会改变权力的形态，包括经济权力的形态。 我关于技术的观点是，技术总是被经济、军事、政治以及(偶尔)被意识形态权力行动者用来进行权力分配或者是权力保存的手段，但是它有时(emergent)也具有集体权力。

我的这个模型看起来相当抽象，尽管很清晰地对于结构性的经济危机给出多因素的解释。 这一章将更具体地提出关于大萧条的一个多重因素的解释，把大萧条看作是一系列若干个特定的经济危机叠加在一起的结果，技术创新的突然爆发和错误的政策又起了推波助澜的作用。政策的错误并不是偶然造成的，而是阶级和地缘政治的意识形态所导致的。

第一次世界大战的影响

第一次世界大战投下了长期的而且是相当具有全球性的阴影。 对于参战国而言，战争带来的是经济上的混乱和迅速膨胀的军费开支。在联合王国和德国，军费开支上涨了 10 倍，美国上涨了 13 倍(尽管它的起点要低得多)。 当和平来临的时候，军费开支发生逆转：1920 年，军费开支又几乎回到了战前水平。 经济学家称战时军费的上升是资金的错误配置。 他们注意到，恢复原来的配置并实现平衡是很困难的。 这个均衡模式受到了破坏。 然而，除了少数国家之外，绝大多数问题到20 世纪 20 年代中期的时候似乎都解决了。 为了偿还战争借款，英国国外资产绝大多数卖给了美国。 英国从来都没能买回来。 英国总体上权力在下降。 奥匈帝国的解体以及战后禁止德国、奥地利和匈牙利之间的合作对这些国家造成了巨大的经济问题。 这些问题只有希特勒才能够解决。 那些在战争中获得利益的中立国家，比如日本，以及那些出口农产品的国家，遭受到了困难，因为参战国的经济恢复了正常的生产并减少了农产品的进口。

但是，实际上，上述这些问题不都是造成大萧条的原因。 在第二次世界大战后也出现相似的混乱，以及更加严重的物质资源的毁灭，但是二战之后并没有出现全球性的萧条，而是出现全球性的繁荣。 到了20 世纪 20 年代中期，世界大部分地区似乎从这次战争中恢复过来了，而且正在出现温和的增长。 在大萧条到来之前，经济似乎刚刚恢复正常状态。 第一次世界大战导致的主要问题对于美国也并非没有产生不利的影响，美国在战争中经济上是受益的，而现在却率先陷入了萧条。不过战争确实对于大萧条具有间接的影响，因为它影响了地缘政治、农业状况与阶级冲突，而这些直接影响了大萧条，并促使它蔓延到全世界。 这个世界依然是由不同的民族国家组成的，有一些还是帝国，每一个国家或帝国在国际秩序中的位置存在的差异，农业占民族经济的比重上的差异，以及国家内部的相互竞争的阶级上的差异，导致了各个国家受到大萧条的影响也存在着差异，其中一些因素并不都是跨国性质的。我首先分析的是地缘政治。

战后的地缘政治：霸权和金本位

很多人认为战争之前的经济秩序体现了英国经济上的霸权。也就是说，英国提供了公共产品，并且为国际经济确立了规则。他们认为，两次世界大战之间的问题是缺少足以提供公共产品或者是为国际经济确立新规则的单一的霸权国家。查尔斯·金德尔伯格(Charles Kindleberger, 1986：289)提出了一个著名的判断："1919 年到 1929 年，英国不能够、美国也不愿意担当起世界领袖的角色。"尽管他没有用"霸权"这个概念，他首创了广为人知的"霸权稳定"理论。这个理论得到了许多经济学家以及"世界体系论"的社会学家的支持。他们认为，英国的霸权为第一次世界大战之前的国际社会提供公共产品和秩序，美国的霸权为第二次世界大战之后的国际社会提供公共产品和支持。在两次大战期间缺少单一的世界霸权，因此缺少稳定性。因为——据说——国际经济是不可能由一个委员会管理的(Arrighi, 1994；Arrighi & Silver, 1999)。这是一种霍布斯式的秩序理论：我们需要一个主权者来为我们制定规则，否则社会生活就是充满肮脏的、野蛮的和短命的。

事实上，英国在战前并不是一个霸权国家。在欧洲，它的权力始终受到制约，并且需要与其他大国建立联盟。它在全世界拥有最多的领土，最强大的海军，但是这与其他国家相比仅仅是数量上的差异。与黄金捆绑在一起的英镑确实仍然是世界金融的支柱，但是英国不再具备足够强大的实力靠自己来运作这个体制。在缺乏帮助的情况之下，英格兰银行的银行利率的调整政策并不能够提供经济的稳定性。 在世纪之交，金本位制度是由英国、法国、德国、俄罗斯的中央银行和国库之间的国际合作来维系的。 当国际经济平稳运行的时候，英国国库能够支撑金本位。 当危机袭来的时候，其他的国家就不得不提供帮助。这就相当于是一个大国之间的非正式的委员会帮助英国领导着世界度过金融危机。 艾肯格林总结说："金本位信用成为一种承诺的原因是，这种承诺是国际性的而不是民族性的。 这种承诺是通过国际合作来完成的。"(Eichengreen，1992；参阅 Clavin 2000：44)经济均衡状态并不仅仅是一种经济现象，实际上是在地缘政治的协助下实现的。

金本位制度需要根据一个国家的经济实力和稳定性而作出一些灵活的调整。 依据是否忠实地坚持金本位制(就像英国或者法国)，是不是在危机的时候抛弃金本位制，但是后来又恢复了金本位制(就像美国或者是意大利)，或者是否根本就不坚持这种金本位制(就像绝大多数的拉美国家)，世界各国可以分成若干个类别。 每一个类别都获得了类似于今天的信用等级的东西(Bordo & Rockoff，1996)。 英国领导着金本位制，在认可各大国的利益之间的相互联系的前提之下协调着大国之间的联盟关系。 金本位在这样的情况下能够很好地运作。 事实上，正如我在第二卷中所指出的，国际银行家们付出了巨大的努力来避免战争。 世界大战的到来并不是他们的错。

金本位制度在战争期间中止了，除了美国之外，所有的国家都停止了黄金兑换，实行一种自由浮动的汇率。 战争结束之后的一段时间，国际金融的不稳定和国内的动荡是同时存在的。 几乎所有的货币都针对美元而快速地贬值，而美元则在全球扩散通货膨胀。 这场战争还摧毁了英国的金融领导权。 英国为了赢得战争而大举借债，成了美国金融家们的债务人。 绝大多数欧洲国家成为美国和英国银行的债务人。华尔街取代了伦敦成为世界主要的货币市场，但是国际体系却并没有反映这一点。 战后的世界并不是一个平衡的权力结构，而是不稳定的权力结构。

之后,各国政府确实开始陆续回归金本位制度。 当英国在 1925 年让英镑回归金本位的时候,金本位制度得到有效重建。 它现在缺少一个领导者,而实际上美国的经济和黄金储备的分量占主宰地位。 这时候的金本位已经不再是战争之前的古典金本位体制。 它包括了中央银行之间的自愿而特定的合作,各国央行试图维持一套独立的黄金兑换系统。 只有为数极少的国家恢复了完全兑换制度。 这时候英美之间出现了合作[特别是在英美两国中央银行领导人蒙塔古·诺曼(Motagu Norman)和斯特朗之间的有效合作],但是没有人认识到建立一个长久的合作机制的重要性。 有一段时间出现的相对的稳定性,几乎所有的政治家、银行家、商人和经济学家都相信,重新建立起来的金本位制能够自我维系下去。 经济状况在 1925 年到 1929 年确实得到了改善(Aldcroft, 2002)。

金本位制所涉及的不仅仅是技术性的问题。 可兑换黄金意味着对于政府能够发行的货币确定了一个上限,由此而防止通货膨胀和财政赤字,人们普遍认为通货膨胀与财政赤字是不负责任的政策。 和最近若干年不同的是,在那个时候,为了促进经济增长而保持温和的通胀还没有成为普遍做法。 对于投资者而言,承担金本位制的信用责任要求一个国家保持财政上的稳定性。 这样,这个国家的货币发行机构就能够确保价格的长期稳定和可兑换性,拥有充足的黄金储备来保障货币。此时普遍接受的意识形态的教条要求在回归到金本位之前这些条件就应当已经事先得到满足。 但事实上这些条件很少得到满足(Hamilton, 1988)。 黄金储备不足的问题没有解决(A shortage of gold did not help)。更何况,绝大多数国家的货币发行量已经恢复到战前相同的水平。 这一做法被这些国家视为是向世界传递了国家的信用度,对于民族的荣誉而言是必要的。 民族主义的意识形态在这里发挥了影响力(Eichengreen, 1992:163;Nakamura, 1988:464),一个民族通过高估它的货币来体现它的实力。 信用度是用来提供给有能力让货币流通起来的投资者的。

布洛克(Block)所关注到的"商业信心"这个因素一般而言是对于国家自主权一个基本的限制，在这个时代是对于金融资本的一个基本的限制。在今天表现得如此显著的金融投机家们的跨国流动的权力，事实上并不是一个新鲜事物，资本主义的民族性和跨民族性这两个方面的紧张关系也并不是一个新鲜事物。在战前的一个时期，投资者主要来自"旧体制"(old regime)之下的拥有土地和财产的家庭。他们从 19 世纪晚期到大萧条这段时间是统治阶级。

选择回归金本位制的这种做法与当时的经济健康之间几乎没有什么联系。绝大多数国家(英国、意大利、日本和斯堪的纳维亚国家)的货币是被高估了，只有两个重要的国家是被低估了(法国和美国)。黄金的供应和流通处于糟糕的状态：世界上 40% 的黄金储备被美国吸纳。法国货币的低估最终吸纳了剩下的 30%。它们囤积着、"净化"(sterilized)黄金而不是让黄金产生效益，使得其他的国家无法获得黄金。从世界经济的角度来看，这是一个严重的错误，这个错误产生于地缘政治的竞争所导致的意识形态性的错误。这个错误导致所有国家都出现黄金储备不足，使得投资者感到不安。决策都是在每一个民族国家的金融机构单独作出来的，其中没有一个机构会对国际秩序承担责任(Moure, 2002：262—263)。美国的孤立主义产生特别具有破坏性的后果，各个民族自己画地为牢是金本位制度的首要问题。一种全球性的经济正在形成，但是既没有一个霸权国家也没有一个委员会来管理它。这就是两次战争之间的经济缺陷。但是这个缺陷并不一定要付出巨大的代价。它是通过一次经济危机而被暴露出来的。

选择通货紧缩政策意味着，那些货币高估的国家认为它们不得不追求紧缩的货币政策来稳定黄金外流和抑制市场投机。它们的目标是给经济降温，而不是采取必要的货币和财政扩张政策。它们保持黄金兑换政策，对于投资者释放出经济稳定的信号。货币一直被低估的政府也许会采取通货膨胀的政策，但是如果他们不采取的话也不会遭受损失。美国和法国从来也没有为了改善世界经济而采取足够的通货膨胀政策。 相反的是，他们迷恋预算平衡(Bernanke & James，1991；Clavin，2000：55；Temin，1989：19—25)。 这是另一个缺陷。 但是这也并不必然是一个严重的缺陷。

第一次世界大战以及被布尔什维克革命激化起来的阶级冲突确实产生了影响力。 在过去，政治经济政策的制定一直以来是偏向于投资者而不是人民大众。 财政部长和中央银行家们自身也来自投资者阶层。第一次世界大战的结束出现了民主和平民大众的阶级意识的高涨。 工人、小农及其他一些人发现金本位制度的通缩的阶级倾向对他们造成了伤害。 温和的通货膨胀对工人和小农是有利的。 通货紧缩对他们会造成伤害，因为通货紧缩会对于那些负债的或者是需要借款来进行融资活动的经济行动者造成伤害。 通缩降低了他们商品的价格，而提升了他们负债的真实价值。 不过，通缩对于中等和上等阶层的绝大多数是有利的，特别是对于那些扣除物价因素之后资产升值的固定收入者和出租者(Clavin，2000：58—59)。

在整个20世纪20年代，上述这种阶级利益之间的冲突始终是国内政治的重要因素，但这并不是一个根本性缺陷。 因为，保守派通过动员传统机构来争取许多工人阶级和中产阶级下层人民的选票，可以缓解上述阶级之间的冲突。 我在第六章和第九章提到，战后第一年出现的是左派分子的进攻态势。 为了安抚刚刚组织起来的工人，工人的工资很快得以上升。 但是由于其他阶级抗议出现实质性再分配，结果政府就实行通货膨胀，劳工运动很强烈的国家尤其明显，比如德国。 通货膨胀对绝大多数人是不利的，于是保守主义者要求通缩政策的主张得到了较多的支持。 保守派政府于是增加失业率，降低工资，对工人进行无情打击。 实行通货紧缩的政府知道它们这样做是在激化阶级冲突，有时也会改变政策来帮助一些它们感到比较害怕的特定群体，但政策的基本趋势明显是在倒退。

在法国，左派分子执掌政权。 他们征收了财产税和资本税收来削减赤字。 这种做法引发了资本的外逃，增加了财政危机。 投资者受到了法国中央银行的幕后支持，愿意冒着货币崩溃的危险来把左派赶下台。 足够数量的中间派被说服之后抛弃了卡泰尔(Cartel)，让其下台，扶植起来一个由普安卡雷领导的较为保守的政权。 法国议会授给他不需要议会的投票表决而解决财政问题的权力。 他放弃了洗劫富人的政策，引入了削减预算的政策，从而阻止了资本外逃(Moure，2002：chaps. 4，5，p.261；Eichengreen，1992：172—183)。 这些斗争表明，如果得到主要的民族性政党和大量的中产阶级的支持，跨国性的商业信心所拥有的政治权力要高于局限于民族范围而组织起来的工人。 金融资本权力的产生要比绝大多数我们时代的评论家们所认为的早得多。 世界体系理论家也是这么认为的。

面临着类似的阶级权力结构，作为英国议会少数党的工党也下台了。 英镑被高估了大约 10%，所以工业家们不得不削减他们百分之五到十的成本确保竞争力。 他们削减的成本主要是工资账单，而这种做法激化了工业领域的冲突(Clavin，2000：50—51)。 凯恩斯理解了保守的丘吉尔首相回归金本位所含有的阶级意义。 他谴责这种做法是"有意增加失业率"以便降低工资水平。 他预言这种做法将会加剧社会冲突，甚至会威胁民主(Skidelsky，1983：203)。 在 1926 年的大罢工爆发的时候，丘吉尔又一次充当了阶级斗士，而且获得了胜利。 工会在这次漫长而艰苦卓绝的罢工中被打败了。 凯恩斯错了，民主仍然存在下去，虽然是走在一条更加右倾的道路上。

在德国，通货紧缩和回归金本位制也使得雇主增加了工作时间，降低实际工资，与此同时，税收开始采取更为累退的方式。 工人在魏玛共和国时期所获得的初步成果现在被取消了。 在几乎所有的国家，通货紧缩的代价基本上转嫁在工人和农民身上(Polanyi，1957：229—233；Alesina & Drazen 1991：1173—1174)。 在美国，这一点特别明显，因为美国的工人阶级的组织是可以忽略不计的。 在更具斗志的中产阶级的支持之下，政府继续调整货币的价值，以保持跨国投资者的"信心"。 左派的抵抗被打退了，20 世纪 20 年代中期的政治开始向右转。 然而，这些做法降低了大众的消费和增长的潜力，导致了经济的下滑。 旧体制依然延续着以前的做法。 这是在实际的危机中暴露出来的另外一个缺陷。

金本位制度还需要面对直接来自海外的不断增长的民族主义情绪。这不是非常具有进攻性的民族主义，因为几乎所有的人都受够了战争。在战前，地缘政治的竞争对手们更加隔绝于国际金融。 现在，和平条约迫使德国和奥匈帝国付给法国和英国大量的赔偿。 凯恩斯看到，这些赔偿是非生产性的再分配形式，导致了经济陷入困境。 在赔偿问题上，尽管美国要比英国和法国抱有更多谅解心态，但仍然坚持要求偿还属于自己的贷款。 而德国一开始就陷入一种绝望的经济困境，只有依靠大量的美国的私人贷款来重建自己的经济才能够继续赔偿。 美元能够使得其他国家进行赔偿和偿还贷款，但是美国陷入了国内政治的压力，保持着33%的平均关税税率，这使得别国很难出口足够的产品给美国以偿还它们的美国贷款。 正如一个银行家指出的，"外部世界欠我们的债，就是我们的债务人脖子上的绳子。 我们用这个绳子把他们拉向我们。 我们的贸易限制是顶着他们身体的叉子。 我们用这把叉子把他们向外推。"(Clavin，2000：87)这是一种全球相互依赖理论！ 美国经济的技术创新产生了更大的劳动生产率和过度的生产能力，进而降低了美国产品的价格。 减少美国贷款的所有做法都相当于把系统中的阻塞物消除掉，美国现在却在继续贷款，而没有调整自己的国内政策来换取别国的政策调整。 此时的地缘政治的合作太少了(Moure，2002；Clavin，2000；Eichengreen，1992：209—210)。 金德尔伯格关于两次战争期间的判断是正确的：不存在稳定的国际体系。 但根本性的问题是因为第一次世界大战并没有解决地缘政治的竞争问题。 从全球视野来看，此时已经出现了跨国—国际性的(dual transnational-international)经济，但缺少有效的维持秩序的机构。 这并不是说此时的世界需要一个霸主来维持秩序。 这个时期的多权力体系并不像战前的那个体系，它在此次危机中不能够提供秩序。

1923 年，德国政府宣布不能够如期进行赔偿。作为报复，法国和比利时政府派遣军队占领了莱茵区。德国由于《凡尔赛条约》规定只能维持一支规模很小的武装力量，无法作出抵抗，但是愤怒的当地居民开始了静坐罢工。莱茵银行提供贷款表示支持，而这又导致了超级通货膨胀，并且使得德国更加不可能进行赔偿或者是偿还贷款。法国无法如其所愿地从战争赔偿中来资助预算，不得不转而提高税收。然而这又挑起了阶级冲突。美国政府拒绝通过削减欧洲债务的规模来缓解危机，而是提供美国的私人贷款。这只能进一步增加了债务。美国确实实施了《道威斯计划》对于德国的赔偿进行重组。这本来也许可以发挥作用，但是到了 1928 年，危机正向别的地方蔓延，而这严重地削弱国际间的合作。

像战前那样建立一个委员会也许可以运作金本位制度。但是在这些地缘政治的冲突中却不可行。美国或许在理论上而不是在实际上承担着经济霸主的责任，因为绝大多数的美国人相信国内政治是首要的问题。国会不得不批准很短视的经济政策，因为议员们不愿意关注健康的国际经济可能会给自己选区或自己的州带来的长远利益。伍德罗·威尔逊没有成功地说服美国人进入国际联盟。美国人对于国际合作没有多少兴趣，更不用说担当世界霸主。世界大国的委员会以及美国都不能领导世界经济。这并不必然导致灾难性的结果。但是如果危机再一次袭来的时候，这就会变成一个问题。

从衰退到大萧条

经济衰退开始在几个国家出现了，1927 年出现在奥地利和荷兰的东印度群岛。1928 年出现在德国和巴西，1929 年早期出现在阿根廷、加拿大和波兰——这些国家都在美国之前崩溃了。除了德国之外，早期受到打击的都是农业国家。农业一般是危机爆发的第一个领域，因为农业很容易成为最重要的世界性产业。 第一次世界大战为没有参战的国家的农民提供了出口的机会。 但是随着战争的结束,参战国以及受到封锁的国家都恢复了农业,再加上农业领域出现的持久的技术发展,这就导致了产量的过剩、价格和收入的下降。 全世界绝大多数的农民是把产品卖给商人,商人们又把产品卖到城市和出口。 农民需要现金交税,当农产品价格下跌之后,殖民地国家以及像中国这样依附性的国家的农民陷入了双重的挤压:一方面他们收入减少,另一方面需要满足地主和税收官员的要求。 他们转而寻求高利贷的帮助,但这又会陷入土地被高利贷者占有的危险。 尽管经济学家们的关注力集中在大萧条的金融和工业方面,但全世界的农民受到的打击是最严重的(Rothermund,1996)。 在美国或者是法国这样的发达国家,有将近30%的人口仍然从事农业。 在大萧条期间,他们被压低的需求仍然是一个主要的全球性的通缩力量——就如同上一次发生在1870年的大萧条。

接着,经济衰退在美国和其他发达国家变得最为严重。 美国的一些工业在衰退来临之前已经表现得很差。 矿业、木材和纺织业在这个年代的绝大部分年份困难重重。 建筑业在1925年开始往下走。 绝大多数的国家都有一个问题就是人口,由于战争带来的伤亡,在美国则是移民人口下降,导致的后果就是新建家庭数量少了,需求减少了,特别是住房的需求减少。 工业生产综合指数在1929年的前半年开始往下走。 这时股票市场还没有崩溃,但已经表明了实体经济出现了问题。 过度的固定资产投资,接下来是生产能力的过剩以及投资的迅速下降,导致了通货紧缩并且引发了衰退。 债务人在价格通缩中负债或者是产品需求减少的情形下开始出现无法偿还贷款的风险。 他们削减日常生活开支来维持偿债能力,这又进一步降低一市场需求。 建筑业和工厂的订单骤然下降的时候,生意也开始难以为继了。 这是一种解释大萧条的"债务通缩"理论。 目前的美联储主席伯南克(Bernanke:2000)及其他的一些人坚持这个理论。 具有讽刺意义的是,在2008年他不得不处理类似的事件的后果。

　　产生于另外一种因果链的证券市场泡沫出乎预料地加剧了这次衰退。在 1928 年和 1929 年，股票价格指数突然出现比分红指数快得多的速度上升，这是一种股票过热的迹象。到了 1929 年的中期，封闭式基金综合股价指数被高估了 30% 左右，标志着投资者过度自信(White, 1990；De Long & Shleifer, 1991；Rappoport & White, 1993, 1994)。这些都表明出现了一个信贷催生出来的泡沫。这个泡沫部分地掩盖了实质上的经济衰退。对于这样一种价值被高估的股票市场很难作出解释，但是有一个因素就是信贷确实太容易了。投资者获得的回报很丰厚，于是股票的价值和利润持续上涨。投资者认为这种状况会持续下去。美国人因为此时出现的技术革命以及过于乐观的牛市而觉得这是一个值得庆贺和值得骄傲的时代。两个大问题——技术驱动的过度投资(特别是在电子工业)和低消费——结合在了一起是无法长期支撑下去的，结果导致 1929 年在全世界都出现了 14% 到 31% 的相当严重的生产过剩(Beaudreau, 1996)。

　　对于熊彼特提出来的创造性破坏(creative destruction)的过程中的创造性部分而言，现在所需要的是在新的工业领域实现增长，比如汽车工业、家庭电子耐用消费品。但是消费者的需求太低而不足以支持必要的生产扩张。当工资的上涨远远小于生产能力或者是利润上涨的时候，生产能力的过剩和投资的过剩就会催生出证券市场的泡沫。正在拉大的不平等的差距无助于需求问题的解决，因为和中产阶级与工人阶级相比，富裕群体消费的开支占他们的收入的比重较低。信用制度很少去覆盖前面两类人，所以无法有效地提升需求(尽管我们在 20 世纪 90 年代和 21 世纪初的经验并没有证明这是一个令人满意的解决方法！)。

　　胡佛总统和他的顾问以及美联储都认识到此时的投机是过度的。不幸的是，占据主导地位的一帮人相信"市场出清"(liquidation)学说。他们期待市场会最终自我作出调整——我们称其为新自由主义。他们认为，政府的作用仅仅是帮助市场驱逐坏币、低效的生产者、愚蠢的投资者以及获得过高报酬的工人。资本主义的规律是无情的，但是应当相信这些规律是有效可行的! 因此，在 1928 年 1 月，美联储开始实行通缩，对市场施加压力，减少货币供应量，提升一点五个基准利率，上涨至 5%(Hamilton，1987)。 它还阻止以股权抵押方式进行贷款。 美联储通过通货紧缩的方式成功地应对了 20 世纪 20 年代出现的两次小的衰退(以牺牲工人的利益为代价)。 它把这次衰退看作是另外一个进行出清的机会，其政策导致了股票市场价值的下降，失业率的上升以及工资的下降。 对于大多数官员和经济学家来说，这是一个有效的解决方案。这个方案也得到熊彼特、哈耶克与罗宾斯这些观点分歧极大的经济学家的支持。 这些经济学家认为衰退是摆脱效率低下的不可避免的方式——熊彼特提出的资本主义创造性破坏的一个必要的副作用。 熊彼特的确主张，如果政府想要提振经济，就必须选择要么是现在衰退，要么是再等一会儿出现更严重的衰退。

这些经济学家都错了。 不幸的是，通缩带来的效果好过头了。 经济已经开始下行。 上述问题的汇合导致泡沫的破灭，陷入了 1929 年 10 月 29 日的崩溃状态。 在这一天，美国的普通股损失了票面价值的 10%。 在股票暴跌之后不久，大规模累积的需求不足问题的打击也来了(Cecchetti & Karras，1994)。 失业者和担心自己失业的人大幅度地削减耐用消费品的开支。 1930 年的消费崩溃加剧了衰退(Romer，1990，1993：29；Temin，1976：65；Temin，1981；Gordon，2005)。 资本所有者现在缺少投资动力。 他们的钱现在只要拿在手里就可以在通缩中升值。 这就加剧了工业生产的下降，增加了产能过剩和长期的库存积压。 作为资本主义的关键因素的利润动机现在开始有悖常理了。 单个资本家的偏好加起来也许就变成集体性的疾病。 乔治·奥韦尔(George Orwell)在他的作品《通往威根码头之路》(The Road to Wigan Pier)的一个场景中表现了大萧条中的集体非理性："几百个男人冒着生命危险，几百个女人在泥土中挖了几个小时……迫切地搜寻小块煤炭回家取暖。"对他们而言，这样辛苦获得的"免费的"煤炭甚至比食物更加重要。"他们的附近闲置着挖煤炭的机器，他们以前用这些挖煤机在五分钟之内所挖到的煤炭都比现在一天之内采集到的要多。

1930 年末，四波银行恐慌中的第一波横扫了美国：744 家银行倒闭。 这些倒闭银行主要是在农村地区，受到了农业萧条的影响。 由于利率的上升导致农民的负债上升到了无法承担的水平，另外，美国拥有比任何国家都要多的小银行，所以农村地区的银行显得很脆弱。 由于此时还没有出现银行存款的保险业务，银行储户在银行倒闭时就会一无所有，于是他们就陷入了恐慌，要求提取资金。 第二波银行倒闭潮从 1931 年 6 月持续到 12 月。 在整个 20 世纪 30 年代，至少 9 000 家银行倒闭了。 幸存下来的银行在贷款方面变得更加谨慎，并且还建立了资本储备。 这样就加剧了通缩的压力，加快了货币供应量下降的速度。 随着价格以每年 10% 的速度下降，投资者最佳的策略就是不进行投资，等着下一年的到来，他们的美元就会升值 10%。 政府所作出的反应就是通过削减开支来降低税收，这进一步增大了通缩的压力。 当罗斯福于 1933 年 3 月宣布一周时间的"银行假期"政策之后，形势发生了变化。银行停业，检察队伍对银行进行了彻底清理，区分出了可以救活和不可以救活的银行。 这样做至少在银行领域恢复了信心。 在对银行进行整顿之后，1934 年 1 月建立了联邦存款保险公司(FDIC)。

到了 1930 年，经济形势要比单纯的周期性衰退严重得多，美国尤其严重。 15 个国家在 1931 年前开始生产下降，下降中位数是 9%，而在美国是 21%，消费价格指数下跌 2.6%，流通货币供应量和银行储备下跌 2.8%，实际利率上升超过 11%，达到 1920 年至 1921 衰退以来的最高水平(Hamilton，1987)。 从 1929 年到 1933 年，美国实际 GDP 下降 30%，官方失业率从 4% 上升到 25%——尽管真实的失业率接近 33%——实际国内私人投资总额令人震惊地下降了 85%。 正如我们前面所说，这并不是一场单纯的大危机，而是一系列的打击相互叠加在一起从而暴露出了经济和政策中的缺陷。

不过，大萧条对于世界各国、各地区的打击是不均衡的。 它对西欧国家和盎格鲁国家的打击很大。 加拿大、美国和德国受到的打击最严重，尽管比利时、法国、意大利、英国和一些拉美国家也举步维艰。然而，即使是在这两大地区，美国和加拿大人均收入的损失是英国的六倍，是法国的三倍。 大萧条对于其他大陆的影响几乎没有，大陆只是稍微受到了一点影响。 苏联、日本及其殖民地韩国和台湾以及东欧在大萧条时期经济健康增长。 另外，有些发达国家通过抛弃金本位和再次提升了经济，很快地走出了大萧条。 美国本来也可以这样做，事实上后来也开始这样做了，但是美国在 1937 年的过度自信导致了经济的再次衰退，只有第二次世界大战导致工业需求得到提升之后，它才得到了充分的恢复。 这些国际范围的宏观地域性差异让我产生疑虑，"大萧条"这个术语是不是真的具有强烈种族中心主义倾向。 白人非同寻常地遭受最严重的打击。 我并不认为"白人的大萧条"这种说法有什么道理，尽管有点确切，但并非所有的白人都受到了打击。 有一些新兴工业繁荣起来了，这些工业领域的白人工资持续上涨。 事实上，在经济周期的表层泡沫的下面，不断增加的身高说明了发达国家的民众健康在持续改善(Floud et al., 2011)。 所以，这次资本主义危机的范围是半全球性的，并且只是处于半危机状态。

经济学家争论原因

在美国，危机的表现真的让人很灰心丧气。 整个一系列毁灭性重创的过程中，美联储持续不断地运用紧缩性货币政策。 这使得事情变得更加糟糕(Romer, 1993)，导致了银行的破产。 货币主义者关注了联邦储备银行的这些错误。 弗里德曼和安娜·斯瓦茨(Milton Friedman & Anna Schwartz, 1963：396)直截了当地说："货币力量是大萧条的首要原因。"但是他们的方法不足以支持这种断言，因为他们只考虑了货币因素。 他们的理论与其说是对于大萧条的解释，不如说是一种关于货币的叙事。 他们叙述了 20 世纪 20 年代中期美联储是如何允许货币扩张过度，接下来几年又试图收紧货币，在整个衰退期间持续这样做。 从1927 年 8 月的高峰到 1933 年 3 月的低谷，货币量下降超过三分之一。他们将"大萧条"改为"大收缩"（Great Contraction）——"拙劣的"(inept)货币紧缩政策产生了遏制力量，导致了收入、价格与就业的下降。 当银行倒闭的时候，假如美联储采取了"正确的政策"，其方式是通过为陷入困境的银行提供紧急基金或者是在公开市场上购买政府债券来为市场注入更多流动性，供应了更多货币，"这将会缓和紧缩的严重性，极有可能在很早就会结束大萧条。"(1983：300—301)

这些叙述的第一部分似乎是正确的，第二部分则存在很大的争议性。 收紧的货币政策一直持续到 1933 年，这确实加剧了危机。 因为美国有大量的黄金储备，货币扩张也许不会影响货币的可兑换，这就会有助于抵抗衰退。 迈克尔·波尔多(Michael Bordo et al., 1999)争辩说，美联储可以通过大量的公开市场购买来打击投机者的进攻。 他们认为如果这样做，银行恐慌也就不会发生，衰退也就不会恶化成大萧条。 当然，政府官员必须很恰当地把握住货币总量和操作时机。 现在我们事后回过头来看这些的时候，似乎觉得做到这些并不是一件困难的事情。

在分析为什么货币政策无效的时候，弗里德曼与施瓦兹提出了一种不可行的"伟人"理论(great man theory)。 他们说，假如担任了十四年纽约美联储主席的斯特朗在 1928 年还没有去世，仍然是联储的一个主导性的人物，这次大紧缩也许就不会发生。 他们说："在我们的历史上，每一次银行危机的详细故事都表明，一个或更多的杰出人物愿意承担责任和领导职责是多么的重要。 这次大萧条是一次容易发生危机的金融体系的失败。 只有出现这样一位领导人才能够避免这样的事。"(Friedman & Schwartz, 1983：418)上述观点并没有说服力。 假如斯特朗在 1929 年仍然在位，他所作出的行为也不可能会是另外的情形，因为他接受的是 "市场出清"[liquidationist 的理论智慧(Temin, 1989：34, Eichengreen, 1992：252)]。 其实，当时所有的官员都像他这样，他们以往就是运用这些政策，而这些政策似乎都是可行的。 他们有充足的理由实行这些政策,而这些理由深深地扎根于他们时代的智慧与社会中。为什么他们都这么思考问题? 这是我们必须加以解释的。

有几个经济学家进一步深入研究以上几个原因所产生的不同影响。斯蒂芬·切凯蒂与乔吉斯·卡拉斯(Stephen Cecchetti & Georgios Karras, 1994)得出的结论是,货币供应方面的冲击(the shocks)和紧缩政策对于初期的经济下行的影响"大致相等",到了1931年末就发生供给方面的崩溃。 直到1931年,货币只是一个次要因素。 在此之前,非货币因素对于名义收入的下降需承担四分之三的责任(Gordon & Wilcox, 1981:67, 71;Gordon & Veitch, 1986;Gordon, 2005:25—28)。 詹姆斯·法克勒(James Fackler, 1998)评价衰退恶化成为大萧条的三种可以相互替代的机制:货币储备的下降(弗里德曼与施瓦兹的主张),消费下降[特明(Peter Temin)的解释],以及债务通缩或者是信用理论(Bernanke, 2000: chap.2)。他的结论是,这三种机制相互之间叠加在了一起,都发生了作用。

弗里德曼与施瓦兹(1963:359)正确指出,美国的问题通过金本位制度传导到了全世界。 当美国和法国在囤积黄金的时候,美国的固定汇率将美国的价格下跌和利润下跌的影响传播到其他经济体。 美国的国际贷款马上就下降了,直接打击了农业国家,削弱了别国的出口能力。这些国家觉得必须限制信贷及提高利息,这就意味着它们在衰退的进程中也实行了通缩政策。 假如政治家们放松货币和财政政策,这又会威胁他们以约定的汇率兑换黄金的能力。 当经济崩溃的时候,各国政府觉得自己的手被束缚住了,除非它们放弃与黄金的挂钩(Eichengreen, 1992:12—13, 216—222, 392;Bernanke, 2000: chap.1)。 正如凯恩斯所说,"黄金手铐"制约了各民族的经济,将美联储政策的通缩影响扩散到了全世界。

民族主义的药方受到了各国关注:正如凯恩斯所提出的,所有的国家都应当放弃金本位制,然后采取再通胀政策。 事实上,那些最早放弃金本位的国家在通胀政策方面也执行得最好。 较小的经济体往往先放弃金本位:奥地利于1929年放弃了。 随后,挪威、瑞典、丹麦、芬兰、新西兰、加拿大、日本、拉丁美洲国家以及一个大国——联合王国——于1931年放弃了金本位(Bernanke & James, 1991)。 那些接下来立即进行货币贬值的国家从大萧条中恢复的速度更快一些，因为这样就缓和了通缩的压力并且还提高了出口。 民族主义是有效可行的，但是全球化进程受到了削弱！ 正如我们在本书的第十三章中所看到，日本财政大臣高桥(Takahashi)取消了日元与黄金挂钩之后，降低了利率和汇率，增加了财政支持，以最快的速度完成了全面恢复。 西班牙从来都没有实行金本位制，外贸总额也很少，所以根本就没有经济萧条。 当更多的国家放弃金本位的时候，放弃所产生的好处也就降低了。 三个主要大国——德国、美国和法国——通过严厉的控制兑换的方式保持金本位制度的时间较长。 1930年到1933年，德国总理布吕宁(Bruning)执行了可怕的通缩战略，通过节约开支来平衡预算，与此同时，继续保持金本位制度。 结果德国的危机急剧恶化。

竞争性的贬值并没有让所有国家受益。 如果某个国家开始货币贬值，其出口的产品价格就会下降，从理论上讲可以通过出口来摆脱经济衰退。 然而假如它的贸易伙伴也这么去做，那么就不会达到目的。 在20世纪30年代，有20个国家将货币贬值超过10%，其中有几个国家货币贬值超过五次。 除了极短暂的时间之外，几乎没有一个国家提高竞争能力，也没有任何一个国家通过出口来摆脱经济衰退，因为国际需求过于萎靡不振。 在大萧条期间，贸易下降了三分之一，这表明了全球化进程在倒退。 不过这样也产生了一个积极后果，一个接着一个国家不再捍卫它们的汇率，于是就走向了宽松的货币政策。 这种货币刺激政策在全球范围都存在，它有助于启动和维持经济的恢复。 由于这样一来可以将财富从富人阶层转移到工人，所以债券持有者的负债在价值上也贬值了。 当然，假如各国在刺激性货币政策方面进行协调，就会获得更好的结果——避免汇率的疯狂波动——但是由于不存在可以进行相互协调的机构，各国只好执行局限于民族范围的解决方案。 那些处于困境中的国家感到别无选择，只能执行单边政策，它们通过竞争性的贬值来释放货币，这种做法比不做要好一些。

许多经济学家倾向于以双重货币因素来解释大萧条：美联储的货币错误政策和金本位制(Eichengreen，1992；Bordo et al.，1998；Bernanke，2000；chap.1；Smiley，2002；James，2001；Clavin，2000)。 与这两者相关的调控机制都失灵了。 新自由主义者认为，调控失败证明政府不应当试图去干预市场。 这意味着市场不存在结构性缺陷，事实上更少干预的、更灵活的政策反而是有益的。 这些都是专业性很强的概念，超出了我的专业领域。 不过这种理论似乎过于狭隘。 我们必须毫无疑义地支持在生产领域之外建立美联储、金本位制度和所有的金融机构。尽管我们这个时代的经济增长理论强调制度和技术的作用，但上述讨论大萧条的理论几乎都没有提到这两个因素，除了提到了金融机构这个制度之外。 然而，经济衰退是从生产环节开始，而不是在证券市场、银行或者是联邦储备银行开始。 哈罗德·科尔等人(Harold Cole et al.，2005)的研究表明，从 1929 年到 1933 年，在所有十七个国家中，货币和通缩因素的打击只使得经济总量下降了大约三分之一，生产因素的打击贡献了三分之二，所以让我们转向生产领域。

伯恩斯坦(Michael Bernstein，1987)把此次金融危机看作是各工业领域存在着程度不同的生产问题的恶化的结果。 他关注了从第二次工业革命的产业主导的时代开始产业转型的民族经济体在 1928 年到 1932 年的经济打击中受到的影响。 第二次工业革命的产业主要集中在纺织、钢铁、交通设备以及采矿等工业领域。 这些工业在第一次世界大战之前贡献了绝大部分的经济增加值，不过我想强调，这仍然是一个消费需求相当低的经济。 然而，美国现在正转向一种新的经济，在第二次世界大战之后将有一些更多面向大众消费的物品和服务的经济，比如电器、汽车、飞机、石油、烟草、化学和加工食品以及贸易、交通、金融和政府的服务。 问题在于，在这两次大战之间的这个时期，前面的一整套工业仍然主导着整个经济，提供了美国绝大部分就业。 但是这些工业都失去了活力，它们是成熟的和相对集中的，它们的技术革新时代已经过去了，于是它们对于投资者不再有吸引力。 比较新式的产业正好与此相反：它们正在扩张，高度竞争性，技术上有活力。 它们确实吸引了投资，事实上，高科技股票是证券市场泡沫的核心部分。 在某种意义上，股市的崩盘是过快的技术革新的产物。 这个领域的投资率在大萧条之后恢复得相当快，但它们的规模相对较小，不能够吸纳所有的剩余资本。

亚历山大·菲尔德(Alexander Field, 2011)说，尽管经济表现出来的是萧条，但整个萧条期间经济的生产量其实得益于新的工艺和产品而最终得到了提高。 1941年比1929年的产出高出了将近40%，并且几乎没有增加劳动时间和私人资本的投入。 每小时新增的产出主要是技术和组织进步的结果。 在研发方面的投资也大幅度增加，尽管需求以及其他方面的投资在下降。 他认为，新的产品得益于新政的道路建设项目的溢出效应，以及得益于创新型企业对于逆境作出反应的溢出效应。这些好处主要来自新政的后期。 在大萧条时期，新兴产业还缺乏足够的经济比重来促进国家的集中投资、就业和需求达到健康的水平。 这些新兴产业更多地依赖于消费需求。 由于收入分配相对倾向于富人阶层，消费需求在20世纪20年代仅仅出现缓慢的增长。 新兴产业于1929年之后受到了有效需求方面的打击。 尽管它们的确增长了，但是这种增长被较低的总体需求拖累了。 在熊彼特所说的创造实际到来之前，创造性破坏也许要熬一段时间的破坏过程。 资本主义不是一个均衡的体系。 一种能够保证充分就业的创新过程并不是资本主义所必须有的一种倾向——正如我们今天又再一次看到的那样。 在大萧条之后，总体性的经济增长依赖于第二次世界大战的爆发，因为这次战争可以让新兴产业在增加产量和大众消费需求的基础之上以充足的经济分量来完成新的增长。

第二次工业革命的重工业向消费导向的制造业转型的经济观念，有助于解释为什么大萧条是资本的过度积累所致。 为什么是一次性事件(why it was a one-off occurrence)，以及为什么在美国持续如此长的时间？

凯恩斯的政策即使在全面得到执行之后，也并没有得到最适当的政策效果，因为这些政策不区分新兴产业与老式产业，一律同样给予促进。区分不同工业的需求的更有针对性的工业政策会收到好得多的效果。而这又是我们的后见之明(hindsight helps)！罗斯福新政期间，罗斯福的亲密顾问之一雷克斯福德·特格韦尔(Rexford Tugwell)主张上述的策略。伯恩斯坦认为，假如特格韦尔的建议得到了关注，经济的恢复也许会更快到来。然而特格韦尔是罗斯福新政的左派人士，并不负责政策事务。长久以来，政府经常受到嵌入政治的老式产业而不是技术驱动型的新兴产业的影响。罗斯福的国家复兴总署(National Recovery Administration)所做的是为每一个工业部门确定价格表，而这种做法的效果恰恰适得其反地帮助了那些死气沉沉的产业。

索斯塔克关注技术创新这个因素。因为技术一直是美国经济增长的主导性动力，它的失败当然也重要。他依照技术的不平衡发展解释了大萧条的起因与时间跨度。20世纪20年代三个关键性的成长工业——汽车、电子设备和收音机——在大萧条到来之际已经出现市场饱和，并且开启了劳动集约过程的创新之路。"电气化、流水线和连续生产过程在20年代引发了这个国家出现了的最大规模的劳动力方面的负增长。"假如这些工业在两次战争期间孕育出许多新的产品，也许就会导致经济的稳定。然而这三者行动迟缓地走向大规模生产。到了1929年，汽车业已经被"消耗殆尽"，现代飞机(1935年的道格拉斯dc-3)还没有投入生产。收音机的市场已经饱和，电视机还没有上线。连续生产过程技术在塑料、合成纤维以及生产诸如磺酰胺类和维生素等制药领域取得了突破。但是这些都涉及更加复杂的技术，需要经过很多年(以及战争)来发展。它们只有在二战之后才批量生产(1995：112—113)。

在20年代，创新型工业增加了产量，但并没有增加就业，并且也不需要大量投资。在20年代，在制造业就业的人数保持稳定状态，但是产出增加了64%。主要的技术突破并没有创造新的就业机会

(Szostak，1995：6，103)。 索斯塔克估计，在大萧条期间运用这些技术的工业在创造失业人数方面居领先地位。 在考察了其他工业和补充了多重性影响的基础上，他估计，来自这些领域的新增失业人数是1 300万——大萧条最严重时期失业人数(1995：295)。 他简要地研究了其他的国家，发现这些国家的经历验证了他的观点。 农业国家缺少上述技术。 于是很快从大萧条帮助恢复过来。 英国和美国具有类似的问题，但是因为英国在20年代在创新方面落后了，所以很快重新稳定经济并迅速从大萧条中恢复过来。

杜梅尼尔与列维(Gérard Duménil & Dominique Lévy，1995)补充了管理创新因素的影响。 劳动生产率在各企业和工业中上升，是因为都实行了现代企业管理体制——包括电气化的流水线——以及流水线式的购买、销售和研发过程。 他们和伯纳德·博德罗(Bernard Beaudreau，1996)一样认为这导致了产能过剩。 企业在20年代已经出现了1.05%的较高破产比例。 一般情况下，企业的现代化能够经受住经济萧条，但是资本证券中的大部分束缚在传统工业和企业。 从1931年到1932年，企业的破产率上升到1.35%。 而那些幸存下来的企业则不得不关掉一些工厂。 在汽车工业，有一半的工厂被关闭，较大的企业一般能够生存下来。 加剧了紧缩影响的不仅是较低的产能利用，而且还有生产能力的彻底毁灭。 这恶化了投资危机，因为许多创新型企业并不需要新的资金，投资者也不会借钱给这些没有活力的企业。

当衰退向纵深发展的时候，政府和银行家们认识到需要更多的国际经济合作。 挖出金本位制度的技术性问题并没有超越银行家的智慧。 他们四处奔波相互咨询。 一个有利的方面是，无论他们的国籍是什么，但都来自同样的社会阶层，他们是"世界上最排外的俱乐部"。 他们之间能很好相处，并且很少需要翻译。 这些受过良好教育的男人——当然他们全部都是男人——说英语或者法语。 马克思会称他们是一个管理共同的金融资本业务的执行委员会。 他们无疑构成一个跨

305

国的小资本家阶级，并且早在社会学家指出这一点之前就已存在。 然而他们受到了所接受的教条的相当大约束。 尽管在法律上他们是自主的，几乎不存在约束他们的政府规范，实际上他们缺乏来自政府和政党的必要的政治支持以便可以展开国际合作。

正如我们所看到的，地缘政治，特别是通过赔偿和战争债务机制，从1918年以来制约着国际政治经济。 大萧条到来之际，民族主义方兴未艾。 德国、奥地利、匈牙利的民族主义者坚持要求终止赔偿，但是他们更关心的是收回失去的领土。《凡尔赛和约》和《特里亚农条约》将这些领土划归别的国家。 随着民族主义而来的是要求经济统制(economic autarchy)所带来的压力。 所有的国家更多倾向于赶紧脱身(cut and run)。 有些国家很明智地抛弃了金本位。 但是在大萧条时期，各国政府都开始对进口的商品征收关税和实行配额制度，保护自己的外汇储备和国内的生产者。 美国于1930年带头执行关税法。 这部法律产生于大萧条时期胡佛总统对农民所作的承诺。 众议院中倾向于商业的共和党人要求提高他们选区的工业产品关税，所以这部法律迅速得到通过。 他们认为，如果关税削弱了外国在国内市场上的竞争力，也就会缓解产能过剩。 这是一种具有欺骗性的解决衰退的简单方案，但损害了长远的利益，因为其他国家也会作出反击，国际贸易就会受到压制。 经济健康一方面受到了金融资本的跨国性权力的威胁，另一方面受到了太多的经济民族主义的威胁。 直到第二次世界大战之前，抵制这两个方面的机制当时都还没有设计出来。 当时的经济陷入了停滞，全球经济的整合受到阻碍。 各个国家都发现自己可以承担新的经济功能。

胡佛对关税抱有疑虑，多达1 000个经济学家呼吁反对关税政策，参议院拒绝签字。 但是继续恶化的大萧条说服了那些立场动摇的人。关税最终获得了通过。 新的关税名义上高了很多，并给其他国家发出反击的信号(Temin, 1989：46)。 加拿大作为美国最大的贸易伙伴。 立即作出了反击。 英国转向了帝国特惠制(imperial pre ferences)政策。 以关税保护整个帝国(一百年以来这是第一次实行这样的政策)。 其他的国家紧随其后。 全球进口和出口下降了，国际债务的偿还受到了阻碍，因为各国出口到美国的能力下降了。 欧洲开始崩溃，并且进入全面的大萧条(Eichengreen，1992：222—223)。

国际性的协议没有在关键性的时刻达成，危机继续深化。 当大萧条与战争赔偿以及领土修正主义(territorial revisionism)混在一起的时候，外交关系也就变味了。 德国政府不得不与国际清算银行一起分享它的货币控制权。 这导致持续的纠葛。 法国的皮埃尔·拉瓦尔(Pierre Laval)政府急切地向法国选民展示他的民族主义。 他坚持要求，解救第一家陷入困境的大银行——奥地利信贷机构(Kredit-Anstalt)——于1931年5月倒闭的代价是，奥地利必须削弱和德国之间的联系，放弃这两个国家之间的关税同盟。 奥地利政府的拒绝丧失了法国给予有效救助的时间，结果奥地利信贷机构倒闭了。 奥地利的经济同样也崩溃了，造成了德国一些银行的动荡，整个欧洲开始出现银行恐慌(Eichengreen，1992：264—280)。 其他方面的紧急贷款太少，而且太迟了。 这与一战之前的情况正好相反：那个时候的地缘政治秩序失效了，但是金融秩序却在运作。 而现在，没有人想走向战争，所以他们就在账本上开战。

为了解释这次大萧条，我们应当将生产问题和货币体系的问题结合起来，将地缘政治问题和政治问题结合起来。 生产、金融、政府和地缘政治中的一系列缺陷导致经济衰退并引发了大萧条。 美国结构性问题要比其他国家都更严重。 不无矛盾的是，美国的经济是最具活力的经济，这种经济正在从第二次工业革命开始转型。 这种具有高度的技术创新的经济不能够创造出充分的就业，也不能充分吸纳资本。 然而，全球农业萧条，金本位所带来的国际性的后果，对于通缩的意识形态上的坚持，以及地缘政治上的紧张关系通过跨国性的和国际性的进程很快将问题传播到半个地球。 若干个缺陷相互叠加在一起加剧了经济的衰退。 缺少任何一个缺陷，这次大萧条的程度也就不会如此之大。

缺少这些缺陷中的两个或者是三个，大萧条就根本不会发生，而只会出现近似于周期性的经济衰退。 至于上述提到的这些解决方案，货币主义方案是一个极端的方法，这种快速解决问题的方案看起来是有吸引力。 而另一个极端的方案则认为，产业不均衡的发展问题看起来似乎相当的顽固。 因为，解决消费不足的问题需要进行激进的社会变革，但是这就涉及意识形态问题。

意识形态的权力：当代的大萧条理论

值得关注的是，怎么会有这么多的人这么长时间地相信金本位制。绝大多数美国官员、经济学家都相信市场会自动出清(liquidating)投资过度以及保护黄金储备，因为这样会引导私人行动者，使得市场可以自我调整。 胡佛总统在成为总统之前曾经是商务部长。 他把大萧条看作是德国赔偿所导致的全球性的现象。 他为国际性的合作作出了辛勤的努力，但是，当时正在成长的经济民族主义阻碍了他。 他主动努力引导经济利益集团之间的合作，特别是增加投资。 但是到了 1937 年夏天，他的国家辅助的自愿主义(state-nudged voluntarism)显然并没有效果。 市场并没有自我调整，但是胡佛并没有采取强制性的措施，而是寻求平衡预算来让利率下降，鼓励投资，维持金本位制度(Barber，1985；Kennedy，1999)。 于是到了 1932 年 6 月，他犯了一个巨大的错误：推动着积极配合的国会通过了美国和平时期最大的增税比例，这是大萧条中的灾难性行为。 在接下来的一个月，美联储也终止了扩张性的公开市场操作。 政府官员和政治家们都在苦苦挣扎。

其他发达国家也有相同的情况。 银行官员们竭力维持货币与黄金挂钩，采取紧缩的政策防止资本外逃。 即便是离开了金本位制度，绝大多数国家并没有立即采取扩张性的政策。 包括熊彼特、罗宾斯、哈耶克和奥地利学派在内的相当多的经济学家反对扩张政策(DeLong，

1990)，唯有少数人持不同的意见，比如霍特里、费希尔、凯恩斯、艾肯格林和特明(Hawtrey，Fisher，and Keynes. Eichengreen and Temin，1997)，他们认识到，达成共识的基础不仅仅是技术性的或者是手段性的理由，还包括"精神"基础，戴维·阿尔德克罗夫特(David Aldcroft，2002)称之为"被人所接受的教条——几乎成了一种宗教"。用我的术语来说，它是一种意识形态。它包括固守着规范和价值以及关于事实的信仰。固守金本位制度体现出来的是节俭、纪律和责任的美德。黄金是"道德的、有原则的、文明的，受到调控的货币正好相反"。艾肯格林和特明一致同意这一点。他们引用了美国财政秘书梅隆(Mellon)关于道德的著名呼吁："出清工人，出清证券，出清农民，出清房地产……清除体系中的腐败因素……其目的在于……民众就会更加努力的工作，过上一种更加道德的生活。"他们还引用了胡佛总统后来发出的哀叹：金本位"仅次于神圣的教义"。尽管他宣称他捍卫金本位制度仅仅是把它当作"集体主义"的替代品。这也是表达了带有阶级性质的意识形态，其主旨就是，商人要比工人更有道德。全国制造业协会主席宣称："失业者"并没有……实践节俭与保守的习惯……他们把自己的存款拿去赌博。"(Leuchtenburg，1963：21)然而在经典的经济学理论中，工人是很容易受到惩罚的，因为解决经济衰退的方法就是降低工资水平。因此，许多人得出了结论，最低工资制、固定的工资契约以及工会应当被取缔——这些人都是阶级的斗士，但却仅仅为了普遍的利益！

道德在其他国家也受到了鼓吹。在日本，从1928年到1930年早期，政府对经济实行了通缩政策，其目的是能够坚持金本位制。政府给每一个家庭都散发了一张传单，要求他们节约开支。这种"道德教育的总体动员"方式包括诗歌、歌曲和电影，特别是针对妇女。把他们视为主要的消费者。这里有几节歌词与合唱句选自作为电影"第一夫人"的主题曲，这首歌曲成了一首流行的歌曲(Mark Metzler 复制，2006：204—205)：

　　即使是盛开的花朵也会凋谢，

不是这样吗？

现在是将打开的钱包关上的时候了。

(这是绝对正确的)。

合唱：

是时候了，是这个季节了。

所有的人都联合起来，手挽手(是的!)。

让我们节俭，让我们节俭。

你放弃食盐，我会放弃喝茶。

不是这样吗？

取消黄金禁运。

(这是绝对正确的。)

直到令人高兴地取消黄金禁运。

没有人记录下财政大臣井上(Inoue)或其他日本政府领导人是否放弃消费食盐或者是茶叶。

关于节约、诚实、纪律和正直等方面的道德说教并不仅适用在金本位制度上，而且更一般地应用在服从市场力量方面。 在对于法国的研究中。 肯尼思·莫雷(Kenneth Moure)发现对于金本位的尊重是"僵化的经济教条观念"的一部分。 这个教条要求所有人都遵守工作和经济的约束，这是一个"自然的体系"，它仅仅会受到"货币曲柄"(currency cranks)的挑战(2002：2，51，270—271)。 新古典主义学说的信徒们继续实行通缩，一直到陷入大萧条的最深处。

"资本主义精神"的道德重要性是韦伯(2002)提出的著名观念。 他将这种精神追溯到在17世纪到18世纪的英语世界里加尔文教和资本主义之间的"选择性亲合关系"(elective affinity)。 这些节俭、诚实和正直的美德被认为是真正的清教徒精神。 资本主义需要灌输给工人们的正是这样一种道德纪律的观念(Gorski，2003)。　不过，到了 20 世纪早期，这些美德不再仅仅属于清教徒们，它们还体现在"社会主义"对于工人的要求中，而且带有一种道德暴政的意味。　古典经济学认为就业水平仅仅取决于工人的工资价格，因此经济学家要求工人自我克制和约束自己。　政府和媒体要求工人为了国家的利益需削减工资。　假如他们拒绝这样，就会有人发出哀叹说工人阶级无法推迟欲望的满足。　艾肯格林和特明指出，上述美德被用来表明阶级之间的二元对立问题，即用"我们的"这些美德去对比工人阶级的缺乏纪律、不节俭甚至是不文明。恶毒的话特别指向了以工人阶级名义说话的社会主义者。　他们提出了一个所有人享有财富和舒适生活的欺骗性的乌托邦。　在上述这些专业性理论和道德说教背后所隐藏的，是为特权财产和拥有仆人的权利而进行的辩护——毕竟，这是他们所理解的文明的核心。　这种辩护还超越了仅仅物质利益的范围。　理论、道德和利益结合起来了，成为强烈影响力的意识形态。　正是基于这一原因，美国对于工人阶级和社会主义的压制才如此狂热。　在美国几乎不存在真正的社会主义的威胁(我们在第三章中已指出)。　这个国家的旧体制试图将自己沉浸在美德中，以此克服暴露出的逐渐瓦解的迹象，而实际上却依赖着强制性镇压力量——包括通过通缩而产生经济强制。　旧体制看起来已经平安度过了战后阶级意识的兴起，它之所以坚持金本位制度，是因为这个制度被看做是属于旧体制的文明的支柱。

大萧条到来的时候，旧体制把任何货币和财政宽松政策看作是威胁政府承担其在约定汇率兑换黄金的义务的能力。　在这个问题上作出妥协将会传递出对于"市场"缺乏责任的信息，降低投资者对于政府及其货币的信心，这将会导致资本外逃。　投资者和投机者基于最细微的政策偏离的信息所拥有的惩罚能力强化了政府对于金本位制度的坚持。这种阶级性质的压力是以金本位制为前提条件的，但是这种压力并没有被集体性地组织起来。　它表现得更像是惊慌失措的牛群的行为，害怕受损的担忧在他们中不断蔓延。

英国是 1931 年 9 月被迫抛弃金本位制度的第一个大国。 其压力来自大规模的投机性资本的外流损失了英国一半数量的黄金储备(Eichengreen，1998)。 英国的举动对于其他受到英国影响的金本位国家产生了巨大的影响，比如丹麦和日本(见第十三章)。 美国是金本位制度的主要捍卫者。 英国离开金本位制度之后，美国的支持便成为更加关键的因素，因为金本位制已经处于困境状态。 美元受到了投机者的攻击，美联储现在觉得别无选择，只能够提高利率来阻止黄金的外流(Eichengreen，1992：293—298)。 对于政府也许会放弃金本位的任何怀疑都会促使投资者将受到地域限制的货币转变成黄金或者是可兑换货币。存款的提取传播了恐慌，挤压了借贷，最终迫使所有的政府放弃金本位，但为时已晚。 官员们现在处在真正的两难困境中。 他们既需要实现结束大萧条的目标，同时又要保护金本位制度，这两个目标是相互矛盾的。 实现第一个目标的前提是放松信贷。 实现第二个目标的前提是实行更为紧缩的信贷政策。 放松信贷是大众所欢迎的。 紧缩政策是金融资本的偏好。 官员们忠实地坚持信贷紧缩，坚守金本位制度和通缩政策，因为他们相信这样做是正确的而且是合适的事，因为他们害怕金融资本的权力，另外，因为他们与金融资本家们来自相同的阶级。 今天我们仍然可以从中得到教训。

有些学者基于此时阶级结构的变化以及社会权利观念的兴起而提出了一种不同的观点。 艾肯格林和特明(1997)提出，第一次世界大战之后民主的发展使得政府对于工人阶级选民在资本主义的利润中享有更大份额的要求需要作出更多的反应。 政府被迫牺牲掉传统的稳定汇率的目标来获得更新的目标，比如保证就业和工资上升。 而战争之前的政府并没有这样做过。 他们举出了英国的汇率作为例子。 英国的汇率相对于战争时期通货膨胀所形成的价格与工资水平而言太高了。 要么下调英国的价格和工资以便让英国的商品在世界市场具有竞争力，要么降低英镑与黄金的兑换比例以便减少英国出口的成本。 但是，他们说，英国的工会现在过于强大，无法接受下调工人工资。 而政府也不会将英镑贬值，这导致了某种程度的僵局状态。 他们认为这使得英国在大萧条打击之前进入了经济衰退。 这个观点对于法国、德国也同样适用。投资者高度紧张，因为他们担心政府不再像战争之前那样自动优先考虑他们的利益。

　　但是，在 20 世纪 20 年代，工人阶级的权利仅仅限于对边缘性的经济政策进行干预。 我们在前面一些章节中提到，工人和农民很少合作。 当这两个阶级都受到打击的时候，左派就受到了严重的削弱。 在欧洲，战后刚兴起的左派运动开始逐渐消退，左派分子几乎没有机会掌握政权。 所有国家都在实行通缩政策。 艾肯格林和特明正确地看到了，欧洲持续成长的民主运动在 20 年代一直抵制通缩政策。 但是通缩政策仍然存在于工厂和几乎总是与权力无缘的左派政党的主张中。 它已经牢牢扎根于英国的工党左派以及法国的社会党(两者在 20 年代中期短暂地分享了权力)以及德国社会民主党(SPD)和奥地利社会民主党(SPO)的左派之中。 后面两者分别在魏玛共和国和奥地利共和国时期丧失了力量，接着成为了共产党和法西斯政党的对手。 较低层的阶级进入民主程序或许使得政府显得不稳定，然而各国政府最终使得金融资本的教义凌驾于工人和农民之上。 法国左派于 1926 年被打败。 在德国，布吕宁总理和他的权威主义继承者巴本(Papen)坚决捍卫通缩政策。 从 1930年到 1932 年，他们把价格降低了 10%，工资削减了 10% 到 15%，减少了三分之一的公共开支。 反对这个政策的政党包括了纳粹。 纳粹一上台，通缩就立即终止。 在军国主义的日本出现类似的情况。

　　在英国，作为议会少数派的工党于 1929 年选举之后掌握政权，但随后就陷入了大萧条。 工党需要自由党的支持，所以它坚持捍卫金本位制度，寻求平衡预算，但同时也根据以前曾经执行过的计划为失业者提供救济。 由于失业人数迅速增长，失业救助费用使得预算出现失衡，引发了市场中的信心危机以及英镑的出逃。 这是一场阶级斗争，即跨国性的金融资本的权力对抗全国范围组织起来的工人的权力，但同时也是争取英国工党的灵魂(Labour's soul)的斗争。 资本家和自由党的压力迫使工党政府同意改革政策并实行通缩,但受到内部左派的反对。 政府在混乱中陷入分裂并于 1931 年 8 月解散。 一些工党领导人加入了所谓的全国性政府(实际上是由保守党所主导),但是作为一个组织的工党变成了在野党,直到第二次世界大战结束。 假如保守党政府于 1929 年上台,它将会面临与工党一样的急剧上升的失业补贴,而这将会压倒它,工党就会在选举中受益,就如同瑞典的社会民主党,以及美国的民主党一样。 这些掌权的政党所坚持的经济理论与政策并没有优先考虑资本的利益,结果表明是可行的。 在英国、法国和德国,出现了一段时间的阶级争吵和政策上的动摇,似乎显得无计可施,但也不存在经济教条主义——而这种教条主义对于大萧条需要承担多得多的责任。

此时出现了一种理论,它可以替代自我调整的市场、市场出清以及通缩的教条主义理论。 在美国,"结构主义者"或者"新"经济学家较多关心提升全国经济一体化的紧迫性。 他们反对由无声的经济规律统治跨国性市场的观念。 他们相信财政和货币政策下"知情交易"(informed manipulation)能够抵消"整体性经济活动中的波动"。 他们将温和的民族主义带入了经济,认为在联邦政府推动之下,能够在一个国家发展出新的更好的经济,一种更受欢迎的"限定于一个国家的资本主义"是有可能实现的。 这种更受欢迎的资本主义的观念起初既吸引了共和党也吸引了民主党。 胡佛总统招募结构主义理论家来研究失业。他们比凯恩斯更早提出反周期的公共开支能够缓解经济衰退和失业。他们与凯恩斯之间的区别就在于所设定的公共开支的规模上有差异(Barber, 1985;Bernstein, 2002; chap.2)。

"制度主义理论家"以前都是进步主义分子。 他们在一些大学中仍然有很强的影响力,特别是在威斯康星大学和哥伦比亚大学。 与新古典主义理论家不同,他们并不认为经济能够从社会结构中分离出来。威斯康星大学学生所学到的关于劳工关系、工会以及福利等广泛的知识多于供给与需求的知识。 制度主义者有一种使命感:遵循社会正义原则，改善大多数工人的生活，提高消费，他们把这看作提升经济增长的方法。威斯康星大学的领袖人物约翰·康芒斯(John Commons)后来评论说："我是通过改善资本主义来挽救资本主义。"依据他的观点(典型反映了进步主义者对于科学和理性的信仰)，"有理性的"雇主和工会双方将会联合起来挽救资本主义。一方拒绝看不见的手，另一方拒绝社会主义。工会将会帮助资本家提升宏观经济的稳定性，抵消经济中消费不足的倾向。制度主义理论家同情工人，但是，同时接受自由主义企业家捐助，特别是全国公民联盟(National Civic Federation)以及洛克菲勒家族信托基金的资助。有一些人主张用反周期的宏观经济政策来拉平经济周期中的繁荣与衰退(Kaufman，2003，2006；Rutherford，2006)。

社会主义者们几乎要比其他任何人都更加迫切地预言资本主义的终结，他们预测1929年的经济衰退将会越陷越深。他们的糟糕的科学理论是无法理解糟糕的事情是如何发生的。然而，"消费不足理论家"在萧条开始之际就立即作出准备充分的解释。他们认为，经济经常会生产出超出消费需求的产量，因为绝大多数的消费者是贫穷的。他们说，正在拉大的不平等差距应当是主要的原因。利润无法得到有效率地利用，而消费不足早已经导致产能过剩，因此，利润就转而生成了1928年至1929年的证券市场的泡沫。他们还指出了长期性的问题。他们说，受到来自亲商业的柯立芝(Coolidge)当局和商业利益的压力，美联储在20世纪20年代将利率保持在低位。这种做法鼓励了制造业领域中出现很高的、最终是过度的投资。这种政策意味着商业以牺牲工人与农民为代价获取利益。像斯图尔特·蔡斯与乔治·索尔(Stuart Chase and George Soule)这样广受欢迎的经济学家则观察到，在1923年至1928年期间，工资每年上涨1%，而与此同时利润则上涨了9%。索尔说，这导致了"工业生产和公共购买力之间致命性失衡"(Dawley，1991：337—338)。在罗斯福总统第一任期间，新政经济学家们为消费不足理论提供更具理论性的修饰(Moulton，1935)。

马克思主义者走得更远，宣称资本主义的主要矛盾是生产力(技术，技能)与生产关系之间的矛盾。当利润因技术性的生产过剩而消失的时候，就产生了积累的危机。这会影响主要的社会阶级，而工人阶级遭到更多的牺牲。他们的这些观点很大程度上是正确的。他们预言这样一来就会爆发革命。这个预言显然是错误的。尽管美国的马克思主义者并不多，这个理论确实也激起了公众的反应，在激进的工人中激发了希望，让资本家们感到担忧。这些情绪综合起来足以说服其他人接受阶级调和，正如我们在下一章所看到的那样。

今天，消费不足理论已经很大程度上被否定了。凯恩斯表明，减少消费者的需求并不必然导致经济衰退，因为私人对于工厂、机器与房产的投资、政府的采购，或者出口过剩产品会提高总体需求。消费在国民收入中的比例在20世纪20年代并没有发生显著的变化(Temin，1976：32)。不过，假如我们接受了伯纳德·博德罗(Bernard Beaudreau)的观点，认为技术创新大幅度地增加了生产力，那么，美国将需要增加消费者的开支、政府的开支或者出口，以便可以消化增加的生产能力。新政中的增加基础设施开支的目的就在于此。

这时，大多数民众似乎相信消费不足理论，特别是农场主。他们构成了美国劳动力的23%。我们在第三章看到，美国的政治经济长期以来以牺牲他们为代价，倾向于维护北方的制造业主的利益。农场主在第一次世界大战期间经历了短暂的喘息之后，由于全球性的生产过剩与价格下降，他们的负债上升了，通缩政策又加剧了他们的负债。大多数制造业工人在20年代的大多数时间生活尚可(treading water)，他们的困难实际上是随着大萧条才开始的。失业，压缩消费，负债上升，对于小企业而言也是一个大问题。人们此时是在使用准阶级性的概念争论着经济学问题。因为经济学问题并不仅仅是一个国家政策的问题——集体权力问题——同时也是一个分配权力的问题——谁获得利益，谁受到损失。

当衰退恶化的时候，消费不足理论家已经准备好了对策：以货币扩张加上联邦政府的消费来提振消费。 重新分配购买力，同时维持工业生产力，但是再提升价格和工资，迫使通胀所增加的绝大部分购买力进入消费者的口袋。 然后，消费者就可以消费，利润、就业和工资就会全都上升，于是，资本家也会获益——缓慢推进经济。 由于现在工厂已经出现过剩，政府应当资助大型的建设项目。 教条的出清主义在胡佛三整年任期内无力解决危机，消费不足理论似乎在缓和大萧条中上升的阶级冲突是有说服力的和有用的。 在务实性概念方面(尽管不是在理论方面)，它与凯恩斯开出的短期药方是相似的。

胡佛并没有走得这么远。 他说："政府的唯一功能就是创造出有利的条件帮助私人企业健康发展。"罗斯福在当选之前对此是同意的，但是当选之后他和民主党就转向了威斯康星学派。 他给此时的美国提供了最具有影响力的理论工具，因为这个理论中的观念在那些对于工人和农民的不满而不是投资者的焦虑做出更多反应的政治家看来更加合理。在民主国家，前者拥有数量上的优势。

经济学理论变得重要了，因为它们可以动员权力行动者的信念。理论中的真实性内容是有争议的和有限的，但是这不影响它们解释日常经验的意识形态性的说服力。 自由放任加上通缩对于旧体制的经验是有道理的，但是当它遇到困难的时候，对于大众阶级来说就显得没有道理了。 于是他们就转而寻求其他的意识形态。 大萧条将各种解释性的理论带入相互碰撞的过程中，产生了不同的结果。 在美国，理论之间出现了妥协，结构主义者和消费不足理论家取得了进展，但是在20世纪30年代末让位于另外一种理论，即半凯恩斯主义。

美国的方案类似于瑞典的斯德哥尔摩学派的理论和英国的凯恩斯理论。 凯恩斯与法西斯主义和国家社会主义正在做的有所不同，他的目标是解决萧条问题和提高就业，同时不牺牲资本主义民主。 在他于1936年出版的《就业利息和货币通论》中，凯恩斯反驳了一般均衡理论所持的市场必然会自我修正的观点。 经济体有可能会长期陷入萧条。他同意古典经济学家的工资是关键的观点。 为了通过市场的力量摆脱衰退，实际工资就必须降下来。 然而，凯恩斯注意到，名义工资无非是通过最低工资的谈判、工资合约、工会的权力以及其他因素来确定的。 古典经济学家们攻击上述所有这些因素阻碍了灵活的劳动力市场。 凯恩斯认为这个观点在道德上是不可取的，并且也忽视了现实生活中的权力因素。 工人确定无疑会拒绝名义工资的下降，除非他们看到物价也相同比例地下降。 但是提高就业只能依赖实际工资(工人的购买力)下降，而这意味着名义工资将不得不比物价下降得更多。 这还会导致削减消费需求，恶化衰退。 接着就会出现企业收入和可期待的利润的减少。 投资新的工厂和设备将会风险更大。 假如工资和价格在下降，那些手中有钱的人就会期待这两者会继续下降。 经济就会不断地下降，因为那些有钱的人将不会去消费，而是等着价格下降使得他们的钱更加值钱。 古典学说的假定是，如果消费下降，利率也会随着下降，这将导致投资增加，需求就会保持稳定——一个自我修正的市场。

但是，凯恩斯说，这个学说忽视了利润动机，而利润动机总是在一种不确定的状态下产生的。 预期与信心是关键：企业家只有在有信心获利的时候才会投资。 假如消费下降似乎成为长期存在的状态，那么，他们将会预期未来销售会下降。 于是他们在这个情形下的流动性偏好(liquidity preference)就是不进行投资，而是守着自己的财富。 这样就会出现"投资罢工"，并且会使衰退转化为严重的暴跌。 这样就可以解释为什么资本主义能够在很长一段时间里偏离最优状态。 然而，凯恩斯补充说，政府可以进行干预。 首先，政府可以削减税收，让企业和消费者保留更多的收入进行消费，增加总体的有效需求。 然而，这样做的不足在于，他们也许不会去消费，而是储存起来或者用来偿还债务。 这样一来就不会增加有效需求。 其次，政府可以进行更直接的干预，增加政府开支，因为增加的开支将会被消费，这样就会提高有效需求。 这样做还会温和地提升赤字，但是通过更加有效的活动所产生出来的就业与税收收入等乘数效应将会大于出现的赤字。 我必须强调，凯恩斯知道这样做存在着风险，他只是主张用这样的政策短期应对一下衰退。 如果出现了充分就业，这种政策就不灵了。 但是，他发现的有效需求理论既是新理论，同时在政治上也是有用的。 政府管制不断增加将使市场力量远离资本主义不断增加的不尽如人意的趋势的时候，有效需求理论就成为政策的新的核心内容。 这种理论对于资本家和工人都有利(Keynes，1973：249—250，chap.19；Ingham，2009：43—50)。 正如波兰尼(Karl Polanyi，1957)所关注到的，20世纪30年代出现了结构性转变的苗头。 政府对全国性市场的干预日益增加，国外上升的民族主义要求放弃金本位制度以及实行竞争性贬值和关税，有效地终结了19世纪的自由主义文明。 因为他把19世纪的"嵌入式的"(disembedded)自由主义经济看作是历史上的例外，他认为这种经济早已经一去不复返了。 我们今天可以看出这种观点是错误的，尽管在他的观点发表之后国家确实在一个时期内增加了对市场的管制。

大多数经济学家现在同意，在经济萧条时期，投资与消费方面的不确定性观念具有重要意义。 许多人还同意凯恩斯的解决方案：假如私人行动者在萧条时期无法增加总体需求，政府可以解决"点火问题"，通过增加它自身的开支和资助创造就业的工程，甚至以赤字资助为代价。 有限的公共部门的借贷不会过多地拉升利率。 最近的研究表明，尽管乘数效应的观念受到了挑战，它确实在衰退中几乎是在凯恩斯所预言的水平运行(Auerbach & Gorodnichenko，2011)。 因此，政府预算平衡应当与经济中的需求水平关联起来，而不是与私人部门中确立的良好管理原则关联起来。 如果出现了预算赤字和大规模的失业，赤字应当提升而不是减少。 政府可以通过财政手段和货币手段提升经济的稳定性。 但愿今天英语国家的大多数政治家能够理解这一点！

凯恩斯为某些人在直觉上所把握到的东西提供了理论辩护。 他的理论类似于斯德哥尔摩学派的经济学家们提出的主张，以及瑞典的社会民主党政府于1932年上台之后开始实行的政策。 凯恩斯不得不等到罗斯福的第二任期到来才将他的思想变成美国经济政策的一部分。 他的政策继续运行了几十年,作了妥协之后被纳入了古典经济学思想。 凯恩斯拒绝了一般均衡理论基础的无时间性,将真实的人类、他们的观念、他们的制度以及他们的权力关系引入经济学,否定了任何永恒的经济规律。 在他的关于金融资本的观点中也很明显地体现了这一点。 我将在第四卷中讨论这个问题。

结论

在资本主义内部存在着空间方面的张力。 尽管资本在理论上是跨国的和全球性——不接受国家的边界约束,可以流动到有利可图的任何地方——在现实世界,资本受到了既定的国家边界以及帝国边界的约束,以及意识形态、军事、政治权力关系的独特形态的约束。 在这一时期,资本主义的一个主要问题就是,经济政策是在国家层面来操作的,但是引发不稳定的最重要的因素却是跨国性质的。 而国际性的规制又由于第一次世界大战的结果而崩塌了。 地缘政治的紧张和对立关系在战争之后仍然延续着。 在政治上,旧体制在 20 世纪 20 年代的早期仍然处于统治地位,它从战后恐慌中恢复过来,并决心保持它在经济上的领导地位,现在却受到了民主运动的挑战。 普通大众正在提出更多的社会公民权利的要求,但是他们的要求还无法实现。 在意识形态上,阶级意识和民族主义同时在 20 世纪 20 年代兴起。 在这样的形势下,政府无法应付像病毒一样跨国界扩散的金融危机。 这反映出正在转型的经济中隐藏着的结构性缺陷。 大萧条是日益增强的经济全球化的一部分,是一个全球化的现象,但是带来的结果并不是更多的全球性整合而是全球性分裂。 于是,国家承担了更多的积极性的角色,开始取得了支配权。

凯恩斯、罗斯福和威斯康星学派都宣称,他们的使命是拯救资本主义。 凯恩斯和罗斯福是 20 世纪早期意义上的贵族自由主义，对于工人阶级怀有同情心和责任感。 威斯康星学派来自较低的社会背景，和工人阶级以及工人阶级的代表有着更多的直接联系。 他们全都认为，能够创造出一个更加富有人性的、和平的、稳定的和有效的民主资本主义社会，其前提是能够为所有的人提供经济方面的安全性，以及一定程度的社会权利。 为了实现这些目标，他们认为必须通过国家的干预来进行某些阶级性质的再分配。 国家应当缓解这个时期正在兴起的阶级斗争，既不能代表资本也不能代表工人，而是寻求在他们之间进行协调。

解决大萧条问题的办法并非只有一种。 英国人在金本位制度中挣扎之后就把它给抛弃了，没有理会凯恩斯，更倾向于托利党人的法团主义(corporatism)，在整个帝国建立起了关税制度——所有这些政策确实取得了温和的改善。 法国人则陷入拖延、分裂，并且保留了金本位，结果是几乎没有得到恢复。 最成功的民主性的解决方案是由凯恩斯主义—瑞典—美国式自由主义工党的改革派所提供的。 他们通过国家干预来实现经济增长和温和的再分配。 为了恢复经济秩序，几乎所有国家的工人阶级都获得了更多的社会权利，创造出了一个更加有效和更为人性的经济，完全超出了简单的货币扩张或者是灵活汇率所产生的结果。 这种做法还稍稍地巩固了民族国家，尽管每个国家在程度上不尽一样。

大萧条的解决方案也有一些是独裁主义性质的。 法西斯主义在德国、奥地利及意大利取得了成功。 右翼独裁主义横行于半个欧洲。 他们的方式是让人民登上舞台，但是并没有说话的权利。 在罗马尼亚，马诺伊列斯库(Manoilescu)执行了一种法团主义的经济计划，以一种非民主的方案来解决经济困境。 独裁主义政权和民主政权共享了一个信念，即用国家干预来解决经济问题[尽管这并不意味着他们是"社会主义者"，正如特明(Temin, 1989)所说的那样]。 1932 年初，纳粹提出以信贷融资创造就业。 第二年，纳粹凭借这样的政策赢得了选举。 这表明此项政策是受欢迎的。 希特勒在这一年的后期上台的时候采取强制措施让德国很快摆脱了经济衰退，采取的手段是高军费开支、压低工资、消除独立工会和增加就业。 日本也采取了同样的药方并获得了显著的成功(Temin, 1989: 29—31, 61—73, 100—103; Metzler, 2006, chap.11)。这两个国家都缺少必须克服的强大的自由放任传统。 而且他们都能够利用政治经济方面的较多的国家主义传统，但是这却产生了可怕的负面作用。 正如贝弗利·西尔弗(Beverly Silver, 2003: 143)所说的那样，美国的新政、瑞典的社会民主、苏联的五年计划、法西斯主义、纳粹主义和日本的军国主义，都是"各种不同的从分崩离析的世界市场跳进民族经济的救生筏上的方法"。 其中，社会民主或者说一种混合的结构主义、消费不足主义、凯恩斯主义和罗斯福都获得了相同的好效果——但是，所有成功的政策都减缓了经济的全球化进程，而将经济更多地重新纳入了民族的笼子。 不充分的国家控制与国际控制同时出现的时候，经济全球化就造成了大萧条，而解决的方案就是强化民族国家这个笼子。 不幸的是，强化程度最深的那个笼子引发了世界大战。

许多经济学家倾向于把这次大萧条看作是偏离了正常轨道，一次非同寻常的事件，将资本主义抛出了正常的温和的周期，要么是由于人类总体上缺乏能力，要么是因为非经济因素的干扰。 此次大萧条确定无疑是极端事件，并且正如往常的人类事务一样，无能产生了巨大后果。然而，资本主义机制在大萧条中仍然在正常运作。 将美联储的错误抛开不论，在某种意义上，在这次大萧条中，市场机制运行得非常好，因为负面的信息有效地传递给了主要角色，使得他们采取了一些出人意料的让衰退恶化为萧条的行动，牺牲绝大多数别的目标来保持商业的信心——这一次是投机者的信心——在资本主义的国家也是正常的。 资本主义常常会生病，因为追求利润的许多理性个体汇总起来表现在市场上并不总是产生出集体性的益处。

我们已经看到巨大的冲击相互叠加在一起导致了衰退演化为大萧条。 绝大多数国家的经济在20世纪20年代从来都没有非常活跃的表现，但是在20年代中期却出现了由于生产过剩而造成的全球性的农业衰退。 而造成生产过剩的原因是第一次世界大战的遗产以及能够带来更高生产力的技术创新一起导致的。 在美国，建筑业和制造业的下降开始于 1928 年。 这也许可以看作是一个正常的商业周期，但是不幸的是，正碰巧遇上了证券市场的泡沫。 这个泡沫是由于投资者对于快速的技术进步能够创造利润的能力怀有过度的信心造成的。 过度的投资和压低的生产造成了产能过剩、破产、银行倒闭和急剧上升的失业。信贷冻结了，政府和美联储作出了错误反应。 他们依据经济学的主流意识形态，执行了通缩政策和限制货币供给。 这种意识形态主张自我调节的市场力量能够重建均衡，政府的作用应当是仅限于帮助市场来出清证券的价值、坏的企业、过剩的工人人数，以及高工资。 自我修正的市场力量会重建均衡。 正如我们所看到的，这同样也是旧体制的带有阶级性质的意识形态，但是这种意识形态导致衰退恶化成了大萧条。由于金本位制度的缺陷，美国的问题于是就传导到了已经陷入动荡的国际经济。 金本位制度固定的汇率将美国下降的价格和利润所产生的影响传到了其他经济体。 美国的国际贷款下降了，削弱了别国的出口能力。 它们觉得必须采取限制信贷和提高他们的利率。 这意味着它们也同样在衰退中实行通缩政策。

　　大萧条只不过严重打击了半个世界——白人的世界——在这个世界中的绝大多数国家的大萧条并没有持续很久。 各个国家都采用了民族经济的药方——离开金本位制度、提高关税以及面向就业的再通胀。民族国家得到了恢复甚至是强化了它们的权力，发现了对抗资本主义的跨国性压力的新角色和新方法。 波兰尼(1957)将此表述为资本主义的双重运动：一方面是被认为自我调节的市场关系的持续的扩张，另一方面是社会保护自己不受市场运作影响的自卫性质的反应。 这是社会的一种自我保护，波兰尼把这种自我保护看作是新的文明兴起的决定性的特征。 对于此次大萧条，波兰尼提出的模型在一般层次上运作得非常好——尽管它不能解释为什么有的国家走向法西斯主义而其他国家走向社会民主，以及为什么需要一场世界战争来完成自我保护运动。 波兰尼经济学倾向太浓了。

为了解释上述的一切问题,我扩展了分析的范围,不仅关注于金融市场和财政与货币政策,而且还涵盖了技术性的和工业方面的结构、阶级的结构和意识形态、地缘政治的对抗和民族主义。 这样的分析将会更普遍地涉及社会权力的来源。 这个时期,权力关系正在经历着四种主要的结构转型。 第一,农业——传统的经济支柱——正在没落,由于全球性的生产过剩而陷入萧条——也许这是20世纪第一个真正意义上的全球化的普世性产业(universal dose of globalization)。 第二,工业正在经历快速的技术变迁,从第二次工业革命的重工业转向较轻的以消费为导向的制造业,但是这两者的过渡交接却无法承载充分就业的重任。老的工业已经不再扩张,而新兴工业却仍然弱小。 创造性的破坏正在发生,但是速度太慢。 第三,旧体制下的阶级——仍然控制着发达世界的金融——对国家施加投机性的压力和意识形态上坚持出清主义和金本位制度,竭力维持传统的统治地位。 而这一切把半个地球的经济带向了危险的边缘。 与此相对立的是,正在兴起的工人阶级和下层中产阶级要求得到更多的社会权利。 他们只有等到了大萧条来临才有权力来挑战这种意识形态教条。 第四,地缘性的经济实力正在转型,英国的霸权受到削弱,几个主要的民族经济体之间出现调整,但是现在既没有出现另外一个霸权国家,也没有出现一个稳定的国际性合作。 由于终结第一次世界大战的和平条约引发了大国之间的相互冲突,各个大国在地缘政治方面是四分五裂的状态。

在所有这些相互分离的社会生活领域,那些也许一直掩藏着的弱点会在衰退扩展并升华成大萧条的时候暴露出来。 这并不是简单的一个产生于资本主义发展的内在逻辑的系统性的危机。 它既不是在努力地走向均衡和发展(如在新古典经济学中所说的那样),也不是走向了系统性的矛盾(如马克思主义理论中所说的那样)。 其实,这次危机是更加具体的危机之间相互影响的结果,一切都变得相互关联,但有一部分是具有偶然的联系,因为四个巨大的转型有着其自身的因果链,相互冲撞起来。 这是一次结构性的但并不是系统性的危机。 这次危机也并不具有很强的全球性，因为它带来的灾难主要局限在发达国家和白种人——有些人也许会说，这是白人帝国的罪恶所得到的正义的报复。

许多经济学家也许会觉得以上分析并没有作出多少解释，因为不同的因果链仅仅是相互叠加在一起，缺少数据权重以及可以应用于一切时间与地点的数学公式。 然而，这正是我们所看到的现实世界中所发生的事情。 一个深受新自由主义影响的杰出的经济学家劳伦斯·萨默斯 (Lawrence Summers，1986)观察到："经济学家更适合于分析独立的经济行动者对于变化的经济条件所作出的最优的反应，而不是去分析不同的行动者之间互动的时候将会产生出来的均衡。"当我们在分析了导致不均衡的条件的时候，会觉得这句话更加正确。

当我用这种方法去分析在第二次世界大战期间以及刚结束的事情的时候，我获得了验证——因为大萧条并不比二战之后同样空前的大繁荣显得更加特殊。 我们在第四卷中可以看到，这代表着上述的所有四个转型正在走向成熟：从农业领域大量转出的劳动力为正在扩张的城市工业提供了劳动力；一个满足高水平需求的消费工业扩张的时代开始了；普及的社会权利；产生于福利补贴、进步主义的税收、对充分就业的政策承诺；以及美国——毫无疑义的霸权国家，为国际经济提供可行的规则。 上述因素的汇集就会出现一个更具有普遍性的全球化。 这样的对比表明，无论是在好的时候还是在坏的时候，经济总是与其他的社会权力纠缠在一起。

社会权力的来源

（第三卷）

全球诸帝国与革命

（1890—1945）

下

社会权力的来源

（第三卷）

全球诸帝国与革命
（1890－1945）

下

［英］迈克尔·曼 著　郭台辉　茅根红　余宜斌 译

世纪出版集团　上海人民出版社

社会权力的来源

下

目录

第八章

罗斯福新政：美国向左转

导言：权力左转

本章分析大萧条的震中美国对大萧条作出的回应，这一章也可以作为研究遍及北半球的公民社会权利兴起的个案，关于公民社会权利问题将在下一章中详细阐述。 20 世纪 30 年代，美国不断扩展公民社会权利，包括提供就业、福利政策、工会权利以及累进税制等各个方面，但在这些方面，美国政府一向动作迟缓，所以，现在它尽力追赶以设计出一套标准的自由主义工党福利制度。 美国与其他发达国家不再有非常大的差异，唯一的区别就在于它是处于"追赶期"。 在本章，我主要讨论美国福利制度的覆盖范围、起因以及直接影响。 起因是非常简单的：首先，大萧条促使美国必须扮演追赶者的角色。 正如我们在前面章节看到的，大萧条使美国遭受重创。 不像其他大多数国家，第一次世界大战仅使美国作出了一种略微保守的回应，但是，大萧条却使美国在福利制度上采取了一种激进的策略。

第二个原因——这两大原因为美国福利制度的出台提供了充分的解释——是政治原因。 大萧条对全世界都形成了大体一致的政治影响力。 在爆发伊始，无论是左派政府还是右派政府，都遭遇了选民不信任和下台的危机。 在瑞典和丹麦，保守党政府下台，社会民主党与农民党联盟利用凯恩斯主义经济政策刺激经济复苏——并且牢固确立了社

327

会民主党作为这个世纪大多数时期标准的执政党的地位。 在加拿大，保守党政府推动了各项具有进步意义的改革措施，但依然在选举中败北，而其继任者自由党延续了其改革政策。 在英国，工党政府分裂、下台，一直到 1945 年都是在野党。 澳大利亚工党政府同样推迟改革，也同样下台，但在新西兰，情况却相反：保守党政府下台，工党实施了改革措施。 所有这些都是民主制度比较成熟的国家；政府权力通过选举过程和平更替。 制度化的自由民主和政治公民身份巨大的优越性是这一制度本身的自我维持性。 新生的民主和半民主制度国家较为脆弱。 为大萧条承担责任的政府不但在选举中失败，而且经常爆发军事政变。 在日本，中立派政府倒台，其右翼继任者通过放弃金本位制，投入专制军国主义的怀抱来刺激经济复苏。 在德国，大萧条使得所有的民主政治家失去选民的信任，后继的专制主义者同样如此，直到纳粹获取政权，促进经济复苏以及其他的许多事情。 大萧条的冲击产生了诸多不同的结果。 尽管左派希望这是资本主义的最终危机，但情况并不是如此。 全球范围的经济大萧条也无益于左派政党。 只要各国以各种不同的方式推动改革，资本主义制度在任何地方都会顽强地存在下去。

　　大萧条使保守派普遍失去信任，美国是其中之一——包括已经执政10 年的共和党人以及从 20 世纪 20 年代中期得势的民主党右派分子。美国四年一届的固定任期政治制度保证了共和党有三年时间应对大萧条，但终以失败告终。 然后，1932 年，罗斯福在民主党全国代表大会击败了阿尔·史密斯(Al Smith)，在总统大选中击败了共和党候选人道格拉斯·胡佛(Douglas Crag, 1992：chap.11)，赢得双重胜利。 民主党获得总统宝座，控制了参议院和众议院。 一批进步主义共和党人也同样支持改革。 商人和共和党人似乎已经失去影响力，因为他们已经辜负了人民的信任。 商人们几乎无力进行投资，所以任何一项惩罚行政当局或其他更加激进的州的投资罢工都会流产。 在 1934 年和 1936 年的选举中，民主党在参议院和众议院获得了更多的席位。 虽然选举情况在

1938 年发生扭转，但从 1934 年到 1938 年，这是第一次由一个自由主义政党治理美国——尽管南方保守民主党人控制了国会中重要的委员会。这些虽仍是幕后交易的结果，也是倒行逆施的，但大多数民主党人及其新的行政官员和政策顾问们——一群专家、江湖郎中和平庸的记者组成的各色人等——在少数进步主义共和党人的辅助下支持国家更多地干预经济，扩大财政支出并扩大社会权利。

在竞选中，罗斯福承诺通过"3R——救济(Relief)、复兴(Recovery)、改革(Reform)"进行激进变革。 他宣称，"我向你们保证，我向我自己保证，为美国人民带来一场新政。"新政完美地切合了波兰尼的以社会自我保护抵御市场的破坏性影响这一理论主张，但是，罗斯福仍旧没有清楚阐明新政到底有哪些具体的政策。 在 1932 年的政党纲领中甚至没有提到工人，而且，尽管他承诺会提高对失业者的补助力度，但同时他又要削减财政开支——有一次他宣称要削减 25%。 他说："经济持续复苏的基础在于彻底而真正的平衡预算。"(Leuchtenburg, 1963：10—12；Barber, 1996：19)。 但是，他的花言巧语从来无法兑现。

在新政第一阶段，也就是执政的第一个百日，国会通过了罗斯福颁布的主要针对劳方和资方的一系列救济措施和法案，包括：挽救银行危机，大部分银行要么已经倒闭，要么风雨飘摇；美国证监会监管证券市场和银行，由美国联邦存款保险公司(FDIC)提供保险；《公民维护团法》为 25 万青少年设立了劳动夏令营；联邦救济机构下拨 5 亿美元给各州和地区用于救济；《农业调整法》(AAA)设立了一个联邦机构给予农场主补贴以稳定物价和工资收入，并减少生产；联邦田纳西河谷管理局通过建设大坝和发电站以增加就业机会和促进地区发展；成立了美国公共就业服务部；援助建筑与房屋贷款行业；《国家产业复兴法》(NIRA)创建了一个行政机关(国家复兴总署)(the NRA)，在工人的参与下设计企业公平竞争的规则以控制物价和收入；放弃金本位。

1935 年是罗斯福第二个更加激进的新政阶段。 一些前面提到的举措得到进一步加强：复兴银行公司发展成为一家主要的银行。 1935

年，公共事业振兴署(WPA)建立，作为一个规模庞大的政府机构为失业人群提供就业机会。然而，1935 年制定的《社会保障法》(SSA)建立了全新的以失业保险和养老保险为基础的全民福利计划，同时为美国各州针对老年人、残疾人以及单亲贫困家庭的直接救助提供补助。1935 年《瓦格纳法》最终赋予了工会与其他民主国家同样的组织工会的权力，同时也制定相同的针对工会的规章制度，通过成立国家劳工关系委员会(NRLB)来负责实施。尽管美国联邦最高法院宣布国家复兴总署(NRA)违宪，但其他新政机构继续调节着如铁路和公共事业设施等工业经济。1938 年，第二部《农业调整法》(取代第一部，也同样被最高法院否决)以及《国家住宅法》颁布，为廉租房和抵押提供资金支持。《公平劳动标准法》(FLSA)禁止企业使用童工，并规定了在州际贸易中的大多数企业需遵守的最高工时和最低工资制度(之后这一制度也扩展到其他企业的工人)。

这五年的大爆发全是进步主义思想的体现，是进步主义者没有实施的复兴计划的重生。肯尼迪总结了其中三大主题：通过公共工程和国家管制为美国民众提供基本的安全保障；单靠私有经济部门无法提供足以维持现代经济所必须的足够资金和就业的凯恩斯主义信念；"美国是一个在经济上可以自足的国家的民族主义假设"——这是对资本主义全球化趋势的自卫反应(Kennedy，1999：374—375)。如果没有爆发使保守主义者名誉扫地的大萧条，与之相对立的政策转变就不会发生。并且，毋庸置疑地美国会逐渐地变得越来越强大，或许第二次世界大战(如果是在大萧条没出现的前提下爆发的话)的爆发能够提供一种刺激。这是美国历史上第一次像其他英语国家一样，被拉入一种自由主义工党体制，这是自由主义和非社会主义工党理想的结合。令人感到意外的是，欧洲改革家们纷纷紧跟美国，而不是美国紧跟欧洲各国(Rodgers，1998：409—412)，这真是一次戏剧性的倒转。这似乎预示着美国权力关系进入一个重要的转折点，也进一步证明了长期存在的美国例外论不能够解释美国的发展。

在关于社会福利计划的比较研究中，亚历山大·希克斯等人(Alexander Hicks et al.，1999：chap.3)指出，发生于20世纪30年代到40年代的第二波福利扩张的主要推动力来自社会民主党或工党(有时与进步主义自由派和基督教派相联合)，尽管加拿大和美国情况不同，主要来自一个世俗的自由党。但是，在北美，国家层面推出的一揽子收入支持计划、累进税制以及宏观经济和产业管制与在其他国家的社会民主党所实施的政策具有非常大的相似性。这些社会民主党有时要求严格遵循马克思主义意识形态；美国自由主义者对这些思想感到恐惧。但无论如何，策略是相似的：美国不再是一名落伍者。

新政往往也招致众多的批评。经济学家质疑新政能多大程度上刺激经济的增长。历史学家质疑关于新政的一切方面。社会学家在原因问题上争论不休。新政带来的是国家自主还是阶级斗争？我们应该支持"自上而下"的解释，强调精英或资产阶级的历史作用，还是"自下而上"的解释，强调人民群众的创造作用(Manza，2000)。

五种社会学理论

我们可以确定五种主要的分析路径，这些分析路径来自于我在第二卷第三章中对国家理论作出的区分。第一种是多元主义，自由民主国家的官方理论。多元主义强调人民治理国家，在此过程中多元政党与利益集团相互斗争、相互调和。确实，罗斯福获得总统宝座，继续连任以及最终失去改革大权都是通过公平自由的选举和各党派之间的国会斗争而发生的。尽管美国式民主并没有像多元主义者所期望的那样理想化地发展，但是，新政可以为一种稍欠完美的多元主义分析留下空间。

国家自主理论提供了第二种和第三种分析路径，它们都肯定政治权力的首要地位。有些人强调国家精英的自主，认为在联邦和独立各州的专家们通过进入智囊团以及政府行政机关，对新政政策产生实质性影响，因为，这些行政机关在设计和执行统一的全国性政策方面拥有很强的基础性能力。 在那些专家和州能力很强大的情况下，改革得以推行，而在它们比较弱的情况下改革都失败了。 他们强调社会科学家的作用，特别是经济学家、社会工作者以及农学家的作用。 斯考切波及其合作者们在其早期著作中强调了专家的重要作用(Skocpol，1980；Skocpol & Amenta，1985；Skocpol & Ikenberry，1983；Orloff，1988)。 这些学者被看作是美国进步主义者，认为现代化是以理性方式来实现的，是科学专家来完成的，是有效率的政府进行协调的。

我对自由民主国家精英和专家的权力持怀疑态度。 尽管在本卷中我强调了在法西斯和共产主义政权中自主精英的重要性，但自由民主制总是想方设法阻止这种自主性，而且没有哪个民主宪政国家像美国那样如此地不遗余力。 罗斯福确实是一位强有力的政治家，他有意识地利用其名望，目的在于增强总统的权力(Campbell，1955：103—104)。 在他执政期间，行政权力的的确确增强了，但是，从专家权力视角来解释似乎陷入了循环论证的怪圈。 选民、政治家以及强大的经济利益集团或许希望官僚机构权力扩大以对抗大萧条，并且如果他们厌烦了专家和官僚，那么新政可能已经结束。 我会找到更多的证据来证明这一点。

宪法通过制度化的方式设立了一个非常强大且自主的由专家组成的国家精英集团，但这一集团的职责是限制行政权。 这些专家只能从他们自身的相当类似于世袭等级的职业中进行招募，他们在神秘而又神圣的知识体系中是伟大的专家，并且他们会被终身任命：最高法院的大法官。 这些法官大多是保守主义者。 他们在新政中扮演着重要的角色——主要通过禁止似乎增强了超越各州的联邦政府的权力的新政立法，努力阻止新政。 他们还宣布某些法律是违宪的，这些法律赋予了行政机关的专家本应属于立法机关的权力。 大法官们觉得他们才是国家唯一的最有权力的专家。 美国最强大的国家精英集团不但没有推动反而阻碍了新政的实施。

　　新政专家既有自己的雇主，又有社会身份。 他们是被雇佣的，因此他们只拥有雇主所赋予的有限的自主性。 律师以及商人(与他们的政治咨询者一起)成为行政机构雇用的主要专家，接着是社会工作者和社会科学家，他们与行政机关保持着一定的距离。 相较于律师来说，商人所从事的活动更多地与他们的阶级身份相一致，尽管他们中的自由主义者拒绝与自己阶级的保守主义者为伍。 社会工作者的身份倾向于自由主义，例如哈里·霍普金斯或弗朗西丝·珀金斯(Harry Hopkins or Frances Perkins)。 而律师则复杂得多：他们不是严格意义上的专业人士，因为他们广泛涉猎不同时代的抽象的经济和社会思想(Schwarz, 1993)。 大量年轻的律师被招募来草拟法案，或者在联邦机构任职。 迈克尔·伯恩斯坦(Bernstein, 2002：64)说道，罗斯福"为律师创造了比几乎所有其他专业和学术领域总和还要多的在联邦就职的机会"。 他们中的大多数都是常春藤高校的毕业生，通常有自由主义犹太教或天主教背景，但经过一个时期的公共机构服务之后，三分之二的人会从事私人事务，大多数人在纽约或华盛顿开办律师事务所，处理大公司的业务。 少部分人为工会工作，成为法律专业人士，或者继续留在政府部门(Irons, 1982：3—10, 299)。 正如威廉·多姆霍夫(William Domhoff, 1990：92)研究的那样，这些专家并非如斯考切波以及其他学者所认为的那样具有自主性。

　　国家自主理论的第二个理论脉络来自其他的一些学者，他们认为，国家制度对结局产生了相当大的作用。 他们称之为"制度化政治过程"或者"制度政治"(Orloff, 1988：40；Amenta & Halfmann, 2000)。这一理论要解释的因变量是政府政策。 如果我们想解释经济成就，我们通常应该首先关注经济原因，就像要解释军事结果就要找到军事原因，意识形态和政治也同样如此。 有时，因果关系的主线沿着不同路径发展，并且可能会涉及其他的社会权力资源。 但是，我们可以预见，新政政策很大程度上受政治权力关系的影响，具体到美国，就意味着受联邦和政党体制、庇护政治(patronage politics)、国会山的南方各派势力以及选举等的影响——尽管多元主义者也非常重视这些制度中的大多数制度。 另外，制度主义者也同样强调路径依赖：新的政治发展部分地沿着旧制度所设定的路径继续下去，进入了较多保守主义性质的轨道。 因为我们现在是在研究如何解释相当激进的变革，所以路径依赖必须被限制。

解释新政的第四种和第五种理论路径涉及政治科学家所谓的"权力资源理论"，在过去常常被称作阶级理论。 有人强调阶级斗争，工人和小农共同对抗资本家。 他们倾向于认为，新政是由来自下层的对不情愿的统治阶级造成压力的结果，并且得到了自由主义、激进主义和社会主义意识形态的支持；他们认为，阶级权力平衡向资本家倾斜时，新政的局限性就表现出来。 他们发现，在阶级斗争决定最终结果的情形下，工人、农民和其他阶级就会被迫作出妥协。(Goldfield, 1989；Piven & Cloward, 1977)。

第二种阶级理论认为，新政是主要阶级中的不同阶级派别(或成分)之间斗争的结果。 有组织的工人阶级分化为手工业工会和产业工会。例如第三章讨论的继承进步运动的现代化，总体上保守的资产阶级这一翼时，就包括"企业自由派"或者称"企业温和派"。 他们心甘情愿地向人民群众作出让步以拯救资本主义，并且与有担当的工人派别结成暂时同盟以共同挫败激进主义者和保守主义者。 在他们看来，激进主义者和保守主义者在资本主义是否需要现代化的问题上鼠目寸光。 至于如企业自由派应该包含哪些行业和部门等问题，他们则没有一致的看法。(Domhoff, 1990, 1996；Domhoff & Webber, 2011；Swenson, 2002；Quadagno, 1984；C. Gordon, 1994；Tomlins, 1985；Jenkins & Brents, 1989)。 上述两种阶级理论的优点在于，它们都认为大萧条是资本主义爆发的危机，并且激起了普遍不安的情绪，由此引发了精英们关于如何继续维持其权力的争论。 由于新政主要涉及经济政策，我们可以预见的是：在推动和反对政策的过程中，经济权力行动者的影响至关重要——不过，我们应该拒绝经济决定论，因为经济决定论认为，经济力量和阶级可以自动转化为政策制定。

这五种路径在理论主张上有一些共同点。它们都承认选举压力带来的影响，每一种路径都视这一因素为其理论模型的一部分。多元主义者把选举看成是核心环节；国家自主理论者揭示了政治制度的重要性，特别是政党制度。而对于阶级理论者来说，选举压力反映了阶级斗争。所有的理论路径也同样认可南部各州在巩固保守主义阵营中扮演的重要角色，国家自主理论家将其原因主要归咎于国会制度；阶级理论家则认为原因是低工资收入以及严重分化的劳工市场——种植园农业和种族资本主义。多元主义者承认，南方各州是他们理论模型的特例。我在以下有关新政的论述中简单评述以上所有的理论路径，并在结论中直接进行比较。

新政目标：复兴，调控，救济以及重新当选

新政的第一个"R"是复兴——想方设法按当时他们所理解的方式找到大萧条的解决方案。大萧条使得经济学家陷入困境，而罗斯福的顾问们在如何复兴的问题上莫衷一是。整个 20 世纪 30 年代，主张平衡预算的专家、强烈要求增加货币供应量的货币主义者以及力主扩大消费的结构主义者这三派之间爆发了激烈的争论。此时，准凯恩斯主义者主张持续采用扩大公共支出的方法。他们认为政府必须稳定商品价格和工资收入，并且调节经济结构失衡，特别是城乡部门之间的失衡。政府必须提供更多的货币救济；补贴农民、失业者以及穷人；向房主和小商人发放贷款，因为民主党在刚刚进行的选举中获得的大多数选票来自这些选民。大部分商人、华尔街、财长亨利·摩根索(Henry Morgenthau)的财政智囊，再加上大多数经济学家都主张政府应该竭力实现所有这些目标，同时保持高度的商业信心，通过降低利率和平衡预算的方式顺应市场的需要。(Brown, 1999：32—39；Barber, 1996；Olson 1988；Kennedy, 1999：chap.5)。

这些事情都不是一蹴而就的。作为大萧条的应对良方，新政似乎

令人激动不已，但新政在经济上的对策是很谨慎的。 美国政治家还未做好准备迎接凯恩斯主义，而且，罗斯福憎恶赤字财政。 他还需要应对在是否扩大政府开支问题上同样陷入严重分化的国会。 他(也像胡佛一样)希望私人投资者能够恢复经济稳定，而且他在最初时关注的是稳定物价的问题。 罗斯福最正确的抉择很可能是放弃金本位制，实行货币扩张政策。 政策所产生的较为温和的通货膨胀对经济发展是有利的——这为第二次世界大战后第一个十年所证明。 灾难之后出现了经济增长。 强劲的经济复苏开始于 1933 年，到 1937 年发生的短暂衰退而结束。 1933 年到 1941 年，实际 GDP 增长了 90%。 菲尔德(Field，2011)提出，在一定程度上，经济增长是由于"创造性破坏"过程的爆发，在此过程中，新兴工业和产品纷纷投产，例如 DC-3 型飞机、冰箱、改良后的汽车以及尼龙袜等——尽管这些产品中的大多数都是在这十年的后期投产的。 他继续指出，公共工程计划，特别是新政的大规模道路建设，大大提升了效率，并使汽车运输业成为新兴产业。 金融机构纷纷实现现代化和制度化，从而变得更加安全。 1933 年颁布的《格拉斯—斯蒂格尔法》把投资银行与商业银行相分离，确保了存款者的资金安全，避免了冒险投机所招致的损失。 另外，联邦银行存款保险公司(FBDIC，后来简写为 FDIC)，保证个人银行存款额达到 5 000 美元，并要求按照美国证券交易委员会的规定实行透明化操作，进一步巩固了存款者的资金安全。 这些措施共同终结了 20 世纪以来的美国银行业危机，这是一个重大进步。 1999 年《格拉斯—斯蒂格尔法》(Glass-Steagall)的终止又导致了一次资本主义危机。 与之相反的是，国家复兴总署(NRA)被看作是一个无效的定价同业联盟，物价和工资竞涨，这一点与消费不足理论的主张相一致，但是，惨淡的出口和低消费与新政的目标背道而驰。 甚至连大多数新政支持者都对此感到不满。 然而，国家复兴总署却实实在在地建立了全国最高工时和最低工资制度，禁止了雇佣童工和血汗工厂的出现。 与提升国家的集体权力相比，在再分配方面，它们的做法更加积极有效(Leuchtenburg，1963：69；Brinkley 1996：46—47)。

大众普遍认为复兴主要是提供就业机会，注重改善国家基础设施和环境。《公民维护团法》提供了就业岗位，改善了环境。超过 2 亿棵树栽种下去，从而有助于稳定水土，防止继续流失。随着这个组织逐渐发展，环保主义者开始批评新政过分关注资源生产，稀有物种的种植和满足谷物需求，反而非常忽视创造和维系比较复杂的生态系统以及保护自然免于过度开发。这一争论激发了环保运动，并把美国推向了接下来几十年绿色辩论的前沿(Maher，2008)。相对于经济的总体规模而言，在这些项目上的直接开支只占相当小的比重，所以，刺激经济的政府投资功能并不是非常显著，反而在增强运输力、公共事业、批发以及零售方面带来了负面影响，而这些部门能有助于弥补 20 世纪 30 年代制造业生产力的不均衡发展。

总而言之，新政只能算是半个良方，推动了经济的半个复兴。比胡佛政府和法国政府做得要好，但不如其他一些国家。日本和德国背负着巨大的预算赤字，经济复兴情况更好，但是，新政的激进主义以及日益受到欢迎使得消费者、公司和投资者都相信复兴是可能的。新政也建立了很多国家制度，为之后维持经济增长起到了重要的推动作用。(Romer，1992；Steindl，2005；Temin，1989：chap.3；Field，2006)。

这半个复兴多大程度上是得益于罗斯福政府发挥的作用？那些相信国家能推动经济复兴的人强调了一些改革举措的重要性。而相信资本主义经济在不受干扰的情况下能高效运转的人却认为，信贷市场复兴得益于资本家，失败则归于政府(Smiley，2002；Shlaes，2008)。然而，甚至连斯迈利(Smiley)都承认经济结构发展不平衡，并且，他赞成有活力的产业对整体国民生产总值的贡献很小，而不景气的产业却贡献颇大的观点。他也承认，整个 20 世纪 30 年代，主要问题是私人投资仍保持较低水平，这主要是商人害怕政府介入导致的结果(2002：126—132)。但是，他没有也不可能提供证据来直接证明这一点，因为政府既没有过多干预私人企业，也不对企业强征过多税收。更有可能的是获得厚利的市场机会不足导致较低的私人投资水平。有活力的产业获得的投资力度非常小。 庞大的不景气产业对投资者来说不具有吸引力,但是,这意味着政府有选择性地对增加投资进行非常必要的干预比政治家能接受的程度要大得多。 伯恩斯坦把雷克斯福德·特格韦尔(Rexford Tugwell)看作是政府中有选择性投资政策的最主要的倡导者。 国家复兴总署以及1936年的未分配利得税是特格韦尔提出的旨在解决行业发展不平衡的策略(1987:190—192,196—203)。 然而,两年后,这两项举措都被废除。

新政取得的一些成功显而易见。 在罗斯福执政时期,除了1937年到1938年的经济衰退期外,失业率连年下降,这部分地得益于工作救济计划。 在他的第一任期间,实际GDP以年均9%的速度增长,并且,1938年后高达11%。 1937年的经济衰退俗称"罗斯福衰退",因为,很大程度上,衰退是由于政府财政支出的缩减以及新《社会安全法》要求增税,从而大大减少了私人支出所导致的结果。 经济衰退促成了凯恩斯方案的出台,罗斯福用赤字开支来加以应对。 然而,赤字只能达到300万美元,大约相当于国家开支总额的3%——相比之下,奥巴马总统在2009年年初的赤字支出占总支出的10%。 但是,财政部和华尔街支持预算平衡的势力是很强大的,政府颁布的制度没有一项是能够轻易如其所愿地加以贯彻,所以,每一次扩大政府开支的举措都要在国会进行艰苦的斗争(Brinkley,k1996:chaps,4,5)。 这种斗争是十分费心费力的,因此,政策总是摇摆不定。 甚至在1940年,15%的美国民众仍旧失业。 只有二战的爆发才带来了巨大的赤字开支(总计占到1943年GDP的30%)、充分就业和经济复兴。

调控:在这方面,新政支持者们可以从第一次世界大战时临时制定的制度中得到借鉴(Leuchtenberg,1963;Rodgers,1998:415)。 随着以后的战争刺激,无论是战火硝烟的战争还是冷战,都使得联邦政府开支剧增,并且持续进行经济调控。 这是与过去政策的一次长久决裂。 波尔多(Bordo,1998;参阅Campbell,1995:34)等人按时间顺序制定了一份政府商品和服务总支出占GNP的份额表。 20世纪20年代,总支出平均大约占 GNP 的 8%，但从 1933 年开始，快速增长到 14%—15% 的新高度，一直保持到第二次世界大战，二战时再一次大幅增长。联邦政府的花费增长速度甚至更加惊人，从不到 GNP 的 4% 增长到 1936 年的 9%。正如希格斯(Higgs，1987)评述的那样，大萧条在美国产生了第一次伟大的自下而上的"连锁反应"(第二次世界大战产生了第二次)。

国家发展符合新宏观经济理论。罗斯福的经济顾问成员中有结构主义者，再通涨论者，通货膨胀论者，货币主义者、规划主义者，低消费主义者以及主张赤字支出主义者，他可以从中任意挑选。然而，他对理论缺乏兴趣，与其说他是一个对政策感兴趣的人，还不如说他是一个迷恋政治的人(Domhoff & Webber，2011：3—5)。罗斯福作为一个财政保守主义者，从来不是一个凯恩斯主义者，他起初支持结构主义者的解决办法，但这是一种简化的(cheap)结构主义(Barber，1996)。他期望救济计划而非赤字支出能够恢复美国经济。他值得信任的顾问们严重分化：保守的亲商业的一派包括预算主管道格拉斯(Douglas)，他受到大多数南方民主党和共和党人的支持；其他人希望大变革，但是如何变革没有统一意见。法兰克福特(Frankfurter)、科科伦(Corcoran)以及科恩(Cohen)认为，复兴之路在于通过激活市场竞争恢复资本主义，反对"大公司魔咒"(curse of bigness)通过调控来束缚华尔街和公司。虽然，这种自由主义的干预主义夹杂着进步主义的反托拉斯情结，但目的是为了恢复自由市场。这一理论派别招揽了成百上千个"法律现实主义者"，灌输一种公共服务的伦理学，占据着一系列新政机构，与华尔街的佼佼者们进行斗争。伯利(Berle)、特格韦尔、艾克尔斯(Eccles)以及霍普金斯都是社会主义的自由主义者，他们都认可经济集中化是现代工业经济的一个不可逆转的特征，但是，他们又寻求通过计划、扩大公共信贷以及刺激经济增长这一剂国家资本主义的良药来控制经济，这是一种变相的凯恩斯式的观点。他们获得了工人、农民组织以及国会的自由主义者等外界的支持(Schwarz，1993)。

1933 年，法兰克福特等人组成的那一派接受了如国家复兴总署和农业调整署发布的中央计划；规划主义者接受了银行改革以及安全调控以实现金融市场更加自由化。 为了应对 1937 年的经济衰退，工作重心从 1933 年到 1935 年的临时中央计划转向凯恩斯式的赤字支出以及反垄断政策，最终转向带来更多凯恩斯式中央计划的战争动员。 由于专家们的权力来自中央政府，因此，他们倾向于支持联邦政府的而不是各州的计划总署，尽管在面对国会和最高法院的压力时他们不得不放弃支持。 罗斯福应对这些派别的最简单的办法就是让每一派都拥有自己的机构，而他可以掌控整体政局。

复兴银行公司(RFC)是一个庞大的机构，由胡佛批准组建，现在得到授权向商人、保险公司、农业合作组织、学区以及行政机关直接发放贷款。 它成为美国经济最大的投资者。 作为美国众多银行、储蓄银行、建筑物信用协会以及铁路的主要债权人，意味着它能够控制资本的流动以及企业工资和红利水平。 这是大规模的国家计划，尽管这与社会主义没有任何关系。 这家公司的老板杰西·琼斯(Jesse Jones)是一位从事木材和银行经营的亿万富翁，他是一个反对华尔街的亲企业的老板(Olson, 1998)。 尽管他的复兴银行公司对工业发放的贷款额度很小，但是还是拯救了银行和信贷体系。 琼斯是一个具有太多商业精神的人，他无法接受特格韦尔和伯利倡导的国家资本主义。 他希望复兴银行公司激活而不是取消私人商业贷款。 复兴银行公司以及其他的公共工程建设机构在南部和西南部启动了重大的经济发展计划，其目的在于缩小地区间的不平衡以及打造一个更加整合的国民经济体系。 在这方面，他们取得了十分显著的成效，尽管主要是军事开支在二战间和二战后起到了巩固成果的作用(Schwarz, 1993；J.Smith, 2006)。 这是对资本主义的调控而不是再分配改革，除非其目标在于构建一个高工资、高消费的经济体系。 而这些机构大部分是由律师和企业家负责运作。

在农业方面的调控结果则迥异；国家自主理论家和阶级理论家互相争论产生调控结果差异的原因。 肯尼思·芬戈尔德(Kenneth Finegold)以及斯考切波(1984，1995)把农业调整署(AAA)的成功与国家复兴总署的失败进行对比，进一步证明了经济调控的合理性。 两者都设法削减支出，提高物价。 芬戈尔德以及斯考切波认为农业政策的巨大成功主要是源于国家的能力。 他们主张，农业调整署深深地嵌入在一个已经十分高效的国家官僚体制中——美国农业部(USDA)——官僚机构代理人深入农场，将一些在"政府赠地"的大学接受过培训的农学专家组建成一个团体，并且为美国农业部提供咨询意见(他们应该已经补充了，农业事务也受到对农民问题持同情态度的国会委员会的关注)。 他们辩论道，国家复兴总署缺乏这些特征。 由于缺乏任何既定的行政机构设置，国家复兴总署的管理工作就被移交给了商人，而他们总是想方设法增进他们自身的公司利益。 这是必然的，因为，联邦政府在商业问题上仍然太缺乏行政能力。 但是，国家复兴总署的宏伟任务令人感到震惊，共涉及 550 多个定价权威机构以及 200 多万家企业。 同时，他们定价太高，引起了消费者、政府购买商和工人暴风雨般的批评。 没有经济增长，对经济发展来说是很糟糕的(Domhoff，1996：109—111)。 相对于政府官僚体制的无能而言，野心勃勃的复兴计划没有实现才是使复兴总署挫败的最重要的原因。 没有其他任何国家通过对整个经济体系执行明码标价就能摆脱经济大萧条。 美国政府缺乏完成这一任务的官僚体制能力，只不过同时期的其他任何国家也同样如此。

农业计划取得成功还有一个更为显著的原因。 如果你给农场主提供资金，反而叫他们少干一点，他们肯定会合作。 杰克·海斯(Jack Hayers，2001：135)说道，农场主"用他的一部分自由来交换高额利润"。 农场工人之所以失败，主要因为他们无组织化，没有工会组织。大农场主比小农场主做得要好，但《农业调整法》特别伤害了同样无组织化的非裔美国农场主的利益(Hayes，2001：132，158)。 罗伯特·哈里森(Robert Harrison)说，这是"本质上的保守主义原则对市场的激进干预"。(1991：191)法律是由企业自由主义者的智囊团起草的，而政府专家只是加入之后的讨论。 此前建立的执行法律的官僚机构没有自主权，因为主要是由商人和大农场主充当职员。(Domhoff & Webber，

2011：chap.3；Domhoff，1996：chap.3)随着《农业调整法》的逐步推进，正如曾经发生的那样，它逐渐地有利于富裕的农场主(芬戈尔德以及斯考切波承认这一点)。 从这一点看，新政对进步派来说是终点。 作为进步主义时代的激进主义核心力量的小农场主们此时却被排挤到美国政治的边缘。 虽然，在农业部门阶级斗争正在消退，但对农业的干预更多地由阶级利益而不是国家精英来推动。

与农业不同的是，在工业部门，阶级派别之间的斗争和冲突变得越来越公开化。 雇主们之间的对立、与工会之间日益严重的阶级冲突削弱了国家复兴总署，最终各方都没有得到任何好处。 虽然，工会的权力在原则上得到增强，而实际上商人们拒绝与工会合作，从而加剧了阶级冲突。 再加上在定价问题上各派之间永无休止的争论，从而使得机构难以运转。(Domhoff，1996：chap.4)对于这个现象，国家能力理论的解释似乎不如简单的阶级和部门理论的解释更具有说服力：农场主被贿赂了，导致农场工人没有组织起来，工业家及其工人则是派别林立。 实际上，到现在为止，可以看出，国家能力似乎不是大多数新政计划出台的原因。 很明显，专家们负责新政计划的具体细节，当进入金融调控时，这是一个非常具有技术性的问题，而他们可以产生重要的影响。然而，总的来说，他们受持经济主张相当保守的政治家以及社会大众要求更加激进变革的舆论压力所左右。

新政在许多美国民众生活中的体现是救济。 公共工程与向穷人和失业者进行再分配的反萧条举措联系在一起。 1933 年，公共工程局的开支比美国政府税收要多得多，几乎占到 GDP 的 6%(J.Smith，2006；2)。 阿门塔(Amenta，1998：5，142—148)指出，到 1938 年，美国突然在社会公共支出方面领先于世界。 美国政府消费了 GDP 的 6.3%，政府总支出的 29%，与之相比，纳粹德国占 GDP 的 5.6% 以及政府总支出的 18.7%，英国占 GDP 的 5% 以及政府总支出的 17.5%，瑞典占 GDP 的 3.2% 以及政府总支出的 17.8%。 大部分美国政府支出都用在救济上。 公共事业振兴署(WPA)一家就花费了 55% 的社会支出，雇佣了 210 万成年工人，外加年轻人就业计划中的 100 万人。 比《社会安全法》更优先获得了国会的通过，而且在整个美国影响可以随处可见。 直到今天，我们仍可以看到如高速公路、学校、大坝、医院以及公共资助的艺术馆等公共工程的建设。 救济总计占到社会支出的 70% 多，使得出于保险原则而花费在福利上的 16% 相形见绌。 因而，美国政府在社会开支方面"引领世界"只是暂时的，一旦失业率下降，社会支出便会下降。 我们不应当从阿门塔的数据中得出太多的结论。

救济计划是不是再分配取决于救济资金的来源。 大部分支付款更多来自于国债，而不是政府原先的承诺。 这是一种半心半意的(half-wittingly)凯恩斯主义经济。 预算平衡与维持经济增长之间的矛盾通过优先维持经济发展而得到解决，并扩展到通过赤字开支刺激需求的计划。 这些政策有一点再分配的意思；这些政策广受欢迎。 在 1936 年的选举期间，共和党义正词严地指责罗斯福已经打破了原先的平衡预算的承诺。 然而，对于选民来说，罗斯福为解决他们的困境所做的要比平衡预算重要得多。

第四个"R"是重新当选。 对于政治家来说，没有什么比选举更加重要的，特别是对像罗斯福这么精明的人来说更是如此。 虽然正处于选举浪潮的顶峰时期，但他仍很担心。 他首先不希望疏远的是商人。大多数商人支持第一个新政阶段的反萧条的各项立法，但是他们反对第二个阶段更加具有改革倾向的立法措施，并且支持反对党共和党。 韦伯研究的结论是，1936 年，大约 80% 的企业高管向共和党提供竞选资金。 唯一的特例是犹太裔商人和南方商人，他们向民主党提供的更多；天主教背景的商人在忠诚政党问题上发生分化。 然而，许多大商人来自北方而且是新教徒，他们都是比较坚定的共和党(Webber，2000；Manza，2000)。 罗斯福的策略是推出他明知这些商人都会反对的立法法案，然后在重新起草过程中妥协。 对于这些法案，最高法院同样反对，这就导致需要对原先法案更多的削减，特别是削弱了联邦政府的主动性，从而抬高了州的主动性。 最高法院的大法官们构成了这个时期最强势的男性精英。 作为保守主义者，他们阻挠了新政计划，但是，尽管他们极其厌恶这些计划，新政也最终得以继续推行。 毕竟，他们也只有有限的权力。

在一个自由民主政治制度中，政党变得极其重要。 美国看起来是两党制，实际上却包括三大政党：共和党，民主党和南方民主党。 在国会山，南方民主党实力强大，因为(第三章详细阐述)南方农村地区选举人数众多，并且南方选举没有根本上的任何竞争性，国会山的资历和委员会体制赋予了那些继续连任的议员以特权。 除了在 1934 年和 1938 年之外，国会山南方民主党在立法过程中占压倒性优势，如果这些法案似乎是让非裔美国人受益或者是增加工资，他们就有能力阻挠这些法案。 统治南方民主党的种植园主——商人精英剥夺了黑人和许多贫穷白人的公民权，他们控制了当地的镇压势力，致力于种族隔离和低工资经济，受到了比较广泛的白人种族主义的支持。 在南方，他们的制度性权力根本上来说是因为他们牢牢抓住种族资本主义。

美国两大政党凝聚力并不强。 在进步主义时期，政党一直呈现出地区化和行业化的特点，而且，虽然阶级性质的投票方式大大增加，但是，它并不能根除这些与之相对立的利益基础。 共和党仍然分化为北部商业和西部农业，以及一个中西部的进步主义分支，这一分支更倾向于罗斯福而不是其他共和党。 他们选择来自堪萨斯的比较温和的阿尔夫·兰顿(Alf Landon)作为总统候选人的做法正是弥补他们之间分化的一次努力。民主党内也并不团结。 由城市民主党推动的新政遭到来自南部、西部和中西部以及甚至新英格兰农村民主党的国会议员的反对。 少数保守的民主党人往往加入共和党阵营投票反对新政计划。 保守主义者可能投票反对公共工程，但他们支持农业补贴，公开指责财政赤字但又拒绝通过征税立法(Weed, 1994；Patterson, 1967；Kennedy, 1999：338—339)。

最重要的是他们能被收买。 罗斯福向每一个由他的选举顾问所选定的利益集团提出一笔交易。 庞大的政府支出计划会向各州和地方政府提供联邦资金。 资金分配更多地与一个州在选举中的重要程度而不是贫困程度和失业率相挂钩。 1932 年，不均衡分配的联邦政府支出向那些倒向罗斯福的州倾斜——而不是倾向最穷的州(Couch & Shughart, 1998)。 总的说来，新政帮助穷人的方式是依据他们在选举中的功劳大小，这是一种有些腐化的多元主义。

罗斯福推动的现代监管型国家与他利用的特殊资助机器显得格格不入。 罗斯福经常承认：只要他们能够控制计划的施行，资助机器就会给予支持(Mayhesw, 1986：292—294；Shefter, 1994)。 南部立法委员们非常支持由南部各州或地方政府推动的新政计划，因为这样可以增加他们自己的资助比例。 他们乐于接受地方救济和基础设施改造项目。 海斯(2001：185)说新政挽救了南卡罗莱纳州免于经济崩溃。 实际上，如果没有来自南部的参议员和众议员的支持，新政的许多措施都无法通过——自由主义者和种族主义者联合在一起了！ 但是，他们反对在南部实施的再分配改革措施以及联邦政府对州的控制。 尽管这些措施获得了南部议员的广泛支持，但这些地方的政治家们却忽视了这一点，并转而对地主、种植园主和制造业精英负责。 他们一开始对新政的激情渐渐消退并在 1938 年转向对立面(Hayes, 2001：chap.9；Korstad, 2003)。 民意调查显示，大多数南方人支持新政计划，但是，他们中的大多数不能投票，因为人头税和其他限制性措施剥夺了他们的投票权(Sullivan, 1996：61—62)。 这不是多元主义政治的表现，而是一个地区性的统治阶级的政治。 尽管从根本意义上来说，这些特殊的政治制度源于一个低工资种族经济中的阶级利益，但在一定程度上符合政治制度主义的主张。

这种交易行为无所不在，从而使得一个完全意义上的官僚国家以及普遍福利制度难以形成(Amenta, 1998)。 几乎每一个法案都牵扯到争吵与投票方面的收买，这种趋势逐渐淡化了立法原初的广泛影响力。 然而，在联邦政府和州政府之间、总统和国会之间持续不断的斗争又激化出了一个更加专制化的国家。 从联邦到州再到地方的财政转移支付的扩大化削弱了不同层级政府间的独立性，从而迫使它们彼此之间比过去进行更多的合作。 这是财政集中和行政放权。 虽然在新政措施的影响下，各层级政府的财政支出增长了，但是，联邦政府的支出却占到总支出的 9%(Wallis & Oates, 1998: 170)。 与其说美国像英国、法国或者日本那样专制或官僚化，还不如说更像是如芬戈尔德以及斯考切波所定义的"经纪人国家⋯⋯代表受益集团和部门以任何适合的形式零散地进行干预"(1995: 20)。

罗斯福的连任非常顺利：1936 年，罗斯福获得了 60% 的选票，民主党增加了 7 个参议员席位以及 15 个众议员席位(包括一些第三党联盟席位)。 尽管政党党纪不严，但对于罗斯福来说，他在四年内都控制了国会山的多数，并且可以在不需要南部民主党选票的情况下通过立法法案。 只有在 1938 年第二次经济衰退之后的中期选举中，民主党才失去了立法上的优势——丢掉了 71 个众议院的议席以及 7 个参议院议席。1940 年，罗斯福的总统竞选及其政党选举再一次稳固。 民主党人入主白宫达 20 年之久。

改革：阶级斗争以及政治机遇

新政改革计划是源自自下而上的大众压力还是国家精英与(或)首都各派别中的正处于转型期的政治机遇结构的自上而下的压力？ 我从自下而上的压力开始分析。 高失业率对于工会来说通常是很糟糕的事情，因为失业者失去了与工会之间的联系，被雇佣者清楚他们的讨价还价能力极其微弱并且不想激怒他们的雇主。 这一次，两个因素促成了一个更加积极的反应。 首先，在大萧条中，就业率、生产和需求大大下降以至于全国范围都受到了影响，从而在全国引起了人们对失业者的同情。 对于支持帮助弱势群体的改革计划的那些人而言，这种同情情绪是非常必要的。 其次，罗斯福当选总统以及在许多州和城市的民主党政府意味着更少的政府镇压。 我们在第三章中指出，雇主可以依赖的额外武器已经不复存在。

成百上千万的美国人为工作奔波，希望、失望、愤怒交织在一起。贫民区、排着长队等待救济的人们以及穷人施舍点遍布社会的各个角落。 在社会主义者和共产主义者的帮助下，他们组织委员会，游行、示威，在市府大楼前请愿。 他们获得了人们的同情，特别是商店老板以及其他一些依赖他们的消费为生的人的同情。 房客和他们的邻居们拒绝房主因欠缴房租而收回租房的要求。 如果警察通过殴打和枪击来驱逐这些房客，那么，更大规模的游行就会爆发(Cohen, 1990：262—266；Valocchi, 1990)。 这种普遍的激进主义浪潮迅速增长，持续到1935年一整年，同时也打破了进步运动时期工人运动的孤立局面，触动许多中产阶级利益集团。

农民节日协会在农村地区制造了不小的麻烦。 1932年，大部分由失业的退伍老兵组成的"军役补贴军团"在华盛顿游行，抗议他们没有得到参加一战时承诺的补助金。 胡佛派军队驱散他们。 当1933年"军役补贴军团"纠缠罗斯福时，罗斯福宁愿命令他的妻子埃莉诺与他们对话，他甚至同意了他们的一些要求。 开始于1935年的"汤森德运动"，由一位来自卡罗莱纳州的退休医生组织发起，动员了成百上千万的追随者要求政府给予超过65岁的老人每个月200美元的养老金。 查尔斯·库格林神父发起了一场反对富人和有权势者的民粹主义运动，这一运动之后右转成为美国历史上最大规模的带法西斯色彩的运动。 虽然这些都不是明显的阶级运动，但他们实实在在地挑起了对富人和特权阶层的愤怒。

1931年工人罢工的次数开始上升，1933年到1934年以及1937年罢工规模达到顶峰(Jenkins & Brents, 1989：896)。 更多的工人加入了产业工会，他们要求通过立法赋予工会合法性，并且为增加工资和改善工作环境进行全国性谈判。 白人工人之间的种族差异逐渐消退。 1933年到1935年，工人罢工比之前任何时候都更多，要求工会代表参与管理以及更大的生产车间控制权(Wallace et al., 1988：13)甚至南部也没有逃脱这场骚乱：1934年的一场工人罢工蔓延到阿拉巴马、佐治亚和卡罗莱纳等州的纺织厂；20万工人参加此次罢工(Irons，2000)。 与此同时，美国劳工联合会(AFL)的一些工会不断在他们传统产业之外招募新成员，以及组织工人罢工，但是，大多数雇主并没有屈服，而且他们的反击产生了重要的影响。 美国劳工联合会对工业和政治工联主义仍保持一种怀疑的态度，他们仍旧宁愿依赖技术控制的方式迫使雇主谈判，但是，这样做却激起了背叛，1936年，在矿工领袖约翰·L.刘易斯(John L.Lewis)的领导下，大多数产业工会与劳工联合会分道扬镳，组建了产业工会联合会(CIO)。 分裂主要是来自下面的骚动引起的(Goldfield，1989；Kerbo & Shaffer，1986；Piven & Cloward，1977：48—60；Stepan-Norris & Zeitlin，2003)。 产业工会联合会在十年间联合的工人人数从10%增长到25%。工人抗议比任何一个活着的人可以记忆起来的其他任何时刻都普遍且积极有效得多。 19世纪90年代的经济萧条导致了大规模的工人罢工，还有1919年爆发的一次，但这两次罢工工人都是孤军奋战。 而这一次抗议者和罢工者获得了全国人民的同情。 政客们不情愿镇压罢工而与人民为敌。

政治机会在进一步扩大。 工人正在用力推开咯吱作响的大门。1932年通过的《诺里斯—拉瓜迪亚法》禁止联邦法庭限制在劳资纠纷中工人的权力，并规定不得施行"黄狗合同"。 随着镇压罢工的暴力机器的减弱，更多的工人敢于组织起来。 他们也不再对诸如社区信用协会以及福利资本主义等接近崩溃的私人福利形式抱任何幻想。 对公共福利计划的要求声浪汹涌而至(Cohen，1990：218—249)。

工人们期望即将就任的罗斯福政府能同情他们的诉求，他们很快就得到了回报。 1933年6月颁布的《全国工业复兴法》(NIRA)第7节赋予工人"组织以及通过自己选择的代表参与集体谈判的权力，并且他们可以免于雇主的干扰、限制或压迫"。 虽然缺乏必要的执行措施，但国家劳工关系委员会(NLB)的建立目的在于帮助解决罢工问题。 工人们认为《全国工业复兴法》能让他们获得自由；在数月内，工人入会率呈直线式上升。(Piven & Cloward，1977：110；Irons，2000：77；O'Brien，1998；Wallace et al.，1988：5—7)工人被鼓励站出来，建立比手工业工会规模更大的组织来进行斗争，从 1935 年开始，产业工会联合会建立自下而上的产业工会，试图将联合会打造成相对民主的组织。 1934 年的中期选举再一次威胁了左派势力。 尽管《全国工业复兴法》(NIRA)终结，具有划时代意义的《瓦格纳法》在 1935 年诞生。 工人工会化与对罢工持同情态度的政府之间的互动是第一个自由主义工党联盟体制的明显标志。虽然没有工党，但是一大部分民主党人现在都倾向工人。

罗斯福意识到商人反对他的大部分立法，他也清楚地知道他能够驾驭整个国家向左转。 他同时也担心大萧条可能会产生第三党，一个明确代表工人的政党。 如果民主党不能战胜大萧条，那么，这将是第三党产生的最理想时刻。 如果第三党赢得大量选票，那么很可能从民主党抢走选票，共和党毫无疑问最终在选举中获胜。 在明尼苏达、威斯康星以及纽约已经出现了左派农业工人或工党组织，罗斯福小心翼翼地与他们协商，并且向他们控制的城市提供联邦援助计划。 1935 年，来自路易斯安那的民粹主义民主党参议员休伊·朗(Huey Long)威胁说，下一年他将以"共享我们财富"计划的候选人的名义参加总统竞选。 一家受民主党委托的私人民调机构估计他可能得到 300 万到 400 万张选票，并且会把一些州推向共和党。 一个由罗伯特·拉弗莱(Robert LaFollette)领导的进步共和党候选人也会加入到竞选中，不清楚的是他可能会从谁那里抢选票。 如果可能的话，大约 5 至 6 个美国人中就有一个人会说他要加入一个新的进步政党。 罗斯福的私人民调机构预测罗斯福仍然会轻松获胜，但是很少会有政客以碰运气的方式来对待选举。 他们的目的是最大可能地获胜，以防止选举期间出现任何差错。

因为罗斯福相信商人无论如何都会反对他，因此他决定采取反击他们的敌意来作为选举的武器。 他发表了更多反对商业的言论，称大商人是"经济保皇党"，并威胁要"平均分配财富"，并将"被报道的每年有 100 万美元收入的 46 个人丢进狼群"。 一位激进的新政支持者哈里·霍普金斯狂喜道："兄弟们，这是我们的时代。 我们可以得到我们想得到的一切——一项工程计划，社会保障，工资和工时，一切——机不可失"。(Kenndy, 1999：266—87；Leuchtenburg, 1963：117)他们在选举中大获全胜，而且得到了新政计划。 1935 年的税收法增加了富人的个人所得税和利得税，更高的累进遗产税以及更高的公司税。 这开创了一项在美国延续了 40 年的累进税收制度。 朗义正词严地抱怨道，罗斯福偷了他的计划(Amenta et al., 1994；Kennedy, 1999：238—242, 275—276)。 然而，由于商人、保守民主党人以及共和党人的强烈反对，这项法案在国会被稀释，以至于在收入再分配上除了从少数百万富翁手中收取了一定数额的税以外，总体效果微乎其微。

的确，在罗斯福的脑海中蕴藏着一个更大的政治战略。 他常常对南部是否会支持这个问题感到很矛盾。 他把南部宣称为"全国头号经济问题"，一个低工资、低消费的地区，是对他想要的高工资、高消费的美国经济的一种拖累。 与当时的许多经济学家一样，他原以为这是大萧条的一个重要原因(Sullivan, 1996：65)。 他不确定许多改革措施能否在一个由一个统治阶级统治的、剥夺黑人和贫穷白人选举权以及利用种族主义保持低工资的经济落后的地区推行。 从策略上讲，他试图通过让步来买通新政计划的潜在反对者。 于是，他在南部借用了 20 年代的策略。 那时的策略是在北方城市的基础上重建政党，利用资助和计划确保北方城市机器的支持，从而使进步共和党争取农业的支持，并且以一种反大商人的语调来吸引工人的支持(Kennedy, 1999：chap.9)。 阿瑟·施莱辛格(Arthur Schlesinger, 1960：592)说道，随着 1936 年选举的发展：

> 民主党似乎越来越被淹没在新政联盟之中。除了罗斯福，还有最积极的竞选者——伊克斯(Ickes)，华莱士(Wallace)，休·约翰逊(Hugh Johnson)——他们都打着新政的旗号，而不是专业的民主党组织的旗号。忠诚于事业取代了忠诚于政党作为行政支持的标准……很明显，竞选的动员范围将超出民主党，而包括新政联盟中的所有组成部分——自由主义者，工人，农场主，妇女，少数族群。

这是一个自由主义工党策略。 一旦发挥作用，它将证实其政党是一个彻头彻尾的社会民主党，只不过名称不同而已。

20 世纪 30 年代，众多美国人，特别是工人——尤其是国外出生的工人——都参加了投票。 他们渐渐地支持民主党，这是新政和罗斯福争取的结果；他们的种族和宗教信仰对投票的影响越来越小。 种族差异越来越弱化，因为大部分工人都出生在美国，而且国有化大众传媒特别是广播在全国普及。 民族的凝聚力得到进一步巩固。 首次参加投票的人投票更有可能投给民主党——穷人和年青人的支持者——但阶级倾向同样进一步被巩固。 到 1936 年，工人投民主党的可能性是上层中产阶级的两倍。 甚至在历史上共和党(林肯的政党)能够获得压倒性胜利所依赖的非裔美国人的选票也开始在两大政党之间分流(B. Anderson, 1979；Cohen, 1990：153—161；Kleppner, 1982：55—111；Manza, 2000)。所有这些都是城市发生的变化——农村地区变化不大。 几项新政计划直指中产阶级：美国联邦存款保险公司确保所有银行个人存款额高达5 000 美元，以及住宅法，联邦住宅管理局为重新筹资抵押提供优惠条件。 这是一项大众化的而不是为了某个阶级利益的策略，然而却在工人中取得了最大成功。

1937 年，社会学家亚瑟·科恩豪泽(Arthur Kornhauser)访谈了上千个芝加哥人。 几乎所有人都认为富裕的大商人拥有太大的权力，并且四分之三的人认为工人遭到了不公平对待。 被访谈的大约四分之三的体力劳动者投了罗斯福的票，支持新政，并且希望政府能够对财富进行再分配。 二分之一到三分之二的工薪阶层也同样如此。 工人们批判他们的雇主以及资本主义制度是大萧条的罪魁祸首，但他们并不支持国有化。 他们赞成对财富和特权进行再分配的较公平的制度，坚持捍卫他们的结社权，并认为他们自己在为国家做贡献上都是平等的，因此，享有完全的社会权利——一种新的道德和物质权利意识(Kornhauser, 1940：237；Zieger, 1995：43—4；Cohen, 1990：276, 282—285, 362—365；Gerstle, 1989；Lipset, 1983：274—279)。

　　选举的压力导致了政府管理机构的扩大。 因此，从主要通过选举制度彰显出来的公众压力到各方面专家的聘用是顺理成章的事情——商人们在看到某些法律出台无法阻挠的时候，就需要将其利益揉进晦涩的法律条文中。 然后，这些专家们，他们的老板们以及国会议员们围绕新政计划的具体内容互相角力。 民主过程涉及的不仅仅是阶级，民主的锋芒是游行示威、罢工以及联合。 阶级斗争与政治机遇之间的互动如此密切，以至于很难说到底谁优先于谁。 但是，20 世纪 30 年代，美国突然变得更像欧洲，变得有点接近于"民主的阶级斗争"的政治，这一术语由杜威·安德森(Dewey Anderson)创造，利普塞特(Lipset)普及。我着重阐述两项主要的再分配法案。

《瓦格纳法》和工会

　　在这里，美国劳工联合会(AFL)扮演了一个边缘化的角色。 它反对任命弗朗西丝·珀金斯(Frances Perkins)出任劳工部部长(她是美国第一位女性内阁成员)，最终失败。 它强烈要求推动一项将一周工时限制在 30 小时的法案，希望以这个法案来取代《全国工业复兴法》，最终也失败。 无论是对于《瓦格纳法》还是对于《社会保障法》，它起的作用都微乎其微，之后，它抵制 1938 年《公平劳动标准法》中的最低工资条款(Manza，2000；Lichtenstein，2002：63—71)。 来自制衣工人联合会的西德尼·希尔曼(Sidney Hillman)以及矿工联合会的路易斯(都是产业工会联合会的工会)，在《全国工业复兴法》立法过程中起到了重要的作用，而且，希尔曼是出任政府高级职位的唯一一位工人领袖。 在推动《瓦格纳法》立法中，两者都扮演着非常重要的角色。 罗斯福本人对劳工立法并不感兴趣，仅仅在最后时刻才支持《瓦格纳法》。 商人对劳工立法表现出的敌意使他放弃了一向青睐的妥协策略；现在他必须选择阶级立场。 当他意识到商人的敌意可能带来的背叛以及这么做可能获得更多的选票时，他倒向了左翼并支持《瓦格纳法》。

劳工的影响力大部分是间接的——在大街和纠察线上，以及来自城市、工业区和州的参议员和众议员。《全国工业复兴法》的第 7 节已经尝试将工会纳入协商机构中，但是，雇主们很少承认它们，于是最高法院驳回了所有的尝试。由于社会冲突不断升级，必然会有人再一次尝试。在这样的背景下，威斯康星州的制度经济学学派的专家们(上一章讨论过)可以大显身手。他们相信，工会领袖在约束工会成员方面能起到重要的监管作用。尽责的工会有利于解决混战制造的麻烦，相对于雇主而言，进攻行为制造了工业混乱。负责任的、理性的企业和劳工领袖有利于调节经济。由于新政涉及的范围十分广泛，约翰·康芒斯(John Commons)及其拥护者希望挽救资本主义——通过赋予有组织的劳工更多的权力。

埃德温·阿门塔(Edwin Amenta 1998)研究了四个州的新政情况——弗吉尼亚、伊利诺伊、威斯康星以及加利福尼亚。他发现，支持新政的力量受各州民主实现的程度(黑人和许多贫穷的白人不能投票的地方民主程度低，资助机器控制的地方民主程度更低)、是否存在自由主义的或左翼政客、劳工力量大小以及其他改良的社会运动等的影响。阿门塔认为这符合"政治制度主义理论"，尽管他也特别提到了相当严重的阶级压力的问题。美国不像其他国家，它的左翼政客很少有劳工背景，而且他们几乎从不支持社会主义，但是，他们看到了自己所在地区不断增长的不满情绪以及无序状态，希望通过改革来改变这一现象。他们知道大多数的抗议者和美国劳工联合会以及产业工会联合会的领导人并不是极端主义者，他们希望改革能有助于他们实现合法目的并让他们的支持者遵守既定秩序。

众所周知，该法是以其发起人的名字来命名的——来自纽约的罗伯特·瓦格纳(Robert Wagner)参议员——新政支持者中的领导者之一，他与纽约工会和企业自由派之间有着密切的联系。1933 年到 1934 年，他第一次当选联邦劳工委员会的主席，而且，在 1935 年 3 月，他提醒人们，"工人的不满情绪正在上涨"。 罗伯特·拉福莱特(Robert LaFollette)，来自威斯康星的参议员——也是一位劳工的长期支持者——而且是一位进步主义共和党人，他预测，如果劳工的要求得不到表达，那么就会出现公开的产业工人战争(open industrial warfare)。 马萨诸塞州代表威廉·康纳利(William Connery)——代表了一个工业地区——一位劳工法案的长期发起人和众议院劳工委员会主席，预见了"地狱之门的开启"。 来自工业重镇克利夫兰的代表马丁·斯威尼(Martin Sweeney)预测"这个国家之前从未见过的罢工潮的即将来临"(Goldfield, 1989：1273—1275)。 他们要求较少同情劳工的议员们挽救资本主义。 他们相信大商人现在一心想着战斗，并且希望阻止相关立法，但是罗斯福并不愿意使用镇压来解决日益升级的冲突。 瓦格纳的第一个法案被否决。罗斯福对该法案不太感兴趣，他命令他的两位高级律师起草一部较温和的法律，赋予工会没有执行权的有限权力。 这一法律在 1934 年获得通过，1935 年第二个法案进一步增强了这一法律的相关规定。 两部法律的出台部分是缘于这次罢工潮，但更有可能的是为了中期选举，此次选举又回到了是更加自由的民主党、更加进步的共和党还是更加激进的第三党代表的问题上。 民意开始向左转。

《瓦格纳法》赋予工会更多的权力，禁止雇主强加给工人不公平的劳动方式，允许选民就谁应该代表他们进行自由的多数票选举。 它捍卫了工人罢工的权力，要求劳资双方承担进行友好协商的义务，并设置了一个全国劳工关系委员会负责监督各方履行承诺。 对于工人来说这是一个巨大的胜利。 该法的序言重申了消费不足理论：提高工资和增加消费将有助于促进经济复苏。 它使用个体劳动者权力的语调，而不是集体工会权力，给人留下了这个法律是《铁路法》和《诺里斯—拉瓜迪亚法》的继续这一印象，而许多共和党人都支持后两个法律(Fraser, 1989：69；O'Brien, 1998：chap.8)。 这些是保证从政治中心获得选票的策略。 只要瓦格纳接受不把该法应用于农业或家庭服务这两大南部的主要产业，那么，南部民主党就支持该法。 因此，实际上，所有的民主党和进步共和党都支持该法；几乎所有的大商人都反对。 这是唯一的一部温和派商人在其中作用很小的主要立法(Domhoff & Webber, 2011：chap.4；Swenson, 2002：213—219)。 当美国式阶级斗争达到一个新的高度的时候，只有自由主义工党体制才能够管理美国经济。

大多数商人都不遗余力地抵制《瓦格纳法》，如同抵制《全国工业复兴法》第七节一样。 他们仍然拒绝承认工会，而且，在南部，他们大多取得了胜利。 南部纺织工人因国家复兴总署的建立而大受鼓舞，但是，实际上的运作效果却让他们的理想破灭(Schlesinger, 1960：424；Irons, 2000：77；见 Hayers, 2001：205；Korstad, 2003)。 在绝望的情况下，纺织工人发起了一场声势浩大的罢工运动，但是工会的资金短缺，人手严重不足；工人被雇主的私人军队、警长助理以及州民兵镇压，仅卡罗莱纳州的民兵总人数就达到 1.5 万人。 7 名罢工工人死于最严重的冲突事件中。 佐治亚州州长塔尔梅奇(Talmadge)起初拒绝派遣州骑警，但是，当佐治亚的纺织制造商提供给他 2 万美元竞选资金时，他这么做了。 罢工工人恳求北方工会加入以及劳工部长弗朗西丝·珀金斯介入此事。 北方工会正忙于其他事务，而珀金斯说道，这是一个非常不幸的事件，而不敢介入，因为，政府需要南部民主党投票通过立法法案。

与北方工人一样，南方工人也十分热衷于加入工会，但是，在政治和军事上他们的实力微弱，否则，他们可能会解决雇主们对他们的抵制问题。 雇主们控制了南部民主党，大多数工人都禁止参加选举(Irons, 2000：chaps.9, 10, pgs.164—175；Hayes, 2001：chap.7)。 在激进分子对工会工人开枪、准军事镇压部署之后，当地精英打出了种族牌，于是分化了工人(Sullivan, 1996；Korstad, 2003)。 在南方，新政在改变种族平衡和种族权力上显得无能为力；在一些北方的州情况截然不同。 1932年、1934 年以及 1936 年的选举使得地区和州的自由主义工党官员掌握权力。 密歇根与宾夕法尼亚州州长拒绝派警察驱散罢工工人——随着民众心态的变化，镇压可能使他们丧失权力。

《瓦格纳法》以维护社会正义和实现有序治理之名承诺进行改革。

瓦格纳的前同僚们回顾该法案时，认为与其说它激进还不如说更保守，而且他们还记得瓦格纳说过这是他所能得到的再好不过的法案了。 他们说，瓦格纳深受西德尼和比阿特丽斯·韦伯(Beatrice Webb)著作的影响。 西德尼和韦伯是英国费边社的领导成员，工党主要的智囊团成员。 他也觉察到，在劳工关系上，美国被欧洲远远甩在后面，美国需要更多的社会正义，需要更多的国家管制。(St.Antoine，1998)。 瓦格纳也意识到必须达到最高法院的要求。 尼尔森·利希滕斯坦(Nelson Lichtenstein，1992)说道，《瓦格纳法》是"对这一时期破坏性斗争的明显让步，然而，它也是一项设法在国家管理体制下将工人抗议引入可以预见的模式之中的法案。"负责任的工会领导人会控制他们的成员。

这种动机在所有国家的改革者中间都是占主导地位的。 与其他国家一样，工人的崛起取决于他们制造麻烦的能力以及来自其他阶级认为可以缓和的信念，他们相信工人的激烈行为可以导入更加秩序化的轨道，从而保证资本主义不走向失序或革命。 正如其他国家那样，工会是否能继续挺进收获更大的胜利，是否能显著地对工人实施控制，这仍有讨论的余地。 一些马克思主义作家强调《瓦格纳法》以及新政总体上的控制工人的功能。 克里斯托弗·汤姆林斯(Christopher Tomlins)认为，"国家只不过是提供给工人及其组织回归到它们自身的低等位置的机会罢了。"(1985：327—328)但是，他的这一观点是从目的论视角将20世纪30年代之后会出现的趋势追溯到这个年代。 然而此时的大多数观察家们却关注到工会正在突飞猛进。 在短短的10年间，工会人数已经从10%猛增到将近25%。 产业工会爆发的昂扬斗志使他们丧失了企业自由派的支持(Domhoff，1990：82—89)，但是，这并不是什么大不了的问题。1937年到1938年，产业工会联合会威胁美国钢铁公司达成了一场交易，承担并通过在工会预定地点举行罢工，并击败了拥有强大实力的通用汽车公司以及固特异轮胎和橡胶公司。 这一次工会名声大震(Unions were here to stay)。

《瓦格纳法》得以通过的主要原因是大多数工人的行动受到了亲工

人的立法议员们的支持，反过来，他们需要对选民的左转作出回应。这是一场克服雇主抵制法案的人民斗争，尽管另一个必要的条件是收买国会山的南方人(Domhoff, 1990：97—100)。 这不是国家的自主性在发挥作用；它更多的是由国会发起而不是行政官僚发起。 当然，在大多数自由国家，参议院和众议院的确拥有专业律师和制度经济学专家帮助起草立法来承认和管理工会组织。 但是，《瓦格纳法》的诞生明显地源于阶级斗争向民主化方向转变的进程。

《社会保障法》和福利国家

　　《社会保障法》(SSA)的主题是改革，与救济和复兴无关。 它产生的第一个好处直到 1941 年才兑现。 它比《瓦格纳法》更受欢迎，而且它的吸引力是跨阶级的。 它也更加复杂、更加具有技术性，其中几项内容满足了不同选民的利益诉求。 失业保险获得了劳工的支持，同时也是罗斯福所珍视的计划。 国会比总统在老年人养老金问题上表现出更大的兴趣。 未成年子女补助计划唤起了行政机关的女性主义者的兴趣，总统或国会则表现冷淡。 总统强烈支持整个法案，但是他也明确表示新政法案不能使联邦计划凌驾于州权力之上，而且各项计划需要自筹经费。 他憎恨失业救济金，坚持在财政合理的基础上实行计划，他反对用政府一般收入来支付各项计划，而是指定保险供款来支付。(Witte, 1962；参阅 Orloff, 1988：69—76；Kennedy, 1999：266—269)立法的模式也各不相同。《瓦格纳法》是以美国各州与联邦以前未曾通过的立法和法案为基础，只是有限地借鉴了欧洲的先例，但在美国公共政策中，《社会保障法》只有少数先例可循，但在保险公司等私人部门以及欧洲模式的福利资本主义中有可资借鉴的经验。 生活福利费涉及技术性的保险精算和金融知识，所以，来自私人部门与公共部门的专家非常重要。

　　《社会保障法》很受欢迎：1935 年 12 月，一项盖洛普民意调查问到，"你支持政府资助困难人群老年养老金吗？" 89% 的人回答支持；大萧条产生了对安全的全民性需求。 在私人机构，保险规则已经设立，但是，大多数机构是出于大萧条带来的压力。 铁路工人在 1933 年到 1934 年通过国会立法获得了一项退休计划，产业关系顾问委员会(IRC，洛克菲勒公司赞助的私人智囊团)中的企业自由派已经通过精算使这项计划变得完善，因为他们意识到政府计划可能比私人机构的计划更加合理。 这提高了此项计划的支持率(Domhoff & Webber, 2011：chap.5)。另外，大萧条还增加了真正困难人群对政府公共援助计划的共鸣(例如，将保险金给予之前没有任何保险的受益人)。 罗斯福相信保险规则将会被广泛接受，而且，对困难工人的援助契合了其对不幸者的一种贵族式的责任感。 其他政客察觉了社会保障范畴受到民众欢迎，很少有人希望被人看到他们投票反对该法案。 行政机关吓跑了那些摇摆于左派提出的更加激进的改革计划的人(Witte, 1962：103)。《社会保障法》以 9 比 1 的压倒性多数在两院获得通过。

一小群企业自由派希望把现有的私人保险机构插入一个更加安全的、由联邦政府担保的体制(Berkowitz & McQuaid, 1992：109—114；Jacoby, 1997；Jenkins & Brents, 1989；Domhoff；1990, 1996；chap.5，forthcoming；C.Gordon, 1994；Swenson, 2002)。 他们在竞争力不足的市场中实行效率工资理论的指导下，认为，支付高薪以及提供长期利益有助于他们吸引和留住技术熟练的工人并有效划分劳动力市场。 然而，到 1934 年年中，他们发现他们的计划需要联邦政府的支持。 企业自由派例如通用电气公司的杰勒德·斯沃普(Gerard Swope)，新泽西标准石油公司的沃尔特·蒂格尔(Walter Teagle)以及伊斯曼柯达公司的玛丽昂·福尔瑟姆(Marion Folsom)起初支持新政，他们与其他企业高管一起在颇具影响力的负责经济安全的商业咨询委员会占据要职。 他们相信，《社会保障法》通过抬高劳动力成本，将缓和那些提供低工资、低津贴的雇主们之间的竞争。 如果公司仍然是实现社会保障保险规则的中心，那么，新制度可能也会有助于将工会排除于公司之外(Sweeson, 2002；Berkowitz

& McQuaid, 1992；chaps.5, 6；Jacoby, 1997：206—207）。 产业关系顾问委员会在《社会保障法》的讨论和起草过程中起到了主要的作用。 在撰写老年人条款的四个人中有两个是产业关系顾问委员会的成员，还有一个是一家人寿保险公司的精算师。 出于解决失业保险的需要，产业关系顾问委员会出现在负责经济安全的商业咨询委员会的名单中。 因此，企业自由派在通过《社会保障法》过程中十分重要(Domhoff 1996：117—176)。

但是，他们在自己所属的阶级中属于少数派。 大多数商人反对社会保障。 到 1935 年，甚至最保守的商业协会——全美制造商协会和美国商会——都意识到社会保障的时代已经到来，这是大萧条的政治滑坡带来的必然结果。 所以，他们笼统地表达了对社会保障的支持——尽管并不赞成那个星期无论什么版本的提案都拿来讨论的条款。 他们一方面声称支持保险规则，另一方面为了法案的具体内容拼死斗争，但是，最终他们知道接受这种或那种版本是一种战略需要(Hacker & Pierson, 2002：299—301)。 彼德·斯温森(Peter Swenson, 2002)不同意这一点，他用证据证明商人对社会保障的广泛支持多半是在看到保障法起作用之后。

最终的结果是妥协。 更加激进的汤森德(Townsend)计划、分享财富计划以及农业劳动法案包含了普遍的有保证的支付以及联邦政府的控制。 要想通过这些计划阻力重重而无法获得，但是，在警告野心少一些的某种普遍主义和联邦主义的替代方案方面作用显著。 珀金斯说，如果没有汤森德计划，老年人保险很有可能通过不了，(Orloff, 1988：67)。 政府很清楚联邦政府控制太多会被最高法院推翻，将会遭到铭记州权力的国会的反对。 南部民主党宣称他们不会接受联邦的干涉，所以，罗斯福和珀金斯告诉法案起草者在一个联邦与州共享的计划范围内起草，把税收、津贴以及资格等大多数问题交个各州自主决定，并把农业和家庭服务排除在法案适用范围之外。 这样，该法案获得了南方的支持，得以通过，但是，这同时也排除了五分之三的非裔美国工人(Witte, 1962；Schlabach, 1969：114—126；Nelson, 1969：206—207；Davies & Derthick, 1997；Kennedy, 1999：257—273)。

美国劳工联合会(AFL)在 1932 年转向支持社会保障，并且不遗余力地推动该法。《社会保障法》希望失业保险单独由雇主支付，但是，保险金实际上是通过对雇主和雇工征收工资税来支付的。 然而，在利益获得方面，低工资工人比他们做的贡献要多。 新政拥护者认为在政治上让工人做贡献是有用的，因为对保守主义者以后废除这个法律来说会变得更困难。 最初的保险金水平设定得相当高，以便吸引老年工作者退休，从而降低失业率。 工人不得不接受在向困难贫穷人口支付失业补助上存在地区性因素的影响(Witte，1962；D.Nelson，1969：chap.9)。商人和保险公司希望完好无损地保存私人和企业福利方案。 最终，他们取得了成功，但是，这是以丧失退出国家体制的权力为代价的。 计划所需的资金以一种十分复杂的方式支付，这是普遍主义，雇主利益以及各州权力之间妥协的结果。 在威斯康星，康芒斯的学生[如威特(Witte)]以及其他经济学家在《社会保障法》的最初起草中发挥了重要的作用。 虽然，起初他们期望一个覆盖面更广的欧洲体制，但之后他们向大众压力屈服，并增加了从私人部门福利方案借鉴而来的相关条款。他们是专家，确实会对立法产生影响，如果他们当初的设计一直保持在法案中，那么，他们就已经实践了相当大的自主权。 然而，来自国会、公司和保险产业的压力压缩了他们的建议，并且剥夺了他们的自主权。

最后，珀金斯说，该法案是"唯一能够在国会通过的计划"。 具体到法案所体现的最终的妥协更有可能接近企业自由派而不是任何其他团体(Kennedy，1999：270；Domhoff，1990：56—60，1996：chap.5；Domhoff & Webber，2011：chap.5；Rodgers，1998：444—445)。 在自己的地盘最有统治力的美国医学会，在保险业的支持下——两者都拥有久负盛名的专家——它对社会保障的敌视态度迫使罗斯福从法案中去除了任何提及医疗保险的地方(Witte，1962：173—188；Orloff，1988 75—76)。几乎所有的"专家"就某个问题都站在同一边——保守的一边，这是唯一的一例。 而最高法院这个最有权势的专家集团一直在试图阻止新政计划的实施。

尽管如此，《社会保障法》包括了一项涉及全民的、强制性的老年保险制度以及很大程度上强制性的、联邦监管的州计划，后者包括老年人援助，失业保险以及对未成年子女的帮助计划。大部分资金来自对雇主征收的工薪税以及联邦配给州计划的资助金。相对于过去的任何计划而言，它是激进的，同时它也是财富的再分配。很可能像具有选举资格的美国人逐渐增长一样，再分配会变得越来越多。的确，1939年精算基础发生变化，社会保障也不再完全由接受者自己的贡献来支付。为了支付退休金给当前的退休者，它反而变成了一项即付即用的计划，以社会保障税收的方式把钱从工人那里划给退休者以及他们的配偶和寡妇。这仍然是一项再分配性质的福利性计划，所以，虽有企业自由派、南方人以及其他人的介入以及起草过程中复杂的权力之争——所有这些都很重要——该法案实实在在地反映了大萧条以及自由派选举胜利所带来的某些来自人民的压力。

新政的局限：社会性别，种族，二元主义

如新政的其他法律一样，《社会保障法》也有盲点。妇女、少数民族和种族收获甚微。现在有权参加选举的妇女尽管在数量上没有男性那么多，但是，大多数妇女组织希望改革，所以，罗斯福需要为女性做点事情，以保护大联盟中妇女那部分的利益诉求。只有当妇女是符合父权制的男性挣钱养家模式的家庭成员，福利计划才会给她们带来更多好处。她们之所以受益是因为她们的丈夫、父亲以及儿子受益，对于女性工人和单亲妈妈在权利享有上没有任何进步。虽然无意歧视妇女，但是，保障计划提供各种益处的目的在于保护男性工人作为维持家庭生计者的尊严和地位；在有关老年人保险的讨论上，妇女没有计算在内。而养老金是男性在他们退休后支撑他们家庭的方式。寡妇之所以

享有养老金，是因为可以在男人死后支撑家庭(Kessler-Harris 2001)！ 妇女是国家的间接成员，出现在权力的剧院之中，但却扮演一个没有发言权的角色。

对未成年子女的帮助计划(ADC)旨在提供给丧失养家糊口的男性的单亲妈妈们；该计划在没有太多阻力的情况下顺利过关。 几个州以及许多城市已经有了这样的计划，经过收入调查结果确定以及只提供给"困难者"。 这使得该法案对于委员会中的女性和委员会的自由派专家促成对未成年子女的帮助计划的通过而言就容易得多(Witte，1962：162—165)。 C.戈登(C.Gordon，1994：284—299)说道，对妇女来说，这是伟大的一步，但也同样深深烙上了性别歧视的烙印。 这是对妇女作为照料者的"就业方式"的公开承认，虽然只有那些没有男性只有小孩的家庭才能享受这一计划。 不像那些以男性为目标的计划，该计划也涉及官员们对妇女进行道德监督，相比未婚妈妈，他们更支持那些值得尊敬的寡妇。《社会保障法》排除农业和家庭服务的做法也不利于女性。如家政服务、侍者、美容师以及临时工等主要是以女性为主的职位在《公平劳动标准法》的最低工资和最高工时标准中都被删除了。 新政法律的执行权转移给各州和地方政府导致了更低的利益供给，并且也使得接受者——特别是妇女——在地方官员对她们生活的监督和所谓道德约束下更加容易受伤害。 当然，这对于少数民族和种族来说也同样是一个问题(Mettler，1999)。 公共事业振兴署(WPA)的确给妇女提供了工作机会，但是，她们获得的报酬却比男性少，而且还遭受只有家庭成员才能获得公共事业振兴署的工作这样的不公平对待(Amenta，1998：155—157)。

女权运动并没有为争取更多权益而努力抗争。 这不是一场群众运动，而许多女权主义者关注的是白人、像她们一样的中产阶级妇女的问题，很少了解穷人和低工资女性工人的困境。 其他的则仍然操着女权主义者的话语，认为她们的责任在于解决母性欠缺和不道德，而不是物质上被剥夺的问题。 当然，新政的确使大多数妇女受益，因为大多数都生活在男性养家糊口的家庭之中(C.Gordon，1994：67，195，212—213，258；O'Connor，2001；Mink，1995)。 但是，在大萧条之前的女权主义势头似乎逐渐消退了。 新政的巨大缺口是没有关于生育津贴和家庭津贴的计划，而这些出现在一些左翼政党的宣言之中——而且在这些政党统治的地区通过了立法(Hicks，1999：51)。 不清楚的是这种势头为什么会偃旗息鼓。

少数民族所受到的影响更加复杂。 新政有助于同化欧洲移民，而大萧条已经导致墨西哥工人大批地、有时甚至是强制性地迁移出境。于是，一旦白人从事农业劳作，对其困境的同情情绪就会增长。 联邦计划和对他们的剥削进行的调查已经开始，虽然一直到1940年才有相关立法，此时，保守主义者和农业界国会游说组织增设了怀有敌意的修正案，重创了农业工会以及外国工人。 墨西哥移民从新政中没有获得太多的好处(Guerin-Gonzales，1994)。

相比而言，美洲原住民从特别针对他们而设立的公共工程计划中获益，而且，从1934年的《印第安人重新组织法》中获益，该法终结了部落土地的买卖，保留了原住民群体对未分配土地的所有权，使他们再一次成为"国民"。 福利国家制度延扩到原住民土地之上使他们的政府变成联邦援助方案的支付者，尽管完善了福利，但倾向于限制每一个美洲原住民社区的自主权。 此后的美洲原住民作家并没有把这看作是纯粹的受益。 这些结果都产生于新政拥护者作出的改革承诺，只不过是通过联邦权威的方式实现的，这样的情况下，既没有遭到商人的抵制，也没有遇到南方的挑战。 不管怎样，他们根本不关心原住民。

非裔美国人主要从救济计划中少量获益。 黑人在公共事业振兴署有超过比例的代表人数，并获得了比他们在开放的劳动力市场更高的工资，但是，他们得到的是肮脏的工作(Amenta，1998：158；Cohen，1990：279—281)。 由于许多新政拥护者是反种族主义者，所以，全国有色人种协进会(NAACP)以及反对私刑运动的影响力在非裔美国人之间进一步巩固(Hayers，2001：170—175)。 然而，排除了农业和家庭服务的

《社会保障法》却覆盖了少量的黑人，而且在大多数劳工市场和政府机构歧视现象非常突出。 南方国会集团在否决社会权利方面至关重要(Katznelson, 2005；Lieberman, 1998；51—56)。 无论如何立法，南方人力图将黑人排除在法案之外。 如果他们失败，他们需要确保地方官员牢牢掌握计划实施权，而南方的地方官员都对黑人求职者抱有敌意。(Brown, 1999；Sugrue, 1996)。 甚至连反私刑法案都被否决。 北卡罗来纳州的贝利(Bailey)参议员告诉总统，"我警告过你，没有我们，任何政府都不能维持下去"。 罗斯福同意他的观点："如果我现在声明支持反私刑法，他们将阻止我提交国会通过的每一条维持美国免于经济崩溃的法案。 我无论如何不敢冒这种风险。"他抵制了埃莉诺带来的压力，给予了1937年反私刑法案的有限的支持。 南方参议员阻挠反私刑法案的通过，使国会瘫痪了六个星期并阻止了一切立法活动(Kennedy, 1999：342—343)。 非裔美国人还不是这个国家的成员。

不仅仅南方人是种族主义者。 很少有白人会挑战种族偏见，并且，工会也免不了各种种族歧视的做法。 产业工会联合会(CIO)——除了一些左翼的分支机构——要么忽视黑人劳工，要么继续维持种族隔离区。(Goldfield, 1997；D.Nelson, 2001)美国国内种族主义仍然是发达国家的特例；甚至连最自由的新政拥护者也感觉到，要想帮助非裔美国人也是心有余而力不足。 国会中南方人的选票确保了法案的通过，该法律的颁布增强了劳工的力量，设定了最低工资标准并给予救济和社会保障——仅针对白人。 当工人阶级中的白人比黑人获得更多的条件改善，那么也就意味着新政进一步加深了种族分化；另一方面，它也激励了黑人劳工起来反抗——之后，在二战中，黑人的确奋起反抗这种种族歧视。

新政创造了一个双层的福利国家(C.Gordon, 1994：293；O'Connor, 2001；Mettler, 1999：212；R.Harrison, 1997：268)，这并非新政拥护者所期望的那样。 导致这一结果的原因部分来自种族的或南方的或性别化的压力，部分缘于罗斯福在财政上的小心谨慎。 他不会启动赤字财政来满足大方而广泛覆盖的保险方案的需要(Brown，1999：32—39，60—61)。　上层福利是一项与现有工资相关联的更加丰厚的、不带任何侮辱性的、由联邦管理的保险计划。　这些受益者已经"赚取"到了这一计划。　下层福利则是廉价的、由地方管理的并经过调查结果来确定的"福利"制度——福利这个词在美国一直沿用，但带有一种"不劳而获"或者"不应得"的利益这种贬义的语调。　以男性为主体的产业工人享受上层福利制度的人数比重过高；妇女、非裔美国人、贫穷的农民以及临时工享受下层福利制度的人数比例不足。　上层福利制度是以保险和就业贡献为基础，而妇女、黑人和其他少数群体很难得到永久的工作，这一点并不怎么让人觉得奇怪。　如果两个层次的划分继续维持下去，那么必将分化任何工人阶级的运动。

新政在社会福利上迈出了伟大的一步，但它并不是一项惠及所有人的制度。　它也不是为取代私人福利制度而设计出来的，而私人福利制度已经成为迎合那些相对而言有特权的工人的一项制度。　新政允许私人保险公司和企业利用他们自身的福利资本主义来补充社会保障提供的救助金。　雇主们希望商业集团保险的单边购买能够满足他们的工人，并防止工人加入工会以及政府对福利的介入行为。　而工会也正在积极推动他们的卫生与保险计划(Klein，2003：chaps.3—5)。　在医疗保险供给上，保险公司及医疗行业根除了几乎任何公共供给。　富人和有稳定工作的受雇佣者拥有私人保险，保险公司从中有利可图，而且可以获得政府的补助；而政府则对无利可图的穷人承担最小的责任(C.Gordon，2003)。

住房计划也同样呈现出两个层次的差别。　新政通过立法规定了低收入家庭的公共住房政策，同时也为大多只能提供20%保证金的中等收入家庭提供了有保证的抵押计划。　两个计划都开始于1934年，目的在于复兴房地产，但是，私人计划发展得更快。　试图扩大公共住房的《瓦格纳法》1937年出台，而国会剔除了其中的很多条款。　此次小斗争动摇了自由主义中产阶级改革者与工会之间脆弱的自由主义—工党式联盟，他们主要反对宣传财政稳健政策、地区控制以及社会主义危险等主张的、拥有强大影响力的全国不动产董事委员会。 两个层次的住房计划在租客和购房者的相当不同的条件下产生了。 实际上，联邦住房协会(FHA)抵押计划也带有种族偏见，而公共住房计划则维持隔离区别对待的措施。 非裔美国人发现几乎不可能获得抵押权，而且即使他们获得公共住房，那也通常是最糟糕的工程。

　　总而言之，通过考察各种资格条件之后，大约 75% 的普通美国民众可以从新政中获得相当大的利益。 社会权利大大扩展，国家凝聚力进一步增强。 也许剩下的 25% 并不一定注定被排除在社会权利的发展过程之外。 在其他国家，国家福利制度通常以两个层次的制度开始，然后逐渐扩大覆盖范围成为一种惠及全民的制度。 为什么在美国福利制度的扩展不会发生？ 答案在之后的章节中揭晓。

20 世纪 30 年代后期的劳资关系：模棱两可的结局

　　1936 年到 1937 年初，大多数商人期望最高法院推翻《瓦格纳法》，但是，最高法院支持该法，部分原因在于罗斯福获得选举胜利，部分缘于国家劳工关系委员会(NLRB)的经济部门公布了一份令人折服的统计数据。 在 1937 年和 1940 年间，全国制造商协会与美国商会精心策划了一起反对工会和国家劳工关系委员会的宣传运动。 从 1937 年开始，国家劳工关系委员会的工作促进了工会的进一步壮大。 商人游说组织鼓吹废除国家劳工关系委员会，理由是它动摇了产业基础，削弱了私人财产权，并倡导社会主义。 持保守主义倾向的出版社以及由南部民主党人霍华德·史密斯(Howard Smith)担任主席的众议院调查委员会也如此宣传。 他召开听证会，选择了大部分亲历者，然后提请立法。 在众议院讨论史密斯有关限制国家劳工关系委员会的权力并增加雇主抵制工人联合的权力法案而召开的听证会上，敌视的情绪达到顶峰。 参议院劳动委员会搁置了该法案，但是，1938 年慕尼黑危机之后，罗斯福感觉到可能爆发的战争将需要商人和南部民主党人的支持。 在他们的压力之下，罗斯福屈服了，并重组了国家劳工关系委员会，任命了对工人更加强硬的新委员会成员。 接着在国家劳工关系委员会内部爆发了一场斗争，保守的律师们反对更加自由的经济学家。 鉴于当时更加保守的局势，律师们获胜。 国家劳工关系委员会经济部 1940 年被撤销。 商业组织意识到政治机遇的大门重新开启之后仍然保持一种进攻的态势，直到 1941 年美国介入第二次世界大战。(Stryker，1989；Gross，1981，1995)

通常，在这些斗争中有各个方面的专家。 前国家劳工关系委员会的劳动经济学家是自由主义者，新国家劳工关系委员会的专家们更加强调控制和责任。 工会组织也同样拥有他们的专家。 宣传财产权的律师们以及宣传自由市场至上主义的经济学家们支持专业的罢工破坏者破坏罢工活动。 福利资本家雇佣芝加哥大学的社会学家与人际关系专家就如何管理好工人进行调研和实验，识别出哪些人是"麻烦制造者"，以弱化工会对工人的影响力。 一些专家卷入了反工会的运动中，如江湖骗子内森・W.谢夫曼(Nathan W.Shefferman)——劳动关系顾问和调解人，公认的社会科学家，极具煽动性的演说家以及工会破坏者——之前就职于美国颅相学研究院，现在试图将工会踢出西尔斯公司。 虽然自己是犹太人，他在为西尔斯的反闪米特人组织主席的罗伯特・E.伍德(Robert E.Wood)策划的运动中严厉谴责犹太人控制工会(Jacoby，1997：130—140，301)。 最终，专家们在他们雇主的权力面前不得不屈服；而政客们则屈服于选举趋势。

在工会内部也有斗争。《瓦格纳法》允许工会分享企业管理权，前提是工会能够迫使雇主们承认它们。 手工业工人有能力控制进入手工业领域的资格条件，所以，雇主可能会向威胁进行罢工的手工业工会让步。 美国劳工联合会(AFL)手工业工会继续进行谈判，常常忽视甚至攻击国家劳工关系委员会(NLRB)。 因而，它们希望削弱与国家劳工关系委员进行合作的产业工会联合会。 在工业领域的产业工会联合会的工会中的低技术工人不得不更多地依靠罢工自身的力量来保证他们被雇主承认。 因为大多数工人不情愿冒丢失工作的风险参加罢工,除非产业工会联合会的工会有力地证明其权力在雇主之上,所以产业工会联合会严重依赖其好斗分子获得雇主对他们最初的承认。 工人们翘首以盼成功的信号是:"被开除的积极分子恢复原职,对令人憎恨的工头的羞辱或者工会徽章的公开展示强烈吸引着这些秘密的同情者加入进来"。他们可能会罢工,但是,对于那些只能出卖劳动力的工人来说是很危险的(Zieger, 1995:45)。 很少有工人会被社会主义吸引。 主要的分歧在于他们在压制苦楚中表现出来的斗志不同。 结果是,好斗分子的斗争使工会赢得了足够的承认,吸纳了大量成员人数,这种情况一直持续到战争爆发。

国家劳工关系委员会对工会领导者的援助要多于对好斗分子的援助,特别是禁止采取如静坐罢工这种直接的行动。 在 1936 年到 1937 年间的罢工潮中,产业工会联合会的权力向下转移到了车间。 领导们与雇主们讨价还价,希望根据谈判的进程控制成员的斗争状态。 一旦交易签订,工会领导必须强迫工会成员接受它,并且要求他们"遵守他们的契约"(Zieger, 1995:71, 在开头强调)。 如果雇主们不得不在契约上签字,那么他们就会想方设法将禁止罢工的承诺以及在契约有限期内维持管理特权等条款写进契约。 为了获得契约以及实际的物质利益,工会领袖往往出卖这些权利,并限制罢工和争论直到合约期结束,但是,工厂好斗分子们并不想被上层禁锢。 朱迪·斯特潘—诺里斯以及莫里斯·蔡特林(Judy Stepan-Norris & Maurice Zeitlin, 2003)说,与较保守的、不够民主的工会相比,左翼工会推动更多普通工人参与决策,因此可以更好地动员工人的支持,获得包括更合理的申诉程序、罢工权以及更少监管特权的期限更短的契约。 许多好斗分子是共产主义者,但是,对于工人来说,与他们的斗争所获得的实质利益相比而言,这算不了什么。

工人阶级内部仍然四分五裂。 美国劳工联合会(AFL)在基层更加奋力争取,因为许多地方技术熟练工人在种族上更加同质,因此有强大的基层民主传统。 他们比更多种族和职业的产业工会更加团结。 产业工会联合会的支持者，矿工工会的领导人路易斯使矿工工会从国家劳工关系委员会获得了更大的独立性，获得了好斗分子更多响应。 工会内部的争论进一步激化(Zieger，1995；Lichtenstein，1992，2002；Aronowitz，1973；Tomlins，1985)。 霍利·麦卡蒙(Holly McCammon，1993)说，20世纪30年代末，工人罢工与其说与工会实力大小紧密相连，还不如说是紧跟契约的节奏，从而产生出一套解决冲突的更加程序化的制度。 丹尼尔·纳尔逊(Daniel Nelson，2001)分析了工会化、罢工以及国家劳工关系委员会授权的选举发生的时间和地点，从分析中，他揭示了工会成员数量增长的三个原因。 工人中的激进分子产生了自下而上式的人数增长——特别是1937年——但是，紧接着更大的人数增长是由《瓦格纳法》中有关国家劳工关系委员会的选举操作的规定而导致的，这是一种自上而下式的增长方式。 这两大原因使得20世纪30年代工会人数增长了三分之二，剩下的增长人数主要缘于进一步扩张的新政政策。 用来限制雇主之间互相竞争的监管措施使得他们可以赚取更多的利润，支付更高的工资和津贴，从而使积极的工会能够收获更多，并招募更多的成员。 纳尔逊说道，对于像铁路高管等这样的人，与独立的工会组织进行集体谈判"相比于价格稳定和稳定的利润而言只不过是一个很小的代价"。

不过，大多数商人并没有这样思考问题。 尽管，《瓦格纳法》赋予了工会组织权，规定了雇主有与正式批准的工会谈判的义务，但并没有强迫雇主们必须满足工会的要求，也没有强迫一定要签订契约。 而一些雇主这么做了，但是一些像福特和利特尔钢铁公司(the Little Steel firms)等大公司往往有地方警察的支持，他们通过关闭工厂、暴力以及对罢工进行破坏等方式加以抵制。 在芝加哥，警察开枪打死了10个参加罢工的钢铁厂工人。 联邦政府对此种镇压行为严重不满，并委任调查委员会对破坏罢工行为进行调查，并提交了关于雇主抵制罢工所采取的策略的批判性报告。 然而，罗斯福和珀金斯更宁愿对劳资纠纷敬而远之，不加干涉。 这是自由意志主义，而不是法团主义。

1938年6月《公平劳动标准法》颁布之后，新政似乎失去了动力。

因为，罗斯福犯了三个新错误(Kennedy，1999：chap.11)。 最高法院在 18 个月的时间里先后否决十几个联邦和各州的新政法律之后，罗斯福提出了法院改组提案，该提案与宪政传统是相违背的。 他的改组计划并不受欢迎；所以，他无力通过该提案，同时也失去了更多的支持——虽然法院受到了惩戒(Burns，2009)。 第二，由于希望打败保守主义的候选人，因此，他干预各州民主党总统预选。 最终，他失败了，并被指控侵犯了各州的权力。 南部民主党总统预选中的候选人则以种族隔离主义的口号展开竞争(Leuchtenburg，1963：266—271)。 第三，他无意中陷入了经济衰退——非常著名的罗斯福衰退。 结果是民意的流逝以及1938 年民主党中期选举的失败。 1937 年到 1938 年，当共和党领袖设法将共和党的各地区分支力量统一起来时，各种保守主义的势力纷纷加入，他们希望利用罗斯福的失误联合在一起。 他们与南部民主党一起组建了一个投机主义者联盟以阻止自由主义者的行动。 南方人曾经反对产业工会联合会试图把南方组织起来，现在他们同样反对新政自由主义者利用农场计划帮助黑人农民租客和工人。 他们已经很讨厌新政(Weed，1994)。 这是 1934 年以来第一次众议院"反对财政支出者"比"支持财政支出者"要多(Amenta，1998：137)。

新政派仍遍布政府机关，但是，他们的国会基础却较为脆弱。 他们可以提出立法法案，但是，他们不能通过法案。 现在，国会的权力就是国家的权力——单单不民主的南方代表团就可能确保这一点。 然而，公共意见对税收、赤字以及新政计划中的官僚机构的扩张也极其不满。 在大众运动中，只有工会运动得以存在，而且已经变得更加让人尊敬。 阿兰·布林克利(Alan Brinkley，1995：142)提到，"没有哪个政治景观有 20 世纪 30 年代的如火如荼的工人运动这样常见。"新政派有效地利用一半的凯恩斯宏观经济学：赤字财政以及温和的通货膨胀刺激经济，但不承诺实行完全就业。 他们希望把消费功能提升为一种"高消费，低储蓄"的经济，这种经济形态最终把一个进步的税收制度、再分配转移支付以及在健康、教育和福利上更大的公共支出结合在一起(Barber，

1996：128—130)。 这种自由主义工党版本比得上二战后凯恩斯/贝弗里奇 (Beveridge)英国福利国家制度，但是，政治趋势正向不利于他们的方向转变。

结论

大萧条打破了美国坚持 50 年之久的保守主义政治倾向。 正如我们在第三章中看到的，进步主义的激进议程已经失败，他们现代化政治议程的做法采取了一种亲商业的倾向。 但是，现在，保守主义被批评在解决经济萧条上无所作为，所以，美国人采取激进主义策略。 尽管"社会主义"一词仍旧是禁忌，但自由主义工党式改革在 1934 年到 1938 年得到推行。 新政提出了各种各样全面性的改革措施。 其中一些措施有助于挽救资本主义。 金融、住房以及农业援助改革计划更多地基于提高效率来调节资本主义，并且在总体上由支持现代化的理论家来推动。 通常，获得援助的商人们会顺理成章地支持这些改革计划，但是，其他一些计划扩展了社会权利，并且正缘于此，从根本上来说，我们需要一种将阶级驱动的民粹主义与不完全的多元主义结合起来的理论解释。 从下层爆发的对政府的大众压力使得政府为失业者和困难群体提供工作和救济，为确保惠及所有公民的经济安全而进行调节以及进行权力和财富的再分配。 然而，我在植根于工人和工会的真正的阶级运动以及包括各种中产阶级和其他压力集团(例如老年人和女权主义者)在内的更加宽泛的选民的支持之间做了区分。 两者都支持大多数新政改革计划，而且这些改革计划实际上都得以执行，他们的支持也正是它们得以执行的原因。 这些社会计划遭到了绝大多数有产阶级的反对，尽管公司温和派以及许多中立派和自由主义的政治家们都承认，来自于下层的现实压力使政府必须进行改革。 许多人批评，通过的都是温和的而不是激进的改革措施。 这是对阶级冲突的一种回应，但却是我们将在这一卷中经常看到的、间接的自上而下式的回应。

下一章中我更全面地讨论关于 20 世纪社会权利增长问题的若干种相互竞争的理论。 新政的产生并不支持工业主义理论的逻辑，因为，这并不是美国工业化的一个必然的直接结果；它是一种高度偶然性的斗争结果，这种斗争可能会产生不同的结果。 如果民主党人在大萧条的第一个三年就掌握了政权，结果与胡佛一样会是十分不幸的，那么美国很可能已经右转了，禁止了任何重要的社会改革计划。 如果一个准法西斯主义运动获得权力，那么一定会有另一张不同面孔的社会改革计划——尽管我确实将其看成是可能结果之一。 很显然，新政支持了政治科学家所谓的相当温和的权力资源理论，其核心是阶级冲突扩散并模糊化为一种宽泛意义的民粹主义——人民出现在权力的剧院中，但扮演一个没有发言权的角色。

但是，美国政治制度同样在将改革引向特定方向上作出了相当大的贡献——这是我们这里讨论的第三个理论：制度主义。 美国是一个拥有自身历史制度的民主国家，改革计划只有通过这样一种制度，即在被选出来的人民代表投票下才能变成法律。 在美国，这种制度产生于严格的权力分离——在联邦层面，权力在总统、参众两院以及最高法院之间划分，而州和地方政府也占有相当大的权力。 在新政中，这种制度作用巨大，尽管总统及其行政机构一般为了满足大众的需求启动改革计划，但最高法院则反对这些改革计划，而且，国会的故意拖延逐渐减缓了改革的步伐，削弱了新政的实质意义。 最主要的实施新政的方法是将改革计划的执行权授予各州和地方政府。 大多数州执行的改革计划比罗斯福政府所期望的要少得多。 在对待妇女和少数族群上尤为艰难。

政治被转化为四股力量之间的权力斗争。 斗争中的第一股力量是由大萧条所引发的群众运动以及它们在联邦政府和国会的少数派代表。第二股力量包括商人阶级和其他保守主义者以及联邦政府的少数代表，国会和各州行政机构的多数，还包括最高法院的大多数。 第三股是设法居中寻求妥协的温和派——罗斯福自己和大多数内阁成员以及一些企业自由派，温和的工联主义者，还包括国会的半数。 最后第四股是南方国会代表团，他们不是温和派，但是中立派，也就是说，如果联邦计划由地方执行，他们就支持，如果立法不适用于南方工人，特别是非裔美国人，他们就支持立法。 尽管我没有更多地把原因归结为精英理论家所强调的"专家/官员/国家能力"，但前三股势力都包含有他们委托的专家和官员，正如之前提到的那样很少有特例。 专家、官员以及国家机关由其他权力行动者雇佣：律师、经济学家、社会工作者、农学家以及其他人遵从着各自雇主的意图以各种方式参与到政策的辩论中来，在争论中，只有一个职业达成实质上的一致性，并且在其权益区域享有足够的专业权力：医疗职业。 因而，新政不包括卫生改革。 否则，阶级压力和美国式民主制度才是新政的最重要的问题，而不是专家或机构。第四卷将讨论有组织化的阶级压力是否能在 2008 年的经济大萧条中发挥类似的作用。 当然，要想在经济大萧条情况下实现改革目标需要花费几年时间积蓄足够大的压力。

从组织化的民粹主义集团而来的压力是极其关键的，这意味着白人工人和中产阶级男性比其他群体获益更多，作为一种必然的结果，利益通常与正式的劳动力市场参与紧密相关。 只有当妇女附属于有工作的男性，他们才能从中获益，她们作为儿童的拥有者和看护者的权力只有成为单亲妈妈之后才会被承认，这是极少数现象。 我们将在下一章中看到，在两次大战之间的这段时期，这是非常正常的现象。 阶级斗争很大程度上忽视了女性的存在。 如果非裔美国男性正常就业，或者在公共事业振兴署找到工作，那么，他们则获益很少，但是，如果在农业部门或者南方就业，那么他们根本不能获益，大多数人都是如此。 其他少数族群也几乎没有受益。 新政具有两层性；参与国家的方式高度分层化。

然而当罗斯福政府继续以一种常规的方式对待糟糕的经济，越来越多的美国人开始批评罗斯福没有为恢复经济繁荣作出更多的贡献。 这在 1937 年经济衰退之后表现得十分明显，这种情况也是联邦政府自身无意中所导致的结果。 现在，来自下层的压力变得更加模棱两可，而且，新政似乎停滞不前——这种情况是暂时的还是永久性的不得而知。在这两个阶段中——改革与停滞——美国式民主发挥了作用。 两者似乎都出自人民的意愿，至少是由他们选举出的代表表达的意愿。

但是，美国式民主是一种不完美的民主制度。 美国是把民主发展成为男性民主的最早国家，也是赋予女性选举权最早的国家之一。 但是，在 20 世纪中叶以前，它并不处在领先地位。 它的不完美性在实现种族隔离、人头税的南方表现得淋漓尽致，在其他地方通过增加农村选票和政治家的比重，自上而下的资助政策以及商业公司的幕后影响等使美国式民主变得很微妙。 所有这些都导向了同一个方向，即，使民主与大众意志相对立，但并不很过分对立(not grotesquely so)(与非裔美国人之间的关系除外)，而仅仅会让使再分配比在一个真正的多元主义民主制度中变得更加困难就足够了。 最高法院以及联邦政府和州政府之间的权力划分带来了更多的保守主义政治倾向，而且人民对于州权力的诉求主要来自农村和刚刚提到的南方不完美的民主制度。 这些与美国代议政府制度相关，尽管受到阶级和种族问题的影响。 所谓的美国国家能力的缺失并不是决定性的影响因素，因为新政的确在各个领域成功地创造了一个联邦性质的国家能力。

阿门塔(1998)也强调了民主制度不完美的方面。 他发现对新政改革的支持和州层面对改革的执行与每个州的民主程度显著相关。 选举权越广泛、国家机器的控制越弱的州，对改革的支持力度就越大。 民主的不完美性并不限于一个地区；从国家层面来看，美国民主没有严格区分政治权力和经济权力，从而在政体中深深地嵌入了不平等的阶级权力的鸿沟。 这部分地来源于进步主义时代的遗产，这个时代更善于使商业权力现代化而不是受到削弱。 新政时期的最终局限性在于政治体制比人民更支持保守的政策。 如果大众的声音能更直接转化为政治权力，那么，新政一定能更进一步地增进社会权利，而且，罗斯福也一定能将精明的连任策略进一步向左推进。

虽然改革措施获得了国会的批准，但是，没有一项改革计划如他们的发起者最初所期望的那样顺利通过。《社会保障法》或《瓦格纳法》的批评者再三暗示，由于其自身的缺陷，它们不可能有进一步的完善。但是，《瓦格纳法》承认工会的权力，并期望工会能约束其成员，是受规则制约的资本主义的劳资之间的正常交易。而《瓦格纳法》并不是导致美国劳工联合会或产业工会联合会之后衰退、没有像战后其他一些国家的工会联合会那样发展成为更有权力的议程设定者的必然原因。同样不确定的是，福利制度是否会继续带有二元主义、种族主义或性别歧视的特征。在所有国家，社会权利得到逐步完善。从一开始，它们的福利计划是不完美的、针对特定对象的并根据收入调查结果而确定，这些都是偏向于组织程度高的工人，但是持续多年的斗争使得权利缓慢地普及化。正如彼得·鲍德温(Peter Baldwin，1990)重点强调的那样，当他们也把中产阶级招募进福利国家的理想之中时，这种情况通常就会发生。这就是新政中发生的情况；这种情况为什么在美国不能继续下去呢?

一些新政计划推行起来确实困难。对于公共事业振兴署和其他救济计划来说，只要失业率下降，就难以继续维持下去，因为商人憎恨公共事业振兴署和救济计划，他们主张，创造公共就业机会会将工人工资提高到超越市场支付能力的程度。救济计划应该只是暂时性的，只要经济复苏，或者社会保障制度可以利用保险来提供失业补助金，就应中止救济。在一个民主体制中，当失业选民大为减少的时候，公共救济工程要想在经济良性发展的时代继续持续下去是很困难的。实际上，战争促进了经济繁荣。

罗伯特·利伯曼(Robert Lieberman，1998)指出，当新政政策涉及福利利益的自动支付、一个相对自主的联邦机构以及相对较低程度的政治争议的时候，向非裔美国人开放利益并推行新政政策是较为容易的。结果是他们被纳入社会保障的范围之内，而只有很少一部分人由失业保险和对未成年子女的援助计划来保障。总的来说，新政计划的缺点是否会一直存在下去将取决于后期的权力平衡,而不取决于新政本身。在 20 世纪六七十年代,新政遭到了左派批评者的攻击,他们公开指责新政的两层性以及所谓的资本主义的控制作用。他们有时似乎指责,新政很可能会带来革命性的变革。然而,正如我们在其他章节中看到的那样,西方工人阶级的命运注定是改革而不是革命。20 世纪 80 年代,女权主义者批评了新政的父权式控制,但是,幸运的是,改革一直在逐渐消解这些控制。

近期的批判来自新自由主义者,他们公开指责新政干预了自由市场。吉恩·斯迈利(Gene Smiley, 2002:X)说道,"20 世纪 30 年代的经济危机为政府干预市场提供了一个可悲的证据。"接着,他继续无情地批判新政计划,认为新政计划损害了总体的经济效率,再分配资源或破坏既定财产权的制度尤为如此。但是他的经济判断似乎带有阶级意识的偏见。他认为工人的每一次收益,每一次为了支付计划而增长的税收都降低了商业信心,而且他还补充说,这样做打压了投资和经济复苏。他的观点与其他国家的经验是大相径庭的,这些国家为工人进行了类似的甚至更大规模的改革,但并没有妨碍投资或经济复苏。正如我们在下一章看到的,有另一种方法可以使资本主义高效率运转。

新自由主义者在政治上同样是天真幼稚的。如果新政没有干预财产权来监管资本主义,没有为大多数美国人提供安全的生活保障,资本主义一定会处于更糟糕的经济衰退之中,失去更多的合法性,并面临更加严重的社会危机。20 世纪 30 年代,大多数美国人相信自由市场资本主义造成了经济大萧条。面对进一步恶化的经济,他们应该如何作出应对?美国离社会主义或法西斯主义似乎还有很长的路,但是,我们可能会看到一个混乱的、支离破碎的民粹主义时代,带来的是失序和衰落。美国资本主义需要拯救,但拯救办法不是社会主义也不是法西斯主义,而是它自己。上层社会理所当然会反对管制和增加税收,但是,改革的总体影响则是恢复了他们的利润所得。作为新政主导者的罗斯福以及企业自由派恰恰正如他们所说的那样做到了这点,在这个过程中，他们在政治公民权之上又获得了社会权利，从而巩固了民主。罗斯福向珀金斯说道，"我们将会建设一个不抛弃任何人的国家"。(Perkins，1946：113)严格意义上来说，这不是事实，但是，他和他的同事们的的确确为这个国家的大多数人扩展了公民权。 阶级与国家之间的辩证法仍在继续。 在一个恰当的时刻，只要军事挑战即将来临，那么国家力量就会得到增强。

本章重点关注了美国。 如我在讨论其他任何国家一样，我多次强调了美国的特殊性。 民族国家牢牢将其公民限制在独特的社会实践之中，但在更加一般的意义上来看，美国也不例外。 我们不必再回到开国者、多元民族、联邦制度或者其他美国传统来解释为什么美国从根本上截然不同，因为它并非如此的完全不同。 美国主要在一个方面是特例：在国内存在种族主义，在国外不是一个帝国。 总而言之，新政派已经创造了一种与这一时期的其他国家相类似的自由主义工党福利制度。 直到第二次世界大战结束之后，瑞典在这种福利供给上才明显处于领先地位。 彼得·斯温森(Peter Swenson 2002)说道(也许有点夸大)，在这之前，新政派民主党人在推动进步改革方面比从1932年掌权的瑞典社会民主党做得更多。 然而，在20世纪30年代末，新政派遭遇到了由商人和南方保守党所领导的更加强劲的抵制。 这种力量的平衡会带来什么？ 罗斯福近来的错误使一切彻底改观？ 结果还不清楚。 副总统亨利·华莱士(Henry Wallace)宣称，"我们是过渡时期的产物——我们已经离开了埃及，但是我们还没有达到乐土。"(Leuchtenburg，1963：347)无论如何，在路上，美国并不孤单。 美国参加二战这个20世纪的第三大危机，作为平衡，劫使美国再向右转。

第九章

资本主义民主体制中的社会权利发展

导言：改良资本主义的胜利

20 世纪，我们看到了两大主要经济发展趋势。首先，资本主义取得全球性的胜利，劳资关系成为世界范围经济权力斗争的中心。资本主义的主要替代选择——法西斯主义和国家社会主义——都压制了阶级冲突，在自身矛盾的作用下垮台了。其次，劳资关系斗争的结果是，西方资本主义进行了改革，通过广泛的市民权、政治权和社会权的扩展获得了一张人性化的面孔。我在上一章讨论了在美国发生的第二种趋势的发展过程。在这里，我继续以一种广泛比较的方法分析各国的问题。由于资本主义的发展与民族国家之间密不可分，因此，阶级斗争的主阵地是单一的民族国家，而且解决冲突的手段因国家不同而迥异(尽管我们将会看到并不仅限于国家)。这就表明了本章对民族主义视角分析的必要性。

正如我们在第二章中看到的，在 20 世纪的前半段，全球化的发展趋势出现显著分流，因为，西方和日本在经历快速经济发展的同时，世界其他地方则没有发生。在殖民政策作用下，全球化不平等程度骤增。相比西方和日本而言，拉美的少数"中产阶级"国家中大部分在倒退。第二次世界大战之后，被压抑的创新和消费者需求的结合，殖民帝国的终结以及美国治下的和平(pax Americana)将整个世界向上推进，处于欧洲边缘的国家和东亚各国开始着手"追赶"式经济发展。在本卷所包括的时期内，世界继续呈现多元化，少数人生活相对比较富裕，而大多数人仍处于赤贫状态。 我在这里要讨论的是富裕的少数人。

1949 年，马歇尔认为，平等公民权的增长成功地解决了资本主义与阶级之间的紧张关系，与此同时带来了一个改良的资本主义。 他区分了公民权发展的三个阶段。 市民权——法律面前人人平等和自由——他说是 18 世纪取得的成果；政治权——平等参与自由选举的权力——19 世纪的成果。 福山(2011)认为，法治(市民)以及政府(政治)责任是好政府的两大标准，他还补充了一条标准，即提供社会秩序。 马歇尔补充了他的第三个权利——社会权利——他说这将是 20 世纪取得的成果。 他把社会权利界定为一系列权利，"从获得经济福利和保障的少量权利到完全共享社会遗产的权利，再到按照社会普遍的标准过文明生活的权利。"(1963：74)这种权利相比其他两种权利而言是一项更加广泛而又模糊的公民权，但其核心内涵是不平等不能达到这样的程度：在同一个国家内部出现不同的"社会"，而且在这里他特别强调经济和教育标准。他分析了阶级分层——忽视了地区、种族、社会性别以及其他的分层形式——他也分析了英国，这是他的三阶段公民权模式最具有解释力的地方。 正如我在较早前的著作中指出的那样，这种公民权的划分方式不能在很多国家适用(Mann，1987)。 然而，马歇尔正确地预见了社会权利在整个西方世界的扩散，而且他的理论模式扩大到包含妇女和少数群体不断增长的公民权利。 我想从他的社会权利概念中厘清四个主要的部分。

(1) 在市场收入和财富持有上程度相对较低的不平等。 因为 20 世纪中期财富作为不平等根源的地位下降了，收入不平等才更加具有决定性。 相对收入平等来源于低工资的普及化与充分就业的结合，这两者部分源于发达工业资本主义所取得的成就，部分是国家政策积极追求的结果。

(2) 总的来说，累进税制向穷人进行再分配，抵消了收入和财富的初次分配所带来的影响。

(3) 福利国家制度以现金或实物偿付的方式使人民受益，特别是帮助那些不在劳动力市场上的人维持基本标准的生活水平。这是对老年人、病人、残疾人、失业者、穷人和小孩子进行的再分配。福利国家制度的核心是，这是一项涉及养老金、失业保险、残疾人保险以及医疗保险在内的保险机制。

(4) 一项全民教育和公共卫生制度。学校负责教授读写能力和计算能力，至少持续到中学阶段，并使英才能进入更高等的教育。正如马歇尔承认的那样，教育在确保获得经济报酬以及"文明"水平的机会上是非常重要的。这里涉及更多的是公共利益的问题，因为工业社会——特别是白领和服务部门——要求有教养的人力资源。公共卫生所体现的公共利益更为明显，不过，在这一问题上存在一个截然不同的两个发展步骤。第一步是干净饮水、污水处理工程以及鼓励全民保健制度的公共供给。当发达国家城市化进程将所有阶级彼此之间的联系变得更加紧密时，这就变成了所有阶级共享的一项公共利益。所有发达国家在一战前或一战刚结束不久就实现了这一目标，但是，公共卫生发展的第二个步骤是享受医疗服务的平等机会，而这并不是一项公共利益。

把这四个部分以不同方式结合起来就是社会权利。福利补贴并不是唯一的甚至必要的社会权利的主要构成部分。充分就业；累进税；全民免费教育；以及公共卫生供给可以像福利国家一样产生总体效果。由于极少数学者能对所有这四个方面进行全面研究，因此，对社会权利作一个全面性的评估是非常困难的。我在这里作一下尝试。需要注意，上述所有四个方面都有利于促进民族国家层面的公民权的发展(虽然公共卫生供给将人们更多地隶属于他们所在的地区)。福利和税收只是再分配的手段，充分就业提供了参与全国性劳动力市场的机会，而教育促进了民族语言使用和民族文化交流上的便利。这是民族公民权的增长，是一种在同一个共同体中与其他公民一起共享的情感。在第二卷中，我指出了最初的国家基础设施——公路、铁路、邮政和军事服务以及教育制度是如何创造出一种常规意义的民族意识，"朴素的民族主义"将其人民牢牢控制在他们的国家内部，从而将他们转化成民族国家的成员。该过程在20世纪随着公民权的增强得到逐步升级。因而，民族主义也得到了进一步的强化，尽管在本质上并没有什么挑衅行为。民族权利的增强缓解了阶级冲突，也缓解了阶级与民族之间的辩证关系。

马歇尔没有讨论社会性别和家庭关系问题，但是，这些问题会使社会权利变得很复杂。20世纪的整体情况是妇女继续努力争取和完善她们的权利，获得平等法律地位、选举权以及相当大的社会权利。然而，她们实现这一目标的途径是与众不同的。一般说来，公民身份被看成是个体的特征。然而，男性与女性在他们所扮演的社会角色上、在作为儿童养育者和(直到现在)看护者的生理上是千差万别的。而且，大多数男性与女性并不是作为孤立的个体而生活着，他们有家庭，扮演着多少有点不同的角色。由于职业和家庭的存在，无论在公共还是私人领域，公民个体都将从公民身份中获益。在这一时期的开始阶段，人们在思想上与制度上保持着一种农业社会性质的相对一致性的看法：男性是正式经济体系中的养家糊口者，并且是一家之主；女性是处于服从地位的家庭照料者。这是工业社会的父权制度——由男性一家之主统治——也许是人类历史长河中最持久的权力关系与意识形态。

当然，1914年发生的事情更加复杂。农民家庭经济在许多国家仍然是十分重要的。由于资本主义的发展不断产生对劳动力的需求，许多女性开始在公共领域从事工作，特别是工人阶级女性以及(日益增长的)地位较低的白领女性，并且她们通常从事的是一些照料性的职业，如教育、护理以及社会工作。女权主义运动第一次浮出水面，是在戒酒运动中挑战父权，之后是争取女性参政权运动。的确，1914年之前，少数国家的妇女获得了选举权，而到20世纪30年代，女性获得选举权的国家变得越来越多。不管怎样，就社会权利以及政治权利而言，妇女们仍然有许多需要去尽全力争取。那些没有工作的女性面临双重的不安全感，一是来自男性工作的不安全，二是来自家庭面临的困难，如遇到一个醉鬼或者有家庭暴力的丈夫(戒酒运动的目标)或者是家庭中男性养家糊口者死亡。寡妇和其他单亲妈妈是极其脆弱的。那些正式就业的妇女能够赚取相当于男性平均工资的一半。如果她们是工会成员的话，工会可能会帮助她们增加一点点工资，但是，很少有妇女是工会成员。无论如何，大多数工会是由男性的意志主导，目的在于获得足以维持整个家庭生活的"家庭工资"，而他们家里则需要大量的女性劳动。习以为常的父权意识形态，特别是家庭工资的观念仍然是这一阶段重要的思想——虽然裂痕已开始出现。

然而，独特的社会和生理角色意味着女性有两条可供选择的路径来动摇父权。一是力求与男性保持大体相似，在就业路径上追求平等和安全，并在劳动力市场上追求女性权利的进一步完善。具有讽刺意味的是，她们设法使她们的劳动力商品化就是为了获得社会权利所保障的去商品化。二是寻求改善作为家庭照料者的条件——"母性主义"路径。最有效的做法是将两条路径结合起来。渴望从父权制中获得自由的女性们一方面要求获得平等工资为基础的各项就业权以及因工作而正常享有的福利津贴，例如养老金和失业保险金以及病假工资。另一方面，她们要求享受带薪产假和有薪双亲假，儿童保育，子女津贴以及掌握再生产的决策权。在这个问题上，雇主和国家也有各自的偏好，要么鼓励扩大劳动力的规模，要么鼓励提高生育率。为了解释社会权利的增加，我们必须把市场、国家和家庭联系起来。

当然，总体而言，社会权利与国家确实在北半球有所进步。虽然，本章大部分将关注社会权利方面的各种差异，但是，所有的福利制度、税收制度的共同点就是变得更加具有再分配的性质。作为政府政策目标的充分就业也出现了，尽管要等到第二次世界大战之后才能完全实现。妇女权利的发展虽然总是滞后，并且在就业路径与母性主义路径之下存在着差异，但是也得到提升。相互关联的少数民族和少数种族问题，也严重滞后于其他社会权利的解决——虽然只有在美国、澳大利亚以及(在较小程度上)新西兰在这一问题上严重得多。 公共教育扩大已经成为所有福利制度发展中最一致的发展项目，各个国家或较大的地区之间的差异相对较少，而在社会性别和种族上的差异则更少。 总而言之，马歇尔是正确的：资本主义正在社会化、民族化以及文明化——尽管市民权和政治权需要另当别论。

现有有关福利国家的理论

解释福利国家发展的现有三种主要的理论形态包含了社会权利的四个部分。 第一种理论把福利国家看作是"工业主义逻辑"的产物，作用在于再生产工业经济和后工业经济所需要的技术熟练的劳动力。 该理论也解释了现代化过程带来的其他变化：更长的平均寿命(产生更多的领取养老金的老人以及对医疗服务的关注)，城市化，工作与家庭之间进一步的分离(所以家庭需要更多的公共支持)以及妇女和少数群体进入劳动力市场。 这反映了家庭经济的衰落以及家庭和经济的分离，所以，家庭不能再为解决生命中面临的危险和面对死亡以及经济领域中的不安全等问题提供支持。 民族共同体要求介入其中，培育出由国家主导或管理的门类齐全的社会服务(Wilensky，2002)。 所以，工业主义的逻辑改成"反作用于工业主义的逻辑"会更正确，也就是对其缺点进行修正。

对于国家而言，要建立一项通行的税收制度或者为福利国家支付大量资金，或者一项全民教育制度，必须以一定程度的经济发展水平为基础，所以，工业化会逐渐地带来更多福利(尽管我更宁愿说成是资本主义工业化导致的结果)。 在不同国家，GDP和人均国民收入的确与福利支持相互关联，尽管对于一个国家开展福利计划而言，没有确切的财富水平的要求，随着国家继续变得越来越富裕，这种关联性也就逐渐地减少。 当我们进入后工业主义时代，在发达国家，这种关联性是可以忽略不计的——尽管在教育问题上并不是如此，作为对后工业经济的回应，教育需要继续扩大。 所以，总体上来说，这一理论在应用上差别很大，在本卷中比在下一卷中更加有用。 需要注意的是，该理论的逻辑据说可以适用于任何政治体制，而不仅仅限于民主体制。

第二种理论解释的核心是资本主义及其阶级斗争。 资本主义市场关系为我们的经济生活增添了更多的不安全感，因为商业和工业总是起伏不定。 但是，这不仅仅是经济的失败。 用机器取代人力的生产率的提高很明显也会导致过剩，而资本的逐利性使得雇主们连续不断地计算劳动力成本，并驱使他们削减成本，也许还会通过降低工资的方式。技术不熟练的工人能特别察觉到这些困难。 因而，他们强烈反对得不到监管的资本主义。 我们已经在前面章节中论述了工人作出的革命反应；这里，我们审视改良版的阶级斗争：工人阶级施加的压力下的福利国家给工人带来了更多的安全感、接受教育的平等机会以及体现在工资上的利润的再分配。 这主要取决于工人培育强大集体组织的能力。许多研究已经表明工人力量——由工会成员所占的不同比重、协调劳资关系的全国性谈判的程度以及中左政党控制政府的年数来测评——与税前和税后工资再分配以及整个 20 世纪福利计划的丰厚程度相互关联（Allan & Scruggs，2004；Hicks，1999，Huber & Stephens，2001，Pontusson，2005；Bradley et al., 2003：198）。 在这里，社会权利代表了改良主义工人运动的胜利，而这主要发生在民主国家。 正如李普塞特认为的那样，政治活动就是对阶级斗争进行民主式转换。

一些马克思主义者仍然紧紧抓住这种阶级模式。 但是，大多数社会科学家已经从三个方面对其作出了修正。 首先，国家、宗教或雇主把工人阶级运动的崛起看作是潜在威胁的情况下，他们可能寻求承认社会权利来换取工人的忠诚。 的确，雇主们更期望少一些阶级斗争而不是在关键时刻阻止阶级斗争，正是这样一种心态导致在专制政体和民主政体中产生了第一次福利计划的实施(Hicks，1999)。 这是间接的或者说是自上而下的阶级冲突模式。 第二，社会权利不仅仅只有工人可以获得，工人、农民以及中产阶级集团之间广泛的阶级联盟也同样可以。戈斯塔·埃斯平—安德森(Gosta Esping-Andersen，1985，1990)注意到，蓝领工人从未成为过大多数，所以，依靠他们自己的力量很难通过立法满足他们的要求；他们需要联盟。 我们在前一章看到，这种联盟的出现是新政时期美国社会权利膨胀的主要原因。 在鲍德温(1990)关于斯堪的纳维亚和英国福利制度发展的研究中，中产阶级和农民阶级通常发挥着比工人更重要的作用。 第三，不仅仅只有阶级才能展示他们的力量——女权主义者和少数族群运动，民粹主义宗教运动以及老年人运动同样可以。 尽管"灰色权力"运动在1945年之后在从国家获取利益方面发挥更大的影响力，但是，人口老龄化与1880年以来一些国家不断增长的社会转移支出密切相关(Lindert，2004)。 我们在前一章发现，美国新政中的"汤森德运动"就是灰色权力的一个例子。

在所有这些例子中，结果都来自斗争——要么直接(自下而上)，要么间接(自上而下)——而不是来自任何自动的逻辑(如在工业主义解释中的那样)，所以，这更多地仍是一种冲突模式而不是共识模式。 政治科学家称之为"权力资源理论"。 这些斗争的顶峰不是革命而是改革。确实，这些广泛的改革联盟自命为代表人民或者代表国家，所以，那些以阶级为中心进行定位的冲突形式而发起的运动失去了这一要旨，并且变成以民族为中心的运动，属于一种广泛的民族共识。 这对于社会权利的进一步发展是有利的。 彼得·林德特(Peter Lindert)认为，在那些中产阶级能将穷人的困境联系起来，把他们看作是根本上与他们自己一样的同类的国家，福利制度更加丰厚。 这是一个民族化的过程——我们与其他公民分享很多共性。 增进人民团结和突出国家特点的事件有益于公民社会权利的扩大；而那些降低团结的事件则有损于公民社会权利。 反过来，社会权利的获得增强了民族国家的凝聚力。 随着社会权利的发展，我们已经被牢牢控制在民族国家内。

　　第三种解释强调政治制度，关注的对象是政党、官僚以及政策专家；联邦与集权化的各州之间的竞争关系；以及比例代表制(PR)与多数规则的选举制之间的比较。这一模式主要用来解释国家与国家之间的差异。在联邦体制中，公民权利往往因国家不同而不同——我们在前一章看到，联邦主义对美国而言是极其重要的。通常，人们认为，联邦主义和比例代表制可以在立法过程中增加否决票票数，这样可以阻挠福利改革。比例代表制也被认为是有利于中左联合政府以反对多数规则选举系统支持的保守政府(Iversen & Soskice, 2009；Bradley et al., 2003：199)。尽管，这一理论的有些部分被称为制度主义，但这是政治权力关系的一个复合体——不仅仅是制度，还包括政党和国家精英。前两种理论很大程度上认为福利发展在整个世纪是十分必要的，尽管他们承认社会权利在国家和地区层面存在差异，而且在制度理论中还得到了强调。

　　以上三种理论都具有各自的解释力，并且也是相互关联的。工业社会不会自动地创造福利国家，除非在提供如干净饮水和污水处理工程等公共服务上真正存在公共利益。否则，改革就必须由工会或者捍卫老年人利益的组织等集体行动的压力推动，而且，这些集体行动是嵌入现行制度框架下的政治运动中，并带有其自身的特点。因而，福利供给的丰厚程度与上面详述的个体因素之间的关联性不是特别明显(尽管具体的量化数据一般只有在 1960 年之后才能得到)。最明显的关联性体现在民主制度中中左政府执政的时间与工会力量之间，两者都符合阶级理论，虽然我们必须解释为什么在一些国家出现更多的中左政府以及更庞大的工会组织。要对此作出完满的解释需要关注许多因果关系——以及这些因果关系对本世纪一些重大偶然事件作出的不同解释。例如世界大战和我在前面章节强调的大萧条。

　　这三种理论都被认为是普遍适用于工业资本主义国家。但是，不仅所有的民族国家彼此存在一点区别，而且，广泛意义上包括各种国家类型在内的宏观区域——每一个都有特定的文化和制度类同性——也同样非常重要。 有关宏观区域的分析出现了两种主要的模式，一种关注两个或者更多"资本主义的多样性"，另一种关注"福利国家制度"。后者与本章的主题最贴切。 我把资本主义多样性的模式放到下一卷讨论，因为它关注的是 1945 年之后的事情。

　　埃斯平—安德森(1990)划分了三种"福利制度"：自由式(我称为盎格鲁式)，社会民主式(北欧式)以及保守欧洲式(欧洲式)。 他的研究时间跨度是自 1960 年之后的福利制度，但是，最初的研究中却涵盖了更长的时间段。 在他看来，自由国家的福利制度是一项规模很小的、经过收入调查之后而确定的福利制度，这种福利制度使大多数人依赖市场谋求生存。 当女权主义者采取就业路径寻求平等时，她们的做法实际上是寻求提高劳动力商品化的程度。 另外两种福利制度会创造出一个规模较大的福利国家，但是，北欧式福利制度比欧洲式更加受欢迎。 它提供的福利是公民享有的一项权利，既不是为了满足人民的需要，也不因地位不同而差别对待，并且，它是更加具有再分配性质的。 此外，妇女在就业和作为家庭生活照料者的母性主义路径方面获得更多的权利。 从这些方面来看，北欧式福利制度提供了一种比马歇尔更先进的社会权利。 欧洲式福利国家相比北欧式在规模上小不了多少，但是，在普遍性和再分配上大打折扣，并且它建立在保险规则基础之上，根据职业地位和家庭地位差异受益有别。 高级职业获益更多，拥有小孩的家庭同样如此，但该福利制度并不鼓励妇女进入劳动力市场——以母性主义路径追求妇女权利的一个明显偏好。 这些区别性特征较少产生于社会主义的影响，较多产生于宗教社会意识(通常是天主教)的影响。 我们将会发现，社会性别关系有时强化这种区别，有时使这种区别变得更加复杂。 我们不应该夸大这些模式的稳定性。 我将特别指出，盎格鲁和欧洲模式很大程度上出现于这一阶段之后。

　　这种分类法必须正视社会权利的四个部分——福利，税收，劳动力市场以及教育和卫生制度——同时必须锚定于广阔的历史进程之中，因为他们各自都有不同的历史形成轨迹。 我从头开始。

阶段 1：第一次世界大战前的发展

19 世纪之前，国家的主要功能在于发动战争并因战争需要提高税收。 大多数国家由于不完善的法律只提供最低限度的福利，但这只能算是施舍，不是公民权利。 正如我们在第二卷中看到的那样，整个 19世纪国家的社会功能不断增强。 在通信基础设施、教育、街道清理以及照明和干净饮水提供与污水处理工程等方面的完善表明了国家和政党履行改善其公民和臣民的福利的义务。 这可以看作是现代社会福利计划的雏形。 随着资本主义工业化的发展，资本主义为解决更多的特别是教育和卫生等公共服务提供了必要的资金。 到 1900 年，在大多数发达国家基本实现小学教育普及化，中等教育制度地位得到巩固，而大学教育的扩展已经开始。

最显而易见的公共利益是公共卫生。 这是工业化和城市化导致的直接结果，而不是资本主义的发展使然。 各个阶级聚集于城市之中，疾病在他们之间传播非常迅速；病菌是没有阶级性的。 公共利益在国家层面更容易将人民团结在一起，而在城市层面能够更直接地体现出团结一致。 当与公共卫生联系在一起时，科技创新就拥有了推动力。 更清洁的饮用水、污水处理工程和巴氏灭菌法以及其他公共卫生制度快速发展。 在一次法国的民意调查中，路易·巴斯德(Louis Pasteur)位列最重要的法国人之一，他们可能是对的。 但是，无数的干净水和污水处理工程，从约瑟夫·巴泽尔杰特(Joseph Bazalgette)——19 世纪中叶英国污水处理工程设计师，他降低了如霍乱等水源传染病的发病概率——到威廉·马尔霍兰(William Mulholland)——1913 年把干净水带到了洛杉矶——或许共同产生了更大的影响力。 诚然，从 19 世纪 70 年代开始，英国和美国的平均工资开始上涨，虽然对人们在热量摄入量上产生影响，但是，20 世纪头 40 年实际工资收入保持相对停滞不前的状态。 在人类健康问题上显著的改善可以从不断提高的寿命和身高可见一斑——特别是 20 世纪 20 年代和 30 年代在大多数发达国家显而易见——这或许更多地源于之前在环境卫生方面所做出的许多完善措施。 除了人们在饮食方面持续得到改善，主要的原因在于资本主义农业以及随之而出现的化学工业的创造能力(Floud et al., 2011)。 综合起来说，就是资本主义和工业化的逻辑结果，同时这一结合还促进了大多数国家在 20 世纪前半个世纪的 GDP 的增长(被世界大战和大萧条所短暂打断)，这意味着也可以征收更多的各类税收用来开展公共工程和福利计划建设。

共同关注的公共问题——部分出自自由福利制度或者施舍，部分源于工人阶级施加的压力——转向了个体终身的财富和健康的保障问题。 各种各样的压力以及可能性促成了第一个公共福利计划的出台，从而修正了古老的不完善的法律，是用公共供给对私人施舍的有力补充。 大部分福利计划再一次由地方发起而不是由政府发起。 19 世纪末，著名的俾斯麦德国联邦社会保险计划就被在地区和州层面推动的大量计划盖过了风头(Steinmetz, 1993)。 这一时期的教育领先者——美国、德国以及澳大利亚——把原因主要归结为地区和州级政府的积极主动性。 似乎在公共卫生服务部门没有哪个国家明显处于领先的地位。

世纪之交，社会福利计划十分有限。 意外伤害保险涵盖了不到 20% 的就业人口，疾病保险更少，几乎没有任何失业保险。 工会设立了自己的互济会，(相当不充分地)为工会成员投保帮助他们摆脱贫困。 这些制度仅向男性提供。 所宣称的主要社会权利(有时会落实政策)是为挣工资的男性能够得到一份家庭工资，也就是一份足以养活全家人的工资。 所有的工会运动几乎都是出于这一目的，所以，接下来往往是力图减少女性劳动力，因为她们是低工资群体，并对男性挣取家庭工资的权利构成威胁。 在不同的国家男性和女性劳动力的市场参与度相对不同：1913 年，法国已婚妇女的就业率是英国的 5 倍(Pedersen, 1993：71)。 在所有国家，女性工资大约只有男性劳动力的一半，倾向女性的就业立法趋向于"保护"：作为更加弱势和更容易受伤害的妇女免于长时间的劳动以及血汗工厂的压榨，而这些血汗工厂不同程度地雇佣女性劳动力。 在第三章中，我们看到在 20 世纪早期美国也是如此。

希克斯(1999)指出福利制度的早期领先者都来自中等发达国家。 只有一个较不发达国家——罗马尼亚——颁布了一些福利政策,这一事实证实了工业主义模式的逻辑。 在相对发达的国家,福利计划与人均GDP 关联性并不显著。 最发达国家——美国——在大多数福利计划的出台上严重滞后,虽然在教育和妇女权利问题上并非如此。 这表明,工业主义模式的逻辑很早就失去了解释力。 与福利计划最相关的是工会的比重以及相伴随的左翼投票的程度——这是对阶级理论的有力辩护。

希克斯进一步剖析了 1913 年之前各国实行的福利计划以及这些福利计划是否得到巩固, 即, 在法律上是否是强制性的或者说只对某部分人有约束力, 以及这些福利计划是否是全面的, 国家提供的资金是否是完全到位的。 他发现, 俾斯麦领导下的德国实施的三项福利计划满足这三项标准——老年人、残疾人与遗属抚恤金, 疾病和产妇津贴, 以及工伤补偿。 奥地利、澳大利亚、荷兰、瑞士以及瑞典紧跟其后——都有两项福利计划——不过, 瑞典在 1916 年颁布了第三项福利计划。 英国颁布了三项福利计划, 尽管有一项满足这两项标准, 另两项只符合一个标准。 这些福利计划处于领先地位的国家都是从埃斯平—安德森划分的三种类型的福利制度中抽取出的, 它们之间的差别相当大, 这表明了他的理论模型不适用福利国家的早期阶段。 对于老年人养老金来说,出现了两种不同的制度。 在俾斯麦领导下的德国, 根据贡献率以及与地位挂钩的制度, 高工资者获得高养老金。 这一制度在第一次世界大战之前传到法国和荷兰。 这些基本上都是保险制度。 相比之下, 后来众所周知的贝弗里奇计划是利用税收为贫困的老年人提供统一标准的、经过收入调查结果确定的养老金。 这是公民权利, 但只针对穷人, 而他们也往往因为资格问题而屈服于令人反感的监控。 丹麦 1891 年启动该计划, 紧接着英国于 1908 年也启动了该计划, 而瑞典则在 1913 年。相比按照地位给予更多支持的俾斯麦式制度而言, 这项计划更加具有再分配的性质(Ebbinghaus & Gronwald, 2009)。 但是, 到现在为止, 提出这一计划的国家数量还是很少的。

希克斯(1999：124—125)认识到，在这些早期的福利计划中有三种路径，然而与埃斯平—安德森提出的划分方法不尽相同。 一种他称为自由主义工党式，包括盎格鲁和北欧式。 第二种是俾斯麦式，在这种模式中，一个准专制的国家试图通过提供失业保险、疾病保险和养老金来拉拢技术熟练的工人，如德国和奥地利。 第三种路径是家长制或者说社会天主教式，在这种路径中，庞大的宗教性政党依赖各个阶级的选票。 希克斯强调，这三种路径是自由主义者、国家或教派为了转移工人阶级的支持对象远离社会主义而做出的尝试，并且，它们都起源于为了防止阶级斗争而出现的政党之间变化不定的联盟——对阶级斗争作出的自上而下的回应。 斯坦梅茨(Steinmetz，1993)同意，在德国，福利计划并不是直接源于工人动乱，而是源于政府官员对这种动乱的警觉。

在劳资关系上，四个自由主义国家实际上差别很大。 英国已经特别出色地处理好了在车间的阶级冲突问题。 法定权利已经赋予了工会组织，但国家不干涉劳资关系。 这一协商制度的性质很明显是自由意志主义。 第一次世界大战前，澳大利亚和新西兰拥有一套由来已久的解决劳资纠纷的法庭仲裁制度。 美国，无论是联邦政府还是州政府，仍然是打压工会组织。 整个欧洲，镇压的方式逐渐消退，最终被较温和的法团主义模式的劳资关系结构所取代，将工人和雇主利益集团纳入国家体制内进行强制性的国家调解。 然而，这一方面源于如行会和农村合作社等集体组织较大的影响力，另一方面源于这个早期阶段较多的干涉主义者，官僚化的国家(Iversen & Soskice，2009)。 自由意志主义和法团主义在以后的阶段有不同的发展轨迹。

一战在许多激进的国家都不同程度地促进了福利和累进税制的发展。 它也制造出了自身的福利问题——更多的寡妇、孤儿和残疾人。 正如我们在第五章看到的那样，它同时也带来了全民动员的几乎全面的战争。 因为，作为一个整体的民族为了战争付出了很多，有一种观念广为流传：人们应该获得一些再分配作为奖赏。 杰伊·温特和琼—路易斯·罗伯特(Jay Winter & Jean-Louis Robert，1997)对伦敦、巴黎和柏林的研究表明战争也可以改变社会权利的等级。 战争之前，具体体现在威廉德国的社会保险计划——退休金、失业保险和医疗保险——中的权利超过了英国，而英国则超过法国。 战争期间，这三个国家都发展了针对妻子、受赡养者以及战士的遗属和残疾的退伍老兵等福利计划，以及最小限度地帮助失业者计划。 主导这些计划的仍然是男性家庭工资观念，只有在家庭中工作的男性缺席的前提下，政府才能介入；其他妇女因为丈夫而与国家相关联。 在旧体制推动的战争的经济压力之下，德国的福利体制强化了俾斯麦的等级特权观念，也体现了一些受到地位差别削弱的民族凝聚力。 现在，它被(相当)民主的法国和英国制定的更加普遍的权利计划超越了。 在战争末期，英国在慷慨的程度上处于领先位置，法国第二，而德国则落后了(Bonzon，1997)。 在美国，福利政策仍没有任何实质性的进展。 然而，在这个时代，没有哪种福利制度提供的利益是非常可观的，而且各国之间的差异也是微乎其微的。

当然，在战争期间，政府支出的规模急速扩大，并且如同欧洲历史发展的其他阶段(之前的卷中阐述过)，战争之后，政府支出开始下降，但不可能回到战前水平。 相比支出，他们的税收数据惊人。 从占 GDP 的比重来看，到 1920 年，英国、爱尔兰和德国的税收收入相比 1913 年增长了 2 倍，而美国、荷兰和意大利的增幅则超过 50%。 在两次世界大战之间，税收继续增长，虽然只有法西斯德国和意大利——在军事上花费更多——以及新政中的美国税收获得了相当大的增长。 由于战争的影响，政府借债数额飞涨。 然后，偿还债务保持在同一水平，教育、卫生与福利开支占 GDP 的比重也稳步上升。 到 1937 年，11个发达国家的政府开支平均水平达到 GDP 的 11.4%，40 年间翻了一倍。 澳大利亚和挪威两国不到这一数字的一半；德国则是 2 倍；而法国超过这一数字的 50%。 其他国家基本保持在平均水平，其中美国最高，达到 12.9%(Tanzi & Schuknecht，2000：chap.2，3)。 随着两次世界大战期间人均 GDP 的同步增长，几乎在世界各地政府也出现了引人注目的扩张趋势。 作为对更多社会权利诉求的回应，各国政府扮演了更加平民化的角色。 但是，这与二战后公民权利的增长比较起来相形见绌。 在发达国家这些发展趋势是相类似的——除了法西斯国家——尽管国家之间自然是存在一点差异的。

对于参战国来说，如何为战争买单的问题日益凸显。 最主要的有效手段是贷款和战争债券、发行货币以及税收。 贷款和债券对代际间再分配会造成影响——它们是强加在下一代身上需要偿还的一种税收，但是，对阶级之间的再分配影响很小。 广泛实行的"超额"战争利润税具有进步意义，但是只限于战争期间，战争之后都被废除。 在许多国家，消费税是主要的税收来源，在战争期间也被提高。 这些税收本是累退性质的，战争期间征收的财产税少得可怜，因为，大多数租金收入和股票收益大幅下降。 所得税在各国都是一种累进的税收制度，但此时只适用于相对富裕的群体，但是，它的影响范围差别很大。

战前的英国所得税是最高的。 它的所得税收入支付了一个世纪以来的所有战争费用——比任何其他国家都早很多——英布战争以及 1911 年的劳合·乔治保险计划的费用提升了所得税的收税标准。 在一战中，英国的所得税税率从战争开始的 6% 提高到结束时的 30%，因而，所得税的数额很可能增长了 3 倍。 结果取得了令人瞩目的进步。 所得税、高收入群体的"超级税"以及遗产税加起来几乎占到了英国税收总收入的一半，相比而言，法国只占到 22%，而德国只有 11%。 在美国 1910 年和 1912 年的选举中，农民、劳动者和南部以及西部的民主联盟席卷了各州立法机构，这使得赋予联邦所得税合法化的宪法第 16 条修正案得以批准——对于战争恰恰是非常及时的。 当美国加入战争之后，美国所得税率快速地从 1.5% 上涨到 18.3%，而且也是累进制的。 到 1919 年，所得税收入贡献了一半的联邦税收。 尽管白人英联邦自治领更多地依靠一般利率的战争贷款，但除了澳大利亚之外所有国家在战争期间都明显提高了所得税标准，之后继续维持——新西兰所得税率上涨到 30%。 所以，战争在包括美国在内的盎格鲁国家以一种累进税制的形式促进了社会权利的发展。 需要注意的是，美国的发展特别不均衡，实行了累进税制，但直到新政时期大多数福利计划才得以推行。

法国刚在战争爆发前由一个社会主义者和左翼激进联盟启动所得税制，尽管它只适用于少数人，并且税率只有 2%。 1917 年，所得税、财产税以及遗产税以累进税制的方式得以整合，尽管仍然保持较低的税率。 与盎格鲁国家相比，法国继续更多地依赖累退的间接税。 俄罗斯在这方面的力度更大：1914 年政府试图引进所得税制，但战争和落后的行政阻碍了税收制度的改进。 德国的各个州已经在战争之前启动了小额的所得税制。 如果可以用联邦累进税来支付战争费用的话，社会主义者支持扩大军事开支——再一次表明，对于左派来说，国内政策几乎总是比外交政策更加重要。 但是，针对个体公民征收的直接税税率是很低的，战争期间几乎没有任何调整。 奥匈帝国在战争期间获得的直接税稍微多一些，但是，意大利仍保持非常低的直接税税率。

中立国在战争期间有时背负着沉重的财政负担，因为封锁和骚乱打破了它们的正常贸易往来，并且为此作出了共同的牺牲，它们认为外国人是罪魁祸首(因为他们发动了战争)。 这同时刺激了民粹主义政策的出台。 在荷兰，社会主义者和宗教党派的联盟实施了这些政策，从而成功实现了普遍比例代表制。 这使得个人所得税增长了 4 倍，并且累进率更高。 像英国一样，荷兰将负担从间接税转向直接税。 保持中立但被占领的比利时在战后仿效了这一做法(Strachan, 2001：862—904；Ferguson, 1999：118—125；Groadberry & Harrison, 2005；Morgan & Prasad, 2009；Tanzi & Schuknecht, 2000：56—57)。 现在，民族国家纷纷转向累进税收制度，强调对生活在一个民族共同体内的公民进行再分配。 战后，要取消所得税被证明是很困难的事情，因为，所得税广受欢迎。 整个 20 世纪中叶，所得税处于社会权利的最前沿。

我已经描述了社会权利的第一阶段。 男人的领地在劳动力市场，挣取家庭工资，而妇女必须呆在家里成为照料者——除非没有男性工人，在这种情况下，各州和地区权威机构才会给予照料者有限的经济援助，在这种意识形态的影响下，社会权利覆盖范围小，作用有限。 由于战争的影响，社会权利得以发展，但只限于公共卫生领域，在不同的民族之间与民族内部，社会权利千差万别，也易受到其他因素的影响。 没有什么事情是一成不变的，对于早前划分的类型来说，这些社会权利根本不符合它们所描述的情况。

阶段 2：两次世界大战间的发展轨迹：(a)盎格鲁国家

获得胜利的盎格鲁国家的民主与福利国家制度逐渐深化。 国内和平，没有任何革命的迹象，罢工工人和女权主义者很少遭遇暴力(除了美国的帕尔默大搜捕事件)。 在整个 20 世纪，在盎格鲁国家，最动荡的事件莫过于美国民权运动和爱尔兰激化的民族主义情绪，而这两件事情都无关阶级斗争。 在世界大战中，这些国家都是参战国，但只是作为非入侵的胜利者。 因而，现行政治制度得以继续，而且战争中的牺牲以及战争激发出的民粹主义不同程度上巩固了政治制度。 公民权的路径依赖式的渐进发展是很正常的。 没有出现发达的、影响深远的马克思主义政党或工会；他们主要的左翼政党要么是自由党，如美国、加拿大和爱尔兰，要么是由温和的工会领导的工党，如澳大利亚、新西兰和英国，最初从影响更大的自由党窃取政策和选票。

第一个工业国英国产生了世界上第一个工人阶级。 工业主义的逻辑加上阶级权力的压力将英国推向了福利和再分配。 19 世纪 80 年代，在第二次工业革命期间，传统的手工业工会与半熟练技术工人联合。 英国的工会成员比重是相当高的，直到 20 世纪 20 年代中叶与之匹敌的只有澳大利亚。 选举权从男性职业阶层相继扩展到女性，一般而言，每一个阶层都显示出强烈的"责任感"。 到 1900 年，在许多由工人控制的选区选举工团主义者成为议会议员(MPs)。 他们成为工党的核心组成部分，他们的出现对主要的政党施加压力，迫使他们出台讨好工人阶级选民的改革措施。 因而，20世纪向左转的自由党力图用改革来拉拢工人阶级选民。 1911年，劳合·乔治的社会保险计划以及累进所得税制就是这一现象的产物。 在社会主义或共产主义政党缺席的情况下，这变成了实现社会权利的自由主义工党路径。

我在第三章中指出战争是如何强化美国的保守主义政治倾向的，因为美国在战争后期才开始军事介入并且很快取得成功。 英国的政治制度通过一战的胜利而获得了合法性，全民范围内做出的牺牲已经在一定程度上深化了民主制度。 战争期间，选举权普及到所有的男性公民，之后进行了温和的改革，大多数女性获得选举权。 战争对爱尔兰的影响是不同的，激化了持不同政见者的民族主义情绪，并加速了从英国独立的进程——预示了二战后英国殖民地独立的一般模式。 但是，资本主义并未被削弱，而女权主义者必须重振精神，由于大多数女权主义者出于战争时期团结的需要而屈服了。

阿瑟·马威克(Auther Marwick, 1991)认为，由于战时改革措施变成了长期政策，第一次世界大战在影响力上更加大一些，它永远改变了英国人与其国家之间的关系。 所得税覆盖的范围从最高的5%—10%扩展到全民，铁路国有化，以及福利计划得到推广。 1918年的《教育法》增加了一年的义务教育时间，并将控制权交回国家。 1919年，法院批准了新建50万套小型住宅的法案，1920年，失业保险覆盖人数从200万增加到1 100万人。 针对受赡养者的福利计划很快出台。 马威克说道，这是自由放任主义的终结。 女权主义者也解放了自身，与男性竞争工厂的工作机会。 他辩论道，这导致了女性行为规范的解放以及参政权的开放。

事实确实如此，要取消战争期间提高的所得税和工资是很困难的，而一些再分配制度也依然继续发挥作用(Steinmo, 1993：23—25, 104—108；McKibbin, 1998：114—118)。 但是，马威克有点夸大其词了。 他提到的三项权利中，只有失业保险得到了重点推广。 战前的成就包括，学生在校时间提升了两次，具有划时代意义的《全民保险法》颁布，不断增长的工会成员人数，罢工，工党投票以及不断扩大的妇女参政权。 战前，赋予妇女选举权的立法草案由自由主义政府起草，但一开始就被搁置了。 的确，在一战之前，西方世界普遍出现了许多社会政策动议。(Gauthier，1998：chap.3)

　　战争推动了工人运动。 工厂运动巩固了战前一波罢工潮所取得的胜利成果，从 1913 年到 1920 年工会成员人数增长了两倍，达到总人数的 45%。 但是，战争刚结束不久，几乎在所有国家，工人骚乱立即爆发，直到 1932 年工人运动的高潮才开始下降，此时工会成员的规模占总人数的 23%，到 1939 年，渐渐地恢复到 32%。 工党领袖加入了战时的联合政府，当自由党领导人阿斯奎斯(Asquith)与劳合·乔治之间发生争吵，在选举压力下，自由党内部派系林立，而工党则坐享其成。 从 1918 年到 1929 年连续五次选举中，工党的选票和议会的议席都增加了。 1924 年，工党加入了一个联合政府，1929 年单独执政，但需要获得自由党的支持。 此时，工党获得的总票数已经达到 35%，少于保守党的 40%—45% 的得票率，但远远超过现在被其取而代之的自由党。工会使工党向左转向并解决失业保险等劳工问题。 工业发展形成了一套温和的企业偏好(middlemas，1979)，允许就工会领袖、雇主和政府之间所关注的共同问题进行自愿协商，从而激活了战争期间劳合·乔治制定的制度。 然而，1926 年的总罢工打破了这一偏好，作为报复，保守党政府限制了罢工工人的权利。 工会领导与工业资本家之间的蒙德—特纳(Mond-Turner)谈判开始于 1928 年，但在 1933 年谈判终止，主要原因在于不承认工会的雇主们强烈反对。 英国并没有发展出法团主义，而且宏观经济政策从未改变。 凯恩斯在他的故乡影响力甚微。 这些都比马威克指出的变化要少得多。

　　虽然实行渐进式的改革是工党的主要策略，但是，正如德国社会民主党的做法一样，为了确保中产阶级的选票，工党变得更加集权和更加令人敬畏。 到 20 世纪 20 年代中叶，工党左翼被边缘化。 对于工党掌握政权来说，1929 年是一个糟糕的时机，此时国内派系林立，要解决大萧条的问题，工党政府处于十分困难的境地(Riddell, 1999；Howell, 2002；Worley, 2005)。 随着大多数工党领袖进入联合国民政府，工党分裂了，保守党渐渐地控制了政权，一直持续到二战。 然而，国民政府对保守党领袖产生了影响。 他们认为，即使终止改革，他们也不能赢得选举。 甚至在美国，20世纪20年代执政的保守的共和党政府也不能革除所得税；他们最多能做的是降低税率，保留其累进特征。 力图确保工人阶级选票并努力完成成为全民党的目标，英国保守党政府小心翼翼地扩大社会福利，并维持累进形式的所得税。 到20世纪30年代中期，它的养老金、医疗保险和失业保险计划覆盖范围比任何其他国家要广得多，而且它花费在教育上的支出占GDP的比重也要大得多(Tanzi & Schuknecht, 2000：34—36)。

到1929年，所有成年人都获得选举权，在选举权扩大的压力之下，保守党也着手重建，建立了保守的妇女组织和青年组织，保守党资助了那些宣扬爱国主义、工业和平、义务、正直以及家庭等美德的杂志、电影和教育中心，这是传递给力量不断壮大的中产阶级、妇女和惯于顺从的工人的一条信息(McCrills, 1998)。 所有这些都指向一个目标：即成为全民党。 没有哪个阶级或哪种社会性别是无关紧要的。 中产阶级男性加入体育运动、社会以及商业俱乐部，而女性则沏茶。 这些俱乐部以团结为名设法克服宗教信仰之间的差异。 虽然强烈否认阶级的存在，但是各个俱乐部被阶级所分化。 他们坚持主张"合适的氛围……吸引了一大半的人民"。 板球运动造成了"绅士"(不付费的业余选手)和"选手"(付费的工人阶级职业选手)之间的隔离。 绅士们被称作"先生"，选手们则以他们的姓相称——甚至在英国的国家板球队也是如此。 足球拥有工人阶级选手以及看球的群众，但是，俱乐部由商人经营。 阶级和保守主义复苏，改革继续保持，但在社会领域深化民主受到了抵制(McKibbin, 1998)。

英国广播公司(BBC)为这种改革的保守主义增添了意识形态权力。 BBC由一家电子技术工业财团于1922年建立，其经济利益仅在于出售无线电设备，从未卖过广告，也不像美国同行那样进行资本主义的经营运作。 1927年，BBC成为一家公营公司，靠税收筹措经费，独立于政党和政府之外。 它极其保守，尽量避免各种争议，往往反映上层中产阶级的文化，提供一种家长式的公共服务，力图振兴民族风味、道德观和语言。 地区性的广播公司获得了更大的独立性，他们设法将他们的节目与工人阶级听众联系在一起。 之后，当国家在二战中和二战后集体向左转时，BBC广播和电视变得不再那么保守，更无阶级性，决心从事政治和阶级文化的平衡。 它仍然是独立的，也仍然不卖广告。 当20世纪50年代，私有商业电视台加入竞争被批准，它的广告客户也远离节目内容。 因而，BBC这个英国的首要意识形态媒介很大程度上独立于那些掌握政治和经济权力的媒介，这是对多元主义民主的重要贡献，不像英国纸质新闻报业以及几乎所有的美国媒体。

英国女性发现，她们在战时取得的胜利成果稍纵即逝。 在战争期间，她们获得了较高的工资，但仍然少于男性。 她们的监护人是男性，战争后期，她们大部分被解雇，因为工会得到过承诺。 在法国情况完全不同，工会势力较弱，也没有在战争期间加入权力共享体制。法国雇主如果认为适合，而且女性劳动力更便宜，他们可以更自由地保留女性工人。 因而，1921年的法国，女性占据了工人总数的40%，而同期的英国只占到29%(Pedersen，1993：123)。 在美国，所有女性在1918年获得投票权；在英国，只有女性财产所有者以及超过30岁的家庭主妇享有选举权。 不过所有女性在1929年都获得选举权。 然而，乔·维拉科特(Jo Vellacott，2007)相信，如果没有战争，英国和法国女性会做得更好。 在这两个国家，许多激进女权主义者极力反对战争，并且被边缘化。 战争进入尾声阶段，英国女权主义者由1918年获得选举权的上层伦敦人领导，她们几乎不关心仍然被排除在工人阶级之外的女性。 在战败的德国、奥地利以及(大致上)俄罗斯，情况表现不同：在1917年至1918年，打着实现普遍主义目标旗号的社会主义政党掌握政权之后，女性立即获得选举权。 军事上失败有利于女性获得选举权——至少短期内是如此。 从文化层面来看,战争是大男子主义的,而这场战争是由一个父权制的旧体制主导的并且最终走向了失败,所以,通过战败让旧体制名声扫地有利于女权主义争取更多权利。

美国女性继承了母性主义路径,主要原因在于美国左派势力的软弱,尽管新政改变了女权主义者的前途。 我们在前一章看到,由于罗斯福需要包括女权主义者在内的范围更广的选区的支持,女权主义可以抗议就业和家庭生活中的不公平,从而获得相应的利益。 在英国,工会势力强大得多,但女权主义者取得的胜利很少。 这部分地是由于大萧条使工党名声扫地,一方面是因为女权主义领袖对工人阶级女性表现出的不屑一顾有力地阻止了政党接受她们的事业,另一方面是由于工会对女权主义者在作为妻子和子女津贴的母性需求置若罔闻,并把这些看作是对支付给男性养家糊口者家庭工资这一目标的威胁。 当工党政府在大萧条期间削减失业保险金时,它首先大幅削减的就是已婚女性工人的福利。 相比美国来说,实际上,英国或法国在两次大战期间取得的进步更少(Cohen & Hanagan, 1991)。

澳大利亚和新西兰没有完成工业化,但是,取而代之的是激进的"边疆社会"(a frontier society)(这与美国西部各州的做法相同)。 具有一种阶级意识的工会渐渐对殖民精英增长敌意,而在战争中英国军官的行为强化了澳新两国的士兵的这种阶级意识。 战前,澳大利亚工党在关税问题上受益匪浅,而划分两大主要政治阵营的正是关税问题。 澳大利亚、加拿大和新西兰都是站在胜利的协约国一方。 在战争中,他们牺牲了 20% 的士兵,但是,战争促进了经济发展,并且没有平民牺牲,所以,战后也无需兑现提供一种更好生活的承诺。 实际上,澳大利亚工党在战争中大伤元气,因为在强制征兵问题上出现了分裂,并且直到1929 年才重新执政——从大萧条开始这个角度来说,这是一个糟糕的时机。 不过,整个 20 世纪 20 年代,工会继续发展——成员人数比重从1913 年的 31% 发展到 1927 年的 47%——然后,大萧条也沉重打击了工会。 新西兰和加拿大在战前、战中和战后都是由保守党政府执政。 在新西兰，女性已经获得选举权，但是，战争进一步强化了她们在劳动力市场上的地位。 新西兰自由党在大联盟的帮助下获得政权，一直到1935年，都是新西兰改革的主要推动力，之后新西兰第一个工党政府上台。 三年后，新西兰引入了一套部分由收入调查结果确定的、部分普遍享有的养老金计划，加上其他由收入调查结果确定的福利计划。 加拿大工会成员人数到 20 世纪 20 年代仅保持在 14%—15% 的水平，到 20世纪 30 年代末也才增加了 2 倍。 加拿大福利制度缓慢发展的节奏一直持续到二战之后。

但是，澳新两国的社会权利发展与众不同。 卡斯特尔斯(Castles，1985；参阅 Starke，2008：54—56)更愿意用"工薪阶层"这一术语，而不是"自由"福利国家，因为，他们制定了主要通过仲裁法庭、关税以及公共工程计划等方式保护工人利益的积极的劳动力市场政策，所有这些旨在实现充分就业。 这都得益于澳新两国较高的住房拥有率、年轻化的人口结构、充足的原材料，以及进入英帝国市场的便利。 在新西兰，失业率保持在 1% 以下，澳大利亚以 2% 紧跟其后，一直保持到 20世纪 70 年代中叶。 二战期间，积极的劳动力市场政策得到大力推行，因为凯恩斯对宏观经济政策产生了影响。 澳大利亚早在 1901 年就建立了工资纠纷司法仲裁制度。 其第一任大法官宣布，工资水平不由"市场上的讨价还价"来决定，而是根据"平均每位员工应当作为生活在同一个文明共同体内的人"这一社会正义来决定，这是一种明显的非市场化的标准。 到 1920 年，澳新两国工资仲裁的主要指导原则是能够养活一家人的工资原则。 工资根据生活成本的增长而周期性地进行调整，保持平均工资水平，减少工资差距。 法院也经常通过法律渠道要求雇主给工人提供福利保障，如带薪病假制度，而在其他国家，这项福利是由政府提供的。 这对男性来说是很好的，对女性没多大用处。 家庭工资的制度化是以男性家庭户主为参照依据，女性的主要角色被假定为家庭主妇。

在澳大利亚，大多数福利待遇是经过收入结果调查而确定的。 申请福利费的人数很少，只有那些与一国的充分就业没有劳动力市场联系的才需要福利费，因为他们都很穷。 这是为什么它是一种"工薪阶层"福利制度的原因，这种制度产生于澳大利亚政治中阶级冲突的压力作用。 工会和工人十分关注就业问题，而不是家庭，在仲裁法庭的帮助下，他们可以获得一份家庭工资。 这一制度带有一种性别歧视的偏见，因为相当多的女性是远离劳动力市场的。 一战前的女性有资格获得基本养老金权权利，伤残补助金以及产妇津贴，直到二战甚至到战后，她们几乎没有获得任何别的权利。 原住民被排除在外，一直持续到二战后。

新西兰的早期福利计划主要针对男性公民，不过也同样引入寡妇补助金(1912)以及家庭补助金(1926)。《就业保护法》将女性工资水平规定在男性工人的一半，并限定她们的工作时间。 如同澳大利亚和英国，新西兰强大的工会组织赋予阶级比社会性别更多的优先权。 1938 年，工党政府执政之后出台了一部《社会保障法》，为公民提供了所有的社会权利方案：免费的医疗卫生计划，针对所有退休者的养老金，针对所有伤残者的疾病补助金，全民教育，以及无论需要与否都延长针对所有妈妈的家庭补助金的发放。 女性的选票使她们获得了一些改善。 许多计划仍是经过收入结果调查而确定的，目标是针对穷人和困难群体，但是，所有的费用支出都来自总税收——主要是所得税——类似于澳大利亚，所以，这一制度具有进步的意义。 与澳大利亚一样，在新西兰，如果收入或财产低于一般水平，福利费可以自动获得。 将近 70% 的澳大利亚人得到了老年人养老金。 到 20 世纪 30 年代，穷人不需要忍受政府自由裁量权的侮辱，因为，对是否具有资格的测评措施已经被废除了。 由收入结果调查而确定的制度主导了盎格鲁国家，但是，相比英国和美国，澳大利亚和新西兰执行方式截然不同。 澳新两国在通往社会权利的道路上与众不同(Castles, 1985：chap.1；Castles & Shirley, 1996)。 然而，在盎格鲁国家中，英国在两次世界大战期间在社会权利领域确实是领导者。

盎格鲁国家是一个说同一种语言、拥有许多同样遗产、文化和政治制度的意识形态大家庭(Castles & Mitchell, 1993)。 政策专家和政党、商业和工会知识分子阅读同样的书籍、小册子以及相互借鉴了许多彼此的制度和政策。 1942 年关于英国社会保险问题的著名的《贝弗里奇报告》在整个英语世界销售了 60 万册。 在二战中保持中立的爱尔兰采纳了贝弗里奇关于战争期间家庭补贴的建议。 之后，澳大利亚、新西兰以及加拿大也落实了该政策。 盎格鲁国家也同样沿用了英国的习惯法而不是民法，英联邦自治领的最高法院是伦敦的枢密院。 他们拥有英国总督顾问，并且他们通过派遣年轻人参加战争为国牺牲来向国王和帝国宣誓效忠。 像大不列颠一样，英联邦自治领大多数是新教徒，而且都是相对比较世俗的国家。 在一定程度上来说，新教教义有重要影响，会产生互相矛盾的结果，要么是维持英国国教教义的保守主义者，要么是卫理公会和其他"低派教会"所支持的工人阶级。 盎格鲁国家(除了美国)都经历了同样的为关税问题而进行的内部斗争，结果都是一样的，即实行 20 世纪 30 年代的帝国特惠制的关税制度，因而，在这一时期，既有发展的多样性，也有共同的发展模式。

　　20 世纪上半叶，盎格鲁国家在一种共同的自由主义工党意识形态推动下稍微向左倾。 它们作出了两项回应，一是集中在税收和福利国家的建设，二是对劳动力市场的干预，在美国是一种断断续续的干预方式。 它们都试图把福利计划划分为依赖就业的保险计划——尽管形式上是性别中立的——这种保险主要有益于男性，以及经过收入调查结果确定的、虽然微薄但普遍的为极贫困人口提供的援助计划——在这些极贫困人口中，单亲妈妈和退休老人是境遇最糟糕的。 在英国和美国，单亲妈妈和退休老人的生活还遭受着政府的窥探，尽管澳大利亚更少像他们这样。 这个特征贯穿于阶级妥协的制度化形式之中。 这些往往更像是自由意志主义的，而不是法团主义的，所以，(如自由主义理想)，这些政党能够自由地在政策上倒退。 而澳大利亚和新西兰也同样有中间形式的福利方案：劳资关系的仲裁，包括薪资决定由法院作出。 这些差异意味着在社会权利问题上远未形成一种共同的盎格鲁模式。

阶段 2：两次世界大战间的轨迹：(b)北欧国家

在 20 世纪早期，北欧国家实现了工业化，其工业化程度高度集中，仅集中在少数几个地区。 在瑞典，如斯蒂芬斯(1980)描述的那样，在就业和居住方面集中的工人阶级有力地促进了工人运动的兴起，但是，农场主实力也同样很强大。 他们从未向农奴制屈服，并且仍然在不动产代表大会中享有代表席位，而不动产代表大会现在已经成为一个现代议会。 官方的路德教会相对来说是保守的，而与早期女权主义者戒酒运动相交织的新教教派却推动了激进事业的发展。 北欧与盎格鲁国家一样拥有同样的结果，国内和平得以维系，制度的持续竞争取代了冲突。 然而，在这里，国家高度组织化，这也是比英语世界国家更具有历史意义的地方。 北欧世界早就发展了法团主义倾向。

在丹麦、挪威和瑞典，工人与农民之间结成了中间偏左联盟，农民对特权阶级的依赖削弱了资产阶级集团(Esping-Andersen，1985：73)。在丹麦，小农之间通力合作，繁荣发展，而工业仍保持手工作坊式发展水平。 在 20 世纪之初，农民和工匠们都偏爱民主和自由。 农村激进派与城市自由派，加上充当次要角色的社会主义者之间结成政治联盟。这些使得一战前、一战中和一战后普选权以及第一次福利和劳动力市场改革计划得以实现。

挪威在发展工业上的步伐缓慢，但是其捕鱼业、林业和贫穷的农民以及缺乏地主阶级，共同促进了挪威政治的激进变革，正如核心—边缘冲突所导致的结果那样。 这些因素促成了 1913 年选举权的普及。 起源于传教士和新教教派组织的妇女运动势力强大，但又相当保守，她们更愿意选择母性主义的权利斗争路线。 不管怎样，除了农场以外，市场对于劳动力的需求量是很少的。 挪威福利国家制度的第一个阶段主要是针对男性的，虽然一个跨阶级的女性选民集团愿意与其他利益集团进行交易，但只取得了有限的胜利。 1915 年，保险计划扩展到家庭妇女，家庭补贴和养老金制度得以引入，并在之后扩展到单亲妈妈以及那些女性工人享有带薪产假。 相比而言，妇女就业权发展得相当滞后。

但是，20 世纪 20 年代社会主义的发展壮大将女性激进主义者分裂为社会主义和非社会主义集团，并减少了女性进一步争取权利的机会(见 Sainsbury，2001，两次世界大战间的挪威和瑞典的女权主义)。

相比之下，瑞典的发展较晚，快速的经济增长从 1900 年才开始，主要依靠钢铁、木材和电力等行业大规模的集中化经营。 这样的经济发展模式导致了一个强大的资产阶级与一个集中化的无产阶级之间的对立，再加上第三势力——农场主。 这些势力在激进的新教教派支持下在一战末期获得了普选权。 瑞典拥有一个官僚化国家，这是过去帝国的产物，这对于发展工业社会的基础设施建设来说是很重要的。 工业繁荣、劳动力的高需求意味着妇女被鼓励参加工作，所以，女权主义者可能会选择就业路径来获得社会权利，甚至在一战前，她们就迫切要求变革。 实际上，1913 年出台的适用于所有的男性和女性工人的《社会保障法》(但不适用于家庭妇女)是世界上第一部普遍性的保险法，比更早的英国劳合·乔治制度拥有更广泛的覆盖范围。 北欧这三个国家的大多数政治党派都是阶级化或部门化的(例如，农业 VS 工业)，因为，这三个国家在种族和语言上拥有相当多的同质性。

斯堪的纳维亚国家在战争中保持中立，但由于英国对德国的封锁也遭受牵连，因为德国是它们的主要贸易伙伴。 为了避免更大的痛苦和可能发生的骚乱，政府纷纷感觉到不得不实行定量配给制和其他政府的控制措施，目的在于平均分配生活物资，潜在的目的还在于维护所有公民的团结。 当然，定量配给制滋生了黑市交易，从而维持了阶级不平等，民众继而会产生愤怒情绪。 作为中立国，它们的政权不因战争而合法化，也不因战争而丧失合法性，而且，政府也没有战争所带来的强大权力，这使得它们纷纷转向更加具有再分配性质的税收政策和救济金制度，对工人采取更加具有安抚性的策略。 民族的凝聚力得以进一步增强。

1920 年到 1921 年，丹麦和挪威的社会民主党获得的选票开始上升，而挪威则从 1927 年开始出现这一现象。 在工会的工人所占比重方面，丹麦和挪威都经历了先有所下降后迅速上升的发展轨迹，而下降的幅度与其他地方相比则小得多。 在瑞典，工人的比重没有任何下降的趋势，而是持续稳定地增长，从 1913 年的 10% 增长到 1918 年的 21%，再到 1939 年的 54%。 丹麦则从 1913 年的 23% 开始，在 20 年代有所下降，再到 30 年代恢复到之前水平，相比斯堪的纳维亚国家，它一直都处于较低的比重水平。 因此，只有在中立国才得以充分地兑现战时承诺。 在其他国家，一战时期的工会呈现出一种"温室里发展"的态势，因而无法与和平时代的资本主义发展相匹敌。 对于中立国而言，战争是改革家们推动进步改革事业的最好推动器。 军事权力关系在这里是导致各国福利政策出现差异的原因。

1924 年，丹麦社会主义者成为最大的政党，一直保持到 2001 年。由于不足绝对多数，因此他们总是寻求联合执政。 在大萧条期间，他们与农民达成了一桩交易：一方面实行农业补贴政策，另一方面限制工会的发展，以此作为交换，实行一项积极的政策，即通过控制物价、出口和进口等刺激就业。 这种做法使丹麦走出了大萧条，走向了凯恩斯式的计划经济时代。 1933 年的改革法案巩固和调整了各种福利计划(Esping-Andersen，1985：76；Flora，1983)。 而挪威社会主义者是更左的左翼分子。 他们在 1927 年建立了第一个政府，但是，他们的激进政策使得资本外逃，很快政府下台。 1930 年，社会民主党转向改良主义，并从大萧条中获益，1935 年起在农民的支持下长期执政。 在瑞典，福利计划和累进税制的推动者是瑞典的官僚机关和中间党派的精英，而不是社会主义者。 不管怎样，一战使得情况有所不同。 像丹麦和挪威一样，保持中立的瑞典由于英国对德国的贸易封锁政策而出现了经济紊乱。 战争增加了国家支出，平民大众也都分享战争的体验。 两者相结合急剧加速了累进税制的实行，并且战后也无法取消(Steinmo，1993：62—68，81—85)。 为了化解人民不断增长的不满情绪，战时保守政府设立了一个失业委员会，启动工作救济计划，尽管薪资水平要远低于市场水平。 战后，失业率仍居高不下，所以工作救济计划继续推行。 1913 年，农民党和中间党派引进了第一个小规模的保险计划，然后继续在 20

年代推行。 瑞典社会民主党人遵循挪威人走了类似的路径，1928 年后成为永久的改良主义者。

大萧条使瑞典保守主义者名声扫地，社会民主党上台。 1932 年到 1934 年间，社会民主党政府通过支付市场水平的工资，为经济复兴实行赤字财政的公共支出计划，使政策方案向左转。 社会民主党采取的最关键的措施在于与农民党之间达成的交易：为农民发行公债和执行农业保护政策。 政党领导人——特别是财政部长厄恩斯特·威格福斯(Ernst Wigforss)——与斯德哥尔摩学派的经济学家——由伯蒂尔·奥林(Bertil Ohlin)和冈纳·迈尔达尔(Gunnar Myrdal)领导——之间联系紧密。 瑞典的法团主义传统使得专家型的政府顾问很容易主导政府实行反周期的支出政策以应对经济衰退。 财长威格福斯在 1932 年之前努力捍卫该政策，而凯恩斯也承认瑞典的政策与早期的经济学家克努特·维克塞尔(Knut Wicksell)的影响不无关系。 随着萧条的进一步恶化，奥林拒绝削减货币工资和公共开支，主张更加大胆地增加公共工程和投资的政策，以及扩张性的货币政策以解决失业问题。 到 1932 年，他已经信奉凯恩斯的乘数效应，尽管瑞典人并不接受总需求量的概念。 斯德哥尔摩学派对社会民主党人和工会产生了巨大的影响。 斯德哥尔摩学派似乎提供了一套超越资本主义和社会主义经济形态的切实可行的第三条道路，在不破坏经济效益的前提下实现较高水平的社会平等。 二战后，第三条道路主宰了整个北欧世界。

20 世纪 30 年代是瑞典女性获得主要社会权利的突破性时期：产妇津贴几乎覆盖所有妈妈；分娩免费以及儿童体检免费；单亲妈妈补助金；堕胎免费；禁止避孕法被废除；颁布禁止雇主因女性员工订婚、结婚或怀孕而开除员工的法律。 这些既是就业路径又是母性主义路径的产物——显而易见，为妇女提供了大多数权利。 在这里，劳动力不足问题再一次体现出了重大意义——这一次是人口出生率下降导致的结果——但与统一的妇女运动与社会民主党之间的联盟联系在一起(以及与农民之间的妥协)，从而产生了一项重要的政策变革：家庭再生产的费用由整个国家的税收支付。 瑞典社会民主党人说，实际上，他们的政策目的在于建立一个"人民之家"，表明了他们对民族共同体的信奉。 工人阶级被转变成"人民"。 相比之下，挪威妇女运动变得较为保守，加上社会主义势力的兴起，意味着整个 30 年代她们仍然被分裂为就业和母性主义两条路径，因而收获甚微。

法团主义在瑞典也得到发展。 1936 年，社会—农民党联盟形成，通过 1938 年资本家、工人和国家之间签订的《索尔顿协定》建立了法团主义机构。 工会联合会——包括中产阶级工会——以及农民组织被吸纳进委员会以达成管制工资，增加可预测性以及减少罢工和停工等方面的国家层面的协议。 到 20 世纪 30 年代末，斯堪的纳维亚国家的雇主们基本接受了这一体制。 无论这是否实现了阶级之间的再分配，国家现在成为一个分配的单元。 芬兰由于仅有小规模的工人运动因而落后于其他国家(Korpi, 1978；Katzenstein, 1985；Esping-Andersen, 1985, Baldwin, 1990)。

直到二战之后，尽管北欧国家更加具有法团主义倾向，这一倾向从长远角度来看也大成问题，但它们与盎格鲁国家大致相似。 到 1930 年，丹麦社会支出占 GDP 的比重最高，紧接着是芬兰、英国、瑞典、新西兰、挪威以及澳大利亚(Lindert, 2004, 附加表)。 在社会权利方面，北欧国家与盎格鲁国家都处于共同领先地位，除了在社会性别关系领域，在这方面，瑞典女性无疑获得了比任何其他国家都要多的公民权利。 北欧福利国家直到 20 世纪 60 年代才在整体上超过所有其他国家(Hicks, 1999：124—125)。

阶段 2：两次世界大战间的发展轨迹：(c)欧洲国家

欧洲大陆的国家之间情况不同，一些国家由于世界大战的影响已经抛弃了早期的发展路径。 正如我们在第六章中看到的，德国、奥地利和俄罗斯帝国的战败激化了阶级斗争，民主、社会福利以及再分配在 20 年代得以迅速深入。 在这一时期，比例代表制被看作是最充分的民主形式，所以，所有的欧洲国家除了英国和西班牙之外都采取了这一形式

(尽管法国在两种制度中反复摇摆不定)。

法国不同于其他国家——一战的获胜方，因战争而改变的程度很小。 可信度最高的法国工会成员人数时间序列表(法国总工会登记的选民人数)表明，1913年到1920年间，工会成员增长了33%，到1934年下降了25%——两次世界大战间的正常情况。 法国工会的工人比重是相当低的，非农业劳动力的比重大概从未超过15% (Kriegel，1969：67；Prost，1964：315)。 罢工率与英国同样先下降后升，因为雇主们拒绝屈服，工人的梦想破灭了。 社会党成员人数在1918年至1919年急速上升，但在1920年，社会主义者与共产主义者之间发生大分裂，主要是由于与俄国布尔什维克的关系问题。 社会主义者变得更加温和，他们加入了中间激进党派的选举联盟，使规模较小的共产党看似成为社会主义革命的主要推动者——尽管往往与共产国际妥协(Kriegel，1969)。 法国工会分裂为三派，社会主义、共产主义以及天主教联盟。 正如战前一样，左派的爆发式扩展导致分裂，然后衰落(Ansell，2001)。 右翼政府主导了20年代的大多数时间，只有在1936年，左翼以雄心勃勃的人民阵线政府的形式重掌政权。 但是，在左翼政府执政的两年间，国内争吵不断，右翼势力也在激烈抵制，人民阵线最终走向瓦解。

在两次世界大战间的法国，阶级之间很少进行财富的再分配，工人的权益也很少增强。 政治仍然保守，国家仍然因为阶级而陷入了严重的分化。 急需扩大的税收基础议而不决，从未执行。 关于谁应该为陷入困境的社会政策和不平等买单的问题争论不休。 大幅度缩小工资差距在战后很快被20年代的通货紧缩政策推翻。 在人民阵线执政时期，工资差距短暂缩小，社会转移支付占GDP的比重增长了两倍，不过只占到1.1%——相当于英国一半的水平。 贫富阶层之间的财富与收入不平等的数据表明法国与英国之间的差距巨大。 在一战时期，两国的不平等程度都下降了，但是，在法国，两次世界大战之间的大部分时间，不平等程度加深，而英国的不平等程度下降趋势一直持续到1925年(Atkinson & Piketty，2007：chaps.3，4)。

阿德里安·格雷泽尔(Adrian Grayzel, 1999: 10, 225, 245—246)说, 在英国和法国,"战争对社会性别的持续影响与其说是变革性的还不如 说是趋向更加保守"。 这是因为战争话语从母性的视角来看待女性。 法国人争论的问题非常广泛,包括德国在比利时的暴行、产业工人、工 作制服、卡其军装热、强奸、性病、反战主义以及哀悼,所有这些话题 都涉及他们所认为的对母性的威胁——而母性被视作"稳定社会性别的 支柱"。 妇女在战时做出的牺牲并不能使她们获得政治上的平等地位 (McMillan, 2004)。 弗朗索瓦丝·泰博(Françoise Thebaud, 2004: 185— 199)认为,法国女性的主要转变不是来自战争本身,而是来自工作、消 费、家庭生活以及生育控制长期以来发生的改变。 她说,中产阶级女 性从教育发展中获益最多,使得他们能够获得文书、教师以及护士等工 作。 跟英国一样,战争也同样解放了着装风格。 在战时工作中,女性 们已经放弃穿紧身胸衣,之后她们也拒绝再回到从前(Brachet- Campseur, 2004)。 这对于女性来说一定是一件十分解脱的事情。

战争使得法国几项福利制度得以完善。 难民和劳动力的流动使得 以市镇为基础的医疗保健和贫困救济制度疲于应付。 较大的城市承担 了更多的相关功能,也同样获得更多的国家援助。 在城市和私营企 业,为穷人提供的食品供应数量不断增加,然后是通过地方政府发放全 民性的国家补贴。 女性获得的利益根本不是女权主义斗争的结果—— 女权主义运动势力微弱——也不是来自与工人阶级运动的联合斗争—— 也同样弱小,主要针对男性工人的问题。 法国与众不同的家长模式福 利——给予妈妈们福利补贴——主要是源于雇主们、社会天主教,特别 是鼓励提高人口生育率的倡导者们施加的压力。 在战争期间,140万法 国人失去生命,大大降低了出生率。 法国的人口现在正在下降;复兴 之后的德国人口规模要大得多,而且继续保持增长的趋势。 关心未来 战争动员的政治家们成为提高人口生育的倡导者,并支持采取激励措施 鼓励女性结婚并生育小孩。 战争期间不断深化的企业协作也增强了雇 主的联合。 一些企业家发起了福利资本主义,为工人提供养老金,为他们的妻子和孩子提供津贴，试图通过这些方式减少劳动力流动，控制工资水平、工会势力以及罢工。 女性高就业率也往往使工资保持在较低水平。

法国男性很少有机会得到家庭工资，但是他们可以获得工伤保险和退休金。 法国女权主义者无法赢得选举(因为中间派议员害怕女性会为右翼投票，反对共和国)意味着，她们不能像英国和美国的女权主义者那样号召大量选民来支持她们的诉求。 她们不得不依靠提倡提高人口生育率的倡导者以及社会天主教派人士来改善妇女的福利。 这意味着尽管所有的女权主义运动在某种程度上分裂成改善妇女工作条件的诉求者和改善作为妻子和母亲角色的诉求者，法国女性被更多地推向追求家庭和孩子补助金的母性主义路线。 无论是争取就业还是争取母性地位，女性获得的福利是真真切切的。

工人所享有的医疗和老年人福利采取了一种互助形式，与盎格鲁国家相比而言，法国的工人和雇主们在私人保险机制上作出了更多的努力，政府介入得更少一些。 到 1939 年，55% 的人口享受到福利，1945年跃升到 70%。 法国的失业保险制度与英国不能相提并论，但是，1928 年到 1932 年间，关于家庭补助和医疗社会保险的立法层出不穷，然后到 1939 年出台的《家庭法》。 史密斯(Timothy Smith)(2003：131)说，1928 年《医疗保障法》是"现代法国福利国家的大宪章"。 与工人阶级相比，它更倾向于向妇女和儿童进行再分配。 然后，1945 年颁布的法令进一步巩固和扩展了这些福利计划的覆盖范围，从而使之成为延续到今天的法国福利制度的重要组成部分(Pedersen, 1993：chaps.2, 5；Dutton, 2002；Timothy Smith 2003；Dreyfus et al., 2006)。 工人与雇主之间的互惠共生加上社会天主教共同构成了一个别具特色的法国民众社会权利的融合体。 总的来说，法国的不同寻常在于它很少受到男性——养家糊口者意识形态的主导，这是由于左翼的式微以及提高人口生育率的倡导者和福利资本家力量的强大。 这是母性主义的路线。 苏珊·佩德森(Susan Pedersen)以一种性别中立化的方式来定义这一路径——家长

式路径，即"无论收入或需要如何，一律补偿照顾受抚养子女的成年人"。(1993：17—18)

战争对战败国产生了更大的影响。 德国旧政权体制一扫而空，社会民主党重新执政，魏玛共和国(1918—1933)进一步普及了社会权利。奥地利同样如此，在1918年至1923年间，社会主义者主宰奥地利政坛。 德国将分散和零星的福利计划扩展和合并为全国性计划——一些通过雇主和工会组织起来，一些由国家整合——其背后的理论基础更多的是集体社会权利而不是个体权利的观念，尽管受到政治权利和宗教势力的挑战(Hong, 1998)。 国家更多地对劳资矛盾进行调和，工会推动国家强制实行的失业保障制度，以对抗雇主们的反对——都是法团主义的倾向。 法国还实施了针对年轻人的国家计划、失业援助和保险(由雇主和雇工共同出资)以及疾病和事故保险。 在大多数方面，魏玛共和国只能追赶更加慷慨大方的英国。(Tanzi & Schuknecht, 2000：chap.2)。 以一种生物化和自然化的语调所表达的"科学社会工程"概念盛极一时，很快就被德国纳粹极大程度上加以强化(Steinmetz, 1993：202)。 总的来说，社会支出加倍，从1913年政府总支出的19%到1929年至1930年的40%(Flora & Heidenheimer, 1981)，远高于其他任何国家。 1919年至1920年，德国财政部长恩茨贝格(Enzberger)改革了所得税，累进税率更高，最高税率设定在60%。 结果，1921年，他被右翼极端分子枪杀。恶性通货膨胀缩小了收入差距，同时也激起了阶级冲突。"福利国家"术语首次出现，但却是保守主义者用来嘲讽魏玛共和国的福利制度的，他们认为，魏玛共和国的福利制度是如此的"温和"以至于破坏了德国的民族自尊心和军事威力(Flora & Heidenheimer, 1981)。

社会民主党强令实行8小时工作制、义务劳资仲裁以及失业保险制度。 它迫切需要国家医疗保险和再分配税收制度，以便战争赔偿的负担可以由富人来承担。 它声称贫穷和不安全感是资本主义的产物，而不是个体道德缺失导致的结果——与施舍观的主要分歧点。 国家有义务实施一系列计划从物质上帮助那些不幸的公民："母性的建议，为婴幼儿提供福利计划，学校医疗服务计划，矫正教育，未成年人法庭援助，社会住房计划，以及……金钱救济"(Hong，1998：159)。 社会主义女权主义要求进行变革，也取得了性别改革的成功。 离婚自由朝着非过失离婚的方向发展，母亲建议中心以及幼儿园广泛建立，战时的产妇津贴得以维持，针对产业工人的带薪产假制度被引入(Mouton，2007)。联邦宪法赋予社会民主党全面改革一些州的权力，尤其是德国最大的州普鲁士。

　　然而，社会主义者与基督教保守主义者之间的分歧造成了悬而未决的政策紧张关系。 旧体制坚决站在对立面，它深深扎根于司法、军事、重工业以及易北河东部大地主阶层的精英中，受到基督教意识形态上的支持。 往往支持福利政策的社会基督教尽管有不同的类别，但势力大大削弱，直到1945年才得以复兴。 许多保守主义者不仅反对共和国的社会主义色彩，而且反对民主本身。 1918年至1919年，右翼作出妥协，目的在于革命似乎要到来时可以幸存。 既然革命的可能性已经消失，他们立即出尔反尔，拒绝妥协，设法将社会民主党排挤出政府，以魏玛宪法中第48条规定的紧急权力进行统治的方式取代议会——之后希特勒也是从该条款获益。 他们乐此不疲地进行着"上层阶级斗争"(Mommsen，1996：453，220)。

　　一些右翼势力支持议会路径，但却主张独裁式的民族主义替代方案，如法西斯主义。 战争对下层军官和军士是一种积极的经历。 民族主义、无阶级的同志主义以及上层强加的较强的纪律性结合起来，给人一种解决阶级和政治冲突的替代路径的希望。(正如我们在下一章中将会看到的那样)在德国、意大利、罗马尼亚和匈牙利的退伍军人使法西斯主义成为一场群众运动。 战后德国布满了全副武装的准军事组织人员，他们试图通过武力镇压魏玛民主导致的冲突。 最后，在德国和奥地利更大规模的阶级斗争适得其反，造成了镇压工人运动、搁置社会权利发展的保守势力和法西斯势力的强烈反弹。

　　德国如一些其他国家发生的情况一样，在整个20年代，工会成员比重下降，从 1920 年的 48% 的高点下降到 1930 年的 30%。 工人仍然是一股重要的势力，而且社会主义与共产主义政党的选票维持在 30%—40% 左右。 这不亚于工人阶级运动在两次世界大战间所取得的成果，但是战后几年的阶级联盟能得以维持吗？ 这取决于中产阶级、农民以及小城镇和农村的所有身处社会主义影响范围之外的阶级。 他们被劝说远离共和国建立之后立即苗壮成长的中间党派——天主教中间党派、自由和温和的保守主义党派以及小规模的特殊利益党派，这些政党都信奉民主制。 社会主义者正在一步步丧失中间战场，并将面对一个复兴的右翼。

德国在关于谁来支付每一项福利计划的问题上爆发了激烈的斗争。福利计划开始后撤，目标被抛弃。 1923 年，1918 年的 8 小时工作制立法被削弱，对于左翼势力而言这是一次惨败(Mommsen，1996：220)。 社会主义和共产主义阵营之间的冲突不起任何作用，而 20 年代末政治决策的特征是掏空中产阶级自由主义思想。 埃里克·韦茨(Eric Weitz, 2009：145)说，魏玛共和国"在通胀中失去了中产阶级"，因为，其储蓄和投资毫无意义。 自由主义者衰落了，保守主义政党变得不那么忠诚于民主制度。 旧体制注定抛弃民主，它通过顺从和民族主义政治完全有能力左右小城镇化的乡村和中产阶级。 即使是天主教中间党派最终也放弃了民主制。 社会主义政党和共产主义政党势力依然强大，但却丧失了权力。 工人—农民或者工人—中产阶级之间结成联盟的可能性微乎其微。 在这样的背景下，纳粹崛起，以一种不同的方式代表了一个右翼的阶级联盟，因为，他们都是相对无阶级的，尽管主要来自公共部门以及德国小城镇，厌烦阶级斗争，相信通过暴力可以解决，即"让他们跪下磕头"。 我在第十章指出，所有这些首先导致了专制主义，然后纳粹法西斯统治。 这也意味着更愿意屈从于改革以便维持权力的雇主们转向纳粹以镇压工人。

尽管如此，在 20 年代的背景下，魏玛共和国的社会权利却处于时代最前列，包括普选权、福利国家制度、再分配税、承诺充分就业以及工人全面组织工会的权力。 也许正如其"渐进式社会主义者"所主张的那样，德国可以在社会民主问题上走得更远。 尽管强大的影响力不断冲击右翼势力，但是，纳粹主义的胜利主要归因于大萧条。 虽然大萧条对日本造成的冲击不大，但是足以帮助保守主义者以及军国主义者扼杀正在兴起的自由主义。 在这些国家，军事凯恩斯主义拯救了大萧条。 对于改革来说，太多的阶级斗争是不利的，因为阶级斗争分裂了国家，法西斯主义者和军国主义右翼势力可以获得民众支持并且掌握权力。

在纳粹统治之下，大多数魏玛共和国的家庭和婚姻计划继续执行，甚至得到扩展，只不过是在一种排除非雅利安人的、优生学和种族主义的框架下展开的。 对于妇女的额外福利取决于彻底的医学审查以确定她们作为雅利安人的"生物学价值"，这一做法阻止了很多女性享受社会福利。 非过失离婚在无子女或者混种族婚姻关系中被禁止。 鼓励妇女多生子女的宣传没有取得广泛意义上的成功，希姆莱臭名昭著的生命之源计划鼓励男性在上前线之前使妇女怀孕，试图从公众视野中抹去非婚生子的存在。 正如我们在第十章中看到的，纳粹扩大了社会保障条款，他们的税收政策也没有后退。 他们一方面镇压工人的领导人，一方面希望能够取悦工人——一种暴力式的自上而下的福利，以便在关键时刻可以阻止工人运动。 三分之二的国家支出被用于军事，这个比例比任何其他国家都高得多，除了法西斯同伙意大利。 增强军备以及资助战争的开支超过了福利补贴，因此，福利计划的真正购买价值下降了。 在德国和意大利，工会都遭到破坏，福利计划是纳粹政权控制人民的一种手段——一种自上而下的法团主义形式(Mouton，2007；Schmitter，1974)。 纳粹社会保障政策战前制度化的事实意味着它们战后能够幸存下来。 然后，在极右和左翼势力的双重挤压下，福利计划超出雅利安人扩展至所有公民，这也是社会民主党中间左派和基督教民主党中间右派之间延宕已久的广泛妥协(并非联盟)出现的结果。

两次世界大战间的雇主们

如同安德森一样，我已经强调了阶级联盟的重要性，特别是有组织的工人阶级、农民和中产阶级部分阶层之间的联盟。此外，有人还认为雇主们也是福利国家的支持者；还有些则强调政治制度的重要性，特别是选举制度。我首先考虑雇主们。

斯温森(2002)分析了这一时期的瑞典和美国，他强调是作为福利资本家(welfare capitalists)的企业自由派而非工人阶级发起了针对技术熟练工人的福利计划，目的在于用养老金、事故保险以及其他津贴等金色锁链留住工人。他们的另一个动机在于通过给工人发放通常工会要求的补助金以阻止工人加入工会。这些雇主们害怕在竞争更加激烈的市场中，支付低工资和低水平补助金的小型公司会压低他们的产品价格，所以，斯温森说，他们支持通过对所有雇主和雇工增税来支付的公立福利计划。他们推断，这样做可以起到这样的效果：将那些无法支付这些补助金的小型竞争者赶出市场。斯温森并不否认阶级冲突，但是，要想获得福利计划，就必须获得商人的默许，因为，在一个资本主义社会，商人的权力令人敬畏，因而不能忽视。又回到了商业信心这个问题上来了！

斯温森指出，在瑞典，大型企业和雇主联合会逐渐支持这条路径，即由社会民主党和大企业共同达成相关政策，驱逐低效企业及其员工，并提高工人技术等，从而达成一致协议。这种雷恩—迈德纳(Rehnmeidner)模式把低工资看作是对低效企业的补贴。较为可取的做法是将它们驱逐出市场，鼓励高效企业运用薪资高的、高技能的工人发展生产，在失业阶段，如有必要可以进行再教育。斯温森在美国的分析中提供的证据相当匮乏。他提供的证据有赖于三个有疑问的案例——杰勒德·斯沃普(Gerard Swope)、沃尔特·蒂格尔(Walter Teagle)以及玛丽昂·福尔瑟姆(Marion Folsom)——以及颁布于 1936 年的《社会保障法》

实施之后商人阶级对这一法律的接受。 正如我们看到的那样，商人——由企业自由派领导——对法案的起草是有影响力的，然而，这是因为他们意识到他们不再需要抵制诸如此类的法案，因为在起草的过程中，他们可以削弱这些法案。 在各种压力之下，美国商人不得不选择一个最低水平的福利国家——正如俾斯麦和社会天主教早就做过的那样，也与斯大林现在在苏联针对工人阶级采取的做法一样。

戴维·马雷斯(David Mares，2003)对法国和德国的分析进一步支持了斯温森的观点，在法国和德国，雇主联合会由大公司主宰，它们往往支持私人或公共机构的社会保险计划。 那些小公司的代表们却常常反对这些计划。 在她所分析的十个研究案例中，其中一些公司利益集团支持这些计划。 大多数计划之所以得以维持，是由于她所谓的劳资之间的"策略联盟"所产生的结果。 这些计划是它们的不错的第二选择，并且是妥协带来的结果。 另一方面，她表明，雇主们很难成为议程—设定者，因为，他们几乎从不提出任何社会政策建议。 由于政治权力的更替，使得他们最初坚定的反对立场逐渐瓦解，最终被安抚(2003；259；参阅 Korpi，2006)。

因此，只要较大的雇主——通常是利润率较高的雇主——意识到在一个稳定的民主体制中工人运动的权力不断增长，一个关键的转折点就会出现，因为，为了保持其长远利益，雇主会忙于寻求一种妥协的方式。 这是阶级冲突造成的一种间接的、自上而下的影响。 雇主们不是被迫作出改变；相反，那些拥有广阔视野、长远眼光的雇主们力图在关键时刻阻止阶级冲突不断升级。 雇主们参与到是否要引入基本社会保障计划的讨论中以安抚工会，这样，他们就可以确保社会保障计划不会太激进或者太过于强调再分配。 也同样是在这一问题上，大型企业的雇主意识到社会保障的缴款可以给那些雇佣低薪劳工的小型公司带来沉重的负担，因而，这成为雇主态度转变的一个次要的动机。 工人势力越强大，雇主就会越妥协，瑞典正是如此，而美国较少如此，因为美国的工人力量比较微弱。 在那些因工人们不自量力导致疏远中产阶级和农民的国家，上层阶级就会转向以提供救济来压制工人阶级，有时会走向法西斯主义。 在一些稳定的民主体制中，工人在政治上受到很多保护，因而比较温和，而雇主——如他们面对的自由主义者、国家和基督教教派——向工人妥协以扭转已经恶化的局面。 如果来自下层的斗争能够使雇主们意识到不改革只能带来更糟糕的结果，那么，为了保持商业信心所设定的界限就会被打破。 这在本质上并不是一个完全不同的模式。 这是希克斯所解释的早期俾斯麦和社会天主教势力选择福利制度的路径，也是阶级冲突带来的间接结果。 的确，随后，工人失去太多权力的国家——如 20 世纪 70 年代之后的美国和英国——雇主们迅速放弃妥协策略。 他们将其优势坚持到底，进一步削弱工会势力，从而加剧了社会不平等。

选举体制

对于那些主张以政治制度的因果决定论来解释的理论，我也只能作出一点让步。 到两次世界大战间的这段时期，盎格鲁国家已经建立了多数主义的、得票最多者当选的选举体制；到 20 世纪 20 年代末，几乎所有的北欧和欧洲国家都已经实行比例代表制(PR)。 正如斯特恩·罗坎(Stein Rokkan)说的那样，这两种体制之间的差别很大程度上已经"凝固"，变成持久的国际性差异。 因为，之后很明显的事实是，实行比例代表制的国家的社会政策开支比简单多数制的国家更大，我应该尽量解释出现的这种差异。

艾弗森和索斯凯斯(Iversen & Soskice, 2009)接受上面提出的以雇主为中心的论证路线，并且他们认为，那些从工人中寻求所特别需要的高技术工人的雇主们不但准备与工会达成交易，而且还支持能使中间—左派联盟获得执政权力的比例代表制，并将带来改良过的就业政策。 他们创造了一种精巧的、雇主与工会的"理性决策"模式以推理出这一结果。　但是，他们并没有提供实际的证据证明雇主和工会的各自偏好，而我仍对这种理性行为者模式保持怀疑。　我更认可利普塞特和罗坎(1967)的主张，即在许多国家，比例代表制是在政治上高度分歧的前提下采用的——不仅仅表现在阶级之间，而且表现在农业与工业之间，中心与边缘之间以及种族或宗教团体之间。　社会分歧越大，代表各种利益的政党数量就越大，允许小型政党选举代表的比例代表制所得到的支持力度就越大。　在20世纪20年代，社会主义崛起的妄想症也同样使得一些主要的反对变革的执政党厌恶多数主义体制，因为他们害怕这种体制会将社会主义者的统治送上神坛。　艾弗森和索斯凯斯(Iversen & Soskice, 2009)指出，在北欧各国，特立独行的农民党从旧的以不动产为基础的地区代表大会中脱颖而出，在欧洲的许多国家，由于对世俗保守主义政党的不信任，独立的天主教政党得以组建。　但是，他们主张，一些实行多数主义体制的国家，如英国、美国只不过与许多实行比例代表制的国家一样拥有多种族或多元宗教的特征，从而挑战罗坎的主要论点。　然而，正如罗坎指出的那样，英国和美国的种族和宗教少数群体或者它们的农村人口罕有建立自己的政党以挑战两党主导体制。　因此，没有任何主要政党会支持转变为比例代表制。

所以，为什么是盎格鲁国家首先发展出多数主义选举制(majoritarian elections)?　盎格鲁民主国家不同于比例代表制国家，后者由一系列独立的州各自选择自己的选举体制。　盎格鲁国家形成了一套几个世纪以前就建立了多数主义选举制的体制——英国体制。　在那时，这些制度都输出到英国的白人殖民地，包括北美，并且在18世纪和19世纪作为一种处理政治事务的常规方式(除了与众不同的澳大利亚各州)，直到殖民地独立。　而且，在英国、澳大利亚以及新西兰，工党的崛起十分迅速。　如果中间派已经成功地长期控制更多选民，那么，它们很可能会与工党达成建立比例代表制的交易，但是，工党拥有牢固的工人阶级选票，而且很快意识到一种多数主义的选举体制对它们有利。　它们很轻易地取代自由党成为两大主要政党之一。　我们需要从20世纪的特征、阶级、种族或宗教的视角来解释盎格鲁国家的多数主义选举体制。 独特的盎格鲁体制早就已经形成；如果分析的案例相互之间不能独立，那么，各国之间的比较分析就会使我们误入歧途。

从 20 世纪 50 年代开始，比例代表制与规模更大的福利国家具有一定的联系。 有人认为，比例代表制有利于中左联盟，多数主义选举制度有利于中右联盟。 然而，这种观点在本世纪中期行不通，因为美国从 1933 年，新西兰从 1938 年，澳大利亚从 1943 年到 1950 年，英国从 1945 年到 1950 年纷纷进行了重大的改革，所有这些改革措施都是在工党或民主党在得票最多者当选的选举制度，即多数主义选举制度中赢得绝对多数的前提下开展的。 有时，联邦政治体制也被认为有利于保守主义势力，因为据说通过联邦政治体制促进改革更加困难。 然而，在国家各州政府之间的竞争有力地推动了前半个世纪德国和美国在教育发展上的领先地位(Lindert，2004)。 在澳大利亚，新南威尔士州在福利制度上处于领先位置，为联邦政府提供了学习的榜样。 联邦主义在这些案例中促进了改革。 因此，我得出结论，无论是比例代表制还是多数主义选举制度，也无论联邦制还是更加集中制的政府，在此阶段都无法产生较大的影响力。

结论

工业主义的逻辑有助于解释第一阶段的社会权利的运动。 在这个时期，工业主义的逻辑自始至终强烈推动着公共医疗供给，此后继续影响教育发展。 发达国家的公共医疗设施和教育制度比其他方面的社会权利更加稳定。 到 1939 年，我们这里讨论到的所有这些国家中超过90%的人口掌握了以本民族语言进行读写的基本能力，并且，从 5 岁到 7 岁年龄段的儿童享受普遍的义务教育，并持续到 14 岁至 16 岁。 这是实现马歇尔的包含了文明化生存的民族—国家概念的最普遍的推动力。

然而，这并未终结在在小学教育中的阶级和其他不平等，而且，高等学校教育普及性更少，阶级性更加强化。 这些社会权利的普遍扩展主要原因在于精英达成共识——教育是现代社会的一个必备条件，还在于来自工人、自由主义者、女权主义改革家以及新教徒和反教权主义者施加的压力之下发展基础教育。 另外，根据每个国家不同意识形态构成，施加压力的集团还有新教徒或者反教权主义者。 之后高等教育和大学教育的扩展压力更多地来自中产阶级，不时地得到自由主义工党和女权主义者的援助。 教育是女性获得大多数权利的领域，教育职业几乎处处女性化。 教育彰显了马歇尔关于阶级和公民权利的独特的紧张关系：学校分层化，但是同时，不同的学校将儿童社会化入一个共同的民族文化之中。 这种紧张关系开始时实行一种英才教育管理模式，尽管直到 20 世纪 50 年代才见成效。

在所有社会——公民权利增长的背后是日益增长的共识——人民大众是舞台上的主角，因此必须安抚他们。 所以，我主要运用一种权利资源模式来解释权利的范围以及不同国家之间出现的差异，不过对于这个模式我修正一点，即权力斗争可能采取一种直接或间接的方式。 在这一时期，直接的阶级斗争强化了——尽管不均衡地——但是，也同样被工人、农民以及中产阶级的阶层之间结成的联盟、有时与社会基督教运动联盟弱化了。 这样，社会权利被向前推进，但是，缺乏广泛的联盟使得社会权利失去推动力。 间接的影响是改革有时来自集权国家，有时出自具有社会意识的宗教教派，有时又由企业自由派推动，但是，他们都意识到突飞猛进的工人运动以及因工人运动而建立的联盟的强大实力，所以他们力图采取先发制人的改革措施来阻止联盟的形成。 但是，没有强大的工人运动和选票，这些行动者完全不必实施改革来保护他们自身，出于保护他们而对改革施加压力是很罕见的。

我同样察觉到其他的影响因素。 我认为，第一次世界大战以及大萧条很偶然地介入其中，要么推动改革要么阻碍改革。 第一次世界大战已经造成一场巨大的意识形态动荡。 它已经使俄罗斯立刻被驱逐出西方社会这个大家庭，并实现苏联特色的、先进的社会权利模式，但是没有任何真正意义上的市民权利和政治权利。 第一次世界大战和大萧条同样在法西斯国家造就了类似的公民权利混合物——它们有助于巩固自由主义工党和北欧式路径的社会权利，但是，它们却分裂了潜在的、统一的欧洲社会权利模式。 大萧条也同样几乎摧毁了世界各地的现任政府，无论他们是左翼、右翼或者中间派别，也就是在各国之间差异中增加了一个随机性的因素，特别是欧洲大陆以及盎格鲁国家。 在英国和澳大利亚，它瓦解了执政的工党政府，并分化了工人运动。 在美国和新西兰，影响正好相反，它使保守主义政府下台，带来了自由主义工党的改革。 在英国和澳大利亚，由于第二次世界大战的影响，倒退只是暂时的，但是，在美国——遭受大萧条重创(与德国一起)——它引起了更深远的变革。 正如我们在上一章看到的，新政使美国在福利和创造就业计划上追赶其他盎格鲁国家。

在这一时期，女性社会权利取得的进步较小。 在男性养家糊口者或者女性家庭照料者模式的意识形态主导下，她们几乎处处受到阻碍。法国是主要的特例。 在右翼势力的压力下，法国开始转向支持作为家庭照料者的女性，尽管，在其他方面，法国并不更支持女性。 这里存在相当大的国际差异。 简·刘易斯(Jane Lewis, 1992)指出，英国和爱尔兰支持一种较强的男性—养家糊口者的家庭模式，在这种模式中，女性只是兼职。 法国发展出一种修正的男性—养家糊口者模式，税收转移到拥有小孩的家庭。 北欧国家只拥有一种较弱的男性—养家糊口者模式，因为他们提供广泛的托儿所服务，独立税收制度以及女性生育权。

总而言之，随着各国在其统治区域内有效地执行立法措施，社会权利缓慢地得到普及，而执行立法措施是转向其统治区域内部的社会斗争做出的回应。 这是工业化跨国界发展过程中的一个普遍的趋势，只不过因国与国不同而表现各异。 为权利而进行斗争间接地实现了全民的民族化，增加了共同的权利和文化，并实行再分配政策。 显然，大众是舞台上的主角，他们提出实际的物质需求，却获得相当少的利益。

各种不同的政治联盟脱颖而出，不同范围的改革措施得以实行。 这种模式与埃斯平—安德森所划分的三种福利制度划分不太契合。 北欧和盎格鲁国家在社会权利方面共同处于领先地位；在教育上的领先国家是新教徒国家，分散于埃斯平—安德森所划分的三种福利制度之中——包括美国。 盎格鲁国家还没有落后。 不过，北欧法团主义和盎格鲁自由意志主义之间的差距已经出现了，在之后的几十年，这一问题才变得相当重要。 我们在第四卷中会看到，第二次世界大战产生了重要的影响，无论是战争的胜利者、失败者还是中立者，战争造成的损失对战前的各种影响因素产生作用，从而形成了分布于几大区域的几种不同模式的社会权利，今天这几种模式的社会权利仍然存在。

第十章

法西斯主义(1918—1945)

导言

　　本章和下一章将讨论与资本主义民主体制不同的两种主要体制：法西斯主义和共产主义。这两种体制也是对大众登上权力舞台的历史需要而作出的回应，但是，它们试图通过它们发明的党国体制积极动员人民大众。共产主义者最初认为，政党可以自下而上地起到积极动员的作用，尽管一旦掌权，就会反转为自上而下的动员方式。法西斯主义在掌握政权之前的动员方式是两面性的，但掌握政权之后同样转为自上而下的动员方式。

　　我在第六章讨论了第一次世界大战后中欧发生的左翼革命。当这些革命失败之后，右翼反革命运动在法西斯主义的影响之下，组织了一个"有机的"民族，产生出一个更加强大的，也更专制的国家。转向法西斯主义的国家把基础权力(infrastructural power)——国家通过其渗透到管辖区域内的基础设施实施政策的能力——与专制权力(despotic power)——国家精英进行武断决策的能力——结合在一起。法西斯国家实行军国主义政策。从某种程度上说，法西斯主义是有着悠久传统的欧洲帝国的军国主义的顶峰。法西斯主义宣称，国家是铁板一块，没有内部分歧，有机构成，或有机整合，不容忍任何政治、种族和宗教的多样性；这是对全球化的一种反动，是在国家铁笼周围竖立一道更强大

424

的屏障。 许多右翼分子认为，大众社会和议会民主扩大了社会分歧，加剧了政治冲突，并制造暴力和混乱。 卡尔·施米特(Carl Schmit)说道，政党与政党之间已经变成像在战场上彼此对峙的大众军队。 腐败被看作是自由政治体制独有的特征；相反，一个专制国家可以强加秩序、统一和道德准则。 正如我的著作《法西斯主义者》(Fascists，2004)中所说的那样，法西斯主义是这些专制的民族—国家主义的最极端形式。 我在那本书中从经验和文献资料关注了法西斯主义发展的具体细节。 本章将依据一些更晚近的文献归纳和提炼出一些我在《法西斯主义者》中提出的观点。

法西斯主义产生的前提条件是事先经历了一个国家和民族强化的阶段。 在这个阶段，欧洲军国主义已经增设了国家财政和军事管理体制；有产阶级相应地建立了代议制政府。 随着统治者与人民之间的互动进一步加深，国家获得了更强大的平民化的功能，基础设施建设和服务——道路，铁路，邮政服务，教育——提高了境内地区与人口的民族化进程。 民族主义与民主化融为一体。 人们认为，必须由全体国民一起统一国家，因为他们拥有共同的传统和文化。 这样导致了三大多种族帝国的毁灭——哈布斯堡、罗曼诺夫以及奥斯曼——在这三大帝国，帝国统治者与其地方统治者之间的冲突转化成种族或宗教共同体之间的冲突。 被剥夺特权的地方精英动员他们的共同体对抗帝国王朝。 克罗地亚人、斯洛文尼亚人以及其他人反对土耳其或塞尔维亚人的统治，罗马尼亚人与匈牙利人对抗；斯洛伐克人憎恨当地捷克人的统治，几乎每一个人都憎恨占统治地位的德国人、俄国人和土耳其人，因而，后者采用民族主义的做法来应对。 作为世界主义者的犹太人被所有人认为是反国家主义的。 据说，国家所扮演的角色不是像在自由主义或社会民主体制中发生的那样，使不同利益团体之间的冲突制度化，因为，一个单一的政党或某种运动据称能够治理和代表全体民众——正如马克思主义者所主张的那样。 必须超越阶级冲突和行业利益。

1914 年之前，民族主义者煽动国家动员全体国民，并利用武力击溃自由主义和社会主义的腐朽力量。 法西斯主义的大多数观念已经在一些知识分子之间散播，并使他们感到极其兴奋，尽管还未形成群众运动。 法西斯主义受到那些怀疑民众运动并希望通过保守的附属政党来控制民众的旧政权的压制。 国家的功能扩大了，但是，大多数保守主义者把国家仅仅看作是秩序的守护者和领土的扩张工具。 对于左翼分子而言，国家还未成为一项道德工程的担当者。

如果欧洲一直保持和平状态，那么，国家扩张将会缓慢地进行。被给予选举权的工人和女性将会增加社会福利计划，温和国家主义的后发经济体也将在半边缘地区取得繁荣发展。 一些国家已经采取措施限制跨国界流动，然而，1918年开始的、为保证国家对国际流动进行控制的护照制度成为世界各地旅行的制度化特征。 正如约翰·托毕(John Torpey，2000)总结的那样，各国政府逐渐利用国籍证，包括护照，作为一项合法的将公民个体置于控制之下的手段，并排斥外国人。 护照成为民族化和控制其公民的一种重要方式。

第一次世界大战爆发，民族国家实行军事化并被赋予新的功能。甚至，在封锁的压力之下，非参战国也被迫引入配给供应制以及积极的劳动力市场政策。 虽然，战后很多战时制度被废除，人们还是期望政府能够缓解失业和住房短缺所造成的痛苦。 社会权利补充到政治权利之中。 更加雄心勃勃的社会重建和经济发展计划在社会传播。 在左翼这一边，社会主义者战胜了他们的无政府—工团主义竞争对手(除了西班牙)，并意识到革命或改革必须在国家行为的层面才能完成。 在俄国，一战和国内战争意料不到地把布尔什维克造就成为激进的国家主义者。 在其他地方，自由主义者变异成自由主义工党或者社会民主党，以及缓慢前行的温和的国家主义经济论者。

民主体制国家赢得战争的胜利，并强迫德国和俄国放弃一部分领土；哈布斯堡王朝和奥斯曼帝国消失了。 和平协定使新的民族国家取代了它们，所以，到20世纪20年代末，除了一个国家以外，欧洲28个国家都拥有了宪法、议会选举制、政党竞争以及保护少数人利益被视为神圣不可侵犯的制度。 大多数国家的选举权将女性排除在外，有一些则排除许多男性，一些行政领导拥有与立法权相对抗的行政权，政治事件往往与宪法规范格格不入。 但是，民主似乎是即将到来的理想目标。 宽容的民族主义的兆头并非那么美好。 实际上，战后签订的一系列条约将国家交给了某个单一的主导民族，而成百上千万来自种族和宗教少数人群中的难民纷纷逃至他们自己的民族"家园"。

1920 年到 1945 年间，在极右暴君的连续猛击下，民主退却了，亨廷顿(1991)称之为第一波反民主的"反动逆流"。 西北欧——斯堪的纳维亚各国，荷兰，比利时，法国，英国和爱尔兰——巩固了代议制政府；然而，到 1938 年，欧洲 27 国政府中的 15 个都是右翼独裁者掌权，其中大多数主张建立一个单一的有机民族。 在其他大陆，4 个白人占多数的前英国殖民地——美国、加拿大、澳大利亚和新西兰——建成了白人的民主制度。 南非和罗得西亚也同样为他们的白人少数群体实行了议会制度。 两个主要的亚洲国家——日本和中国——建立了独裁主义制度；在拉美，只有乌拉圭、哥伦比亚和哥斯达黎加继续保持民主制度，而其他国家则动荡不定。 所以，在两次世界大战之间，形成了两大全球性集团，一个是自由民主集团，另一个是独裁集团。 两大主要集团在基础权力方面都寻求成为更强大的国家；只有一个集团仍寻求成为强大的独裁政权，法西斯主义就是其中之一。

相比而言，只有法西斯主义者才更加热情地信奉我们时代的核心政治圣物——民族国家——主导当今世界的是一种温和的民族主义形式。 后发型国家在经济发展中扮演了一个更加积极的角色。 在俄国，国家社会主义已经将这一趋势带向极端化。 在帝国主义持续的时代，法西斯主义也同样在政治和军事权力关系中创造了一种后发形式。 它还导致了——或者说力图使——全球化倒退，因为，它围绕所有的社会权力资源树立了更大的民族屏障——意识形态权力除外，由于法西斯主义思想遍布全世界，从而导致了与之相反的社会主义趋势思想的出现。

法西斯主义的界定

不能因为疯狂、自相矛盾或者模糊不清等特点就对法西斯主义思想信念置之不理。 法西斯主义者针对现代问题提出了许多貌似有理的解决方法，得到了民众选票的支持以及激进分子的高度忠诚。 只有少数法西斯主义者才是施虐狂，或者是精神病态者，又或者是某些头脑不清的("rag-bag")充塞着一知半解的教条和口号的人，如一些学者所认为的那样(Paxton, 2004：16—17)——又或者是跟我们比起来相差无几。 法西斯主义是一场崇高理想的运动，能够说服两代年轻人中的很大一部分，使之相信他们能够带来一个更好的社会秩序。 与马克思主义相比，它很可能是一种较弱形式的世俗救世主义，因为，其历史理论与其说是为了实现一个最终的乌托邦，还不如说是拥护强弱之间、民族与民族、种族与种族之间的持续斗争。 在一定程度上，可以说他们重视手段而非最终目的，但是，他们主张，通过斗争创造出"新人"(New Man)，而这个"新人"就是乌托邦理想。

在解释法西斯主义思想问题上，有两种主要的学派，"理想主义的民族主义学派"强调法西斯主义者的民族主义信念。 它把法西斯主义看成是一种"政治宗教"，具体表现在"民族重生的神话"之中(Gentile, 1990；Griffin, 2002)。 该学派紧紧抓住了我已经确认的世俗救世主义的特征，但是，它往往是一种描述性的研究方法，在解释为什么这种神话出现在 20 世纪 20 年代时显得很苍白。 相比之下，"唯物主义学派"重视法西斯主义的阶级基础，认为其阶级基础是小资产阶级或者资产阶级，以及重视法西斯主义在 20 世纪 20 年代和 30 年代早期左派遇到困难时挽救资本主义中所起到的作用(Hobsbawm, 1994；Lipset, 1963；Poulantzas, 1974；Renton, 2000；Carsten, 1980)。 他们确实对法西斯主义的兴起原因提出了一种清晰的解释，但是过于简单。 摩尔

(Moore，1967)提出了一种更加复杂的、阶级中心加国家中心式的解释，而其他学者提出了略有不同的多因素理论以适应不同国家法西斯运动的极其微小的差别(Payne，1995；Paxton，2004)。　我认可他们的理论，与此同时设法根据社会权力的四大来源——意识形态、经济、军事和政治提出一种更加理论化的综合解释——这四大权力来源在法西斯主义的兴亡过程中发挥着重要的作用。

　　我把法西斯主义界定为通过军国主义追寻一个至高无上的(transcendent)、实行种族清洗的民族—国家主义。[1]这种界定包含四个主要的部分。

　　(1) 种族清洗式的民族主义。　从意识形态层面上来说，法西斯主义者支持建立一个有机的民族。　国内和国外的外国人颠覆了国家的统一性和纯洁性，因此必须清除。　种族主义法西斯主义，如纳粹主义一样是一种极端形式，它将欧洲人至今只在他们的海外帝国运用的种族冲突应用到欧洲大陆，甚至运用到一个民族身上。　结果是令人感到恐怖的：对国内的其他种族进行肉体上的消灭，包括被认为基因遗传有缺陷的其他种族。　这是一种非常具有侵略性的国内民族主义的形式，其中，最初设计出来解释世界主要宏观区域之间差异的种族主义转向欧洲大陆和德国自身。

　　(2) 国家主义。　从政治层面来看，法西斯主义者把国家权力看作是"道德工程的担当者"，可以通过法西斯主义精英和法团主义者实现经济、社会以及道德发展。　这是法西斯主义的自上而下的一面；命令必须从上层强加。　因为，民族是有机的，其国家必须是专制的，拥有一种由秉承"领袖原则"的党的精英表达的单一而有凝聚力的意志，并最终服从一个唯一的领导者。　这事实上是一个"一党制国家"，如同共产主义政权。　学者们过去往往强调法西斯主义的专制主义性质。　今天，我们普遍意识到，法西斯主义者狂热的激进主义以及与其他强权势力如宗教教派和资本家妥协的需要等特征掩盖了其法团主义、工团主义以及官僚主义成分。　所以，相比其实际统治效果来说，法西斯主义在目标实现上更加专制。 法西斯主义将这四种权力资源结合在一起，创造了一个对其治下的人民运用令人敬畏的基础和专制权力的一党制国家体制。

(3) 至高无上性。 第(1)点和第(2)点的结合是民族—国家主义，这种民族—国家主义可以"超越"(transcend)社会冲突。 法西斯主义者拒绝保守主义的观念，即传统社会秩序是一种和谐的社会秩序；他们反对自由和社会民主观念，即利益集团之间的冲突是社会的常态；他们还拒斥社会主义观念，即通过推翻资本主义制度可以实现社会和谐。 法西斯主义者攻击劳资双方。 他们说，他们能够"用武力制止双方的争吵"(knock both their heads together)并使他们服从民族大义。 私人利益必须让位于民族利益，发展计划和社会福利必须自上而下地强加，必须用工团主义或法团主义制度将利益集团整合进国家内部。

从目的来看，超越性是革命性的，它试图转换所有社会权力来源。正如布尔什维克一样，法西斯主义者是高度意识形态化的，由价值理性驱动，但是，为了攫取并控制权力，法西斯主义者又是机会主义者，他们倾向于资本主义并与旧体制苟合。 最终，法西斯主义者失去对资本主义和阶级的兴趣。 民族和国家成为他们关注的重心，而不是阶级。 他们攻击的并非本质意义上的资本主义，而是金融资本主义、外国资本主义或者犹太人资本主义。 在罗马尼亚和匈牙利，这些形式的资本主义占主导地位，所以，这两个国家的法西斯主义者反资产阶级，倾向于无产阶级。 但是，通常在机会主义和致力于超越性的激进意识形态的法西斯主义运动之间存在矛盾。 激进主义法西斯主义者在阶级问题上输掉了，但在这一过程中，激进主义从阶级转向了种族大清洗，以及要求个体对政权的完全政治服从。 罗伯特·帕克斯顿(Robert Paxton, 2004：142)说，"在公民与公共权力关系的急剧转型面前，所有的一切都是苍白的"。 在实践中，法西斯主义偏离了从阶级向民族和国家超越的理论主张。

(4) 军国主义。 军事权力控制着法西斯主义组织机构。 在攫取权力之前，法西斯的组织机构主要表现为从底层涌现的"准军国主义"——他们称之为使用武力制止冲突的理论。 这是法西斯主义的自下而上的动员，从而成为从底层崛起推翻精英统治的强大政党。 它利用暴力实现该目标。 法西斯主义运动不单单是一个简单的政治党派——它往往是身穿统一制服、全副武装的游行以及使用暴力。 准军国主义组织对法西斯主义分子的影响就如同军队对士兵的影响一样大。 他们也赢得了许多中立派的尊敬，因为，法西斯主义暴力表面上可以终结阶级冲突。 但是，准军国主义组织还不够强大到足以与正规军相匹敌。 只有当法西斯主义者吸引士兵加入他们的阵营以颠覆军队才能攫取政权。 攫取权力之后，他们追求军国主义的内外政策，从而将整个国家带向毁灭性的战争，而战争很快会证明他们的傲慢。 正如我们已经看到的，帝国主义长时间以来是一种常态，而在 20 世纪(除了美国)，为了谋求实现帝国梦，他们比早前的帝国采取了更多的民族主义和军国主义的做法。 但是，事实证明，他们高度侵略性的民族主义正是他们失败的祸根。

这四大因素结合在一起使右翼势力成为法西斯主义革命者，尽管他们更多地关注民族国家，而且相比经济关系而言，更多地关注意识形态、军事和政治权利关系的转化和扩展。 法西斯主义者运用国家经济专制政策将自身从跨国资本主义，或者更概括地说，从全球化的腐蚀性作用中解放出来。 然而，资本家和主要的宗教教派只要不反对一党制的总体领导地位，那么，法西斯主义者仍赋予他们一定程度的自治性。这些是法西斯主义专制抱负的一个主要的例外。 当然，不同国家之间有很多差别。 意大利法西斯主义对国家主义、发达的工团主义和法团主义制度更感兴趣；纳粹更关注种族主义民族主义。 有些人认为，这种划分不利于对法西斯主义进行类属界定，但我并不同意。 我在这里划分出欧洲五种主要的法西斯主义运动——意大利、德国、奥地利、匈牙利和罗马尼亚。 然而，法西斯主义的影响力是十分广泛的。 温和的独裁主义政权窃取了法西斯主义思想和实践；在第二次世界大战中，有六个欧洲民族主义运动与法西斯主义关系暧昧，并加入了轴心国同盟。

法西斯主义同样影响了中东、亚洲和拉美的国家。 它高筑民族壁垒反对全球化，但是，实际上，它却在全球传播。 后面的章节将审视中国和日本的法西斯主义运动。 法西斯主义不会存在太久；1945 年，几乎在世界的各个地方，法西斯主义政府崩溃。 但不可忽视的是，它改变了全世界。

法西斯主义的兴起

(1) 意大利。 意大利法西斯主义的出现源于参加第一次世界大战引起的冲突。 民族主义者与战前的社会主义者(如墨索里尼自己)结盟，产生了第一批几百个法西斯主义者，战争结束后，随着退伍军人的加入，逐渐扩展成为一个准军事组织。 法西斯主义运动宣扬民族主义和国家主义，谋求准军事暴力来终结意大利的分裂局面。 但是，它此时只重视民族意识，还缺乏种族意识，清洗的对象也只针对政治敌人，而非种族敌人。 在意大利，全体男性公民选举权的快速转型导致了动荡的群众运动，包括社会主义和天主教 popolari 民粹主义(populists)运动，意大利的旧体制被瓦解。 罗马天主教视世俗国家为其敌人；自由主义和保守主义精英缺乏群众基础，无法有效地动员民族主义，因为他们已经操控国家走向了一场鲁莽的、不得人心的战争之中。 迪伦·赖利(Dylan Riley, 2010：chap.2)指出，在战前，精英们(以及崛起中的社会主义政党)是高度地区化的。 基奥里蒂(Giolitti)的自由主义经受了战争，并发展成为短暂的民主政体，这种民主事实上只能算是半民主。 基奥里蒂通过以北方为基础的议会政党和南方为基础的庇护主义进行统治。 实行自由主义的意大利时机已经成熟。

法西斯主义者掌握政权早就在意大利实现了，而且，在战后的这段时期，意大利骚乱比其他国家的法西斯主义带有一种更直接的阶级因素。 一些上层阶级之所以转变成法西斯主义者，是为了抵御下层阶级的叛乱而采取的自救措施。 如波河河谷的地主们，他们遭受社会主义者和民族工会的攻击，这些工会受到地方武装和以农业为主的商人的支持。 在其他地方，法西斯主义者的阶级偏见主要是针对中产阶级，特别是低等中产阶级。 大多数工业资本家以及银行家更喜欢半专制的传统政党来保护他们的利益。 法西斯主义同样吸引了那些与民族主义和国家有着更紧密联系的人，如，军事人员、警察以及文职人员，或者是那些来自东北部"受到威胁"的边界地区的人，这几类人所占的比例都很高。 准军事化的暴力行为旨在实现许多退伍年轻男性的军事价值和男子汉的价值。 罗马精英对民主的背叛使他们掌握权力成为可能。1922年，法西斯主义者"进军罗马"没有遭到国家或军队的抵抗，此后，这些精英与墨索里尼的政权达成妥协。 地主、资本家、军队以及教会没有能力发展他们的保守专制主义，因此，其中一些人不得不与法西斯主义者做交易——而且，法西斯主义者也同样如此。 这是务实的妥协，而不是持续的革命。

所有这些涉及成千上万的而非成百上千的人民——成千上万的准军事镇压力量以及精英们对民主的背叛。 社会主义者和民粹主义者可以投票反对法西斯主义者，但是，他们没有与之对抗的准军事力量，没有民族主义的外衣，以及构建中左联盟的诉求。 大多数意大利人并不十分关心权力的获取，因为权力与他们不相关。 所以，法西斯主义胜利的三个主要因素是：战争催生的准军事组织，一部分有产阶级转向法西斯主义所引发的阶级斗争，以及一个分裂的国家——分裂为旧政权和民主体制，这两者自身也陷入了严重分裂。

(2) 德国。 德国是走向法西斯主义的最重要的国家。 纳粹主义是最大的法西斯主义运动，拥有最强大的准军事组织以及最多的选票。1932年，法西斯主义者获得了37%的多数选票，加上保守的专制主义同盟的选票从而构成了议会的大多数，一年后，纳粹主要通过合法途径掌握了国家政权。 在接下来的两年中，他们给德国人民强加了一种纳粹独裁统治，而且他们并没有向其他实权派作出重大妥协。 他们是为了追求其乌托邦理想而进行的持续革命。

我们很了解纳粹主义的主要支持选民。 阶级与纳粹党员或选举之间没有关联——不像意大利法西斯主义者。 尽管纳粹党中的工人比例不高,但是,冲锋队准军事组织中的工人比例很高,如希特勒青年团。尽管纳粹对城市工人阶级团体并不具有很大的吸引力,但是,他们却受到了其他地方生活和工作的工人的大力支持。 他们是最有能力表现为无阶级性的政党。 他们的代言人从普鲁士省到铁路职工,从退休的将军到学生和工人,以形形色色的口音发言——希特勒是一个带有奥地利口音的小下士,无阶级性的典型代表。 正如在意大利,农民阶级从比例严重不足到超出自身比例。 许多农场主(虽然只有少数农业劳动力)成为纳粹,而纳粹在农村和小城镇比在大城市要表现得更好。 与意大利一样,受过良好教育的、支持国家主义经济的资产阶级所占比例较高,包括公职人员、教师、建筑师、林务员以及兽医等职业。 公共部门的体力劳动者的意见也被充分地表达,部分原因在于其中许多人之前是士兵。 这些团体积极响应国家主义经济以及纳粹的民族主义民意主旨。而商人阶层在纳粹中比例不高,但是由于他们大多支持保守的专制主义,因此卷入了将纳粹推向权力中心的计谋之中。 受过良好教育的年轻人的加入使得纳粹党的成员和领袖比其他政党都更加年轻,并且,他们声称自己代表新的、年轻的德国。 在纳粹获取政权之前,加入纳粹党的成员和选民的天主教徒的比例严重不足。 1932 年 7 月,38% 的新教徒投票支持纳粹,但是,天主教徒只占 16%。 这一宗教上的差异比任何其他阶级差异都要大得多。

纳粹党员既不是社会边缘群体,也不是经济失败者。 他们的事业绝少见到失败。 从社会的层面来看,他们处于公民社会的中心,比任何其他政党的支持者更加积极地参与自治组织。 这是一个强大而粗野的社会群体。 与意大利一样,德国法西斯主义者并非来自于现代阶级斗争的主阵地——很少是商人,典型的小资产阶级,私企经理,或者城市产业工人。 他们的成员以及支持他们的选票来自于那些认为他们置身于阶级斗争之外，厌恶于阶级斗争将德国分裂，响应纳粹超越阶级诉求的人们。

到 1933 年政变之时，纳粹党拥有了 100 多万党员。 他们比其他运动的成员更加积极：地方领袖可以号召激进分子进行游行示威、包围国会山以及斗殴。 这些成员放下他们的工作，慷慨地付出时间与精力。 保守主义和自由主义政党由贵族主导；他们并不参加游行示威。 他们的聚会是有礼貌的，表现出了对讲台的遵从以及对演讲者高等社会地位的尊重。 如果他们的集会遭到坚定的诘问或者推搡殴打等形式破坏，他们就无法号召他们的支持者共同作出坚决回应。 他们被纳粹分子的巨大激情和暴力所淹没。 甚至连发明激进友谊这一术语的共产主义者和社会主义者也被他们所击败。 救世军的士兵们都是年轻的士兵，大部分都是工人阶级，往往是单身，共同生活于军营之中，他们的生计主要由政党经费来维持。 与意大利的黑衫军(Squadristi)一样，他们过着有严格纪律的同志般的生活，一起吃喝，有时喜欢运用暴力。 救世军部队向社会主义者和共产主义者的大本营进军，目的在于向他们挑衅，并攻击他们。 斗殴的目的是"通过斗争锻炼"成员的意志，恐吓反对者，并表明"马克思主义的威胁"需要为暴力负责(Merkl, 1980：373)。 纳粹的宣传以及持有偏见的出版社将这一主张传递给成百上千万从未亲眼目睹过暴力的人们。 他们承诺，一旦掌握政权，必将建立一个有秩序的国家。

此外，旧政权的状况非常重要。 战争失败使君主及忠诚于他的保守主义政党下台，同样也摧毁了其武装力量。 旧政权不能再维持其统治。 随着 1930 年民主体制的止步不前，保守的专制主义者夺取政权，但缺乏民众支持。 20 世纪初，大商人反对魏玛民主制，支持保守的专制主义者。 商人们认为纳粹是极端反共产主义的，并且支持工业中的领袖原则。 纳粹党最终将会支持他们的权威而不是工人的权威。 但是，希特勒并不是在商人的帮助下获得政权，而是依靠旧政权——军界、公职人员、司法机关以及 1932 年拥护专制统治的保守的政党。 由于旧体制自身缺乏群众动员的能力，因此他们需要纳粹党，并且愚蠢地相信他们能够控制纳粹。

当其他政党在统治期间面对大萧条无所作为之时，纳粹取得了蓬勃发展。 中产阶级因通货膨胀而疏远这些政党，工人阶级因失业、工资下降以及更长工时而远离这些政党(Weitz, 2009：145)。 纳粹还对选民作出了许多明确的承诺。 其明显的无阶级性使得他们的超越阶级的主张变得貌似合理，正如威廉·布鲁斯坦(William Brustein, 1996)指出的那样，它的经济计划获得了许多选票。 这些经济计划主要借自德国凯恩斯主义者，其具体的计划貌似合理，提出所有德国人获得工作这一简单的民族统一的口号。 纳粹是地缘政治方面的修正主义者，并且是在对失去领土的收复的基础之上发展起来的。 一个因领土的失去而感到愤怒的大国卷入中欧日耳曼人、犹太人和斯拉夫人的紧张关系之后，德国现在的问题是难民、受到威胁的边界以及国内外的种族"敌人"。 在对种族屠杀的纳粹施暴者的背景分析中，我发现，来自丢失领土的以前的难民以及来自接壤地区的难民加入纳粹的比例极高(Mann, 2005：223—228)。 在选举时，纳粹淡化了反犹倾向，而且，反犹太主义很少被纳粹当作入党的理由。 一个更加广泛的有机民族主义拥有巨大的吸引力。这种普遍流行的思想让纳粹接近权力的边缘。 他们自己的准军事组织以及与旧政权的合谋使他们能够攫取权力。 德国与意大利法西斯主义的不同之处在于，阶级特性并非它成功的直接原因。

(3) 奥地利。 两种截然不同的法西斯主义运动出现在之前哈布斯堡帝国的中心：奥地利—法西斯主义以及奥地利纳粹主义。 两者都源自战后准军事组织，都要求收复失去的领土，并利用奥地利人对斯拉夫人以及犹太人强烈的憎恶情绪。 奥地利—法西斯主义更多地以旧政权为基础，采取自上而下的方式，并且是亲资本主义者。 它加剧了两大政党之间——基督教社会党与社会民主党——的政治僵局。 大萧条使政治危机进一步激化。 纳粹主义是较多跨阶级性质的运动。 邻国德国希特勒的崛起是转折点，因为，它损害了与奥地利有关的法西斯主义与社会主义的诉求,并有利于地方纳粹主义者。 在 1938 年的德奥合并过程中,双方的准军事组织都发起政变,并且分别在奥地利和德国军队的帮助下取得了成功。

(4) 匈牙利和罗马尼亚。 这两个国家在第一次世界大战中是敌对双方;匈牙利大败,而罗马尼亚是胜利者。 紧接着的匈牙利内战使左派惨败,使得旧政权得以再度崛起,从而使得匈牙利人民更加受苦,旧体制变得激进化。 由传统的行政与官僚机构以及由上层阶级控制的议会实行双重统治。 但是,旧体制现在增添了更加年轻的一代激进右翼分子,他们提出收复失地的修正主义要求,表达种族主义和反犹太主义倾向。 罗马尼亚则截然不同;拥有大量土地的上层贵族被剥夺了财产,但是,战争胜利以及剥夺上层贵族增加了君主、官僚以及军队的合法性。

在这两个国家,旧体制都得以幸存,并激进化。 规模宏大的法西斯主义运动只出现在 20 世纪 30 年代中期,恰恰出现于左派势力的威胁消退之后。 因而,法西斯主义者对资本主义没有偏见;确实,从其成分来看,他们都是无产阶级,组建了各自的工会组织。 罗马尼亚法西斯主义如此的模糊不清,以至于变成了一种较温和的法团主义,正如经济理论学家曼诺列斯库为后发经济所提供的策略中指出的那样。 罗马尼亚军团由好战的退伍军人、学生、牧师之子、公职人员以及领导许多农民和工人的教师所领导。 军团与罗马尼亚东正教之间的关系最牢固,其次是与箭十字党(Arrow Cross)与匈牙利天主教。 在这两个国家,准军事组织既被用作选举动员的机器,又被用作镇压对手的手段。 罗马尼亚军团发起过一次不成功的政变。 接踵而至的是不平等的死亡之舞(An unequal dance of death ensued),在这一过程中,军事力量战胜了准军事力量,控制国家的激进化的保守专制主义者战胜了法西斯主义者。 只有最后几年的混乱才给予法西斯主义者一次短暂的、注定会失败的胜利。

所以,法西斯主义者是千差万别的;他们不是简单地谋取阶级利益的工具。 他们没有欺骗任何人,他们的运动相比其他的专制主义者而言更多地采取自下而上的方式。 除了他们快速获取权力的意大利,其他国家的竞选活动也对他们非常重要，并且，法西斯主义者在动员激进分子和控制选民的技术方面是先驱者。 不像保守专制主义者，法西斯主义者不能利用国家的权力来安排选举活动(直到他们攫取权力之后)。具有讽刺意味的是，虽然法西斯主义者不相信民主，但是，民主却是他们取得成功的根本。 大众被带到舞台的中心，并允许在那里肆行暴虐，但是，他们的台词已经由法西斯主义精英设计好了。

第一支准军事部队主要由年轻的、激进的退伍军人组成，如果没有他们，法西斯主义一定不会顺利起步。 法西斯主义之后招募了两波年轻人，比例较高的是军官学院的学员、学生、田径运动员以及街头流氓。 法西斯主义的主要力量来自对所有阶级年轻人的吸引力，使得这些年轻人愿意付出比任何其他政治运动中的积极分子更多的时间和精力。 从 1930 年起，纳粹每年都能赢得德国学生的选票——他们从接受过最好教育的人中间赢得最多皈依者。 法西斯主义也较多从难民、受到威胁的边境地区、国家雇员(包括军事力量)、国有企业或国家保护企业以及宗教团体中招募士兵，这些宗教团体自称为"民族的灵魂"或者"国家的良知"——例如罗马尼亚东正教或德国新教，但是不包括德国天主教。 毫不令人惊奇的是，民族—国家主义应该对那些与国家或民族有着密切结构关系的人最具有吸引力，或者说它的军国主义应该对退伍军人和年轻人最具有吸引力。

法西斯主义与阶级的关系在各国大不相同。 只有在罗马尼亚，法西斯主义吸引了有组织的工人阶级。 它往往吸引那些处于阶级冲突边缘的人，在规模较小或新型的工业、农业以及服务部门的所有阶级的人民。 这些人都是有组织的阶级冲突的旁观者，他们大声哭喊着："瘟疫降临在劳资双方家中"，对法西斯主义超越阶级的主张印象深刻。 每一次工人阶级造成的威胁都与法西斯主义力量没有关系。 在意大利，这一威胁可能已经变得非常重大(尽管已经达到顶峰)；奥地利和德国的这一威胁更多是表面上的而不是实际上的，而在这两个国家，工人运动虽然规模很大，但是压倒性的都是温和的工人运动；罗马尼亚和匈牙利在法西斯主义赫然耸现之时，左派的影响力微弱，而法西斯主义推动了主要的工人运动。 民族国家主义比阶级更加接近法西斯主义的核心内容。 法西斯主义者把公民战争的价值观转变为准军国主义以及侵略性的民族主义，提出另一种现代性，通过强调情绪、情感以及无意识来更新浪漫主义。 他们看到，诸如观众、群众运动、全面战争以及大众传媒等现代组织形式可以激发出理性与激情。 这种融合使他们的宣传占据一点优势，可以同时激发理性与激情，但是，只有在制度化的意识形态与补救措施失灵的地方，在发生危机的背景下，才能发挥作用。 然后，人们可能转向他们这种新的世俗救世主义。

法西斯主义运动从下层发端，不是通过选举的大多数，而是通过积极的少数形成公众压力，它既不是精英运动，也不是成百上千万而是上亿人的运动。 我们无法从一种假定的公民社会的软弱性或者大众社会与国家之间的对立等视角来解释法西斯主义。 伯恩特·哈格特威特(Bernt Hagtvet，1980)指出，魏玛德国拥有一个充满活力的公民社会(奥地利也同样如此)；鲁迪·柯沙尔(Rudy Koshar，1986)表明，与其他运动的支持者相比，纳粹主义者更有可能属于自治组织。 赖利(2005，2010)指出，在意大利的中北部地区，特别是农村，密集的公民社会组织为法西斯主义运动提供了组织资源。 他说道，在西班牙，这种组织资源的缺失有力地解释了虽然两国之间有着很多相似性，为什么弗朗哥政权只能采取一种自上而下的工团主义独裁统治。 所有这些都不会令人感到惊讶。 今天研究新社会运动的社会学家强调，这些运动几乎一成不变地利用现有的社会网络和组织以谋求发展(见 McAdam et al.，1996)。 现在我们审视法西斯主义胜利的大陆背景。

两个欧洲

法西斯主义在两次世界大战间的欧洲兴起，有一个地理学上的基础。 我在《法西斯主义者》(2004：3)一书中提供的地图揭示了一条清晰的地理断裂带：几乎所有的东欧、中欧以及南欧国家都走向专制；而那些西北欧的国家仍保持自由民主制。 这里存在两个欧洲。 第一个自由民主制欧洲——除了捷克斯洛伐克(无论如何，它剥夺了其德意志和斯洛伐克少数群体的权力)——由 11 个西北欧国家组成，形成了一个独立的集团：芬兰、瑞典、挪威、丹麦、冰岛、爱尔兰、英国、荷兰、比利时、瑞士以及法国。 这一集团包括三个社会文化区域：北欧、盎格鲁以及低地国家，以一种海上贸易经济和政治与意识形态相似性联系在一起。 早在 1900 年之前，它们已经接受了宪政。 盎格鲁人说英语；北欧国家(除了芬兰)说同一语族中彼此相互理解的方言。 除了爱尔兰，在1922 年之前它一直都是英国的组成部分，它们都拥有去政治化的宗教。西北地区拥有很多共同点。

专制家族形成了另一个欧洲，一个由欧洲大陆的中部、东部和南部组成的地缘集团。 除了德国大部，爱沙尼亚和拉脱维亚，大部分是天主教国家以及欧洲的东正教国家。 除了爱尔兰，它们都是仍然保持强烈的宗教—国家色彩的欧洲国家。 它们包括两种截然不同的社会文化区域，拉丁/地中海和斯拉夫/东欧和中欧。 它们的语言更加多样化，而且它们不是一个贸易集团。 中欧和东欧都拥有数量众多的犹太人，欧洲最世界化的人民(以及吉卜塞人)，因而与有机的民族主义者相对立。战前犹太人已经屈服于俄罗斯斯拉夫派的计划，战后，他们在波兰遭受更多的痛苦。

在两个欧洲之间有一个"前沿地带"，以法国和德国为中心。 这两个国家本可以走向另外的不同的路，产生了一个更加专制的法国和一个议会制的德国。 战前主要的亲法西斯主义理论家(Maurras，Barres，Sorel)都是法国人，在两次世界大战中间的后半段，法国准法西斯主义运动大规模耸现。 如果 1940 年的选举如期举行的话，那么，准法西斯主义的法国社会党(PSF)可能已经获得 100 多个议会的议席(Soucy，1992)。 之后，维希联合政府在国内获得较大的支持。 前沿地带也包括西班牙，在这个国家，民主与专制力量在两次世界大战中间所发生的斗争最势均力敌和最剧烈。 此外，沿着前沿地带，芬兰、捷克斯洛伐克以及奥地利在1934年仍维持稍欠完美的民主体制。

在毗邻前沿地带的国家中，西北部欧洲专制运动的吸引力一般，如捷克斯洛伐克、比利时和芬兰，它们也远不如在第二个欧洲边界线上的那些国家那么受欢迎。 更偏远的西北欧的专制和法西斯主义运动在选举中只得到了不到2%的选票。 在第一个欧洲，决定性的因素是右翼保守主义势力抵制专制主义，社会民主党人抵制革命者，这两者通过民主制度缓和了相互之间的冲突，正如我们在第九章看到的那样，这进一步深化了民主体制。 在奥地利、德国以及西班牙自由选举中，非民主运动得到了35%—40%的选票；在半自由选举的东欧，非民主运动取得了令人信服的胜利。 如果法西斯主义者能够更加自由地组织选举，他们将会在匈牙利和罗马尼亚大约获得超过过去曾得到的20%。 在选举中，专制运动控制了行政权力，与西北欧相比，它们拥有更多的诉求。这里有两个欧洲，一个坚定的自由民主的欧洲，另一个更多受专制美景的吸引——以及一个在他们之间摇摆不定的前沿地带。

历史社会学家曾试图解释为什么主导20世纪的是这两种截然不同的体制。 摩尔(Moore, 1967)分析了现代世界有利于民主或专制体制形成的条件，重点关注将主要社会阶级——贵族、资产阶级以及农民——与"一个农业官僚化国家"(君主、法院以及王室公职人员)联系在一起的各个联盟之间的关系。 虽然他有时将军国主义与战争纳入他的解释框架，但是，他并没有将它们理论化——宗教运动也同样如此。 军事上的分析缺陷由蒂利、唐宁(Downing)和我来加以弥补；埃特曼(Ertman)、戈尔斯基(Gorsky)以及其他人作出了进一步的完善。 摩尔还过度运用他的理论主张，设法从同样的权力结构视角解释俄国共产主义、德国法西斯主义以及日本军国主义的兴起。 我已经在第六章指出了这种解释俄国共产主义出现的方式的不足。 这里，在法西斯主义问题上我提出类似的观点。 虽然我将指出，一个专制或半专制国家是法

西斯主义出现的必要条件，但是，它绝不是唯一条件。 第一次世界大
战要对俄国革命负责，也同样需要为法西斯主义的出现负责，在这两个
事例中，意识形态权力关系是解释当两类革命者掌权之后他们如何统治
的问题的必要条件。 尽管摩尔努力追求永久性的解释力，但是，正如
我们现在将再一次看到的那样，每一个历史发展阶段都有其自身的因果
路径。

解释：两个欧洲面临的四大危机

专制主义在第二个欧洲的勃兴是对一战引起的一连串经济、军事、
政治和意识形态危机作出的反应。 这一连串的危机互相重叠，在之前
的权力结构之中互相角力。 战前的法西斯主义者仅由军官和知识分子
小圈子构成。 如果没有战争，也不会有大规模的专制主义的涌现，法
西斯主义将不过是世界历史的一个注脚而已，希特勒也只会默默无闻地
活着，悄无声息地死去，也不会有大屠杀，甚至第二次世界大战也不会
爆发。

(1) 经济危机肇始于战争结束之后的经济衰退，1929 年大萧条的打
击再一次加快了衰退的步伐。 在衰退与危机之间，经过了程度较轻的
通胀危机；两次世界大战之间的经济从未呈现上涨之势。 人们期望政
府能提出经济政策以缓解衰退所造成的痛苦，但经济的衰退使政府丧失
了合法性，使执政党名誉扫地(Weitz, 2009)。 然后，纳粹出现——在成
百上千万选民的消极支持下。 很明显，一战结束之后如果与二战结束
一样出现一个经济复苏期的话，那么，也就不会出现影响深远的法西斯
主义。 这些严重的经济困难是法西斯主义者取得胜利的一个必要的
条件。

但是，经济困难并不是一个充分条件。 所有国家都面临经济困
局，但大多数国家并没有转向法西斯主义。 大萧条打击最严重的国家

是美国和加拿大，但是，它们仍然坚持民主制。 仅次于美国和加拿大的是专制的奥地利和波兰，但，在它们之后是民主的捷克斯洛伐克和爱尔兰，再接着是德国(和澳大利亚)。 总而言之，在大萧条的严重程度与专制结果的出现之间没有关系。 大萧条造成了所有在任执政政府的倒台，无论是右派还是左派(正如我们在第八章中看到的那样)。 在经济危机期间，右翼发动政变的数量并没有上升。 这些政变贯穿于两次世界大战时期，相对来说，在其间既有美好时光又有不如意之时。 政变更多地爆发于落后国家，很大程度上是由于大多数发达国家(除了德国)已经在一战前建立了自由民主制。 不管怎样，法西斯主义并不仅限定于落后国家。 最大规模的法西斯主义运动出现于不同层次的经济发展水平国家——从发达的德国，经奥地利、意大利和匈牙利到落后的罗马尼亚。 经济危机削弱了这一时期所有的政府，但是，它们不能直接解释法西斯主义出现的原因。

　　资产阶级邀请了法西斯主义者保护其经济生产关系吗？ 帕克斯顿(Paxton，2004：28—32，49—52)说，布尔什维克的出现使德国和意大利的保守主义精英们对共产主义极度恐惧，以至于任何事情——甚至法西斯主义——在他们看来似乎都是更可取的。 然而，确实存在对整个欧洲资本主义财产关系的普遍威胁吗？ 布尔什维克革命之后，奥地利、德国、匈牙利、意大利和西班牙紧接着发生革命，但都以失败告终，而苏联被他们所孤立。 到 1922 年，革命的左派势力被打败。 在日本，左派势力的兴起趋势(自由主义的色彩多于社会主义)到 20 世纪 20 年代末逐渐消失。 在中国，1927 年，蒋介石在上海屠杀了共产主义者。 实际上，几乎所有的右翼势力都是在来自底层的严重革命威胁已经逐渐消退之后才兴起的。 资本主义并不真正需要防范左翼势力。 它可以自我维持。

　　确实，资产阶级的利润被中左政府和大萧条一点一滴地侵蚀了。 也许资产阶级会利用右翼势力的政变迫使工人承担更多的代价。 然而，西北欧政治精英们正在设计更好的实现利润最大化的策略。 美国新政中的企业自由主义与斯堪的纳维亚国家的社会民主党的妥协保卫了资本主义利益，并赋予了工人更多的权利。自由民主，而非右翼专制主义，是增加资本主义利润的最合理的策略。凯恩斯在此时指出，可以通过刺激消费和增加工人权利来挽救资本主义。

那么，既然无论是财产还是利润都没有受到太大的威胁，一些上层阶级为什么还要拿起专制主义的或法西斯主义的武器呢？他们在1917年之后的暴动时期被吓破了胆。为什么不好好利用左派当前的弱点完全将暴动镇压呢？我们今天生活在资本主义貌似欣欣向荣之时，很难理解在那个困难重重的时代，许多人为什么担心资本主义会走向衰弱。左派不足以强大到影响革命的爆发，但是，它足以造成社会失序。苏联正在进行工业化，并向全世界派遣共产国际代表。当感受到虽然可能性很小但一旦变成现实就会造成巨大的破坏力这一威胁时，恐惧情绪的出现就是可以理解的了。上层阶级的理由是："稳妥点总比后悔要好"。而且，资本主义是贪婪的。如果他们通过降低工资可以攫取更直接的利益并且认为没有麻烦，他们就会铤而走险。我在上一章证明了，需要保留技术熟练以及有经验的工人的福利资本主义只有当工会达到一定程度的力量之后，才会提供高薪资和医疗与养老金福利等金色锁链。如果工会依然式微，雇主们很可能会极尽可能地设法压榨他们。今天，在美国，任何一个工人激进分子都可以告诉我们真相！

然而，大多数拿起武器的富人不是产业资本家而是农业地主、军官以及教会统治集团——旧体制。土地改革在整个欧洲被迫实行，地主们害怕他们不能继续控制国家。他们大多数是靠收租生活的人，他们的利润是现代经济中最少的部分，由于全球性生产过剩，他们的利润在不断地下降。他们仍然控制着国内的军官和政府部门，那么为什么不发动政变呢？军官和教会势力的想法与地主相似。军官们意识到他们的等级自主权以及预算受到民主化的文官控制的威胁。教会势力害怕世俗化的自由主义者和社会主义者会实行政教分离，威胁到教会的财产，并挑战他们对教育和婚姻的控制权——而他们可以动员信众共同体，特别是农村地区的广大人民。

民主遭到旧体制的全面背叛。 帕克斯顿说，法西斯主义者与旧政权达成了一项"历史性的妥协"，而旧政权相信他们能够控制这些粗鲁的乡下人。 他说道，保守主义者通过邀请法西斯主义者分享权力"把他们变成正常人"(normalized)："在每一个决定性的时刻，他们选择了反社会主义的解决方案"。 1922 年，阿曼多·迪亚兹(Armando Diaz)将军建议意大利国王维克多·伊曼纽尔三世不要对墨索里尼进军罗马展开军事行动，因为，那样做可能靠不住。 然而，不但如此，国王却走得更远，他任命墨索里尼出任总理！ 1933 年，德国贵族弗朗茨·冯·巴本(Franz Von Papen)使希特勒成为总理，因为他原本以为他能控制希特勒。 帕克斯顿继续说道，"迄今为止，没有哪一次起义政变曾使法西斯主义者获得过政权。 专制主义独裁统治曾数次粉碎了这种企图"，他举罗马尼亚作为例子。 因此，他总结道，作为同谋的上层阶级的行为是解释法西斯主义兴起并掌权的关键因素(2004：87—97)。 这是以阶级观念解释法西斯主义的理论，而且再一次表明了，阶级理论是一个必要的而非充分的解释。

(2) 军事危机。 战争对一些国家来说带来的是失败和领土的丢失，而对所有国家来说，带来的是士兵复员、混乱和不稳定的地缘政治格局。 领土没有改变的中立国和参战国经历了最小程度的混乱，而这包括西北部的大多数国家。 在第二个欧洲，军事威胁更加严重，因为包括了多数战败国。 在修正历史主义者持续挑战和平条约的国家，在他们要求收回失去领土的国家，这种军事威胁会持续更久。 在奥地利、德国和匈牙利，遭受苦难的难民和民族主义者为了收复失地不懈斗争。 甚至在获胜的意大利，许多人公开指责"被破坏的和平"，因为意大利没有获得加入协约国一方时被承诺的领土。 在被击败的多民族帝国版图上兴起的继任国担心他们根本不能存续下去。 罗马尼亚人和法国人担心他们是否能保有他们获得的领土，而塞尔维亚人则担心他们会失去对南斯拉夫的控制。

　　然而，时机似乎对于军事和经济危机来说才是一个问题。 只有意大利法西斯主义者(1922)以及保加利亚专制主义者(1923)在战后很快就取得了政权，而且，这些国家遭受了最小的损失。 德国需要时间恢复元气。 1930 年，战争赔款的问题已经解决，而众所周知，对莱茵地区的联合占领只是暂时的。 1933 年希特勒发动政变，由于它发生太迟了以至于完全不能将其归结为一战失败所导致的。 匈牙利的政治家们意识到他们的修正主义是不切实际的；奥地利人清楚他们不能恢复帝国。战败不能直接导致法西斯主义。

　　战争的确促进了第一次世界大战之后右翼势力的涌现，削弱了民主的前景。 更加具体地说，战争产生了准军事组织。 全面战争已经动员了数百万的男性加入战斗，无数男女为战争提供经济和后勤保障。 战争扩大了国家权力，扩大了公民身份范畴，将较多军事成分加入其中，并且产生了新的军事价值观。 全副武装的民族有着严格的纪律，又是同志般友爱的，既是精英化又是平民化的，军官与普通士兵并肩作战，而军官的死亡率更高。 许多年轻男性被征入伍，到 1918 年，大多数人希望放弃军旅生涯回家。 他们中的少数左翼分子开始从事政治，呼吁建立一个更加公正与和平的社会。 当一系列工人和士兵委员会涌现之后，他们被吸纳进平民左翼阵营，他们往往是反军国主义者。 一些退伍军人对在前线时经过锤炼的跨阶级的同志般友谊抱有幻想，但是，战后饱受创伤的平民民主使他们放弃了幻想。 他们一边猛吹军人美德，一边精心设计出右翼准军事组织。

　　在许多国家都出现了准军事组织和退伍军人联合会。 它们在芬兰赢得了内战的胜利；镇压了 1919 年到 1920 年匈牙利的马克思主义政权；镇压了战后德国早期、奥地利和波兰的左翼势力和外国反对派；推翻了 1923 年保加利亚的平民政府。 它们成为第一波法西斯主义的中心。 在意大利，它们实际上是法西斯主义政党。 然后，退伍军人运动对那些受到游行示威、抗议和打架斗殴等吸引的年轻男性进行培训。法西斯主义的前提条件同样需要现代性对年轻人所产生的一些影响——

年轻男性从家规中解放，年轻女性从生育的沉重负担中解放，增加有组织的体育活动，增加大规模教育职业群体以及特别是增加公民战争(citizen warfare)。 学生与军校学员联合会、体操俱乐部和其他运动俱乐部都聚集在法西斯主义者的大旗之下。 在整个 20 世纪，年龄组效应对政治来说仍然是很重要的；他们带来了对年轻人以及具有鲜明特色的年轻人文化的崇拜——这种年轻人文化具有右倾倾向。 受到在前线时接受的价值观的影响，一些退伍军人声称，准军事组织能够在现在的和平时期实现社会和政治目标。 准军事组织利用建构起来的同志关系、等级制度以及"牢房"、"巢穴"或者一捆棒子(fascio)等暴力方式"控制"一个个年轻男性，这一捆棒子是一种表现强制和约束性关系联合体的符号。

退伍军人准军事组织在民主体制的英国几乎没有出现过。 在法国存在一些准军事组织，20 世纪 20 年代，美国新成立的退伍军人协会被右翼势力用来作为红色粉碎机。 然而，与德国、意大利、匈牙利和罗马尼亚的退伍军人法西斯主义者相比，这些都微不足道。 一方胜利，另一方失败，以及为收复失地的斗争，通过军事权力关系的媒介作用，为解释两个欧洲的差异提供了部分依据。 战争将仅仅是知识分子运动的法西斯主义转化为几千人的群众运动。 因为，法西斯主义者美化暴力，当暴力走上街头，甚至在与同样拥有有组织的准军事组织的左翼势力的斗争中，他们也往往能够获胜。

准军事组织仍然只是一个必要而不是充分的原因，因为在正常的情况下，孤立的街头斗争也可以使法西斯主义者陷入失败的阴影之中。准军事组织无法战胜国家军国主义，但是，由于《凡尔赛条约》和《特里亚农条约》削弱了军队力量，一些国家因意识形态纷争而陷入分裂，国家对暴力手段的垄断地位摇摇欲坠。 意大利军队对墨索里尼进军罗马袖手旁观，部分原因在于最高统帅部害怕对法西斯主义的同情会降低指挥系统的效率。 纳粹在德国巩固其统治，德国军队听之任之。 麦格雷戈·诺克斯(Macgregor Knox)正确指出，相信社会阶级或经济利益决定政治行为将是一种"幼稚的还原论"。 他说，在这种情况下，"政治和战争领路,社会紧跟其后"(2009:40,315)。 所以,我们转向政治危机。

(3) 政治危机只有在第二个欧洲才表现得很严重。 到 19 世纪 80 年代,所有的西北欧国家都建立了竞争性政党制度、自由选举以及很小程度的行政干预。 甚至在欧洲的殖民地,在爱尔兰和挪威,当地人都已经能够派遣民意代表进入殖民地政权的议会。 甚至两个边缘地区,芬兰和捷克斯洛伐克,被允许在俄罗斯和奥地利帝国中派遣省政府的代表。 当选举权扩展至低等阶级和妇女时,他们的组织就会从牢固确立的制度中找到机会(Luebbert, 1991)。 第一个欧洲的多数国家是单一制国家,并非实行二元领导,由议会制度主导,议会制度主要是用来解决阶级之间,宗教共同体以及不同地区间的冲突。 在上一章,我们看到北欧和盎格鲁国家通过发达的民主社会公民身份来解决冲突问题(参阅 Schmitt, 1988)。 法西斯主义政党是后来者,随着政党竞争已经主导这些国家的政坛,对法西斯主义者而言,几乎没有留给他们任何政治空间(Linz, 1976:4—8)。 无论一战或者大萧条使西北欧国家处于什么样的困境之中,它都可以通过政府的宪政改革加以应对。 被危机弱化的政府失去权力,其他政党取而代之。 民主制创造出了一整套通过自我更新处理危机的选举技巧。 那是它最大的优势。

相比之下,整个第二个欧洲,更加脆弱的国家经历了战争引起的政治动荡。 被击败的政权失去了合法性,而一些政权承受战争难民的压力。 意大利只在迪里雅斯特和南部蒂罗尔发生了一点点动荡。 两个战胜国,罗马尼亚和塞尔维亚不得不面对一个截然不同的问题:如何整合改变了整个国家的新领土。 塞尔维亚人必须使政治制度化,那样就可以确保他们自己的统治,而另一方面又不会使南斯拉夫少数民族感到过于不快。 罗马尼亚人则拥有一个广袤的和农村人口占压倒性多数的国家。 这不再是这一地区被压迫的"无产阶级国家"。 崭新的继任国必须从头开始建设。

在第二个欧洲,议会要么在 1914 年之前根本不存在(如俄国和奥斯

曼帝国)，要么与君主、将军或者控制大量职务任免权的部长级政权
(a ministerial regime)(如德国、奥地利、匈牙利、保加利亚、罗马尼亚、
塞尔维亚和意大利)分享政治权力。 这些都是"二元国家"，议会与行
政机构彼此分享部分主权。 武装力量与警察由行政机构控制，因而他
们可以操纵选举，而议会可以实施职务任免权，有选择性地采取镇压措
施，发布戒严令，严禁政党活动等等。 从 1918 年开始，和平条约以及
获胜的中左派要求转向民主议会制。 德国和奥地利迅速实现了议会主
权与全面的成年人选举权，西班牙在 1931 年也实现了这样的目标。
1918 年，意大利在选举权方面实现了重要的扩展。 这些转变并未带来
仍由旧体制主导的在对武装力量和警察的控制以及法律制度上的相应改
变。 政党也未将民主游戏规则内化。 事实上，大多数自由主义和保守
主义政党是非常不自由的，社会主义运动也不够务实。 要想建立广泛
的议会联盟以保卫和扩展民主制度，希望十分渺茫。

　　新兴国家在动员民族认同的运动之中转变为民族国家。 这里有业
已建立帝国的民族(俄罗斯、德意志、匈牙利、奥斯曼)，没有建立帝国
的民族(乌克兰、罗马尼亚)，更新兴的亚民族(塞尔维亚、捷克)，另外，
这些民族都有一部分人生活于其他国家并成为少数民族。 当这些民族
拥有不同的信仰时，他们彼此之间的不安感就会更深。 在这些国家，
各种复杂的诉求被提出来，却没有既定的制度来加以解决。 也许，对
于那些控制国家行政权的人来说，他们面临危机时实施镇压会更安全。

　　尤金·韦伯(Eugene Weber)说："20 世纪法西斯主义是支离破碎的自
由民主制的副产品"(1964：139)。 但是，这是错误的。 自由民主国家
经受住了危机的考验。 相反，专制主义与法西斯主义发端于二元国家
的危机，一个旧体制试图走向民主和民族国家，而此时它正被上面提到
的经济和军事危机包围。 这引起了旧体制的政变，国家的行政力量对
抗另一半的民主力量。 西北部欧洲国家保守主义者具有从精英政党转
向平民政党的能力确保了宪政的幸存。 在其他国家，正是保守主义者
在转型过程中的失败导致了专制主义的出现。 这些国家的保守主义者

四分五裂，缺乏动员权力，为法西斯主义打开了大门。 虽然，政治危机更多地缘于长期经济发展过程以及地缘政治的发展，并且与短期的经济和军事危机有关，但是，它同样具有特殊的政治原因。

政治权力关系同样能解释为什么法西斯主义者只在少数专制国家实力强大。 在旧体制依然强大的国家，法西斯主义屈从于它的统治。 在20世纪30年代的西班牙，只是君主政体消失了，军队和宗教完好无损，并且决心捍卫旧秩序。 佛朗哥将军能够击败一支强大的左翼势力，并且使那些大规模法西斯主义运动顺从他的政权统治。 在罗马尼亚，卡罗尔国王与安东内斯库元帅运用足够强大的政治和军事权力镇压一场大规模的法西斯主义运动，直到战争后期。 在德国，君主制消失，军队大幅度削减，充满活力的民主制度削弱了但并非根除了旧体制的权力。 纳粹通过这样一种民主形式登上舞台，为旧体制施加了太多的群众动员。 在意大利，旧体制仍然保有更多的权力，但是其政党制度十分脆弱，无法对抗法西斯主义者的动员能力。 协议达成之后，墨索里尼的政治伎俩逐渐使他占了上风。 所有的国家情况都有所不同，但是，通过各种不同的形式，我们可以发现一种普遍的趋势。 在第二个欧洲，旧体制的力量与统一性与法西斯主义政权成反比关系。 旧政权越强大，越统一，就越会产生专制右翼势力的统治；越脆弱，越分裂，法西斯主义者的机会就越大。 所以，三种不同的结果——法西斯主义、保守专制主义以及民主——可以通过对如何回应经济和军事危机具有决定性作用的政治权力关系得到最好的解释。

(4) 意识形态危机。 经济、军事和政治危机的连环爆发使人们产生了一种意识，似乎这是一种普遍的文明危机，并产生了一种探寻新的意识形态的诉求。 但是，非法西斯主义的专制主义者并不过多地依赖意识形态生存；他们非常务实地盗用许多法西斯主义的外衣，设法拆除法西斯主义的激进、自下而上等主要特征，以此作为继续执政的必备武器。 法西斯主义是一种更加具有超越性的思想运动，尽管其知识分子都是二流人物，包括莫拉斯(Maurras)、巴雷斯(Barres)、种族理论家张伯伦(Chamberlain)和戈比诺(Gobineau),以及一批资质平庸的记者、传播者和小册子作者——臭名昭著的反犹太的伪造读物《犹太人的阴谋》(Protocols of the Elders of Zion)。 两次大战期间,法西斯主义吸引了意大利和罗马尼亚的主要知识分子,但是,其他地方则仍是较少知识分子参与的运动,实际上是宣传家参与的运动。

然而,法西斯主义得到了高中和大学接受良好教育的学生、神学院和军事研究院的学生以及大多数高学历的中产阶级职业阶层的共鸣。 路易吉·萨尔瓦托雷利(Luigi Salvatorelli, 1923)把这种支持者描述为"人文主义资产阶级"。 1900 年到 1930 年,在发达世界,学生人数呈四倍增长,是 20 世纪最高的增长率。 在第二个欧洲,增长率甚至更高;这威胁了旧体制对教育制度的控制权。 在 20 世纪 60 年代,学生人数猛增造成了一次学生左翼政治运动;在 20 世纪 20 年代,学生政治向右发展。 邓南遮(D'Annunzio)是第一个利用文艺宣传、歌颂青春的民族主义者,很快墨索里尼效仿他。 法西斯主义是年轻的,因而它是现代的、面向未来社会的——这是法西斯主义者的宣传。 法西斯主义不单是暴徒们的思想。

法西斯主义者声称,社会滋生出了物欲横流和颓废主义,因此需要通过调动价值观、规范和风俗来"再神圣化"(resacralize)(Gentile, 1990;Griffin, 2002)。 他们声称,文明危机包含政府、自然科学、社会科学以及艺术等方面。 他们公开指责社会主义者是"亚细亚的野蛮人",自由主义者"堕落"和"腐败",自然科学"物欲横流","退化的"、"老掉牙的"文化需要振兴。 军国主义通过编造的关于国内外敌人的民族神话以及侵略扩张的正当性得到合法化(Knox, 2009:315)。 法西斯主义者通过诉诸情感和理性,促进了自身的风俗、艺术、建筑、自然科学,以及社会科学的发展,推动了他们的青年运动,以及新人崇拜。 这是一种真正的世俗救世主义。 他们利用了音乐、游行、修辞、绘画、平面设计、雕刻以及建筑中的情感力量。 帕克斯顿说:"情感……认真完成的礼仪以及饱含热情的修辞……直接的感官体验"比纳粹意识形态中的真理更加重要。(2004:16—17)

意识形态不能科学地证实。 要想成功，新意识形态要求的不是真理，而是合理性和情绪感染力，当既有的意识形态深陷困境之时，提供一种似是而非的理解世界的能力。 在两次世界大战期间，传统意识形态与遍及半个欧洲的同时代危机进行着斗争。 保守主义者不信任居于舞台中央的人民大众；自由主义似乎是腐败的、不胜任的民族主义者。社会主义质疑国家，造成了更多的阶级冲突，而并非是解决冲突。 经济困境的影响——特别是大萧条——主要是间接的：保守主义者、自由主义者和社会主义者都有机会来解决这些问题。 他们一旦失败，就给了法西斯主义者可乘之机，就像在德国发生的那样。

经济、军事和政治危机产生了另一个现代性以及另外一种以民族、国家和战争为中心的救世主义的意识形态。 法西斯主义对资本主义没有多少兴趣，而资本家对法西斯主义也没有多少兴趣。 整个第二个欧洲，保守主义专制势力掌权，盗用法西斯主义的外衣，镇压法西斯主义者。 他们把现代性看作是可欲但危险的，把自由主义看作是腐败的，社会主义看作是混乱的，而世俗主义是邪恶的。 少数保守主义者信奉一种精英先锋队的概念，动员人民大众接受国家主导下的经济发展以及秩序和等级的形成——法西斯主义。 在整个西北欧，民主仍完好无损，自我维持，只出现了规模非常小的法西斯主义和保守专制主义运动。 马克思主义理论对法西斯主义的解释所面临的困境在于，经济衰退的程度与工人运动的力量大小及法西斯主义的兴起没有关联。 西北欧国家与其他国家一样遭受大萧条的沉重打击，他们也同样存在强大的工人运动。 然而，在欧洲西北部，民主制在一战前就已建立，现在已制度化。 在那里，法西斯主义者仍是弱小的少数群体，社会主义者对抗共产主义者，保守主义者对抗有机的民族主义者，这些都支持一种摇摆不定的选民和坚持中间立场者的工具政治理性。 正如我们在上一章看到的，第一个欧洲通过走向政治中心、拓宽选举权以及将自由民主向社会民主或自由——工党民主深入等方式来应对危机。

几个二流的知识分子和煽动家在被遣散的，特别是战败军队的士兵中发现了数以千计的激进分子。 在困难的经济和地缘政治时代，他们对暴力的极大热忱可以与左翼激进分子进行较量，也许可以战胜他们。当经济困难加剧——但是仅仅发生在民主没有完全制度化的国家——政党名誉扫地，数以百万计的人民发现法西斯主义的意识形态貌似可信。这数百万人并不是最终的决定因素；相反，旧体制的精英(也许只有数百人)在有力量的情况下可能镇压政变，在无能为力的情况下，他们就支持法西斯主义者发动政变——他们的决策核心就在于不出动军队。要解释法西斯主义的兴起，必须诉诸社会权力的所有四大来源。 他们彼此发挥着截然不同而又十分必要的作用。

掌权的法西斯主义者

因为只有两个法西斯主义政权曾在一段时期内掌权，我在这里将只讨论德国和意大利。 一旦掌权，法西斯主义者就不会继续动员人民反对精英。 相反，他们向人民强加一种一党独裁统治，并与资产阶级达成妥协。 只要资本家生产法西斯主义者所想要的东西，并且不干预政治，那么法西斯主义者就会使他们摆脱独立工会和好斗工人的纠缠。由于大多数法西斯主义者根本不关心宗教事务，因此，他们与教会势力签订了契约；因而，无论是资本家还是教会势力都从独裁政权中获取了实现有限自治的手段。 而武装部队并非如此。 希特勒肃清了最高统帅部，并使其置于他的侵略计划之下，同时利用纳粹党的武装力量保护自己，首先是救世军，然后是党卫军(SS)。 纳粹掌权之后，党卫军和盖世太保(Gestapo)变得有点像保卫这种专制主义的禁卫军。

创造一个更加军国主义化的、神圣的民族国家以及夸大国内外敌人构成的"威胁"产生了一系列影响。 法西斯主义者并不能轻易地专心致力于分享权力。 他们需要满足他们的激进分子的需求，需要一种不断革命的思想(Mann，1996；Paxton，2004：148)。 一旦他们攫取政权，意识形态权力的作用就会凸显——正如在共产主义政权中发生的那样——因为持之以恒地激励他们向前，走向他们的乌托邦式的目标。一旦掌权，法西斯主义准军事组织就会暂时性地开展反对国内种族敌人或政治敌人的斗争，但是随后，它就会投入侵略外国的战争之中。正如我们将在第十二章看到的那样，它的军国主义是彻头彻尾的乌托邦，必将导致最终的失败，从而摧毁整个专制主义右翼势力集团。他们毁灭的方式毋庸置疑地证明了，法西斯主义者不单单是资本主义或其他人的反动派或配角。从意识形态的层面上来说，他们用意识形态保证了他们所取得的成功，也同样决定了最终的失败。

意大利法西斯主义者相对德国而言受到的意识形态影响程度更小。意大利法西斯主义是社会主义者、工团主义者、保守民族主义者、激进黑衫军以及农业反动分子的联合。墨索里尼本人支持一种带有社会主义性质的法西斯主义，但是，他的机会主义触角使他能够挑逗彼此对立的各派之间相互斗争。这样导致的结果是，意大利既是一个法团主义的国家，又在各种制度间划分国家主权：君主、传统官僚、法西斯主义大议会、企业部、辛迪加、政党以及作为领袖的墨索里尼自己。尽管墨索里尼无比自豪地宣称意大利是一个极权主义国家，但事实并非如此。法西斯主义政党能够盗用意大利社会密集的地方协会的许多做法，紧靠着国家维持自己的生存。激进主义者和工团主义者成功完成了对工会和谈判权的垄断控制，是因为雇主联合会也被赋予了作为另一方的同样的谈判权(Riley，2010：61—68)。在其他一些地方，从务实的角度来说，法西斯政权承认了非法西斯主义精英的权力。1922年，地主们接管了农村的法西斯主义组织。在城镇的接管花费的时间更长，因为激进的法西斯(fasci)在整个20世纪20年代持续不断地制造动荡。法西斯主义工会变得更加中产阶级化，主导了行政部门和地方政府的低等和中等阶层。政变之后，随着中产阶级和文职公务人员机会主义者的加入，国家法西斯党(PNF)中工人和农民比重下降。

尽管法西斯主义政权的基础不断变窄，但是却十分受欢迎。1924

年的选举并不是完全的自由选举,但是,大规模的法西斯主义多数派基本上是真正通过选举产生的。 这里有秩序恢复所带来的宽慰。 法西斯主义者在早期斗争中,在某些地方杀害了 700 到 1 700 个左翼分子及平民。 一旦牢牢控制政权,大约是 1926 年之后,他们就不需要更多的暴力,法西斯政权就可以获得如果不是非常热烈的,那么至少是非常广泛的人民的支持。 特别法庭和秘密警察的引入并没有导致恐怖;那些因政治罪行而被判决的人之中 80% 都被宣判无罪,而那些被宣判有罪的人之中大多数被判处不到 3 年的监禁。 从 1927 年到政权的最后终结,只有 31 个人受到了政治处决。 在第二次世界大战中,只有 92 名意大利士兵被判决死刑,相比之下,一战意大利的"自由主义的"先驱发放了 4 000 个死亡判决——德国国防军有 35 000 个死亡判决。 除了不满地方政党负责人以外,人们对法西斯主义政权没有太多的不满。

伦佐·德费利斯(Renzo De Felice,1974:chap.2)认为,法西斯主义政权获得了意大利人的主动认同。 在大萧条问题上,法西斯主义政权处理得非常好。 政府支出大幅度增长,教育和福利计划得到适度完善。 意大利法西斯主义在经济管理上还算是高效的。 法西斯主义的贸易联盟以及妇女运动、年轻人运动和休闲运动为许多成员提供了货真价实的实惠。 梅布尔·贝雷津(Mabel Berezin,1997)强调,法西斯主义的礼节和仪式对人民的日常生活产生了重要的影响,利用和强化了普通人的爱国主义,控制天主教和乡村牧师,使之为实现他们的计划服务。 但是,第二次世界大战使法西斯主义不得人心。 从 1943 年的警察局报告可以看出,许多意大利人把食物短缺和被轰炸的遭遇归结为这场愚蠢的战争,这是一场由更加强大的德国强加给一个弱国的战争(Abse,1996)。 这是意大利第二次鲁莽地参加世界战争,给人民造成巨大的痛苦,同时再一次严重削弱了国家的实力。 国内严重分化,许多势力崛起与法西斯主义分庭抗礼。 然而,在此之前,几千个老法西斯斗士与数量更多的机会主义者似乎在没有过度费力的情况下统治着意大利。如果没有战争,他们本可以统治更长久一些。

最致命的弱点是军国主义。 通过战争，墨索里尼偏向了超越性目标，并满足了其激进分子的需要。 无论如何，他相信战争。 在法西斯主义统治之下，军费开支增长了三倍，到 1937 年，占到了 GNP 的10%，这一比例比其他任何国家都要高。 墨索里尼介入西班牙内战，站在佛朗哥一方。 他宣称，"战争之于男人，就像母性对女人一样"。对于他来说，很不幸的是意大利男人并不这么看。 意大利男人对战争带给他们的痛苦更加敏感。 意大利可以妥善处理对埃塞俄比亚的入侵，在那里，它只不过是复制其他国家实行的帝国主义统治、暴行以及一切——英国也曾在两次大战期间对当地人使用过芥子毒气——但是，1940 年，在德国国防军取得的非凡成就的刺激下，意大利加入第二次世界大战的做法被证明是毁灭之举。 在军事上，意大利不属于第一流的，所以，一切依赖德国。 这样使得墨索里尼听命于希特勒。 在希特勒的压力之下，意大利的激进分子变成脱缰的野马，而墨索里尼也犯下了罪大恶极的罪行，放纵对意大利犹太人的大屠杀。 之后，随着希特勒军事帝国的衰落，墨索里尼的意大利联盟——国王、法院和将军们——抛弃了他。

如果墨索里尼代表最好(不是很好)的法西斯主义，那么，希特勒就代表最坏的。 整个 30 年代，他的政权委婉一点说就是不断"激进化"，其实是更独裁、种族主义、侵略战争以及对平民的大屠杀。 生活的各个方面都被法西斯主义者渗透。 罗伯特·莱(Robert Ley)是纳粹劳工部领导人，他评论道，在纳粹德国，唯一的私密个体就是熟睡中的人。 纳粹军国主义同样转向国外。 阶级冲突没有被超越，而是被镇压，资本家被允许继续赚取利润，但是，他们必须为战争生产，甚至可能是为一场种族战争进行生产。 理查德·埃文斯(Richard Evans，2006：xv)说，"主宰一切的是为战争做准备，从一开始，希特勒和纳粹就把这场战争看作是德意志民族重新安排中欧和东欧秩序，成为欧洲大陆，乃至世界霸主的重要手段。"希特勒希望得到的远不止失去的领土；他希望通过战争实行全球统治，这是一个彻头彻尾的乌托邦式的目标。

因为他的主要目标是一个经过种族清洗的帝国，实现目标的主要手段是利用军事力量，因此，希特勒准备牺牲德国经济为战争进行积累。国家的军事功能优先于经济功能。 相对于军备改良的开支而言，公众希望的高速公路和公共汽车的革新所耗费的开支微不足道。 1937 年，军费开支只占到 GNP 的不到 10%，比意大利要稍微低一点，但几乎是英国和法国的两倍。 但是，军事凯恩斯主义却实现了充分就业，甚至工资上涨。 戈茨·阿莉(Goetz Aly，2007)强调，纳粹急于化解工人的不满情绪，因此，他们利用许多社会保障计划来帮助工人，甚至增加两倍长时间的休假制度，削弱地主加租或强制驱逐租户的能力。 1939 年战争爆发，取悦工人的需求进一步凸显。 到 1940 年，纳粹政权停止对加班费征税，1941 年，引入了针对所有公民的全民医疗保障机制。 当然，很显而易见的是，只有雅利安人才有资格享受这些，甚至对于他们来说，这还不是事情的全貌。 有限的消费商品以及定量配给抵消了社会经济的繁荣。 由于商店里可购买的商品很少，德国人只能把储蓄存入银行。 对于银行来说，他们没有任何其他的投资机会，只能将储蓄变成不会偿还的政府债券。 德国人——特别是有储蓄的中产阶级德国人——在毫无强迫、毫无意识的情况下被榨干，为战时财政的"沉默权制度"("silent system" of war finance)买单。 但是，这两种趋势可能被视作是缩小阶级差距的做法，似乎增加了纳粹超越阶级差异主张的可信度。 正如我们在第十四章将会看到的那样，这是对战时德国爱国主义的有力支撑。

最重要的是，1937 年和 1938 年，纳粹政权将投入军费的国民产值增加了两倍，达到 20%，这是任何一个国家在和平时期前所未有的增长数据。 这一做法造成了经济危机，而希特勒视而不见。 相反，他还提倡扩大军费开支(Tooze，2006：138—143，253—259，354—355，659；R.Evans，2006)。 在这背后还存在一个经济学逻辑。 在独裁统治的驱使下，为了从疆域上控制德国经济所需要的资源，如罗马尼亚的油田、乌克兰的玉米田，德国必然走上军事扩张的道路。 这是迄今为止最穷兵黩武的现代国家，当然，随着希特勒战争机器不断推进，大多数德国人损失惨重。阿雷认为，战争可以持续为他们带来经济利益。这种观点是很荒谬的。确实，德国士兵和管理者能够掠夺被占领国家的资源，并送回国内，但是，食物短缺以及对德国轰炸造成的毁灭性打击大过一切所谓的利益，除了纳粹精英以外。纳粹政权既没有大多数左派意识形态政权的优点，也不如一些温和的民族主义政权相对诚实，并信守提供公共产品的承诺。腐败的确是这一政权的核心部分，因为，每一任政党领导人从上层掠夺资源以增加个人财富。虽然，希特勒的确提供了更多的公共产品，但是，相比战争给德国民众带来的痛苦而言简直微不足道。

纳粹激进化的过程一直推进到德国发动第二次世界大战，对犹太人和吉卜塞人实行种族灭绝，对精神病人和同性恋者实行大屠杀，对波兰和其他外国精英实行政治屠戮。希特勒力图对德国领土内的劣等民族和基因遗传方面没有价值的德意志人进行清洗。对犹太人的种族灭绝很可能并不是他的初衷；他希望歧视和暴力可以迫使他们逃离德国，从而被迫放弃他们的财富。正是因为他们没有离开德国，也正是因为他的征服使他捕获了数量惊人的犹太人和吉卜塞人，杀掉他们所有人的想法才变成政策。[2]东边的征服意味着斯拉夫人太多而无法根除，尽管他们是低等民族。只有他们的领袖将被杀害(以政治屠戮的方式)，而剩下的人将成为他们德国主人的"奴隶"(helots)。在西边的征服将会温和得多，因为他们不是低等种族。只有犹太人以及那些反对他的人才会被杀害。战争与种族灭绝，特别是对犹太人的种族灭绝是希特勒留下来的恐怖遗产。

关于战争，我在第十四章会讨论，而且我已经出版了一本关于种族灭绝的著作，《民主的阴暗面》(The Darkside of Democracy, 2005)。这里，我简要地叙述种族主义激进化的过程。社会达尔文主义(Social Darwinsim)这一术语指的是，人被从生物学角度分为优等和劣等群体，在20世纪初的发达国家中广为流行。它同样被应用于种族和阶级：白种人被(白人)视为优先于堕落的黄种人以及野蛮的黑种人；上层阶级认为下层阶级在生物学意义上是低等阶级。 优生学理论似乎从科学的角度确证了这一点。 为了保护白人的优越性，重要的是禁止种族杂交；为了维护综合国力，上层阶级必须比低等阶级更快地繁衍后代；精神病人以及罪犯被禁止繁衍后代。 这些都是所有发达国家广为坚持的信念，一些国家甚至不惜使罪犯、怀孕的未婚少女以及精神病人失去生育能力。 然而，只有纳粹喜欢杀掉他们。

第一次世界大战前，德国并没有表现出比其他国家更加强烈的种族主义，或者说更加强烈的反犹太主义的倾向。 法国可能会更加反犹太人，波兰和俄国肯定是如此。 尽管其时德国军队对待当地反抗政府比大多数欧洲殖民军队更加残暴，德国殖民者至多也是与英国和法国殖民者一样的法西斯主义者(Hull，2005；见 Mann，2005：100—107)，但是，德国人过去常常统治波兰人，他们把波兰人以及其他斯拉夫人看成是劣等种族。 在第一次世界大战中，德国人征服了广袤的东部领土，他们把这片领土看作是一个巨大的、几乎没有被开发、可以殖民的空间(Raum)。 当士兵们在挖战壕时，却发现躺在地表之下的史前人类留下的文物，他们大为震惊。 他们把这看作是证明这一地区仍旧是多么原始的考古学上的证据。 鲁登道夫将军设立了一个东部管理机构，Ober Ost，负责管理和无情地攫取资源，同时该管理机构秉承一种文化使命，即给该地区的原始人带来文明。 随着局部抵抗德国统治的地区的增加，德国人对当地人的负面看法也在增加。 在战后，东部地区注定会发生的收复失地的斗争中，德国准军事组织自由军团认为斯拉夫人代表着一种"令人恐怖的残忍"，他们也以同样的方式回击斯拉夫人。 对于德国人来说，"东部是一个多种族和地域广袤的地区，无法控制，只能被清理和清洗"(Liulevicius，2000：152—153)。

需要生存空间(Lebensraum)的思想在魏玛共和国时期就广为流行。人们普遍认为，太多的德国人拥挤在一个太小的国度，而海外定居殖民地被英国海军阻挡。 在一个横跨东部边界的中欧(Mitteleuropa)帝国中可以得到大量可以定居的土地。 奥地利帝国的分崩离析增强了德奥合并(Anschluss)的诱惑力。 奥地利在反犹太人的倾向上比德国要强烈得多，希特勒是一位奥地利人，而且，他的第一批支持者的圈子主要来自一个反犹太人的维也纳—慕尼黑轴心。 在早期纳粹分子中间，关于种族生物学的普遍思想适用于两个截然不同的欧洲方案中：在欧洲大陆东部创造定居者殖民地，将劣等性特征归属于斯拉夫人和犹太民族。

杀戮从德国自身开始。 1933年纳粹获得政权导致了成千上万的共产主义者和社会主义者被关进集中营，在那里，许多人会被杀害。 然后，罪犯、同性恋者、吉卜塞人、犹太人以及精神病人遭受持续恶化的对待。 1938年，纳粹从使精神病人失去生育能力转变为终结他们的生命，这是一个具有决定性的时刻，因为，纳粹政权已经从一个仅仅是实行高压政策的政权转向了实施大屠杀的政权，并训练大量人群参与屠杀。 虽然，纳粹通过立法将犹太人驱逐出公职、武装力量、教育行业、艺术，以及之后的各个职业，依靠一大批地方禁令，禁止犹太人出入公共大厅和公共领域以及游泳池，但是，还没有任何一项反犹太人的政策如大屠杀这样令人感到恐怖。《纽伦堡法令》详细地界定了谁是犹太人，并禁止通婚(Friedlaender, 1997：141—151)。

1933年到1938年间，希特勒征服了大批非纳粹精英。 政党、公职人员、最高统帅部以及较小程度上受到影响的资本家和教会势力都服从于纳粹的目标。 它控制了专制权力和基础权力，能够深入公民社会之中执行其各项指令。 在理论上，这是极权主义，但在实践上，这个单一的纳粹党国并非如此。 专制国家通常拥有的基础权力要比他们所希望的小得多。 他们相信，内部敌人正不辞辛劳地努力摧毁他们的权力，但是，当独裁者发现他不能就所有事物发号施令时，他通常会减少代表极权主义模式本质的自上而下的指挥系统，通过这种方式加以调整。 希特勒逐渐形成了两种主要的策略。 一是利用准军事组织安全部队，特别是党卫军和盖世太保来监控党国的国家部分。 另一种策略是对政党精英分而治之，允许各"部落酋长"控制他们自己的行政区，但是鼓励他们之间展开竞争，并命令他们直接向他本人或他信任的内阁成员报告，而不向任何政党或国家等集体报告，从而创造了一个派系林立的专制主义，有学者甚至称之为"多头治理"(polycratic)(Broszat，1981)。既然这样，那么，专制权力似乎对基础权力有所侵蚀，这不是一种我早前设想的可能出现的情况(Mann，1988a；2008)。

随着希特勒获取的权力越来越大，它同样打破了纳粹运动内部的权力平衡。因为与保守主义精英的妥协已经结束，保守主义纳粹的影响力已经消失。当沙赫特(Schacht)反对将经济屈从于战争机器时，他倒台了。戈林起初是一个保守主义纳粹分子，为了维持他的权力，他变得激进。激进分子受益于"领袖原则"，特别是受益于伊恩·克肖(Ian Kershaw，1997，1998：chap.13)称作的实践活动——"为元首做贡献"，努力猜测元首的意图，这些意图几乎普遍地被看作是激进的。无论是有意还是无意，实际上，这是减少派系之争，增加各个派系选择的政策的凝聚力以及通过共同目标而不是官僚制度保持高水平基础权力的方式。它也同样取决于韦伯所谓的魅力型权威，在此权威下，官员的选拔和奖励不是根据他们的技术能力，而是他们对领袖的贡献大小以及接受他的理想的热情度。很少有纳粹分子仔细思考过大屠杀，但是反对大屠杀的人也很少，因为这样将反对元首，而这通常是无法想象的问题——它同样会毁掉他的事业。如激进主义的委婉说法那样，"有所作为"的纳粹分子都受欢迎，而这将给更加小心谨慎的同僚和上级造成压力。

在《民主的阴暗面》一书中，我设法解释了为什么反犹太主义在纳粹主义中是如此重要，这里不再重复。然而，1938年，德奥合并带来了更加致命的奥地利人血统的反犹太主义，导致了比在德国已经看到的任何一次都更加暴力的大屠杀。成千上万的犹太人逃亡国外，其他人则倒在边境线上，富人则支付赎金移民国外。此时，希特勒正超越我在《民主的阴暗面》一书中称作的他的"A计划"——迫使犹太人离开——转向他的"野蛮地驱逐出境"的"B计划"，通过暴力协助移民。1938年11月，纳粹党领袖用计谋成功地将暴力屠杀扩大到整个德国，这就是著名的水晶之夜(Kristallnacht)。 希特勒私下说道,"犹太人应当感受到一次人民的愤怒"(I.Kershaw, 2000: 138—139)。 100多个犹太人被杀,8万人逃离德国,但是,这种暴力行为震惊了许多纳粹分子。 一些地方长官(Gauleiter)拒绝执行屠杀命令。 1938年,穆勒—克劳迪乌斯(Müller-Claudius)在与41位纳粹精英分子交谈后指出,28个人(63%)表达了对水晶之夜的强烈不满。 只有2个人(5%)明确表示赞同。 戈林对大屠杀给经济造成的潜在破坏感到沮丧,甚至希特勒本人也担心掠夺难以控制。 纳粹政权被拉了回来。 它通过强化"安乐死",即对精神病人进行大屠杀来进行补偿。

在保守主义纳粹分子极力反对的冒险的外交政策上,希特勒也取得了成功。 1936年,德国军队占领莱茵地区,在1938年的德奥合并中吞并了奥地利。 紧接着是苏台德地区,然后是整个捷克斯洛伐克。 不费一枪一弹就获得如此之多胜利,使得希特勒的名望以及在国家和纳粹运动中的权力大增。 它同样使东部生存空间的吸引力大增,扩大了"日耳曼民族"(魏玛德国领土之外的日耳曼人)的政治影响力并增强了所谓的"犹太—布尔什维克"带来的威胁意识。 1939年,向波兰扩张将纳粹德国拉入了与西方强国之间的战争之中,但是,纳粹国防军迅速在波兰、低地国家以及法国取得胜利。 紧接着是丹麦和挪威。 苏联在1941年年中遭到攻击。

尽管希特勒咬下来的东西要比他能咀嚼的多得多,但是,1941年12月,他向美国宣战。 许多德国人,包括大多数将军都意识到他们可能会战败,但是,战时爱国主义以及盖世太保使得他们不可能反对希特勒或者他的激进目标。 因而,整个领导集团——全国领袖、地方长官、党卫军领袖、政府管理者以及将军们——都批准了对所有劣等民族的"根除"。 委婉的代码字表达了道德限制方面的松动。"狂热"是好的,激进分子是"坚韧的"、"久经锻炼的"、"坚毅的",把"冰冷"变成"无情"、"严峻"、"特殊计划"。 敌人被非人性化:犹太人、吉卜塞人、布尔什维克、斯拉夫人以及亚细亚人都是"腐烂的酶","国际社会的蛆和虱子"。

　　希特勒所有的内阁成员都是同谋。 1938 年，希姆莱告诉他的党卫军最高指挥官，接下来十年会出现一场在整个犹太民族、共济会、马克思主义以及全世界的教会之间的意识形态斗争。 这些力量——其中，我推测犹太人将是推动力，所有一切负面因素的根源——很清楚，如果德国和意大利不被毁灭，那么他们就会被毁灭，我们将用前所未有的残酷无情地将它们消灭(Ian Kershaw, 2000：130)。 1941 年，戈林、希姆莱以及海德里希一起构想出了"最终解决计划"(Final Solution)。 戈林宣称，"这不是第二次世界大战，这是伟大的种族战争。"戈培尔的日记中描写道，"这是雅利安种族与犹太细菌之间的生死搏斗。"他宣称，德国人必须"残酷地"统治东部民族(Kersten, 1956：120；S.Gordon, 1984：100；Goebbels, 1948：126, 148, 185, 225, 246)。 这些领袖都意识到全世界其他国家的人将如何评判他们的大屠杀，但他们却相信他们的行为是历史的必然。 他们说，将来，人们会感谢他们在克服传统道德问题上表现出的"坚韧"。 如果他们赢得战争，那么，他们肯定会得到人们的感谢——也许其本身只是一个像种族灭绝那样令人毛骨悚然的想法罢了。 他们作为胜利者会重写历史。 纳粹对种族灭绝和蓄意的种族清洗意志坚定。 希特勒政权很可能是世界上曾出现过的最坏的政权。

　　自上而下的激进化得益于希特勒对德国反对派的毁灭、领袖原则的扩散以及地缘政治的胜利。 如果德国精英在新政权的头几年就表现出更强大的适应能力，那么，他们可能已经增强了纳粹保守主义者的实力，并创造出一个更少杀戮的法西斯主义版本。 他们与纳粹合谋攫取权力使得他们无力阻止纳粹激进主义在侵略战争中转向恐怖的种族灭绝。 纳粹激进主义通过战争进一步走向激进化，加速了德国总体失败时刻的到来。

　　普通德国人在大屠杀中的合谋问题激起了许多争论。 我在《民主的阴暗面》(2005：chaps, 8, 9)中表明，犯罪者的样本大多数由忠诚的纳粹分子和党卫军成员组成，由于他们经历过安乐死计划以及开始于1939 年的波兰大屠杀，因此，这群士兵和低级军官已习惯于暴行，从而保证了大多数德国军队中存在老练的激进分子，正是他们之后要求执行大屠杀。 然后，正常的社会等级制度压力(遵守秩序)、野心(如果迟疑，就没有晋升)以及同志关系(如果一个人有意射杀的人数较多，其他同志就必须杀害更多)等因素起作用，使普通的德国人与同谋者之间形成了一种义务关系。 虽然，此时只有3%的德国人直接参与了犯罪，但是，犯罪者的总人数可能已经高达30万。 显而易见，在一定程度上来说，比例高得多的人意识到正在发生什么，但是，通过自身的经验，我们知道，当人类面临恐怖的时候，人们有能力转过脸去。

种族灭绝不是只有德国人所特有的罪行，因为在世界范围，许多其他国家的人民也犯过大屠杀的罪行。 用汉娜·阿伦特(Hannah Arendt)使用的术语来说，纳粹的种族灭绝也不是"平庸的"。 真正的凶手不能逃脱死亡的血液、内脏以及散发出来的令人感到恐怖的恶臭。 办公室里的杀手，如艾希曼(阿伦特给他贴上了标签)，并没有亲手杀害犹太人，没有经历过这样不愉快的时刻，但是，他们是狂热的纳粹分子，热衷于终结他人的生命，也不是平庸的官僚。 很确定的是，大屠杀是"现代的"，尽管与齐格蒙特·鲍曼(Bauman，1989)最著名的"现代"概念的用法有些不一样。 每一个完成种族灭绝的小组都是运用他们可以得到的最现代的技术。 正如鲍曼所说，对德国人来说，这包括已经用于老鼠的毒气以及工厂式的灭绝营。 然而，20世纪末，胡图族在卢旺达犯下的种族灭绝并不是这么现代。 他们确实有一些卡拉什尼科夫冲锋枪，但大多数杀戮是用砍刀。 20世纪初，对亚美尼亚人实行种族屠杀的土耳其人也拥有一些枪支，但是，主要武器是刀、绳子(用来扼死别人)以及饥饿。 但他们都分享了现代性的一个完全不同的特征：他们都是极端民族主义者，坚持人民统治(民主的大众)意味着由他们的种族群体(民族)进行统治，而其他种族必须被暴力清洗。 从本质上来说，他们的现代性本质上既是意识形态的也是政治的现代性。

希特勒高于一切的目标变成了种族灭绝。 他拒绝将活着的犹太人当成奴隶—劳工来剥削，更希望他们都死去。 正如我们在第十四章会看到，他对糟糕的战争时机的应对策略是通过侵略更强大的敌人使其变得更糟。所以，法西斯主义灭亡的简单解释是希特勒扼杀了它。如果没有希特勒，那么其他纳粹分子很可能已经与其他德国精英达成妥协，对战争会更加谨慎。相比我从社会权利的所有来源视角对法西斯主义的兴起作出的复杂解释而言，我可以对法西斯主义的灭亡给出唯一的解释——的确，最终是一个人。在这本书中，这是唯一的一次，我把巨大的因果推动力归结为一个个体。这不是社会的常规特性，但是，很确定，它在这里扮演的角色重大。

人们也普遍认为，希特勒具有克里斯马型权威。许多政党领袖、将军和其他人说，他们进入希特勒的房间，在他面前做好准备与他讨论政策问题，然而，他们离开以后，再一次确信了他是最了解政策的人。对于政党的普通成员来说，纽伦堡集会的影像表明了他们已被他牢牢掌控。马克斯·韦伯定义克里斯马(charisma)为：

> 个人人格的一种独特品质，凭借这一品质，他超脱于普通大众，被赋予了超自然，超出常人，至少是具有非凡能力或非凡特质。这些品质都是普通人所不具备的，被看做是神圣的，或者具有典型性，基于此，拥有这些品质的个人被称为领袖(M.Weber，1978 edition：I，241)

这种特质可以清晰地体现在希特勒身上。然而，增加三个限制性条件似乎更妥当。首先，太巧合的是，不但希特勒，而且至少还有另外两个法西斯主义领袖——意大利的墨索里尼与罗马尼亚的科德雷亚努——也同样具有克里斯马型权力。我们似乎可以批判韦伯过于强调了领袖的气质，而忽视了追随者对领袖的信任。克里斯马不仅仅是一种个人的气质，而且是一种领袖与追随者之间的关系，在发生危机的情况下，更常规型的权威似乎对解决问题无益(韦伯接受这一点)。其次，法西斯主义意识形态实际上体现了领袖原则。领袖应该是超凡脱俗的。 对领袖的信任的必要性比任何运动中挽救一个具有神圣权威的宗教领袖的必要性要强烈得多。 再次，希特勒与纳粹之间的克里斯马关系对整个世界来说意义重大——而科德雷亚努与他的军团之间的关系却没有那么重大——因为德国是一个能在不利条件下发动种族灭绝以及一场长达五年之久的毁灭性世界大战的强国。 因而，法西斯主义的教条与权力结构加上德国的军事实力造就了希特勒对全世界形成的克里斯马影响力——可惜是一种非常不幸的影响力。

法西斯主义是一种不错的选择吗？

答案显然不是。 首先，它将四种权力资源融合在一起，本质上是专制的，极大程度上地剥夺了人们的自由。 其次，最强大的法西斯主义政权证明是一种自杀式行为。 法西斯主义的敌人赢得了胜利不是因为他们更加善良，或者说因为文明必然战胜野蛮，而是因为他们人数更多，他们装备精良。 如果没有希特勒的德国，法西斯主义很可能会坚持更长的时间，而且其他欧洲和亚洲的右翼专制主义者也会如此。 法西斯主义与资本家达成妥协，操纵整体经济并允许资本家赚取利润。事实证明，在将经济发展服务于侵略战争之前，这对于经济发展非常有益。 法西斯主义的自上而下的法团主义与北欧国家自下而上的法团主义之间存在一种家族相似，都同样有助于经济发展。 法西斯主义同样善于灌输民族自豪感；德国法西斯主义特别擅长于对民众进行战争动员。 德国国防军证明了这一点，他们奋战到底，在失败是不可避免的情况下仍然坚持很久(从意大利士兵身上更能感觉到这一点)。 法西斯主义是一种意识形态，它的政策骇人听闻，但却切实可行。 如果没有希特勒，墨索里尼会坚持更久，德国法西斯主义本身也会坚持更久。 我已经强调过，军国主义是法西斯主义的必备要件，但它并非一定需要如此的不计后果。 种族主义也是法西斯主义的一种持续性趋势，被纳粹带至顶峰，而且，种族主义又是一次自杀式行为，因为它现在被应用于海外帝国。犹太人，特别是斯拉夫人的遭遇给法西斯主义者树立了死敌。他们认为，与纳粹之间没有妥协的可能，只有将它们彻底毁灭。法西斯主义的灭亡是刚愎自用的结果，是人类非理性的一个极恶的案例，对于它的欧洲盟国来说是致命的。在欧洲的右翼专制势力之中，只有西班牙的佛朗哥以及葡萄牙的萨拉查在战争中明智地保持中立(以及非种族主义者)，所以，他们尽管被孤立，但是幸存了更长时间。

法西斯主义最终增强了其敌人的实力。它促进了西方社会和自由民主制的深入，巩固了东方国家社会主义制度。我们不能(像如同证明一种广泛的革命过程那样)将他们的失败或者扩张当作是必然的结果。没有希特勒，苏联很可能不被孤立，日本、英国和法国等帝国将会坚持更长时间，而且，美国也不会成为世界超级大国，在全世界强行推行一种更普遍的全球化。如果没有他，世界上就会存在经久不衰的、更温和的法西斯主义和法团主义，就会出现更少的趋同与融合。事实证明，法西斯主义是一次反对全球化的、负隅顽抗的行为，最终失败。

今天看来，法西斯主义就像一部历史剧，第一次世界大战结束后，危机频发，法西斯主义提出解决危机的对策，此时，各国国界纠纷不断，退伍军人组建准军事组织，阶级冲突兴起——之后是大萧条重创。第二次世界大战造成了相反的后果——边界纠纷很少，没有准军事组织，革命只在亚洲发生，在西方世界，在牢固的议会自我更新的方式作用下，西方国家改良了资本主义和自由的社会民主制。这种趋势逐渐蔓延到东南亚的许多国家；看似稳定的国家社会主义出现在苏联集团和中国；而且，其他地方出现了去殖民化运动，以及温和的"第三世界"的社会主义和民族主义。法西斯主义的失败带来了一个新的世界秩序，使得法西斯主义的解决方案似乎落后于潮流和时代了。法西斯主义的根除意味着更普遍的全球化在全世界扩展。

注 释:

[1] 请注意,自《法西斯主义》(fascist)这一章开始,我已经将"准军国主义"的内涵转换为"军国主义"的内涵,其目的是用这个概念来涵盖准军国主义与侵略战略。

[2] 这是一个有争议的问题,没有绝对的决定性的答案。 我自己的观点参见《民主的阴暗面》(2005:table 7)。 同时参阅 Christopher Browning(2004)对这些证据的权威评论。

第十一章

苏联社会主义(1918—1945)

保卫革命

国家社会主义是民主资本主义的第二种主要的替代方案。正如我们在第六章中看到的，由于俄国经济发展的不平衡，国家对阶级关系的介入方式虽然是压迫式的，但显得优柔寡断，在全面战争中的失利导致了俄国革命的爆发。以一种革命意识形态武装的布尔什维克获取了国家政权，杀死了统治家族，将宗教打入冷宫，废除了资本主义，建立了一党统治机制，在其他很多方面都改变了俄国——真正意义上的革命。苏联体制一般被称作"共产主义"，尽管这一术语不太准确(对马克思来说，共产主义是一种未来的社会，苏联领导人把共产主义看作是他们的终极目标，而不是当前的目标)，但我仍然沿用这一具有争议的术语。

苏联提供了一种可行的替代民主资本主义的方案，一种完全不同的将工业社会的人民大众带入权力舞台中央的方式。它声称提供一种新的未来世界格局，并在全世界广为宣传，但是，当它从世界革命的规划转向"社会主义在一国的胜利"时，却设置壁垒抵制全球化。它发展了一种产业经济，不惜以巨大的人力资本作为代价，使它能够在第二次世界大战期间，在军备的各个方面超过德国。二战后，这个国家已经成为世界两大超级大国之一。在这种背景下，苏联放弃了它起初的民主理想。韦伯已经预见到了这一点，他认为，如果经济与政治官僚机构掌控在同一国家权力之下，个人自由将会丧失，而那些资本主义与国家权力分立的国家则不会。 韦伯说，一个生活在国家社会主义制度下的人将与古埃及时期的普通农夫所拥有的权力相当。 他是正确的。 韦伯进一步指出，相比古埃及而言，苏联是一个更加理性的官僚机构，所以，很不容易被打破(1978：1402—1403，1453—1454)。 事实表明这种说法只对了一半。 共产主义者掌权超过半个世纪之久，看似无懈可击，但是最终在 20 世纪 80 年代崩溃。 在整个 20 世纪，苏联是革命式变革最主要的代表案例，是资本主义、自由和社会民主的主要替代方案，在全世界受人敬仰也备受憎恨。

苏联开始影响世界其他国家——首先鼓励外国革命，此后无意间压制其革命机会。 首先，全世界范围的工人运动受到极大鼓舞。 尽管工人领袖常常对布尔什维克怀有敌意，而普通激进分子的积极响应，不是出于对马克思主义意识形态的信仰，更多是基于一种观点，即与他们一样的人民可以推翻资本主义剥削。 此外，全世界的知识分子也给予了社会主义和共产主义强大的支持。 虽然自由民主和那时的社会民主资本主义代表了先进社会的主导模式，但是，他们的先进是实用主义层面的，偶尔会进行一次改革，很少带有意识形态色彩，几乎不能提供任何救赎措施。 布尔什维克也是反帝国主义者，从而扩大了在世界很多地方的知名度。

所以，布尔什维克革命之后，一股罢工风潮席卷整个世界，但是，这也同样坚定了资本主义和帝国主义势力迫使布尔什维克主义走向绝境的决心。 他们干涉俄国内战，希望粉碎革命，但是对战争的厌倦以及俄国的幅员辽阔导致了他们的失败。 所以，他们转而孤立苏联，并设法通过玷污本国激进工人与在西方世界逐渐不得人心的共产主义有关联性来打击他们。 不过，共产主义在殖民地和发展中国家并不是那么不得人心。

到 20 世纪 20 年代早期，布尔什维克革命各个方面逐渐显露出它的矛盾性。 几千名布尔什维克分子抓住了战争带来的意想不到的机会发动革命，他们在一个农业人口占绝对多数的国家动员了一小部分产业工人阶级。 他们通过承认农民对夺取土地的所有权来收买农民的暂时支持，导致出现大量的远不是他们社会主义理想中的农场家庭。 如果他们信奉社会主义民主原则，就无法赢得任何选票，但是他们却会产生恢复俄国秩序的最好机会。 在一种乌托邦式的救世意识形态的驱使下，他们追求社会总体变革，但是正因为此，也正在此时，他们正遭遇革命后的混乱，陷入与保守主义势力之间的四年内战之中，保守主义者决心以各种必要的手段捍卫他们的特权，并且他们拥有十支外国远征军的援助。

在这样一些背景之下，期待他们举行选举，承认他们敌对政党的合法性，并建立一个多元主义的民主制度，简直就是空想。 但是，他们很大可能会通过他们自称的无产阶级民主来进行统治，允许在单一的共产党内自由表达和多元主义的存在，并在工厂和社区保留民主苏维埃。这将会允许革命初期的主要联盟——左翼社会主义革命党和孟什维克——加上激增的小团体，例如民主集中派、工人反对派、工人真理派以及工人团体派能够表达他们各自的政策方案。 关于工厂的研究表明，工人们希望并热切期望获得这些自由，但是，整个 20 年代，所有这些团体被镇压，其目的在于维护布尔什维克领袖不受任何限制的权力。一长制和资产阶级专家同样回来了。 工人们举行罢工，公开谴责"委员会政体"，但是被镇压了。 所有这些都摧毁了工人对政权的支持。到 20 年代末，工人或许更希望摆脱布尔什维克党的统治(Pirani，2008；Murphy，2005)。

布尔什维克之所以选择专政道路，是因为在非常不利的条件下仍然坚持他们的社会改造意识形态。 他们的统治不是一种带有有限目标的独裁；布尔什维克党人追求总体变革。 他们声称，他们的专政统治只是暂时的，因为他们希望革命可以快速在世界其他国家爆发。 他们说，他们所做的所有事情将会持续下去，直到世界革命爆发。 当他们建立了他们的国际组织共产国际时，确定的官方语言是德语，而不是俄语;他们希望柏林成为世界革命的总部。然而,1918 年的柏林使他们感到失望。然后,不利条件进一步恶化:他们深陷内战泥潭直到 1921年,内战带来荒废、饥饿、强制人口流动、工厂关闭、对农民农产品的强制征收、集中营以及对那些被怀疑与敌人勾结的人进行报复。15 万名主要来自城市工厂的红军被部署用武力强制征收农民的粮食。彼得·霍尔奎斯特(Peter Holquist, 2002)注意到,这项政策多半是一战时俄国政策的继续,而非布尔什维克的首创,虽然相比俄国之前出现的任何政策而言,托洛茨基的内战政策更加粗暴,但是,他的方法成功赢得了内战的胜利,并带回了和平和秩序。

内战往往被描述成布尔什维克实行专制暴政的理由。为了保卫革命,军事力量是不可或缺的。当然,首先,军事力量是获取革命胜利的必要条件,但是,现在的布尔什维克人宣布进入"战时共产主义"和红色恐怖之中,这使得他们陷入困境,因为军事力量天生就是专制的。红色恐怖也从底层的阶级不满中突然出现。它是一场"针对特权的平民战争"(Figes, 1997:520—536)。白色恐怖更糟糕,对工人、农民以及犹太人来说尤其如此。如果白军取得胜利,那么他们将带来一场更恐怖的灾难,因为,白军的领导人都是反动分子,他们除了拥有全副武装的哥萨克人,缺乏其他社会基础(Suny, 1998:88—94, Holquist, 2002;Raleigh, 2003)。如果我们考虑到 20 年代欧洲东部其他地方的政治右倾,那么,白军更有可能缔造出一个法西斯主义政权,而不是自由主义政权。想取代布尔什维克的白军阵营由于内战而名声扫地,它的极端化倾向有力地破坏了从自由主义者到社会革命党再到绿色农民运动等更加温和的运动。有些人作出了一个历史假定。他们认为,沙皇体制如果没有被推翻,它也可能会产生一种半民主、比较得体的资本主义形式。这种形式将比布尔什维克的统治更好一些。但是,这些人忘记了战争与内战的严酷的现实,他们忘记了俄国自由主义的残弱无力以及君权神授的意识形态力量。如果俄国成功地置身于世界战争之外,那么,这种反事实的情况也许是可能的,但是,由于战争的影响,到 1920

年，俄国要么是白色的要么是红色的，而后者相对于很多人来说是两者之中比较好的选择。

红军取得了胜利，但是，内战却留下了一个满目疮痍的国家；食物短缺，一个弥漫着军国主义的共产党国家，恐怖以及战俘集中营；战时共产主义的高度统制经济，招致农民的憎恨，工人阶级被战争机器碾碎，从 400 万产业工人下降到不足 100 万。 为了避免混乱，必须一定程度上缓和统治，他们在这一时期实施了一项伟大的实用主义行动，新经济政策(NEP)，该政策于 1922 年开始实施。 新经济政策允许独立的所有者为市场生产商品，这对于农民家庭农场以及小生产者和贸易商来说是一个好消息。 他们在经济权力方面作出了妥协，但仅限于经济权力这一方面。 虽然，1924 年至 1925 年饥饿重新席卷而来，但新经济政策有助于缓和人民的不满情绪，并使得苏联经济在 20 年代末恢复到 1913 年的水平。 工厂和工人组织得以复苏。 在凯文·墨菲(Kevin Murphy)研究的大型工厂中，工人表达了他们的不满，举行罢工，召开争吵不断的集会并批评国家政策，一直持续到 1926 年左右。 这只是一种暂时的多元主义。 大约从 1926 年开始，工会屈服于国家管制，"革命期间创立的保护工人利益的工厂委员会变成了延长工时、提高生产率以及降低工资的机构。"由于这些制度控制，工人不可能组织起来，因此也就没有必要逮捕很多人以保证他们绝对服从。 甚至在第一个五年计划期间，工人的实际工资已经减半时，斯大林的追随者仍然控制着工厂。 布尔什维克通过政党获得了一些工人的支持，而且，这种方式促进了对无产阶级的统治，而不是无产阶级自己统治自己(Murphy，2005：227，207)。

虽然布尔什维克宣称，女性们已经从父权制中解放出来，但对于女性来说，这一时期也并不是那么美好。 当男性从战争中回归或者从农村迁移到城市，许多女性被驱逐出工厂。 虽然女性参与劳动的程度很高，但是，整个 20 年代和 30 年代，布尔什维克政权在文化上变得更加保守和父权化(E.Wood，1997；Fitzpatrick，1999)。 女性在家庭中的境况没有任何改变，正式的就业解放加重了女性在劳动力市场和家庭中的

"双重负担"，所以，相比资本主义而言，在共产主义制度下的女性生活更加繁重。 革命已经将人民推上历史舞台，但他们仍扮演着没有发言权的角色。

斯大林式的一党制国家

布尔什维克身处一个充满敌意的世界之中。 从内战和新经济政策中崛起的布尔什维克始终坚持着一种信念，即他们有能力实现全面的变革。 他们相信，到那时，这种变革将是世界的灯塔。 资本主义将被社会主义所取代，首先，这意味着由一个代表无产阶级的一党制国家精英对生产方式的集体控制。 这种集体控制将实行强制的工业化过程，最终实现经济增长与富足以及所有阶级之间和男性与女性之间的平等，从而使俄国飞快走向现代化。 这种目标可以在与现存的制度体制作出最小程度妥协的情况下得以实现。 也许在人类历史发展过程中从未出现过这样一种附有如何实现未来蓝图的意识形态救赎学说。 诚然，1928年到1930年，围绕如何最好地组织经济问题，布尔什维克党内爆发了激烈的讨论。 党内一部分人支持将经济组织成"辛迪加"或"托拉斯"形式的工业，从中央获得了一些自主权。 而党内的中央集权派则与斯大林结盟最终得以胜出。 大部分党员相信，社会主义只有在无所不包的自上而下的中央计划的指导下，独立于世界经济之外，才能得以实现。 这是"社会主义在一国取得的胜利"，是任何世界革命之前获得的社会主义的胜利。 世界革命最终将会出现，但是，此时此刻，只有一个巨大的、被重重包围的区域在对抗资本主义的全球化。

因此，社会主义版本的一党制出现了。 在这种体制下，像纳粹主义一样，政党与国家没有融合而是保持部分独立，在政党的主导下，监控着国家各个层面的运作，从而保证领袖的大多数激进政策通过大众政党得以执行，也赋予了政党在发展中国家罕见的一定程度的基础权力。

诚然，这往往被称作极权主义(totalitarian)——专制权力与基础权力的最终结合。这一术语既有优点也有缺点。当然，布尔什维克特别是斯大林力图建立极权主义统治，而且，他们拥有大众政党来帮助他们实现这种统治方式。然而，实施起来并不是那么完美。极权主义至少是意味着一种官僚化的静态体制，而苏联统治并不是那么回事。我更愿意采用托洛茨基的概念，"一党制"下的"继续革命"，它表明了政党精英推动的结构激进化一直持续到战后苏联停滞和衰落时期(见 Mann，1996)。

布朗(Brown，2009：105—114)分辨出共产主义一党制的六大主要特征。两个是政治特征：共产党对权力的垄断(领导角色)以及"民主集中制"，通过这种体制，政党内部可以围绕政策问题进行公开讨论，但是，决策一旦作出，就必须在全党和社会坚定不移地、纪律严明地加以贯彻；两个是经济特征：生产方式的非资本主义占有以及国家主义经济而不是市场经济——实质上也是专制的。最后两个是意识形态特征：建立在建设共产主义社会基础之上的合法性，以及这种共产主义社会依靠一场世界性的共产主义运动在全球层面得以建立。如同希拉·菲茨帕特里克(Sheila Fitzpatrick，1999：3—4)那样，我还想加上一条，马克思列宁主义是一种总体化的意识形态，它蕴含对"阶级敌人"的深恶痛绝以及实现一种世俗救赎说的乌托邦目标的承诺。我会用"军事社会主义"替代布朗的"民主集中制"(1930 年之后，几乎不发挥任何作用)。军队往往是文官控制，但是，社会主义模式部分地来自军事组织和纪律，尽管不太像法西斯主义。保罗·格雷戈里(Paul Gregory，2004：chap.3)关于斯大林"统治原则"的清单与下列情形是一致的：一套建立在集体农场和强制工业化基础之上的指令系统；压制那些偏离政党路线的观点；共产党与国家行政管理体制的部分融合；禁止出现政治派系；利益集团服从政党国家的涵盖利益；斯大林作为最高地位的独裁者处理领导人之间的所有纷争。经济体制的运行经过政权从生产者手中提取产品，再将这些产品的一部分作为工资返还给他们。剩下的被政党国家当成"租金"保留下来，利用这些租金，政党国家可以支付费用维持自己运作、再投资以及支付军费开支。

这是一种极权主义的制度设计，将意识形态、经济、军事以及政治权力焊接在一起，由政党国家精英及其独裁者控制，从而可以动员相当大的专制权力和基础权力。 斯大林不具有克里斯马型特征：是革命意识形态而非领袖获取了党员的忠诚。 如在法西斯主义政权中那样，在这种体制之下人类自由是极其短缺的。 然而，实际上，苏联政权不可能是极权主义的。 相反，它是多头治理的国家，有时接近混乱。 部分原因在于，尽管政党内的不同意见不能公开表达出来，但是仍然存在一些主要的分歧，从而导致了政策止步不前，甚至在地区层面上执行自行矛盾的政策。 另外，苏联是一个落后的然而却快速工业化和城市化的社会，这样的社会缺乏为执行政策所必需的稳定的基础设施。 监控并不容易。 在一个人口高度流动的社会中，党员们可能会快速四处运动，在一个省受到一次训斥或者甚至死刑判决，然后又到另一个省接受党的任务。 在党内有数不清的"死魂灵"，这些人挥舞着死去的亲戚和朋友的党籍证。 1935 年，在列宁格勒，将近有一半的党员证被查出是伪造的或者失效的。 由于象征着特权的党员证不给予富农、前沙皇政府官员以及许多其他人士，因此，在黑市上党员证的价格颇高。 莫斯科几乎没有见到过地区党员记录。 J.阿奇·盖蒂(J.Arch Getty，1985：37)说道："30 年代的党既不是完全统一的，也不是纪律严明的。 高层成员分化，底层组织紊乱、无序以及无纪律。"控制成本是如此之高，以至于上层发出的命令很难在底层得到实际的执行。 这就需要一个庞大的监控结构或者激励机制，以便生产者能够相信努力工作是值得的，但是，苏联政权本身又致力于降低不平等的程度，而不是用不同的激励措施来加深这种不平等，而且它不具备足够多的忠诚干部来监控整体。

而且，农民、工人、知识分子以及行政部门的工人之间的地位千差万别。 虽然根除了从前的统治阶级，缩小了经济差距，但是，阶级差异仍然存在。 事实是剩下的阶级冲突现在是间接的，由国家进行调节。 政党和国家从未完全融合过。 国家官员获得一定的自主的时候，政党就会在这一过程再次出现之前削弱这种自主性。

随着革命的社会主义在 20 世纪 20 年代欧洲和亚洲的失败，布尔什维克感到他们被孤立，并伴有一种不安全感。 他们认为他们无法承担起因新经济政策缓慢推进的工业化而带来的地缘政治的弊端，所以，他们迫切要求推行中央专制的"强制工业化"，核心是国防工业。 他们进行了大量国防投资，而且，军事力量短暂地成为斯大林联盟反对其他布尔什维克派系的组成部分，也许这是军事力量唯一一次直接进入政治权力关系的冒险行动(Shearer，1996；Samuelson，2000；Stone，2000)这使得一项备受大多数布尔什维克赞同的政策变得更加紧迫，这项政策在 20 世纪几乎是所有进入权力中心的马克思主义者所赞成的：农业必须贡献其盈余以供给城市并补助工业的发展，但是，这要求对农民采取强制性的政策(P.Gregory，2004：chap.2)。 1928 年开始强制购买农产品，为了应对又一次的饥荒，1930 年到 1936 年间，苏联作出了实行农业集体化的重大决策，并得到推行。 摩尔非常正确地提出"劳动压迫性的农业"概念来说明这一点。

对农民的进攻程度要高于第一次巩固布尔什维克政权统治和内战时期，这也是颠倒社会主义理想的最具决定性的一步。 迄今为止，它是最系统的在国内使用军事权力的行动。 一个核心的问题是，到 1919 年，97% 的土地掌握在农民手中，其中 85% 是中等大小的小块土地。作为新型的财产所有者的农民阶级强烈反对集体化，并且，他们占据苏联人口中的最大多数。 要么苏联政权必须放弃实行强制工业化的企图，满足于通过一种更加渐进的路线走向社会主义，要么必须利用最极端的军事暴力的方式对抗农民从而实现农业集体化。

斯大林与大多数党的领导人选择了更加粗鲁的第二套方案；他们认为，他们已经看到了在西方有太多的毫无前途的改良主义。 在任何情况下，俄国马克思主义都是工业化的推动力。 只要实现工业化，苏联就可以与西方世界相匹敌，胜利果实就可以得到捍卫。 正如这一理论所阐述的那样，苏联然后可以轻松进入真正的社会主义。 托洛茨基被驱逐之后,党内的反对力量由布哈林领导,他希望继续执行新经济政策,与农民妥协,同时发展农业和工业。 但是,由于缺乏农民的合作,他被打败了,斯大林以谋略取胜,因为斯大林吸引了大多数领导人加入他的阵营。 之后,布哈林被开除出中央委员会(Service, 1977:169—170)。 从此终结了党内领导人之间的公开分歧。 农民的抵抗行动更加顽强,也更加暴力,甚至在一些地方逐步升级到刺杀共产党官员。这实际上导致了又一次的国内战争,即农民反对共产党及其城市—工业核心地区的战争。 到1930年,苏联政权部署了秘密警察大军以及准军事"工人旅"(worker brigades)征用土地。 斯大林声称,这只是一次针对"富农"阶级的攻击行为,因为他们是实际上的农民地主。 但是,事实上,所有的农民都反对这项政策。 苏联政权强制地将农民驱逐出他们的土地,并迁徙到遥远的地方。 到1931年末,超过180万人被驱逐到大部分荒凉的地方。 大约三分之一的农民由于疾病和饥饿死于路途之中(Viola, 1996)。 他们之前的小块土地之后被重组为国家农场(sovkhozy)以及集体农场(kolkhozy)。 到1931年末,超过60%的剩下来的农民仍留在这些农场之中,只不过失去了他们的动物以及大部分生产工具。 在集体农场,农民可以在业余时间在他们自己的一小块土地上进行耕种,就像在传统的中世纪的封建主义制度中一样。 正如勒温(Lewin, 1985:183—184)所说的那样,俄国正在经历第二次农奴制,虽然只有唯一的领主——政党国家。

结果不能证明恐怖手段的合法。 由于使用强制性的方法,国家与集体农场从未获得过成功,而且,事实证明,它们拖累了经济。 最适当的估算是,农业产量从集体化前的顶峰下降了25%—30%(Federico, 2005:207)。 农业不能如预期的那样补贴工业。 恰恰相反,为了补贴工业牺牲了消费——特别是国防工业——到1933年,国防工业吸取稀有资源的比重严重失衡(Stone, 2000)。 霍兰·亨特(Holland Hunter, 1988)与罗伯特·艾伦(Robert Allen, 2004)利用非常不同的计算方法指出,如果新经济政策得以继续的话,到1939年,农业生产率将会提高15%—

20%。　合作社与私人耕作的结合也必然会做得更好。

　　埃里克·霍布斯鲍姆(Eric Hobsbawm, 1994：383)将这种恐怖的集体化描述为"苏维埃俄国社会与政治条件的反应,而不是布尔什维克计划的内在本质。"实际上两者皆是。　不仅在俄国,而且在不同条件下的中国、越南和柬埔寨,共产党都选择了强制的集体化作为他们的固有计划,而无视苏联这样做带来的教训。　二战之后,东欧的大多数共产党也都采取了同样的做法——尽管罗马尼亚和阿尔巴尼亚之后软化了他们的政策。　实际上,集体化不但是一种社会主义的理想和实现所希望的工业化的手段;它还被看作是控制农民阶级、粉碎传统乡村等级制度的手段,因为据说传统乡村等级制度(很可能是正确的)可以培植阶级敌人。　在夺取政权的过程中,共产主义者往往都是实用主义者,但是,一旦掌握政权,正如纳粹那样,他们又常常更多地表现出是依赖军事力量的意识形态教条主义者,相信他们有能力通过强制的工业化实现社会的总体和快速变革,这一点违背了所有的社会学理论。

　　虽然斯大林自己使问题变得更糟糕,但是,我们不能一股脑地将农业灾难全部归因于政权本身。　因为 20 世纪 20 年就已经发生了两次饥荒,加上 1931 年和 1932 年的农业歉收。　从而导致了 1932 年到 1933 年的饥荒,其部分原因在于恶劣的自然条件,例如恶化了植被、虫害鼠害,以及不断下降的食物和种子储备等相关因素的累积作用,使得产量下降到基本能维持生计的水平之下。　有人要挨饿了;斯大林应对饥荒的策略是强制征收以确保饥荒不会发生在城市人口。　马克·陶格尔(Mark Tauger)已经表明,不仅后来的历史学家,包括斯大林本人都忽视了自然因素,而谴责人类自身——历史学家批判斯大林,斯大林批评反革命的农民。　1932 年到 1933 年的大饥荒导致了几乎占农村人口大多数的 100 万到 600 万人的死亡。　正如乌克兰的民族主义者,或者说是近来曲解历史的蒂莫西·斯奈德(Timothy Snyder, 2010)所指出的那样,这并不只是针对乌克兰实施的"种族灭绝"。　饥荒确实夺走了很多人的生命,但是扩散的范围超过了乌克兰,而且,饥荒产生的后果包括农业歉收、政策失误、地方上的抗拒以及无情与冷漠等综合现象(Tauger, 2001；Viola，1996：158—160；Service，1997：202；Davies & Wheatcroft, 2004)。 从 1933 年的丰收开始，情况有所改善，因为苏联政权放松了强制措施，将生产指标降低到农民可以完成的水平，并采取激励措施激励农民增加产量。 二战后，又继续实行宽松的政策，从而使农业发展更少强制，出现轻微增长的趋势，这些都是苏联政权在没有改进生产率的情况下扩大对边缘土地的开垦所取得的成绩，也为之后的环境危机埋下了种子。 苏联农业总是一团糟。

强制集体化带来了一种具有讽刺意味的益处。 被赶出农场的农民被迫迁移到城市，从而为工业扩张提供了劳动力。 农民转变成泥瓦匠和修理工(Allen, 2003： chap.5, p.186)。 集体化导致的人口流失和之后二战的爆发，以及苏联在妇女教育、医疗以及工业发展上采取的成功政策使得苏联人口向低生育率方向转变，从而阻止了苏联像发展中国家那样通常出现人口爆炸式增长，也不会因人口爆炸式增长而抵消所取得的经济收益(Allen, 2003： chap.6)。 我们一般并不把苏联归入发展中国家行列——它属于第二世界，而不是第三世界——但，无论如何，这本身是苏联式成就。

在工业方面也同样应用了强制集权的军事模式。 在政党工会支持下的一长制确保了对工人的实际控制。 苏联政权提供了充分就业，这在当时是世界上独一无二的，工会向工人分配福利补贴和住房，在发展中经济体中也是独一无二的。 工人们不断地被告知，这是他们的国家，而且他们比农民获得更多收益。 在意识形态劝告和强制的混合作用下，劳动生产率可以得到有限的提高。"计划"让人联想到官僚、稳定，也许还有死气沉沉等画面，但是，这些趋势持续不断地遭到大量动员运动的破坏和"革命化"，因为工人都投身于建立"英雄计划"，这是一些宏大的遥远地区的建设项目，进行采矿或者工业建设，而条件是极其艰苦的。 英雄计划也必须为当代极其恶劣的环境破坏负责(在第四卷中讨论)。 这是一个极其活跃的政权，它拥有通过意识形态和军事力量动员集体忠诚的能力，不需要利用正规军，只需要大规模内务部人民委员会的安全部队就可以实践动员能力。　武装部队与国家保持一定的距离，但是，安全部队———一种禁卫军——监管着整个政党国家。　他们的领导人通常是斯大林的得力助手。

只有努力工作和对政党国家保持忠诚才能获得主要的物质奖励(例如住房)。　有时工人们会进行集体抵制，特别是在由单一工业主导的省级地区，但是，他们必须十分小心地将抵制活动限定在请愿或游行示威的范围之内，以免遭到打击报复。　更常见的是，当工人和地方管理人员结成一种非正式联盟共同对抗国家及其发展计划时，他们可以秘密发放救援物资。　劳动力储备(Labor hoarding)是一种可以使管理人员完成配额的隐蔽方式，可以使工人享受充分的地区就业。　保罗·格雷戈里(Gregory，2004：268—272)说道，命令式经济取决于一种"嵌套式独裁统治"(nested dictatorship)，这是一种独裁的等级秩序，从斯大林以下，到政治局和国家计划委员会(主要的计划机构)，再由数千个小独裁者到工厂和农场的老板们。　如果工人们努力工作、安分守己，在他们身上就不会发生任何恐怖的事情。

倘若知识分子不跃出红线，那么他们的处境就会更好。　斯大林摧毁了忠诚的马克思主义知识分子以及在后革命时代早期繁荣发展的先锋派文化。　他们太独立，他们的思想太具有颠覆性，但是，在俄国，知识分子是非常重要的，而且，斯大林希望保留他们作为政权的装饰品，并利用他们鼓励科学、技术以及教育的发展。　通过提供可观的收入、较高的社会地位以及有名望的科学与文化研究机构一定的自主性等方式，并且，只要他们在作品序言中顺便赞颂一下社会主义，那么，斯大林就可以确信得到知识分子的顺从。　在整个苏联时期，知识分子在物质上享有特权，而且很大一部分不参与政治。

对于技术工人和行政管理部门的工人而言，情况又不一样。　在一个像俄国这样规模的国家，所有工业部门的实际计划对一个庞大的官僚机器的需求程度远远超过它可利用的资源。　实际上，经济计划只是将总体目标和配额分配下去，甚至于这些目标和配额可能是在各个部门之间、地方长官和厂长之间常年讨价还价的结果，这些人都力图尽可能最好地完成计划。 保罗·格雷戈里说，真正的计划意味着"实际上，所有的经济指令都是建立在一个原则之上，即今年的活动是去年活动的基础上进行微调的结果。"从本质上来说，这种体制的较低层次总是阻碍着创造力(2004：271)。 然而，对"微调"的普遍承诺赋予了体制实现经济缓慢而稳定增长的能力。 那些拥有专业技术能力的人也享有一定程度的自主性，因为政党统治集团缺少专家来严密监控他们。

当斯大林开始引入定额配给制，赋予重要人物独有的特权时，广为人知的腐败(blat)体制就出现了。 莱德尼瓦(Ledeneva，1998：37)将这种体制界定为"在匮乏条件下'准入恩惠'的一种交换行为，以及一种国家特权体制"。 通过正式等级制度中建立的非正式的人际关系网络持续不断地互换恩惠，使得一切事情都迎刃而解。 所要求的恩惠通常不是为了自己而是为了他的朋友和关系圈中的其他人。 在稍后的日子里，这种恩惠会得到别人的报答。 它是间接的服务(不是金钱)交换，因此而形成了庞大的非正式合作集团。 20世纪30年代，这种交换在官员之间特别有效，他们将这种交换看作是通过非正式手段获得与之匹配的配额和指标的手段(斯大林去世之后，它更多地变成了一种获得稀缺日用消费品的手段)。 苏联的五年计划主要是用来宣传，而经济真正的运行却是建立在对经济发展不了解的基础之上，直到1937年，苏联政权暗中接受了这样的现实(Fitzpatrick，1999：4；Easter，2000；Gregory，2004：chaps.5，6；Davies，1996)。 这不是一种极权主义体制——有人说它是一种混乱的体制(Davies，1989：chap.9；Getty，1985：198)，尽管这种说法有点夸大化。 正如杰拉尔德·伊斯特(Gerald Easter，2000)所说，我们不能把非正式网络看成是对体制的完全颠覆；而更应该认为，它有助于体制的运转。 这不仅仅是"腐败"的问题，认识到这一点是非常重要的，因为，上层攫取物质资源的直接后果就是削弱生产率。 正如那些拥有高度意识形态成分的其他政权一样——我将在本卷和下一卷中分别举社会主义和民族主义政权作为例子——相比大多数发展中国家的领导人而言，苏联领导人窃取的更少，提供的公共产品更多。 从财政的角度来看，他们是相当诚实的。

对于一个想要成为极权主义者的人而言，例如斯大林，这种腐败(blat)体制仍然是导致继续挫败的根源，从而导致他不能从事实上控制整个政党国家体制。 当事情不能朝着预期的方向发展时，他只能选择要么提供更多的刺激政策，要么增加强制措施。 而他选择了后者，并且将它变成恣意妄为的恐怖，这对党国体制来说是极具毁灭性的。

斯大林的暴行

由于极权主义模式的缺陷，斯大林及其中央政治局倍感失望。 它并没有像预期的那样发挥作用。 斯大林本人具有一种可怕的不安全感、偏执狂，但是，一党制失败之后，布尔什维克党领导人普遍持有"激进的"观点。 为了解决所有的困难，他们谴责政治反对派从事破坏活动，从而造成了所有的困难，甚至，连较低的工作投入度也被视为敌人的"破坏活动"。 找出敌人成为30年代的主要目标。 因为斯大林对军队不信任(在他的大清洗行动中遭到清洗)，所以，他依靠秘密警察——特别是庞大的内务部——来负责这件事情。 它变成了斯大林的禁卫军，保护他免遭持异见者、军队甚至共产党自身的攻击，这是军事和政治权力的一种混合形式。 它所起到的作用是证明这个国家实际上不是极权主义国家的另一个原因；这是一个总体上具有恐怖色彩的秩序。

强制控制的方法就是扩展强迫劳动的范围。 到1936年，在囚犯劳动营中就有80多万人，罪犯和管理者以及工人如果不能完成配额，那么，他们就必须在基础工程建设上累得半死。 几万人因此死去。 最臭名昭著的是那些负责开凿连接白海和波罗的海的大运河这项大规模工程建设的集中营。 但是，这种奴隶劳动制度从未取得任何好处；它使得健康的工人变成残废。 这项工程不是由利益驱动，而更多的是出于镇压那些被认为想颠覆社会主义的"反苏联成分"的需要。 这种激进措施也许会鼓励其他人努力工作(Khlevniuk，2004：200，332)。

然后，斯大林及莫斯科权贵阶层(nomenklatura)的精英开始在党内镇压肇事者和阶级敌人——"拥有党员证的敌人"。 这是左派政党掌权的国家所特有的，法西斯主义政权没有这一特征，因为它带有更多同志般的友谊。 恐怖行动首先针对前"工人反对派"以及那些能够明确贴上托洛茨基主义者标签的人。 在没有任何明晰的一贯政策的推动下，恐怖行动似乎变得曲折反复。 人民被逮捕，然后又被释放，然后再被逮捕。 恐怖行动首先针对的对象是党国的中层人员；直到 1937 年年中，还没有中央委员会成员被逮捕。 之后，精英开始分化，而斯大林的偏执狂症变得失控，逐步升级到大清洗(the Great Terror)——一党制内部的自相残杀转向了上层成员，包括 1938 年的政治局成员。 盖蒂和奥莱格·瑙莫夫(Getty & Oleg Naumov，1999：583)说道，它是"中央有组织的混乱"无法控制地扩散至国家较低层次的大部分地区(见 Easter，2000；Lupher，1996)。 共产党被阴谋揭发和破坏活动所撕裂，令人难以置信的是，150 万人被逮捕，70 万人被执行枪决，实际上包括了所有发动革命的老布尔什维克以及许多忠诚的年轻社会主义者。 在一个组织松散的政党中，清洗的对象是十分不稳定的，带有很大程度上的运气成分，它涉及的是最高层级之下的那些人是否能幸存的问题。 它对武装力量的军官团和党的中央委员会造成了严重的破坏，其中，70% 的成员被清洗。 权贵阶层——政党国家较高级别的官员——在 1939 年初的成员数量达到32 899人，但是，其中的 14 585 人是 1937 年新任命的，这说明大清洗范围之大，对斯大林而言，这意味着激进化和内务部最终确保了一个忠诚的精英集团(Service，1997：236)。 军队隶属于政党，尤其是隶属于党的安全机构。

这三大暴行——驱逐出境与饥荒，战俘集中营以及大清洗——与苏维埃最初对待少数民族的一般做法形成了鲜明的对比。 布尔什维克党人反抗沙皇帝国主义的时候认识到，由大俄罗斯民族主导的"大俄罗斯沙文主义"对一个相对无阶级的社会而言仍是一个威胁。 在革命和内战时期，布尔什维克党人与发动大量群众抵抗运动的少数民族和语言少数群体(linguistic minorities)之间结成联盟，其中，少数民族的数量达到100多个。 这种合作模式发展成为一项颇具特色的民族政策。 在主要问题上，莫斯科作出的决策面对的是整个苏联，省级安全机器也在中央的严密控制之下以防止民族分裂活动的出现。 其他层级的地方权力和地区权力则是由从非俄罗斯民族中任命的党员干部行使，并且，各民族还被赋予了自己地区事务管理和治理权。 他们独特的文化和语言也同样获得中央的支持。 在 20 年代末，旨在镇压俄罗斯民族文化的文化革命进一步巩固了这项慷慨的民族政策。

布尔什维克们相信，民族主义是沙皇俄国殖民本质导致的一种以阶级为基础的不满情绪的一种隐蔽形式。 他们认为，民族主义是在实现国际化之前所有人民都要经历的一个发展阶段，所以，他们希望苏联的民族主义会逐渐消亡。 他们对于民族主义过于忽视，以至于制定并实施了针对少数族群的所谓"平权行动"计划，使得少数族群可以在他们占多数的共和国和地区获得控制权。 当斯大林还是民族委员时，他本人参与了这项政策的制定。 然而，这项政策实际上鼓励民族认同，并最终成为苏联解体的一个原因。 在 20 世纪二三十年代的背景下，这项宽容的反帝国主义的民族政策与仍主导英帝国和法帝国的种族主义形成鲜明对比，这是第三世界民族主义者所特别关注的一个对比。

但是，30 年代，当苏联领导人开始害怕最大的少数民族乌克兰民族主义时，事情开始发生转折。 之后，随着希特勒和日本巨大的威胁呈现出来，对边界民族主义的担忧接踵而至。 可能出现的情况不是德裔苏联人将亲苏情结带到德国，而是与此相反：德裔苏联人可能成为在苏联的希特勒第五纵队。 斯大林对德国的威胁以及西方阵营的失败作出的反应是，提议与德国结盟，包括他与德国签订的《苏德互不侵犯条约》(参见第 14 章)。 苏联人吞并了波罗的海诸国以及波兰的一半版图作为针对希特勒的缓冲区，但是，这种做法却产生了"帝国主义的"后果。 因为，在波兰和波罗的海诸国只有少数的共产主义者，这些新获取的共和国只能由俄罗斯民族统治，正如布尔什维克党人所意识到的那样，这会激发被统治人民的民族主义热情。

随着地缘政治威胁激增，斯大林无论如何都无法承担赋予少数民族特权而疏远俄罗斯民族所带来的后果。 所以，他采取了与以前完全相反的民族政策，利用俄罗斯民族支撑他的防御，对少数民族实施暴行，因为从种族层面来看，这些少数民族很可能与俄国外部敌人之间有联系。 前两次大规模驱逐"反革命民族"活动出现在 1935 年和 1937 年，所针对的对象包括德国人、波兰人、白俄罗斯人以及朝鲜人。 在第二次世界大战期间，更多的驱逐活动主要是针对诸如高加索车臣人。 的确有一些高加索群体与德国人勾结，但是，对边界人民的驱逐是斯大林政权重大转型的一个组成部分，这一重大转型偏离苏联的国际主义而走向大俄罗斯民族主义(Martin，2001；Smith，1999)。 转型的核心是针对少数民族犯下了大量的暴行，这是斯大林的第四大暴行。

上述所有四大暴行一波又一波横扫苏联，之后趋于缓和。 幸存下来的富农与被驱逐者获得了公民权，罪犯得到了更好的对待，中央政治局停止了恐怖行动，而且认为有危险的少数民族被驱散。 斯大林似乎从他的错误中汲取了教训，而且，他往往对工人要采取抵抗活动的迹象非常敏感。 秘密警察使他对工人动向了如指掌，而且，他可以采取增加地方福利供应或者减少全国性的再投资以及刺激消费等方式阻止地方抵抗行动，正如在 1934 年和 1937 年发生的那样(Gregory，2004：chap.4)。 然而，所有这些强制形式的累积效用是巨大的。 到 1941 年，大约 400 万人被收容在古拉格集中营，还有另外的 200 万人从事惩治性劳动(Mann，2005：323—330；Khlevniuk，2004；Getty & Naumov，1999：appendix 1)。

之后，战争的爆发打断了这些政策的执行，除了对少数民族仍继续虐待以外。 苏联政权害怕高加索人与德国人勾结，继续推行驱逐出境政策，甚至一直持续到苏联赢得战争胜利之后。 在战争的掩护下，斯大林积极行动以便让俄国摆脱棘手的边界人民的纠缠。 二战后，逮捕和监禁重新恢复，虽然死亡人数有所下降。 1945 年，苏联红军解放了东欧之后，俄罗斯人在东欧的统治强化了苏联帝国主义。 波罗的海诸共和国被迫并入苏联，乌克兰和白俄罗斯民族表现出来的民族主义不满情绪被野蛮地镇压。 现在有两个截然不同的西方帝国圈：苏联的西部地区直接由苏联统治，并通过对持异议者无情镇压的方式驯服他们；东—中欧形成了一个外部的间接帝国圈，由苏联当局统治，但理论上由主权国家的、只能拥有有限自主性的精英进行统治。 随着苏联在其西部区域内慢慢地变成一个帝国，社会主义者的国际主义理想消失了。

　　康奎斯特(Conquest)、拉梅尔(Rummel)以及其他学者最早对斯大林暴行作出了估算，它可能造成了总数高达 3 000 万人的死亡。 近来的学术评估数字要少得多，在 800 万到 1 000 万人左右(有人可能会想，这已经够糟糕的了)。 斯大林的大多数暴行都混合有预谋的、拙劣的工作、麻木不仁以及未预料的后果等因素，"极权主义"术语显得不那么有用。正如罗伯特·瑟维斯(Robert Service, 1997：241—253)观察到的那样，斯大林在其自身的偏执狂想症的驱使下致力于实现极权主义目标——他在高层政策制定过程中无处不在。 然而，尽管政策是中央制定出来的，但是，执行政策却超出了他的控制范围之外。 塞维斯总结道："目标是如此模糊不清，以至于完成一半也是一项伟大的成就。"在使用暴力的前提下，中央驱逐和囚禁人民大众，却完全没有考虑当这些人到达目的地之后，国家机器该如何处置他们。 然后，地方官员——"小斯大林们"——与民间力量将这些问题的处置权掌握在他们手中，并且变成肮脏的交易。

　　恐怖发挥作用了吗？ 很难说。 斯大林及其政党已经使用了强大的专制权力，起初，专制权力颠覆了这个独特一党制的基础权力。 政权有时几乎瓦解，但最终并没有。 幸存的政党官员服从斯大林的路线，国家行政管理人员也同样如此。 生产率重新恢复上升的趋势，而军队重新恢复到足以在五年之后击败希特勒。 这个政权机关各个层级的行政管理人员一方面必须找到实现计划和目标的隐秘手段,另一方面追求一己私利以及想要报仇。 在一定程度上可以说,斯大林的狂想症是他亲手创建的政权结构的产物。 因为几乎每一个人都有秘密,他们的行为常常受到怀疑。 地区官员和当地官员抓住机会对他们的对手和敌人进行清算,农民反对强制工业化,囤积或吃光他们的谷物和动物,一些少数民族同情德国人或日本人,而且,党内还存在一些反对派,甚至包括与被流放的托洛茨基之间的联系(Thurston,1996:25,34,50—53)。所有这些都赋予了恐怖自身某种动力,并且独立于斯大林之外。 忠诚的秘密警察们艰难地完成了大量想象出来的反革命名额。 他们很难发现足够的反革命分子,但是,他们仍然相信,一个真实的阴谋集团一定是深藏在某个地方。 正如一位警察所说,"为了找到一克金子,必须筛除几吨沙子"(引自 Thurston,1996:83)当然也有人对一些暴行表现出同情。 大多数定居下来的城市人相信,农民囤积了收成,而且很多工人支持对农民的镇压行为。 甚至,工人们表现出了对以他们的名义进行统治的政权的不遗余力的支持。

很难测算出民众对这一政权的支持度到底有多高,因为,这里没有选举,没有民意测验,也没有公开的情绪表达。 作为反革命的官员普遍受到谴责,从这一点可以看出民众对恐怖行动的一定程度的支持。苏联公民体验到了一个基本矛盾:他们不断地被许诺一个更好的未来,然而,恰恰在现在,他们正遭受压迫。 因此,一种极端化的准阶级意识在"我们"人民与"他们"新共产主义精英之间酝酿。 普通老百姓乐于谴责精英——以及其他他们不喜欢的人。 农民们非常欣喜地对剥削他们的官员们进行报复,并且,甚至在他们自己遭到逮捕和谴责的情况下,许多人只是十分可怜地宣称他们的情况一定是弄错了。 一些共产主义者写下了虚伪的自白书,表面上相信这样做"对革命是有益的"。 其他人写自白书是由于他们对质疑斯大林的政策感到有罪,或者对参与离经叛道的个人阴谋感到有罪。

在绝对的忠诚和彻底的反对之间存在一系列可能的立场。 而大多数人就持这种立场，自相矛盾而又往往糊里糊涂。 相当多的人仍然抱有对革命理想的信仰，但是，现存政权使他们的幻想破灭。 此时在苏联还未出现一种更加普遍的犬儒主义。 意识形态权力仍然有效地训导人民听话(Thurston, 1996; Davies, 1997; Kotkin, 1995; Fitzpatrick, 1999; and various essays in Fitzpatrick, 2000)。 例如，被剥削的纺织工人利用马克思主义阶级范畴谴责官员，只要工人们使用这种语言进行请愿和游行示威，并且不解散当地的政党总部，那么，他们就可以让政权作出让步(Rossman, 2005)。

经济资产负债表

共产主义的最根本的问题在于其政权建立在一个农业社会之上，但其毫不动摇的意识形态目标却是快速工业化。 这一目标的实现只能是从通常占人口最大多数的农民手中攫取更多的盈余，然后，降低工资水平，因为只有抽取农业和工资的盈余才能为工业发展建立投资资本。 快速工业化要避免极端的强制行为是不可能的，而强制却又背离了社会主义民主理想。 经济理想践踏政治理想，而政治理想却是人们期待从实践马克思唯物主义思想的政权中得到的。 毛泽东的长处在于他能够从他的严重错误中汲取教训。 相较其他领导人而言，卡斯特罗肯定是非常和善的。 但是，尽管列宁肯定比斯大林更好，特别是斯大林的偏执狂想症是非常令人讨厌的，列宁(和托洛茨基)也很可能已经被他的理想牵入到强制工业化、专制主义以及至少是一些暴行之中。

我们需要从当时的时代背景下来分析这些问题。 在两次大战期间，除了富裕国家以外，世界各地的民主处于倒退的趋势之中。 在欧洲东部，最主要的可供选择的理想不是民主而是右翼专制主义。 俄国人民已经推翻了沙皇专制主义，很少人期望专制的回归。 很多人(也许大多数)认为共产主义，甚至斯大林主义，是他们能够得到的最好政治制度。 因为，在大多数形式的政权中(包括民主)，大部分人希望好好生活，利用值得信任的亲戚和朋友关系网络等非正规的方式使一切变得更好，并且逃避政治。 如果他们成功了，那么，他们很可能从政权体制中获取一些特权。

或许政权获得支持的最主要原因在于，它成功地实现了两大主要目标：工业化以及保卫祖国。 在一个实际上不根据计划运行的国家计划经济制度中，很容易沾染上地盘之争、短缺、瓶颈以及其他麻烦事等特征。 然而，这种原本被认为会摇摇欲坠的强制工业化模式却带来了经济增长。 经济增长了多少的问题引发了热烈讨论，而两次世界大战期间，西方世界并没有取得巨大胜利。 资本主义经济体停滞不前，而且，大多数国家经历了大萧条时期的经济衰退。 苏联置身于大萧条之外。 因此，少数富裕经济体与大多数仍深陷贫穷泥潭的国家之间的差距进一步扩大。

如果用从 1928 年到 1970 年粗略的统计数字来比较的话，我们可以看到，苏联经济或许发展得很好，虽然我们不能确定这是否由于往往不充分和不诚实的官方统计数字的缘故。 它的平均增长系数大概是 4%，除了日本及其殖民地以外，超过了当时世界上任何其他国家。 即使我们质疑苏联的数据，将其增长系数减少到，比如 2.5% 到 3% 之间，它仍然发展得较好。 从出生开始计算的平均寿命统计数据进一步佐证了这一结果。 1900 年到 1950 年间，苏联人平均寿命延长了两倍，从 32 岁延长到 65 岁——增长速度超过任何其他国家(Maddison，2001：table 1—5A)。 正如我们在第四章中看到的那样，日本一直都不是一个民主社会，更不用说它的殖民地了。

苏联和日本成功背后有一个原因：国家计划在后发国家，至少在工业化阶段起到了积极的作用。 如果精英们能从其他国家的发展经验中找到工业化必需的体制，特别是，如果国家相对来说不那么腐败，高层也更少攫取资源的话，那么，中央计划就会比市场竞争更加积极有效。

随着企业的崛起，西方世界的大规模经济体都或多或少实行更多的计划。 正如保罗·格雷戈里(1994：136—137)断言的那样，如果沙皇政权继续存在的话，那么它不太可能获得这种水平的经济增长。 因为，正如艾伦(Allen, 2003：33—46)注意到的那样，沙皇俄国取得的经济增长严重依赖于高价小麦，但是，一战后，小麦和其他主要商品价格暴跌。在农业可能发生崩溃的前提下，农业生产率不可能得到提高，工业发展规模也不可能大幅扩大。 艾伦(2003：9—10)同样认为，我们应当进行同类比较——比较苏维埃共和国与那些非苏维埃的邻国。 苏联的中亚地区与北高加索共和国是苏联最贫穷的地区，但是，他们在人均国民生产总值方面都远远高于非苏维埃联盟的邻国土耳其、伊朗和巴基斯坦。农业仍然是苏联最大的弱点，但是，重工业是其强项——特别是 30 年代，重工业的年均增长率达到 12%。 1932 年，苏联不得不进口 78% 的机床；五年后，进口总量下降到 10%。

绝大多数经济增长的利润都被转入对重工业的再投资——特别是国防工业，在 30 年代突飞猛进，因为存在来自德国、日本以及英国(斯大林眼中的)的威胁。 只有在 60 年代，大量盈余才被投入日用消费品行业。 1928 年到 1937 年，城市人均消费量也同样出现了增长——艾伦(2003：chap.7)认为，城市人均消费量带动了整体的国民消费水平。 然而，马克·哈里森(Mark Harrison, 1994)则持相反的看法。 似乎是男性的实际工资下降了，女性就业大大扩展，但是却是在一个较低工资水平之上。 虽然个人平均工资水平下降，但在两个方面得到了补偿。 首先，男性和女性工资加在一起使整个家庭收入有略微提高；其次，苏联已经将失业率削减到零(西方经济学家认为，这会导致效率低下的过度就业)。 定量配给制度终结，技术熟练工人可以舒适地生活，但最主要的成就——或许是共产主义政权的最主要成就——是教育。 苏联公民拥有高学历和高识字率，远远高于发展中的资本主义国家，也有充分的医疗保健制度。 1937 年，一项规模庞大的公共住房计划也开始实施。 所有这些制度设计都是为了消除群众对政权的不满。 测评健康状况的人体测量指示器揭示了苏联人健康状况的改善，而且，这些数据不像 GDP 测评，是不容易被操纵的。 死亡率持续下降，平均身高不断上升，以及儿童身体较早的成熟，从绝对意义上以及相对当代大多数其他国家的经验而言，所有这些都说明健康状况得到改善(Davies & Wheatcroft, 2004)。 苏联虽然离承诺的乌托邦理想还有很漫长的道路——不断被推迟——但这些是明显的物质进步(Suny，1998：240—250)。

在苏联，人民获得的权利与马歇尔的公民权的三个阶段正好相反。 人民获得了一些社会权利(在马歇尔看来，最后一个阶段)，但却不享有政治或市民权利。 大多数高度意识形态化的左派政党国家都具有两大优良品质：它是比较诚实的，而且由衷地致力于经济发展。 这些优点并不仅仅体现在高层，而且体现在整个大众政党。 与绝大多数世界上的发展中国家相比较而言，经济盈余很少被腐败行为搜刮，更多地被用于再投资以及公共产品供给。 正如我们看到的那样，右翼法西斯主义者的意识形态政党并不是如此。 但是，我们将会在我的第四卷中看到，这种优良品质也同样会在一些比较温和的左派、中间派以及右派民族主义政权中体现出来。

粗略的统计数据掩盖了不平等现象。 虽然，苏联政权设法将不平等控制在相当低的水平，但是，最穷的人是农村人；技术熟练工人、新雇佣的女性以及从乡村移民到城市的移民相对来说都是较幸运的。 工业化和城市化带动了数百万人向上流动，而且，由于住房、福利补贴以及就业机会由国家提供，因此，政权获得了更多的赞誉。 但是，紧接着就是具有讽刺意味的事情。 正如我们看到的，许多移民是由于斯大林令人恐怖的强制集体化政策导致的流动。 失业率虽然下降，但部分原因在于政权制造了大量的人员死亡。 工业增长也得益于从英国和美国大量进口先进技术——通过出口谷物和木料来支付，而这些物品却是苏联人民迫切需要的。 而且，正如斯蒂芬·威特克罗夫特(Stephen Wheatcroft)观察到的那样，大多数人的感受或许不是稳定的增长，因为在发展过程中掺杂着由计划失败所造成的饥荒、商品短缺、大众暴行以及战争。 总的资产负债表可能是良好的，但是，真实的生活却千差万别，充满着恐怖和讽刺。 所有人中最有特权的是党员，但是，他们在大清洗面前又是最脆弱的。 然而，所有这些因素中，没有哪个因素能够推导出令人感到可怕的结论，即斯大林主义是经济增长的必要条件。强制集体化对经济发展有害，本质上令人感到恐惧。 它的一项好的结果——劳动力流动——可以通过更好的手段加以实现。 其他的暴行没有起到积极的经济作用。 斯大林本可以做得好得多。

艾伦(2003：chap.8)对苏联式增长给出了一种最令人信服的全面解释。 他发现了两大主要原因。 首先，对重工业的大量投资以及在相当独裁的经济中受到重点保护。 在世界经济发展的这个阶段，贸易保护主义是有效可行的，正如日本也表现出的那样。 其次，强加高产量指标与柔软的预算限制政策结合在一起，意味着产量而非利益是最主要的，国家为公司提供银行信贷以保证他们具有偿付和生产能力。 在这样的体制下，经济不景气是不可能出现的。 国家计划压倒了市场考量，并且尤其压倒了这一时期的常规发展战略——出口主要产品和进口机器设备。 国家主义经济模式的社会主义发挥了作用，正如国家主义经济模式的帝国主义在这一时期的大日本帝国发挥的作用那样。

斯大林主义是一个经济上的合格的成功者(除了农业)，但却是一个政治和意识形态上的梦魇——一个比第四章揭示的大日本帝国取得的不平等权力成就更坏的模式。 如果说社会主义的目标就像20世纪的理论对马克思作出的解释那样，是通过强制工业化实现现代化，那么，社会主义作为一种经济计划很快被发现是一种不可能实现的乌托邦，特别是在苏联这样一个幅员辽阔，经济落后的国家，坚持其救赎意识形态的苏联政权用恐怖暴力对抗农民，在其他地方有意制造一系列肮脏事件来应对这种矛盾。 所有这些与社会主义只有极小的关系，但是，它却可以被认为是社会主义的噩梦，是对社会主义理想的背叛，不是无产阶级实行的党国独裁体制，而是对无产阶级(还包括每一个人)实行党国独裁统治。 从狭隘的经济学视角来看，结果(如果你不是死去的人之一，也不是被驱逐的之一)是相当好的。 在这个落后的经济体中,吃与饿之间的比例是完美的,健康和文化水平也同样如此。 所以,在这个时期,布尔什维克最显著的失败不是在于经济权力而是政治和意识形态权力。他们有意无意地制造出一个可怕的独裁体制,这是对社会主义理想的绝对背离,最糟糕的事情是犯下了一种史无前例的大规模暴行。 我们很难用经济成功为这一暴行辩护,即使在两次大战期间(在战后,资本主义比共产主义做得更好)也同样如此。 人类的幸福是建立在物质极大丰富基础之上吗? 是的,如果你正在忍饥挨饿,就如世界上仍然有很多人是那样。 在整个时期,许多苏联公民以及持同情态度的局外人都对巨大的经济成功会带来市民和政治权利解放抱有希望。 战胜匮乏将使政权有所缓和。 他们仍然相信,未来将会是红色的。 对他们来说,国家社会主义仍未有定论。

无论如何,这不是在两次大战期间世界上最坏的政权。 1941 年,许多乌克兰人——厌倦于斯大林的剥削——热烈欢迎德国国防军进入他们的国土。 但是,在希特勒的统治下,他们发现希特勒对他们实行了更深程度的剥削以及更恶劣的暴行。 到 1944 年,他们又热烈欢迎红军重新回到这里。 斯大林俄国最大的成就是将资源从消费转向军事生产,从而降低了生活水平以补贴大量的武装部队,这种做法以巨大的自我牺牲成功地保护了苏联人民——包括犹太人和吉卜塞人——免于希特勒的蹂躏。

苏联的出现归因于第一次世界大战,(正如我们将在第十四章看到的那样)在第二次世界大战中它表现出色。

国外共产主义的影响

由于工业而非农业是全世界现代性的象征,因此,苏联在工业上取得的显著成就备受赞赏。 国家社会主义的意识形态在全球传播。 对于农业社会的革命分子而言，苏联(以及之后的中国人)道路似乎是从物质匮乏通向自由的捷径，从而给予他们巨大的信心相信历史站在他们这边。 因为全世界成百上千万农民正在遭受着恶劣的剥削，革命意识形态获得了他们的共鸣。 二战后，布尔什维克和毛主义路线受到尊敬，并频繁地被世界较贫穷的国家效仿。 的确，在全世界，后发国家依靠基础型权力比依靠自由市场可以更好地实践这一目标——只要国家精英真正致力于发展，而不是为了填满自己的口袋(Kohli，2004)。 共产主义领导人最大的优点是他们的意识形态是真诚的。 他们由衷地致力于发展经济，几乎不惜付出任何代价。 虽然存在腐败行为，但相比大多数发展中国家却少得多。

因为真正的社会主义被断送了，大量暴行出现在 20 世纪 20 年代和 30 年代，这产生了一个负面的总体效果，特别是对西方世界。 大部分西方社会主义者都因为布尔什维克通过镇压紧紧抓住权力以及维持一种似乎对全球权力构成威胁的能力而产生负面印象。 苏联这个"实际存在的社会主义"的个案不能赢得西方世界许多皈依者，除了那些对优柔寡断的"社会主义政党"获取权力感到失望的左翼分子。 由于这些感到失望的人的存在，国外共产党的确在一定程度上发展了，他们赞美俄国经济增长的数据，受到有选择性地参观苏联"波将金村"(展览村)的鼓舞。 但是，他们绝难成为西方世界的主要力量，而且，"布尔什维克牌"，"红色危险"被 20 年早期以来的资产阶级政党以及国外雇主们成功地加以利用。 共产党和工会是他们最容易攻击的目标，但是，所有的工党在红色危险的恐慌中都遭遇了巨大的困难。 如果苏联政权是一种令人满意的社会主义形式，那么，这种恐怖宣传就只能起到适得其反的作用。

布尔什维克人还更直接地介入国外事务。 1920 年 3 月，为了捍卫俄国革命，以及"作为国际苏维埃共和国，走向遍及全世界的共产主义的胜利的准备步骤"，他们用第三国际取代了失去作用的第二国际。 他们相信，革命是一项全球性的事务。 最关键的时刻出现在 1920 年 8

月，第二届国际工人代表大会召开，重新将代表大会命名为共产国际，采用列宁的 21 条作为共产国际的宪章。 其中包括如下规定：所有的附属政党都将采用俄国共产党的结构形式，保卫苏联，与改良主义的社会民主党(被莫斯科滥用的术语)作斗争，并且使他们自己服从于以莫斯科为中心的中央常务委员会。

几乎没有一个国外政党和工会会接受来自于国外的控制，或者对改良主义者进行谴责。 结果是一些国家的政党分裂了。 安妮·克里格尔(Annie Kriegel，1969)说，法国社会党不是改良主义者，所以并不理解莫斯科路线。 在具有决定性意义的图尔代表大会上，她认为，一场纯理论的辩论很大程度上导致了"意外的"后果，即绝大多数党员转变成了共产党；剩下的持异议者组成了最初较小规模的社会党。 在挪威、意大利和捷克斯洛伐克，工人运动继续艰难地保持着与共产国际的联系。在其他地方，普遍情况是，正是较小规模的持异议团体(往往来自新工业化地区)离开社会党，从而使社会党变成共产党。 整个 20 世纪 20 年代，共产主义者成为左派，因为他们置身于改良主义者的妥协制度之外，并且，资产阶级政党几乎不与他们合作。 所以，"改良 VS 革命"被转变成社会主义者与共产主义者之间的冲突。 共产党宣称恪守革命的承诺(的确在几个国家发动了不成功的暴动)，但是，他们往往也是更加专制，很少有民主，支持组织而非运动。 社会党变得更加多样化，包括宣传"运动"的极左派以及那些互助论者和改良主义者。 当革命运动变得更加支离破碎时，社会民主在经过 20 年代中期的衰弱之后重新复活。

改良与革命之间的分裂也有积极的一面。 虽然有人可能会说，它弱化了工人阶级的实力，但是，对左派来说，竞争者的存在意味着社会主义者和共产主义者必须为选票以及争取工会成员的支持而展开激烈竞争。 这或许会使社会党的改良主义陷入困境。 社会主义者设法将改革和联合政府与资产阶级政党结合在一起；共产主义者提出了一种参与到一场纪律严明的全球性运动之中以实现一个乌托邦目标的观念。 然而，莫斯科对共产党的控制显然会产生负面的影响。 国外共产党的策略必须首先与莫斯科理清关系。 莫斯科的总路线是在共产国际的协助下，全球革命要高于单个国家的工人运动。 相比之下，社会党把政治看作是民族性质的政治。 数十年来，我们看到了较大规模的民族经济保护主义，国际联盟的步履蹒跚，民族观念似乎更加强有力。 这两种类型政党之间的合作变得越来越困难，而共产主义者被看作是不可靠的盟友。

莫斯科对共产国际的领导实际上是服从于苏联共产党的领导。 这一条从一开始就被写入共产国际的宪章之中，还包括保卫苏联政府的承诺。 当莫斯科开始派遣秘密顾问监视以及如有必要颠覆外国共产主义领导人时，共产国际的组织力量就开始显现了。 布尔什维克的名望是如此之高，往往可以找到外国拥护者以实现他们的目标；而且，只要共产国际坚持努力下去，他们将控制地方党派——清洗可能会被制度化。 所有这些从根本上来说都是非民主的。 它还制定了与不符合各国国情的政策。 因为，莫斯科通常无视这些具体国情，它倾向于搬用俄国自己的革命经验教训。 布尔什维克革命的经验是成功地分裂了俄国的社会革命，劝说左派进行合作，孤立右翼势力并加以镇压(之后左翼也被镇压)。 分裂战术也在国外运用，但是，如果这些派系都没有参与政府，那么，他们的分裂就不能得到解决，他们之间的派系之争就会持续下去，从而削弱所有派系的实力。 这证明了对意大利人运动会造成特别的破坏。 1921 年，面对着法西斯主义的兴起，忠诚的共产主义者被命令煽动派系决裂。 莫斯科同样将其内战经验教训强加在西方世界之上。 1923 年，红军专家被派往德国组织一场暴动，但获得的支持很少。 共产主义者的飞地被血淋淋地消除了。

这些政策表明了国产国际系统地将外国政党的利益服从于苏联政权的利益需要，而不是全球革命的利益需要。 在 20 年代的大多数时间里，共产国际的政策模糊不清，又或者自相矛盾。 有时突然仓促进行暴动，有时又强调"统一战线"，两者相互交替出现——要么与老百姓合作，要么与其他工人党与工会领导人合作。 1928 年，共产国际转变了政策，制定了更加统一的"革命纯洁化"和"阶级对抗阶级"的路线——与所有其他政党和工会严格执行不合作政策。 部分原因是 1927 年中国共产党遭受的挫败，当时，上海的共产主义者被他们寄予厚望的盟友——蒋介石的部队——彻底击溃，这一联盟是在共产国际代表的指导下由地方共产主义者极力促成的。 但是，政策转变的节奏与布尔什维克内部的、斯大林成为最高领导人的权力斗争存在着密切的联系。国外共产党党内清洗是斯大林在苏联党内清洗的副产品。 共产国际阵线有一个统一的特点：对共产国际的任何政治路线表现出一贯忠诚的任何外国领导人——即独立于莫斯科——被清洗。

将外国共产党当作是其游戏中的棋子无益于它们的健康成长。 一个大党——挪威共产党——脱离了令人厌烦的共产国际，只保留了一个分裂出来的小派别。 那些留在共产国际的共产党，要么党员退党，要么失去生命力。 我们已经看到发生在德国共产党身上的灾难，这是由于德国共产党举行不成熟的暴动以及对社会法西斯主义(Social Fascism)进行攻击导致的结果。 保留下来的最重要的两大共产党——法国和捷克——总人数从 1921 年的 13.1 万和 35 万人锐减到 1932 年的 2.8 万和 3.5 万人(Drachkovitch & Lazitch，1966：186—187)。 在西方世界的绝大多数工人积极分子对于非共产主义者的同志以及共产主义领导人实行的清洗运动感到厌恶。 希特勒强制共产国际进一步转变方向，因为苏联正面临着一个密谋中欧的侵略势力——纳粹。 首先，转变有益于国外共产主义者。 1935 年成立的反法西斯主义的全世界工人党人民阵线在共产国际的支持下重新得到民众的欢迎。 这些对法国和西班牙产生了直接的影响，共产主义者得以进入政府，为保卫胜利果实而战，同时，还得益于对共产主义衰退的清醒认识。 他们揭示了共产党应该扮演的一贯角色：鼓励改良主义者左转，如果失败，则宣称被出卖了。 然而，对共产国际来说，这个时候只是一个短暂的黄金时期(Suny，1998：297—306)。 1939 年 8 月，斯大林与希特勒签署了《苏德互不侵犯条约》，迫使共产党终结了他们的反法西斯主义统一阵线。 1941 年，当希特勒进攻苏联时，统一阵线再一次回归。 西方共产主义者此前一直对战争持中立立场，并且总是被拘禁，现在他们突然被共产国际要求保护世界反对法西斯主义。 共产主义者感到很困惑，特别是那些并不响应全世界工人运动的老工人阶级成员。 英国和美国的共产党实际上在这一过程中被彻底摧毁(反正他们不重要)。 在这个阶段，共产国际的逻辑主要是地缘政治的逻辑。 当然，正如我们在下一章中将会看到的，苏联不是真正的作恶者。 当他们打算与西方世界建立联盟的企图被拒绝后，斯大林不得不转向与希特勒签订《苏德互不侵犯条约》以保持中立和获得缓冲的时间。 当希特勒进攻苏联，斯大林又不得不与西方世界结盟。

斯大林统治下的苏联的发展对西方工人运动造成的不利影响越来越大。 第二次世界大战的结果使苏联人成为东欧的主人，而最反共的国家，美国，获得了对西欧以及世界上大多数国家的霸权。 帝国时代的多元化世界格局被简化为两极格局，一个独裁，一个更开放。 两极国家开始在全球布局，一个是另一个的负面参照点。 从大多数西方人的立场来看，从资本主义者到大多数马克思主义者，苏联在东欧的独裁统治以及苏联全球军国主义在他们眼中是不可接受的。 所有西方世界工人运动已经严重弱化了，因为他们的对手证明，社会主义已经在苏联和东欧建立——作为极权主义和帝国主义。 当苏联的革命社会主义被摧毁之后，斯大林正在西方世界将最后一颗钉子钉入革命社会主义的棺椁之上。 苏联自身会幸存更长时间，在世界比较贫穷的国家可能会在更长的时间里欢迎苏联共产主义。 共产主义的根基什么时候腐烂还不清楚，但是现在战争来临，其结果将摧毁法西斯主义的替代方案，似乎增强了共产主义方案的可行性，正如它也增强了西方民主资本主义的可行性一样。 一种替代方案已经消失，另一种仍旧看起来似乎可行，而且，在亚洲，这一点也同样如此。

第十二章

日本帝国主义(1930—1945)

20 世纪最大的地缘政治变化是亚洲的崛起,两到三个世纪以来,作为一个相对停滞不前的大陆,亚洲的发展远远赶不上欧洲和美洲。 到 21 世纪,三个亚洲国家——中国、印度和日本——奋力挤入强国行列,成为欧洲和美洲的对手,但是,他们的异军突起却有着不同的节拍。 印度直到 1945 年仍是英帝国的一部分。 它的崛起要比其他两个国家更晚,它的发展道路与欧洲战后发展模式最接近,将民主、资本主义以及避开帝国主义结合在一起。 中国依然被国内战争严重分裂,直到 1947 年 * 之后,变成共产主义国家,尽管大致而言也不是一个帝国。 日本是最早的亚洲开发者。 它的发展方式借鉴于较早的西方发展模式,包括代议制政府、资本主义以及帝国主义,所有这些都带有日本特色。 到 20 世纪 30 年代末,日本已经发展成为一个相当发达的国家调控的资本主义经济体,并利用令人敬畏的军事力量在亚洲获取了实际上的帝国地位,成为那时覆盖世界大多数国家的帝国主义阵营的名副其实的合伙人。 但是,它的代议制政府消亡了。 为什么它选择了帝国主义和准专制的道路呢? 这是本章讨论的中心问题。

逐渐升级的军国主义

如果从事后诸葛亮的角度来说,整个 20 世纪 30 年代,日本军事帝

---

* 原文有误,应为 1949 年。 ——译者注

国主义的逐渐升级似乎是不可阻挡的，而事实并非如此。 在中国发生的四次"事件"中，日本军人将外交政策控制在他们手中，使侵略进一步升级。 只有第五次，1941年偷袭珍珠港是日本最高层政府机构作出的集体决策。 第一次事件发生于1928年，日本士兵杀害了中国满洲地区的军阀，因而扩大了日本在该地区的影响力。 这次行动在日本被看做是一次错误行动，而且，它导致了无法阻止此次事件发生的保守主义政府的下台。 更重要的是发生在1931年、1935年以及1937年的事件，这三次事件与在日本国内正发生的右翼势力运动不谋而合。 在第四章中，我明确指出，这些事件背后隐藏着的以及被他们巩固的是日本军事力量的自主性，现在，自主的日本军事力量开始将日本带向法西斯主义。 在此时期，日本表现出了军事权力对经济和政治权力的胜利。 在本章中，我更深层的目的在于查明这是如何发生的，以及为什么最终将日本带向了一条自杀式道路，发动两场针对中国和美国的不可能取胜的战争。 理性之光如何泯灭，理性为何会失败？ 为了回答这个问题，我必须折回日本选择的这条道路。

我们在第四章中已经看到，在20世纪20年代中期，日本政治权力在保守主义者和自由主义者之间保持着完美的平衡。 之后，大萧条对自由主义者产生了不利影响。 在非常不利的情况下，1930年，正当日本遭受大萧条重创时，自由主义立宪民政党(Minseito Party)政府将日本带回了金本位制。 而且，日本政府从1929年开始实行货币紧缩政策以回到金本位。 在大萧条冲击下，这么做严重压制了国内需求和投资，从而加剧了日本经济衰退以及日元的抢购风潮。 1929年美国实行的《斯姆特—霍利关税法》(The Smoot-Hawley tariffs)严重地打击了亲美的日本自由主义者，而且，1931年，英国退出金本位制被看成是国际自由秩序崩溃的标志。 日本银行家们意识到，日元很快将面临巨大压力，并开始抛售日元换取美元，这似乎印证了民族主义者的指控，即金融资本家都是叛徒。 立宪民政党政府提高了利率，其国内改革计划——包括女性选票以及向工会和佃农让步——被废除。 这些都阻止了自由主义前进的势头。 政府在 12 月下台，这是各国政府常见的被大萧条所吞没的命运。 在日本，自由主义势力被摧毁，而保守主义者和军国主义者兴起。 如果没有大萧条，日本会避开侵略性的军国主义吗？ 很难说，但有可能。 日本的发展轨迹恰恰与美国情况相反，在某种程度上类似于德国。 事实证明，民族国家具有多样性。

在日本，国内需求下降，生产出现卡特尔，公司裁员，工资下降以及工人失业。 工业不景气，虽然不像西方国家那样严重，农业领域由于丝绸出口与谷物出口价格下跌而受到严重损害。 福利资本主义衰落，因为没有几个雇主现在能为员工支付福利。 自由主义者和内务省社会局有时支持工人的合法权利，但是对社会主义或工人罢工怀有敌意。 现在，之前的自由主义者和保守主义者联合共同支持镇压工人，而镇压第四章所说的地方化、行业化的工人运动取得显著效果。 在日本，大萧条背景下既没有出现社会主义，也没有出现自由主义工党联盟。

日本内务省确实在健康保险、改善工厂条件以及其他社会领域发起了具有家长制作风的改革行动，但是却阻止了行业工会，并压制了罢工活动。 大多数抱怨是通过强制性调解来解决，而且，到 1936 年，62%的罢工是由警察解决的——"军刀调解"(Garon，1987：206—207)——从而使工人们以可以理解的谨慎压抑着他们的不满(Taira，1988：637—640；Gordon，1985：250—251)。 直到二战之后，罢工仍三三两两地爆发，工会人数没有超过劳动力总数的 8%，通常工会活动也被限定在车间或公司这个层面。

政治权力方面的这些转变远远重要于大规模生产中劳动力数量的增长。 到 1940 年，66%的制造业用工都是在工厂。 在其他环境中，这会导致一个更强有力的工人阶级运动的出现；但是日本没有。 政府管理机构也不断扩大。 到 1928 年，总共有 130 万公务员——是武装部队规模的四倍——而且，他们承担了许多在西方国家由私人机构承担的责任。 资本主义出现越来越多的国家调控。 像武装部队一样，他们接受了一种代表皇帝和国家进行公共服务的意识形态，而且，通常成为一种保守主义势力。 他们中的许多人责骂政党、商业以及工会追求私人利益，并且还怂恿朝一种专制的国家主义经济方向进行"改革"。 改革成为右翼势力的口号。 在这种敌意的影响下，工会出现了分裂，到 20 世纪 30 年代晚期，工会被吸纳进法团主义的"爱国团体"(Garon, 1987：198—218；Taira, 1988：640—646；Odaka, 1999：150—157；Gordon, 1991：287—292)。 社会主义更多地变成知识分子而非工人的信条。 很显然，日本人再一次从公民转变为臣民。

确实，大萧条之后，街头示威不是由工人和工会主导，而是被年轻军官和前殖民地侨民领导的极端民族主义者推动。 这些示威活动往往掺杂暴力并伴有暗杀行动。 1931 年 12 月，日本立宪民政党首相滨口雄幸成为第一位最著名的受害者，从而开了整个 30 年代令温和派感到后怕的一系列暗杀和政变的先河。 他们的领导人之一后来回忆说，滨口雄幸被暗杀点燃了"军队和平民改革运动攻击社会上层以及特权阶级的导火索"。 他把财政部长井上准之助描述为"财阀的走狗，甚至是人民的死敌。"他送给井上准之助一把剑，要求他剖腹自杀。 井上拒绝了这一提议，但不久就被"血盟团"的一名军官刺杀。 其他政治家与财阀首领纷纷被刺杀。 现在，低级军官激烈地干预政治，很可能得到最高指挥部少数人的支持，缺乏政府或法院的限制，准军国主义不再像过去那样驯服了。

后来的事实证明，新宪法党保守政府的经济政策是积极有效的。 高桥是一位非常精明的财政部长，他迅速带领日本摆脱金本位制，降低利率，引入赤字财政政策，通过直接印刷货币促使反周期的政府支出增长到 20%。 他的"本能的凯恩斯主义"做法确保了日本工业的复苏，通过出口使日本在 1932 年年中摆脱了经济衰退(Nakamura, 1988：464—468)。 事与愿违，不断增长的政府支出大部分都花在军队上。 1935 年，他确实完成了军费开支的缩减，但是第二年，他因而被暗杀(Metzler, 2006：199—256)。 在一个不是由政治家而是由右翼改革派官僚主导的政府统治下,军费开始持续上涨。 与民族主义者结盟之后,他们加大了对工业的控制力度,结束了政府不断投资的铁、钢以及化学品等行业的市场定价机制。 这是超越简单的国家调解机制,并走向国家主导的资本主义的做法。 他们对工人的镇压包括强行降低工资,从而有助于从总体上恢复经济。 在20世纪30年代的大多数时间里,经济依然保持相当高的增长势头,虽然工人和农民得到的回报很少。 相比自由资本主义管制经济而言,日本的经济复苏要快得多,类似于纳粹政权的经济复苏(Cha,2000)。 与德国一样,专制政权因为取得的经济和军事成功而受到欢迎。 然而,日本没有捷径返回民主,甚至无法回到半公民、半臣民的大正时代的民主(Berger,1977:105—117,346;A.Gordon,1985:chaps.9,10;Nakamura,1988)。

比较历史社会学家已经表明,从积极的方面来看,民主的增长与工人阶级运动的实力相关联,从消极的方面来看,与地主阶级的权力相关联(Rueschemeyer et al.,1992)。 日本大致符合这一观点,因为工人阶级软弱以及地主势力强大使真正的民主陷入困境,尽管大萧条的影响以及成功的帝国主义大大地有助于反民主势力的增长。 自由主义政治派别开始向右转,而且,到30年代中期,几乎不存在真正的自由主义者。小型的左翼社会民众党在1936年的国会选举中只获得了5%的选票,1937年为9%。 为了避免暗杀行动,社会民众党的领导人放弃了反帝国主义的立场,拥护"受到普遍欢迎的帝国主义"(A.Gordon,1991:302—315)。 日本已经成为一个几乎人人都支持帝国主义的国家。 这对东亚的和平来说凶多吉少。

大萧条也影响了日本的帝国主义道路选择。 市场为导向的扩张以低关税国际贸易为前提条件,这对日本来说非常重要,因为它需要为重工业发展进口原材料和机器。 先进设备绝大多数来自美国,原材料则主要来自英帝国,原油来自美国和荷兰东印度公司。 日本通过出口劳动密集型纺织商品来支付这些费用。 大萧条使这种贸易损失严重,正如之后席卷国际经济的贸易保护主义浪潮带来的打击那样。 由于出现了苏联和纳粹德国，整个世界似乎被划分成众多专制的帝国。 日本害怕由美国、英国、中国和荷兰构成的"ABCD包围网"的出现。 高桥主政时期繁荣的出口贸易对象更多的是满洲和华北，而不是美国和英帝国。 这一切为那些主张为了建立一个扩大的经济专制国家而呼吁发展出一种直接的殖民地帝国主义的人提供了理由。 在台湾和韩国实行的"资源帝国主义"现在被看作是日本避免被自由帝国"绞杀"的生命线，并且可以扩展到满洲和华北地区。 矿物供应可以通过占领那些被他们化为殖民地的地方得到保证。 领土不是市场，但是市场运行需要通过进一步获得领土来提供保证。 那些妄图通过侵略实现经济目的的人以及第四章讨论的支持全面战争的派别联合在一起共同实施这一策略(Lockwood, 1954：117；Iriye, 1974；Duus, 1996：xv—xviii；Sugihara, 2004)。

因此，出于国内外的各种原因，日本于20世纪20年代向自由主义以及非正式的帝国主义的转变趋势在30年代发生逆转了。 在一些高级军事将领半公开的支持下，改革官僚和军队从政党手中获取了政权。这些政党受到民粹主义的民族主义者暗杀的威胁(Iriye, 1997：62—72；Nish, 2002：180—182；Benson & Matsumura, 2001：30—42)。 国家发生了两大主要转变：官僚机构在人数和权力方面大增，并且逐渐地成了军队的殖民地。 从明治维新开始的国家调控资本主义在日本政府变成专制和军事化政府之前，临时变得稍微多一点自由。 因为精英们拒绝多元主义民主，所以，社会权力的来源有点不安地混合在一起。 然而，在混合过程中有一种主导精神，军队开始领导着国家和资本主义。

从1906年开始，日本军部和外交部围绕满洲展开了激烈的地盘争夺战，但是，当1926年后蒋介石在中国复兴国民党的命运时，军队成为真正棘手的事情。 蒋介石在他自己的民族主义者的怂恿下试图恢复中国对满洲和华北的统治。 在那里的日本侨民和商人感受到这种民族主义复兴带来的威胁，因此，他们催促在那里强化日本帝国主义。 日本驻外事务处抵制了这方面的压力，从而被指责是更同情中国的民族主义者而不是他们的同胞。 来自日本和中国民族主义者的互相挑衅常常使双方政府动摇(Brooks，2000：chap.5)。

这与军队自身正在发生的动摇相互交织在一起。 在 20 世纪 20 年代，关东军——在中国满洲保护日本经营的铁路——已经吸引了野心勃勃的日本年轻军官，他们感觉到这是帝国行动将会开始的地方。 1931年 9 月，许多年轻军官密谋，伪装破坏主要的铁路线，以说服军队(违背了政府及其指挥官的意志)进攻当地中国军阀的较大规模军队。 满洲遭受蹂躏。 虽然石原是涉事的高级军官，但是，一些高级军官很可能与政府高官串通一气。 石原把对满洲的入侵看作是一场短时间的、决定性的战争，有利于为之后的全面战争积累资源。 他判断，其他势力不会介入满洲事件：苏联正处在五年计划之中，西方世界专注于大萧条；一年后，情况可能会不同。 现在是行动的最佳时机(Peattie，1975：114—133)。

当入侵发生之后，在东京，一些人很生气，包括裕仁天皇。 立宪民政党政府部长们简单地想阻止它发生，但是获得的支持极少，他们被迫默许了军队的行动。 毕竟，行动已经成功，并且已经成为既定事实。 此次入侵满洲之后，日本政府在压制日本军方方面遭受到一系列失败，从而使日本人民在接下来的十年中付出了惨痛的代价(Bix，2001：228—241)。 该政府倒台了，并且，在由神秘的军官团制造的一波暗杀行动之后，由政党政客组成的最后一届政府在 1932 年 5 月下台。改革派官僚正式地取代了他们，但是，却逐渐失去了对军队的控制。币原的自由主义政策依赖于各派势力之间的合作，而且，在大萧条和满洲冒险行动的影响下，这种合作减少了(Akami，2002)。 在中国，非正式帝国的政策依赖于与地方军阀和资本家进行谈判和做生意(Matsusuka，2001：354)。 虽然这些人中有一些同时跨越日本占领的满洲地区与中国人确实进行了合作(Barrett & Shyu，2001)，但是，其他人并不希望疏远中华民族的情感，并离间中日政府使之互相敌对。 在缺少足够信任的盟友情况下，日本人尝试进行更直接的殖民统治，在满洲地区建立了一个"满洲国"傀儡政权。 日本政府宣布，它已经将"满族人"从中国的统治下解放出来，这是一种典型的、具有欺骗性的殖民主义声明。

"满洲国"疏远了日本与西方帝国势力、国际联盟以及国际社会的关系。 但是，正如石原预测的那样，这种疏远只是停留在语言上。 日本退出了国际联盟，事态开始平息下来——因为中国反击了。 与日本的花言巧语相反，大多数满洲地区的居民认为他们是中国人，其他中国人也会这么看。 无论中国共和主义(Chinese republicanism)的"反满"情结有多深，现在都被"反日"情绪所淹没。 将满洲从日本军队手中解放成为了中国民族主义者的一致要求(Mitter，2000)，而且，他们的抵制日货行动摧毁了币原通过外交手段解决冲突的任何可能。

"满洲国"似乎值得殖民，因为它拥有大量的经济资源。 它的新政府——日本军官和资本家的合作产物——提供了更多的秩序。 通过借鉴一战时的德国和苏联模式，该政权倡导一种依据五年计划下运行的公—私混合所有的经济体制。 从1924年到1941年，制造业产量增长了五倍，GDP年均增长4%——日本早期帝国时期的正常水平(Maddison，2004：25)。 随着秩序的恢复、经济的振兴，日本利用满洲精英统治，逐渐转向更少的直接统治。 傀儡统治者——再一次被搬出来的清王朝末代皇帝溥仪——拥有很少的自主权，而主要宣传的是"多元文化的满族民族主义"，地方主要是通过精英以及现有的制度进行统治。"满洲国"被描述成日本家庭的"兄弟国家"，"第二故乡"。 抵抗运动被残忍地镇压，但是，绝大多数抵抗来自农民，因为他们的土地被征用，并被分配给日本和韩国侨民。 在日本国内，公众看到的都是经过处理的关于满洲发展进步的引以自豪的报道。

30年代，上百万日本侨民来到"满洲国"是渴望得到属于自己的农场，并且成为贫穷的日本农民向上流动的重要象征。 路易斯·扬(Louise Young，1998：307；参阅Nish，2002：177—182)说，"满洲殖民地化在它成为一项国家首创的政策之前，是一场社会运动"。 但是，"满洲国"的实际情况与宣传大相径庭。 大约只有10%的殖民者成为农民；绝大多数成为占领区的官僚或工业领域的白领工人。 一些殖民者被迫兼职当兵保卫被占领区，防止当地"土匪"(被驱逐的无依无靠的农民)的袭击。 由于对当地条件的一无所知，农民殖民者相比他们赶走的当地农民来说，能力更差。 对于他们中的绝大多数人来说，这与日本媒体宣传的天堂相距甚远。 殖民冒险家失败之后，回到日本，倾向于将他们的不满都爆发在那些拒绝向殖民地输送更多资源的人身上。在那里，他们的极端暴力倾向与极右组织的军国主义者不谋而合。

当最初的媒体战争狂躁平息之后，一些人注意到，"满洲国"对日本经济的贡献远低于期望值。 支持一个更加非正式的帝国的思想开始在内务省和外交部复苏，在 1933 年到 1935 年，议会非难了军队预算(Wilson，2002)。 甚至连军国主义者也意识到，"满洲国"不能独自提供他们所追求的专制经济，所以，他们还图谋占领华北。 由于日本权力右转，解决殖民地不足的办法就是获得更多的殖民地。 然而，接着与中国发生的另一次战争困死了"满洲国"的投资资金，阻碍了第二个五年计划的顺利完成(Mitter，2000：94—129；Myers，1996；Nish，2002：178—182；Louise Young，1998：41—43；Barnhart，1987：39)。 随着日本滑向民族主义、法团主义和军国主义，军队首先通过有同情心的平民政治家，然后通过它自己的统治获取了更多的权力(Louise Young，1998：119—129)。 清洗"危险思想"的运动攻击的第一个对象是共产主义者，之后，攻击对象包括社会主义者、自由主义者和国际主义者。 1936年，一项古老的规则被恢复，那就是只有现任军官才能出任军部部长，从而赋予了军队最高指挥官在内阁中的否决权，也使他更接近天皇。同一年，极端主义者在一次政变企图中因野心过大而失败，但是，这次失利使他们相信，必须更加巧妙地在国内实现他们的目标。 在日本外交官无力保护在中国和满洲的日本居民反对当地的民族主义者的刺激下，他们成功地战胜了外交部。 日本外交官们必须在东京的指示、与当地中国人的合作以及遵守通商口岸的国际准则之间走钢丝。 随着东京向右转，外交官们的建议被忽略，而且，1937 年至 1938 年，外交使团被解散，它的职责移交给了一个新成立的军事主导的权力机构(Brooks，

2000：200—207；Nish，2002：180)。

军队现在掌控了大权，但是在策略问题上存在分歧。 海军倾向于支持扩大太平洋影响力的南进路线，他们意识到，这可能会冒与英国和美国开战的危险。 一些高级军官希望不惜任何代价避免这种情况发生；其他人并不这么想。 海军内部意见分歧很大，尽管他们一致同意在北方维持现状以牵制中国和苏联。 少数陆军军官支持这一看法，但是，大多数陆军军官主张集中精力在华北扩张。 然而，这些陆军军官又分成了三派，即全面战争派、帝国道路派与控制派。

石原等全面战争派极力寻求一个"拥有强大国防的国家"以积累资源挑战资本主义西方世界。 这需要巩固对中国的统治，尽管他们希望在不发动大规模战争的情况下做到这一点。 这些人明显是帝国主义者和意识形态者，但同时还是渐进主义者。 控制派更加实际；它谋求与苏联达成一项交易，以及实施经济计划、军事技术并建立满洲的防卫力量。 这种观点在总参谋部的规划人员中尤为盛行，他们相信，日本没有足够的资源在与中国开战的同时去对付另一个强国。

相比之下，帝国道路派比另外两派更加具有意识形态的特征。 它以狂热的反共产主义为核心，怂恿对苏联开战。 它对取得胜利作出重要贡献的物质因素，例如生产能力和人口规模不加重视。 这种"经济主义"的计算被看成是自由主义和马克思主义敌人的惯用手段。 帝国道路派赞成"决战"，而决战的胜负是由源自日本优秀的"精神财富"的攻击性干劲决定的。 这是一种世俗救世主义，尽管它利用大量的技术专家和策略方面的术语来加以修饰。 近卫首相说，长期以来，日本清楚自己在数量和技术上要比对手差，但是，日本精神(seishin)或者说"精神动员"能够取代物质上的劣势。 一个研究小组分析了 1939 年至 1940 年日本两次被苏联打败的案例，他们得出结论，日本在技术和组织方面只能达到苏军 80% 的效果，唯一弥补这丢失的 20% 的方法是精神力量(Tarling，2001：42)。 这与纳粹军国主义对民族精神的近乎神秘的崇拜很类似。 因此，野蛮对待敌军士兵和对待平民时的残忍的战斗精神与严格纪律结合起来。 纳粹在军官与士兵之间培养一种高度平等的同志般关系，在日本，等级差别十分严格，纪律十分严明。 随着日本军国主义势力不断上升，他们坚持一种对德国风格闪电战的信仰，一次突如其来的、势不可挡的、具有决定性的攻击。 这种闪电战被认为在1894、1905和1931年发挥了作用，正如它于1936年到1940年间为纳粹发挥作用那样。

相比终极目标而言，这三大军事派别之间争论更多的是手段和优先顺序的问题，因为，所有派别都支持帝国式扩张。 但是，他们的争论没有形成最终的决议。 政策文件中明显涵盖了对三种策略的参考，但在关于他们所需要的资源如何获取的问题上却很模糊——不管怎样，这无疑会超越日本的能力。 然而，所有的军事派别都希望在亚洲发动战争、进行扩张，而且，他们都希望对国家进行更强硬的军事控制。 官方政策文件赞成侵略，即使是朝几种相反的方向进行(Peattie，1975：186—190；Hane，1992：chap.12；Bix，2001：308—313)。

军队的实际行动再一次决定了扩张方向。 1935年，日本陆军在没有得到上级命令的情况下采取军事行动，在华北建立了两个新的傀儡政权，在内蒙古境内也建立了一个。 军事上的既定事实结束了当时日本与国民党正在进行的谈判。 一次更大的升级事变发生在1937年北京近郊的卢沟桥(Marco Polo Bridge)。 虽然中国军队与驻扎在那里的日本军队之间很可能是因意外发生冲突，很快赶到的日本陆军和海军使事件进一步升级。 之后，这一次事变得到了日本首相近卫文麿及其内阁和天皇的支持。 积累资源与苏联开战的总参谋部控制派被推翻了(Bix，2001：317—323)。

这些军事事变开启的与中国的全面战争与太平洋战争都一直持续到日本1945年彻底战败。 对于1937年的日本来说，一切似乎大有希望。国民党政府仍然缺乏基础权力统治大片中国领土，因此不得不撤退。近卫及其有影响力的军事幕僚支持帝国道路，他们希望，通过速战速决占领中国。 裕仁天皇催促近卫制定一次大决战，而近卫回答说，他会

"歼灭"这个民族主义政权。 从此之后，他说，他的政府只会在战场上以及投降谈判桌上与蒋介石打交道。 他把蒋介石政权看作是中国承认日本领导亚洲复兴的、将亚洲从英美资本主义和苏联共产主义手中解放出来的唯一障碍。 日本到现在为止还没有将中国共产党看作他的主要对手。

石原与全面战争派反对这次战争。 他们警告说，侵略的结局太具有意识形态性，而且，他们现在意识到中国民族主义的动员能力。 石原警告说，"对中国的入侵将会像拿破仑对西班牙的入侵一样，陷入一场永无止境的战争泥潭"(Barnhart, 1987: 89)。 他认为，对中国的战争将会耗光日本未来发展必需的资源。 而且，战争确实消耗了日本的人力资源，并破坏了日本经济。 石原的批评导致他被解除了总参谋部的职务。 不管怎样，他也没有解决办法。 像其他人一样，他希望中国默许日本领导亚洲对抗西方人，但是，他被蒋介石的与日本人合作先肃清共产党的策略所误导了。 尽管蒋介石表现出与日本人一致的阶级立场——他们都希望将亚洲的共产主义连根拔起——但是，他们之间不可能保持一种地缘政治上的一致性。 现在，绝大多数中国人把日本而不是把西方人看成他们的主要帝国主义敌人，而且，美国现在正向中国增加贷款。 甚至在战争发生之前，中国就开始与西方世界一起挫败了日本实现自给自足的任何希望(Barnhart, 1987: 90, 104—114)。

到目前为止，日本依靠一种中央计划经济应付军队的短期需要。各种社会权力来源不是十分完美地融合在一起，其中军事权力提供了关键的政策方向。 剩下的政策选择在军事统治与一个准法西斯主义社团国家之间摇摆，然而，无论哪一方都不可能完全取胜。 随着日本卷入世界战争，这两个因素加上保守主义平民政治家(他们的政党已经被取缔)以及财阀商人互相争吵，促成交易。 这是不完美的、充斥着冲突的融合。 1938年最初起草的《国家总动员法》本应该引入一种法团主义国家，但是，最终法案为此赋予了所有的重要派别太多的制度自主(Berger, 1988: 121—153, 160—161)。 如果是处在一个好的时代的话，日本体制可以依靠共同利益、文化以及寡头、官僚和资本家的现代化动机，再加上有教养的上层中产阶级形成一致赞成的发展政策。 但是，这个国家的各个组成部分都太脆弱，结果它们被残忍的、精心计划的派别秘密接管，特别是军方派别。 许多人都支持这一时期席卷其他国家的反议会的法团主义。 正如在其他地方，他们宣称拥有了更多的技术专家，更关注民族利益而不是"自私的"、喋喋不休的政党的利益(Berger，1977：67—74)。 这些人之中，只有少数几个是法西斯主义者。

日本是法西斯主义国家吗？

法西斯主义对日本产生了影响，并且日本也有一些法西斯主义者。20世纪20和30年代，世界上的大多数国家都认为法西斯主义是最现代的政治运动，吸引了相当大比例的年轻人。 日本的年轻军官是法西斯主义的主要代表(Nakamura & Tobe，1988)。 他们赞成将暴力和暗杀作为实现政治变革、反对"内部敌人"的工具。 他们认为，这是"有原则的"而不是"野蛮的"暴力(德国纳粹党卫军作出了同样的区分)。 他们的受害者包括两任首相，一位外交部长，以及大量的将军、海军上将和财阀头目。 警察和大众对这些暗杀活动的反应往往是非常矛盾的，因为许多人并不同情受害者，而同情罪犯(Berger，1988：107)。 然而，这种暴力活动并不像纳粹准军国主义那样，由底层的民粹主义团体实施。它来自武装部队内部，由对抗高级军官的中级军官领导，尽管通常是在一些将官的支持之下。 正如我们已经看到的，他们在国内外的挑衅对影响日本政策选择是极其重要的，但是，日本人的选择不是来自任何强大的政治动员权力，而是日本各种军事机器在实践中发号施令的结果。

也有"黑衫党"(black shirts)，"国家社会主义者"以及其他小型法西斯主义和亲法西斯主义的团体以及知识分子对德国式的法团主义理想[如奥特马尔·施潘(Othmar Spann)的思想]持同情态度。 但是，相对于军官们而言，他们的影响力小得多，而且，他们将欧洲法西斯主义调整为一种独具日本特色的形式：国家主义的因素是君主制度，而他们的民族主义风格赋予武装部队拥有成为国家真实化身的特权。 还有一种所谓"日本主义"的本土主义者的极右运动，即拒绝一切舶来品——议会、资本主义、社会主义以及法西斯主义——而这同样在军官团成员中有一些共鸣(Berger，1977：163—164，171)。 所有这些团体中表现出一种军国主义的帝国主义。 扬(1998：11—13)发现一种席卷整个日本的"帝国主义化的民族主义"，包括"文化、军事、政治和经济"等领域(我的社会权利的四大来源)。

日本变成法西斯主义国家了吗？ 尽管一些西方学者像一些日本学者(这些学者的著作，我根本无法阅读)一样作了肯定回答(Bix，1982；A.Gordon，1991：333—339；Barrington Moore，1967)，但绝大多数学者不同意，例如，Duus & Okimoto，1979)。 争论取决于是否存在与之前日本历史的一个突然断裂的时刻，但，这样的断裂是否是从自上而下到自下而上的政治也是非常重要的。 其他国家的法西斯主义是一场自下而上进行动员的民众运动。 在日本存在法西斯主义团体，主要存在于军队和感到不满的前殖民地定居者中间。 这类人在全世界的法西斯主义运动中的比例普遍多于其他人；在日本，他们缺乏来自工人、农民或者说中产阶级的大众支持，而后面几类人通常支持天皇制(the tennosei)的和谐形象，这是对天皇的崇拜。 这些数量众多的小团体也没有合并成一场统一的运动，因为，他们的目的在于要么从内部影响精英，要么通过恐怖主义暗杀影响了精英。 法西斯主义者不能渗入帝国或军队的中心，因为，他们的观点无法与天皇(tennosei)达成和解，裕仁公开声明，他不会接受在内阁或法院中出现"任何一个持有法西斯主义思想的人"(Bix，2001：254)。 在两次世界大战期间，日本的主要政治转型涉及精英们之间的关系，他们没有动员群众，而且也没有违背明治宪法。

在第十章中，我把法西斯主义界定为"通过军国主义追求一种超越的、实行种族清洗的民族—国家主义"；即，一场动员民众通过暴力镇压阶级、种族和其他冲突的手段创造一个更加强大的国家和一个更团结的民族的法西斯主义运动。 然而，日本缺少一股主要的自下而上的动员力量。 在一些方面，特别是它的准军国主义，与法西斯主义非常契合，所以，有人称它为一种自上而下的法西斯主义。 但是，相比希特勒和墨索里尼政权而言，1938年至1945年这一时期的日本政权更类似于希腊的梅塔克萨斯政权(Metaxas regime)、罗马尼亚的卡罗尔国王——安东内斯库元帅政权，或者说西班牙的佛朗哥。 我把希特勒与墨索里尼政权称作"极权主义的法团主义"，由政权自身组织，自上而下地发动一场群众运动(Mann, 2004：46—48)。 这不是日本的事实。 建立一个大众动员的单一政党的计划在保守主义政治家、官僚、大商人以及军官们之间的争吵声中付之东流。 因为，这些精英都赞成军国主义，军国主义的法西斯主义的标签最适合日本，这里的形容词限定了名词。

第一条中国龙苏醒：国民党

两条中国巨龙被激怒了——一条是民族主义者，一条是共产主义者。 关于蒋介石和他的民族主义政党国民党的问题，学者们的意见依然分歧很大。 一些人认为它腐败不堪，毫无希望：无论蒋介石政权激发出一种什么样的自由主义情绪，都将被极权主义所淹没。 它的改革计划和反资本主义的情绪表达都是花言巧语，在实践中都由于偏袒军阀、地主和资本家而受到削弱，这些人为蒋介石政权提供了资金支持。 虽然，在沿海地区，国民党政府增加了控制和公共投资，但是，由于资源匮乏以及腐败盛行，这些资金大部分落入了政权的朋友手中(Eastman, 1984, 1990：尤其是 pp.9—30；Wright, 1991；Foran, 2005：49—51)。 政权腐败，并且由上层阶级主导，尽管一直缺少资金的蒋介石也可以残酷地从他们身上征税。

国民党政权扼杀了自由主义者及其改革。 国民党的核心集团渴望建立一个法团主义极权主义国家，而不是自由主义国家，当然它也不是法西斯主义国家(Barrington Moore，1967，187—201)。 劳埃德·伊斯门(Lloyd Eastman，1984：chap.2)认为，国民党的"蓝衣社"运动是法西斯主义，但是，他依据的材料都来源于日本，而日本人则企图使国民党名誉扫地。 蒋介石、蓝衣社以及"新生活运动"是对这种在全世界广泛实施的极权主义现代化的认可——从阿塔图尔克(Attaturk)统治下的土耳其到明治时期的日本——不过，他们依然对孙中山的理想保持着极大的忠诚(M.Chang，1979)。 国民党说过，在训政阶段，独裁是必须的。 毛泽东并不认为国民党是法西斯主义政党，而是一个传统的亚洲独裁者。

国民党确实曾在它直接控制的华东几个省尝试国家主义经济改革。它试图改善基础设施(特别是铁路)和公共卫生设施建设，推广标准普通话，发展教育。 一部分军队实现了现代化，它的精锐之师由新建立的黄埔军校的毕业生担任军官。 户口登记制度带来了更均衡的征税以及征兵。 国民党政权竭力稳定物价，偿还债务以及改革银行业，并且1935 年的币制改革的确减轻了政府对粮食税的依赖，以及征税时对军队的依赖。

朱利亚·施特劳斯(Julia Strauss，1998)说，国民党与欧洲国家早期一样关注这样一些核心任务：建立一支高效的军队，制定一项税收制度进行融资以及设立一个外交机构以培养盟友。 出于这些目的，国民党成立了一个独立的行政部门。 外交机构的官员更加专业化，他们精通外语，任职时间要比他们的政治老板们更长，而且，他们拥有一定的自主性。 国民党减少了通商口岸的不平等性，尽管没有成功，他们仍竭尽全力使英国和美国对日本入侵施加压力。 财政部借鉴通商口岸当局的财务制度，并最终增加了财政收入。 国民党政府意识到，它所控制的领土的不平衡性，常常需要在那些政策得不到执行的地方另寻对策。但是，施特劳斯总结说，"民族主义者政府在极其困难的条件下，至少有能力在税收和外交事务部门建立牢固的、前瞻性的制度"(1998：191)。 P.黄(P.Huang，2001)在《共和国的法律制度》中有相似的观点。

新法律保护私人所有制、资本以及投资，并且，在家庭法中，个体主义取代家长制原则。 然而，法庭审理案件时却没有多大变化，因为法官们在法律与共同体实践之间寻求妥协。

玛格丽塔·扎纳西(Margherita Zanasi, 2006)关注到了汪精卫领导的中国"法团主义者"的兴起，他们深受凯恩斯主义、美国新政、社会主义和法西斯主义的影响。 他们能够实行后发追赶计划，因为，他们可以利用国民计划机构协调国家、私人部门银行家以及沿海地区工业家之间的关系。 在法西斯主义的影响下，蒋介石自己设想一种"极权主义—乌托邦"式的发展政体，以及一种国家控制下的军工联合体。 他对主要的银行实行国有化，并成功迫使金融资本服从他的目标(Coble, 1986)。 但是，这激起了汪精卫的逃跑以及他与日本人的合作，汪精卫感觉到，日本人可能会更好地保护中国资本主义的自主权。 蒋介石的现代化工程、军队以及对军阀的贿赂都需要钱，而他成功地提高了借贷和来自工业的税收数额。 他也一度成功地提高了长江流域的税收。 然而，这激起了地主、主要的纳税人对政府设法降低农民地租的土地改革计划的反对(Bernhardt, 1992：178—188)。 无论国民党在首都宣布什么样的改革计划，在地方，它依然要依靠地主和军阀，而这些人往往会使改革变成一张废纸。 一些军阀建立他们的国中之国。 蒋介石对他的盟友做出过太多实际的妥协，从而使他的民族主义豪言壮语变成了一种真正意义的意识形态。

蒋介石与农民纳税人之间的关系变得很紧张。 因为税收负担加重了，地方领导人——当地宗族的长老或宗教崇拜的领袖——力图逃避收税义务，而且，在许多地方，税收收益已经下降。 国家用包税制来应对，即允许大量的企业家、职员以及地痞恶霸强征税收，他们自己从中提成(Duara, 1988：43)。 这种间接统治的出现在政治上是非常危险的，因为它严重弱化了国家与地方权力掮客之间的联系。 实际上，国民党这种做法的目的在于通过招募国民党党员进入地方政府任职以力图削弱省、县两级的地主权力。 事实证明，许多党员都是贪婪的投机牟利者，缺少地方合法性，疏远了当地的权贵，这些人也正是他们在地方政府中取代的对象(Benton，1999：177—178)。 汉斯·范德文(Hans Van de Ven)总结说，"民族主义各种支持者之间的矛盾——海外华人、商业精英、工人、农民、一些军国主义者，甚至还有一些地主——证明是极其难以调解的，也无法将他们整合成一种统一的政治秩序"(2003：93；Geisert，2001)。 蒋介石的专制统治只是一种奢望，虽然大多数中国人依然是臣民而不是公民。

我这里提出了一个与历史事实相左的假设性问题。 民族主义者的中国必然能发展成一种现代的、半极权主义的、能有效统治的并且在其统治的领土内发展公民权利的国家吗？ 1945 年之后的台湾最终实现了这一目标，20 世纪 90 年代，民族主义台湾走向民主制。 然而，他们在大陆时期的内部矛盾变得相当尖锐。 社会基础依然狭窄，面临着地区间的冲突，几乎没有任何农民的支持，他们也不情愿动员农民，因为这样很可能会激励共产主义者对国民党的渗透。 没有精英团结和大众动员一定程度上的结合，就不可能推动这么大的国家向实质的经济进步和有序的政治秩序发展，而民治时期的日本与共产党中国都做到了这种结合。 我们很难看到国民党如何才能实现这些目标，但是，我们都知道这个问题的答案：因为国民党政权没有时间。 它被一场毁灭性的抗日战争碾得粉碎。

1937 年和 1938 年，日本军队继续进攻，沿着主要交通线向纵深推进，在东部占领了一个又一个的城市。 国民党的大部分精锐部队以及他们的黄埔系军官都被消灭了，国民党政府丢掉了中国最富裕的地方。然而，潜伏在农村后方的中国游击队切断了铁路线，以至于更多的日本部队被派去保护铁路线。 1937 年，日本人本以为只要三个师团就足以迫使国民党乞求和平。 两年后，他们在中国有 24 个师团(日本军队总军力只有 34 个师团)。 他们已经力不从心了。

军事历史学家们对国民党的军队素质问题持不同看法(D.Gordon，2006)。 官方材料中的一半兵力(A good half of its paper strength)是由半自治的军阀新招募的、没有经过系统训练的新兵组成。 而且，甚至连国民党自己的一些部队的战斗力也是值得怀疑的。 这里有无能、腐败以及缺少配合等问题，但或许更加重要的是中国的全面后退，特别是当国民党刚刚丢掉绝大多数发达地区。 对国民党来说极其困难的是，要保持军队的士气，提高军队的战斗力以取代日本最初猛攻所遭受的惨重损失，然后继续指挥一场持久战。 征兵开始时是有序的，最终以混乱的强制征兵结束。 范德文(Van de Ven, 2003：295；见 Dreyer, 1995：181)总结说，"中国是一个农业社会，因此，它不能应付现代战争强加的各种需求。"军事权力碾碎了蒋介石的政权。 然而，由于中国的幅员辽阔以及不断上升的中华民族主义，战争得以继续，从而使得日本军队深陷战争泥潭。

蒋介石自己是一个不情愿的抗日派。 他更宁愿先与日本妥协，因为他要先打倒军阀，消灭共产党——他把这项政策称为"攘外必先安内"。 他说，"日本是皮肤病；而共产党是心病"(Dreyer, 1995：172)。但是，他无法将这项政策坚持到底。 1936 年爆发了"西安事变"(Xian Incident)，他自己的军队软禁了他，迫使他联共抗日。 在斯大林的帮助下，他被释放，斯大林仍然相信，只有蒋介石才能领导中国人民抵抗日本。 民族主义的压力迫使蒋介石与共产党和其他抗日武装结成统一战线。 事实上，在接下来的三年中，他不得不在共产党的根据地耗费大量的补助金，总计占到共产党税收的绝大部分(Chen, 2001：363)！ 此时，全民抗战压倒了阶级斗争。

在被占领的东部三个省份，日本也利用军阀进行统治。 一些军阀与日本合作，是因为他们看不到任何更现实的选择，一些人是出于与蒋介石的个人竞争关系，一些人因为他们相信日本能够最好地恢复秩序，而少数人是意识形态上的通敌卖国者——认同侵略者的事业，认为日本人的指导是实现工业化的道路(Barrett & Shyu, 2001)。 中国人民在其他地方的顽强抵抗与日本拉得过长的交通线使战争陷入僵局。 日本军队的命令是不留一个俘虏(中国人往往也杀掉俘虏)，而且，有时不区分士兵和平民。 由于后勤供应不足,日本军队只能靠山吃山,靠水吃水。
日本指挥官宣布,国际战争法不适用中国。 这一切使日本在中国犯下
累累暴行。

在富永正三(Tominaga Shozo)的记忆中,中国历历在目。 1941 年 7
月,他作为一名尉级军官应遭到中国报到,与他同行的还有另外 21
人。 他注意到,他们遇到的老兵"眼带凶光"。 他接受了几天的军官
培训,培训快结束时,每一个受训者必须用他的剑砍掉一个被捆绑的中
国俘虏的头。 富永担心,他该如何完成这项任务,但是,他成功之后如
释重负。 他回忆道,"在那一刻,我感到内心中的一些东西发生了改变。
我不知道如何表达出来,但是,我的内心获得了某种力量。"他说,他后
来意识到他自己已经显露出邪恶的眼神。 富永说,普通士兵最后有一项
与他不同的任务——他们必须用刀刺被绑的俘虏。 他评论道:

> 从那之后,一个人要想做任何事情都是非常容易的。军队创
> 造了能战斗的男人⋯⋯人被转变成杀人恶魔。每一个人在三个月
> 内就会变成一个魔鬼。男人只有在他们的人性被压制的情况下才
> 能英勇战斗。所以,我们相信。这里的训练是日本国内训练的一
> 个自然延伸。这是天皇的军队(Cook & Cook,1992:41—43)。

1937 年,日本人正在中国土地上实现帝国道路。

中国人把他们称为"蝗军"(Hata,1988:302)。 1937 年的南京大屠
杀肯定是最恶劣的暴行,3.5 万到 20 万被缴械的中国人被杀*,还有数
以千计的妇女被强奸。 被杀的人数仍然具有争议,是今天国际政治中
的一个重要问题(Askew,2002;Bix,2001:332—336)。 日本记者亲眼看
到了令人惊骇的大暴行。 一个人要求田中吉隆中尉去查证屠杀事件。
他回答说,"坦白地讲,你和我关于中国人的看法完全不同。 你可能会

---

* 南京大屠杀有 30 多万中国平民和战俘被杀。 ——译者注

把他们当作人类，但是，我把他们当作猪。 我们可以对这种生物做任何事情"(Ferguson, 2006：477)。 日本在中国使用毒气；细菌战计划可能已经杀死了多达 50 万人。 他们给中国小孩带有霍乱病菌的点心，飞机从空中抛洒带有瘟疫的跳蚤以及带有炭疽病毒的羽毛。 受害者被肢解以检查疾病的传播进展(Barenblatt, 2003)。 这些计划堪比纳粹对犹太囚犯进行的令人感到恐怖的实验。 1941 年，日本军队的反共行动也是极其残忍的。 行动命令是"三光政策"：杀光、抢光、烧光。 他们摧毁了几个共产党根据地。

此时，日本军国主义具有某些邪恶的特征，这是因为它产生的时间较晚一些。 它把战俘看作是可以消费的"军用物资"，如果不再有使用价值，他们就会消灭这些战俘。 日本抓获的盎格鲁——美国战俘的死亡率比德国和意大利抓获的要高七倍。 日本士兵太缺乏基本的人权意识，但是，在对待他们自己本国的士兵时也是非常残酷无情的。 军官们习惯性地殴打他们的士兵，而且，这被看作是"铁拳"和"爱的鞭子"，是正当的。 古老的日本武士道忠诚美德当与帝国道路关联起来之后，就被损坏和被剥夺了道德意识。 这不是一项日本人的传统恶习；1905 年，日本在对抗俄国人时，似乎没有发生这样的暴行。 日本军队后来发生了变化。 也许随着军事上取得的节节胜利，产生了轻视敌人的思想；也许暴行起因于有教养的军官与从贫穷的农村地区招募的男人之间不断发展的阶级鸿沟。 他们感觉到，暴力是保证他们遵守纪律和英勇作战的必要条件。 日本士兵们被重复告知，如果被俘就会被敌人杀掉，于是他们就杀死战俘，因为敌人抓住他们也会这样对待他们。这强化了不投降的民族精神：因为死亡是不可避免的，"光荣的自杀"是有意义的(Tanaka, 1996：71, 195—196, 197—215)。 这些都使得他们无法得到被他们统治的人民的亲近。

日本人依然深陷中国泥潭。 1938 年，日本在中国有 60 万部队，而那时已经有 6.2 万人被杀。 1938 年到 1944 年间，战线几乎没有变化，但是，共产党逐渐扩大了根据地的范围。 日本人控制了多个城市以及东部的交通要道，而且利用军阀控制了其他一些地区。但是，游击队在绝大多数农村地区袭扰他们，而且，他们缺少资源进一步向前推进。然而，无论国民党还是共产党的部队都不能在部署严密的战斗中战胜日本。是战争僵局拖败了日本。

日本老百姓远离关于中国问题的决策，而内阁几乎全面负责国内政策。外交政策由联络部(Liaison)和由军人、枢密院院长、天皇主导的御前会议负责。军方拒绝与蒋介石进行谈判，而且，当谈判迫在眉睫时，日本希望蒋介石作出让步。然而，日本的暴行极大地唤醒了中国人的民族主义，就连蒋介石本人都不可能在谈判桌上让步，日军不能在战场上赢得任何东西(Berger，1977：236)。他被迫提出恢复卢沟桥事变之前就已经存在的中国边界线，并恢复中国对满洲地区的主权，然而，任何一届同意这些条款的政府都会被推翻。东京现在由发动侵略战争的军人控制，如果他们失去权力，那么，他们就不能保护他们在日本的利益。军队规划委员会的一些人看到，即使日本占领整个中国，也仍然需要与英国和美国进行贸易往来。然而，很少人希望获得盎格鲁—撒克逊人的支持，因为，他们认为，正是他们剥夺了日本在世界上的合法位置，1937年，出任日本首相的近卫文麿再三公开宣称，作为和德国、意大利等帝国主义一样的后来者，日本将为正义与和平而战。他说，和平是为了维持现有强权势力的利益(Kershaw，2007：106—108)。这一点是正确的，即如果帝国仍然有存在的必要，那么，战争就不可避免。欧洲战争现在已经变成世界战争。

从一开始，日本就被军方的桀骜不驯之徒引向了中国，而现在被东京弥漫的军国主义带入绝境。集体军事统治受到极端下级军官民族主义压力集团的支持，他们会倾向于刺杀那些不同意的人。下层很少有反对的声音。没有类似于对民众情绪进行测评的盖世太保报告，在日本，很难知道，战争的民众支持度到底有多高，因为日本媒体被严密控制，然而，大多数日本人认为战争进展非常顺利。甚至当真实的消息渗透出来时，基本的爱国主义情感仍对战争保持了较高的支持度。熊谷德一(Kumagaya Tokuichi)是一位机械师，他回忆道，"我认为我们军队的一次射击就可以将中国人打垮。"他评论说，无论如何，"战争意味着机械师有工作。"野木春策(Nogi Harumuchi)回忆起庞大的人群参加集会的场面，集会由民族主义者发表演讲。 他记得，他被民族主义情感完全压倒："我想建立大东亚。"福岛吉江(Fukushima Yoshie)到 "满洲国"在幼儿园教书，她说道，"我们必须照顾好满洲人的小孩，因为满洲已经照顾了日本"(Cook & Cook, 1992：47, 51—54, 57)。

他们相信，他们正在做好事，这是一种共同帝国主义幻想。 正如在德国一样，日本军国凯恩斯主义提高了政权的欢迎程度。 1938 年，军事预算从占 GDP 的 15% 跃升到 24%，然后保持直到 1940 年(此时，再一次上涨)。 与此同时，在 1937 年到 1940 年间，在对华战争中，GDP本身增长了大约 30%(Hara, 1998：226—227, 257)。 似乎战争一定有利于经济发展，但是，现实很可能恰恰相反。

斯奈德(Snyder, 1991：120)总结说，20 世纪 30 年代末的日本帝国主义是非理性的，甚至此时占主导地位的最低目标也是非理性的：保卫军事—右翼势力联盟的权力。 现在的政策必然摧毁日本。 中国民族主义意识形态现在是如此强大，以至于对蒋介石来说不能务实地接受东京提出的任何可能的条款(Eastman, 1984；Nish, 2002；Tarling, 2001；Akami, 2002；Huang & Yang, 2001：73—75, 137；Barnhart, 1987：49, 91—104)。 不管怎样，战争都将继续持续几年——直到双方的现实主义者承认彻底精疲力竭并达成协议——但是，此时，珍珠港事件和美国人来了，而且也改变了中国人的想法。 虽然许多日本精英低估了美国的实力和美国人的决心，但是，无论蒋介石还是毛泽东都没有这样认为。他们看到，日本最终将被打败。

国民党军队与共产党军队以及其他游击队牵制了整个太平洋战场上的 100 万日军，因此为盟军的胜利作出了重要贡献。 确实，这些日本人几乎都是新招募的没有战争经验的士兵，而且，日本需要更多的飞机和轮船以及技术熟练的驾驶员在太平洋上操纵它们，而不需要更多的步兵。　然而，日本在中国的伤亡士兵人数上升速度惊人，而日本大萧条后的经济复苏被消耗在中国战场的军事开支削弱了。　这抬高了通货膨胀，耗尽了日本的外汇储备，以及抑制投资。　虽然中国不能赢得战争的胜利，但是他们能阻止日本赢得胜利。　从 1937 年到大约是 1942 年，国民党比共产党的成就更大；之后，双方成就更平均。　我在下一章中讨论第二条巨龙的崛起，即共产主义。

太阳帝国和鹰帝国

　　20 世纪 30 年代早中期，在东南亚，日本成功制定了一种偏向以市场为导向的策略，针对越南则制定出一些实现非正式帝国的策略，以及一项涉及爪哇和苏门答腊岛重要石油资源的纯粹市场外交策略。　当 1939 年在诺门坎被苏联羞辱之后，日本与苏联签订了一份中立条约。现在，在东京，海军的南扩战略变得更有市场。　当希特勒占领法国和荷兰时，这两个国家在越南和东印度群岛的殖民地吸引了日本。　1940年 6 月，军令部长畑俊六(Hata Shunroku)(Kershaw，2007：91)催促说，"抓住这个绝好的机会！　排除一切阻碍。"因为日本领导人认为英国在希特勒的进攻下不会坚持很久，他们可以获取英国在亚洲的殖民地。　与德国结盟的诱惑以及南进的战略思想得到强化了。　这主要是海军推动的结果，海军预算因而可以得到极大的利益，不过，这个战略并不是由海军总司令——山本五十六——推动的，因为他仍相信，日本不可能对美国发动一场必胜的战争。　陆军也逐渐获得共识，北御南进是最好的战略。　由于美国人破译了日本的密码，所以，他们知道日本的这些战略变化。　他们继续洞悉事态发展，直到太平洋战争爆发。

　　日本仍然严重依赖国外进口，特别是石油。　虽然它在满洲、华北、朝鲜以及台湾实行的资源帝国主义提供了相当于日本本土 GDP 的 20% 的产值，但是，它却没有让所有经济部门获得收益。　正如迈克尔·巴恩哈特(Michael Barnhart)说的那样,"从一开始,最初倡导全面战争的军官们就已经强调了在实现自给自足之前不与西方世界对抗的重要性。 他们输得一败涂地,而他们的失败并不是由于西方世界采取的任何军事行动导致的"(1987:267)。 为了获取石油,进攻荷属东印度群岛的企图似乎是扩展资源帝国主义的一个办法。 1938年,美国开始用船只运送军事物资以及贷款给民族主义者的中国,而且,英国正计划修建一条铁路从缅甸运送更多的军事物资给民族主义者。 这些举措将使中国战场陷入僵局,从而增加了日本人对盎格鲁势力的敌意。

1940年8月,日本制定了被称为"大东亚共荣圈"计划,实际上就是建立一个直接的帝国。 9月,它占领了印度支那北部(越南),并加入了轴心国联盟。 1941年夏天,它搁置了已经计划好的对苏进攻计划。看起来日本似乎考虑更多的是在太平洋建立南部帝国主义。 从美国立场来看,三个仍妄图建立直接帝国的大国——德国,意大利和日本——与更民主的、自由贸易大国为敌(例如,非正式的帝国)。 美国希望将日本从与德国的联盟中分离出来,而一些日本人也希望这样,但是,随着日本精英开始相信经过1940年和1941年德国会取得欧战胜利,他们失去了影响力。 巴巴罗萨计划在俄国初见成效使日本开始冒险。 寄希望于德国的胜利,日本政府推断,日本必须抓住它在太平洋地区的机会。战争即将成为世界大战。

在战争的预备阶段,出现一些致命的相互误解是很正常的。 日本和美国建立的是非常不同的帝国主义形式,而且,他们都无法理解彼此构成的威胁,双方表述出来的威胁也因此而有了关键性差异:美国担心日本野蛮的极权主义,而日本则将美国看成是全球经济触手怪物,一个自由主义的魔鬼对它的绞杀。 双方都是夸大了对方所代表的帝国主义的威胁。 日本帝国主义确实有野蛮和极权主义的倾向,而美国则利用它所谓的门户开放政策以及一支足以确保石油禁运的强大海军,从而将其权力触角延伸到太平洋和亚洲。

美国和日本主要的争议问题依然是中国。 1932年,史汀生主义已经表现出美国对日本在中国使用武力以及建立"满洲国"的不满。　尽管有些冠冕堂皇，但史汀生主义仍然有效，具体表现在美国向蒋介石提供军事物资，但是，规模远远小于美国与日本不断进行的贸易，其间，日本从美国获得了80%的石油。　一位美国外交官对罗斯福说，"问题是我们对中国有着更大的情感上的兴趣，经济利益很小，而且没有根本利益"(Kennedy, 1999：501—502)。　但是，美国继续要求日本回到1931年之前的状态，而日本则继续充耳不闻。　日本领导人，无论是鹰派还是各派同样拒绝美国的要求，他们相信，1931年这个时间包括放弃"满洲国"及其17万日本侨民，这会给日本经济，特别是任何同意这一要求的日本政府以灾难性的打击(Tsunuda, 1994；Toland, 1970：144—145)。

因为美国在这一地区缺少阻止日本的军事力量，因此，他们转而采取收紧经济命脉的策略。　面对日本即将采取南进军事行动的迹象，美国采取的应对不是像日本所期望的那样妥协，而是"将出口限制和血腥的金融战混杂一起向日本发起进攻"。　1941年5月，美国当局转向禁止几乎所有的美国或英帝国的对日出口。　石油是极其关键的资源；而日本公司已经从美国获得了批准许可证，继续在接下来的9个月从美国购买汽油、23个月的普通原油。　可以阻止这一切的唯一办法就是冻结日本在美国的资产，因为到那时，日本就无法支付石油的费用。罗斯福同意采取这一策略，也许他没有意识到这对日本来说会带来什么样的后果，尽管助理国务卿艾奇逊清楚地明白他在做什么。　虽然罗斯福任命了鹰派人物艾奇逊，逐步增加对日本的压力，但罗斯福的立场仍然不明确。　官方的报道是，罗斯福仅在9月才发现日本从7月开始就已经没有得到石油(Miller, 2007：108, 123, 167, 175, 203—204；见Barnhart, 1987)。

禁运和冻结资产的效果与美国所期望的正好相反。　自由主义者无法理解军国主义者。　这些攻击性的经济举动并没有将日本带回谈判桌。　在日本军国法西斯主义者的眼中，他们是对"国家的生存发动的突然袭击"(Miller, 2007：242)。　这使得日本做出了最后一次孤注一掷的挣扎。 日本决策者从各个方面估计，在没有石油供应的条件下，日本海军最多可以坚持六个月到两年的时间。 他们也看到，美国正在发展其太平洋舰队。 他们像希特勒那样推断：由于日本无法赢得一场持久战，因此，对美国(以及英国)势力进行一次快速而有极具毁灭性的"闪电式袭击"(日本人从德文翻译而来)是非常必要的。 山本五十六大将仍然据理力争反对向美国开战，但当他无法说服天皇而又期望继续保住他的位置时，他提出了一项最好的策略，那就是 1941 年 5 月偷袭珍珠港。 日本在 9 月的军事演习中检测了这一计划，并于 10 月中旬将这一计划采纳为军事政策。

与此同时，谈判仍在继续。 包括近卫首相和天皇在内的一些日本人反对与美国开战。 近卫被授权与美国谈判，但是不允许作出重大让步。 东京的理解是，如果他不能谈来和平，日本就进攻。 1941 年末，谈判双方试探着妥协的可能性，但是，在中国问题上谈崩了。"满洲国"的问题本可以与中国的大部分地区分离开来，美国允许日本保有"满洲国"，但放弃中国。 很奇怪的是(从一种现实主义的观点看)，对日本来说，比彼此之间开战更重要的事情是中日战争，而对美国来说，更重要的是对抗希特勒。 因此，为什么日本会继续以南进策略来对抗美国呢？ 为什么罗斯福(在此时)不对中国的日本置之不理，而将更多的资源投到他认为与希特勒更加紧迫的斗争之中呢？ 这样就可以给美国时间积蓄军事资源，以便在稍后的时间美国更有把握阻止日本的侵略。 戴维·肯尼迪(David Kennedy, 1999：513—514)提出了这些问题，但是没有人回答。 对抗双方是日本军国主义势力与不断意识到帝国潜力的美国。 任何一方都不能轻易地允许两国政府更明智地选择后退，但是，仍难以解释的问题是为什么日本军国主义超出了理性的界限。 许多日本精英承认，只有超常的运气才可能给日本带来所期望的战争。 从定义来说，非理性是难以解释的。 它往往超出我们的解释，但是，这里它导致了太平洋战争。

10 月，没有谈来和平的近卫文麿下野，被走强硬路线的东条英机将军取代。 虽然任一方都不会作出任何重大让步，东条起初还是继续与美国谈判。 11 月 25 日，白宫官员总结说，战争似乎不可避免。 国防部部长史汀生在他的日记中记录道，"问题是如何调动他们，在不会给我们自己造成太多危险的情况下，使他们变成首先开火的一方"(Kennedy，1999：515)。 第二天，国务卿科迪尔·赫尔(Cordell Hull)回到了将日本军队赶出包括满洲在内的整个中国的坚定立场，并以此作为日美关系正常化的前提。 日本人发现这是不可接受的最后通牒，因此终止了与美国的谈判。 12 月 1 日，天皇批准了偷袭珍珠港的计划。 8 日(珍珠港时间)，偷袭正式开始。 日本会征服一个帝国，还是取得一场战争的胜利，东条希望两者都能得到。

在美国，很少人会预料到日本作出这样的反应。 美国人破译日军的密码发出警告，偷袭即将到来，但是，他们不知道地点在哪。 偷袭前一天，他们知道时间，但是仍不知道地点。 他们期望日本登陆亚洲或者菲律宾，而不期望发生对美国领土的空袭。 珍珠港在毫无准备的情况下被偷袭，在港的所有战列舰被摧毁。 美国领导人不相信，日本这个经济上明显要弱于美国的国家，其重工业能力只占 GDP 的 5%，竟会攻击美国主权领土(Iriye，1987：149—150；1991)。 确实，任何一个人都很难理解为什么日本会在已经完全介入中国战事的情况下进攻美国。 在中国问题上的强硬立场巩固了美国对日本的经济战，从而激化了东京的军国主义者，使其海军采取侵略性的策略以保卫其石油供应(Evans & Peattie，1997：447，471—482)。 东条(Tojo)再三地声明，禁运会扼杀日本，海军将在未来的两年内耗光所有石油，而美国只会变得更加强大。他承认，战争成功的概率很小，但是，"如果我们坐以待毙，两到三年后，美国会将日本削弱为一个三流国家。"是美国统治下的和平，还是克服重重困难为荣誉而战——这是一个选择题(Tarling，2001：76—78；Kershaw，2007：365)。 军国法西斯主义政权更愿意选择后者。

日本本可以选择让步，而且美国人曾推断日本会这么做，日本将更像 1914 年或 1940 年选择让步的英国一样——否定帝国的抱负，并受到羞辱。 这样一种行为前所未闻；戈尔巴乔夫在 20 世纪 80 年代这么做了——但那是罕见的。 我们只需要增加一点，日本是一个由半法西斯主义意识形态主导的，深受其之前经验和希特勒成功的影响下的军国主义政权，这就可以解释为什么他会作出这样一种侵略性的闪电袭击行为。 在之前的任一次世界大战中，无论是日本还是美国本土都没有多少人被杀，所以，很少有人对全面战争的恐怖有任何真正的了解。 日本在 1905 年的决策再一次被重复：采取先发制人的打击策略。 日本可能会摧毁美国舰队；占领英国、荷兰以及美国在太平洋地区占领的殖民地；并且建立一个横跨太平洋的防御地带以确保婆罗洲和苏门答腊岛的石油运输通道的安全。 在亚洲堡垒固如金汤的情况下，日本可以从其实力地位、欧洲德国"所向无敌的军队"的帮助下谈判解决通向所有这些市场的途径。 他们不期望在与美国的战争中赢得胜利，只是希望在希特勒的帮助下，可以以其实力进行谈判。 他们的计划大致都是正确的；日本所有这些目标都实现了，除了最后的阶段——谈判结束战争。

日本领导人大约处在对短期进攻战自信与抱有希望取胜以及对持久战持悲观态度这样的两种态度之间，但是，希望谈判可以防止陷入持久战。 他们相信，第一次毁灭性的打击之后，美国就会请求和平，然后就会妥协。 富冈定俊(Tomioka Sadatoshi)海军上将后来承认，"这种乐观主义的预测……不是真正建立在可靠的推测基础之上。"一个问题是——正如希特勒一样——日本军国主义者蔑视自由民主的柔和性。他们的意识形态带有一种强烈的自豪感以及对自由主义西方世界的轻视成分。 他们把美国总统威尔逊式的豪言壮语看成是表面功夫。 如果他们已经领会了美帝国主义的真实意图，而不是仅仅视其为豪言壮语，他们就一定会意识到，美国从不反对在"可打可不打的战争"中使用武力，例如第一次世界大战。 山本有两点是对的：珍珠港是最好的策略选择，但它仍不会起作用。

有一种阴谋论派认为，罗斯福实际上希望日本发动进攻，这样他就可以将美国带入第二次世界大战，并获取战后美国在全球的主导地位。虽然缺少确凿的证据证明，美国人并没有在谈判中竭尽全力，但是，也没有证据证明美国引诱日本偷袭珍珠港。 即使是四分之一的美国太平洋舰队在其母港被意想不到地摧毁(幸运的是，当时没有航空母舰停靠在那里)，在日本入侵了美国经济利益圈内的一打国家之后，美国选择的不是谈判而是战争。 参议院全体一致投票赞成对日开战，众议院以388：1的赞成票通过。 美国鹰派感到被羞辱，他们极其愤怒。 双方都被情感控制。 美国之所以拒绝妥协，不仅仅因为它会败坏其帝国主义的名声，而且还在于它没必要这么做。 日本不能对美国本土造成伤害——从而使珍珠港偷袭变得很愚蠢。 美国可以在不对本土构成威胁的情况下发动战争；而日本做不到。

日本在太平洋放了一把大火，最终玩火自焚；美国人得到了一个世界帝国。 最后一场伟大战役由关东军发起似乎是合适的，究其原因十分复杂。 1945 年 8 月，红军在刚刚加入东方战场不久，就迅速战胜了装备不齐的日军师团，歼灭 8 万日军。 将近 300 万日本人死在太平洋战场，尽管中国的伤亡人数是其死亡人数的四倍。 即使一些大的战役朝有利于日本的方向发展，但是，很难看到其他任何最终结局。 1942 年中途岛海战往往被看成是具有决定性意义的战役。 从严格意义上来讲，它是朝不利于日本的方向发展——成千上万颗炸弹中的十个在十分钟之内全部空投到日本军舰上，这改变了一切。 然而，即使是日本赢得了这场战争的胜利，并且，日本继续占领澳大利亚，美国也一定会重新部署，建造更多的航空母舰和飞机，再一次回来。 1941 年到 1945 年间，日本制造了 7 万架飞机，绝非易事，但以巨大的平民牺牲为代价。美国制造了 30 万架[福特公司的威罗·兰(Willow Run)生产线每 63 分钟生产一架 B-24 型轰炸机]并且实现了经济繁荣发展。 而且美国还拥有了原子弹。 当它的主要发起人，罗伯特·奥本海默(Robert Oppenheimer)亲眼看到了原子弹的第一次全面测试之时，他宣称，"我变成了一个死神，一个世界的毁灭者。"他确实变成了日本世界的最终毁灭者。 美国已经获取了经济和军事权力，以及成为世界上最强大的国家的意识形态志向。 自此之后它开始实现这一志向，它不再有时假装成像威尔逊的慈善机构。

日本 1941 年先发制人策略的成功的确粉碎了横跨东亚和东南亚的欧洲殖民主义。 现在只有日本是这一地区的帝国。 它包括 3.5 亿人口，在数量上仅次于大英帝国。 然而，日本的军事占领是稀疏分布的，变得日渐严峻而短暂。 除了法属印度支那，日本与那里的殖民当局达成交易继续让他们留在那里统治，他们所到之处，都假称是将亚洲人民从白人殖民者束缚中解放出来的解放者。 这使得当地民族主义者对他们表示出一种十分谨慎的欢迎态度。 他们向当地民族主义者承诺，帮助缅甸、菲律宾以及印度尼西亚于 1942 年或 1943 年独立，印度支那于 1945 年独立。 但是，解放只是一种"假象"(Goto，2003：291)，一个口号，是对东京问的问题的一个回答："我们难道不能提出一个类似于美国民主那样的口号？"(Tarling：2001：127)。 日本实际上希望该地区的经济和人力资源可以实现它的战争目标(Peattie，1996；Goto，2003)。 战争时期，因为它的手伸得太长，从而不能在该地区采纳它的第一波殖民地中实行的发展式和同化式政策。 现在，太平洋战争已经激化，所有殖民政策都服务于军队的需要。 资源都稀疏分布在离日本一定距离的广袤的地区。 在中国的 100 万日本人将在完成平民殖民任务中派上用场。

第一个日本帝国建立在它的邻邦；第二个横跨海洋，但没有殖民者，只有极少数几个文职行政人员。 没有剩余的钱可以像在它的第一波殖民地那样去建立基础设施或公私合营企业。 相反，日本人只是接受了欧洲殖民者的矿山、种植园、油田以及工厂，并将它们交给日本企业。 就像被占领的中国地区一样，日本只控制了拥有价值资源的城市和地区，放弃了内陆地区。 被占领区的人民，甚至包括台湾人和朝鲜人，都屈服于日军的军事需要，一旦战争朝不利于日本的方向发展，统治就变得异常残酷。 与其他帝国不同，日本的殖民地人民并没有参加日本帝国军队的战斗。 早在 1941 年 11 月，日本军队就被命令靠山吃山，靠水吃水，这意味着他们要么抢夺他们的必需品，要么按远低于其实际价值的固定价格支付。 金钱和物资的短缺意味着强迫劳动成为标准规范，其中有太多的滥用和麻木不仁的怠慢。 臭名昭著的缅甸铁路夺取了大概 10 万名劳工的生命。 为了避免对当地女性的大规模强奸，日本军事当局设立了专门的机构，名为"慰安所"，组织数千名妇女进行性服务，服务日本士兵。 日本占领者在东南亚表现出比北方更多的种族主义，对当地人所遭受的苦难麻木不仁。

战争带来的经济困难使事态进一步恶化。 大部分地区的糖、茶叶、咖啡和橡胶早先都是出口到欧洲和美洲。 因为日本对这些产品的需求量少得多，因此它们无法出售。 绝大多数生产者仅仅生活在贫困生存线之下，现在，后果极其悲惨。"日本暴政导致的结果是，大量人口深受其害，在他们的村庄、工作场所或者在道路旁死去；很多人从没见过一个日本人"(Sato，1994：199—200；参阅 Duus，1996；Tarling，2001；chaps.4—6)。 这些暴行与其说是统治者的有意导致的，还不如说是一个承受巨大压力的麻木不仁的政权导致的结果。

尽管如此，殖民地的行政官员和白领工人还是愿意为他们的新主人服务，正如服务他们的旧主人一样，只不过现在他们可以用他们自己的语言做生意，而不需要用英语、法语或者荷语。 泰国是一个附庸国，形式上独立，并且确实享有一定的自主权。 其亲法西斯主义的寡头政府成为日本的一个不太积极的盟友。 在任何一个殖民地，合作是幸存下来的必要条件(这是为什么战后这些地方很少有人报复日本的合作者)。 然而，很快日本人就疏远了当地的民族主义者，他们开始在腹地开展游击战争。 强迫劳动和报复性袭击使民族主义者获得了人民的支持，他们因为战争而变得更加强大(Goto，1996，2003)。由于凯旋的美国人并不想要殖民地，而且，英国人和荷兰人又不能重新拥有他们的殖民地，因此，该地区的大部分地方很快实现了政治独立。

结论

在第三章的结论部分，我列出了有利于美国非正式帝国主义建立的条件。 相比之下，有五个条件有利于日本建立一个更直接的帝国主义。

(1) 日本不像美国，由于本土自然资源的缺乏，日本走上对外扩张的道路。 在这种情况下，扩张不仅仅是日本海外商业利益驱使的结果，而且也是美国依靠的主要方式。 另外，至少是直到1905年，日本本土都受到其他帝国的威胁。 表面上出于防御的需要，民粹主义的民族主义运动可以围绕帝国主义动员起来，这种帝国主义将日本本土和殖民地整合在一起。

(2) 在邻邦实现帝国主义，对于日本军队是非常便利的。 第一波殖民地处于日本军队的后勤补给范围之内，后勤补给由海军负责运送。而且，军队不断增长的高效与凶猛适合于征服和无情地平息混乱——直到它开始在中国过度延伸为止。

(3) 社会帝国主义既有来自上层也有来自下层的支持。 害怕自由民主的保守主义寡头们力图通过动员农民支持帝国主义来紧紧抓住权力。农民构成了武装部队的普通士兵，许多人渴望通过殖民定居实现向上流动。 这催生出了一种民粹主义的民族主义，它利用了弥漫于社会的对日本人来说殖民既是威胁又是机遇的观念。 日本没有任何大规模的群众运动反对社会帝国主义。 有组织的工人阶级实力变得越来越弱，而保守主义者和改革派(例如右翼分子)官僚恐吓中产阶级自由主义者，并使他们向右转，接受一种非民主形式的政府。

(4) 在美国，宪法极其重要，但是，日本宪法没有明确分配或者划分政治权力的规则。 它鼓励权力集团相互斗争以更接近天皇，因为天皇对批准政策而言是至关重要的。 军队在征服和平定事态上初见成效提升了军队在东京的权力，而且，在民粹主义的民族主义者的支持下，日本国内允许军事暴力帮助解决国内冲突。 主张扩张主义的军事政权保护了人民的安全，捍卫了天皇的权威。 因为他象征着民族，所以也卷入帝国战略之中。

(5) 这些利益集团拟定了帝国的使命宣言，证明了对其他亚洲人民进行直接统治的正当性。 这些亚洲人民被看作是日本人的同宗，在帝国的统治下可以振兴，实现文明。 第一波日本直接帝国的与众不同之处在于，它实际上真正地实现了经济和教育增长，寿命延长。 它所取得的成功增强了进一步推行帝国主义的诱惑。

然而，日本直接帝国的兴起和衰落，以及日本国内的军国准法西斯主义都不是先天注定的。 对于日本而言，有四条卢比肯河本来可以不去跨越：1910 年的朝鲜，1931 年的中国满洲，1937 年的中国关内以及 1941 年的珍珠港。 大萧条为日本右转增加了另一个巨大的偶然性。 直到 1910 年占领朝鲜为止，在中华大帝国崩溃之后留下的权力真空中，日本对国家安全的真实担忧与积极高效的军事实力相互依存。 这使日本人抓住了建立一个有利可图的间接帝国的机会。 如果大国可以扩张，那么它们一般会这么做。 1910 年后，客观上讲，日本人的不安全感大幅下降，然而，兼并朝鲜是一次从依赖不可靠代理人的间接帝国主义向直接帝国主义的帝国扩张。 这要求增强军事镇压能力外加文化同化政策。 1931 年的满洲卢比肯河问题有所不同：这是一次军队自发的升级行为，尽管反映了日本国内，特别是国家权力平衡发生的变化。它增强了军队从一切上层控制中逐渐解放出来的能力。 接下来，在第三条卢比肯河问题——1937 年全面侵华——的推动下，日本转变为一个能够独立自主采取行动、制造既定事实的军事法西斯主义。 尽管满洲在经济上是有价值的，可以被平定混乱和统治，但是，在中国的升级显示了迄今为止日本军队不仅仅是应对安全恐惧和谋求经济利益的受支配的工具。 它是拥有自己的利益和军事价值、占主导地位的权力主体。最后的一条卢比肯河在珍珠港，这一次行动无异于自杀。

强大军事实力对富裕国家的胜利，军事权力对经济和政治权力的胜利，这些都是对明治维新路线的背离。 在很大程度上，它的国家只是在自由主义阶段之后又回归到维新时代的专制国家。 最终结果不只是长期结构化发展趋势的顶峰，也是国内外权力平衡波动的顶峰，而且，随着日本的军国主义化，战争中发生的意外事件变得更加重要。 日本军国主义是独具特色的。 它过度依赖闪电战和镇压平息混乱；它的准法西斯主义意识形态拒绝承认在中国和美国被唤醒的反民族主义(counter-nationalisms)的力量，它把美国看作是较少军事的国家。 如果在东京的政治权力斗争有不同的结果的话，那么，一种与众不同的东亚共荣圈很可能会出现，这个共荣圈以主导东亚和东南亚的日本间接和非正式帝国为中心，但是，一个兴起的中国作用越来越大。 然而，正因为帝国间的竞争最终证明是欧洲帝国主义阿基里斯之踵，在中国失败的日本帝国主义推迟了亚洲复兴的到来。 日本帝国主义不自量力最终崩溃，日本和中国都被中日战争所摧毁，留下了美国暂时主宰这片大陆。即使被剥夺军事权力，战后日本有能力实现复兴，并超过它之前的经济实力，而且在美国短暂的统治阶段之后，发展出一种新型的大正时代的半民主制——这次，自由选举导致了 1955 年到 2009 年的一党统治。 由于军国主义消失，天皇崇拜被大大削弱，以及回到一种仅由国家对企业进行调控的资本主义，日本意识形态发生了大幅转变。 第二次世界大战对日本产生了巨大影响。

美国帝国主义比日本帝国主义更可取，因为非正式帝国主义比直接帝国主义更友善，更开放。 相比一个将经济利益服从于军事和民族主义者利益的帝国而言，非正式帝国更多地根据全球经济优势进行调整，更少使用暴力，也不那么邪恶。 与桑巴特(Sombart)不同，我更喜欢商人，而不是英雄。 然而，在中国，凯旋而归的"英雄们"也是务实的唯物主义者。

第十三章

解释中国革命

在第六章中，我讨论了俄国布尔什维克革命所引发的第一波马克思主义革命浪潮。除了俄国自身以外，这波革命浪潮是一次失败的革命浪潮，其结果只是激化了一波更严重的反革命浪潮，其中掺杂着法西斯主义和其他右翼专制主义的势力。第二波更成功。它也从一国的革命扩展开来，这一次是中国共产党(CCP)发动的革命。1949年，在经过长达30年、掺杂着许多次失败和痛苦的、史诗般的斗争之后，中国共产党征服了整个中国大陆，并在这个世界上人口最多的大国站立起来。这个政权一直持续到今天。我力图解释这场20世纪最重要的革命，它提供了替代西方资本主义民主最成功的方案。我以叙述作为开始，最后以再谈革命理论作为结束。我重复在第六章中作出的界定：革命是一场人民大众的反抗运动，它通过剧烈的暴力方式转变了社会权利四大来源中的至少三大来源。中国共产党的斗争和成就无疑符合这些标准。

早期的痛苦与磨难

中国共产党是从中国最现代的地方，大概是上海和广州开始的。作为一个正统的马克思主义政党，中国共产党由学生、教师和一群普通的城镇工人领导——特别是技术熟练的工人；国民党左翼在技术不熟练的工人中威望更高。 20 世纪 20 年代，中国共产党依然实力弱小，但忠诚于马克思列宁主义的阶级观和反帝国主义观，布尔什维克的胜利使他们深信历史站在他们这边。 他们也是救世主义者。 苏联共产国际代表给他们提供建议。 共产国际代表必须适应当地形势，因为中国与俄国非常不同。 上海的工人们保持着与他们的农村出生地、宗族、种族和语言群体、行会以及中国无处不在的秘密帮会的联系。 共产党人通过这些多样化的联系网络进行招募(Perry，1993；S.Smith，2000；Dirlik，2003)。

1927 年，他们发现，如果不能保护自己，他们所有的意识形态和组织毫无价值。 蒋介石的军队在上海发动了一次意想不到的事变，杀害了 5 000 名共产党员。 幸存者逃往南方江西省偏远的农村。 马克思主义者天真无邪的时光已经过去了。 现在，要么是军事化的社会主义，要么是死亡。 一场革命战争必须从农村打响。 毛泽东的战争策略应运而生：农村包围城市。 只有到最后阶段，城市才能被攻占。 这是毛泽东的许多理论创新中的第一次创新。

尽管俄国农民暴动是布尔什维克革命胜利的一个必要条件，但是，布尔什维克没有组织起很多农民，而且，农民的不满也不是他们的意识形态关注的中心。 中国共产主义有所区别。 它是一次农民革命；很明显，在一个超过 90% 农村人口的农业国，没有农民的参与，任何革命都不可能成功，而且，中国共产党领导人已经认识到这一点。 他们现在知道，他们的侥幸幸存依赖于农民。 为了制定一项革命计划，他们必须创造一种农村——阶级剥削分析。 这是第二大主要创新。 他们分析了四个主要阶级，分析的单元不是个体而是家庭。

因为旧社会的贵族—学者—官僚阶级已经消亡，地主被看作是最高阶级。 除了偶尔为之，这些人不从事劳动，而且，他们的主要收入来源要么靠从租户收取地租，要么从贫苦农民的劳动剥削利润。 他们也可以剥削地方政府的额外津贴、各种税捐(例如，交钱修建寺庙和组建协会)、地方商业(客栈，酒馆)，而且他们还是放债人。 他们被共产党人看作是剥削者。

　　富农家庭从事劳动，但是，他们获得的许多或者说大部分收入是来自剥削那些更贫苦的农民。　他们或许在上面列出的三个项目中获得少量额外津贴。　他们基本上是剥削者。

　　中农家庭一般拥有他们耕种的土地，而且，他们拥有生产工具，也许还有一些家畜，但是，他们既不是被剥削的，也不会明显地剥削他人的劳动。

　　贫农家庭拥有很少，甚至没有土地、家畜或农具。　他们多半租土地，或者出卖劳动力，"贫穷并且受雇佣"。　中国大部分地方，贫农都为支付地租终身挣扎，而且都是负债的。　他们的生活基本接近最低生活线，并明显遭到剥削。

　　中国共产党考虑到了地区差异。　已经商业化的东部有更多的租户，他们主要通过向地主和富农支付地租受到剥削。　租户不交税。　西部和北部包含更多的自耕农，向国家纳税，但不交地租。　然而，所有人受到地主或富农附加身份的剥削，他们的附加身份包括高利贷者、官员以及社区组织者。　土地占有的差距是很大的：10%的中国人口占有70%的土地，土地是农民生存的重要命脉。　不利的经济条件会使穷人和许多中农向地主和富农借贷，然后导致营养不良和死亡。　无论如何界定，这都是剥削。　共产党人继续在争论，在即将到来的革命中，城市—工业与农村、中农与贫农之间哪一个对革命更加重要性的问题。然而，他们知道，要想取得胜利，必须做到两点。　首先，他们必须将剥削者的土地和财富再分配给被剥削者。　其次，只有在中国共产党创建自己的可防御的根据地，在当地被组织成革命队伍的农民的支持下，才能实行再分配。　从军事角度看，只有安全地驻扎在一个地方，在农民的政治支持下，中国共产党才能推倒剥削制度。　然后，他们可以逐渐扩大他们的苏维埃，农村包围城市，并实现社会主义革命。　当他们的革命理论付诸实践的时候，他们对军事权力和经济权力给予了同样程度的关注。　毫无疑问，这些是非正统的马克思主义者！　有多少西方马克思主义者曾分析过军事权力的平衡，遑论将这些问题放在他们分析的中心了。

江西被认定是苏维埃的发源地。 江西苏维埃在鼎盛期 300 万人口，由于位于农村以及较偏远的地方，因此可以很好地保护自己，但也不是穷山恶水。 在 1931 年和 1932 年间，共产党人建立了他们的革命根据地。 根据 1931 年的土地法，他们开始在没有任何补偿的情况下激进地没收地主土地，并将这些土地分给贫农和中农家庭私人占有。 富农的土地也被再分配，但如果他们是自己耕种的话，那么他们可以保有土地。 原则上没有租期，政府的捐税和津贴被取消，税收制度变得更加公平。 这里将有地方政府的选举，以及对教育的专心投入。 1933 年的一份土地调查报告得出的结论是，用武力肃清抵抗的方式加速土地再分配(Wei，1989：48)。 而政治也成为共产党人谋略的一部分。 支持革命的所有阶级都会暂时成为人民的一分子，反对革命的阶级就是封建主义势力，一部分资产阶级革命者犹豫不决，暂时可以与他们建立联盟。 虽然中农通常被看成是革命的同盟军，但是关于中农的忠诚问题的讨论没有停止过。 在此阶段，中国共产党是激进的，深受斯大林的反富农政策的影响(Goodman，2000：24—27)。

毛泽东开始相信，这项激进的政策是不利于生产发展的，它不仅仅疏远了地主和富农，而且还包括一些中农。 过多的斗争也损害了生产水平，损害了共产党人为战争筹措资金的能力。 毛泽东希望批判地主，安抚富农，所以，他支持累进税、地租以及降低利率政策，但是反对土地再分配政策，这种观点将成为他的第三大创新——但此时还没有，因为与莫斯科更亲密的“归国留学生”派控制了政党，并且相信激进革命将动员足够的贫农志愿参加红军。 许多农民的确帮助执行这些政策，而且他们提供了物资、兵员以及情报。 老中国共产党员后来回忆说，他们跑遍大半个中国，再也没有受到过如此热烈的欢迎。 中国共产党比国民党或地主政权更少腐败，而且更团结——只要政策一旦制定下来。 他们是忠诚于事业的意识形态主义者，是一个组织严密的列宁主义政党。 他们的上层不会搜刮财产，而往往是认真兑现他们的承诺。 他们的政委规训军队，强制执行对待老百姓的政策。 中国共产党似乎有很多办法实现目标(Waller, 1972: 34, 44—46; Lotveit, 1979: chap.6; Shum, 1988: 9—11; Dreyer, 1995: 165—167, 189—194)。

然而，激进政策强烈地激怒了地主和富农，以至于他们中的大多数人都倒向国民党，动员他们的许多贫穷的租户向国民党军队提供兵员和劳动力。 作为报答，国民党向他们承诺，他们可以对他们自己的所在地进行政治控制(Wei, 1989)。 共产党人疏远地方精英及其租户，一旦出现军事失误，就没有太多的回旋余地。 蒋介石的部队慢慢地，有计划向前地推进，通过加强封锁碉堡中的村庄建设将共产党游击队与他们的根据地隔离开。 这迫使共产党与他们进行并不擅长的阵地战。 他们避开了前四次围剿，但是，第五次由归国留学生领导的阵地战导致了他们的失败。 共产党人被迫离开江西，开始进行史诗般的长征，最终达到西北偏远地区的延安。 实际上，开始长征的那些人中，只有 5% 达到了那里。 共产党处境窘迫，而延安地处偏远，穷山恶水。 蒋介石迫使当地地主清剿他们，但是，随着日本侵略压力的不断增长，他被迫(被他自己的士兵)作出改变，与共产党建立了第一个统一战线。 日本人集中精力进攻他们最强大的中国对手蒋介石，所以，共产党得以喘息之机建设新的革命根据地，从这里，他们最终赢得中国(Dreyer, 1995: 173—174, 182—200; Benton, 1992: 468—469)。 中国革命胜利的一个客观原因是日本的入侵。 正如 1917 年俄国革命那样，这揭示了战争在削弱一个政权的力量上所起到的重要作用，否则政权就会将革命镇压下去。

毛泽东现在是中国共产党的领导人，他总结说，在江西，"左倾"和阵地战是导致失败的原因。 现在，政党更应该以游击战为中心，在政治上实事求是，努力争取富农、小地主以及城市里的类似群体的"中间分子"，甚至"开明绅士"也可以被吸纳进进步联盟之中(Shum, 1988: 14—15)。 中国共产党希望吸引"资产阶级改良主义者"和开明绅士进入统一战线。 但是，这些都被看成是实用主义的做法，是实现社会主义救赎目标的暂时性的手段。

农民问题

中国共产党的群众基础是必须依靠贫农和中农，但是，中国农民做革命材质似乎欠佳。范怡文(Lucien Bianco，2001，2005)分析了大约3 500例发生在1900年到1949年间的农民暴力冲突。农民暴动看似很多，但范怡文说，他们的行为不是革命行为：

> 从根本上说，[农民暴动]是对一种已经恶化的、特殊的和地方化的生活条件的防御性反应。农民们并不反对一种既定的剥削秩序，而是反对对这种秩序构成威胁的一些新的发展。如果现状没有被士兵、土匪、皇军的到来，或者一种强加的新税收等诸如此类的事所改变的话，那么，农民就肯定不会造反(2001：3—4，他强调指出这一点)。

因此，共产党每到达一个地方都会受到农民的怀疑，农民并不将他们看作是救世主，而更多看成是潜在的动摇他们生活方式的外来者。而且，68%的冲突都直接指向国家，大部分都是抗议不公平的县级税收以及国民党的军事征兵。还有14%的冲突是发生在其他农民之间，家族内部之间以及村庄与村庄之间，而这些冲突一般是最具暴力性的，也是最持久的。剩下的8%指向地主或放债人，他们是共产党"阶级阵线"关注的重点(2001：63—64，19)。这并未表明农民会接受似是而非的关于他们遭受剥削的阶级分析理论。

这些暴动中有很多一贯性做法。农民可能会破坏财物或者殴打反感的低级别官员以及地主的代理人。在所谓的"盛宴"中，农民分享当地士绅的房产(毛泽东在《湖南农民运动考察报告》中欣然指出这一点)。农民也有罢工行动。在罢工中，农民将他们的农具放在地方政府门口，表示他们拒绝工作(Bianco，2005：chap.4；见 Chen，1986：134—143)。　在警察或士兵到来之前，高级别官员可能会因为这些表达他们不满的方式而在采取镇压之前先对他们的疾苦进行调查。　如果地方当局采取镇压，农民们几乎不会反击。　罪魁祸首可能会逃跑，变成土匪，而其他人则服从并祈求获得宽大处理。

在长江流域的商业化农业中，租用土地是主要形式，农民反抗更多的是租金而不是税收。　农民发起拒交地租运动，有时会转变为暴动，并破坏财物。　在大约三分之一的案例中，地方当局介入其中，按照部分有利于农民的方式处理事态，所以，他们已经找到了对付暴动的"改良主义"手段。　他们对共产主义表现出很少的兴趣；他们反对地主的抗议活动目标指向政府体制滥用职权，而不是体制本身；他们没有多少阶级意识，而且他们急于保护当地的社会价值观。　他们惯用暴力，但并不希望革命(Bernhardt，1992：chap.6；Chen，1986：173—178)。　伊丽莎白·佩里(Elizabeth Perry)把华北的抵抗运动称作"保护性的抵抗运动"，因为，他们保护当地社会(如红枪会和秘密帮会的做法)或者是采取"掠夺行动"，有点像土匪行为。　大多数农民的疾苦是经济方面的，但是抵抗运动的形成更多按照村社的特征而不是阶级性的特点，而且根据地方生态的不同而发生不同变化(1980：3—5，248—258)。　共产党与这些农民有分歧，因为，他们的抵抗运动似乎与阶级不相干。

他们保守的主要原因是地主势力太强大，因此不敢正面挑战。　农村势力是一个"四边形结构"(quadrilateral beings)：收租人，商人，放贷人以及官员(Wolf，1969：132)。　这种压倒性的地主势力决定了农民服从的两种可能性动机。　首先，因为这是他们所知的唯一秩序，而他们可能真正地信奉儒家的义务、家长制以及和谐等价值观，并且他们害怕破坏和混乱可能会打破这些价值观。　因此，地主势力一直是具有合法性地位的，特别是如果在困难时期，地主表现出一些仁慈的话。　这符合詹姆斯·斯科特(James Scott，1976)的互惠正义范畴，他认为，互惠正义主宰了亚洲农民共同体；如果地主执行他们传统的地方社会功能，那么农民就会报答他们。 其次，农民可能害怕地主权力。 实际上，通常很难区分他们到底是害怕还是他们承认地主的合法性。 如果一个人除了顺从别无选择，那么地主的权力可能就会被接受为正常权力，正常在英语中是一个将习惯意识与道德意识结合在一起的概念。 恪守儒家秩序与顺从地主和国家可以成为适应不平等权力关系的形式。 如果这些都发生改变的话，那么，农民可能会更接受革命。

共产党是这样认为的：他们不能仅仅靠激励农民战胜阶级敌人来赢得农民的支持。 他们不得不首先破坏地主和官员的强制权力。 如果他们成功，那么，他们就可以向农民揭示顺从是建立在不再存在的条件之上。 这已经是在江西时的左倾策略，而且，它已经在足够长的时间内不起作用。 所以，共产党提出了替代策略。

共产党的组织策略

中国共产党推迟了强迫性的土地再分配政策，以便不致疏远整个有产阶级。 它要么对雇用贫农的地主采取减税政策——称为"公平负担"——要么采取降低租金、利率以及不公平的捐税等政策。 中国共产党有时依靠道德共同体对富人施加的压力使他们减轻穷人的债务负担。 农村"批斗会"对富人的压力很大；所以，强迫性的"借粮借种斗争"也同样如此(Goodman, 2000：62—63；Chen, 1986：144—150)。 1937年，在华北大部分地区，国民党部队在日军的入侵下节节败退。 共产党进入了日本交通线之间的多山的交界地带，在可防御的地区建立小型根据地。 在凯瑟琳·哈特福德(Kathleen Hartford, 1989)研究的一个案例中，共产党建立了累进税制、参与式的村级政府，以及民防团。 共产党面临日本人和地主武装的反复进攻。 然而，只要共产党引导召开农民可以畅所欲言的村民会议，那么攻击地主就会容易多了。 随着这一根据地的逐渐巩固，降低地租和减税就会使共产党获得更多穷人的支持。 共产党人比地方民族主义者或者军阀更好地幸存下来，而后者故意拖延改革，并优先提供补给品给武装势力，而不是改善农民福利，从而疏远了农民。 但是只有为数不多的农民愿意走出他们的根据地进行战斗(Hartford, 1989；Paulson, 1989)。

在其他北部地区，土地租用和地租稀少，税收问题变得更重要。税收改革通过某些大胆贫农领导的村民集会在吵闹中得以执行，或者以更加平静地在没有造成群众阶级斗争的情况下由行政命令的方式执行。在共产党实力逐渐增强的地方，地主发现他们在高额的税收压力下艰难度日。 他们可能会作出反应，要么设法加入共产党，要么将他们的女儿嫁给共产党员，但是，随着税收变得更具有累进性，他们不得不卖掉他们的土地，而且通胀帮助穷人偿还了他们的债务，并可以购买土地。再分配通常更多地通过经济机制而不是行政命令的方式来完成的(Van Slyke, 1986：700；Selden 1995：22—23)。

中国共产党的短期目标要求实施一种分而治之的策略破坏"四边形结构"的统一。 中国共产党与一些地方精英结盟削弱了地主—官员阶级的团结；然后，农民们发现，地主的地位是可以受到挑战的。 这种策略在新四军建立的中部和东部的根据地以及在由长征红军建立的更大的北方根据地采用，并由中国共产党主要的军事力量八路军保障实施。

一些地方精英并不反对看似像改良主义者的中国共产党。 共产党干部常常引用孙中山的话，而且许多人都接受过良好教育，并有着特权家庭的背景。 支持改革的地方精英往往对国民党的腐败感到失望。1940 年，韩国钧(Han Guojun)带领部分地方士绅与共产党新四军的指挥官陈毅结盟。 他在给一个朋友的信中写道，"我已经听说江南新四军不像国民党，它不腐败，而且能打胜仗。 国民党希望我到重庆[国民党的新首都]，但是我不会。 他们只会打败仗。 我们怎么能继续支持他们呢？ 新四军给了我们希望。"统一战线有助于共产党干部将一些爱国者拉入共产党阵营。 地方精英也憎恨外来的国民党政客篡夺他们的行政权力。 这些张力削弱了中央政府与地方主导阶级之间的联系。 在国民党统治下，军阀继续横征暴敛，反之，共产党武装力量往往遵守共产党的"三大纪律和八项注意"的行为准则。甚至一些国民党军官也被争取过来，他们给共产党提供情报。国民党发现要争取共产党军官和干部更加困难(Benton, 1999: 155—158, 177—178, 191; Shum, 1988: 231)。

征兵政策根据地方政党的安全意识和激进程度的不同而有所改变。江西苏维埃没有参加长征而留下来的人员处境极其不安全。首先，他们主要包括伤员、妇女以及老人，这些人都撤退到当地的大山之中，除了自保之外没有任何策略。他们竭尽全力寻求其他组织的帮助，例如像土匪、"精神战士"(spirit soldiers)以及少数民族这样的非革命性的组织。最初，他们控制的只是山村，从那里，他们偶尔会攻击交通线，刺杀著名反动派，并收集"战利品"。在乡村，他们不注重实施土地再分配政策，倾向于采取降低地租和利率的政策。如果他们继续从事激进阶级路线只能导致失败；左倾主义分子就会彻底终结。这是一个达尔文式的过程，适者生存在很多局部地区发挥作用。幸存者仍然保持者对马克思列宁主义的信仰，遵守党的纪律，但是，他们通过实用主义的、巧妙的"红心、白皮"政策保存自己以待有利时机。积极有效的根据地也抵制了党中央的干涉，因为只有了解当地具体情况与策略灵活才能使他们幸存下来。三年困难时期之后，他们开始兴起，被中国共产党邀请组建新四军，作为统一战线核心，离上海不远(Benton, 1992: 479—500)。

他们新建立的东部根据地位于靠近长江和淮河的一片相对繁荣的区域。日本人曾赶跑了这一地区的国民党军队，然后建立了防御阵地，放弃了广大的农村地区。强大的国民党军队只沿着长江驻扎。共产党有时间重新部署到丘陵地区。双方都试图在这一地区吞并其他积极的民兵组织。1939年，共产党新四军最高指挥官陈毅分析了十支活跃在他控制地区的民兵组织。其中一些只是土匪，然而，陈毅力图将他们联合起来，目的在于孤立国民党的统治者韩德勤(Han Deqin)。他刺激韩德勤(Han Deqin)向自己进攻，这样就使后者疏远了那些支持统一战线的人，包括韩德勤自己的一些军官。因而，共产党成功地控制了这部分地区。 1941 年，国民党统治者在第二个主要的革命根据地皖南地区发起了一次突然袭击，击溃了当地共产党人(Benton, 1999：325—326, 523—524；Dreyer, 1995：256)。 共产党人最后只能依赖民兵组织。

　　阶级阵线根据权力平衡发生变化。 与布尔什维克类似，中国共产党将对世俗救世主义的信奉与实用主义、机会主义手段结合在一起。如果实力弱小，共产党干部就会实践"敌人的敌人就是我们的朋友"策略。 当进入某个陌生地区或者他们感到基础薄弱的地区，他们就会妥协，掩盖终极目标，利用当地社会保护自己。 他们诉诸地方精英以及他们的亲缘和宗族网络，尽管他们知道，短期看来这会失去进行土地再分配的机会(Benton, 1999：168—175；Goodman, 2000；Hartford, 1989；Perry, 1984：445；Chang, 2003：87—89)。 他们也低调处理其他政策。他们致力于建设一个"新的民主家庭"以取代儒家父权制，提倡婚姻选择自由，一夫一妻以及妇女平权等，但是，这与以家庭而不是个人为基础的基本经济政策相冲突。 通常，年长者主宰整个家庭并期望获得土地。 中国共产党试图赋予女性家庭成员平等的土地权，但是，当面对强大的文化抵制时就不会强制推行。 再分配给贫穷人家的土地通常会给到年长者手里。 只有离婚的或者寡妇管家的家庭，妇女才拥有土地所有权。 朱迪思·斯泰西(Judith Stacey, 1983)将这称为"民主式父权"：改革将大众权力赋予独立的小农经济，但是，"父权就会更民主地由农民群众中的男性建立起来。"

　　招募地方精英往往是很费周折的。 当陈毅到达一个县城后，他会研究对当局感到不满的士绅的背景、成就以及网络，然后用他的文化和社会资本、他的亲属关系以及教育网络、他的礼貌举止以及学识去争取他们。 他会强调(或者创造)共同联系、交流诗歌以及创立艺术和文学会社。 他会在隐瞒实际政策的情况下邀请士绅主持正式会议，以取悦士绅们，通过利用同乡或者校友、宗教团体、秘密帮会或者歃血为盟的仪式所建立的拟亲属关系来获得士绅的支持。 Guanxi——关系——使马克思主义中国化(Benton, 1999：173—174, 185—186)。

这样做导致了"革命二元主义",即把"联合"和"斗争"结合在一起灵活的策略。 共产党在当地建立了立足点之后,就会一方面采取联合政策,另一方面召开批斗会,鼓励农民表达对所遭受的暴行的不满和愤怒,即"诉苦",并在公开大会上当面谴责这些施虐者。 官方的口号是"争取进步分子的支持,中立中间派,重点打击反革命。"因为这些术语无论对地主还是农民都很陌生,因为他们大多数人都不知道谁是反动派,谁是封建主义者。 由于各种各样的私人恩怨都在这些术语的掩盖下被清算了,所以共产党指示党员只谴责最臭名昭著的地主和富农,以及他们的"狗腿子",即帮凶。 低级别干部喊的不是"打倒封建主义堡垒",而是"打倒抢夺和占领土地的王(Wang)某某。"党员干部在幕后指挥一场精心准备的、对一位臭名昭著的施虐者的乡村谴责会,谴责会可能会迫使施虐者做出忏悔,或者提出补偿的建议。 如果相反王某某逃跑了,他的土地或财产将会被分给穷人——或者分给政治上最需要支援的穷人。 干部们接到指示,不能让农民做过了头,变成暴力行为。 共产党会确保争论始终处于联合与斗争策略、说服精英与唤醒民众的正确平衡之中(Chen,1986,尤其是 pp.181—201)。

在共产主义民兵占领的地方,地主可以选择逃跑(或许会失去财产)或者合作。 如果共产党根基牢固,最好还是加入他们。 如果国民党最后又回来了,地主很可能会免于报复。 如果国民党打回来指日可待,那么,地主们可能会表露出真实情感。 有个人对一个共产党员说,"嗨! 还压迫我们交粮食税! 混蛋! ……国民党马上就要来了。 要割掉你的小鸡鸡! "(Esherick,1998:362—363)

这往往是一场艰苦的斗争。 当共产党干部进入杨家沟"封建堡垒",这个陕西省偏远的小山村时,他们对于农民们似乎愿意忍受剥削感到震惊。 村民们生活在山谷背阳面肮脏的洞穴中;地主们生活在向阳的精致别墅里,周围是歌颂他们祖先的墓碑。 村民们是散工、佃农以及租户,所有人都没有经济保障,生活在被地主解雇会丧失所有生存机会的担惊受怕之中。 共产党人说,农民就像"顺从的奴隶",他们接受"主人是高尚的，仆人是卑微的"，"富裕与贫穷上天注定"等思想。他们似乎是毫无希望的革命材质，因此，共产党人最初放弃了阶级斗争，在招募人员时，他们承诺："没有兵役，轻税负，保证打赢官司。"没有多少政治家能够提供这样的优惠条件！(Esherick，1998：347)，一个如此"不纯"的阶级材质可以被锻造成民兵，使他们有能力保护根据地之后，真正的阶级目标可能会逐渐提上日程。 最终，这种做法在这里奏效了，而这个村庄成了毛泽东的总部。 与上述程序一样缓慢展开的革命进程在陕西省长弓洲也顺利完成。 甚至在1947年共产党完全控制这里之后，农民们仍然极其小心。 如果共产党再次被赶走，那么对合作者的报复会很恐怖。 共产党民兵从富裕地主的家里牵出一头驴和一辆马车，让它们围着村庄转了几天，想把它们送给穷人，但是，没人敢要(Hinton，1966：124)。

最重要的是，中国共产党必须使农民相信能够得到保护。 如果他们能证明这一点，那么，农民们就可以开始执行改革，之后也许会进行革命。 他们首先寻找的突破口是，无地的农民往往会志愿担当共产党的民兵。 一个士兵的工资可以维持生计，而且当他们离开之后，他们的家庭一般会受到共产党的照顾。 因为贫农和贫下中农从改革与再分配中获益最大，这也是他们加入民兵组织的一个动机。 只要根据地一建立，征募新兵——与收税一起——成为村庄的责任，而村庄权威人士就会迫使村民完成他们的征募额度。 革命的民兵数量将会从当地社会扩充。尽管他们可能不情愿到其他地方战斗，但这却增强了他们的防御能力，(Goodman，2000：7，260；Perry，1980：58；Chen，1986：383—401)。

在繁荣的长江三角洲进行革命是十分困难的。 中国共产党可以从市场贸易征税并且保留一部分支付给外地居住的地主租金作为税收——但是，这可能不是动员和改组农村社会的办法。 因为富裕的农民不会想要共产主义战士那点微薄工资，因此，共产党不能建立自己的武装力量，发动革命。 农民也不会志愿当民兵，即使被迫，他们也不会尽心尽力，所以，共产党人把来自上海的失业工人训练成他们的战士。 事后证明，他们的确都是好战士，但是，对于在当地发动革命来说没有多大用处，因为他们都是陌生人(Liu, 2003：23—28)。

毛泽东的政策涉及接触、讨好和操纵一个社会群体，然后攻击它。在民族主义者或者日本势力变得更加活跃的地区，共产党指控地主与这些势力合作。一些人被关进监狱，其他人逃跑了。如果这样会产生强烈的反应，共产党的干部就会缓和改革，并允许开明绅士和进步地主加入改革运动中来。地主和富农必须承担税负，但是他们不一定要加入由更穷的农民领导的民兵组织。所以，农民和非上层阶级获得了军事权力关系的控制权——在共产党的最终控制下。共产党进一步建立起基础权力，动员农民并且处在农民与传统精英之间。

中国共产党建立了村民大会、农业互助组、教育协会、妇女组织以及村级民防团等联动网络，所有这些都是动员当地人来组织。在一个贫穷的北方根据地，即将就任的共产党干部试图与红枪会甚至是土匪结盟。最初，这种做法是不成功的，但是，当日本势力威胁这一地区时，红枪会与共产党人并肩作战。当威胁消失，共产党人开始在恶劣的生态环境下执行劳动密集型经济发展计划，从而比普通栽种方式生产出更多的经济剩余。根据地的重建(Reconstruction)需要对人民群众进行劳动动员，需要复兴当地手工业品贸易，它是取得整个北方根据地共产主义胜利的重要条件(Perry, 1980；Goodman, 2000：63；Esherick, 1995)。

行政机构是有层次的。外面最显而易见的一层由反日联盟的统一战线组成，其成员资格对所有人开放。共产党绝少干预这一层——在这一层甚至连原来的农村掌权者也保留下来。正常情况下，政府结构由同等数量的共产党人、非共产主义左派以及中间派组成，即首先在延安采用的"三三制"(Van Slyke, 1967：142—153)。下一层包括农民和工人团体，其成员资格根据经济状况来定。最后一层，中心是党支部，由仔细挑选的人组成，要么是知识分子，或可靠的贫农或中农。贫农一般被看作是比较有价值但能力较低的活动分子；中农正好相反。精英只限于外层，他们持观望态度。在中国共产党的控制下，农民已经逐渐从乡绅手中接管了乡村和民兵组织(Chen，1986：part II；Goodman，2000：28)。 在农民民兵的保护下，通过乡村、教育以及民兵组织制度，中国共产党正动员农民贯彻执行税收、租金和降低利率、有限的土地分配以及批斗会等政策。

大部分地区只在 1940 年实行大范围的土地分配，但从 1937 年第二个统一战线的形成到 1939 年末这段时期是一个"政策温和的"阶段(Goodman，2000：8，57)，然后是一个激进的阶段，并于 1940 年爆发了反抗日本的百团大战。 当这次进攻之后，政策再一次趋于缓和。 未来的总书记、那时的八路军 129 师政委邓小平在 1941 年 3 月建议采取克制的做法："公安局不是一个恐怖组织，而应该是民主体制的一部分。 它有义务保护任何抗日组织和人士。 那些不反政府的地主享有与工人和农民一样的言论权力和自由以及宗教信仰和思想自由权"(Goodman，2000：57)。 1942 年到 1944 年的"整风运动"中那些反对毛泽东的人，只要他们进行自我批评，就允许回到党内——"治病救人"。 它使共产党成为一个纪律更加严明的政党。 共产党在上次战争阶段掌握控制权的地方，为了经济合作、选举以及招募正式的红军战士，发起了群众动员运动(Esherick，1995：67—68)。 在一些根据地，土地分配现在又开始了(Goodman，2000：21—23)。

作为先锋队的共产党

政党的团结是成功的关键。 共产党革命根据地彼此分离，就像分散的小群岛国一样。 党的意识形态提供了统一的目标，党的纪律赋予了党一支党员干部先锋队——意识形态的、节俭的、相对不腐败的——他们可以对党的路线进行激烈辩论，但决策作出之后就会统一贯彻。 绝大多数领导人来自城市，虽然通常都是农民的儿女(如毛泽东)。 抗日战争期间，大学停办，迎来了几波返乡的大学生。 在太行革命根据地,"知识分子"占据了县级官员人数的四分之三,不过县级以下,人数少得多(Goodman, 2000: 67—68)。 日本占领上海以后,从那里逃出来的年轻人在统一战线下与被释放的前国民党政治犯一起并肩作战。 许多人回到了他们的出生地,成为那个地方根据地的核心成员(van Slyke, 1986: 631)。 党员干部年轻,职业多种多样,包括产业工人、学生、教师以及其他知识分子,甚至还包括海外华侨。 妇女们被雇佣从事教师、护士、管理员、会计和宣传人员等职业。 新四军的成员起初大多接受过良好教育,并且来自世界各地,不过随着新四军不断壮大,招募了较多的农民。 在北方,八路军除了高级军官和政委以外,主要是农民(Bianco, 2001: 30; Benton, 1999: 54—73)。

新招募的士兵很少能成为信仰坚定的共产党人。 他们是精通城市政治的年轻人,是思想模糊的左派,反对日本,并且对国民党不抱幻想。 太行革命根据地的基层领导人(eventual leader)来自于一个绅士家庭,毕业于山西大学,在北京的工会工作时就已经很积极。 他承认,"我们都是城市孩子,我们知道什么? ……我来这里本来是要发展根据地,而我不知道根据地是什么,更别说如何建立一个根据地。"绝大多数人被要求上"大学"或者"高中",由国民党出钱,对此他们毫不知情,因为国民党提供给红军抗日的援助资金一部分转移到那里。 大约每年有1万名学生毕业于延安的"抗大",大约8 000名学生从高中毕业。 通过集体唱歌、讨论组以及体力劳动的方式,他们接受了大量的共产主义学说。 政委监督教育、福利以及忠诚,而政治背叛是"整风运动"极力反对的。 在国民党中没有类似的制度。 通过纪律、宣传以及批斗会,素质较差或者立场较不坚定的新兵被淘汰;剩下的被培养成坚定的共产党人。 低级别的干部会经历持续一个月的会议,以及批判干部的村民会议——在抗日战争以及内战期间也是如此。 更深程度的控制对象是干部而不是农民。 一个令人生畏的意识形态权力组织维护着中国共产党的纪律(Li, 1994: chap.10; Esherick, 1995: 49, 59—61; Goodman, 2000: 9—11, 引自 p.11; Chen, 1986: chap.6)。

绝大多数被送到新占领地区的干部都是经过培训的学生或者老师。他们把当地教师作为招募对象，是因为他们看到教师对现代化思想是容易接受的，而且，由于他们了解世界，因而备受农民的尊敬。大多数教师是在城市接受教育的，但是，由于战争以及日本的占领，他们不能在那里就业(Benton，1999：89—99；Bianco，2005)。当地教师还有一个优势，他们可以说当地方言。戴维·古德曼(David Goodman，2000：269)说，在华北，"一个农民或者乡下人……可能会发现很难区分一个说日语的士兵与一个说福建话的士兵(许多干部说的方言)。对教师来说，党不隐瞒自己的终极目标是非常必要的，因为他们将与中农和贫农一起成为先锋队的一部分。如果没有这些用一种代表现代性和正义的意识形态武装的政治精英，就没有革命——而且，当他们意识到他们只能进不能退时，他们就会继续战斗。农民革命是他们发动起来的。他们明确地表达了农民真实的不满情绪，但这不是一种自发式的起义(Bianco，2005：439；Chen，1986)。

内战和胜利

中国共产党人的策略最终奏效了。他们在长征之后建立起受保护的根据地，实现了军事化的群众动员计划，从而发展出一种军事社会主义模式，它既保护农民，又满足他们的需要，先是降低地租和税收，然后分配土地。在山西省的太行根据地，发生了巨大的阶级变革。1936年，当根据地刚开始建设时，地主拥有26%的土地，富农拥有23%，这些比例持续下降一直到1944年，地主和富农分别持有5%和13%的土地。贫农数量也在下降，因为土地再分配使他们大多变成中农，他们持有的土地从1936年的31%增加到1944年的65%。对县乡两级的政治控制权也从地主和富农手里转移到知识分子和中农村干部手里。这是财富和政治权力的一次重大的再分配，如同根据地实际上根除地租的效果一样(Goodman，2000：29—33，258—265)。

与共产党人相比，只能进不能退的农民更担心国民党或日本人打回来。 战争期间，国民党和日本人都发起过共产党试图避免的掠夺性袭击，包括大规模杀戮。 抗日战争结束之后，国民党势力相信他们取得了胜利，并发起了针对与共产党合作过的人的白色恐怖。 事到如今，农民通常会保卫革命果实，因为他们同时也在保护自己。 没有他们的支持，党员干部必将遭到大屠杀。 事到如今，干部们必须更加积极地分配土地。 当共产党官员们允许或者无法阻止分配土地时，相信胜利在望的贫农和中农强烈要求对富人进行恐怖报复，这个现象表明，农民对"四边形结构体"的顺从更多地取决于权力，而不是意识形态方面的共识(Bianco，2005：453)。 只有一场扩日持久的战争以及内战才能形成这样的局面。 对共产党人来说，现在土地和税收再分配是他们的一项有利条件。 尽管是通过改革主义的逐步升级和军事斗争实现的，但这最终是一种马克思主义式的阶级革命。 三方战争(更加不必提军阀和土匪)如此严重地瓦解了中国农村，以至于秩序不再那么真实，因而不那么迫切的需要恢复。 它摧毁了至今在国民党和日本人代表的阶级社会中迫使农民顺从的最强大的势力。

1945年，随着日本的投降，中国共产党和国民党都将各自势力快速扩展到以前日本控制的地区。 国民党拥有强大得多的势力，并且可以占领绝大多数城市和较为繁荣的农业地区。 1944年，日本人最后攻势，草莓(Ishigo)攻势，碾碎了国民党的精锐部队——日本人对中国革命作出的最后贡献。 现在国内战争爆发，战争双方都是没有经过系统训练的步兵部队。 如果1948年的一场或两场势均力敌的战斗往另一个方向发展，或许共产党就不会赢(Westad，2003：chap.6)。 战争增加了很多偶然性因素。 然而，国民党的老毛病依然存在，派系化严重，他们的将军们无法像纪律更加严明的共产党那样有效地联合起来。 他们同样无法将他们的反日运动与政治理想融入一种真诚的人民事业。 1945年之后，他们事实上甚至与前亲日汉奸合作。 当国民党占领城市之后，他们利用日本士兵充当城市警察，这让他们在中国人心目中没有留下什么好印象。因此，国民党的失败原因既不是突然降临城市的腐败投机的国民党官员，即"新贵"，也不是不可控制的通胀。国民党不能实施迫切需要开展的改革，从而导致在它控制的地区工人罢工，学生骚乱，以及民众对改革的一再请求。虽然它在 20 世纪 20 年代和 30 年代初就已经表明改革立场，但是，它的成长依赖于地主和商人，而他们折断了国民党改革的翅膀。相比之下，地下共产党人重新在城市活动，并且承诺进行改革，而他们已经在他们占领的地区实行了这些改革，在这方面，他们是可信的(Westad，2003：70—76，143；Pepper，1999：10—94，132—194)。

在国民党新获得的农村地区，精英们简单地将他们对日本的效忠转变为对国民党的效忠，没有实施改革。在共产党新获得的地区，那些与日本人合作的人都被清除出去。共产党不再要求他们的合作，大力削减租金和利率以及提高累进税率，并鼓励农民努力奋斗。1946 年 5 月，中国共产党加强了斗争，并发布了一项关于土地分配的新承诺，前提是每一个根据地都能确保安全。一些农民态度迟缓，拒绝表态，他们不太相信形势最终转过来了；另一些人则很难克制自己去获取土地和商品，并殴打和杀害他们之前的主人。这鼓励了其他人不要放弃这个机会，党员干部的主要作用很快变成制止暴力以及以一种更加有序的方式实行土地分配。对党的领导人来说，土地分配并不是他们自身的首要目标，而是他们推翻农村传统权力关系和组建可以在任何地方战斗到底的民兵组织的主要手段，它将有助于"变天"(Pepper，1999：243—330；Westad，2003：128—137)。

胜利也有其自身的问题。在被占领的"老的"根据地以及在日本投降之前已经完成革命的地方，地租、利率以及税收计划往往已经极大程度上减少了地主和富农占有的土地，并且带来了广泛的平等。这样就会走向遣散农民的发展趋势。他们已经获得他们梦寐以求的东西，此时他们可以休息并享受战利品。正如李(Li，2008)说的那样，具有讽刺意味的是，中共正面临着一种"严重缺乏地主"的局面。 他们毫不气馁地找到了新的敌人，例如"隐蔽地主"、"破落地主"、"私藏地主"(埋藏了他们的财富)、"党内地主"、"腐化干部"以及"地主出身的干部"。 因此，揭露叛徒，挖出财富和家庭背景等斗争开始了。 农民们必须继续翻身(fanshen)和反省(fanxin)，这是创造真正的革命所必需的材质和意识形态双重要求的体现。 在最近以来占领的地区，中共颠倒了政策，发明了新阶级范畴以缓和农民的激进主义——新富农(通过中国共产党的地租、利率和税收政策成为富人)被视为根本不同于依然是阶级敌人的旧富农。 由于目标是多元的——意识形态的、经济的、军事的以及政治的，这些目标往往互相矛盾。 太多的经济革命钝化了政治和军事动员。 太多的政治动员威胁了经济生产水平——这也是军事胜利依赖的基础。 动员对于政党民主来说是好事，也是领导人所喜欢的——直到他们意识到动员削弱了他们的控制力。 对于革命分子来说，没有时间休息，因为他们的政策围绕社会权利的来源上下波动。

满洲成了内战最后阶段的严重考验。 谁控制满洲工业资源，谁就很可能会取胜。 满洲从1934年日本占领后，无论哪一方在这里都没有势力。 共产党八路军从陆路涌入，利用苏联军队(他们在那里接受了日本人的投降)转交给他们的日本武器进行补给。 在美国武器装备和轮船运输下，50万国民党部队被运送到满洲。 共产党首先到达那里并占领大城市。 这是他们第一次打城市保卫战，而不是攻打城市。 在日本入侵之前，城市精英要么已经逃离，要么因为与日本人勾结而不受信任。他们对当地的控制力已经被打破(Levine，1987：244—246)。 满洲存在更多的土地不平等现象和无地的劳动者，但也是更繁荣的地区，所以，受到剥削不是那么灾难性的。 共产党利用他们最常用的改革策略，由于精英势力荡然无存，不存在担心以后会受到报复，因此，满洲农民积极响应。 中国共产党加强了批斗会和土地再分配工作，而成千上万的农民应征加入共产党军队。 史蒂文·莱文(Steven Levine，1987：10)说，"革命是一种战争方式——最重要的方式。"共产党人现在拥有军事实力上的优势：更加统一的指挥与更加团结的志愿部队，农民老百姓的更好的补给；以及随之而来的土地改革和政治变革所唤起的妇女组织。

军事上的胜利会起到自我强化的作用。 农民和城市市民都意识到共产党会取胜，共产主义受到他们的欢迎，是因为它可以让他们摆脱内战。 最后，中国可能会出现唯一一个有能力维持秩序的政府(Westad，2003：114，121—128)。 如果共产党人俘获到了一些船只的话，他们也很可能会攻下台湾。 到 1948 年末，美国已经意识到国民党江河日下，因此停止了军事援助。 斯大林和杜鲁门达成了一种默契，双方都置身于内战之外。 他们都已厌倦了战争。

当共产党人最终进入沿海城市时，他们不是以征服者的身份，而是"民族解放者"的身份到达这里。 他们公开宣布，愿意与那些拥有有用技术的人，无论是工人、专业人才还是管理者达成妥协。 他们几乎没有遇到资本家，因为，在国民党统治下，三分之二的工业已经国有化，而且，绝大多数与日本人合作的资本家已经逃到了香港。 共产党人在他们统治的前两年维持了一个广泛的统一战线，并且在香港问题上适可而止，他们只是满足于吸引那里的资本家回来(Pepper，1999：chap.9；见 Westad，2003：chap.8)。 此外，他们的政策是为了巩固他们对根据地的控制，而现在控制的是整个中国，而且，只有到那时，他们才能开始着手革命。 正如我们将在第四卷中看到的那样，这恰恰是他们所做的事情。

中国与革命理论

这是一场土地革命，是绝大多数在第二次世界大战后尝试进行的革命的一个先兆。 关于它为什么能取得胜利，中国历史的学家给出了两种主要的解释：一个强调民族主义因素；另一个强调阶级冲突。 查尔莫斯·约翰逊(Chalmers Johnson)给出了最清晰的民族主义的解释。 他认为，江西经验教会了共产党人，土地革命和马克思列宁主义意识形态不能使广大农民政治化。相反，抗日战争和国民党的暴政给予了他们动员中国民族主义的机会。他说，"在1937年之后的宣传中，他们避开了古老的阶级斗争和暴力分配财产的口号，集中所有精力在民族救亡上。""农民民族主义"是20世纪上半叶席卷世界的"群众民族主义"(mass nationalism")的一个组成部分。它不同于国民党的民族主义，后者主要诉诸于知识分子和城里人，但很少诉诸农民群众。共产党人提出了社会动员和一种民族神话，而且，他们的根据地政府"充当着帮助农村民众获得一种关于战争的政治理解的工具，在农民的个人经验基础上解释战争。"战争"打破了乡土观念对中国农民的控制……并使[农民]意识到一种新型的关系、身份和目的的可能性。在新政治概念中，最重要的要属"中国"和"中华民族"(Chinese nationality)。如果合理利用的话，战争就会产生出民族认同和民族主义(1962：3—5)。约翰逊说，中国给予世界的是第一次反殖民主义的社会革命。

抗日战争确实有民族化的效果。日本军队的恐怖行为激发了地区层面的国家认同，赋予他们一种属于一个更广泛的与日本对立的集体认同意识。但是，这不能解释一切。绝大多数共产党人的根据地都处在日本军队推进的范围之外，而且，根据地的建立目的不在于抵制日本人。在日本对共产党人根据地形成实际的威胁之前，大多数根据地都已经牢固确立(van Slyke，1986：631)。农民对日本人表现出的敌意并不如约翰逊所表明的那样。反而，他们更希望弄明白谁会在他们所在的地区取得战争的胜利：日本人、国民党、共产党或者军阀。他们顺从他们认为会取胜的那一方，因为，屈服于胜利者会避免遭到报复。甚至假如他们顺从日本人，那么日本人作为统治者也是可以忍受的，并且日本人可以维持秩序。鲜有证据证明，农民对统治的选择很大程度受到反日情绪的影响(Chen，1986：513—514)。实际上，在镇压行为变成暴行的地方，日本人驱逐共产党人、压制农民抵抗的诉求，会变得更加有效(Hartford，1989：94)。日本军队和共产党军队直到1941年之前鲜有接触。 赫伯特·毕克斯(Herbert Bix，2001：347)说，"在中国战场的前四年间，在所有地方，日本地面部队轻视毛泽东领导的共产党军队，仅把他们看作是'土匪'，并将主要打击对象放在蒋介石的'民族主义'部队。"日本空军则集中轰炸国民党的军事要塞。

实际上，无论蒋介石还是共产党人都不情愿接受日本人的挑战。共产党人的确在敌后建立了抗日游击队，因而一定程度上获得了民族主义者的身份。 然而，这也同样使他们能够避免承担严酷的战斗中所需要的主要军事资源的责任，1940 年中国共产党在策略上作出了暂时的调整。 百团大战是他们走出西北据点的一次尝试，但是，日本人作出了反击，并击退了共产党人，取得了巨大的成功。 百团大战之后他们又回到了游击战，主要针对亲日的军阀，目标容易得多。 在华中和华东地区，在共产党新四军和国民党部队之间发生了一些斗争(Dreyer，1995：234—244，252—254；Benton，1999)。

正如约翰逊所说，名义上持续到太平洋战争结束的抗日统一战线更有利于共产党而非国民党。 它让共产党在民族主义者中间获得了新的合法性，表明了他们能够将阶级利益服从于民族利益，而且使他们的阶级敌人不太可能向日本人出卖他们(Shum，1988)。 然而，正如片冈(Kataoka，1974)指出的那样，对共产党人来说，统一战线主要是将他们的国内目标向前推进的一个机会。 日本战败之后，民族主义神话变得非常重要，毛泽东及其共产党公开宣布他们的使命是拯救中华民族——这是为什么在今天的中国，毛泽东仍毋庸置疑地被人民记住的原因。尽管民族主义是他们最后取得胜利的一个重要的因素，但不是主要的因素。

一种替代性的阶级模式主要是由马克·塞尔登(Mark Selden，1971)提出来的。 他认为，农民之所以为共产党人而战，是因为共产党提出了乡村社会的根本问题：总体上不平等的土地占有、财富和权力关系。1935 年，国民党政府对占有五分之一国家土地的 100 多万家庭作了大量调查。 虽然由于人口增长的压力，土地占有的平均规模数十年来呈下降趋势,家庭之间土地占有的不平等差距仍然非常大:60%的农村家庭只占有18%的土地;20%的家庭拥有60%的土地。 以占有规模为基础计算的基尼系数表明土地占有的集中度达到57%,从而表明土地占有总体严重不平等。 虽然如此,在通常情况下,中国农民依然能维持生计,但是这段时期的军阀统治和内战使他们处于基本生活水平之下(Myers)。

共产党人用土地分配、降低租金、利息以及税收来拯救这种困局。塞尔登强调了贫农和中农参与共产党组织以及共产党对他们的照顾,共产党在整风运动中清除了党内腐败官员,使他们能够实行平等公正的统治。 这是毛泽东的群众路线、延安道路,"是共产党发现的将人民参与游击战争与调动各方面力量解决农村问题联系起来的具体方法。"我自己的思考倾向于认可塞尔登的观点,但是——正如约翰逊批评的那样——塞尔登最终无法解释农民的担忧是如何克服的,而且他对共产党人美德的表扬往往是幼稚的,夸大了农民对革命的激情 (1971:77,120,177,208—210,276;1995年的论文重申这种观点时已经没有那么幼稚了)。

约翰逊、塞尔登以及其他大多数人很少提及中国经济的整体健康状况,或者共产党人每一个成功或失败的地区的生产关系问题。 对这个问题的忽视合理吗? 20世纪30年代是中国共产主义发展的关键十年。也是大萧条的十年。 我们认为这两者之间会有某种联系。 福伦(Foran,2005:22)在解释现代革命时,列举了五个因素,其中,衰退和萧条是第一个因素。 因为人口增长已经侵蚀了一个在生存线上挣扎的农业社会所需的缓冲期,萧条对生与死产生重要影响。 大萧条对中国的冲击被推迟了,因为中国不是金本位而是银本位,而全球经济大萧条也会导致银的贬值。 一段时间而言,这对于出口以及地方农产品价格稳定来说是好的。 之后的1933年,大萧条重创了中国。 农业遭受的影响最大。 随着价格下跌,地主的利润空间被挤压,接下来他们压榨农民,增加他们的债务,而且有时迫使他们离开土地。 商业的命运变幻不定;大萧条对已经商业化的长江流域的影响相比延安来说要大得多。

在中国的大部分地区，人们对大萧条的感受更像是"远方的惊雷"，觉得大萧条发生在其他某个地方，也许是不好的先兆，但绝不会损害他们这里(Wright，2000)。 上海已经与世界经济体系融合在一起，并经历着种种困难，即便如此，那里很少人会抱怨经济萧条。 总的来说，大萧条对商业的影响很可能是一些地区经济增长与其他地区经济停滞或者略微下降。 农民遭受的损失最大(Myers，1989；Rothermund，1996：110—115)。 共产党人的成功与经济萧条没有关联。 中国共产党在繁荣的满洲以及落后地区都做得很好，而且，在军事失利之前，他们在经济繁荣的华东地区开局很好。

　　大萧条的冲击相比战争或者诸如洪水、干旱、蝗虫和黑死病等环境灾难造成的冲击而言要小得多。 福伦(2005：46—57)在具体分析中国问题时承认了这一点，虽然在概括性结论中没有指明。 春天的饥荒仍是遍及中国大部分地区的一个永久性的威胁。 在延安的部分地区，饥荒间歇性地从1928年持续到1933年。 甚至在长江流域，1935年也发生了谷物歉收和饥荒。 满洲从1931年开始，华北部分地区从1934年开始，华北、华东和华中从1937年开始，战争所造成的破坏以及对农民带来的苦难要比世界资本主义带来的麻烦要严重得多。 大坝被人为爆破，村庄被毁，农民被杀，税收增加以及数百万士兵像蝗虫过境一般，从农田和仓库取走粮食。 战争尤其损害了国民党。 使得国民党不得不课以高额税收以支撑其庞大的军费开支，特别是当它丢失了经济更发达的地区之后。 课税是不正当的，因为它没有任何能力赶走日本人。 在他们控制的地区，共产党人发动的游击战争代价更小，征收的税款也更少。 国民党的军事策略对农民不够友善。 1938年，为了阻止日军的推进，国民党炸毁了黄河大坝，洪水淹死了将近100万农民。 1945年，在进攻共产党根据地时，国民党又采取了炸坝策略。 而共产党人的军队似乎看起来不太像蝗虫过境。

　　有人主张不同的生产关系导致了某些农民比其他人更加革命。 一些人主张，全球资本主义的冲击使那些由于商业化的农业进入乡村而游离出来的农民趋向于革命化。 结果,自给自足的农民与地方市场被大规模的商业与以出口为导向的农业所取代。 在这种压力下,农民失去了他们的土地,变成大地主或种植园的劳动者或租户——或者他们离开农业,成为建筑业,制造业或者采矿业的劳动者。 在那里,他们更可能成为参加革命运动的新兵。 这是福伦所谓的"依附性发展"(dependent development")(见 Barrington Moore, 1966;Wolf, 1969;Migdal, 1974;Paige, 1975)。

杰弗里·佩奇(Jeffrey Paige)说,在一个较为传统的生存经济中发展起来的出口农业领域中,农民最可能走向革命,特别是如果它由佃农和外出劳工(migrant laborers)主导的话。 更加有限的反叛和改革运动是由商业大庄园、种植园以及小佃农发动的。 但是,他对各国的统计分析遭到批评,并且,两者之间的关系很可能是相当脆弱的(Somers & Goldfrank, 1979)。 威克姆—克劳利(Wickham-Crowley, 2001)表明,在拉美,非法占有者和移民劳工更可能支持革命;在中国,农民革命与刚兴起的商业化农业没有关系。 一些地区,商业化的时间达几个世纪之久,而其他地方却还没有商业化,而且在华北平原的部分地区,商业化带来的不是资本主义,而是黄仁宇(Huang, 1985)所谓的"内卷化"(involution),即以一个家庭为基础的边际产量下降到平均劳动工资水平之下。 更大的产出是维持这个家庭生计的必要条件,但是,它必须取决于家庭每一个成员更加努力工作,而不是依赖更高的劳动生产率。这些"无产阶级化"的农民家庭在面对最轻微的经济或环境衰退时依然十分脆弱,但是,面朝黄土背朝天的他们不接受共产主义。 然而,商业化的农业的确并没有产生出更多的共产主义。 江西省,第一个建立农村苏维埃的地方,已经出现一些商业化的行业,但是,在西北部的延安和陕西的主要根据地并没有出现。 共产党人一般在可防守的山区建立他们的革命根据地,因此,他们从商业化程度最低的地区招募更多农民支持,尽管这是出于军事考虑而不是经济原因。 他们找到了来自不同经济发展条件下的新兵。 无论是赤贫还是处于 J 曲线(日益繁荣之后陷入衰退)的经济条件下，无论是商业化还是"依附性发展"，或者各种类型的土地租用，都无法解释共产党人的成功。 共产党人的队伍进入农村并随后获得的权力的重要性要比地区农业发展条件的重要性更大。无论生产关系如何，在没有共产党的农村地区，没有发生革命。 在有共产党的那些地区，共产党根据地方实际调整了包括生产关系在内的政策。

埃里克·沃尔夫(Eric Wolf)说，商业化造成了农民的主要疾苦(1969：130—131)，但是，他补充说，中农是20世纪的核心革命分子。中国是他的主要案例。 他说，贫农和无地的劳动者如此严重地依靠地主以维持他们的生计，以至于他们没有充分的"策略性的力量"(tactical power)来发起或承担起革命的重担。 另一方面，富农没有太大的动力反叛，而且他们会失去很多。 相比之下，中农既有资源又有动机。 沃尔夫也把边缘地带的农民确认为第二个有革命倾向的群体："确实拥有一些内在影响力的农民要么是拥有土地的'中农'，要么是地主控制范围之外的边缘地区的农民。"他说，关键是这两大群体"策略上是机动的……正是不受任何权力领域限制的'自由的'中农、贫农构成了农民起义的中枢群体。"延安和陕西农民的与世隔绝给予了他们更多的政治自由，而且，如果必要的话，附近山寨还可以成为军队撤退之所。 几乎所有的共产党根据地要么是处于中国北部山脉周边，要么是两省交界的边境地带，那里是国家政权的军事薄弱点，从而给予了共产党人赢得农民支持、建立防御的喘息空间(Wolf, 1969：291—293；参阅 Esherick, 1995：56；Kataoka, 1974：294—295)。

沃尔夫的解释运用政治和军事权力能力两个概念，而不是经济剥削概念。 然后，他增加了一个意识形态权力因素。 他承认，农民不可能在没有帮助的情况下发动一场革命，农民需要"武装起来的知识分子"的领导。 他还指出，中农和边缘地区农民的革命具有意识形态方面的讽刺意义，这两者"也是农民阶级，人类学家和农村社会学家已经倾向于把他们看作是农民传统的主要承载者"(1969：292)——文化保守派制造了农民革命! 他的解释包括了所有的四种权力来源。

然而，中农并不是像沃尔夫所说的那么革命。虽然中国共产党相信中农确实能成为更好的战士，他们比贫农更难招募。招募中农还是贫农大多取决于中国共产党的地方政策。在政策较温和的地方，招募的中农更多；而在政策激进的地方，招募的贫农更多。总的来说，共产党招募了更多的贫农，尽管在共产党人再分配的作用下，许多人最终成为中农——通过共产主义实现社会流动!

一种更为简单的经济剥削模式适用于分析中国。正如佩奇或沃尔夫特别说明的那样，不同的生产关系、不同类型的剥削重要程度并不重要。在国民党和军阀统治下，中国有各式各样的生态和经济形式，但只有一种广泛的农村—阶级剥削体制，这种体制根据地区不同，要么建立在地租之上，要么建立在税收基础之上，但到处被地主通过高利贷、特权、运作地方组织的费用、对地方行政的腐败控制以及对这一切任意压榨的政治和军事权力等强化了。在整个中国，地区之间尽管存在许多差异，但都普遍存在着这种残忍的剥削，正如共产党所主张的那样，它使地主、富农、放债者以及官员与中农和贫农处于广泛的对立之中。有时，这种剥削通过税收，有时通过地租来实现，但是，它往往由四边形结构(quadrilateral being)——收租人、商人、高利贷者和官员——支撑着。沃尔夫本人强调这一点是一种经济权力视角的解释。

尽管农民清楚他们被剥削，但是，他们一直以来都认为这是人的本性使然。一旦共产党人能够证明，他们可以取消四边形结构的强制力，并将土地、财富和权力分给他们，那么，在生产关系各异的地区将会有足够多的中农和贫农团结在他们身后传播这种信念，即推翻这种剥削制度，用一种更公平的制度来取而代之是可能的。在战争和内战期间，这是一个长时间的、缓慢的、不平坦的过程。共产主义的军事权力允许通过组建民兵队伍保卫每一个根据地，以抵抗统治阶级的方式进行阶级革命。毛泽东及其干部对这种革命作出了最好的解释，他制定策略灵活而充分地利用和开展游击战。

福伦(2005)发展出了第三世界革命的最详细的理论。 他认为，在 20
世纪所有成功的社会革命中——墨西哥 1910—1920、古巴 1953—1959、
伊朗 1977—1979、尼加拉瓜 1977—1979 以及中国(他排除了俄国)——通
常有五大因素：依附性强的经济发展；经济不景气；一个镇压式的、排
他性的以及人格主义的国家；一种截然不同的政治文化；以及"不干预
革命的世界体系(world-systemic opening)"。 相比而言，在不那么成功或
失败的革命中(他也分析了)，这些因素出现得很少。 但是，我们已经看
到，高度依附性的发展和经济不景气这前两个因素在中国作用不是很明
显。 正如我们在第六章看到的那样，在俄国这两大因素也同样作用不
明显。

福伦的第三个变量是一个镇压式的、排他性的以及人格主义的国
家，镇压和排斥几乎每一个被他统治的人，甚至包括重要的社会精英。
统治者依赖个人忠诚，这是一种脆弱的统治基础。 今天，大多数学者
把这看作是最脆弱形式的国家，而这种国家是革命发生的最重要的前提
条件(Goldstone，2004，2009)。 但是，我在第六章中指出了两种脆弱
性——宗派主义与狭隘主义(narrowness)或者是国家基础权力的缺失。 威
克姆—克劳利(2001)增加了军事权力。 人格主义的政权发展禁卫军，擅长
于保护统治者，并压制正常的反对意见，但拙于战争或内战。 他们抵制
军事专业化，因而可能被武装叛乱分子击败。 古德温(Goodwin，2001)
说，这种国家的军事和监控能力弱。 他把他所谓的、与国家有关的
"国家中心范式"当成是解释革命的"最重要的因素"。

国民党政权是人格主义的、排他性的以及高度压迫性的吗？ 或者
说它的基础权力薄弱吗？ 蒋介石是这个党国无可争辩的领导人，而且
他非常倔强。 但是，他的政权不是排他性的。 他与许多军阀达成交
易，而且在政权中也有截然不同的左翼和右翼派别，任何人都可以加
入。 他的弱点不在于排除精英或者城市知识分子或者资产阶级参与统
治。 恰恰相反：蒋介石极度渴望将他们整合进国家。 但是，这样的国
家可能已经在其他方面表现出它的弱点。 蒋介石在许多省都缺少足够

的基础权力来执行他的命令，而地方精英往往阻碍他的改革努力。 另一方面，共产党人直到接近内战结束为止一直都比国民党要弱得多。 蒋介石首先在上海，然后在江西压垮他们，在延安正要一劳永逸地解决他们。 他的财政和军事基础当然能够胜任第三次将他们毁灭的重任，但那时日本人介入了。 虽然国民党政权确实成功地牵制住日本人，但没有一个亚洲国家能够对付日本人。 民族主义者的士兵不像第一次世界大战时的俄国军队，不管伤亡是否巨大，他们并不拒绝参加战斗。 此时的中华民国似乎比社会学家提出的模式中所认为的要强大一些，但是，它的基础权力已经被日本人碾碎。 它在基础权力方面不如两个战争对手——日本和 1945 年之后的共产党国家——那样强大和团结。 国家的弱点只有在与两个更强的国家的战争中才能暴露无遗。 这根本不符合福伦的解释。 中国革命不是十分适合社会学理论——而它是最重要的现代革命!

福伦的第四个变量是截然对立的政治文化的力量。 学者们认为，革命领导权出自持反对意见的城市知识分子，而且，成功的革命运动从他们的农民基础或工人基础扩大到一个广泛的、城市的、多阶级的反对政府的群体中(Goodwin，2001：27；Wickham-Crowley，2001；Goldstone，2009)。 在中国，城市和大学为中国共产党提供了一大批年轻男女。1911 年革命流产之后，城市孕育了许多改革者。 他们被军阀和国民党统治当局疏远，其中许多人转投共产主义，成为我在上面描述的意识形态权力精英，他们忠诚于共产主义事业，坚信历史站在他们这一边，道德上远离腐败——一些世俗救世主义者。 然而，这一模式的后半部分并不适合中国革命，因为直到接近内战结束时，城市依然是属于民族主义者。 正如毛泽东已经预见到的那样，在军事占领城市之前，必须先农村包围城市。 中国再一次偏离了社会学模式。

福伦的最后一个变量是不干预革命的世界体系(opening)，不过，他的世界体系中的地缘政治色彩多于资本主义。 在中国案例中，他正确地强调了日本入侵的作用，但是，他不理解这如何影响到了政党的核心政治和军事实践活动。 早期军事失败，接着的抗日战争和内战迫使共产党人变成一个高度军事化的政党，对其成员和根据地的农民实行严格的军事纪律。 革命来自于战场上日本与中国的斗争以及中国人与日本人彼此之间的斗争——毫无疑问，一种军事层面上不干预革命的世界体系！

社会学家关注经济和政治变量，但带有大量的意识形态成分。 这三者都是革命的必要条件。 绝大多数农民遭受严重的经济疾苦；共产党人找到了如何脚踏实地地建立一种更受欢迎的经济结构的方法。 国民党政权一方面政治派系化(虽然不是排斥)另一方面基础权力很软弱。共产党干部完全忠诚于救亡事业，为了事业不惜一次又一次地冒着生命危险。 然而，他们也可以根据地方具体的物质条件、权力平衡以及不断变化的危险与机遇改变实现目标的手段。 缺少这些条件的任何一个，他们就不会取得革命的成功。

此前的理论都没有充分地强调我们都熟视无睹的一个事实。 中国的战争确实明确地进入了扎实的经验性叙述(如福伦的分析)，但是，这些分析不足以上升成为理论。 斯考切波(Skocpol，1979)将战争看作是革命的一个必要的背景条件。 威克姆—克劳利(2001)分析了拉丁美洲的案例，他认为，革命分子往往需要军事权力才能幸存，或许会赢得胜利。他把这看成是叛乱势力取得成功的三大主要原因之一，另外两个原因是强大的农民支持以及对城镇游击队的跨阶级、多元制度的支持。 然而，这些理论也都没有恰当地分析中国共产党的军事活动。 他们一旦离开上海到江西，他们的革命就是一场战争，持续二十年时间的战争。为了生存，政党必须军事化，其最重要的斗争形式是军事斗争。 任何人不可能在不给予军事权力关系核心地位的情况下分析这次革命——甚至比俄国革命处于更中心的地位。 对共产党人来说，强制性组织的重要性高于一切，对于他们开展武装斗争抵抗日本武士和日本人来说，对于提高他们遵守纪律以及强制在他们控制区的农民的能力来说，以及一旦掌握政权之后制定政策来说，都是如此。

没有军事权力,共产党人所有的经济、政治和意识形态方面的精明仍会将他们带向失败。 两次军事干预为共产党人赢得全中国提供了可能性。 尽管,这两次军事干预不是经济行为,战争也不是全面性的,但仍然可以被看成是受到世界体系的影响。 日本的入侵让共产党人幸存下来,当民族主义势力浴血奋战时,共产党可以在遥远的根据地增强他们的实力。 正如斯考切波(1979:147—150,240—242)指出的那样,这次入侵的一个重要影响是削弱了地方精英与国家之间的团结,这是 19 世纪以来一直在进行的过程,中国精英从清政府中抽身出来之后,他们无法就新的政权达成一致意见。 日本入侵几乎将无法承受的压力强加在他们身上。 第二,日本和美国之间的太平洋战争要么是阻止了日本对中国的控制,要么是阻止了日本和民族主义者分享中国的统治权。这两大结果中的任何一个都很可能让他们变得足够强大,从而在最后的国内战争中摧毁共产党。 美国摧毁了日本势力,共产主义者赢得内战的胜利,将他们的政权模式施加到亚洲的一个广袤地区,并在第二个共产主义区域阻碍着普适性全球化进程。 他们的军事化社会主义,结合了塞尔登和埃谢里克确认的共产主义的阶级诉求,得到了更多的农民支持,而且事实证明,农民在一场低技术的内战中是具有决定意义的。最大的讽刺是日本和美国,两大凶狠的反共势力,无意间帮助共产主义在一个地球上人口最多的国家赢得了胜利。 这就是权力所导致的意外结果。 国家软弱是现代革命的必要条件。 在所有的革命中,中国革命是最重要的革命,在这场革命中,战争弱化了国家,但是以一种特殊的方式。 其他人可能会立刻尝试模仿这一路径走向革命。 我接下来将讨论他们,并在第四卷中提出一种更普遍的革命理论。

第十四章

帝国间最后的战争（1939—1945）

第二次世界大战是 20 世纪第三次大混乱。 这次战争是最全球化的，而且(希望)既是最后一次帝国间的战争，也是席卷欧洲的最后一次战争。 实际上，战争首先意味着各种势力间关系的破裂，然后又将这些欧洲势力摧毁。 我这里提出的是与我在第五章关于第一次世界大战相同的问题：什么原因导致了世界大战？ 什么因素决定了其结果，而且它的后果是什么？ 第二个问题多半会从军事权力关系的视角来回答，而且，在重要的地方，我会给出我对战争作出的一种详尽的思考。另两个问题需要更长时段的解释。

欧洲人把战争开始的时间定为 1939 年 9 月希特勒入侵波兰；他们与美国人一起将结束的时间定在 1945 年年中，德国和日本先后投降。但是，这只是一个时间更长的战争的中间阶段。 日本于 1931 年、1937年进攻中国。 在波兰或珍珠港遭袭之前，数百万中国人已经死去。 意大利 1935 年入侵阿比西尼亚，而且在纳粹德国的帮助下，佛朗哥赢得了 1936 年到 1939 年西班牙内战的胜利。 意大利于 1939 年 4 月入侵阿尔巴尼亚。 1936 年到 1939 年间，希特勒不费吹灰之力成功地合并了莱茵兰、奥地利以及捷克斯洛伐克。 亚洲的战争直到 1949 年中国共产党打败国民党才告结束。 这些战争的彼此联系使战争在范围上远超过半个地球。 战争是由试图通过军事侵略建立"后起"帝国的轴心国发起，他们相信他们正在确保得到其他帝国已经得到的权利。 而盟国正在保卫他们自己的帝国。 这些帝国间的战争体现了欧洲军国主义和帝国主义传统的顶点与傲慢自大，现在又将这些输出给了其他人。 这是世界上第一次准全球大战，只有拉美幸免于难。 我在第十二章讨论了亚洲的战争，所以，本章我主要关注对抗德国的战争。

原因

似乎西方第二次世界大战的爆发与对第一次世界大战的解决方案有着某种明确的联系，将二战看作是一战的继续这一想法十分具有诱惑力。 只能说部分原因是如此。 当然，在凡尔赛和特里亚农签订的和平条约并没有解决导致一战爆发的所有地缘政治问题，而且还导致了新问题的出现。 最初的入侵者奥匈帝国已经被摧毁，而且，特里亚农条约已经赋予了在前奥匈帝国领土上出现的一些小国的合法性，但他们都无法抵抗无论是德国还是俄罗斯的进攻。 在战争的初期，希特勒吞并了捷克斯洛伐克和波兰。 中欧的德国人无法再在维也纳和柏林之间分配他们的忠诚。 如果在奥地利、捷克斯洛伐克的苏台德地区、波兰以及其他地方的德国人现在都渴望成为一个强大的德国的一部分，那么，它只能是柏林领导下的大德意志帝国(grossdeutsch empire)。 1933 年后，这意味着这一帝国将由希特勒领导。

1918 年，德国的实力没有被摧毁殆尽，因为德国领导人在国家被占领之前已经乞求了和平。 协约国集团的各国不能对德国战后建立起来的拥有主权的政权施加任何影响，而且他们在和平条约问题上本来就分歧很大。 只有法国由于惧怕德国以及试图对它造成的巨大苦难寻求补偿，因此坚持要求竭力挤压德国的生存空间。 英国的态度则缓和得多，战争对它的打击很小，而且，它希望利用德国制衡法国和苏联，以保持欧洲大陆权力平衡。 美国人则持一种更加调和的态度，因为他们根本没有任何损失，并且他们希望欧洲保持一种多国家体系，而不是英法的保护区。 所有这三方都担心布尔什维克主义，并且他们都指望魏玛德国作为抵御布尔什维克主义输出革命的桥头堡。 这些都是形形色色的而往往又分歧严重的各国动机。

凡尔赛条约似乎是报复性的。 条约第231条规定:"同盟国及其相关政府宣布,同盟国及其相关国家所受到的一切损失都由德国及其盟友发动的侵略战争造成,德国愿意接受承担战争的责任。"德国边境领土移交给邻近国家;德国殖民地移交给新的国际联盟,然后被取得胜利的帝国"托管"。 战争赔款主要是支付给法国。 德国军队人数被限制在10万人以内,不设总参谋部。 三块莱茵兰地区分别被占领5年、10年和15年,直到履行完条约条款为止。 责任明确,惩罚严厉。 凯恩斯对这种愚蠢的做法有自己的理解:

> 如果我们有意地整垮中欧,那么,我敢预测,报复已经不远了。没有什么能够长久拖延德国反动派势力与令人绝望的革命性动乱之间爆发的最后的内战,在这种内战面前,刚刚德国发动战争带来的恐惧将不足一提。胜利者无论是谁,它都将摧毁文明以及我们这一代人所创造的进步(1919:251)。

虽然他没有看到右翼革命势力法西斯主义者在制造未来恐怖中所起的作用,但他是正确的。

在理论上,和平条约的条款由国际联盟以及大国负责执行。 但是,由于大国之间分歧很大,所以,国联的自主权很小。 正如我们在第七章中看到的那样,经济问题浮出水面。 德国陷入的危险状态削弱了国际经济,而且其战争赔款支付的规模动摇了国际金融体系。 英国资本以及英镑无法维持他们战前的霸权地位。 美国和美元可能取而代之,只不过美国人还未接受这一点。

战争耗尽了法国,削弱了英国。 然而,英国却比之前拥有更多的帝国领土,它的军事实力更加强大,英国的政治家们仍然把世界看成是他们的牡蛎。 美国拥有很少的帝国领土,军队实力也不够强大——尽管 1922 年后其海军与英国并驾齐驱——美国的政客们对世界也不太感兴趣。 一战时，5 万名美国人在别国的战争中丧失了生命。 绝大多数美国人说，最好离这片尚武的大陆远一点儿。 富兰克林·罗斯福反复承诺带领美国人远离战争，远离欧洲，尽管美国在东亚的影响力逐渐超过英国。 所以，直到 20 世纪 30 年代中期，英国和美国在全球地缘政治中的地位互相匹敌(Edgerton，2005；McKercher，1999)。 古老的外交游戏已经被动摇；日本势力进一步增强；法国被削弱；德国被军事占领，单独承担战争的责任，部分国土被外国占领。 美国是一个孤立主义者，而苏联则被孤立。

德国仍然是西方世界的导火索，正如日本是东方的导火索一样。然而，第二次世界大战似乎并不是不可避免的。 在战争赔款上，西方国家作出了让步，最后停止了赔款。 莱茵兰地区在不发生战争的情况下完全归还给德国，很可能苏台德地区也会这样。 无论是英国还是美国对德国都没表现出敌意。 英国政府直到 1935 年仍把法国看作是欧洲大陆最强大的势力，而且英国和美国已经帮助德国实现经济复苏，并迫使法国对德国作出让步。

在这些关系中有些是比较紧张的关系。 但是，大多数欧洲人希望完全结束战争和侵略性的民族主义。 纳粹主义和希特勒将紧张关系转化成了欧洲战争。 这主要是凡尔赛遗产、德国国内政策以及大萧条导致的结果，尽管正如我们在第十章中看到的，纳粹党人是作为遍及欧洲大部分地区的一场更为广泛的亲法西斯主义运动的一部分而出现的。这种民族主义信仰暴力和战争的净化作用。 法西斯主义者现在通过夸大新人(法西斯主义者)超越物质方面的战争优势的能力。 德国纳粹主义，特别是希特勒本人是极端的法西斯主义者。

从一开始，希特勒就打算发动战争建立一个庞大的帝国。 他并没有把战争看成只是实现具体目标的工具性手段。 他的意识形态中的形而上学与生物学的混合学说认为，"地球上生命的永恒法则，是，并将仍然是为生存进行永不休止的战争……[a]……为生命而战。""自然的贵族法则"是"更强者的权利"(Wette，1998：18—20)。　这是社会达尔文主义，用民族取代达尔文的物种——一种通过民族与民族、种族与种族之间的斗争实现救世的总体意识形态，因此，在其信众中拥有某种程度上的力量。　为了实现他的大德意志帝国梦想，必须有四个步骤。　首先，他将重建德国，并增强国家和民族的凝聚力。　国家将是专制主义性质的，根除政治冲突的内耗。　民族将清洗掉阶级冲突和"不合格的"种族和群体，特别是犹太人、斯拉夫人以及残疾人和罪犯。　在掌握政权的几个月内，希特勒建立了 70 个集中营，主要关押工会领导人、共产党人、社会民主党人以及在犹太人被逮捕之前的任何宣传阶级政治的人，而大屠杀首先从残疾人而不是犹太人开始。　德国人将会成为优等民族，在物质上、精神上重整军备，做好了成为伟大战士的献身准备。　第二步，希特勒会收回在和平条约中丢失的所有领土。　绝大多数德国政治家都会说他们希望实现这一目标，但是希特勒对此尤其热衷。　第三步，他希望建立一个扩展到欧洲东部的大帝国，其中包括数世纪以来已经定居在那里的许多德意志民族群体。　在数百万新德国殖民者的支持下，他增强了统治实力，建立一块消除了犹太人和斯拉夫人的领土。　他意识到这可能会需要清除俄国的影响力。　第四步，为了保护这个向东发展的大帝国，他也必须向西和向北扩展，征服欧洲大陆的边缘，在那里建立傀儡政权。　他对英国的命运不确定。　因为他并不想得到海外殖民地，他似乎满足于让英帝国存在下去，只要英国接受德国的主导地位。　但是，在 20 世纪 30 年代末，他对英国抱有更强烈的敌意，他把英国看成是前进道路上的障碍物。　另一方面，他意识到，相比美国、日本和苏联而言，德国从遍布全球的英帝国的衰落中获益会更少。　因而，他认为最好还是支持英帝国。　他既不希望发动一场全球战争，也不想建立一个全球帝国。　他或许满足于德国的势力扩展到整个欧洲的边缘地带，包括东欧、中东以及北非，类似于拿破仑的远大抱负，尽管他的统治会更直接、更残酷。　他并不想终结四分五裂的帝国主义；他只是希望建立一个占主导地位的大帝国。

直到希特勒的计划大体上完成之前，整个世界对他的计划依然一无所知。他能够侥幸完成扩张，因为他是分步骤来完成扩张的。第一步增强德国自身实力，这曾一度让外国很敬佩。尽管西方世界也同样担心反犹太主义，一些人还是祖护希特勒，甚至于觉得1937年水晶之夜的暴力事件以及1938年的维也纳大屠杀似乎并不比发生在欧洲大陆东部的大屠杀更严重。这不是一个实行种族灭绝的政权，而且，看起来似乎比斯大林的政权更温和。希特勒对社会主义者、共产主义者以及工会的镇压使欧洲左派感到震惊，从而给他们敲响了警钟。与西班牙内战和意大利对阿比西尼亚的打击一起，希特勒削弱了左派对和平主义的先天的亲和力。到20世纪30年代后期，绝大多数英国和法国的左派人士呼吁抵抗希特勒。相反，大多数右派赞成对待德国左派的做法，而且，暗地里希望他们能够对他们本国的左派采取同样的做法。

第二步涉及收复失去的领土。同样，在这一问题上，外国表现出一种同情的姿态。民族自决原则在欧洲已经确立(即使不是在海外帝国的话)，而且绝大多数在莱茵兰、奥地利、苏台德地区以及其他主要是日耳曼人的地区的居民希望与德国统一。法国本可以在希特勒秘密承认的情况下，于1936年派军队进入并重新占领莱茵兰地区，但是，很少法国人支持这种侵略行为。意大利本来可以阻止1938年德奥合并，但是，它绝不可能这么做。希特勒在国内的民众支持随着他不经战争就收回失地之后呈上涨趋势。与此同时，他重整军备，巩固德国的国力以防与外国敌对。

第三步的确给外国敲响了警钟。尽管希特勒不经战争合并了捷克斯洛伐克，但是，他对波兰的入侵激起了与英法的战争，这是希特勒所不期望发生的事情。当英国对德宣战时，希特勒被震惊了，从而迫使他在对苏联发动攻击之前在西线作战。但是，他把战争看成是种族斗争的必然结果，而且，在西线取得快速胜利使得他对苏联发动同样的闪电战。他的千年帝国似乎近在咫尺。他已经通过法西斯主义军国主义和专制主义实现了这一点——特别是通过元首原则(Fuhrer Principle)，即，在第十章中描述的为元首而奋斗。 他的政治权力压倒了对军国主义的限制，而这是在民主体制中连一个普通的德国人都可能会反对的。 他们现在焦虑不安。 盖世太保和其他监控报告显示，每当战争似乎在地平线上隐约出现时，他们变得很害怕；每当希特勒在不经战争的前提下成功实现他的目标时，他们欢呼雀跃。 然而，人民是无关紧要的。 希特勒已经摧毁了所有有组织的抵抗，而且，告密者大军的报告具体到个人发表的异议。 希特勒已经将四种权力来源锻造在一起，而德国人是原子式的，无力回天。 绝大多数人不希望战争爆发，但是，他们无法阻止(Wette，1998：11—12，120—124，151—155)。 如果没有希特勒，很可能就没有第二次世界大战——而且，这次战争比第一次对世界的改变更大。

所以，第二次世界大战的直接原因是阿道夫·希特勒，他将欧洲军事和政治权力的总体倾向都汇集到这场侵略性战争中。 如果将这场战争设定在一个更广泛的军国主义文化背景下来看，可以发现，这次战争不同于各方的误算导致了一个意外后果的第一次世界大战。 这次战争虽然也有失算和意外后果，但是发动了第二次世界大战的正是这样一个人与他强大的国家，挥舞着侵略性民族主义的救世主义意识形态大旗。 战争的决策再一次产生于普遍的意识形态倾向，包括对共产主义的新恐惧，但是，1939 年，大多数欧洲人被第一次世界大战吓破了胆，他们的军国主义与 1914 年相比已经不那么强了。 然而，这句话包含了两个深层次的导致战争爆发的、欧洲人身上的悲剧性原因。

第一个悲剧是当时军国主义和民族主义的不平衡发展。 正如我们在第十章中看到的那样，欧洲已经分裂为两派。 在中欧、东欧以及南欧的法西斯主义者和带有法西斯主义色彩的政权都把民族主义的军国主义发展到新的高度，但是，西北欧的政府及人民从军国主义中撤退，他们拥护更好的、更让人喜爱的民族主义。 英国和法国被第一次世界大战烧伤。 英国领导人把他们的国家看作是一个"得到满足的"强权国家，因为，他们意识到，他们控制着世界上四分之一面积的领土，现在有些岌岌可危了。帝国利益取决于和平和集体安全，以保护英国已经得到的东西。法国考虑到德国对其首都的威胁而感到更不安全，因此急需和平。斯大林也不想要战争。他正忙于变革经济体制，并用自相残杀的方式削弱其政党和军队的权力。美国比其他民主制国家更加希望和平，而且，热衷于国内事务。墨索里尼渴望战争，但是这只是针对非洲人民的战争。欧洲人四处奔走以避免战争的爆发，这只是增强了法西斯主义者的蔑视和胃口。当他们真正面临战争的来临时，每一个国家都希望其他人能够参加战斗。每个国家的外交政策都是希望其他人抛洒热血：英国希望法国流血；英法都希望东欧或者俄罗斯的鲜血能够阻挡希特勒，如果其他人也能流血的话，那么斯大林也会让俄国人流血。这适合希特勒分化他们的计划，那样他就可以各个击破(Carley，1999：31)。只有希特勒完全准备好按照需要来抛洒德国人的热血。因为，他意识到了分歧，所以特别大胆。欧洲人无法拔出他们的剑阻止希特勒。

最终，英法领导人都准备好参加战斗。他们高谈保卫民主，虽然他们并不关心捷克或者波兰的民主，也不关心欧洲之外他们的专制帝国下的殖民地的民主等毫无价值的东西。张伯伦、丘吉尔、布鲁姆(Blum)以及达拉第(Daladier)联合起来保卫他们的海外帝国和国内民主。直到1944年12月，丘吉尔还大发雷霆，"'赶走一切觊觎英帝国的势力'是我们的格言，英帝国不能被削弱也不能被玷污以取悦国内伤感商人或者持有不同信仰的外国人"(B.Porter，2006：80)。德国、意大利、日本出于建立他们自己帝国的需要发动了战争，但是，他们的敌人意志坚定地保卫着他们的帝国(Overy，1999：xi—xii，104，297—302)。这是帝国主义者之间的冲突，老帝国(the old regime)发现和平和集体安全是确保帝国的最好方式；暴发户们相信自己可以通过战争建立一个帝国。这是欧洲军国主义的高潮，也是它走向毁灭的开始。

如果希特勒真的想要战争，那么法国就会处于战争最前线，因为它控制着具有争议的阿尔萨斯—洛林地区，而且法国还是在战争赔款上的强硬派。 法国政治家们知道法国的权力已经下降，而且德国的实力已经大幅提升。 在人口上表现得非常明显，因为出生率的差异逐渐有利于德国。 法国政治在两次大战期间的大部分时间里依然是难以驾驭的，所以，国内现代化建设很少。 因为法国政府和工业发展依然是右翼势力主导，因此很少有法团主义(corporatism)，尽管政府介入和劳资合作本可以像英国那样促进军事现代化。 30年代的英国"民族"政府主要是保守主义的，但是，托利党分享了一战后和大萧条后的共识，而且鲍德温和张伯伦的政府扩展了社会福利以及工会权利。 因而，当重大的军事扩张最终于1938年同时发生在英法这两个国家时，英国因阶级合作而比法国更加有成就。

法国领导人始终意识到结盟的必要性。 他们在东欧需要盟友，但是，最重要的盟友是英国。 如果没有英国皇家海军的帮助，法国甚至不能将其殖民地的75万部队运送到法国首都。 令他们反感的是，法国领导人发现他们自己一直持续到30年代中期，都在支持英国重建德国的计划，目的是为了让英国高兴，尽管德国复兴可能会威胁到法国！英国反而却依靠法国军队使德国远离英吉利海峡。 德国空军实力的崛起似乎使这种威胁更严重，特别是英法对德国空军的规模作出了过高的评估。 英国人预期一旦战争爆发，伦敦的大部分地区将遭到直接毁灭。 如果英国本土受到威胁，那么，反叛英国统治的爱尔兰人、埃及人、印度人以及南非白种人可能会制造更多的麻烦。 那很可能会终结英帝国。 英国领导人对法国的软弱比他们表面上看起来的样子要更担心。

然而，英国实力似乎处于最高峰时期，而且20年代军事上的疏忽在30年代得到弥补。 在利德尔·哈特(Liddell Hart)的抽空权理论和鲍德温的"轰炸机总是能熬过困难时期"格言的影响下，鲍德温和张伯伦领导下的保守党政府增强了英国皇家空军和海军的实力。 现在，英国的军费预算和武器生产水平都要高于德国。 七艘英国航空母舰已经正式下

社会权力的来源(第三卷·下)

水；德国和意大利还没有启动航母制造计划。 英国武装部队在技术上处于领先水平，所有国家科学研究的一半到三分之二都是为战争准备的(Edgerton，2005)。 陆军是薄弱环节，因为领导人更关心的是保卫帝国利益而不是欧洲，而且印度军队仍然是英国保卫帝国利益的主要陆军。经济政策主要是利用关税来保护帝国利益。 1931年11月，英国外交部警告，"与帝国关切结合在一起的一项高额的保护性关税政策意味着英国与欧洲的分裂，从而相应减少了我们对欧洲事务的影响力……世界振兴(我们政策的目的)取决于欧洲复兴；欧洲复兴依赖于德国振兴；德国振兴又取决于法国的默许；法国的默许建立在(任何时候)都不受到侵犯的基础之上"(Steiner，2005：668，775)。 这是一环紧扣一环的。 很不幸的是，随着希特勒势力的不断上升，法国人的安全感正在下降。

英国对欧洲的承诺是假定英国有能力帮助法国打一场持久战，加上如一战时英国对德国进行的海上封锁。 张伯伦也致力于掌握制空权，他的空中威慑理念就是1945年之后的防御理论的先驱。 但是，张伯伦遵循着英国所具有的财政经济传统，推迟了这一想法，他要求军备扩张必须适度，而且它是以牺牲能够插手法国战事的野战军为代价的。1937年12月，英国内阁批准了《英斯基普报告》(Inskip Report)，报告为接下来五年的军备扩张设定了一个15亿英镑的上限，而且它排列了四大防御对象的先后顺序。 最高防御是英国本土的防御，接着是沿海通讯以及帝国防御。 最后是对欧洲大陆的义务(Imlay，2002：78)。

虽然英国的空军实力可能可以重创德国，并阻止德国对英国的进攻，但是，它很难阻止德国对法国的进攻。 英国仍然依赖法国的短暂战争的能力阻挡德国的进攻，因为它不能向法国提供大量短期的帮助。在第一次世界大战中，到1916年，英国在法国战场投入了将近60个师的部队。 1937年，只有两个装备不全的师以及另外两个预备队。 斯大林讽刺地评论说，"两个以及再加两个"。 到1942年，张伯伦的最终目标是5个师，他估计，德国到1942年时经济已经为战争做好了准备。他没有认识到的是，德国已经不再是一种自主的资本主义经济，而完全服从于其独裁者的作战目标。　其实，希特勒到 1940 年就已经做好准备了，即使是从 1939 年 9 月到 1940 年 5 月的"假战争"(phony war)期间，英国人的态度非常狂热，但是当希特勒发动进攻时，英国在法国的英国部队也仍然只有 9 个师——不足以支援法国军队。　然而，如果法国沦陷的话，一切都会失去——帝国也同样如此。　它几乎差不多要失去一切了。

绥靖

在 1938 年捷克斯洛伐克危机事件中，英法两国缺乏战争准备起到了重要的作用。　张伯伦和达拉第希望能够通过谈判使希特勒放弃战争。　张伯伦把 1938 年 9 月 29 日与希特勒签订的《慕尼黑协定》看成是一次和平的胜利，因为希特勒此前一直威胁用武力占领捷克斯洛伐克全境。　但是，希特勒已经在不经战争的条件下得到了苏台德地区以及捷克大部分防御性工事，只要他想打破协定，他很快就可以占领剩余的地区，而他完全想这样做。　达拉第怀疑是否可以阻止希特勒，但是，在谈判中，他听从张伯伦的意见，目的是为了保证英国站在自己一边。法国外交部长博内支持张伯伦，他不遗余力地想使法国远离战争(Imlay, 2002: 34; du Réau, 1993)。　与张伯伦一样，达拉第把《慕尼黑协定》当成是为重整军备争取时间，1939 年，两国都迅速扩张了军备。这是绥靖的理性成分。　自此之后，达拉第、其总参谋部以及甚至博内都意识到，他们很快就会与德国交战。　虽然他们在成功的概率问题上有不同的意见，但是，他们都感觉到法国别无选择。　方向已经明确了，法国正处于重新调整(redressement)和恢复之中(Imlay, 2002: 38—42, 136—137)。

美国没有参与这次外交行动；30 年代颁布独立法之后，美国政府受到束缚，真正处于无所作为的状态。　肯尼迪说，罗斯福是"一个在慕尼黑问题上无力回天的看客，是一个没有武装的、经济上受伤害的、在政治上孤立的国家的一位软弱和没有谋略的领导人。 他和美国在外交天平上毫无价值。"但是，罗斯福的确与其他人一样汲取了同样的教训，而且美国重整军备也已经开始了。

张伯伦本人杜撰了"绥靖"这一术语。 他把它看成是两面性的。他可以安抚希特勒，找到帮助他在中欧进行和平扩张(对此张伯伦毫不关心)的道路，为有限的重整军备争取时间——不足挑衅敌人或者不足以违反英国的财政传统，但是，却足以加强英国的实力，包括在法国有一支更强大的英国军队(Imlay，2002：81—93)。 正如弗格森(Ferguson，2006：325—330)指出的那样，英国财政部是错误的。 英国本可以在对经济不造成太大损害的前提下重整军备实施报复；毕竟，这样做已经使德国和日本摆脱了大萧条，而且也立刻使美国摆脱出来。 张伯伦与他的外交部长哈利法克斯准备进一步安抚德国。 张伯伦评论道，德国扩张到巴尔干半岛相比与德国开战总还算得上是一个更小的恶(Carley，1999：39)。 他甚至建议以牺牲葡萄牙或者比利时的利益为代价给德国一些非洲殖民地。 张伯伦希望用土地和其他人的鲜血来安抚希特勒。

绥靖政策最愚蠢的角色是张伯伦自己，因为他相信希特勒会信守自己作出的保证。 张伯伦是一个信奉和平、妥协、经济进步和反共产主义的正派人物。 他想当然地认为其他政治家也会跟他一样，包括希特勒。 张伯伦的弱点在于他的虚荣心，特别是他自己的外交技巧以及对人的判断。 这些因素结合在一起就导致了他矢志不渝的信念：因为希特勒已经向他保证过，所以一定会做到。 相比之下，尽管丘吉尔起初非常支持希特勒作为反共产主义的桥头堡，但到1937年，他已经从根本上发生了转变，从那以后，他把希特勒看作是纯粹的恶魔。 或许这正是恶棍才了解恶棍，但是，丘吉尔·马克二世(Churchill Mark Ⅱ)是正确的。 希特勒在谈到绥靖者的时候说道，"我们的敌人是小蠕虫。 我在慕尼黑见到了他们，"而且他通过1939年波兰危机之后相信，英国"只是在糊弄人"。

张伯伦仍然在议会占有绝大多数的支持率，以及多数人民的支持。

这一小群绥靖者没有背叛英国和法国,因为公众舆论不想发生战争,而且两国议会忠实地反映了这种情况,他们都对军国主义加以限制。 这与第一次世界大战不同,那时是由精英独自决定是战还是和。 此时的德国、意大利、日本和苏联都与一战的情况相同,都是由精英作出战争与和平的决定,在英国或者法国并不是如此——或者说美国——这些国家都是民主发挥作用的国家,但是都出于和平的考虑。 到慕尼黑问题之时,情况已经发生了一些改变。 一项民意调查显示英国人在对是否援助捷克这一问题上意见泾渭分明,但是,当张伯伦挥舞着那几张臭名昭著的破纸从慕尼黑返回时,他宣称"我们时代的和平已经到来",整个英国充满了轻松的气氛,而且他作为避免战争爆发的英雄而受到人民热烈的欢迎。 在英国,他的政策获得了不同群体的共鸣:反战的和平主义者;那些把英国看成是一个"已经得到满足"的国家的人,他们认为,一切的获得源于和平,一切的失去源于战争;那些认为英国和法国太软弱而不能抵抗希特勒的人;以及那些现实地认为英国在捷克问题上帮不了什么忙的人。 张伯伦的社会支持基础来自既有的体制本身,来自与德国做生意的实业家和金融家,以及旧体制和害怕阶级革命的保守党要人。 主要的反对派是丘吉尔领导的托利党人和工党,他们把慕尼黑看成是一场灾难,他们认为战争不可避免。 和法国一样,20 世纪 30年代,英国左派已经从反军国主义者转变为反法西斯主义者。 慕尼黑危机之后,工党甚至愿意将更多的战争武器交到托利党帝国主义者的手中。 但是,丘吉尔领导的托利党人在攻击政府上犹豫不决,然而工党在其中看到了政治优势,因此,主战派缺乏一种共同的策略(Imlay,2002:194—206;Worley, 2005:213—215)。

英国政府开始慢慢地着手打一场类似于第一次世界大战时的长期保卫战,但这根本无助于捷克斯洛伐克。 英国真要帮助捷克的话,它需要在法国援助被德国入侵的捷克人的时候具有打短期战争的潜力,从而开辟第二条抵抗希特勒的战线。 因为捷克军队及其防御是非常强大的,而德国军队还没有像法国和英国所认为的那样强大(恰如希特勒及其统帅部私底下承认的那样),这是一个绝好的机会,利用双线作战的威胁阻止希特勒采取行动。 如果战争真的爆发的话,那么,1938 年初,就有机会战胜德国。 该项政策的初期要依赖于达拉第和法国人,而不是英国人。 但是,1938 年 4 月,人民战线倒台之后,右翼法国政府需要议员的议会选票,而这些议员对法西斯主义的态度非常软弱。相比英国政党而言,法国政党更不团结,而且,诸如博内等政党领袖拥有更多的自主权。 法国就像英国一样,此时大多数左派分子希望采取坚强的行动,但是左派说话不能前后一致,而且保守党政府不可能听从他们的意见。 法国军队正准备进行一场长久的法国保卫战,并且反对德国的入侵行为——确实如绝大多数法国人民那样。 1938 年,法国人用两线作战威胁希特勒的策略并未能阻止他,而且他们意识到,期待与几个东欧国家建立联盟也是不切实际的。 东欧确实不是值得信赖的盟友。 波兰领导人不但不帮捷克斯洛伐克抵抗希特勒,反而提出要求得到捷克人的一些领土主权,并请求希特勒帮助他们得到这些领土。

1938 年,对抗德国的机会丧失了。 接下来的 12 个月内,德国军队实力已经从低于法国、英国和捷克的总和实力上升到几乎与英、法军力相等同的程度(Ferguson,2006:361—368)。 现在,希特勒的眼睛紧紧盯着征服波兰的问题上,而且,他第一次感觉到必须吞并捷克人的"残余"国家。 1939 年 3 月,在没有遭到捷克人的猛烈抵抗下,他入侵并吞并了整个捷克斯洛伐克,并允许波兰占领了梦寐以求的那块捷克人的领土(愚蠢地与恶魔为伍)。 这次吞并终结了绥靖。 英国内阁推翻了张伯伦,并坚持他对波兰作出的援助承诺。 丘吉尔不再是那个在荒原上发出刺耳的声音,而是一个跨党派联盟的领导人,支持者主要有保守党的后座议员和几乎所有的自由党和工党议员。 在法国也形成了类似的联合政府,也同样得到不断上涨的民众支持,但是,此时被动员起来的民族主义被看成自卫性的。 很多人认为民族主义要为战争承担责任的话,这是不正确的,只有德国法西斯主义所扭曲的民族主义才需要为这次战争负责任。

虽然波兰政府因为它的反犹太主义和贪婪无度而不应得到同情,英国和法国确实对波兰主权作出过保证,但是,如果希特勒入侵波兰,它们能做什么呢? 它们会宣战,但是它们不能及时地给予波兰援助以阻止它被希特勒征服。 而希特勒并不相信它们会真正宣战,所以他入侵了波兰,但是,英法两国宣战了——因此,在西方,世界大战开始了。

阻止战争失败也有一个意识形态的原因,而且这也是欧洲人的第二个悲剧。 一些英国和法国的领导人已经主张与苏联结盟,而苏联也受到纳粹侵略的威胁。 而苏联人本可以派军队帮助捷克斯洛伐克,只要波兰或者罗马尼亚政府能够借道让红军通过他们的国家。 罗马尼亚似乎是愿意的,只要法国和英国能保护他们;波兰可能在压力之下也会同意如此。 我们不知道这种联盟是否可以阻止希特勒发动战争。 也许可以,但是,如果希特勒义无反顾地走向战争,这一联盟可能会快速地打败他,拯救数百万条生命,包括绝大多数犹太人和吉卜塞人。 英国和法国为什么不早一点像他们四年之后所做的那样与苏联结盟?

斯大林的大清洗使得英法两国对俄国作为一个盟友的作用持有怀疑,因为他已经处决了 5 位苏联元帅中的 3 位,16 名集团军指挥官中的 15 名,67 名军团指挥官的 60 名,以及 199 名师级指挥官中的 136 名。 陆军和海军总共被清洗的军官达 4 万名,只留下了 1941 年接受过高等军事教育的军官团中的 7% 的军官。 尽管如此,1939 年 6 月,经过清洗的红军在远东证明了他们的价值,在诺门坎(Nomohan)击溃了日本军队,而且德国武装部队仍旧无法达到他们 1940 年的实力。 很确信的是,英法两国不能怀疑有苏联总比没有苏联境况要好。

结盟最大的绊脚石是欧洲大陆分裂为共产主义和反共产主义两派。英国和法国的政治领导人憎恨苏联,害怕俄罗斯的任何西向运动都可能会煽动革命。 1918 年,丘吉尔本人曾试图以陆军大臣的身份发起一场全面的军事远征以击败布尔什维克(劳合·乔治阻止了他,并把他派到殖民部,在那里,他不会制造太大的麻烦)。 丘吉尔已经品尝过现实地缘政治基础上的意识形态恶果。 在欧洲大陆维持均势已经成为数世纪以来英国的既定政策。 当拿破仑一度成功地主宰整个欧洲时，英国已经与俄罗斯联盟，目的在于从两边进攻拿破仑；在一战中也同样与俄国结盟共同抵抗德国。 确切地说，现在需要同样的逻辑。 丘吉尔是强烈的反共产主义者，然而，他相信这个逻辑是挽救帝国的唯一道路。 今天的修正主义历史学家相信另外一种与此对立的逻辑：正是选择战斗而不是与希特勒达成妥协，丘吉尔才会破产，并摧毁了英帝国(Charmley，1993)。 然而这种观点来自事后诸葛亮，得益于知晓意料之外的法国的彻底沦陷，以及斯大林自己转向安抚希特勒。 其实，这些后果是西方绥靖政策带来的。 正是这些因素的结合使英国孤军奋战，并走上破产的道路。

1938 年，丘吉尔与一些高级官员和将军、托利党后座议员以及非和平主义的自由和工党议员都相信，阻止或摧毁希特勒的唯一道路是通过英法两国与苏联结成联盟。 丘吉尔与外交部长罗伯特·范西塔特与苏联外交部长马克西姆·李维诺夫和苏联驻伦敦大使伊万·麦斯基进行了密切的合作。 丘吉尔告诉麦斯基，英国和俄国应该"武装到牙齿"，因为"共同的敌人正在面前。"由前外交部长雷诺(Reynaud)、保罗—邦库尔(Paul-Boncour)以及曼德尔(Mandel)领导的不那么强大的跨党派政府在法国成立。 罗斯福作为旁观者仍然无法提供援助。

但是，张伯伦以及绥靖者们不会接受与苏联结盟，而且他们直到对德宣战之后仍紧握权力——实际上，直到 1940 年英国在挪威战役中损失惨重为止。 当艾登和范西塔特迫切要求与苏联结盟时，张伯伦解除了他们的职务。 当希特勒撕毁了慕尼黑协定之后，用迈克尔·贾巴拉·卡利(Michael Jabara Carley，1999：181)的话来说，张伯伦的立场被看成是"不合逻辑的……不可思议的，"除了"意识形态上积极的"反共产主义的措辞，根源在于害怕战争会带来革命。 1938 年 9 月，达拉第试图劝导出访巴黎的德国大使，战争只能有利于苏联人，因为，"无论是胜利者还是被征服者，革命在法国是确定无疑的，德国和意大利也同样如此。 苏维埃俄国不会把将世界革命带到我们的土地之上的机会白白流失掉。"他告诉美国大使，"哥萨克人将统治欧洲。"甚至在 1939 年 9

月，博内仍然"完全相信斯大林的目的仍旧是发起世界革命"(Carley，1999：43，47—48)。 他们的立场以及英国和法国右翼势力中的很多人的立场仍旧是认为，西方获得安全的前提是只能通过对希特勒作出让步，给予他在东欧自由处理权以战胜共产主义。 正如前英国首相鲍德温所说，如果在欧洲有战事，最好是"看到布尔什维克和纳粹之间发动战争"——再一次希望让别人流血。 与苏联联盟抵抗希特勒可能会制造一场有利于共产主义的战争。 布尔什维克已经是第一次世界大战的产物；其他革命可能会由第二次世界大战造成。 虽然纳粹主义无比邪恶，但是，相比希特勒而言，他们更害怕革命。 英国第一位海军军务大臣查特菲尔德(Chatfield)以及内阁大臣汉基(Hankey)在1937年主张，对纳粹德国和意大利法西斯做出让步是对苏联共产主义和法国这两者的"不可靠"作出的一种合逻辑的反应。 英国保守党人宣称，在人民阵线统治下，法国已经变得"红了一半"了，已经陷入"社会主义毁灭之中"(Carley，1999：257；Parker，1993：69；Post，1993：214—215，260—261)。 这些争论与法国右翼势力并行不悖。 许多人(Berstein & Becker，1987：371—388；Jackson，2001，2003：112—116；R.Young，1996：67—68)说，"与其要布卢姆[法国社会主义领导人]，还不如要希特勒"。 1937年2月，斯大林提出与法国建立军事同盟，但是，法国总参谋部拒绝了这一提议。 亚历山大(Alexander，1992：291—298)说，原因在于"意识形态偏见"。 在这段时期，反共产主义是一种强有力的情感，工具理性显得暗淡无光。

希特勒的持续进攻迫使莫斯科与德国在1939年4月和8月间进行了严肃的谈判。 英国5月和6月的公共舆论调查显示，超过80%的受访者支持立即与苏联结盟。 张伯伦在下院被国会议员们大声质问道，"俄国怎么样?"8月，他的副参谋长陈述说，如果没有俄国早期积极的援助，波兰人"不能被寄予希望抵抗住德国的进攻。"他们也有先见之明地警告说，如果不与俄国结盟，为了吞并波兰部分地区，斯大林将会与希特勒签订条约。

张伯伦依然顽固不化。 他说,"我承认我[对俄国]深深地怀疑。 我不能相信她与我们一样有同样的目的和目标,或者说同样地对民主有任何同情"(Carley, 1999:133)。 这是对的,但于事无补。 他也很奇怪地主张,"如果我们不得不在没有他们帮助的前提下做,那么英国立场也不会变得更糟糕"(Parker, 1993:236)。 如果苏联不是盟友,甚至对德国的经济封锁也会有裂开的口子,更不用说得到任何苏联军事援助。 在一次会议上,法国提议,如果有必要,要求苏联介入并拯救波兰。 苏联人的回复是,他们要求互惠保证以防希特勒进攻他们,遭到法国和英国的拒绝。 斯大林得出正确的结论是,英法两国希望俄国人为它们而战。 莫洛托夫(已经取代李维诺夫出任苏联外交部长)希望"牢不可破的保证",然而,英、法与俄国互相援助的建议书仍然含糊不清。 英、法无法得到波兰政府的保证——如果德国进攻波兰,波兰保证苏联军队通过波兰——谈判最终破裂。 直到最后,波兰仍在自我毁灭,但是,达拉第已经秘密指示他的首席谈判官不能对俄国的通道要求作出让步,而且指示法国驻外武官支持波兰对俄国不让步的立场(R. Young, 1996, Carley, 1999:195)。 布尔什维克梦魇仍旧使西方大多数国家感到恐惧,迫使他们走向了充满意识形态色彩的地缘政治。 虽然希特勒无疑是入侵者,但是,英国和法国政府必须对二战的爆发承担一些责任。 与民族利益相比,他们对阶级利益的看法在情感上变得更加根深蒂固——而这促成了战争的爆发。

最终,苏联人不能签署同盟条约。 他们不相信张伯伦、达拉第或者博内会信守诺言(Carley, 1999:142—143, 149—159)。 斯大林现在转向他的另一种替代性防守政策,与希特勒之间的互不侵犯条约——对西方来说这是最坏的结果。 1939年5月,苏、德进行了第一次接触,但是,一直到7月底8月初,德国人告诉他们入侵波兰已经迫在眉睫为止,苏联人一直疏远德国。 此时的苏联与西方没有任何集体安全条约可以签署,所以,对苏联人来说,保证安全的最好方法是攫取波兰的一半领土、波罗的海诸国、芬兰和比萨拉比亚。 只要希特勒能得到其他地方,他是好说话的。 与丘吉尔类似，斯大林宁愿与恶魔共舞以保卫他的帝国。 张伯伦、达拉第和绥靖者们并不情愿。 这表明，这些保守主义者们在地缘政治上比法西斯主义者或者共产主义者政权更加注重意识形态(Parker, 1993：347，364—365)。 丘吉尔这位帝国现实主义者与他们不同。 当希特勒入侵苏联时，正如他将要说的那样，"如果希特勒入侵地狱，我至少会在下院做出一份对恶魔有利的陈诉"(Colville, 1985：480)。

战争：法国沦陷

在西方，绝大多数人预计二战会像一战一样保持胶着的态势，但是，二战没有。 法国意料不到地沦陷了。 它所作的持久性防御战崩溃了，而且英国人的备战也几乎同样如此。 在与一战对比下，为什么法国会失败这个问题在法国激起了许多令人痛苦的讨论。 许多年来，历史学家寻找这样一次惨痛失败背后的深层次原因：法国社会是颓废的、分裂的、腐化的(最近的重述，参阅 Ferguson, 2006)，然而，上述问题的修正主义观点已经浮出水面，占主导地位的有若干种不同观点。 我们必须将法国最初的政治瓦解与紧接着的军事失败区分开来。

到 1940 年，法国的军事实力看起来很强大。 法国从 1937 年开始就已经着手实现军事现代化和军备扩张。 它的军队规模是庞大的，并且训练有素，而且，1939 年，法国的坦克和飞机制造水平超过了德国。法国拥有更多的部队和重型坦克以及火炮；英国坦克也比德国装甲车拥有的装甲更厚。 在最后的和平年代，法国的凝聚力也得到了改善。 没有一个法国将军预料到会失败，而且，没有一个德国的将军会预料到如此轻易地取得胜利。 1940 年 5 月，法国军队在正确指挥下打得很好，法国阵亡人数大约在 5 万到 9 万人之间，对一场持续两周的战争来说，这是一个相当大的数字(May, 2000：7；Jackson, 2003：12—17，161—173，179—182)。 德国国防军实际上并没有制定 Blitzkrieg 或"闪击战"

策略，尽管他们需要一次闪电战，原因是他们还未做好持久战的准备。只有古德里安和隆美尔看到了坦克可以实现闪电战的目标——不过只有当一支步兵团成功突破之后他们才看到这一点，因为坦克不能轻易地攻破准备就绪的防御工事。

这场战役实际上在 5 月 10 日到 5 月 14 日这五天内决出了胜负。 这五天时间里，5 个德国装甲师穿越了按照推测不可能穿越的、防守上掉以轻心的阿登高地的丘陵和森林地带之后，出其不意地占领了法国。出其不意是胜利的基本原因，而且，它是在运气的帮助下实现的。 德国入侵起初计划于 1939 年晚秋发动，然后推迟了。 1940 年，入侵计划在一架坠落于比利时境内的德国飞机上被找到，并被送到了法国。 德国的计划是：德国国防军从比利时发动进攻，然后推进到法国最北部的平原地区。 这已经是在法国预料之中的，而且这里也是他们准备推进到比利时和德国可能会选择的进攻路线。 所以，法国派出了他们最精锐的部队以及大部分后备军到那里。 两支军队的精锐之师到时会迎头碰上。 在英国人、比利时人或许还有荷兰军队的支持下，法国人相信，他们获得成功的机会很大。 绝大多数德国将军们也这样想，只不过他们根本不想打这场战役。 当德国统帅部意识到情报泄露之后，他们改变了进攻路线，改为从更远的东南方向阿登高地推进。 他们也从北部的荷兰和比利时发动进攻，只不过这些都是佯攻。

在阿登高地，德国国防军的精锐之师面对的是一支平庸的法国军队，科拉普(Corap)将军的第九军，几乎没有任何后备力量的支撑。 科拉普已经抱怨过几个月来他的军队的"懒散"状态，但是，对于最高指挥部来说，他的地区重要性不够(Jackson，2003：160)。 这些法国部队的坦克比例不足，其他部队却并不是如此。 负责下一个地区偏东部的法国将军本可以提供支持，但是他并没有这么做，因为他已经被戈培尔威胁从瑞士发起进攻所欺骗了。 对于法国最高指挥部来说，一个突出的失败是处理情报能力，它忽视了德国在这一地区集结部队的报告。 情报失败组合在一起，导致了法国和英国继续相信，阿登高地的进攻只是佯攻，因此没有从比利时撤出部队。 仅仅四天后，当德国人突破了至关重要的色当的默兹河时，他们才恐惧地意识到这是真正的进攻路线。

在默兹河，德国人又走了两次好运。 第一次横渡被安排在晚上，穿过一个水闸与岛的复合建筑，其周边生态给法国士兵察觉德国进攻制造了盲点。 这次横渡得益于一支附属于德国装甲师的步兵团的足智多谋。 第二次是主力军团的横渡，即坦克通过两座浮桥，而英法盟军持续的错误轰炸根本没有接触到浮桥。 德军的两次横渡既有一部分的偶然性，也有英法盟军一部分的无能，从而构成了硝烟弥漫的战争中经常出现的转折点。 关注着现场的古德里安将军评论说，"我们进攻的成功让我震惊，简直就像一个奇迹。"5 月 13 日到 14 日，一场激烈的、决定性的战役在色当打响，当时，德国精锐部队遇上的是科拉普将军参差不齐的军团。 一些法国部队逃跑；其他人虽然打得都很好，但是无益。这一次如同 1870 年那一次一样是"在色当发生的灾难"(May，2000：part V，引自 p.414；Jackson，2003：161—173)。

5 月 15 日，雷诺总理简单告诉丘吉尔，"我们被打败了。"同一天，古德里安命令他的装甲车部队迅速西进推进到海边。 他们遇到很少盟军，而且他们切断了北部法国军队主要的撤退路线。 英法盟军迅速南下反攻切断德国装甲车部队自身的交通线本可以是一次很好的回击。一些盟军军官催促执行这一计划，而且一支英军坦克师开始南下，并在停止南下之前取得了阿拉斯战役的胜利，但是，盟军决策缓慢而笨重(德国人在阿登计划中正是利用这一点)，反击计划因最高军事指挥官加默兰将军被撤换而被搁置。 他的继任者魏刚将军需要几天时间安顿，而到那时，一切都太晚了。

对古德里安和隆美尔来说，现在最大的问题是使希特勒相信，速度决定一切。 他们在向海边推进的道路上因为希特勒的谨慎而两次受阻，但是，到 5 月 20 日，他们已经到达那里。 对法开战十天后，法国战争基本上结束了。 英国和法国军队被阻隔在法国北部，并向法国北部海边撤退。 高特将军在 19 日首先考虑撤退英军。 得益于希特勒延误战机，也得益于戈林对希特勒作出的错误保证(他保证德国空军可以吃掉英国远征军)再加上法国在里尔的激烈抵抗，从 5 月 28 日开始的撤退顺利完成。 五分之四的英国远征军——22.4 万人——外加 11.1 万法国和比利时部队都搭乘小型舰船从敦刻尔克撤到了英国，这是一次非凡的大撤退。 他们可以保存下来为日后再战。 比利时军队在 5 月 28 日宣布投降；巴黎于 6 月 14 日被占领，而法国在 6 月 25 日宣布投降。

这是一场勉强算得上以军事权力关系为基础而在战场上取得的胜利，它不是一个社会对另一个社会的胜利；它是第一次以出其不意的进攻获取的胜利，是在大量法国情报失误和两次幸运的眷顾下取得的胜利。 但是，它是德国出其不意地运用其战场优势取得的胜利。 古德里安和隆美尔发出的光芒盖过了其他指挥官。 从指挥结构上来看，战场上的德国指挥官可以根据具体情况改变上级命令并作出他们自己的决策。甚至小到班组都是如此——正如在默兹河关键性的水闸所表现的那样。这极大地有助于德国推进的速度，从而使得盟军笨重的指挥体系付出更大的代价。 而法国、英国和比利时部队之间的配合不默契也不利于实现他们的目标。 法国犯的大错误应当是法国在情报和通讯工作上的弱点。加默兰将军后来承认，"我们对德国人会从哪里发起进攻，怎么进攻没有预先的了解"(May, 2000；Jackson, 2003：39—46；Frieser, 2005)。

法国社会或者法国政治中任何一般的弱点很大程度上与 1940 年 5 月的那些日子毫不相干。 历史性的假设可能会不断延伸下去。 如果德国出其不意的目标没有实现的话，那么德法两国是否会将战争带入足够长时间的僵局，以至于英国人可以利用空中优势并将战争的运气拉回到盟军这一方呢？ 这样一来，日本或许就不会偷袭珍珠港？ 或者说斯大林会独自从东线发动一场投机取巧的战争以获取一部分战利品呢？ 谁知道呢？ 战争中的运气是世界发展的最偶然因素，而此时它站在希特勒一边。 战争的结局鼓舞了希特勒，使他再次发起了对俄国的进攻，鼓舞了墨索里尼进攻希腊，并鼓舞了日本人偷袭珍珠港。 法西斯主义以及亲法西斯主义的政权能够在闪电战中用作战勇猛的精神力量来取代物质力量的想法现在牢固地竖立起来。 因此，在西线的战争成为了改变世界的世界大战。

但是，法国在阶级和政治上的更深层次的弱点随着法国 6 月的投降以及带来的后果中暴露无遗。 法国政府本可以撤退到国外，利用舰船、空军与成千上万的士兵以及他们殖民地的资源继续在其他战区与英国并肩作战。 希特勒害怕这一点，因而提出了仁慈的停战条款。 几支法国军队逃到了国外，而无论是政府还是海陆军最高指挥部都没有。 他们如大多数精英那样缺乏继续战斗的意志(Jackson，2003：chap.3)。 尤其是海军司令，简直是自我毁灭，他拒绝了丘吉尔日益迫切的提出将法国军舰开到英国或者法国殖民地港口的请求。 相反，他们向丘吉尔作出了模棱两可的承诺，他们最终会炸沉他们的军舰。 丘吉尔不能冒险期待所有法国军舰的舰长都会这么做；如果法国军舰加入德国，那么，德国海军实力就会比英国皇家海军更强大——而且那将是英国实力的终结。 因此，在德国完全控制法国地中海舰队的本国港口(home ports)前几天，丘吉尔命令攻击凯尔比港的法国地中海舰队。 几艘法国主力舰被击沉，超过 1 000 名法国水兵悲惨地失去生命，被他们的盟军杀害！ 这种冷酷无情令法国人惊骇，但也给罗斯福留下了深刻的印象——他现在知道英国会继续战斗，而且英国也会是一个有用的盟友。 具有讽刺意味的是，这支法国舰队剩下来的舰船之后被海军指挥官下令炸沉了。

法国意识形态上的分歧现在完全显露出来，而且这一定会让人怀疑，如果五月崩溃没有发生的话，法国是否还能坚持一场长期的战争。 正如塔尔博特·伊姆利(Talbot Imlay，2003)所说，英国法团主义的阶级妥协的发展使得这个国家有能力打一场持久的集体战争，但是，这种情况在法国没有发生。 尽管，绝大多数法国人支持 1940 年的战争努力，但是，不像一战，二战没有神圣同盟。 到战争临近的 1938 年 11 月，达拉第废除了由人民阵线 1936 年通过的《劳工法》，并宣布庞大的共产党为非法组织，这样的做法怎么可能会产生神圣同盟？ 反社会主义、反共产主义以及最初的法西斯主义在保守主义分子之间、总参谋部以及实

业家之间蔓延——他们也反对军备生产的政府计划。 5 月 16 日，甚至
在加默兰将军的失败已经注定之前，还试图逃避责任，他虚伪地声明，
共产主义者的渗透严重破坏了军队的士气。 其他人虚伪地公开谴责，
军火工人破坏了法国军火生产。 随着德国的不断推进，加默兰的继任
者魏刚将军在战争的最后阶段还关注着一个并不存在的共产主义幽灵在
巴黎的兴起(巴黎公社的阴影！)(Berstein & Becker, 1987：371—388；
Alexander, 1992：chaps.4, 5；Jackson, 2001：114—118)。

　　法国保守主义领导人现在主张将他们没有"抛弃法国"或没有离开
法国装作是好意为之的事情。 当受人尊敬的贝当元帅也参与附和时，
这种主张胜出了。 魏刚(Weygand)拒不允许法国军队逃到国外，并且在
贝当和拉瓦尔(Laval)领导的维希卖国政府中出任国防部长，而绝大多数
保守主义分子(以及许多其他人)现在宣誓对卖国政府效忠。 殖民地总督
和将军们希望能够在海外继续战斗的请求遭到拒绝(Jackson，2001：
121—129)。 当英国人听说这件事情以后，为了避免德国获取法国的海
军，他们冷酷无情地击沉了法国地中海舰队并使许多法国士兵丧生。
随着法国战败的现实渐渐使人心灰意冷，参加维希政府并与德国合作的
人数扩大，超出了右翼分子的范围(它包括年轻的弗朗索瓦·密特朗)。
绝大多数法国人学会了忍受德国人，而许多人积极地与他们进行合作。
维希政府的最初建立是由于那些人认为这是一个改造被剥夺了 1789 年理
想的法国的机会——更多的反动分子不能理解的是，希特勒完全不是那
么回事。 很讽刺的是，正是戴高乐这位与丘吉尔一样的右翼分子意识到
建立跨越阶级阵线的民族团结的必要性，他提议与社会主义者和共产主
义者建立一个非正式的神圣同盟，以组建自由法国军队并抗击德国。

英国幸存

　　这是法国权力和帝国逝去的时刻。 英国权力的逝去是一个持续几

年的过程，不存在某个重要时刻为标志。 但是，这次是第一次也是最大的一次打击。 英国一直依靠着欧洲大陆的权力均势。 即使考虑其全部的海军实力、它的大帝国、它的占有领先优势的经济水平(30年代，英国的生活水平仍超过德国三分之一)、它利用盎格鲁世界的全球资源的能力，大不列颠群岛的安全仍旧依赖于欧洲大陆权力均势。 但是，1939年，苏联人与希特勒签订了《苏德互不侵犯条约》，1940年，德国占领法国，并获取了法国在英吉利海峡的港口。 英国人第一次面临孤军奋战的致命威胁。 帝国以及一个主权独立的英国很可能将不复存在。

丘吉尔战胜了战时内阁中的那些主张向希特勒提出条件的人，尽管他本人也曾偶尔考虑过这个问题。 这是修正主义历史学家最貌似有理的地方，因为希特勒把精力更多地放到东线侵略，而且，他很可能遗忘了英国及其帝国……至少是暂时遗忘了。 但是，我怀疑希特勒会因为在西线边境存在一支重新装备的海军以及强大的帝国实力而感到西线很安全。 东线渐渐临近的战争一定有益于英国，其结果将会是削弱德意志帝国和苏联的一场持续很长时间的僵局。

的确，英国正好坚持住了；它仍然是一个强国。 两支空军势均力敌，而英国的战斗机在1940年夏天和秋天在不列颠之战中略微胜过德国，这得益于德国人把轰炸目标从飞机场转为城市所犯的错误。 这场胜利挫败了任何德国入侵的企图；德国在失败后本应该继续入侵，而且，英国军队并非常擅长长时间抵抗。 不列颠之战以后，横渡英吉利海峡的德国登陆艇现在很容易成为英国皇家空军的目标，而且日本人即将在珍珠港与新加坡证明，飞机能对缺少飞机保护的军舰造成多么巨大的损失。 对于希特勒来说，他的入侵准备主要倾向于使英国人妥协。 英国不是他现在的主要目标。 出乎意料的是，英国人不会妥协，而且不列颠之战是希特勒遭到的第一次失败。 在希腊和北非的早期失败之后，英国武装部队已经重新集结，准备保卫中东，并在北非实现一种不稳定的僵局状态——在美国的援助下。 大西洋战争也是难分高下的——U型潜水艇几乎掐断了英国的主要后勤补给线。 这场战争直到1943年5月美国加入之后，才朝着盟军希望的路线发展。 这场战争对英国来说可能会变得更加糟糕：如果美国继续保持中立，英国的封锁策略很可能会使英国被反封锁，因为，U型潜水艇有能力切断英国来自于其他盎格鲁世界国家的生命线。 英国自身很可能被封锁。

英国有它自身的优势。 除了潜水艇以外，它拥有先进的海军，部署更为完善的飞机，它可以从帝国源源不断地获取资源(招募了250万印度人参军)，它的先进技术包括雷达的发明和完善，而且，它在破译德国"恩尼格码"军事密码上表现出了独特的情报工作能力，至今它仍保守着这一秘密。 除了这些资源，还有英国高昂的士气，尽管有一些批评说，"老家伙"政客们指挥战争已经有些犹豫不决了，而且动员能力缓慢。 当丘吉尔将他的帝国主义抱负服从于整个国家的全体民众的防守时，他们变得更加开心。 大多数人敬佩丘吉尔目中无人的语调，并感觉到他表达出了他们自己的心声。 尽管有断断续续的抱怨，但是，他们都做好准备为最终的胜利而牺牲——似乎很少人会怀疑。 他们相信，这是民主对抗法西斯主义，尽管通常表达得不那么抽象。《大众观察》的记者(对同时代舆论的最好理解)说，相对德国和意大利而言，英国对他们来说意味着贫乏的，甚至有些陈词滥调的——乡村、村庄、良好秩序的意识，以及人民的"极易宽容和富有幽默感"，证明了在人民中间普遍存在着的一种共性意识。 这些"朴素的民族主义"(banal nationalism)的方面都值得保护。 他们不阻碍罢工，因为罢工率基本稳定。 他们也不反对女性主义者对歧视提出反对意见——包括女性维修飞机电池时的挫折感，因为她们不被允许上战场。 与德国和意大利相比，英国更少担心大声表达出不满，更少一些夸张的民族主义者的语调或者狂热的爱国主义(Mackay, 2002：253；Addison, 1975)。 新的国内情报局(通过派遣代理人倾听人民的心声)最近公布的报告显示，人民不相信BBC的"宣传"，因为这种宣传使用一种用"矫揉造作"(plummy)的上层社会的口吻，这种口吻容易让我们联想起将人们带入这种混乱状态的老派精英们。 报告还揭示出工人阶级比中产阶级在为战争牺牲方面更加坚决，而且阶级怨恨逐渐在这件事情上累积起来。 当舆论宣传激励他们更加努力证明自我时，他们说，他们已经做好了准备，"错误在于上层，与我们工人阶级无关"，"我们没有战战兢兢，我想他们是这样。"(Addison & Crang, 2010)爱国主义与初期的社会主义和女权主义配合默契。 而美国人的士气完全不同，因为，美国本土从未遭受过攻击。 我会在第四卷讨论这一问题。

丘吉尔经历过第一次世界大战，也充分意识到英国现在的悲惨处境，他承认需要一种民粹主义的战争策略，动员女性劳动力，将工党和工会领导人拉入政府。 那时的工党开宗明义提出，大众牺牲的代价是必须实现进步改革，普及社会权利。 工会领导人和英国新外交大臣欧内斯特·贝文(Ernest Bevin)在1941年丘吉尔和罗斯福在布雷森莎湾发表的关于战争目标的声明中塞进了一个条款，要求政府"保障所有人的安全，包括改善劳动标准、经济进步和社会安全。"来自工党的各部大臣被任命负责绝大多数国内政策(丘吉尔认为这些政策不那么重要)，而这种做法确保了改革可以得到实际执行。 他们任命了威廉·贝弗里奇(William Beveridge)拟定著名的福利报告。 1942年12月，贝弗里奇提议，为了回报每周按照固定费率上缴的税费，福利应该提供给所有人，作为一种针对病患和伤害、失业、老年人、孕妇、孤儿和寡妇的普遍公民权利——他所谓的"从摇篮到坟墓"的综合福利国家。 贝弗里奇报告受到了极大的欢迎。 一项盖洛普民意调查显示，86%的受访者说应该执行这一计划。 工党以及一个进步的托利党团体支持这一计划。 丘吉尔并不支持这一计划，但是，被迫发表模棱两可的支持言论。 重建、复员与社会福利部建立起来，而且官方的白皮书批准了贝弗里奇的社会保障提案；但在国民医疗服务和充分就业问题上仍比较模糊。 到1943年，民意调查显示，绝大多数男性和女性期待战争取得最后的胜利可以给他们的生活带来重大改善(Mackay, 2002：chap.6)。 社会权利是神圣同盟的英国式世俗版本。

美国从 1939 年就开始了重整军备，在德国突破色当以后进一步加速。 英国在不列颠之战中取得胜利之后，罗斯福及其顾问们意识到，英国是值得援助的，由于美国不向德国宣战，英国付出了很大代价。由于英国现在正在偿付购买美国的一切货物，英国的美元和黄金储备率已经接近危险的低点。 英国驻华盛顿大使洛西恩勋爵(Lord Lothian)在纽约接受记者访问时用一种愉快的口气问候道，"孩子们，英国快破产了；我们需要你们的资金援助。"国会中的绝大多数以及压倒性的舆论仍然支持《中立法案》，从而阻止了美国直接援助交战的外国，但是，贸易与租赁协议可能会绕过这一障碍。 1940 年 10 月，破旧的美国驱逐舰开往加勒比海英军基地与英国进行贸易。 从这一交易中，英国几乎没有获得任何实际利益，但是，开启了一个悄悄地抛弃美国中立立场的先例。 美国紧接着于 1941 年 3 月实施了租借计划，这是罗斯福自己的想法，同时也意味着孤立主义游说集团的失败。 罗斯福在针对全国民众的"炉边谈话"广播中为此作了辩护，他说，"如果英国陷落，轴心国势力将控制欧洲大陆、亚洲、非洲、澳大利亚以及公海——而且他们有机会将庞大的军事和海军物资用来对抗这个半球。"他再一次否认任何派遣军队进入欧洲的意图，但是总结说，"我们必须成为民主政权的武库。"他的听众中 60% 的人表示支持罗斯福的做法。 美国政府中的鹰派人物，史汀生、诺克斯、海军司令斯塔克以及摩根索支持加入战争，站在英国这一边，但是，罗斯福知道，无论是国会还是公共舆论都还不会同意这么做。

与英国之间贸易的增长使美国在大西洋投入了更多的军力以保护其商船。 因为，德国 U 型潜水艇击沉美国商船的事件时有发生。 由于罗斯福坚信必须参战，因此，他利用沉船事件推动了支持参战的公共舆论。 美国潜水艇在 1941 年 7 月占领了冰岛。 美国公众支持这一行动，如同此前支持对英国提供的援助一样，但公共舆论仍拒绝派遣美国士兵参战。 罗斯福仍然不会冒得罪国会的风险，虽然他私底下告诉丘吉尔，"他会参战，但是不会公开宣战，并且他会越来越激发民众的情绪。　他需要寻找一个证明自己公开表达合法敌意的事件。"因而，只要英国不会陷落，那么，拖延策略就是适合美国的，因为美国军事实力正在完善(I.Kershaw，2007：chaps.5，7)。　美国最终肯定会参战，然而，12月，罗斯福获得了一个再好不过的事件来帮助他，那就是珍珠港事件。

希特勒和日本的愚蠢送给了英国两个非常需要的强有力的盟友：俄国，1941年6月遭到希特勒的入侵；美国，12月，珍珠港遭到日本偷袭。　因而，英国所需要做的就是暂时维持现状，维持自身不被打败以待俄国人和美国人到来。　然后，英国协助他们对德国进行轰炸以及在北非和意大利进行军事行动，并且可以作为基地进攻法国，第二条战线得以开辟。　如果没有英国，美国要想收复欧洲举步维艰，但是，英国只有通过抵押其经济财产给美国才能勉强维持。　正如南非总理扬·斯马茨(Jan Smuts)1945年对帝国做出的评论那样，"钱柜已经被耗空。"英国尽管取胜，但帝国终结了。　然而，正如我们将在第四卷中看到的那样，英国在战争中作出的努力使它变成一个更加文明的国家。

决定性的东部战线

最重要的战争发生在其他地方。　希特勒长期致力于征服"犹太—布尔什维克主义"。　1940年7月31日，希特勒告诉他的将军们，他想在第二年春天入侵苏联。　这些将军们大受震惊。　他放弃了入侵英国的计划，将关注点转向东面。　最初，他渴望获得石油，并将英国的势力逐出地中海和中东。　意大利人被证明不是有用的盟友，所以，被派往希腊和地中海岛屿的德国军队获得了巨大成功。　隆美尔首先在北非取得了胜利，尽管他的突击制胜策略很难维持，而英国势力在北非和中东仍然存在。　但是，在希特勒的眼中，这些军事行动只是转移敌人注意力的做法，他的真正目标是东面。

随着德国对巴尔干、罗马尼亚和保加利亚压力的不断增长，德国与苏联之间的紧张关系日益激化。 斯大林的外交政策不是世界革命,而是继续实现沙皇式的目标:获得更多的通往波罗的海和黑海的通道。在这一点上,苏联的政策旨在使英国承认苏联对波罗的海三个小国家的实际占领(从《苏德互不侵犯条约》中攫取的),以及保证保加利亚和罗马尼亚成为友好政权。 斯大林担心英国拒绝承认苏联对波罗的海三国的占领,也担忧英国对土耳其的友好关系,这种关系可能会挫败俄罗斯人对黑海的统治地位。 他也不得不担心希特勒的军事扩张主义(Gorodetsky,1999:316)。

因而,斯大林正在思考现实的地缘政治问题,他认为,希特勒和丘吉尔也在同样这么做。 丘吉尔肯定是的,但是,无论是斯大林还是丘吉尔都没想到希特勒会在没有攻陷英国之前就会开辟入侵苏联的第二条战线。 实际上,丘吉尔想当然地认为,希特勒和斯大林会相互妥协以增强他们彼此之间的关系,而且他起初把希特勒在东面的军事集结看作是德国压迫斯大林达成妥协的做法。 从斯大林的立场来看,他相信英国与德国一样对其保持敌意,并且英国人向他提供希特勒侵略计划的情报也是诱导他参加对德作战的阴谋(他是对的,但是英国情报也是对的)。 斯大林变得极其小心谨慎。 当他意识到与希特勒在罗马尼亚和巴尔干问题上的利益冲突时,他竭尽所能的不激怒希特勒。 斯大林将军队派往罗马尼亚边境以表明俄国保卫其利益范围的意图,这一做法激怒了希特勒,他希望苏联的邻国采取一种消极的姿态。 斯大林高兴的是德国和英国现在正在彼此开战,并且不打算介入其中。

但是,斯大林不了解希特勒,希特勒是一个信奉快速战争的人,但更是一个意识形态化的和情绪化的人。 1939 年,令希特勒感到震惊的是,英国和法国对德宣战,但是在法国取得的巨大胜利使他恢复了自信。 他现在信奉并支持闪电战。 他认为,德国已经接近军事生产能力的极限,而英国、俄国以及美国——他相信最终都会参战——都仍然在扩充军事实力。 德国经济上的羸弱随着时间的推移会进一步加剧。 进一步增强军备的压力所遇到的瓶颈问题可以通过从更多的被占领国家攫取原材料和粮食来解决(Evans，2006：370)。 因为他同样希望为德国殖民主义者获得生存空间(Lebensraum)，所以，他可以冒险对苏联发动一场大战；而现在打比以后打要好些。 他蔑视斯拉夫人和共产主义者，并且他相信德国国防军可以撕碎苏联的防御，摧毁一个摇摇欲坠的以及不受民众欢迎的政权。 很奇怪的是，他没有设法让日本人从东方进攻苏联。 事实上，希特勒 1939 年与斯大林签署互不侵犯条约激怒了日本领导人，而且自那之后，日本南下向太平洋推进，而非北进以威胁苏联，但是希特勒从来就不是一个好的盟友，对轴心国来说，这是一个弱点，在凝聚力方面它远没有它的敌人那样团结。 而且，令人不解的是，对希特勒来说，苏联人比英国人似乎是一个更容易对付的目标。占领俄国会更好，因为，他可以利用更大范围的欧洲的所有资源进攻英国。 这是他单独作出的决策。 1938 年初，希特勒召开了内阁最后一次会议，从此之后，所有的重大决策都出自他本人。 所有的影响都由他个人锻造，尽管他的将军们表达过顾虑，但是，没有人真正反对过他(Tooze，2006：460；I.Kershaw，2007：chap.2)。 巴巴罗萨计划是他最大的错误。

不但德国人质疑苏联人的抵御能力。 美国作战部也向总统报告，希特勒将在一到三个月内占领苏联；英国军事参谋说六到八个星期(Kershaw，2007：298—299)。 斯大林的大清洗似乎表明他的政权完全靠恐怖统治得以维持，1941 年的普通军官(typical officer)担任的职务比他的经验在正常情况下所允许担任的职务高出两个级别。 这是一次大规模的自残式打击造成的创伤(Glantz，1998：27—31)。 这也鼓舞了希特勒，他相信他可以动员巨大的意识形态力量：在最终的与"犹太—布尔什维克主义共谋"的决战中，优越民族(Herrenwolk)战斗精神可以取胜布尔什维克化的劣等民族(Untermenschen)(Overy，1999：206；Megargee，2006)。烦躁、自负的希特勒发动了全面进攻——执行巴巴罗萨计划。

11 月，希特勒决定提前实施巴巴罗萨计划，当时，似乎很明确的是，斯大林在面对德国向巴尔干地区的扩张问题上不会采取消极的立场。 因为入侵必须是大规模的，所以花费了 6 个多月的准备时间，直到 1941 年的 6 月 22 日，规模如此庞大，以至于所有的情报部门都明白是怎么回事，华沙的普通波兰人亲眼看到德国坦克和装甲车在十整天内轰轰隆隆地穿过他们的街道。 苏联情报部门准确地掌握了德国的军事准备情报以及正确地推断出希特勒的意图。 但是，最终报告给斯大林的情报却是一个模棱两可的版本。 没有人希望成为那个告诉斯大林说他完全错了的人(Gorodetsky, 1999：130, 187；D.Murphy, 2006：215, 250)；斯大林时常杀掉那些与他保持不同意见的人。 他把德国的军事行动解读为可能是向南部巴尔干地区推进。 在入侵前十天，他谴责了总参谋长朱可夫元帅，后者已经冒险三次建议发动先发制人的进攻，他说，"希特勒不会傻到进攻苏联以开辟第二条战线"(Gorodetsky, 1999：279；Glantz, 1998)。 希特勒是个白痴，斯大林也是。 通常没有人会认为斯大林天真地信任希特勒，但是他几乎摧毁了他的政权和国家，而且他必定会摧毁上百万条生命。 随着日本的加入，一场法西斯主义和准法西斯主义专制主义与一个不神圣而又实际的资本主义民主和共产主义专制主义联盟之间的战争开始了。

希特勒差一点用他的闪电战大获全胜。 如果他成功地推翻共产主义政权，那么，他就可以获得可供掠夺的巨大的俄国资源。 那时，美国人也很可能牺牲英国人的利益与其达成交易。 巴巴罗萨计划最初的成功鼓舞了日本人对珍珠港发动偷袭，美国人不得不在太平洋保护他们自己的利益。 结果很可能是一样的，即日本战败，美国建立一个横跨太平洋的帝国。 珍珠港事件之后，希特勒对美国宣战，因为他希望德国 U 型潜艇可以在没有任何束缚的情况下对大西洋船只进行进攻——又一次快速战争的闪电战企图。 如果美国加入对德作战的时间推迟一些的话，并且若原子弹被投放到德国，那么结局肯定也是一样的。 另一种可能出现的结局是，如果希特勒自己也获得了原子武器的话，那么德国与美国之间在全球范围的僵持局面很可能会出现。 这些都是与历史事实不符的假设与推测，但是，无论如何，如果巴巴罗萨计划取得成功,世界将呈现另一种面貌。

希特勒的进攻对苏联的将军们来说并不感到惊诧,但是,斯大林阻止他们部署军队抵抗希特勒,而只是半心半意地进行一场重大的军事重组。 德国国防军撕裂了最初的两条俄国防线,在 7 月夺取了明斯克和基辅,并给俄国造成了巨大的损失。 两周后,希特勒和哈尔德(Halder)将军都相信军事行动取得了胜利。 俄国人已经丧失了 229 个师的兵力、绝大多数工兵营以及大部分飞机和坦克。 1941 年,德国情报部门认为德国人摧毁了整个苏联的军事力量——但是事实并非如此。 俄国人还有另外两条防御战线,而且只要斯大林下令不准后撤,他们就会拼死抵抗或者有序撤退。 尽管斯大林在 1941 年确实犯了大错,但是,他早已巩固了其国家的军事实力。 由于感到被世界资本主义孤立和敌对,斯大林从 30 年代中期开始就扩大了他的国防投资以应对德国、日本和英国施加的威胁。 他的整个错误在于隐瞒了如此多的秘密。 为了阻止他的敌人意识到他的军事机器如此令人生畏,他丧失了威慑力(Samuelson, 2000)。

德国集团军群总部本可以更加坚定果断地于 1941 年 10 月中旬向莫斯科挺进,而不是转向基辅,因为当时斯大林正在考虑提出谈判条件或者向远东撤退。 当时,德国人在莫斯科前停下了脚步,而且斯大林的决心更加坚定。 1941 年夏,德国国防军南下,意图攻取高加索的油田从而在斯大林格勒阻断伏尔加河。 苏联人正在加速学习,并进行了军事改革,包括减少对军队的政治控制。 斯大林让将军们更加积极主动地指挥作战,从军队中撤出了绝大多数他的党委委员。 尤其是,苏联工业奇迹在一个难以置信的时间间隔中补偿了战争造成的损失(Glantz, 1998: 127, 141, 165, 188; Overy, 1996: 4; Tooze, 2006: 588—589)。

苏联国家社会主义在战争中证明了其自身的高效。 它从现有的经济投入中获得了比纳粹更多的军事产出,以更少的钢铁和煤生产了更多的军备。 苏联控制的版图已经转变为斯大林所谓的“一个统一的军营”,事实证明,计划经济在将资源整合进单一的军事扩张目标方面比资本主义经济更有优越性。 美国之所以能获得非凡的军事扩张成就，主要在于对一个技术上更加发达的经济进行了规模大得多的投入。 这两个国家都建立了大规模的生产系统，大批量生产出一系列品种相对较少的武器。 相比之下，德国仍然执着于高品质的熟练工艺和复杂性技术问题，生产出了非常好但是却非常昂贵的武器。 结果是批量生产俘虏了质量；数量胜过了质量(Overy，1996：182—207)。 德国虽拥有极权主义的外表，但它不稳定地将法西斯主义与资本主义结合在一起，而且，希特勒的策略对这一体系施加了不可能完成的要求。 由于希特勒认为在俄国将是一场短暂的战争，所以，他并没有将军备改良放在巴巴罗萨计划的核心，反而集结资源为进攻英国做准备——而且为他认为即将来临的下一场对抗美国的军事行动做准备。 因而，1942 年，考虑到苏联人的抵御能力，他没有足够的军事资源投到东方。 到 1943 年，德国军事生产与苏联互相匹敌，但是，在此之前，德国正面临英美(Anglo-American)残酷的轰炸。 虽然德国军备生产变得更加高效，但是不足以应付希特勒自我毁灭式开辟的两条战线上的日益加剧的军事行动(Tooze，2006；Kroener et al.，2003：1)。

德国国防军以及党卫军对待苏联民众的种族主义野蛮做法，特别是对那些本可以成为他们盟友的非俄罗斯少数民族的做法对纳粹德国没有起到任何帮助作用。 这再一次证明，寻找盟友不是希特勒的强项。 并且这再一次表明，帝国是被其种族主义摧毁的。 1939 年纳粹对波兰人犯下的暴行是暴行不断升级的一个阶段。 在还没有完全彻底地被纳粹意识形态渗透的军队中有反对这种做法的声音。 在波兰暴行中，犹太人是次要目标，首当其冲的是波兰精英(Rossino，2003)。 然后，直到 1941 年年末，对犹太人实施大屠杀、对吉卜塞人实施种族灭绝由党卫军和德国警察部门执行，他们的军官和士兵们往往要么是党卫军要么是纳粹党员，而他们的“组织文化”已经变成种族灭绝式的(Westermann，2005；参阅 Mann，2005：chaps.8—9)。 然而从 1942 年开始，德国国防军充分配合，并常常参与到对犹太人和斯拉夫人的种族清洗任务之中。

至此，德国国防军自上而下都是希特勒自己的军队。 希特勒已经清除了他认为不可信赖的高级将领。 军官们现在成为纳粹党员的可能性几乎是德国中产阶级平民的两倍。 士兵的日记显示出他们接受了一种影响深远的种族主义，在优等种族和劣等种族——犹太人，吉卜塞人和斯拉夫人——之间作出的一种轻率的划分。 生物学和生物医学模式占统治地位。 斯拉夫人被说成是被布尔什维克主义"传染"了。 德国的政策是士兵们必须靠山吃山靠水吃水，这意味着用武力获取食物。绝大多数德国士兵的日记表明他们对生存空间的信仰，包括清洗当地的土著以便于德国人可以定居并进行殖民。 被占领的乌克兰的管理者们将他们自己合法地与欧洲征服和统治历史联系在一起，将他们的统治与英国在海外印度的统治相提并论。 对劣等的斯拉夫人肯定不存在"文明化的使命"，但是，他们注意到在其他帝国的白人殖民地也同样如此(Lower，2005：3—21)。 帝国模式仍然具有生命力。

德国决策者们需要东方为德国提供食物。 受到蔑视的斯拉夫人将生产食物，超过50万斯拉夫劳工被虏回德国。 剩下的斯拉夫人被消灭，为德国移居者提供空间。 德国在乌克兰通过执行一种食物链等级制度蓄意实施了一项饥饿政策，食物首先供应给德国作战部队，然后是后方部队，然后德国市民，然后外国劳工，最后，如果还剩下食物的话才轮到苏联民众。 德国饿死了绝大多数的苏联战俘——200万——以及使"多余的"乌克兰城市处于饥饿的边缘，他们禁止食物供应进入这些城市，关闭市场，并枪杀食物"储藏者"。 基辅的人口从1941年7月的84万锐减到1943年12月的22万。 德国人抓捕那些为自己服务的奴隶劳工，既严厉又任意(Berkhoff，2004：186，317)。 苏联人对待战俘比德国人好不了多少，当苏联军队和游击队用他们自己的暴行来回击德国时，德国士兵被激怒，他们杀害了被认为是游击队的整个地区的人口。正在接受训练和做准备的后方部队认为这是他们能控制占领地区的唯一方式，支撑他们的信念是十分轻率的种族主义以及最高层计划的这场灭绝性战争(Bartov，1985；Fritz，1995；Kay，2006；Megargee，2006；

Umbreit，2003；Snyder，2010)。

伴随现代社会的两项最大的罪恶——屠杀性的种族清洗和灭绝战争——的骇人听闻的暴行中唯一令人高兴的是这种残忍的种族主义是自我挫败的。 起初欢迎国防军将他们从斯大林主义中解放出来的乌克兰人加入反抗德国人的游击战，然后他们欢迎红军回来，他们认为红军代表了(年轻的 Krushchev 说，他在那里服役)"我们的人民"(Berkhoff，2004：304)。 无论苏联人民以前如何看待斯大林，现在他们知道希特勒更坏，因此，他们保护他们自己、民族以及苏联政权。 他们在工厂里努力奉献，一天工作 12—16 个小时(这是获得食物的唯一办法)，不像德国，苏联的妇女们承担着同等的负担。 到战争结束之前，超过一半的劳动力和大量士兵都是女性。 苏联士兵遭受了巨大的损失，与此同时却保持着爱国主义的士气以及对敌人的满腔仇恨，这对战争来说是非常必要的。 埃文·莫兹利(Evan Mawdsley，2005：399)总结说，"无论是民族主义还是社会主义对斯大林体制的稳定和维系都是至关重要的。"然而，美国和英国为苏联战争成就提供了大量的食物和原材料，也许是苏联能够坚持抗战的另一个必要的条件。

当 1942 年 1 月苏联人发动反击并在斯大林格勒对德国国防军形成包围时，德国人的推进停止了。 德国南部集团军本可以利用其军事实力进行机动作战，而不至于被困于斯大林格勒的消耗战中。 俄国军官已经熟练掌握如何依据"联合作战理论"利用优势兵力和武器实施包围和纵深作战。 这一点在 1943 年 7 月的库尔斯克的持续九天的战斗中表现得十分明显，这场战役是有史以来最大规模的陆战，主要是为了占领莫斯科南部 500 英里的一个连接铁路线的城镇。 双方都投入了巨大的兵力，几乎包括他们所有的坦克。 德国人从法国调动军队发动进攻，而朱可夫元帅在他占领的高地设置了八道炮位防线。 这是一场"纵深战役"。 在纵深 118 英里和 75 英里的范围内，苏联人投入了 130 万人和 3 444 辆坦克；而德国人则投入了 90 万人和 2 700 辆坦克。 对于士兵们来说，这是一次令人恐惧的经历。 一名德国步兵写到，"在苏联一轮猛烈的炮轰下，德国军队被吓呆了，有时他们无法移动，甚至连惊叫也无法做到，有时他们被吓得像动物一样咆哮，同时绝望地将他们自己埋得更深一些以逃避恐惧，士兵们像小孩子一样互相紧紧拽在一起。 那些向外张望的士兵们被炸得支离破碎，尸体被炸回掩体。"尽管如此，德国人在他们新发明的虎式坦克和斐迪南(Ferdinand)自行火炮的掩护下向前推进。 俄国人用他们的多条炮位防线对推进的虎式坦克身后进行还击，那里德国的防御是最薄弱的。 较弱的苏式 T-34 中型坦克被派往执行自杀式任务，对虎式坦克进行撞击，从而引爆双方的坦克和士兵。到 7 月 13 日，德国人只取得了极其微小的胜利，希特勒知道他没有资源继续这种规模的战斗。 他开始将军队调往意大利以对付英美联军对意大利的入侵。 接下来，在哈尔科夫和别尔哥罗德发动的战争牺牲了更多的德国人。 现在苏联军队的推进虽然缓慢但不可阻挡，德国人从未粉碎过苏联军队的推进。

在东部战线，不可战胜的国防军被粉碎，德国在总体资源上的劣势彰显无疑——在那里，德国总共损失了 90% 的军力。 西方盟军对付了350 万德国军队中的 20%，而苏联则解决了 80%。 1944 年，在东部战线仍然有超过 100 个德国师，相比而下，在法国只有 15 个(与相等数量的盟军军队作战)。 1941 年到 1945 年间，苏联军队击溃或摧毁了轴心国总数接近 600 个师，而德国人无法轻易地补偿受到的损失。 例如，1943年，苏联坦克产量总数达到 2.73 万辆。 减去那年苏联的巨大损失，仍净增长将近 5 000 辆。 相比之下，德国只能生产 1.074 7 万辆坦克，净增量不足 2 000 辆。 德国原本指望一场快速战争，却花费了更长的时间应付一场持久的全面战争。 只有在 1944 年，德国整体经济能够应付战时之需，因为 1 200 万外国——实际上是奴隶—劳工被虏回德国。 尽管现在德国的战争物资生产水平得到了极大提高，但是，那时他们面对的是一个做好充分准备的苏联和美国军事经济，他们在每一类军备上生产出的物资比德国所能集结的更多。 德国在坦克、飞机和大炮以及其他武器上的损失数量激增，以至于没有净增长(Mueller，2003；Overy，1996；

63—100, 321)。 士兵的损失数量也激增，而且缺乏统一的配合；将军们在补充兵员问题上不得不与负责军备生产的阿尔贝特·施佩尔(Albert Speer)进行斗争。 使用奴隶劳工虽有利于促进生产，但是需要广泛的监督。 希特勒和其他纳粹理论家拒绝动员德国女性，这是德国一项独特的损失，因而国防军不得不深入到老年人和男孩子们中招募新兵(Kroener, 2003)。 但是，共产主义不但在挽救自身而且在挽救资本主义过程中遭受重创。

胜利

正如所有的重大战争一样，这一次战争涉及数以千计的战役，其中，勇敢或者运气可能会以不同的方式影响到战局的平衡。 但是，统计学上的平均法则越来越多地向盟国倾斜。 在一场多兵种联合作战的战争中，胜利的条件要求海陆空兵种的联合，要求开辟几条战线。 为了解释德国失败的原因，我们可以从希特勒的外交部长里宾特洛甫给出的解释开始：苏联红军意想不到的抵抗；巨大的美国军备供给；盟军空军的胜利。 英帝国的 GDP 高于德国和意大利的总和，而在东方，美国实力远远超过日本。 如果我们加上美国和苏联巨大的军事物资，那么盟国完全有能力发动一场拖垮轴心国的消耗战。 当然，除了法西斯主义侵略的物质上不对等因素之外，还要算上德国只依赖其自身资源和新人来取胜，忽视了联盟的重要性，以及看重军国主义，轻视外交政策等因素。 这是一种自杀行为，因为那意味着德国在数量上被对手大大超越。 法西斯主义的最大弱点是它不能形成很多盟友，这是其自身的侵略性的民族主义的产物。 仅仅是因为盟国数量众多，因此他们的物资资源占压倒性优势。 德国、意大利以及日本最终失去了地缘政治权力，而这摧毁了它们。

如果盟国发动一场残酷的消耗战，那么德国人就会被过度消耗。

斯大林和朱可夫是残忍的——对待他们自己的军队也同样如此,他们反复地派遣士兵直接穿过雷区,用他们的牺牲来为接下来的数波进攻扫清道路(Dunn, 1997)。 在英国炸沉法国舰队的事件中,在对德国和日本的联合区域轰炸以及越来越多的燃烧弹轰炸中,残忍显而易见。 这样做摧毁了整座城市,杀害了成千上万的平民。 如果按照常规界定的方式,对德累斯顿、东京以及许多小城市投放的燃烧弹以及对广岛和长崎投下的原子弹轰炸都是战争罪行,因为他们的目标是有意针对平民生活区,并且对工厂和住房不作任何区分。 一切都被熊熊烈火或者放射性尘埃消灭得无影无踪。 一位德国下士在一封家书中表达了对杜塞尔多夫的"邪恶的恐怖袭击"的愤怒,其中,"无辜的德国男人、女人和小孩们在这种最野蛮的方式中被杀害。"他总结说,"现在,我们对丘吉尔及其臭名昭彰的英国小圈子……战犯们所谓的'文明'概念太清楚不过了"(Fritz, 1995:85—86)! 彼得·弗里切(Peter Fritzsche, 2008:260)评论道,"当涉及对犹太人的暴行时,很多德国人被炸得问心无愧"——但是,这一推理也同样可以应用到盟国,正是由于纳粹的暴行,所以问心无愧地进行轰炸。

美国人投入如此多的物资进行轰炸,目的在于挽救他们地面部队士兵的生命。 正如 1920 年英国在伊拉克的做法,这是早期的"转移危险的军国主义"。 现在英国人对他们在德国轰炸英国中造成的苦难进行严酷的报复,直到战争结束,英国一直使用 V-2 型导弹攻击。 双方都利用所谓的精确轰炸的失误实施区域轰炸和燃烧弹轰炸。 残忍的轰炸受到了盟国被封锁的、家园被摧毁的、忍饥挨饿的以及无判断力的平民的支持。 他们的劳动生产率下降,但是,他们没有停止为战争进行努力。 轰炸行动确实将纳粹空军带向了全面毁灭,并且瓦解了德国的战争工业和运输业。 轰炸行动在迫使意大利退出战争上起到了重要作用,并且持续地给德国工业及其工人带来损失。 1945 年年初,施佩尔的团队估计,联合轰炸使 1944 年德国的坦克、汽车以及飞机的产量下降了三分之一。 原子弹轰炸缩短了战争时间,并挽救了进攻日本本土的美国士兵的生命。 在欧洲，盟国飞行员的损失率也是非常高的(Overy，1996：chap.4)。 艾森豪威尔和蒙哥马利也同样准备发动一场地面的持久战，这样将牺牲许多他们自己的士兵的生命。 他们的部队在法国牺牲的人数可比得上一战时的战壕攻防战中的死亡人数，但是，美国人能够补充兵员。 艾森豪威尔和蒙哥马利出现了严重分歧，这不利于盟国在登陆上的合作，但是，他们和红军最终因为拥有充足的战争物资得以比德国人坚持更久的时间。

正如在第一次世界大战中那样，德国人拥有更好的士兵，尽管水兵并不是如此。 盟国军队往往需要牺牲更多的士兵才能打败同等数量的德国士兵，因为，德国步兵在杀伤力方面始终高于他们的英美步兵50%。 正如在一战中一样，德国人拥有一套倾向于以"任务为导向的指挥系统"，赋予军官和士兵更多的战争主动权，从而使得他们能够比对手更加灵活和快速地转移。 他们的部队也仍然更为精干，对战争更加专心致志，参战人员与后勤人员的比例更高(Dupuy，1977：234—235；van Creveld，1982)。 一战之后，德国也取得了许多进步。 在纳粹主义的作用下，德国军队现在比其他国家的军队的阶级差别更加淡化。 高等阶级或者高教育水平不能成为得到晋升的条件，权威和勇气才能如此。 其次，在其他国家的军国主义仍然较为滞后的时候，年轻的德国人从 30 年代开始就一直进行军事训练，训练的组织包括希特勒青年团以及准军事性质的国民劳动服务部。 在集中动员，实际上是*Volksgemeinschaft*(民族共同体)的动员中，数百万人被招募为志愿者(Fritzsche，2008：51)。 那时的德国国防军增加了一项比任何其他军队都要严格和严厉的训练计划，以及针对军事军官的一项更加严酷的惩罚制度。 正如弗里茨(Fritz，1995)指出的那样，两者相结合产生了一种集体精英主义，这是一种完成更伟大使命和牺牲的优越感，一种处于民族共同体先锋地位的*Frontgemeinschaft*(前线共同体)的责任感。

士兵中纳粹党员的人数很多，他们以希特勒为偶像，几乎誓死效忠。 党卫军兵团尤其如此，他们已经从单一的纳粹党禁卫部队转化为一种高度规训和意识形态上坚定的战斗力量，保卫着信仰和政权。 虽然德国士兵经历的是失败，美国士兵则是胜利，但是，直到最后的六个月时间，美国逃兵率比德国要高出几倍(van Creveld，1982：116)。 德国步兵用"虚张声势"(nihilist bravado,)接受了可怕的东部战线所遭受的苦难，他们吹嘘他们的苦难，缺少装备以及死亡的概率。 他们的日记以及信件附和了占领克里特岛后希特勒的自我吹捧，"德国士兵无所不能。"但是，步兵马丁·波佩尔(Martin Pöppel)在1944年末被俘后表达了士兵们与日俱增的痛苦："我们一公里接一公里地越过盟国的炮兵阵地，看到那里有成千上万门大炮。 对于我们而言，往往是'汗水挽救血水'，而对于他们而言，则是'武器装备挽救士兵生命'。 对于我们来说并不是如此。 我们并不需要装备，难道不是吗？ 毕竟，我们都是英雄。"(Fritz，1995：61)

大约从库尔斯克或者斯大林格勒战役开始，装备和数量的作用几乎必然超过英雄(Harrison，1998：1—2；Tooze，2006)。 太平洋战场的转折点出现在1942年6月，美国海军取得了中途岛海战的胜利，在这次海战中，三分之一的日本航空母舰舰载飞机飞行员丧命并且无法替代。 投向日本航空母舰的成千上万颗炸弹中有十颗命中目标，否则，此次海战就会是另一种局面。 在战争的前半段，战斗势均力敌，其结果取决于转瞬即逝的复杂的战争因素。 最后的转折点在大西洋战役中，1943年4月和5月，盟国的军事物资、技术和策略的综合创造了一个转折点。 雷达、改善的护送技术、密码破译以及作战半径更大的飞机、装备强有力的探照灯等因素在杀伤力方面形成了反转：现在被击沉的不是盟国的商船，而是U型潜艇(Overy，1996：chap.2)。 里宾特洛甫对这些转折点感到痛心，他说，"德国本可以取得胜利。"然而，战争的后半段，轴心国集中服务于军事目的的更大规模经济体逐步被拖垮。 相比后半段而言，前半段远不是不可避免的。 对德国而言，它的确应当感到幸运的是被拖垮了并走向了崩溃，从而避免了原子弹的轰炸。

从1943年开始，希特勒似乎意识到他不可能取胜，但是，他希望苏联人和西方之间的分歧能够导向和平谈判。 他错了：那些分歧只有在他战败之后才会爆发出现。 1944 年 6 月，诺曼底滩头堡建立，苏联人跨过他们的国境向西推进，英国印度军队跨越缅甸向前推进，而美国跨跃菲律宾海向前挺进。 他们担心遭到反攻，有时他们的推进甚至止步不前，但是，现在这种大势不可逆转。 德国和日本的战争资源正在耗尽。

意识形态上积极的斗志不是决定性的。 直到最后的几个月，没有人会质疑结局会是什么，所有的战争方都斗志高昂，除了意大利人。理查德·奥弗里(Richard Overy，1996：chap.9)做了关于许多德国高级将领的不满和密谋以及战后回溯性的调查研究，他发现，德国人说从 1943年开始，在他们的脸上凝结着失败的神情。 然而，德国和日本继续战斗直到最后痛苦地结束战斗。 在战争的最后一年，当帝国伟业业已终结时，德国军队丧失了一半的军力。 正如克肖(2011)所说，这在战争中是不常见的，而且，在很多方面，这是此次战争最有趣的特点。 当将军们和领导们意识到他们正走向失败时，他们通常是寻求谈判。 当士兵和平民百姓意识到战争已经失败时，他们表达不满，工人举行游行示威。 正如我们在第五章和第六章中看到的那样，他们在一战中是这么做的。 为什么在二战中情况会不同？

顺从出自于各种动机的混合。 其中一些人的动机与那些在一战中迫使士兵和老百姓顺从的动机是类似的(第五章中讨论过)。 在高度组织化的战争中，当逃兵是十分危险的。 离开军队，一个士兵如何才能找到食物和藏身之所呢？ 平民百姓拥有极少的自主权，并且竭尽全力地置身事外。 既然这样，戈培尔的宣传机器同样使德国士兵和平民相信他们的敌人不留俘虏。 日本人也同样相信这一点。 确实，这种观点通常是真实的，特别是在东部战线，红军——对德国人施加给他们的暴行进行报复——令人感到恐怖地掩埋、谋杀和奸杀德国人。 例如，超过100 万德国妇女遭到强奸。 所以，士兵们感到留在军队比离开军队更加安全。 但是，在军队内部，日本和德国军队士兵的束缚又各具特点。他们异乎寻常地实践着严格的纪律，在过去的战争中却并非如此。 他们被军事法庭处决的士兵比盟军更多：在德国国防军中有令人感到惊讶的 2 万名士兵，相比之下，英国只有 40 名，法国 103 名，美国 146 名——一战时德国只有 48 名士兵。 所以，恐怖是一个因素，但是，在德国军队更重要的是(克肖说)纳粹领袖价值观和意志强化德国军人坚贞的义务和忠诚传统的方式。 东部战线德国集团军总部指挥官赖夏特(Reichardt)将军意识到他周围的毁灭，目睹德国士兵生命的丧失以及步步逼近的失败，他在写给他的妻子的信中说，有时他确实与他的良知进行搏斗。 支持他继续下去的是

> 义务、意志与不可质疑的"必须"发挥最后一丝力气的机器装置自动在我们身上发挥作用。只有很少时候你才会思考重要的"现在该怎么办"。在此次战争的大竞争时间里，这也被人格化为对超凡魅力的希特勒的忠诚，但是，这并没有延续到战争结束，因为最后两年的连续战败摧毁了他的魅力。到 1945 年 3 月底，抽样调查显示，被西方同盟国俘虏的士兵中只有 21% 仍对希特忠诚，而 1 月时这一数字是 62%(Kershaw，2011:220，197，260)。

尽管如此，但是希特勒已经带来了一个无阶级的社会这一感觉是普遍存在的，而且，这增强了民族团结意识，正如在英国一样。 到如今，民族主义是一个比一战时重要得多的因素。 甚至在专制政权中，共享的公民身份意识也是真实的。

1944 年，施陶芬贝格(Stauffenberg)刺杀希特勒的计谋失败了，当时，炸弹只对他造成了轻伤。 但是，刺杀者在军队中只有少数支持者。 民众主要的反应是对他们的叛国行为感到愤怒，虽然混杂着害怕希特勒可能对被指控为实施刺杀行为的任何人或者只是表达异议的人的报复。 忠诚的将军们也从免税的土地和现金赠与的腐败行为中获益。恐怖、承诺以及物质利益紧密相关。 在意大利的将军们推迟投降直到最后一分钟，因为他们不仅害怕希特勒，还担心他们自己士兵的反应；

他们很可能会被处以绞刑。

刺杀行动之后，社会普通民众的等级也被改变了，而且，国家行政机构彻底服从于纳粹党的领导。希姆莱、戈培尔、鲍曼以及施佩尔被赋予更多的权力。希姆莱的党卫军将他们在东部战线实施的野蛮行为应用于德国自身。戈培尔被任命负责全面战争，并且继续进行他的烟幕弹宣传，说服德国人相信，奇迹般的武器即将出现。鲍曼确保地方行政权由老纳粹党员，即"最纯洁的人"(the men of the first hour)控制，而施佩尔通过强化奴隶劳工的工作强度保证生产数量(Kershaw，2011：35—53)。平民老百姓在空中打击面前也没有退缩(日本也同样如此)，在令人感到恐怖的轰炸下，国家主导的行政部门高效运转。它们会作出迅速反应——电力得到快速恢复，洒水车出现在街道上，工厂转入地下。工人工资得到支付，邮政系统恢复，而"失败主义者"被处决。一种程序化的、恐怖主义的控制体制诱发出了现实主义的宿命论，每一个人除了确保个人幸存到战争结束以外无能为力。这完全不像一战中所出现的任何现象。克肖(2011：149，400)评论道，"无论在工厂还是军队，纪律没有崩溃。人们力所能及地贯彻他们承担的义务，"最根本的原因是他们被困在"他们背后的统治和精神结构之中。"他说，甚至当希特勒自身的魅力消失之后，超凡魅力的权威仍然起作用，也许这是一种韦伯的"克里斯马的程序化"的形式。军事权力的永久悖论——等级制度和同志般关系的耦合——被绝大多数德国人和日本人强化和泛化。这些都被野蛮地军国主义化，高度地束缚了民族社会，但是，令人感到沮丧的是——更理智的意大利人除外——几乎没有人拒绝这种可怕的军国主义。

战争已经由一个人——希特勒——及其法西斯主义促成了，虽然自由民主政权近来对战争、恐怖以及共产主义的厌恶鼓励了他的行动。战争造成了大约 7 000 万人丧生——令人震惊的数字——60% 是平民。最大的屠杀行为发生在东部战线，紧接着是中日战争。苏联的伤亡人数最大，至少是 2 500 万。波兰是被杀害人口比例最高的国家，几乎占到 20%，尽管犹太人是遭受最大痛苦的种族群体——也许 70% 的欧洲犹太人死亡，总计大约 600 万。 战争的直接原因是法西斯主义，它也摧毁了法西斯主义。 法西斯主义晚期的帝国主义的残忍和种族主义是自杀式的。 法西斯主义倒塌之后，打算在战败后继续执行游击战争的德国狼人(Werewolf)组织只坚持了几个星期，正如日本的抵抗坚持的时间一样。 他们的人民欢迎从轰炸中解脱，欢迎他们的征服者带来的和平，而且，他们不久就拥护在让他们着迷的法西斯主义或军事法西斯主义之前就已经尝试过的民主和资本主义形式。

两次世界大战显然改变了很多方面，但是，它们是权力关系实现伟大转变的一个必要条件，还是说它们只是加速了正在进行的、在没有战争前提下也将会发生的转型呢？ 在更加彻底地评价第二次世界大战带来的变化之后，我将在第四卷中对这一问题进行更广泛的讨论。 然而，我们已经看到，这次战争——本身是一次对世界的血腥的撕裂——加速了相互对抗的帝国的瓦解，并且导致了毁灭世界的武器的发展，以及本来不会出现的更加普遍的西方市场资本主义、民族国家体制和美国全球性帝国，从而确立了我们现在仍然生活于其中的资本主义、民族国家以及美帝国的三重全球化过程。 只有在被日本所效仿的欧洲帝国主义成为战争的深层次原因的意义上才能认为这场战争是正义的。 战争同样巩固了苏联的权力，使美国成为主导世界的霸权，从而导致了他们之间的一场危险的冷战，并且，削弱了全世界范围的种族主义。 美国强加于世界的秩序强化了全球化，甚至在苏联解体之前就已经侵入了苏联集团的经互会和中国。 它结束了英法两国的领导地位，使日本和德国——以及实际上的整个欧洲——转向发展经济实力而不是军事实力。它有助于开创资本主义和社会权利的黄金时代，特别是对男人们而言。它赋予了苏联集团中的共产主义一个改变前景的机会，并且让中国倒向了共产主义。 在中东，它将制造严重的不稳定。 第一次真正意义上的全球大战真真切切地改变了世界，但这个故事是为第四卷准备的。

第十五章

结　论

　　我将理论化的结论放在第四卷，尽管已经可以得到很明显的结论，即要理解现代社会的发展就必须对所有四种社会权力的来源：意识形态的、经济的、军事的以及政治的因果作用以及相互关系给予大致同等的关注度。 在这一时期，这一结论是非常明显的，因为民主资本主义、共产主义、法西斯主义以及自我毁灭的种族主义之间的意识形态斗争日益加剧，资本主义无论其创造力还是破坏力从未表现出如此强大，两次毁灭性的近乎全球性的大战如原子弹形成的全球性威胁，以及实力与日俱增的民族国家和全球帝国的出现，这四种因素中没有一个能成为最主要的因素。

　　在一个多样化的世界中，任何概括性结论都是有风险的。 每一个宏观区域，每一个国家，每一个拥有众多国家的地区在某种程度或方式上互相区别，而这显然削弱了全球化的同质化作用。 在这个意义上，所有国家都是例外，只有美国人经常以此自诩。 一种独特的美国例外论神话在美国民族主义和政治家的花言巧语中根深蒂固——但这个神话是伪造的。 在这一阶段，美国的例外原则表现为美国国内遭受着严重的白人种族主义祸害，而其他西方国家的种族主义只出现在他们的殖民地。 在几乎不存在社会主义这一方面，美国并不是独一无二的，其他盎格鲁国家也同样不存在。 尽管美国起初在社会权利的一些方面落后于西方国家(但在教育权利或累进税制方面并不落后)，但是，在罗斯福新政时期，美国已经追赶上了。 我关注了那些具有重要影响的国家之间的差异性，正如美国种族主义所表现的那样，但是，多数情况下，民族特色的作用是将那些可能被看成是普遍的原因与影响削弱为仅仅是一种倾向。

我在前面章节描绘了欧洲多元权力主体(multipower-actor)文明兴起直至实现全球霸权的过程。 欧洲的资本主义，虽相互团结但争吵不断的欧洲各个国家，特别是其军国主义的动态互动使它们能够建立其帝国，于是这种做法被日本所效仿。 世界的绝大部分地方被纳入帝国的版图之内，尽管有裂缝，但很显然这是一种全球化的趋势。 每一个帝国在其周边高筑壁垒，断断续续地进行自相残杀。 帝国关税限制了跨国贸易，当地人为"他们自己的"祖国而战斗，这些战争往往是针对他们的邻国。 他们在之前从未划过边界的地方划定了殖民地的国家边界，殖民地的本土精英们用宗主国的语言说话和写作——英语或法语或西班牙语或葡萄牙语或(暂时的)日语。 欧洲产生的并不只有一个帝国主义，而是十二个帝国主义。 这是名副其实的多元权力主体的文明，由于它们之间竞争的程度不断加深，因此这些文明之间格外呈现出一种动态特征。 然而，这却是一个自我毁灭的动态过程。

其他章节描绘了帝国的宗主国国内的发展情况。 资本主义的推动力以及大众进入权力舞台导致了阶级斗争、革命和改革以及获得普遍的公民权利。 不过，这些章节也记录了这些帝国的可怕的狂妄自大，比如自我毁灭的种族主义和在两次世界大战中登峰造极的军国主义，这种狂妄自大摧毁了欧洲大陆，带来了两波革命浪潮、凶残的政权、欧洲帝国的毁灭以及两大帝国继承者的崛起——美国和苏联——欧洲边缘的领头羊。 在这 50 年中，军事权力改变了世界，血腥地撕裂了这个世界，直至战后和平环境下才得到一定程度的恢复。

在这半个世纪，我们同样看到了许多意识形态的断裂。 军国主义仍旧是一种很重要的意识形态，在各国之间的外交行动中作用巨大，在各国对荣誉、光环和地位等不同追求目标之外增强了对非工具性、价值驱动以及情感等方面的关注。 在关于经济应该如何运行这一问题上，市场为中心与国家为中心的经济机制之间也呈现意识形态方面的冲突。
波兰尼将这看作是资本主义的"双重运动"(double-movement),而且他
指出,这一时期的人们首次将自由市场原则神圣化,之后,出现了较多
的反对市场原则的国家主义(statist)意识形态,这得益于这一时期出现了
三次大的混乱过程——两次世界大战和大萧条。 关于市场与国家的争
论通常会导致制度化的相互妥协的意识形态的出现,这种意识形态更多
是工具性的,而非先验的,很少受终极价值或情感驱动。 两种模式提
供了可供选择的政治经济发展方式,但是,它们之间如何选择通常根据
实际情况和理智来决定。 它们也确实含有截然不同的人类自由概
念——一种是免于他人强制的自由(freedom from others),另一种是通过
他人获得的自由(freedom through others)——但是,两者都是西方价值观
念中最常见的概念。 它们的冲突不是体制外的,而且,要找到两者之
间的务实的妥协点并不困难。

　　一方面,新兴的共产主义和法西斯主义意识形态之间的冲突要严重
得多——两者都承诺通过大规模的社会重组来拯救这个地球——另一方
面,民主资本主义或君主资本主义(彼此之间同样发生冲突)制度化的意
识形态之间的冲突也是如此。 解决这些冲突的办法是暴力,伴随着革
命以及世界大战。 最终,法西斯主义被摧毁,资本主义民主获得西方
霸权,而共产主义统治着一大片东方世界。 在殖民地,种族意识形态
之间的冲突也正在增加。

　　在这一时期,欧洲、俄国和中国经历了一场惊涛骇浪般的意识形态
权力的冲击。 我在第二卷中描绘了欧洲 19 世纪宗教意识形态的衰落过
程;而 20 世纪前 50 年,我们看到了两个半世俗的救世宗教意识形
态——共产主义和法西斯主义以及半个的日本军国主义。 在资本主义
国家同样出现了极其危险的反共产主义意识形态,从而常常阻碍他们作
出各种理性的决策,比如,在非正式的美帝国,反共产主义意识形态阻
碍了制止希特勒的集体行动以及互利的经济发展政策的出台。 这些具
有超验性的价值驱动和情感驱动的意识形态会出乎意料地反过来损害到

那些创造这些意识形态的人的利益。 就政治权力关系而言，"先锋"政党("vanguard" parties)——在日本是先锋军队——是动员意识形态权力的主要组织，而且这些都导致出现了半极权主义政党国家。 启蒙运动的价值观在西方世界都无法取得主导地位，更别说世界其他地方。"理性选择"模式往往是不适用的。 这半个世纪是属于超凡意识形态权力的。

在西方，最普遍的发展趋势是改良的资本主义和公民权利的双重胜利。 数百年来，资本主义的活力显而易见，尽管其周期性的不规则发展意味着经济发展通常有些曲折。 占主导地位的发展趋势是经济增长，熊彼特将资本主义经济增长的过程概括为创造性破坏的能力的体现(1957：82—85)。 这一时期，反对资本主义的抵抗运动的发展也往往呈现出断断续续的特点，反对的力量来自社会主义和自由—工党主义(lib-lab)政党以及工会，然而，冲突往往会经相互妥协演变为改良资本主义。 只有当准全球性大战摧毁大多数国家、消除这些国家的合法化以及激化阶级斗争时，革命斗争才有可能成功。 在西方，社会权利以及福利国家在这一时期得到发展和完善，尽管这些都更多地针对男性而不是女性。 女权主义者仍纠缠于两种实现性别平等的不同路径的选择上，要么选择她们的劳动力市场就业路径，要么选择家庭中的母性工作路径。 在西方，男性臣民成为公民；女性主要因为她们的爷们才能成为公民。

在西方和日本，尽管世界大战和大萧条造成了巨大的破坏，但是，经济发展轨迹呈上升趋势。 所有阶级的民众实际上都变得更健康，得到更好的照顾，寿命更长，接受更好的教育以及变得更富有。 尽管在战争中互相残杀，但是，15%的世界人口已经做得难以置信地好。 他们的 GDP 总量和人均 GDP 持续上涨，而且，到目前为止，还看不出下降的迹象。 从表面上看，自然界仍旧是一口深不可测的井，资源取之不竭，而垃圾可以无尽存放。 就人们担心的污染问题而言，令他们感到满意的是，"更清洁的"石油似乎随时可以取代更肮脏的煤作为工业化的主要燃料。 西方人的其他福利指数同样向上移动。 从身体上可以看出他们改善了营养状况以及摄入更多的热量。 身高的增长也被看作是更加健康和总体福利的指标。 参考依据主要是对士兵、囚犯以及小学生进行的数据记录,在 8 个被研究的发达国家的男性平均身高(澳大利亚、法国、德国、英国、日本、荷兰、瑞典以及美国)在 1850 年到 1900 年间增长了 2.3 厘米(1 英寸),但从 1900 年到 1950 年,身高至少增长了 5.8 厘米(2 英寸)。 关于女性的身高所知甚少,尽管在少数对女孩子进行的记录数据中可以发现也同样出现了增长。 从 1900 年到 1950 年这段时期,我们实际上发现了在寿命和节食标准方面的增长,尽管,直到 1950 年之后,人均 GDP 以及实际工资才出现了最大程度的上涨。 罗德里克·弗拉德等人(Roderick Floud et al., 2011)极其详细地阐述了所有这些问题。 他们认为,这可以被看作是与达尔文的进化生物学相媲美的一次加速过程,而且他们相信正是这一过程实现了公共卫生制度的完善、住房条件的提高以及更科学的饮食标准——改良资本主义以及政府功能扩张的结果,特别是地方政府扩张的结果。 20 世纪戏剧化的前 50 年既出现了令人感到恐怖的世界大战,又有大萧条,但是自相矛盾的是,它也为绝大多数民众带来了好消息。

经过改良并且受到政府监管的资本主义之所以取得胜利,我认为有四大主要原因。

(1) 因为资本主义已经创造出了一个工业社会,实现了第一次突破性的飞跃,在大多数发达经济体实现了制度化;共产主义只能在相对落后的国家取得胜利。 这赋予资本主义一种"不劳而获的"经济优势。这种经济优势并没有赋予资本主义巨大的军事优势——法西斯主义与共产主义在战争中都是十分高效的——但是资本主义与国家社会主义之间的全球经济斗争往往是不平等的,尽管这种现象直到 50 年代才完全显示出来,这是我在第四卷中讨论的问题。

(2) 在市场竞争的环境下,企业家精神在促进前沿技术的创新方面比它的竞争对手更厉害。 特别是它擅长于"变速"(shifting gears),在旧工业集中和停滞的领域发展出新的工业——熊彼特的创造性破坏的核心。 我们在第七章中论述了这一进程，即使是深陷大萧条的漩涡之中也是如此。 市场资本主义相对于国家社会主义或者日本的国家协调型(state-coordinated)的资本主义在实现后发赶超方面并不具有优势。 正如我们在日本和苏联的例子中看到的那样，在这一努力过程中，极大程度上的计划确实很可能要优于市场的调节。 但是，市场资本主义在创新方面拥有优势。 一个很好的例子就是本世纪初的第二次工业革命，这次革命由法团资本主义和专利制度推动，这两者将科技创新转化为有利可图的私有产权。 这是资本主义一直都拥有的一项优势。

(3) 改良资本主义之所以取得胜利，是因为尽管资本家们积极地捍卫他们的财产权，但是，来自下层的坚决反对之声往往迫使他们作出妥协，这一过程得到寻求妥协的中间派议员和实用主义者(包括企业自由派)以及以立法方式干预阶级斗争并实现了制度化。 他们的主要动机是希望在事态真正变得严峻之前的关键时刻制止阶级冲突。 在那些无法达成妥协的国家，如俄国和德国，阶级斗争有助于鼓舞共产主义者和法西斯主义者发动革命，其后果是强制镇压阶级冲突。 在其他国家，实行阶级和解以及赋予越来越多的公民权是主导性的政策。

马克思相信，资本家们无法建立起集体组织，因为他们作为市场竞争对手被严重分化。 他相信，只有集体劳动者，工人阶级能够开展大量的集体行动。 半个世纪的发展证明了马克思在资本家问题上的看法是错误的，在工人问题上至少一半是错误的。 资本家们起初设法镇压工人运动，但是这往往遭致失败。 所以，整个 20 世纪中期，借助于战争的结局影响，作为一个集体的资本家勉强地接受了国家干预以减轻资本主义的功能失调，并接受了与有组织的工人之间的再分配协议，前提是他们仍然握有完整的所有权和控制权。 在防御工事的另一边，工人实现了相当大程度的阶级团结，但是，地方主义、部门主义以及民族主义削弱了其凝聚力，从而推动了阶级和解。 就在第一次世界大战前到第二次世界大战之间，罢工和工人骚动事件明显呈上涨趋势(Silver,

2003：82，126—127)，但是，这些通常既造成了工人权力的地方化或者部门化，也造成了阶级权力的地方化或者部门化。

因此，社会主义并不像许多资本家所担心的那样构成很大的威胁，因为它转变为更加温和的社会民主党或自由主义工党的改良主义。 改良资本主义的基础——福利国家、普遍的公共卫生和教育、累进税制、合法的集体谈判以及凯恩斯主义的宏观经济政策——在 1945 年之前就已奠定，尽管(除了公共卫生)进一步巩固是更晚的事情。 所有这些都涉及更强大的政府、更多的公民权以及进一步强化的民族国家。 改革不仅有利于低等阶级，也同样有益于集体经济权力。 阶级冲突一旦制度化为集体谈判制度，就会形成更加稳定的劳资关系，而且稳定是在变化莫测的市场中进行运营的资本家们最为看重的优点。 沿着这条路径发展，就没有革命，甚至不会出现太多的社会动荡。 代议政府也能够比专制统治更加容易和温和地克服危机：无法应付危机的政权在选举中被击败，反对党按照老一套的做法取而代之，而专制政权则面临更多的权力继承危机。 福利改革和凯恩斯主义宏观经济计划同样保持了人民群众的需求，而且这同样对资本主义是有益的，尽管一种高生产率、高需求的经济只是二战后十年才能完全出现。

(4) 改良资本主义在政治权力关系中也具有一种优势。 市场资本主义国家在政治上大多建立了一种自由或社会形式的代议政府，这比共产主义和法西斯主义退化成的政党—国家专制主义对市民更具有吸引力。这种退化对西方世界的大多数人来说是一个重要的负面参考点，从而使他们远离社会主义和法西斯主义。 然而，随着这一阶段整个西方世界社会权利得到提升、政治和市民权的发展，民主化进程的推进道路却变得异常不平坦。 亨廷顿(1991)指出，一战之后的这个阶段，我们看到了一次短暂的民主化浪潮，但是，紧接着的是 20 到 30 年代的一波反民主化的浪潮，一半欧洲国家走向了专制主义政府(见第十章)。 二战中法西斯主义和其他专制主义政权的倒台明显地有助于西方的民主化进程，而且，人们希望刚刚开始的非殖民化道路也同样促进民主的发展。 但是，到目前为止，民主制度的优势还未像二战之后所表现得那样明显。共产主义以及短期内法西斯主义对世界的很多地区，特别是西方世界之外的地区，产生了相当大的影响。

1945 年之前，所有这些变化发展都发生在白种人之间(以及在日本出现某些发展)，但是，在其他地方并没有发生。 15% 的成功实现工业化、民主化、民族化和改革的西方国家与 85% 的其经济和政治权力关系仍停滞在殖民主义的非西方国家之间的巨大分歧已经进一步扩大。 在这一时期，殖民地以及少数独立的较贫穷的国家(除了日本殖民地)的GDP 的增长、代议政府仍然是微不足道的。 西方世界发展了；剩下的其他地方并没有取得发展——这是这一时期世界最大的断裂点。 西方国家大多走向民主制度，并且在整个民族国家内普及了更多的公民权；殖民地人民作为臣民仍服从帝国专制主义的统治。 当时，许多西方国家将这种现象的原因概括为很大程度上是其种族优越性导致的结果(尽管这种自信并不能持续太久)。 我的结论是，帝国主义整体上确实抑制了殖民地的经济发展，尽管不断扩大的不平等的主要根源并不是直接的剥削(尽管存在很多剥削)，而仅仅是宗主国实现了工业化，殖民地并没有。 也许两者结合在一起可以被看作是一种剥削性质的资本主义世界体系。 殖民精英们及其当地的代理人从对当地的老百姓的剥削中获得巨大利益。 大多数帝国并没有将这些利润转化为宗主国发展的资金，这一事实并没有减弱资本主义世界体系的剥削性质。 这可以被看作是全球化的种族主义阶段，尽管结局发生了转变，因为白种人主宰了资本主义，它同样承受着大萧条的冲击，我也因此很想将大萧条重新命名为白种人大萧条(the Great White Depression)。

白人统治的提升同样表现为更为具体的方面。 在这一时期，相比西方国家而言，非西方国家男性平均身高仍维持原有水平，或者稍微增长，尽管在 1950 年之后的阶段出现了大幅增长。 在平均寿命和识字率方面也出现同样的情况。 在 1950 年的西方国家和日本，平均识字率是93%——几乎每一个人都能阅读和写作。 在拉美和中国，识字率大约是 50%，但在其他欠发达国家只有大约 25%。 只有到 1950 年之后，这些地方才出现很大程度的改善。 出生率也出现同样的情况。 西方国家每一名妇女平均生育的婴儿数在本世纪头 50 年下降最明显，这对于母亲和孩子的健康来说是个好消息。 而非西方世界，本世纪后 50 年才出现大幅度的下降(Steckel and Floud, 1997：424；Easterlin, 2000)。 在这些地方，几乎没有任何无论是针对男性还是女性的社会权利或福利国家制度(这一时期之后接下来的头 10 年也同样没有)。 西方国家和日本与其他国家似乎生活在不同的星球上。 然而随着 20 世纪的推移，帝国政府力图从他们的殖民地获取更多的利润，并开始引入一些有限的发展计划，这在一定程度上改善了殖民地的教育、工业和国家基础设施，尽管这对于开启全球趋同的过程是远远不够的。 这种做法反而产生了一种意想不到的结果：与帝国主义的期望相悖的是，接受新式教育的本地人对他们并不是那么感恩戴德；他们专心致力于抵抗和推翻殖民主义。

我已经设法将长远的结构性发展趋势从更多的偶然性事件中区分出来。 其中许多发展趋势都产生长远的影响。 资本主义、民族国家、帝国以及民族主义、帝国主义和种族主义的兴起是一个长期过程；在这一形势下，半个世纪以来的反帝国主义斗争激动人心。 公民权利至少从 18 世纪开始就已经与日俱增。 各国都增加了财政收入和支出，而且这些国家越来越多地通过征兵和预备役制度动员大规模的军队，同时进一步地促进了公民身份观念的发展。 在这一时期，我们已经看到了无论是战争还是福利都通过民族国家进一步收紧了公民的牢笼，与此同时将他们带入权力舞台。 物质资源在国境内被分配和再分配，以及以民族语言开展的教育同样增进了这样的观念，即全体居民形成了一个统一的人民或民族。

正如在第二卷中看到的，阶级与民族并不对立。 它们共同成长、相互影响、相互促进。 随着国家和资本主义官僚对人民的控制进一步收紧，人民通过反叛运动相对抗。 随着较低层的阶级、少数民族的男性和女性获得更多作为公民的权利，它转而强化了民族国家和资本主义。 大规模动员的战争包含了阶级与民族的不同程度的互动。 两次世界大战加剧了民族主义，同时增强了民族认同意识和更加具有侵略性的民族主义意识。 然而，随着第一次世界大战的不断拖延，关于为战争做出的不平等的牺牲意识激化出了阶级意识。 对于那些战争进展非常顺利的国家来说，改良主义的阶级意识受到推动。 这对于那些受战争严重影响而被动作出牺牲的中立民族来说也同样如此。 在那些可以在工人、农民以及中产阶级之间形成广泛联盟的国家，改革者们表现最好。 然后，它们可以振振有词地声称领导人民，瑞典社会民主党人的做法最引人注目。 因而，阶级转化为民族，在这个过程中将国家稍微引向左面，但是，对于那些战争进行得非常艰难的民族来说，对统治政权的敌意逐渐上升，正如一种侵略性的阶级意识表现的那样，从而导致了革命的爆发，革命之后，布尔什维克声称，工人阶级代表国家。 当其他的革命失败时，改良主义在一段时期内极其活跃。 但是，改良主义不能坚持很久，因为这些改革家们无法将阶级转化为民族。 的确，大多数人和统治阶级都同样厌倦了持续的阶级冲突，因而邀请法西斯主义者和其他专制主义者终结这种局面。 在此过程中，他们所得到的民族主义意识形态比他们所期望的侵略性更强。 因而，阶级与民族之间的辩证法贯穿于整个阶段。 我们将在第四卷中看到，这种辩证法在第二次世界大战中显示出独有的形式。

　　这种发展趋势是如此的不可避免吗？ 回答这个问题必须作出一些反事实的推理，即必须做假定推测。 假如某些特定的事件，特别是三次大混乱没有发生，那么结果会如何？ 这些危机事件具有重要的影响，但是，它们或许无非是加速了结局的出现，而结局无论如何都会出现，只不过它们不会成为这些结局的必要条件。 例如，世界战争，特别是第二次世界大战。 极大地弱化了殖民主义，甚至如果没有战争的影响，殖民地很可能会更加缓慢地自我毁灭，因为，白人种族主义与在殖民地实行的发展计划正在殖民地当地人中间强化各种反帝国主义情绪。 但是，非殖民化可能会更晚出现的事实意味着它可以在一种不同的历史和社会结合点上发生，其影响很可能会将这种非殖民化进程推向另一种不同的发展轨道。 这涉及反设事实的增加与纯属揣测之间如何找到平衡点。 我们可以提出一种反设事实，改变一个变量，但不是所有变量。

我可以更自信地说，如果没有世界大战及其带来的后果，就没有成功的共产主义革命，没有法西斯主义，也就没有美国的全球霸权。 我已经在前面章节解释了原因，但是，我们就必然会问那些战争及其结果是否本身就是偶然性事件，或者它们是否根深蒂固的结构的结果和原因。 答案是两者兼有，尽管主要是后者，而且主要是那些与军事和地缘政治权力关系相关的原因。 我已经强调了欧洲军国主义和帝国主义的历史渊源。 欧洲的帝国主义已经顺利地转变为遍及全球的帝国主义；在欧洲，许多世纪以来，当谈判(很早)就被看作是陷入失败的时候，战争便成为他们所采取的默认的的外交手段。 于是日本效仿欧洲，部分的原因在于日本感到其自主生存依赖于帝国主义，尽管我认为使日本帝国主义变成更加军国主义的原因更多地在于偶然性事件和偶然性的进程。 我也强调了由于欧洲扩张包含一种传播文明、启蒙或者全世界范围的上帝之道的意识形态推动力，所以，每一次国家的侵略不得不被看作是一种自卫行动，受到独特的文明或民族价值的支持。 正如和以前的数个世纪一样，政治家们同样追求地位和荣誉，无论是个人的还是他们国家的，一旦外交手段面临困境，对于他们来说，退让是十分困难的。 所有这些具有相当强的结构主义倾向。 我免除了资本主义招致这些战争的过多责备。 资本主义的世俗化倾向并不具有好战性，尽管作为个体主义的资本家们跟其他人一样也是民族主义者。 他们满足于从剑或犁中获取利润，而且一旦宣战，他们可以从剑中获利更多。

我在这一时期的三次大混乱中发现了类似的因果链——两次世界大战和大萧条。 三次大混乱都有多种原因，这些原因积聚着，相互牵制，一次日益严重的危机暴露出了现代社会结构的弊端，而如果没有这次危机，这些弊端或许就永远不会具有如此严重的威胁。 在第一次世界大战的战前阶段，英国和德国领导人之间缺少对彼此的了解；第二次世界大战前，英国和法国领导人共同的适得其反的反共产主义心态；以及大萧条时期美国领导人的出清主义(liquidationist)意识形态都是弊端，这些弊端只有在与其他先行条件相累积之后才会暴露无遗。 每一个条件似乎是与其他链条相区别的一种因果链条的产物。 尽管，结构性的发展进程内嵌于所有四种社会权力的来源，它们以各种复杂而往往又十分偶然的方式相互影响，而且这意味着我们不能确定一种单一的、潜在的结构性原因，也不能以一种单一的社会制度来塑造权力的发展。

因此，这里有许多具体情境中的细节——错误与误解，特别是出现那些拥有强大实力的国家之间的错误与误解。 在第一次世界大战前，自由主义阻止了英国领导人制止德国的侵略行为，而绝大多数德国平民领袖对德国统帅部的秘密军事动员计划一无所知，包括夺取比利时领土，这是一次几乎必然会将法国和英国拖入战争的行动。 俄国领导人发现，不能只专门动员军队对抗奥匈帝国，所以，他们也做了对德作战的动员。 很可能最大的错误是弗朗兹·费迪南大公的敞篷汽车某一天在萨拉热窝开入了最糟糕的致命弯道。 解释为什么大混乱会发生，这些细节是必要的，但更多的结构化进程同样也是必要的。 日本的错误是一切皆走向与日俱增的军国主义。 希特勒出现在传统军国主义之后，德国民族主义受到第一次世界大战解决方案的激化——此时的法西斯主义具有广泛的吸引力——以及资本主义的又一次普遍失败。 我们发现，无论是所有四种社会权力来源内外的结构还是偶然性使得作出关于总体意义或哪种为最终首要来源的单一结论几乎不可能。 它取决于我们采取的立场和我们是谁，以及一系列进程和偶然性事件。

1945 年二战结束是我上文所说的这一阶段的终点。 二战带来了一场具有决定性意义的胜利，但是，不明确的是，这将在多大程度上改变权力关系。 法西斯主义已经被终结，尽管许多人担忧它很快会死灰复燃。 这次战争激化了前途未卜的中国内战，同时巩固了苏联共产主义。 欧洲各帝国已经被严重削弱，尽管它们还有多长的生命力不得而知。 美国像一战后的做法那样从一种全球角色中后退是不明确的。 在大多数资本主义国家，经济精英们在凯恩斯主义和古典经济学之间发生分化，但是，大多数认为，战后士兵复员和混乱——无论是国内还是国际范围——都将削弱经济发展势头，并有可能导致诸如20年代或30年代的经济危机。 他们同样担心，这可能会导致新的或古老的极端主义意识形态的兴起。 对于这个时代的人来说，1945年末给他们带来了巨大的放松(甚至对德国人和日本人也是如此)，但同时也带来巨大的不确定性。 我们今天看到的这一时期潜在的结构化趋势在当时是极度不明朗的。

他们的担忧没有变成现实。 在五到六年的时间内，一个更美好的世界正在形成，而且，并不仅仅出现在白人中间。 法西斯主义已死并被埋葬，中国共产主义者在成功的革命之后加入布尔什维克阵营，共产主义虽欣欣向荣，但其范围只不过局限在一个紧凑的多国集团中间。 地缘政治正在简单化，因为欧洲各帝国处于衰落状态，其军国主义与日本军国主义迅速被削弱。 只有美国和苏联成为重要的军事强国，尽管他们的对抗由于双方都拥有原子武器而刚刚开始趋向稳定。 布雷顿森林体系开始得到实施，国际经济问题得到了明显解决，在发达资本主义国家，凯恩斯主义与古典经济学开始结合在一起。 日益完善的福利国家制度，累进税制以及充分就业目标的追求意味着在社会权利方面的进一步提升，也逐渐在女性中间提升。 在战后一段时间内，全世界都出现经济增长，欠发达国家资本主义的增长与国家基础设施的完善共同促进了人的身高、平均寿命和识字率的增长。 我们知道，所发生的一切形成了一个短暂的"黄金时代"，但是，1945年的人们并没有经历这一切。

所有这一切的最宏大的画面是主宰世界的欧洲的兴起与衰落。 欧洲文明已经扩展了其意识形态、经济、军事以及政治权力——每一种权力都拥有与众不同的发展节奏。 其总体上的动向是产生了一种历史上前所未有的多元权力主体(multipower-actor)的帝国主义。 欧洲人在他们有能力进行海外扩张时是幸运的，因为当时其他主要文明的势力要么停滞不前要么正处于衰落之中。 英国人是更加幸运的，他们作为海洋霸主和一个十分团结的国家而出现，当时，它可以利用欧洲均势来获取最庞大的帝国利益。 无论是欧洲人还是英国人，他们的工业化过程最终使殖民扩张成为必然。 如今，全球正以一种新的方式发生分裂，这种分裂发生在富人、白人的西方世界加上日本与穷人、非白人的其他国家之间。 这种裂痕因民族和帝国之间的竞争进一步扩大化。 此后，欧洲文明通过其自身的军国主义、种族主义以及民族主义迅速陷入自我毁灭。 接踵而至的是出现两个全球性的帝国，而后又只剩下一个全球性的帝国，与之相随的是不断加速的资本主义的全球增长、种族主义的终结、国家间战争的下降以及民族国家理念在全世界的广泛蔓延。 它们共同汇合成一种普遍而仍旧多样的全球化过程，这也是我第四卷的副标题。

参考文献

Abramowitz, Moses 1979 "Rapid growth potential and its realization: the experience of capitalist economies," in Edmund Malinvaid(ed.), *Economic Growth and Resources*. New York: St.Martin's Press, Vol.I, pp.1—30.

Abramowitz, Moses & Paul David 2001 "Two Centuries of American Macroeconomic Growth. From Exploitation of Resource Abundance to Knowledge-Driven Development," *SIEPR Discussion Papers*, 01—05.

Abse, Tobias 1996 "Italian Workers and Italian Fascism," in Richard Bessel (ed.), *Fascist Italy and Nazi Germany*. Cambridge: Cambridge University Press.

Adamthwaite, Anthony 1995 *Grandeur and Misery: France's Bid for Power in Europe, 1914—1940*. London: St.Martins Press.

Addison, Paul 1975 *The Road to 1945*. London: Jonathan Cape.

Addison, Paul & Jeremy Crang (eds.) 2010 *Listening to Britain: Home Intelligence Reports on Britain's Finest Hour May-September 1940*. London: Bodley Head.

Akami, Tomoko 2002 *Internationalizing the Pacific*. London: Routledge.

Al-Sayyid, Afaf 1968 *Egypt and Cromer*. New York: Praeger.

Aldcroft, David 2001 *The European Economy 1914—2000*. London: Routledge, 4th edition.

——2002 "Currency Stabilisation in the 1920s: Success or Failure?" *Economic Issues*, Vol.7, Part 2.

Alexander, Martin 1992 *The Republic in Danger: General Maurice Gamelin and the Politics of French Defence, 1933—1940*. New York: Cambridge

University Press.

Allen, Keith 2003 "Food on the German Home Front: Evidence from Berlin" in Gail Braybon(ed.), Evidence, History and the Great War: Historians and the Impact of *1914—1918*. Oxford: Berghahn Books.

Allen, Robert 2004 Farm to Factory. A Reinterpretation of the Soviet Industrial Revolution. Princeton, NJ: Princeton University Press.

Allen, Theodore 1997 The Invention of the White Race, 2 vols.: I—Racial Oppression and Social Control; II—The Origin of Racial Oppression in Anglo-America. New York: Verso.

Aly, Goetz 2007 Hitler's Beneficiaries: How the Nazis Bought the German People. London: Verso.

Amenta, Edwin et al. 1994 "Stolen Thunder? Huey Long's 'Share Our Wealth,' Political Mediation, and the Second New Deal," American Sociological Review. **59**:678—702.

——**1998** Bold Relief: Institutional Politics and the Origins of Modern American Social Policy. Princeton, NJ: Princeton University Press.

Amenta, Edwin & D.Halfmann 2000 "Wage wars: institutional politics, the WPA, and the struggle for U. S. social policy." American Sociological Review. **64**:506—28.

Amenta, Edwin & Theda Skocpol 1988 "Redefining the New Deal: World War II and the development of Social provision in the United States" in Margaret Weir et al. (eds.), The Politics of Social Policy in the United States. Princeton, NJ: Princeton University Press.

Amsden, Alice 2001 The Rise of "the Rest": Challenges to the West from Late-Industrilaizing Economies. New York: Oxford University Press.

Anderson, Benedict 1988 "Cacique Democracy in the Philippines: Origins and Dreams." New Left Review, No.169.

Anderson, Benjamin M. 1979 Economics and the Public Welfare: A Financial and Economic History of the United States, *1914—1946*. Indianapolis: Liberty Press.

Anderson, David. 2004 Histories of the Hanged: Britain's Dirty War in Kenya and the End of Empire. London: Weidenfeld.

Anderson, Perry 2010 "Two Revolutions," *New Left Review*, Jan—Feb, pp.59—96.

Andornino, Giovanni 2006 "The nature and linkages of China's tributary system under the Ming and Qing dynasties," *Working Papers of the Global Economic History Network*, London School of Economics, No.21/06.

Ansell, Christopher 2001 *Schism and Solidarity in Social Movements: The Politics of Labor in the French Third Republic*. Cambridge: Cambridge University Press.

Anweiler, Oskar 1974 *The Soviets: The Russian Workers, Peasants, and Soldiers Councils, 1905—1921*. New York: Pantheon Books.

Appleby, John 2001 "War, politics, and colonization, 1558—1625" in Nicholas Canny(ed.), *The Oxford History of the British Empire*, Vol I, The Origins of Empire. Oxford: Oxford University Press.

Archer, Robin 2007 *Why Is There No Labor Party in the United States?* Princeton, NJ: Princeton University Press.

Arendt, Hannah 1968 *Eichmann in Jerusalem: A Report on the Banality of Evil*. New York: Viking.

Armitage, David 2000 *The Ideological Origins of the British Empire*. Cambridge: Cambridge University Press.

Arnold, David 1993 *Colonizing the Body: State, Medicine and Epidemic Disease in Nineteenth-Century India*. Berkeley & Los Angeles: University of California Press.

——2000 *Science, Technology and Medicine in Colonial India*. Cambridge: Cambridge University Press.

Aronowitz, Stanley 1973 *False Promises: The Shaping of American Working Class Consciousness*. New York: McGraw Hill.

Arrighi, Giovanni 1994 *The Long Twentieth Century*. London: Verso.

——2007 *Adam Smith in Beijing. Lineages of the 21ˢᵗ Century*. London: Verso.

Arrighi, Giovanni & Beverly Silver 1999 *Chaos and Governance in the Modern World System*. Minneapolis: University of Minnesota Press.

Atkinson, Anthony & Thomas Piketty, 2007 *Top Incomes over the Twentieth Century*. Oxford: Oxford University Press.

Atkinson, Anthony et al., 2009 "Top Incomes in the Long Run of History," NBER Working Paper, No.15408.

Auchincloss, Louis 2001 Theodore Roosevelt. New York: Henry Holt.

Audoin-Rouzeau, Stephane & Annette Becker. 2002 *14—18*: Understanding the Great War. New York: Hill and Wang.

Auerbach, Alan & Yuriy Gorodnichenko 2011 "Fiscal multipliers in recession and expansion," National Bureau of Economic Research, Working Paper No.17447.

Auslin, Michael 2004 Negotiating with Imperialism: the Unequal Treaties and the Culture of Japanese Diplomacy. Cambridge, MA: Harvard University Press.

Ayala, Cesar 1999 Sugar Kingdom: The Plantation Economy of the Spanish Caribbean, *1898—1934*. Chapel Hill, NC: University of North Carolina Press.

Bairoch, Paul 1982 "International industrialization levels from 1750 to 1980," Journal of European Economic History, 11:269—334.

Balderston, Theo 2002 Economics and Politics in the Weimar Republic. Cambridge: Cambridge University Press.

Baldwin, Peter 1990 The Politics of Social Solidarity. Cambridge: Cambridge University Press.

Barber, William 1985 From New Era to New Deal: Herbert Hoover, the Economists, and American Economic Policy, *1921—1933*. New York: Cambridge University Press.

——1996 Designs Within Disorder: Franklin D. Roosevelt, the Economists, and the Shaping of American Economic Policy, *1933—1945*. New York: Cambridge University Press.

Barnhart, Michael 1987 Japan Prepares for Total War: The Search for Economic Security, *1919—1941*. Ithaca, NY: Cornell University Press.

Bartlett, Robert 1994 The Making of Europe. Conquest, Colonization and Cultural Change, *950—1350*. Princeton, NJ: Princeton University Press.

Bartov, Omer 1985 The Eastern Front, *1941—1945*, German Troops and the Babarisation of Warfare. London: Macmillan.

Bauman, Zygmunt 1989 *Modernity and The Holocaust*. Ithaca, N.Y.: Cornell University Press.

Bayly, Christopher 1996 *Empire and Information: Intelligence Gathering and Social Communication in India, 1780—1870*. Cambridge: Cambridge University Press.

——2004 *The Birth of the Modern World 1780—1914*. Oxford: Blackwell.

Beaudreau, Bernard 1996 *Mass Production, the Stock Market Crash, and the Great Depression*. Westport, CT: Greenwood Press.

Becker, Jean-Jacques 1977 *1914: Comment les français sont entrés dans la guerre*. Paris: Presses de la Fondation nationale des sciences politiques.

——1985 *The Great War and the French People*. Leamington Spa: Berg.

Bellamy, Paul 1997 *A History of Workmen's Compensation, 1898—1915: From Courtroom to Boardroom*. New York: Garland Publishing.

Bensel, Richard 2000 *The Political Economy of American Industrialization, 1877—1900*. New York: Cambridge University Press.

Benson, John & Takao Matsumura 2001 *Japan 1868—1945: From Isolation to Occupation*. Longman Publishing.

Benton, Gregor 1992 *Mountain Fires: The Red Army's Three-Way War in South China 1934—1938*. Berkeley & Los Angeles: University of California Press.

——1999 *New Fourth Army: Communist Resistance along the Yangtze and the Huai, 1938—1941*. Berkeley & Los Angeles: University of California Press.

Berezin, Mabel 1997 *Making the Fascist Self*. Ithaca, NY: Cornell University Press.

Berger, Gordon 1977 *Parties Out of Power in Japan, 1931—1941*. Princeton: Princeton University Press.

——1988 "Politics and mobilization in Japan, 1931—1945" in Peter Duus (ed.), *The Cambridge History of Japan, Vol 6: The Twentieth Century*. Cambridge: Cambridge University Press.

Bergère, Marie-Claire 1989 *The Golden Age of the Chinese Bourgeoisie, 1911—1937*. Cambridge: Cambridge University Press.

Berkhoff, Karel 2004 *Harvest of Despair: Life and Death in Ukraine under Nazi Rule*. Cambridge, MA: Harvard University Press.

Berkowitz E & K. McQuaid 1992 *Creating the Welfare State: The Political Economy of 20th Century Reform*. Lawrence, KS: University Presses of Kansas.

Bernanke, Ben 2000 *Essays on the Great Depression*. Princeton, NJ: Princeton University Press.

Bernanke, Ben & Harold James 1991 "The Gold Standard, Deflation, and Financial Crisis in the Great Depression: An International Comparison" in Glenn Hubbard (ed.), *Financial Markets and Financial Crises*. Chicago: University of Chicago Press.

Bernhardt, Kathryn 1992 *Rents, Taxes and Peasant Resistance: the Lower Yangzi Region, 1840—1950*. Stanford, CA: Stanford University Press.

Bernstein, Michael 1987 *The Great Depression. Delayed Recovery and Economic Change in America, 1929—1939*. Cambridge: Cambridge University Press.

——**2002** *A Perilous Progress: Economists and Public Purpose in Twentieth-Century America*. Princeton, NJ: Princeton University Press.

Berstein, Serge & Jean-Jacques Becker 1987 *Histoire de l'anticommunisme en France, 1917—1940*. Paris: Olivier Orban.

Bertrand, C.L. 1977 *Revolutionary Situations in Europe, 1917—1922*. London.

Beschloss, Michael 2002 *The Conqueror: Roosevelt, Truman and the Destruction of Hitler's Germany, 1941—1945*. New York: Simon & Schuster.

Betts, Raymond, 1961 *Assimilation and Association in French Colonial Theory, 1890—1914*. New York: Columbia University Press.

Bianco, Lucien 2001 *Peasants Without the Party. Grass-Roots Movements in Twentieth-Century China*. New York: M.E.Sharpe.

——**2005** *Jacqueries et révolution dans la Chine du XXe siècle*. Paris: Editions de la Martinière.

Billig, Michael 1995 *Banal Nationalism*. London: Sage Publications.

Bin Laden, Osama 2005 *Messages to the World: The Statements of Osama Bin Laden*, ed. Bruce Lawrence. London: Verso.

Bix, Herbert 1982 "Rethinking 'Emperor-System Fascism' : Ruptures and Continuities in Modern Japanese History," *Bulletin of Concerned Asian Scholars*, Vol.14:13—22.

——**2001** *Hirohito and the Making of Modern Japan*. New York: Harper-Collins.

Blackburn, Robin 1997 *The Making of New World Slavery: from the Baroque to the Modern, 1492—1800*. London: Verso.

Blee, Kathleen 1991 *Women of the Klan. Racism and Gender in the 1920s*. Berkeley & Los Angeles: University of California Press.

Blum, Edward 2005 *Reforging the White Republic: Race, Religion and American Nationalism, 1865—1898*. Baton Rouge: Louisiana State Press.

Blustein, Paul 2001 *The Chastening: Inside the Crisis That Rocked the Global Financial System and Humbled the IMF*. New York: Public Affairs.

Bond, Brian 2002 *The Unquiet Western Front: Britain's Role in Literature and History*. New York: Cambridge University Press.

Bonnell, Victoria 1983 *Roots of Rebellion*. Berkeley & Los Angeles: University of California Press.

Bonzon, Thierry 1997 "Transfer payments and social policy" in Jay Winter & Jean-Louis Robert(eds.), *Capital Cities at War, 1914—1919*. Cambridge: Cambridge University Press.

Bonzon, Thierry & Belinda Davis 1997 "Feeding the cities," ibid.

Boot, Max 2002 *The Savage Wars of Peace: Small Wars and the Rise of American Power*. New York: Basic Books.

Bordo, Michael & Hugh Rockoff 1996 "The Gold Standard as a 'Good Housekeeping Seal of Approval'," *Journal of Economic History*, Vol.**56**: 389—428.

Bordo, Michael et al. 1999 "Was Expansionary Monetary Policy Feasible During the Great Contraction? An Examination of the Gold Standard Constraint," NBER Working Paper, No.7125.

Bordo, Michael et al. (eds.) 1998 "Editor's Introduction" to their *The Defining Moment: The Great Depression and the American Economy in the Twentieth Century*. Chicago: University of Chicago Press.

Bosch, Aurora 1997 "Why is There No Labor Party in the United States? A Comparative New World Case Study: Australia and the U. S., 1783—1914," *Radical History Review*, **67**:35—78.

Boudreau, Vince 2003 "Methods of Domination and Modes of Resistance:

The U. S. Colonial State and Philippine Mobilization in Comparative Perspective" in Julian Go & Anne Foster(eds.), The American Colonial State in the Philippines: Global Perspectives, pp. 256—290. Durham, NC: Duke University Press.

Bourke, Joanna 1999 An Intimate History of Killing: Face-to-Face Killing in Twentieth-Century Warfare. New York: Basic Books.

Brachet-Campseur, Florence 2004 "De l'odalisque de Poiret à la femme nouvelle de Chanel: une victoire de la femme?" in Evelyne Morin-Rotureau(ed.), 1914—1918: combats defemmes. Paris: Autrement.

Brandt, Loren 1989 Commercialization and Agricultural Development in East-Central China, 1870—1937. Cambridge: Cambridge University Press.

Breitman, Richard 1981 German Socialism and Weimar Democracy. University of North Carolina Press.

Brennan, Lance et al. 1997 "Towards an Anthropometric History of Indians under British Rule," Research in Economic History, Vol.17:185—246.

Brenner, Robert 2006b "What is, and what is not, imperialism," Historical Materialism, 14:79—105.

Brinkley, Alan 1996 The End of Reform. New York: Random House.

Broadberry, Stephen & Mark Harrison 2005 "The economics of World War I: an overview" in S. Broadberry & M.Harris(eds.), The Economics of World War I. Cambridge: Cambridge University Press.

Broadberry, Stephen & Peter Howlett, 2005 "The United Kingdom during World War I: business as usual" in S.Broadberry & M.Harrison(eds.), The Economics of World War I. Cambridge: Cambridge University Press.

Brooks, Barbara 2000 Japan's Imperial Diplomacy: Consuls, Treaty Ports, and War in China 1895—1938. Honolulu: University of Hawai'i Press.

Broszat, Martin 1981 The Hitler State. The Foundation and Development of the Internal Structure of the Third Reich. London: Longman.

Broue, Pierre 2005 The German Revolution, 1917—1923. Leiden: Brill.

Brown, Archibald 2009 The Rise and Fall of Communism, 2009. New York: Harper Collins.

Browning, Christopher 2004 The Origins of the Final Solution: The Evolution of Nazi Jewish Policy, September *1939 - March 1942*. With contributions by Juergen Matthaeus. Lincoln: University of Nebraska Press.

Brunner, Karl 1981 "Epilogue: Understanding the Great Depression" in K. Brunner (ed.), *The Great Depression Revisited*, pp.316—358. Boston: Mattinus Nijhoff.

Brustein, William 1996 *The Logic of Evil: The Social Origins of the Nazi Party, 1925—1933*. New Haven, CT: Yale University Press.

Bry, Gerhard 1960 *Wages in Germany, 1871—1945*, Princeton, NJ: Princeton University Press.

Bryant, Joseph 2008 "A New Sociology for a New History? Further Critical Thoughts on the Eurasian Similarity and Great Divergence Theses," *Canadian Journal of Sociology*, Vol.**33**:149—167.

Bucheli, Marcelo 2005 *Bananas and Business: The United Fruit Company in Colombia, 1899—2000*. New York: New York University Press.

Buettner, Elizabeth 2004 *Empire Families: Britons and Late Imperial India*. Oxford: Oxford University Press.

Bulmer-Thomas, Victor 1994 *The Economic History of Latin America Since Independence*. Cambridge: Cambridge University Press.

Burk, Kathleen. 1982 *War and the States: The Transformation of British Government, 1914—1919*. London: Allen & Unwin.

Burroughs, Peter 2001 "Imperial Institutions and the Government of Empire" in Andrew Porter (ed.), *The Oxford History of the British Empire, Vol III: The Nineteenth Century*. Oxford: Oxford University Press.

Cain P.J. & A.G. Hopkins 1986 "Gentlemanly Capitalism and British Overseas Expansion—Part I 1688—1850," *Economic History Review*, **39**:501—525.

——**2002** *British Imperialism, 1688—2000*. Harlow: Pearson.

Calata, Alexander 2002 "The role of education in Americanizing Filipinos" in Hazel M.McFerson(ed.), *Mixed Blessing: The Impact of the American Colonial Experience on Politics and Society in the Philippines*. Westport, CT: Greenwood Press.

Calder, Lendol 1999 *Financing the American Dream: A Cultural History of Consumer Credit*. Princeton, NJ: Princeton University Press.

Callwell，Colonel C. E. 1906 *Small Wars: Their Principles and Practice.* London: His Majesty's Stationery Office, 3rd edition.

Campbell，Ballard 1995 *The Growth of American Government: Governance from the Clevel and Era to the Present.* Bloomington, IN: Indiana University Press.

Cannadine，David 2001 *Ornamentalism: How the British Saw their Empire.* London, Allen Lane/Penguin.

Canny，Nicholas 2001 "Introduction" in N.Canny(ed.), *The Oxford History of the British Empire*, Vol.I, op.cit.

Carley，Michael Jabara 1999 *1939: The Alliance That Never Was and the Coming of World War II.* Chicago: Ivan R.Dee.

Carsten，F. L. 1972 *Revolution in Central Europe, 1918—1919.* Berkeley & Los Angeles: University of California Press.

——**1980** *The Rise of Fascism.* Berkeley & Los Angeles: University of California Press.

Carsten，Francis 1977 *Fascist movements in Austria: From Schoenerer to Hitler.* London: Sage.

Cecchetti，Stephen & Georgios Karras 1994 "Sources of Output Fluctuations During the Interwar Period: Further Evidence on the Causes of the Great Depression," *Review of Economics and Statistics*, **76**:80—102.

Cell，John 2001 "Colonial Rule" in *The Oxford History of the British Empire*, Vol III, op.cit.

Centeno，Miguel 2002 *Blood and Debt: War and the Nation-State in Latin America.* College Park, PA: Penn State University Press.

Cha，Myung Soon 2000 "The colonial origins of Korea's market economy" in A.Latham & Heita Kawakatsu(eds.), *Asia-Pacific Dynamism, 1550—2000.* London: Routledge.

Chan，Gordon 2003 "The Communists in Rural Guangdong, 1928—1936," *Journal of the Royal Asiatic Society*, **3/13**:77—97.

Chandler，Alfred 1977 *The Visible Hand: The Managerial Revolution in American Business.* Cambridge, MA: Belknap Press.

Chang，John 1969 *Industrial Development in Pre-Communist China.* Chicago:

Aldine.

Chang, Maria Hsia 1979 "Fascism and Modern China," *The China Quarterly*, **79**, 553—567.

Charmley, John 1993 *Churchill: The End of Glory*. London: Hodder and Stroughton.

Chase, Kenneth 2003 *Firearms: A Global History to 1700*. New York: Cambridge University Press.

Chatterjee, Partha 1993 *The Nation and Its Fragments: Colonial and Postcolonial Histories*. Princeton: Princeton University Press.

Chen, Yung-fa 1986 *Making Revolution: The Communist Movement in eastern and Central China, 1937—1945*. Berkeley & Los Angeles: University of California Press.

Childers, Thomas 1983 *The Nazi Voter: The Social Foundations of Fascism in Germany, 1919—1933*. University of North Carolina Press.

Chou, Wan-yao 1996 "The Kominka movement in Taiwan and Korea" in Peter Duus et al. (eds.), *The Japanese Wartime Empire, 1931—1945*. Princeton, NJ: Princeton University Press.

Clark, Daniel 1997 *Like Night and Day: Unionization in a Southern Mill Town*. Chapel Hill: University of North Carolina Press.

Clavin, Patricia 2000 *The Great Depression in Europe, 1929—1939*. New York: St.Martins Press.

Clemens, Elizabeth 1997 *The People's Lobby: Organizational Innovation and the Rise of Interest Group Politics in the United States, 1890—1925*. Chicago: University of Chicago Press.

Clemens, Michael & Jeffrey Williamson 2004 "Wealth bias in the first global capital market boom, 1870—1913," *The Economic Journal*, **114**:304—337.

Cline, William 2004 *Trade Policy and Global Poverty*. Washington, DC: Institute for International Economics.

Coatsworth, John 1994 *Central America and the United States: The Clients and the Colossus*. New York: Twayne.

Coble, Parks 1986 *The Shanghai Capitalists and the Nationalist Government, 1927—1937*. Cambridge, MA: Harvard University Press.

Cohen，Lizabeth 1990 *Making a New Deal: Industrial Workers in Chicago, 1919—1939*. Cambridge: Cambridge University Press.

——**2003** *A Consumers' Republic: The Politics of Mass Consumption in Postwar America*. New York: Knopf.

Cohen，Nancy 2002 *The Reconstruction of American Liberalism, 1865—1914*. Durham, NC: University of North Carolina Press.

Cohen，Stephen 2001 *Failed Crusade: America and the Tragedy of Post-Communist Russia*. New York: Norton.

Cohen，Warren 2005 *America's Failing Empire: US Foreign Relations Since the Cold War*. Oxford: Blackwell.

Cole，Harold et al. 2005 "Deflation and the International Great Depression: A Productivity Puzzle," *NBER Working Paper*, No.11237.

Collingham，E.M. 2001 *Imperial Bodies: The Physical Experience of the Raj, c1800—1947*. Cambridge: Polity.

Collins，Randall 1994 "Why the Social Sciences won't become high-consensus, rapid-discovery science," *Sociological Forum*, 9(2):155—177.

——**2008** *Violence: A Micro-Sociological Theory*. Princeton: Princeton University Press.

Colville，Sir John 1985 "The Fringes of Power: 10 Downing Street Diaries, 1939—1955. comparative development," *American Economic Review* Vol.91: 1369—1401. London: Hodder & Stoughton.

Conklin，Alice 1998 *A Mission to Civilize: The Republican Idea of Empire in France and West Africa 1895—1930*. Stanford: Stanford University Press.

Connor，Walter 1991 *The Accidental Proletariat: Workers, Politics, and Crisis in Gorbachev's Russia*. Princeton: Princeton University Press.

Cook，Haruko & Theodore Cook 1992 *Japan at War: An Oral History*. New York: The New Press.

Costa，Dora 2000 "American Living Standards, 1888—1994: Evidence From Consumer Expenditures," *NBER Working Paper*, No.7650.

Cott，Nancy 1987 *The Grounding of Modern Feminism*. New Haven: Yale University Press.

Couch，Jim & William Shughart 1998 *The Political Economy of the New*

Deal. Cheltenham, Glos.: Edward Elgar.

Cox, Ronald 1994 *Power and Profits: US Policy in Central America.* Lexington, KY: University of Kentucky Press.

Coyne, Christopher 2007 *After War: The Political Economy of Exporting Democracy.* Stanford, CA: Stanford University Press.

Craig, Douglas 1992 *After Wilson: The Struggle for the Democratic Part, 1920—1934.* Chapel Hill, NC: University of North Carolina Press.

Crawcour, Sidney 1997a "Economic change in the nineteenth century," in Kozo Yamamura (ed.), *The Economic Emergence of Modern Japan.* Cambridge: Cambridge University Press.

——**1997b** "Industrialization and technological change, 1885—1920," in Ibid.

——**1998** "Industrialization and technological change, 1885—1920," in Duus (ed.), *The Cambridge History of Japan, op cit.*

Cronin, James & Carmen Sirianni(eds.) 1983 *Work, Community & Power: The Experience of Labor in Europe and America, 1900—1925.* Philadelphia: Temple University Press.

Crosby, Alfred 1993 *Ecological Imperialism.* Cambridge: Cambridge University Press.

Crowder, Michael 1968 *West Africa Under Colonial Rule.* Evanston, IL: Northwestern University Press.

Cumings, Bruce 1990 *The Origins of the Korean War, Vol.1, Liberation and the Emergence of Separate Regimes, 1945—1947.* Vol.2, *The Roaring of the Cataract, 1947—1950.* Princeton, NJ: Princeton University Press.

——**2004** *North Korea: Another Country.* New Press.

Dalrymple, William 2002 *White Mughals: love and betrayal in eighteenth-century India.* London : Harper Collins.

Daniel, Ute 1997 *The War From Within: German Working-Class Women in the First World War.* Oxford & New York: Berg.

Darwin, John 2009 *The Empire Project. The Rise and Fall of the British World-System, 1830—1970.* Cambridge: Cambridge University Press.

David, Paul and **Gavin Wright 1999** "Early Twentieth Century Growth Dynamics," *SIEPR Discussion Papers in Economic and Social History,*

No.98—3.

Davies, Gareth & Martha Derthick 1997 "Race and social welfare policy: the Social Security Act of 1935," *Political Science Quarterly*, **112**:217—236.

Davies, R.W. 1989 *The Soviet Economy in Turmoil, 1929—1930*. Cambridge: Cambridge University Press.

——**1996** *The Industrialisation of Soviet Russia, vol.4, Crisis and Progress in the Soviet Economy, 1931—1933*. Basingstoke, Hants: Macmillan Press.

Davies, R.W. and Stephen G.Wheatcroft 2004 *The Industrialisation of Soviet Russia, Vol.5: The Years of Hunger: Soviet Agriculture, 1931—1933*. New York: Palgrave Macmillan.

Davis, Belinda 2000 *Home Fires Burning: Food, Politics, and Everyday Life in World War I Berlin*. Chapel Hill: University of North Carolina Press.

Davis, Colin 1997 *Power At Odds: The 1922 National Railroad Shopmen's Strike*. Urbana, IL: University of Illinois Press.

Davis, Lance & Robert Huttenback 1987 *Mammon and the Pursuit of Empire*. Cambridge: Cambridge University Press.

Davis, Mike 2000 *Late Victorian Holocausts. El Niño Famines and the Making of the Third World*. New York: Verso.

Dawley, Alan 1991 *Struggles for Justice: Social Responsibility and the Liberal State*. Cambridge, MA: Harvard University Press.

De Felice, Renzo 1974 *Mussolini il Duce*. Turin: Einaudi.

De Long, Bradford & Andre Shleifer 1991 "The Stock Market Bubble of 1929: Evidence from Closed-end Mutual Funds," *The Journal of Economic History*, **51**:675—700.

DeLong, Bradford 1990 "Liquidation Cycles: Old Fashioned Real Business Cycle Theory and the Great Depression," *NBER Working Paper*, No.3546.

Dickinson, Frederick 1999 *War and National Reinvention: Japan in the Great War, 1914—1919*. Cambridge, MA: Harvard University Press.

Digby, William 1901 *Prosperous British India: A Revelation from the Official Records*. University of Michigan Press.

Dilks, David 1969 *Curzon in India, Vol 1: Achievement*. New York: Taplinger.

Dirlik, Arif 2003 "Beyond Chesnaux: workers, class and the socialist revolution in modern China," *International Review of Social History*, **48**:79—99.

Dodge，Toby 2003 *Inventing Iraq: The Failure of Nation-Building and a History Denied*. New York: Columbia University Press.

Domhoff，William 1990 *The Power Elite and the State. How Policy is Made in America*. New York: Aldine De Gruyter.

——**1996** *State Autonomy or Class Dominance? Case Studies in Policy Making in America*. New York: Aldine de Gruyter.

Domhoff，William & Michael Webber 2011 *Class and Power in the New Deal: Corporate Moderates, Southern Democrats, and The Liberal-Labor Coalition*. Stanford, CA: Stanford University Press.

Dosal，Paul 1993 *Doing Business with the Dictators: A Political History of United Fruit in Guatemala, 1899—1944*. Wilmington, DE: Scholarly Resources.

Doyle，Michael 1986 *Empires*. Ithaca, NY: Cornell University Press.

Drabble，John 2000 *An Economic History of Malaysia, c.1800—1990: The Transition to Modern Economic Growth*. London: Macmillan.

Drachkovitch，Milorad & Branko Lazitch 1966 "The Communist International" in M.Drachkovitch(ed.), *The Revolutionary Internationals, 1864—1943*. Stanford, CA: Stanford University Press.

Drake，Paul 1991 "From Good Men to Neighbors: 1912—1932" in Richard Lowenthal(ed.), Exporting Democracy, pp.3—40. Baltimore:Johns Hopkins University Press.

Drayton，Richard 2000 *Nature's Government: Science, Imperial Britain, and the "Improvement" of the World*. New Haven, CT: Yale University Press.

——**2001** "Knowledge and Empire" in Peter Marshall(ed.), *The Oxford History of the British Empire, Volume II: The Eighteenth Century*. Oxford: Oxford University Press.

Drescher，Seymour 2002 *The Mighty Experiment: Free Labor versus Slavery in British Emancipation*. New York: Oxford University Press.

Dreyer，Edward 1995 *China at War, 1901—1949*. London: Longman,

Dreyfus，Michel et al. 2006 *Se protéger, être protégé. Une histoire des*

Assurances sociales en France. Rennes: Presses universitaires de Rennes.

Drukker, J.W. 2006 The Revolution that Bit its Own Tail: How Economic History Changed our Ideas on Economic Growth. Amsterdam: Aksant.

Duara, Prasenjit 1988 Culture, Power, and the State: Rural North China, 1900—1942. Stanford: Stanford University Press.

Duménil, Gérard & Dominique Lévy 1995 "The Great Depression: A Paradoxical Event?" CEPREMAP, paper no. 9510, Paris.

Dunn, John 1972 Modern Revolutions. Cambridge: Cambridge University Press.

Dunn, Walter 1997 Kursk: Hitler's Gamble, 1943. New York: Praeger.

Dupuy, Trevor 1977 A Genius For War: the German Army and the General Staff, 1807—1945. Englewood Cliffs, NJ: Prentice-Hall.

Dutton, Paul 2002 Origins of the French Welfare State: The Struggle for Social Reform in France 1914—1947. Cambridge: Cambridge University Press.

Duus, Peter 1995 The Abacus and the Sword: The Japanese Penetration of Korea, 1895—1910. University of California Press.

——1996 "Introduction" in Duus et al.(eds.) 1996 The Japanese Wartime Empire, 1931—1945. Princeton: Princeton University Press.

Duus, Peter & Daniel Okimoto 1979 "Fascism and the History of Prewar Japan: The Failure of a Concept," Journal of Asian Studies, 39:65—76.

Easter, Gerald 2000 Reconstructing the State: Personal Networks and Elite Identity in Soviet Russia. New York: Cambridge University Press.

Easterlin, Richard 2000 "The Worldwide Standard of Living since 1800," Journal of Economic Perspectives, 14:17—26.

Eastman, Lloyd 1984 Seeds of Destruction: Nationalist China in War and Revolution, 1937—1949. Stanford: Stanford University Press.

——1990 The Abortive Revolution. China under Nationalist Rule, 1927—1937. Harvard University Press.

Eckelt, Frank 1971 "Internal Policies of the Hungarian Soviet Republic" in Ivan Volgyes (ed.), Hungary in Revolution, 1918—1919. Lincoln: University of Nebraska Press.

Eckert, Carter 1996 "Total war, industrialization and social change in late colonial Korea" in Peter Duus et. al.(eds.) , op.cit.

Eckes, Alfred 1995 *Opening America's Market: U.S. Foreign Trade Policy since 1776*. Chapel Hill: University of North Carolina Press.

Edgerton, David 2005 *Warfare State: Britain, 1920—1970*. Cambridge: Cambridge University Press.

Eichengreen, Barry 1992 *Golden Fetters: The Gold Standard and the Great Depression, 1919—1939*. New York: Oxford University Press.

——**1996** *Globalizing Capital: A History of the International Monetary System*. Princeton, NJ: Princeton University Press.

Eichengreen, Barry & Peter Temin 1997 "The Gold Standard and the Great Depression," NBER Working Paper, No.W6060.

Eiji, Oguma 2002 The Genealogy of "Japanese" Self-Images. Melbourne: Trans Pacific Press.

Elkins, Caroline 2005 *Britain's Gulag: The Brutal End of Empire in Kenya*. London: Cape.

Eltis, David 2000 *The Rise of African Slavery in the Americas*. Cambridge: Cambridge University Press.

Elvin, Mark 1996 *Another History. Essays on China from a European Perspective*. Sydney: Wild Peony Press.

Epstein, Philip et al. 2000 "Distribution Dynamics: Stratification, Polarization and Convergence Among OECD Economies, 1870—1992," *London School of Economics, Department of Economic History Working Papers*, No.58/00.

Esherick, Joseph 1995 "Ten theses on the Chinese revolution," *Modern China*, **21**, pp.45—76.

——**1998** "Revolution in a feudal fortress," *Modern China*, **24**, pp.339—377.

Esping-Andersen, Gosta 1985 *Politics against Markets*. Princeton: Princeton University Press.

——**1990** *The Three Worlds of Welfare Capitalism*. Cambridge: Cambridge University Press.

Etemad, Bouta 2005 *De l'utilité des empires*. Paris: Armand Colin.

——**2007** *Possessing the World: Taking the Measurements of Colonisation* from the *18* th to the *20* th Century. New York: Berghahn Books.

Evans, David & Mark Peattie 1997 *Kaigun: Strategy, Tactics and Technology in the Imperial Japanese Navy, 1887—1941*. Annapolis, Md.: Naval Institute Press.

Evans, Richard 2006 *The Third Reich in Power*. London: Penguin.

Ewell, Judith 1996 *Venezuela and the United States: From Monroe's Hemisphere to Petroleum's Empire*. Athens, Ga.: University of Georgia Press.

Fackler, James 1998 " Propagation of the Depression: Theories and Evidence," in Mark Wheeler(ed.), *The Economics of the Great Depression*. Kalamazoo, MI: W.E. Upjohn Institute for Employment Research.

Fairbank, John(ed.) 1968 *The Chinese World Order. Traditional China's Foreign Relations*. Cambridge: Cambridge University Press.

Federico, Giovanni 2005 *Feeding the World: an economic history of agriculture, 1800—2000*. Princeton, NJ: Princeton University Press.

Feldman, Gerard 1966 *Army, Industry, and Labor in Germany, 1914—1918*. Princeton: Princeton University Press.

——**1977** *Iron and Steel in the German Inflation, 1916—1923*. Princeton, NJ: Princeton University Press.

Ferguson, Niall 1999 *The Pity of War: Explaining World War I*. New York: Basic Books.

——**2002** *Empire: How Britain Made the Modern World*. New York: Basic Books.

——**2004** *Colossus. The Price of America's Empire*. London: Penguin.

——**2006** *The War of the World*. London: Penguin.

Ferro, Marc 1972 *The Russian Revolution of February 1917*. New York: Prentice-Hall International.

Field, Alexander 2006 "Technological Change and U.S. Productivity Growth in the Interwar Years," *The Journal of Economic History*, **66**:203—236.

——**2011** *A Great Leap Forward.1930s Depression and US Economic Growth*. New Haven, CT: Yale University Press.

Fieldhouse, David 1973 *Economics and Empire 1830—1914*. London: Weidenfeld & Nicolson.

——1999 *The West and the Third World: Trade, Colonialism, Dependence, and Development*. Oxford: Blackwell.

Figes, Orlando 1997 *A People's Tragedy: A History of the Russian Revolution*. New York: Viking Books.

Finegold, Kenneth & Theda Skocpol 1984 "State, Party and Industry: From Business Recovery to the Wagner Act in America's New Deal" in C.Bright & S.Harding(eds.), *Statemaking and Social Movements*, pp.159—192. Ann Arbor, MI: University of Michigan Press.

——1995 *State and Party in America's New Deal*. Madison: University of Wisconsin Press.

Fink, Leon 1997 *Progressive Intellectuals and the Dilemmas of Democratic Commitment*. Cambridge, MA: Harvard University Press.

Fischer, Claude & Michael Hout 2006 *Century of Difference: How America Changed in the Last One Hundred Years*. New York: Russell Sage Foundation.

Fitzpatrick, Sheila 1999 *Everyday Stalinism. Ordinary Life in Extraordinary Times: Soviet Russia in the 1930s*. Oxford: Oxford University Press.

Flora, Peter 1983 *State, Economy, and Society in Western Europe 1815—1975: A Data Handbook*. Volume I: The Growth of Mass Democracies and Welfare States. London: Macmillan.

Flora, Peter & Arnold Heidenheimer 1981 *The Development of Welfare States in Europe and America*. New Brunswick: Transaction Books.

Floud, Roderick et al. 2011 *The Changing Body. Health, Nutrition and Human Development in the Western World since 1700*. Cambridge: Cambridge University Press.

Foran, John 2005 *Taking Power: On the origins of Third World Revolutions*. Cambridge: Cambridge University Press.

Fowkes, Ben 1984 *Communism in Germany under the Weimar Republic*. Palgrave Macmillan.

Fraser, Steve 1989. "The Labor Question" in S.Fraser & Gary Gerstle(eds.), *The Rise and Fall of the New Deal Order*. Princeton, NJ: Princeton University Press.

Friedlaender, Saul 1997 *Nazi Germany and the Jews*. Vol I: The Years of Persecution, *1933—1939*. New York: HarperCollins.

Friedman, Edward 1991 *Chinese Village, Socialist State*. New Haven: Yale University Press.

Friedman, Milton & Anna Schwartz 1963 *A Monetary History of the United States, 1867—1960*. Chicago: University of Chicago Press.

Frieser, Karl-Heinz 2005 *The Blitzkrieg Legend: The 1940 Campaign in the West*. Annapolis: Naval Institute Press.

Fritz, Stephen 1995 *Frontsoldaten. The German Soldier in World War II*. Lexington, KY: University Press of Kentucky.

Fritzsche, Peter 2008 *Life and Death in the Third Reich*. Cambridge, MA: Belknap Press.

Fukuyama, Francis 2011 *The Origins of Political Order*. New York: Farrar, Straus & Giroux.

Galassi, Francesco & Mark Harrison, 2005 "Italy at War, 1915—1918" in Broadberry & Harrison, op.cit.

Galbraith, John 1963 *Reluctant Empire: British Policy on the South African Frontier, 1834—1854*. Berkeley: University of California Press.

Gallagher, J.A. & R.E. Robinson 1953 "The Imperialism of Free Trade," *Economic History Review*, Vol.6.

Gallie, Duncan 1983 *Social Inequality and Class Radicalism in France and Britain*. London, UK: Cambridge University Press.

Garon, Sheldon 1987 *The State and Labor in modern Japan*. Berkeley & Los Angeles: University of California Press.

Gatrell, Peter 2005 *Russia's First World War. A Social and Economic History*. Harlow, UK: Pearson.

Gauthier, Anne Helene 1998 *The State and the Family*. Oxford: Clarendon Press.

Geary, Dick 1981 *European Labour Protest, 1848—1939*. New York, NY: St.Martin's Press.

Geisert, Bradley 2001 *Radicalism and Its Demise: The Chinese Nationalist Party, Factionalism and Elites in Jiangsu Province, 1924—1931*. Ann

Arbor, MI: University of Michigan Press.

Gelber, Harry. 2001 Nations Out of Empires: European Nationalism and the Transformation of Asia. New York: Palgrave.

Gellman, Irwin 1979 Good Neighbor Diplomacy: United States Policies in Latin America, *1933—1945*. Baltimore: Johns Hopkins University Press.

——**1995** Secret Affairs. Franklin Roosevelt, Cordell Hull and Sumner Welles. Baltimore: Johns Hopkins Press.

Gentile, Emilio 1990 "Fascism as political religion," Journal of Contemporary History, 25:229—252.

Gerstle, Gary 1989 Working-Class Americanism: The Politics of Labor in a Textile City, *1914—1960*. Princeton, NJ: Princeton University Press.

Getty, J.Arch 1985 Origins of the Great Purges: The Soviet Communist Party Reconsidered, *1933—1938*. New York, Cambridge University Press.

Getty, J.Arch & Oleg Naumov 1999 The Road to Terror. Stalin and the Self-Destruction of the Bolsheviks, *1932—1939*. New Haven: Yale University Press.

Gill, Graeme 1979 Peasants and Government in the Russian Revolution. New York: Barnes & Noble Books.

Glantz, David 1998 Stumbling Colossus: The Red Army on the Eve of World War. KS: University of Kansas Press.

Gleditsch, Kristian 2004 "A revised list of wars between and within independent states, 1816—2002," International Interactions, 30:231—262.

Gluck, Carol 1985 Japan's Modern Myths: Ideology in the Late Meiji Period. Princeton, NJ: Princeton University Press.

Go, Julian 2003 "The Chains of Empire: State Building and 'Political Education' in Puerto Rico and the Philippines" in J.Go & Foster(eds.). op.cit., 182—216.

——**2004** "America's Colonial Empire: the Limits of Power," Items & Issues (Quarterly of the Social Science Research Council), Vol.4.

——**2008** American Empire and the Politics of Meaning: Elite Political Cultures in the Philippines and Puerto Rico during U. S. Colonialism. Durham: Duke University Press.

——2011 *Patterns of Empire. The British and American Empires, 1688 to the Present*. New York: Cambridge University Press.

Godfrey, John 1987 *Capitalism at War: Industrial Policy and Bureaucracy in France, 1914—1918*. Leamington Spa: Berg.

Goebbels, Josef 1948 *The Goebbels Diaries, 1942—1943*. Garden City, NY: Doubleday.

Goebel, Thomas 2002 *A Government by the People: Direct Democracy in America, 1890—1940*. Durham, NC: University of North Carolina Press.

Goldfield, Michael 1989 "Worker insurgency, radical organization, and New Deal labor legislation," *American Political Science Review*, **83**:1257—1282.

——1997 *The Color of Politics: Race and the Mainsprings of American Politics*. New York: The New Press.

Goldfrank, Walter 1979 "Theories of revolution and revolution without theory," *Theory and Society*, **7**:135—165.

Goldin, Claudia & Lawrence Katz 1999 "The Shaping of Higher Education: The Formative Years in the United States, 1890—1940," *Journal of Economic Perspectives*, **13**:37—62.

——2003 "The 'Virtues' of the Past: Education in the First Hundred Years of the New Republic," *NBER Working Paper*, No.9958.

Goldin, Claudia & Robert Margo 1992 "The Great Compression: Wage Structure in the United States at Mid-Century," *Quarterly Journal of Economics*, **107**:1—34.

Goldstone, Jack 2001 "Toward a fourth generation of revolutionary theory," *Annual Review of Political Science*, **4**:139—187.

——2004 "Its all about state structure: new findings on revolutionary origins from global data," *Homo Oeconomicus*, **21**:429—455.

——2009 "Revolutions," in Todd Landman & Neil Robinson(eds.), *The Sage Handbook of Comparative Politics*. Los Angeles: Sage.

Goodman, David 2000 *Social and Political Change in Revolutionary China: The Taihang Base Area in the War of Resistance to Japan, 1937—1945*. New York: Rowman & Littlefield.

Goodwin, Jeff 2001 *No Other Way Out: States and Revolutionary Movements,*

1945—1991. New York: Cambridge University Press.

Gordon, Andrew 1985 *The Evolution of Labor Relations in Japan: Heavy Industry, 1853—1955*. Cambridge, MA: Harvard University Press.

——1991 *Labor and Imperial Democracy in Prewar Japan*. Berkeley & Los Angeles: University of California Press.

——2003 *A Modern History of Japan from Tokugawa Times to the Present*. New York: Oxford University Press.

Gordon, Colin 1994 *New Deals: Business, Labor and Politics in America, 1920—1935*. New York: Cambridge Univ. Press.

——2003 *Dead on Arrival: The Politics of Health Care in Twentieth-Century America*. Princeton, NJ: Princeton University Press.

Gordon, David 2006 "Historiographical Essay: The China-Japan War, 1931—1945," *Journal of Military History*, **70**, 137—182.

Gordon, Robert 2005 "The 1920s and 1990s in mutual reflection," NBER *Working Paper*, No.11778.

Gordon, Robert & James Wilcox 1981 "Monetarist Interpretations of the Great Depression: An Evaluation and Critique" in Brunner (ed.), *The Great Depression Revisited* , op cit.

Gordon, Robert & John Veitch 1986 "Fixed investment in the American business cycle, 1919—1983" in R.Gordon(ed.), *The American Business Cycle: Continuity and Change*. Chicago: University of Chicago Press.

Gordon, Sarah, 1984 *Hitler, Germans and the "Jewsish Question"*. Princeton, NJ: Princeton University Press.

Gorodetsky, Gabriel 1999 *Grand Delusion: Stalin and the German Invasion of Russia*. New Haven: Yale University Press.

Gorski. Philip 2003 *The Disciplinary Revolution—Calvinism and the Rise of the State in Early Modern Europe*. Chicago: The University of Chicago Press.

Goto, Ken'ichi 1996 "Cooperation, submission and resistance of indigenous elites of southeast Asia in the wartime empire" in Duus(ed.), op.cit.

——2003 *Tensions of Empire: Japan and Southeast Asia in the Colonial and Postcolonial World*. Athens, Ohio: Ohio University Press.

Grayzel, Susan 1999 *Women's Identities at War: Gender, Motherhood, and Politics in Britain and France during the First World War.* Chapel Hill: University of North Carolina Press.

Gregory, Adrian 2003 "British War Enthusiasm: A reassessment," Ibid.

Gregory, Paul 2004 *The Political Economy of Stalinism: Evidence from the Soviet Secret Archives.* Cambridge: Cambridge University Press.

Griffin, Roger 2002 "The primacy of culture: the current growth(or manufacture) of consensus within fascist studies," *Journal of Contemporary History,* 37:21—43.

Guerin-Gonzales, Camille 1994 *Mexican Workers and American Dreams: Immigration, Repatriation, and California Farm Labor, 1900—1939.* New Brunswick, NJ: Rutgers University Press.

Gulick, L. H. 1948 *Administrative Reflections from WWII.* University of Alabama Press.

Hacker, Jacob & Paul Pierson 2002 "Business Power and Social Policy: Employers and the Formation of the American Welfare State," *Politics & Society,* 30:277—325.

Hagtvet, Bernt 1980 "The Theory of Mass Society and Weimar" in Stein Larsen et al.(eds.), *Who Were the Fascists?: Social Roots of European Fascism.* Oslo: Universitetsforlaget.

Haimson, Leopold 1964—1965 "The Problem of Social Stability in Urban Russia, 1905—1917," *Slavic Review,* 23:619—642; 24:1—22.

Hamilton, James 1987 "Monetary Factors in the Great Depression," *Journal of Monetary Economics,* 19:145—169.

——1988 "The Role of the International Gold Standard in Propagating the Great Depression," *Contemporary Policy Issues,* 6:67—89.

Hane, Mikiso 1992 *Modern Japan: A Historical Survey.* Boulder: Westview Press.

Hannah, Leslie "Logistics, market size and giant plants in the early 20th century—a global view," unpublished paper, University of Tokyo, Faculty of Economics.

Hara, Akira 1998 "Japan: Guns Before Rice" in Mark Harrison(ed.), *The*

Economics of World War II: Six Great Powers in International Comparison. Cambridge: Cambridge University Press.

Harrison, Mark (ed.) 1998 The Economics of World War II. Cambridge: Cambridge University Press.

Harrison, Robert 1997 State and Society in Twentieth Century America. London: Longman.

——2004 Progressive Reform and the New American State. Cambridge: Cambridge University Press.

Harsch, Donna 1993 German Social Democracy and the Rise of Nazism. Chapel Hill: University North Carolina Press.

Hartford, Kathleen 1989 "Repression and communist success: the case of Jin-Cha-Ji, 1938—1943" in Hartford & Steven Goldstein (eds.), Single Sparks: China's Rural Revolutions. Armonk, NY: M.E.Sharpe.

Harvey, David 2003 The New Imperialism. Oxford: Oxford University Press.

Hasegawa, Tsyuyoshi 1981 The February Revolution. Seattle: University of Washington Press.

Hata, Ikuhiko 1988 "Continental Expansion, 1905—1941" in Duus(ed.), The Cambridge History of Japan, op cit.

Hautcoeur, Pierre-Cyrille 2005 "Was the Great War a watershed? The economics of World War I in France" in Broadberry & Harrison, op.cit.

Hawks, Francis(ed.) 2005 Commodore Perry and the Opening of Japan. The Official Report of the Expedition to Japan. Stroud, Glos: Nonesuch.

Haydu, Jeffrey 1997 Making American Industry Safe for Democracy: Comparative Perspectives on the State and Employee Representation in the Era of World War II. Champaign: University of Illinois Press.

Hayes, Jack Jr. 2001 South Carolina and the New Deal. Columbia: University of South Carolina Press.

Headrick, Daniel 1981 The Tools of Empire. Oxford: Oxford University Press.

Healy, David 1963 The United States in Cuba, 1898—1902: Generals, Politicians and the Search for Policy. Madison, WI: University of Wisconsin Press.

Healy, Maureen 2004 Vienna and the Fall of the Habsburg Empire. Cambridge:

Cambridge University Press.

Hewitson，Mark 2004 Germany and the Causes of the First World War. Oxford & New York: Berg.

Hicks，Alexander et al. 1995 "The programmatic emergence of the social security state," American Sociological Review, **60**:329—349.

——1999 Social Democracy and Welfare Capitalism: A Century of Income Security Politics. Ithaca, NY: Cornell University Press.

Hidalgo，Julio 2002 "Cacique democracy and future politics in the Philippines" in Mcferson, op.cit.

Higgs，Robert 1989 Crisis and Leviathan: Critical Episodes in the Growth of American Government. New York: Oxford University Press.

Hinton，James 1973 The First Shop Stewards' Movement. London: George Allen & Unwin.

Hinton，William 1966 Fanshen: A Documentary of Revolution in a Chinese Village. New York: Monthly Review Press.

Hirsch，Susan 2003 After the Strike: A Century of Labor Struggle at Pullman. Urbana, IL: University of Illinois Press.

Ho，Samuel Pao-San 1984 "Colonialism and Development: Korea, Taiwan and Kwantung" in Ramon Myers & Mark Peattie(eds.), The Japanese Colonial Empire, *1895—1945*. Princeton: Princeton University Press.

Hobsbawm，Eric 1994 The Age of Extremes: The Short Twentieth Century, *1914—1991*. London: Michael Joseph.

Hobson，John A. 1902 Imperialism, A Study. New York: James Pott and Co.

Hogan，Heather 1993 Forging Revolution: Metalworkers, Managers, and the State in St.Petersburg, 1890—1914. Bloomington, IN: Indiana University Press.

Holden，Robert 2004 Armies Without Nations: Public Violence and State Formation in Central America *1821—1960*. Oxford: Oxford University Press.

Holquist，Peter 2002 Making War, Forging Revolution: Russia's Continuum of Crisis *1914—1921*. Cambridge: Harvard University Press.

Honey，Michael 1993 Southern Labor and Black Civil Rights' Organizing

Memphis Workers. Urbana: University of Illinois Press.

Hong, Young-Sun 1998 Welfare, Modernity and the Weimar State: *1919—1933*. Princeton, NJ: Princeton University Press.

Hough, Jerry 1997 Democratization and Revolution in the USSR, *1985—1991*. Washington, DC: Brookings Institute.

Howell, David 2002 MacDonald's Party: Labour Identities and Crisis, *1922—1931*. Oxford: Oxford University Press.

Huang, Jing 2000 *Factionalism in Chinese Communist Politics*. Cambridge: Cambridge University Press.

Huang, Meizhen & Hanqing Yang 2001 "Nationalist China: Negotiating Positions During the Stalemate, 1938—1945" in David Barrett & Larry Shyu (eds.), *Chinese Collaboration with Japan, 1932—1945*. Stanford: Stanford University Press.

Huang, Philip 1985 *The Peasant Economy and Social Change in North China*. Stanford, CA: Stanford University Press.

——**1990** *The Peasant Family and Rural Development in the Yangtzi Delta, 1350—1988*. Stanford, CA: Stanford University Press.

——**2001** *Code, Custom and Legal Practice in China. The Qing and the Republic Compared*. Stanford, CA: Stanford University Press.

Huggins, Martha 1998 *Political Policing: The United States and Latin America*. Durham, NC: Duke University Press.

Hull, Isabel 2005 *Absolute Destruction: Military Culture and the Practices of War in Imperial Germany*. Ithaca: Cornell University Press.

Hunt, Richard 1970 *German Social Democracy, 1918—1933*. New Haven: Yale University Press.

Hunter, Holland 1988 "Soviet agriculture with and without collectivization, 1928—1940," *Slavic Review*, **47**:203—216.

Huntington, Samuel 1991 *The Third Wave*. Norman, OK: University of Oklahoma Press.

Hyam, Ronald 2001b "Trusteeship, Anti-Slavery and Humanitarianism" in Ibid.

Ikegami, Eiko 1997 *The Taming of the Samurai Honorific Individualism and* the *Making of Modern Japan*. Cambridge, MA: Harvard University Press.

——2004 *Bonds of Civility: Aesthetic Networks and the Political Origins of Japanese Culture*. Cambridge: Cambridge University Press.

Imlay, Talbot 2003 *Facing the Second World War: Strategy, Politics, and Economics in Britain and France 1938—1940*. New York: Oxford University Press.

Ingham, Geoffrey 1984 *Capitalism Divided?* London: Macmillan.

——2009 *Capitalism*. Cambridge: Polity Press.

Inikori, Joseph 2002 *Africans and the Industrial Revolution in England: A Study in International Trade and Economic Development*. Cambridge: Cambridge University Press.

International Labor Office 1938 *Industrial Labor in India*. Geneva: ILO.

Iriye, Akira 1974 "The failure of economic expansionism, 1918—1931" in Bernard Silberman & Harry Harootunian(eds.), *Japan in Crisis*. Princeton, NJ: Princeton University Press.

——1987 *The Origins of the Second World War in Asia and the Pacific*. London: Longman.

——1997 *Japan and the Wider World: From the Mid-Nineteenth Century to the Present*. New York: Longman.

Irons, Janet 2000 *Testing the New Deal: The General Textile Strike of 1934 in the American South*. Urbana: University of Illinois Press.

Iyer, Lakshmi 2004 "The Long-term Impact of Colonial Rule: Evidence from India," unpublished paper: http://www.people.hbs.edu/liyer/iyer_colonial_oct2004.pdf.

Jackson, Julian 2001 *France: The Dark Years, 1940—1944*. New York: Oxford University Press.

——2003 *The Fall of France: The Nazi Invasion of 1940*. New York: Oxford University Press.

Jacoby, Sanford 1997 *Modern Manors. Welfare Capitalism Since the New Deal*. Princeton, NJ: Princeton University Press.

——2004 "Economic ideas and the labor market: origins of the Anglo-American Model and prospects for globaldiffusion," Department of

Sociology, UCLA, Theory and Research in Comparative Social Analysis, Paper No.22.

Jahn, Hubertus 1995 *Patriotic Culture in Russia during World War I*. Ithaca, NY: Cornell University Press.

James, Harold 2001 *The End of Globalization: Lessons From The Great Depression*. Cambridge, MA: Harvard University Press.

——**2006** *The Roman Predicament: How the Rules of International Order Create The Politics of Empire*. Princeton, NJ: Princeton University Press.

James, J. & M. Thomas 2000 "Industrialization and wage inequality in nineteenth-century urban America," *Journal of Income Distribution*, 8:39—64.

Janos, Andrew & William Slottman(eds.) 1971 *Revolution in perspective: essays on the Hungarian Soviet Republic of 1919*. Berkeley: University of California Press.

Jenkins, Craig & Barbara Brents 1989 "Social Protest, Hegemonic Competition, and Social Reform: A Political Struggle Interpretation of the Origins of the American Welfare State," *American Sociological Review*, 54:891—909.

John, Richard 1997 "Government institutions as agents of change: rethinking American political development in the early Republic, 1787—1835," *Studies in American Political Development*, 11:347—380.

Johnson, Chalmers 1962 *Peasant Nationalism and Communist Power; The Emergence of Revolutionary China 1937—1945*. Stanford: Stanford University Press.

Jorda, Oscar et al. 2010 "Financial Crises, Credit Booms, and External Imbalances: 140 Years of Lessons," *NBER Working Paper*, No.16567.

Jordan, Donald 1987 "The place of Chinese disunity in Japanese army strategy during 1931," *China Quarterly*, 109:42—63.

Kataoka, Tetsuya 1974 *Resistance and Revolution in China: The Communists and the Second United Front*. Berkeley & Los Angeles: University of California Press.

Katz, Michael B. 2001 *The Price of Citizenship: Redefining the American*

Welfare State. New York: Metropolitan Books.

Katznelson, Ira 2005 When Affirmative Action Was White: An Untold History of Racial Inequality in Twentieth-Century America. New York: Norton.

Katznelson, Ira et al. 1993 "Limiting Liberalism: The Southern Veto in Congress, 1933—1950," Political Science Quarterly, 108:283—306.

Kaufman, Bruce 2003 "John R. Commons and the Wisconsin School on Industrial Relations Strategy and Policy," Industrial and Labor Relations Review, 57:3—30.

——2006 "Industrial Relations and Labor Institutionalism: A Century of Boom and Bust," Labor History, 47:295—318.

Kay, Alex 2006 Exploitation, Resettlement, Mass Murder: Political and Economic Planning for German Occupation Policy in the Soviet Union, 1940—1941. New York: Berghahn Books.

Keegan, John 1978 The Face of Battle. Harmondsworth: Penguin.

Keene, Jennifer 2001 Doughboys, the Great War, and the Remaking of America. Baltimore: Johns Hopkins Press.

Keller, Morton 1994 Regulating a New Society: Public Policy and Social Change in America, 1900—1933. Cambridge, MA: Harvard University Press.

Kenez, Peter 2006 The History of the Soviet Union from the Beginning to the End. Cambridge: Cambridge University Press.

Kennedy, David 1999 Freedom From Fear: The American People in Depression and War, 1929—1945. New York: Oxford University Press.

Kerbo, Harold R. & Richard A. Shaffer 1986 "Unemployment and Protest in the United States, 1890—1940: A Methodological Critique and Research Note," Social Forces 64:1046—1056.

Kershaw, Greet 1997 Mau Mau from Below. Athens: Ohio University Press.

Kershaw, Ian 1998 Hitler, 1889—1936: Hubris. New York: Norton.

——2000 Hitler, 1936—1945: Nemesis. London: Allen Lane.

——2007 Fateful Choices. Ten Decisions that Changed the World 1940—1941. London: Penguin Books.

——2011 The End, The Defiance and Destruction of Hitler's Germany, 1944—

45. London: Penguin Press.

Kersten, Felix, 1956 The Kersten Memoirs, *1940—1945*. London: Hutchinson.

Kessler-Harris, Alice 2001 In Pursuit of Equity: Women, Men, and the Quest for Economic Citizenship in *20*th-Century America. New York: Oxford University Press.

Keynes, John Maynard 1919 The Economic Consequences of the Peace. London: Macmillan.

——**1937** "The General Theory of Employment," Quarterly Journal of Economics, **51**:209—223.

——**1973** The General Theory of Employment Interest and Money. London: Macmillan.

Khlevniuk, Oleg 2004 The History of the Gulag: From Collectivization to the Great Terror. New Haven, CT: Yale University Press.

Kiernan, Kathleen et al. 1998 Lone Motherhood in Twentieth Century Britain. Oxford: Clarendon Press.

Kim, Duol & Ki-Joo Park 2005 "Colonialism and Industrialization: Manufacturing Productivity of Colonial Korea, 1913—1937," working paper.

——**2008** "Colonialism and Industrialisation: Factory Labour Productivity of Colonial Korea, 1913—1937," Australian Economic History Review, **48**:26—46.

Kindleberger, Charles 1986 The World in Depression, *1929—1939*. Berkeley & Los Angeles: University of California Press.

Kirk-Greene, Anthony 2000 Britain's Imperial Administrators, *1858—1966*. Basingstoke: Macmillan; New York: St.Martin's Press.

Kleppner, Paul 1982 Who Voted? The Dynamics of Electoral Turnout, *1870—1980*. New York: Praeger.

Knox, MacGregor 2009 To the Threshold of Power, *1922/33*: Origins and Dynamics of the Fascist and National Socialist Dictatorships, Volume *1*. New York: Cambridge University Press.

Kocka, Juergen 1984 Facing Total War: German Society *1914—1918*. Leamington Spa: Berg.

Kohli, Atul 2004 State-Directed Development: Political Power and Industrialization in the Global Periphery. Cambridge: Cambridge University Press.

Koistinen, Paul 1967 "The Industrial-Military Complex in Historical. Perspective: World War I," *Business History Review*, **41**:378—403.

Kolko, Gabriel 1963 The Triumph of Conservatism; A Re-Interpretation of American History, *1900—1916*. New York: Free Press of Glencoe.

Kornhauser, Arthur 1940 "Analysis of 'Class Structure' of Contemporary American Society" in George Hartman & Theodore Newcomb (eds.), Industrial Conflict: A Psychological Interpretation. New York: Cordon.

——1952 Detroit as the People See It: A Survey of Attitudes in an Industrial City. Detroit: Wayne University Press.

Korstad, Robert 2003 Civil Rights Unionism: Tobacco Workers and the Struggle for Democracy in the Mid-Twentieth-Century South. Chapel Hill: University of North Carolina Press.

Koshar, Rudy 1986 Social Life, Local Politics and Nazism: Marburg, *1880— 1935*. Chapel Hill: University of North Carolina Press.

Kriegel, Annie 1969 Aux origines du communisme francais, *1914—1920*. Paris: Flammarian.

Kroener, Bernard 2003 "Management of human resources, deployment of the population and manning the armed forces in the second half of the war, 1942—144" in Kroener et al.(eds.), Organization and Mobilization of the German Sphere of Power, Part *2*: Wartime Administration, Economy and Manpower Resources, 1942—144/145. Oxford: Clarendon Press.

LaFeber, Walter 1984 Inevitable Revolutions: The United States in Central America. New York: Norton.

——1993 The New Empire: An Interpretation of American Expansion, *1860— 1898*. Ithaca, NY: Cornell University Press.

——1994 The American Age: United States Foreign Policy at Home and Abroad since *1750*. New York: Norton.

Lal, Deepak 2004 In Praise of Empires. Globalization and Order. New York: Palgrave MacMillan.

Langley, Lester D. 1980 The United States and the Caribbean: *1900—1970*. Athens, GA: University of Georgia Press.

Lemke, Douglas 2002 *Regions of War and Peace.* Cambridge: Cambridge University Press.

Lenin, Vladimir I. 1939 *Imperialism, the Highest Stage of Capitalism: A Popular Outline.* New York: International Publishers.

——**1947** "Left-Wing Communism, an Infantile Disorder," his *Selected Works.* Moscow: Progress Publishers.

Lenman, Bruce 2001a *England's Colonial Wars 1550—1688.* London: Longman.

——**2001b** *Britain's Colonial Wars 1688—1783.* London: Longman.

Leonard, Thomas 1991 *Central America and the United States: The Search for Stability.* Athens, GA: University of Georgia Press.

Leuchtenberg, William 1963 *Franklin D. Roosevelt and the New Deal, 1932—1940.* New York: Harper & Row.

Leuchtenburg , William E. 1963 *Franklin D. Roosevelt and the New Deal.* New York: Harper Perennial.

Levine, Steven 1987 *Anvil of Victory: The Communist Revolution in Manchuria, 1945—1948.* New York: Columbia University Press.

Levinson, Jerome & Juan de Onis 1970 *The Alliance That Lost Its Way.* Chicago: Quadrangle Books.

Levy, J. S. 1983 *War in the Modern Great Power System, 1495—1975.* Lexington, KY: University of Kentucky Press.

Levy, Jonah 2005 "Redeploying the State: Liberalization and Social Policy in France" in Wolfgang Streeck & Kathleen Thelen(eds.), *Beyond Continuity: Institutional Change in Advanced Political Economies.* New York: Oxford University Press.

Lewin, Moshe 1985 *The Making of the Soviet System.* London: Methuen.

Lewis, George 2006 *Massive Resistance: The White Response to the Civil Rights Movement.* New York: Oxford University Press.

Lewis, Jane 1992 "Gender and the Development of Welfare Regimes," *Journal of European Social Policy,* **2**:159—173.

Lewis, Jill 1983 "Red Vienna: Socialism in One City, 1918—1927," *European History Quarterly,* **13**:335—354.

Lewis, Joanna 2000 *Empire State-Building. War and Welfare in Kenya,1925—1952*. Athens, OH: Ohio University Press.

Li, Lincoln 1994 *Student Nationalism in China,1924—1949*. Albany, NY: State University of New York Press.

Lichtenstein, Nelson 1992 *Labor's War at Home: The CIO in World War II*. Cambridge: Cambridge University Press.

——2002 *State of the Union: A Century of American Labor*. Princeton, NJ: Princeton University Press.

——2003 *Labor's War at Home: The CIO in World War II*. Philadelphia: Temple University Press.

Lieberman, Robert C. 1998 *Shifting the Color Line: Race and the American Welfare State*. Cambridge, MA: Harvard University Press.

Lieuwen, Edwin 1961 *Arms and Politics in Latin America*. New York: Praeger.

Lim, Taekyoon 2010 "The neoliberalisation of the Korean state: double-faced neoliberal reforms in the post-1997 economic crisis era," unpublished paper, UCLA Dept. of Sociology.

Lin, Justin Yifu & Peilin Liu 2008 "Development Strategies and Regional Income Disparities in China" in Guanghua Wan(ed.), *Inequality and Growth in Modern China*. Oxford: Oxford University Press.

Lin, Yi-Min 2001 *Between Politics and Market Firms, Competition and Institutional Change in Post-Mao China*. New York: Cambridge University Press.

Lindbom, Anders 2008 "The Swedish Conservative Party and the Welfare State: Institutional Change and Adapting Preferences," *Government and Opposition*, **43**:539—560.

Lindert, Peter 1998 "Three centuries of inequality in Britain and America," Department of Economics, University of California at Davis, Working Paper Series No.97-09.

——2004 *Growing Public. Social Spending and Economic Growth since the Eighteenth Century*. Cambridge: Cambridge University Press.

Linz, Juan 1976 "Some Notes Toward a Comparative Study of Fascism in Sociological Historical Perspective" in Walter Laquer(ed.), *Fascism. A*

Reader's Guide. Berkeley & Los Angeles: University of California Press.

Lipset，Seymour Martin 1960 Political Man. New York: Doubleday.

——1963 Political Man. London: Heinemann.

Lipset，Seymour Martin & Gary Marks 2000 It Didn't Happen Here. Why Socialism Failed in the United States. New York: Norton.

Lipset，Seymour & Stein Rokkan 1967 "Cleavage Structures, Party Systems, and Voter Alignments: an Introduction" in their Party systems and voter alignments: Cross-national perspectives. Glencoe, IL: The Free Press.

Little，Douglas 2002 American Orientalism: The United States and the Middle East Since 1945. Chapel Hill: University of North Carolina Press.

Liu，Chang 2003 "Making revolution in Jiangnan. Communists and the Yangzi Delta countryside, 1927—1945," Modern China, 29:3—37.

Liulevicius，Vejas 2000 War Land on the Eastern Front. Cambridge: Cambridge University Press.

Lockwood，William 1954 Economic Development of Japan. Princeton, NJ: Princeton University Press.

Logevall，Frederik 1999 Choosing War: The Lost Chance for Peace and the Escalation of War in Vietnam. Berkeley: University of California Press.

Lone，Stewart 2000 Army, Empire and Politics in Meiji Japan. The Three Careers of General Katsura Tar. New York: St.Martin's Press.

Long，Ngo Vinh 1998 "South Vietnam" in P.Lowe(ed.), op.cit.

López-Calva，Luis & Nora Lustig（eds.）2010 Declining Inequality in Latin America A Decade of Progress? Washington: Brookings Institution Press and United Nations Development Programme.

López de Silanes，Florencio & Alberto Chong 2004 "Privatization in Latin America: What Does the Evidence Say?" Economia, 4:37—111.

Lotveit，Trygve 1979 Chinese Communism 1931—1934. Experience in Civil Government. London: Curzon.

Lowe，Peter 2000 The Korean War. Basingstoke: Macmillan.

Lowenthal，Abraham 1995 The Dominican Intervention. Baltimore, MD: Johns Hopkins University Press.

Lower，Wendy 2005 Nazi Empire-Building and the Holocaust in Ukraine.

Chapel Hill, NC: University of North Carolina Press.

Luebbert, Gregory 1991 "Social Foundations of Political Order in Interwar Europe," *World Politics*, **39**:449—478.

Lundestad, Geir 1998 "Empire" by Invitation: The United States and European Integration, *1945—1997*. New York: Oxford University Press.

Lupher, Mark 1996 Power Restructuring in China and Russia. Boulder, CO: Westview Press.

Lynd, Michael 1999 Vietnam: The Necessary War: A Reinterpretation of America's Most Disastrous Military Conflict. New York: The Free Press.

Lynn, John 1997 Giant of the Grand Siècle: The French Army, *1610—1715*. Cambridge: Cambridge University Press.

Lynn, Martin 2001 "British Trade Policy and Informal Empire in the Mid-Nineteenth Century" in The Oxford History of the British Empire, Vol III, op.cit.

Lyttleton, Adrian 1977 "Revolution and Counter-Revolution in Italy, 918—1922" in Charles L. Bertrand(ed.), Revolutionary Situations in Europe, *1917—1922*: Germany, Italy, Austria-Hungary. Montréal: Centre interuniversitaire d'études europeénnes.

Ma, Debin 2006 "Shanghai-based industrialization in the early 20th century: a quantitative and institutional analysis," Working Papers of the Global Economic History Network, London School of Economics, No.18/06.

Ma, Xiaoying & Leonard Ortolano 2000 Environmental Regulation in China: Institutions, Enforcement, and Compliance. Lanham, MD: Rowman & Littlefield.

MacFarquhar, Roderick 1983 The Origins of the Cultural Revolution. Vol II: The Great Leap, *1958—1960*. New York: Columbia University Press.

Mackay, Robert 2002 Half the Battle. Civilian Morale in Britain during the Second World War. Manchester: Manchester University Press.

Maddison, Angus 1982 Phases of Capitalist Development. Oxford: Oxford University Press.

——**1998** Chinese Economic Performance in the Long Run. Paris: OECD Development Centre.

——**2001** The World Economy: A Millennial Perspective. Paris: OECD.

——**2007** Contours of the World Economy, *1—2030* AD. Oxford: Oxford University Press.

Mäher，Neu 2008 Nature's New Deal: The Civilian Conservation Corps and the Roots of the American Environmental Movement. New York: Oxford University Press.

Mahler，Vincent & David Jesuit 2006 "Fiscal redistribution in the developed countries: new insights from the Luxembourg Income Study," *Socio-Economic Review*, 4:483—511.

Mahoney，James 2001 The Legacies of Liberalism: Path Dependence and Political Regimes in Central America. Baltimore: Johns Hopkins University Press.

Maier，Charles 1987 "The two postwar eras and the conditions for stability in twentieth-century Western Europe" in his *In Search of Stability*. Cambridge: Cambridge University Press.

Malesevic，Sinisa 2010 The Sociology of War and Violence. Cambridge: Cambridge University Press.

Mamdani，Mahmood 1996 Citizen and Subject: Contemporary Africa and the Legacy of Late Colonialism. Princeton: Princeton University Press.

Mandel，David 1983 The Petrograd Workers and the Fall of the Old Regime: From the February Revolution to the July Days, *1917*. London: MacMillan.

Mann，Michael 1993 The Sources of Social Power, Vols. I & II. Cambridge: Cambridge University Press.

——**1988a** "The autonomous power of the state: Its origins, mechanisms and results" in M. Mann (ed.), *States, War and Capitalism*. Oxford: Basil Blackwell.

——**1996** "The contradictions of continuous revolution" in Ian Kershaw & Moshe Lewin(eds.), *Stalinism and Nazism: Dictatorships in Comparison*. Cambridge: Cambridge University Press.

——**2004** Fascists. Cambridge: Cambridge University Press.

——**2005** The Dark Side of Democracy: Explaining Ethnic Cleansing. New York: Cambridge University Press.

——2006 "The sources of social power revisited: a response to criticism" in John Hall & Ralph Schroeder(eds.), *An Anatomy of Power. The Social Theory of Michael Mann*. Cambridge: Cambridge University Press.

——2008 "Infrastructural power revisited," *Studies in Comparative International Development*, **43**:355—365.

Manning, Jonathan 1997 "Wages and purchasing power" in Winter & Robert, op.cit.

Manza, Jeff 2000 "Political sociological models of the U.S. New Deal," *Annual Review of Sociology*, **26**:297—322.

Mares, David 2001 *Violent Peace: Militarized Interstate Bargaining in Latin America*. New York: Columbia University Press.

Marshall, Peter 2001 "Introduction," *The Oxford History of the British Empire*, Vol.II, op cit.

Marshall, T.H. 1963 "Citizenship and social class" in his *Sociology at the Crossroads*. London: Heinemann.

Martin, Benjamin 1999 *France and the Après Guerre 1918—1924: Illusions and Disillusionment*. Baton Rouge: Louisiana State University Press.

Martin, Terry 2001 *The Affirmative Action Empire. Nations and Nationalism in the Soviet Union, 1923—1939*. Ithaca, NY: Cornell University Press.

Marwick, Arthur 1991 *The Deluge: British Society and the First World War*. London: Macmillan.

Marx, Karl 1959 *Capital*, Vol.III. New York: International Publishers.

Marx, Sally 2002 *The Ebbing of European Ascendency: An International History of the World, 1914—1945*. Oxford: Oxford University Press.

Matsusaka, Yoshihisa 2001 *The Making of Japanese Manchuria, 1904—1932*. Cambridge, MA: Harvard University Press.

Maurin, Jules 1982 *Armée-Guerre-Societé: Soldats Languedociens, 1899—1919*. Paris: Sorbonne.

Mawdsley, Evan 1978 *The Russian Revolution and the Baltic Fleet: War and Politics, February 1917—April 1918*. London: Macmillan.

——2005 *Thunder in the East: The Nazi-Soviet War, 1941—1945*. London: Hodder Arnold.

May, Ernest 2000 *Strange Victory: Hitler's Conquest of France*. New York: Hill and Wang.

Mayer, Joseph 1977 "Internal Crisis and War since 1870" in Charles L. Bertrand(ed.), *Revolutionary Situations in Europe, 1917—1922.*

McAuley, Mary 1991 *Bread and Justice: State and Society in Petrograd, 1917—1922*. Oxford: Clarendon Press.

McBeth, Brian 2001 *Gunboats, Corruption, and Claims: Foreign Intervention in Venezuela, 1899—1908*. Westport, Connecticut, and London: Greenwood Press.

McCammon, Holly 1993 "From Repressive Intervention to Integrative Prevention: The U.S.State's Legal Management of Labor Militancy, 1881—1978," *Social Forces*, **71**:569—601.

McCrillis, Neal 1998 *The British Conservative Party in the Age of Universal Suffrage: Popular Conservatism, 1918—1929*. Columbus, OH: Ohio State University.

McKean, Robert 1990 *St.Petersburg Between the Revolutions: Workers and Revolutionaries, June 1907—February 1917*. New Haven, CT: Yale University Press.

McKercher, Brian 1999 *Transition of Power: Britain's Loss of Global Pre-eminence to the United States, 1930—1945*. Cambridge: Cambridge University Press.

McKibbin, Ross 1984 "Why was there no Marxism in Great Britain?" *English Historical Review*, **49**:297—331.

——**1998** *Classes and Cultures: England 1918—1951*. Oxford: Oxford University Press.

McLean, David 1995 *War, Diplomacy and Informal Empire: Britain, France and Latin America, 1836—1852*. London: Tauris.

McLean, Iain 1983 *The Legend of Red Clydeside*. Edinburgh: John Donald Publishers.

McMillan, James 2004 "The Great War and Gender Relations the Case of French Women and the First World War Revisited" in Gail Braybon(ed.), *Evidence, History and the Great War: Historians and the Impact of 1914—*

1918. Oxford: Berghahn Books.

Mead, Walter Russell 2001 *Special Providence: American Foreign Policy and How It Changed the World*. New York: Century Foundation/Knopf.

Meaker, Gerald 1974 *The Revolutionary Left in Spain 1914—1923*. Stanford: Stanford University Press.

Megargee, Geoffrey 2006 *War of Annihilation: Combat and Genocide on the Eastern Front, 1941*. Lanham: Rowan & Littlefield.

Melancon, Michael 1997 "The Left Socialist Revolutionaries and the Bolshevik Uprising" in Vladimir Brovkin(ed.), *The Bolsheviks in Russian Society: The Revolution and the Civil Wars*. New Haven: Yale University Press.

Merkl, Peter 1980 *The Making of a Stormtrooper*. Princeton, NJ: Princeton University Press.

Mettler, Suzanne 1999 *Dividing Citizens: Gender and Federalism in New Deal Public Policy*. Ithaca, NY: Cornell University Press. Berkeley & Los Angeles: University of California Press

Metzler, Mark 2006 *Lever of Empire: The International Gold Standard and the Crisis of Liberalism in Prewar Japan*. Berkeley & Los Angeles: University of California Press.

Meyer, John et al. 1997 "World society and the nation-state," *American Journal of Sociology*, **103**:144—181.

Middlebrook, Martin 1972 *The First Day on the Somme, 1 July 1916*. New York: Norton.

Middlemas, Keith 1979 *Politics in Industrial Society, The Experience of the British System Since 1911*. London, Andre Deutsch.

Migdal, Joel 1974 *Peasants Politics, and Revolution*. Princeton, NJ: Princeton University Press.

Milanovic, Branko, Peter Lindert & Jeffrey Williamson 2011 "Measuring Ancient Inequality," *National Bureau of Economic Research*, Working Paper No.13550.

Miller, Edward 2007 *Bankrupting the Enemy: The US Financial Siege of Japan Before Pearl Harbor*. Annapolis, MD: Naval Institute Press.

Minami，Ryoshin 1994 The Economic Development of Japan: A Quantitative Study. Basingstoke, Hants: Macmillan.

Mink，Gwendolyn 1995 The Wages of Motherhood: Inequality in the Welfare State, *1917—1942*. Ithaca, NY: Cornell University Press.

Misra，Maria 2003 "Lessons of Empire: Britain and India," SAIS Review, 23:133—153.

Mitchener，Kris & Marc Weidenmier 2008 "Trade and Empire," Economic Journal, **118**:1805—1834.

Mitter，Rana 2000 The Manchurian Myth: Nationalism, Resistance, and Collaboration in Modern China. Berkeley & Los Angeles: University of California Press.

Moeller，Robert 1986 German Peasants and Agrarian Politics, *1914—1924*: The Rhineland and Westphalia. Chapel Hill: University of North Carolina Press.

Mommsen，Hans 1996 The Rise and Fall of Weimar Democracy. Chapel Hill, NC: University of North Carolina Press.

Moore，Barrington 1967 Origins of Dictatorship and Democracy. Boston: Beacon Press.

——**1978** Injustice: The Social Bases of Obedience and Revolt. White Plains, NY: M.E.Sharpe.

Moore，Robin 2001 "Imperial India, 1858—1914" in The Oxford History of the British Empire, Vol.III, op.cit.

Morgan，David 1975 The Socialist Left and the German Revolution: A History of the German Independent Social Democratic Party, *1917—1922*. Cornell University Press.

Morgan，Stephen & Shiyung Liu 2007 "Was Japanese Colonialism Good for the Welfare of Taiwanese? Stature and the Standard of Living," China Quarterly, **192**:990—1013.

Mosk，Carl 2001 Japanese Industrial History: Urbanization, and Economic Growth. London: M.E.Sharpe.

Moulton，Harold 1935 The Formation of Capital. Washington, DC: The Brookings Institution.

Moure，Kenneth 2002 The Gold Standard Illusion: France, the Bank of

France, and the International Gold Standard, *1914—1939*. New York: Oxford University Press.

Mouton, Michelle 2007 From Nurturing the Nation to Purifying the Volk: Weimar and Nazi Family Policy, *1918—1945*. Cambridge: Cambridge University Press.

Mueller, Rolf-Dieter 2003 "Speer and Armaments Policy in Total war" in Kroener et al.(eds.), op.cit.

Murphy, David 2006 What Stalin Knew: The Enigma of Barbarossa. New Haven: Yale University Press.

Murphy, Kevin 2005 Revolution and Counterrevolution: Class Struggle in a Moscow Metal Factory. Oxford: Berghahn Books.

Myers, Ramon 1989 "The world depression and the Chinese economy 1930— 1936" in Ian Brown(ed.), The Economies of Africa and Asia in the Interwar Depression. London: Routledge.

Nakamura, Takafusa 1988 "Depression, recovery, and war, 1920—1945" in Duus(ed.), The Cambridge History of Japan, op.cit.

Nakamura, Yoshihisa & Ryoichi Tobe 1988 "The Imperial Japanese Army and Politics," Armed Forces and Society, 14:511—525.

Naoroji, Dadabhai 1887 Essays, Speeches, Addresses and Writings. Bombay: Caxton Printing Works.

Neiberg, Michael 2005 Fighting the Great War: A Global History. Cambridge, MA: Harvard University Press.

Nelson, Bruce 2003 Divided We Stand: American Workers and the Struggle for Black Equity. Princeton, NJ: Princeton University Press.

Nelson, Daniel 1969 Unemployment Insurance: The American Experience, *1915—1935*. Madison: University of Wisconsin Press.

——**2001** "The Other New Deal and Labor: The Regulatory State and the Unions, 1933—1940," Journal of Policy History, 13:367—390.

Ninkovich, Frank 1999 The Wilsonian Century: U. S Foreign Policy since *1900*. Chicago: University of Chicago Press.

——**2001** The United States and Imperialism. New York: John Wiley.

Nish, Ian(ed.) 1998 The Iwakura Mission in America and Europe: A New

Assessment. Richmond, Surrey: Curzon Press.

——2002 Japanese Foreign Policy in the Interwar Period. Westport, CT: Praeger.

Nolan, Michael 2005 The Inverted Mirror: Mythologizing the Enemy in France and Germany. New York: Berghahn Books.

Novak, William J. 2008 "The Myth of the 'Weak' American State," American Historical Review, 113:752—772.

Novkov, Julie 2001 Constituting Workers, Protecting Women: Gender, Law and Labor in the Progressive Era and New Deal Years. Ann Arbor: University of Michigan Press.

Nye, Joseph 2004 Soft Power: The Means to Success in World Politics. New York: PublicAffairs.

O'Brien, Patrick 2004 "Colonies in a Globalizing Economy 1815—1948," LSE Department of Economic History, Working Papers of the Global Economic History Network, No.08/04.

O'Brien, Patrick & Leandro Prados de la Escosura(eds.) 1998 "The Costs and Benefits for Europeans from their Empires Overseas," special issue of Revista de Historia Economica, i:29—92.

O'Brien, Ruth 1998 Workers' Paradox: The Republican Origins of New Deal Labor Policy, 1886—1935. Chapel Hill, NC: University of North Carolina Press.

O'Connor, Alice 2001 Poverty Knowledge: Social Science, Social Policy and the Poor in Twentieth-Century U. S. History. Princeton, NJ: Princeton University Press.

O'Rourke, Kevin & Jeffrey G. Williamson 2002 "After Columbus: Explaining Europe's Overseas Trade Boom, 1500—1800," Journal of Economic History, 62:417—456.

Obstfeld, Maurice & Alan Taylor 2004 Global Capital Markets: Integration, Crisis and Growth. New York: Cambridge University Press.

Odaka, Konosuke 1999 "'Japanese-Style' Labour Relations" in Tetsuji Okazaki & Masahiro Okuno-Fujiwara (eds.), The Japanese Economic System and its Historical Origins. Oxford: Oxford University Press.

Offe, Claus & V. Ronge 1974 "Theses on the theory of the state" in

Anthony Giddens & David Held (eds.), *Classes, Power and Conflict.* Berkeley & Los Angeles: University of California Press.

Offer, Avner 1989 *The First World War: An Agrarian Interpretation.* Oxford: Clarendon Press.

——**1995** "Going to War in 1914: A Matter of Honor?" *Politics & Society,* 23:213—241.

Offner, John 1992 *An Unwanted War: The Diplomacy of the United States and Spain over Cuba, 1895—1898.* Chapel Hill, NC: University of North Carolina Press.

Ohlmeyer, Jane 2001 "Civilizinge of Those Rude Partes: Colonisation within Britain and Ireland, 1580—1640" in *The Oxford History of the British Empire,* Vol I, op.cit.

Olds, Kelly 2003 "The Biological Standard of Living in Taiwan under Japanese Occupation," *Economics and Human Biology,* 1:187—206.

Olson, James 1988 *Saving Capitalism: The Reconstruction Finance Corporation and the New Deal, 1933—1940.* Princeton, NJ: Princeton University Press.

Orren, Karen 1993 *Belated Feudalism: Labor, the Law, and Liberal Development in the United States.* New York: Cambridge University Press.

Overy, Richard 1999 *The Road to War.* London: MacMillan.

Paige, Jeffrey 1997 *Coffee and Power: Revolution and the Rise of Democracy in Central America.* Cambridge, MA: Harvard University Press.

Pakenham, Thomas 1991 *The Scramble for Africa.* New York: Random House.

Pamuk, Sevket 2005 "The Ottoman economy in World War I" in Broadberry & Harrison, op.cit.

Park, James 1995 *Latin American Underdevelopment: A History of Perspectives in the United States, 1870—1965.* Baton Rouge: Louisiana State University Press.

Parker, Robert 1993 *Chamberlain and Appeasement: British Policy and the Coming of the Second World War.* London: Macmillian.

Parthasarathi, Prasannan 2001 *The Transition to a Colonial Economy: Weavers, Merchants and Kings in South India, 1720—1800.* Cambridge:

Cambridge University Press.

Patterson, James 1967 *Congressional Conservatism and the New Deal.* Lexington, KY: University of Kentucky Press.

Paulson, David 1989 "Nationalist guerillas in the Sino-Japanese War: the 'die-hards' of Shandong Province" in Hartford & Goldstein, *Single Sparks,* op.cit.

Paxton, Robert 2004 The Anatomy of Fascism. London: Penguin.

Peattie, Mark 1975 Ishiwara Kanji and Japan's Confrontation with the West. Princeton, NJ: Princeton University Press.

——**1988** "The Japanese colonial empire, 1895—1945" in Duus(ed.), The Cambridge History of Japan, op.cit.

——**1996** "Nanshin: the Southward Advance, 1931—1941" in Duus(ed.), op.cit.

Pedersen, Susan 1993 *Family, Dependence and the Origins of the Welfare State: Britain and France, 1914—1945.* Cambridge: Cambridge University Press.

Pedroncini, Guy 1967 *Les mutineries de 1917.* Paris: Presses Universitaires de France.

Pepper, Suzanne 1999 Civil War in China. The Political Struggle, *1945—1949.* Berkeley & Los Angeles: University of California Press.

Perez, Louis Jr. 1983 *Cuba Between Empires, 1878—1902.* Pittsburgh: Pittsburgh University Press.

——**1990** Cuba and the United States: Ties of Singular Intimacy. Athens, GA: University of Georgia Press.

——**1998** The War of *1898*: The United States and Cuba in History and Historiography. Chapel Hill, NC: University of North Carolina Press.

Perkins, Dwight 1975 "Growth and changing structure of China's twentieth-century economy" in D. Perkins (ed.), *China's Modern Economy in Historical Perspective.* Stanford, CA: Stanford University Press.

Perkins, Frances 1946 *The Roosevelt I Knew.* New York: Harper.

Perry, Elizabeth 1980 *Rebels and Revolutionaries in North China, 1845—1945.* Stanford, CA: Stanford University Press.

——1984 "Collective violence in China, 1880—1980," *Theory and Society*, **13**:427—454.

——1993 *Shanghai on Strike: The Politics of Chinese Labor*. Stanford, CA: Stanford University Press.

Piketty, Thomas & Emmanuel Saez 2003 "Income Inequality in the United States, 1913—1998," *Quarterly Journal of Economics*, **118**:1—39.

Pipes, Richard 1990 *The Russian Revolution*. New York: Knopf.

Pirani, Simon 2008 *The Russian Revolution in Retreat, 1920—1924*: Soviet Workers and the New Communist Elite. New York: Routledge.

Pletcher, David 1998 *Diplomacy of Trade and Investment: American Economic Expansion in the Hemisphere, 1865—1900*. Columbia, MS: University of Missouri Press.

Plotke, David 1996 *Building a Democratic Political Order: Reshaping American Liberalism in the 1930s and 1940s*. New York: Cambridge University Press.

Polanyi, Karl 1957 *The Great Transformation: The Political and Economic Origins of Our Time*. Boston: Beacon Press.

Pomeroy, William 1974 "The Philippines: a Case History of Neocolonialism" in Mark Selden(ed.), *Remaking Asia. Essays on the Use of American Power*. New York: Pantheon.

Porter, Andrew 2001a "Introduction," *The Oxford History of the British Empire*, Vol III, opcit.

Porter, Bernard 2004 *The Lion's Share. A Short History of British Imperialism, 1850—2004*. Harlow: Longman.

——2005 *The Absent-Minded Imperialists: What the British Really Thought About Empire*. Oxford: Oxford University Press.

——2006 *Empire and Superempire: Britain, America and the World*. New Haven, CT: Yale University Press.

Post, Gaines Jr. 1993 *Dilemmas of Appeasement: British Deterrence and Defense, 1934—1937*. Ithaca, NY: Cornell University Press.

Poulantzas, Nikos 1974 *Fascisme et dictature*. Paris: Seuil/Maspero.

Pratt, Edward 1999 *Japan's Proto-Industrial Elite: The Economic Foundations* of the Gono. Cambridge, MA: Harvard University Asia Center.

Procida, Mary 2002 Married to the Empire: Gender, Politics and Imperialism in India, *1883—1947*. Manchester: Manchester University Press.

Prost, Antoine 1964 La C.G.T., *1914—1939*. Paris: Colin.

Quadagno, Jill 1984 "Welfare capitalism and the Social Security Act of 1935," American Sociological Review, **49**:632—647.

——1994 The Color of Welfare. New York: Oxford University Press.

Rabinbach, Anson 1985 The Austrian Socialist Experiment: Social Democracy and Austromarxism, *1918—1934*. Boulder, CO: Westview Press.

Rabinowitch, Alexander 2004 The Bolsheviks Come to Power. Chicago: Haymarket Books.

Raleigh, Donald 2003 Experiencing Russia's Civil War: Politics, Society and Revolutionary Culture in Saratov *1917—1922*. Princeton, NJ: Princeton University Press.

Rappoport, Peter & Eugene White 1993 "Was There a Bubble in the 1929 Stock Market?" The Journal of Economic History, **53**:549—474.

——1994 "Was the Crash of 1929 Expected?" American Economic Review, **84**:271—281.

Rawski, Thomas 1989 Economic Growth in Prewar China. Berkeley & Los Angeles: University of California Press.

Ray, Rajat Kanta 2001 "Indian Society and the Establishment of British Supremacy, 1765—1818" in The Oxford History of the British Empire, Vol II, op.cit.

——2003 The Felt Community: Commonality and Mentality before the Emergence of Indian Nationalism. New York: Oxford University Press.

du Réau, Elisabeth 1993 Edouard Daladier, *1884—1970*. Paris: Fayard.

Reid, Richard 2007 War in Pre-Colonial Eastern Africa. London & Nairobi: The British Institute.

Renton, David 2000 Fascism: Theory and Practice. London: Pluto.

Reynolds, Lloyd 1985 Economic Growth in the Third World. New Haven, CT: Yale University Press.

Richardson, David 2001 "The British Empire and the Atlantic Slave Trade

1660—1807" in *The Oxford History of the British Empire, Vol II*, op.cit.

Richardson, Philip 1999 *Economic Change in China, c. 1800—1950*. Cambridge: Cambridge University Press.

Riddell, Neil 1999 *Labour in Crisis: The Second Labour Government, 1929—1931*. Manchester: Manchester University Press.

Riga, Liliana 2009 "The ethnic roots of class universalism: rethinking the 'Russian' revolutionary elite," *American Journal of Sociology*, 115:649—705.

Riley, Dylan 2005 "Civic Associations and Authoritarian Regimes in Interwar Europe: Italy and Spain in Comparative Perspective," *American Sociological Review*, 70:288—310.

——2010 *The Civic Foundations Of Fascism In Europe: Italy, Spain, and Romania, 1870—1945*. Baltimore, MD: Johns Hopkins University Press.

Ritschl, Albrecht 2005 "The pity of peace: Germany's economy at war, 1914—1918 and beyond" in Broadberry & Harrison, op.cit.

Robertson, David 2000 *Capital, Labor, and State: The Battle for American Labor Markets from the Civil War to the New Deal*. Lanham, MD: Rowman & Littlefield.

Robinson, David 2000 *Paths of Accommodation: Muslim Societies and French Colonial Authorities in Senegal and Mauritania, 1880—1920*. Athens, OH: Ohio University Press.

Robinson, Robert 1984 "Imperial Theory and the Question of Imperialism after Empire" in Robert F.Holland & Gowher Rizvi(eds.), *Perspectives on Imperialism and Decolonization*. London: Frank Cass.

Roces, Mina 2002 "Women in Philippine Politics and Society" in Mcferson, op.cit.

Rockoff, Hugh 1998 "The United States: from ploughshares to swords" in Mark Harrison(ed.), *The Economics of World War II: Six Great Powers in International Comparison*. Cambridge: Cambridge University Press.

——2005 "Until it's over, over there: the US economy in World War I" in Broadberry & Harrison, op.cit.

Rodgers, Daniel 1998 *Atlantic Crossings: Social Politics in a Progressive Age*.

Cambridge, MA: Harvard University Press.

Romer，Christina 1990 "The great crash and the onset of the Great Depression," *Quarterly Journal of Economics,* **105**:597—624.

——**1992** "What Ended the Great Depression?" *Journal of Economic History,* **52**:757—784.

——**1993** "The nation in depression," *Journal of Economic Perspectives,* 7:19—39.

Roorda，Eric 1998 *The Dictator Next Door: The Good Neighbor Policy and the Trujillo Regime in the Dominican Republic, 1930—1945*. Durham, NC: Duke University Press.

Rosen，Nir 2010 *Aftermath*. New York: Perseus.

Rosenberg，Emily 1982 *Spreading the American Dream: American Economic and Cultural Expansion 1890—1945*. London: Macmillan.

——**1999** *Financial Missionaries to the World: The Politics and Culture of Dollar Diplomacy, 1900—1930*. Cambridge, MA: Harvard University Press.

Rossino，Alexander 2003 *Hitler Strikes Poland: Blitzkrieg, Ideology and Atrocity*. Lawrence, KS: University Press of Kansas.

Rossman，Jeffrey 2005 *Worker Resistance under Stalin: Class and Revolution on the Shop Floor*. Cambridge, MA: Harvard University Press.

Rothenberg，Gunther 1977 "The Habsburg Army in the First World War: 1914—1918" in Robert Kann et al.(eds.), *The Habsburg Empire in World War I*, pp.73—86. Boulder, CO: East European Quarterly.

Rothermund，Dietmar 1996 *The Global Impact of the Great Depression*. London: Routledge.

Routh，Guy 1980 *Occupation and Pay in Great Britain 1906—1979*. Basingstoke, Hants: Macmillan.

Roy，Tirthankar 1999 *Traditional Industry in the Economy of Colonial India*. Cambridge: Cambridge University Press.

——**2000** *The Economic History of India 1857—1947*. Delhi: Oxford University Press.

Roy，William 1997 *Socializing Capital: The Rise of the Large Industrial Corporation in America*. Princeton, NJ: Princeton University Press.

Roy, William & Rachel Parker-Gwin 1999 "How Many Logics of Collective Action?" Theory and Society, 28:203—237.

Rutherford, Malcolm 2006 "Wisconsin Institutionalism: John R. Commons and His Students," Labor History, 47:161—188.

Ryder, A. J. 1967 The German Revolution of 1918: A Study of German Socialism in War and Revolt. Cambridge: Cambridge University Press.

Salvatorelli, Luigi 1923 Nazional-fascismo. Turin: Gobetti.

Samuelson, Lennart 2000 Plans for Stalin's War Machine: Tukhachevskii and Military-Economic Planning, 1925—1941. Basingstoke, Hants: Macmillan.

Sanders, Elizabeth 1999 Roots of Reform: Farmers, Workers and the American State, 1877—1917. Chicago: University of Chicago Press.

Sarti, Roland 1971 Fascism and the Industrial Leadership in Italy, 1919—1940: A Study in the Expansion of Private Power under Fascism. Berkeley & Los Angeles: University of California Press.

Sato, Shigeru 1994 War, Nationalism and Peasants. London: M.E.Sharpe.

Saul, Norman E. 1978 Sailors in Revolt: The Russian Baltic fleet in 1917. Lawrence, KS: Regents Press of Kansas.

Saul S. B. 1960 Studies in British Overseas Trade, 1870—1914. Liverpool: Liverpool University Press.

Schlabach, Theron 1969 Edwin Witte: Cautious Reformer. Madison, WI: State Historical Society of Wisconsin.

Schlesinger, Arthur Jr. 1960 The Age of Roosevelt: The Politics of Upheaval. Vol.III. Boston: Houghton Mifflin.

Schmidt, Hans 1998 Maverick Marine: General Smedley D. Butler and the Contradictions of American Military History. Lexington, KY: University Press of Kentucky.

Schmitt, Hans 1988 Neutral Europe between War and Revolution, 1917—1923. Charlottesville: University Press of Virginia.

Schmitter, Philippe 1974 "Still the Century of Corporatism?" Review of Politics, 36:85—131.

Schoonover, Thomas 1991 The United States in Central America, 1860—1911. Durham, NC: Duke University Press.

——2003 Uncle Sam's War of *1898* and the Origins of Globalization. Lexington: University Press of Kentucky.

Schoultz，Lars 1998 *Beneath the United States: A History of U.S. Policy Toward Latin America.* Cambridge, MA: Harvard University Press.

Schroeder，Ralph 2007 *Rethinking Science, Technology and Social Change.* Stanford: Stanford University Press.

——2011 *An Age of Limits: Social Theory for the 21ˢᵗ Century*, unpublished ms.

Schultze，Max-Stephan 2005 "Austria-Hungary's economy in World War I" in Broadberry & Harrison, op.cit.

Schumpeter，Joseph 1957 *Capitalism, Socialism and Democracy.* New York: Harper.

——1961 *The Theory of Economic Development*, New York: Oxford University Press.

——1982 *Business Cycles*, 2 vols. Philadelphia: Porcupine Press.

Schwartz，Stuart(ed.) 2004 *Tropical Babylons: Sugar and the Making of the Atlantic World,1450—1680*. Chapel Hill, NC: University of North Carolina Press.

Schwarz，Jordan 1993 *The New Dealers.* New York: Knopf.

Selden，Mark 1971 *The Yenan Way in Revolutionary China.* Cambridge, MA: Harvard University Press.

——1995 "Yan'an communism reconsidered," *Modern China*, **21**:8—44.

Sen，Sudipta 2002 *Distant Sovereignty: National Imperialism and the Origins of British India.* New York: Routledge.

Service，Robert 1997 *A History of Twentieth-Century Russia.* London: Allen Lane, Penguin.

Shanin，Theodor(ed.) 1971 *Peasants and Peasant Societies.* Harmondsworth, Middlesex: Penguin.

Sharkey，Heather 2003 *Living with Colonialism: Nationalism and Culture in the Anglo-Egyptian Sudan.* Berkeley & Los Angeles: University of California Press.

Shearer，David 1996 *Industry, State, and Society in Stalin's Russia, 1926—1934*. Ithaca, NY: Cornell University Press.

Shefter, Martin 1994 *Political Parties and the State: The American Historical Experience*. Princeton, NJ: Princeton University Press.

Shils, Edward & Morris Janowitz 1948 "Cohesion and Disintegration in the Wehrmacht in World War II," *Public Opinion Quarterly*, 12:280—315.

Shimazu, Naoko 2009 *Japanese Society At War: Death, Memory and the Russo-Japanese War*. Cambridge: Cambridge University Press.

Shin, Gi-Wook et al.（eds.）2006 *Rethinking Historical Injustice and Reconciliation in Northeast Asia: Korean Experience*. London: Routledge.

Shlaes, Amity 2008 *The Forgotten Man: A New History of the Great Depression*. New York: Harper Collins.

Shum, Kui-Kwong 1988 *The Chinese Communists' Road to Power: The Anti-Japanese National United Front, 1935—1945*. Oxford: Oxford University Press.

Siegelbaum, Lewis H. 1983 *The Politics of Industrial Mobilization in Russia, 1914—1917: A Study of the War-Industries Committees*. New York: St. Martin's Press.

Silbey, David 2005 *The British Working Class and Enthusiasm for War, 1914—1916*. London: Frank Cass.

Silver, Beverly 2003 *Forces of Labor: Workers' Movements and Globalization since 1870*. Cambridge: Cambridge University Press.

Simon, Matthew 1968 "The pattern of new British portfolio investment, 1865—1914" in A. R. Hall(ed.), *The Export of Capital from Britain 1870—1914*. London: Methuen.

Sinha, Mrinalini 1995 *Colonial Masculinity: The "Manly Englishman" and the "Effeminate Bengali" in the Late Nineteenth Century*. Manchester: Manchester University Press.

Sirianni, Carmen 1980 "Workers' Control in the Era of World War I: A Comparative Analysis of the European Experience," *Theory and Society*, 9:29—88.

Skidelsky, Robert 1983 *John Maynard Keynes: Hopes Betrayed*. London: Macmillan.

Sklar, Martin 1988 *The Corporate Reconstruction of American Capitalism,*

1890—1916. Cambridge: Cambridge University Press.

Skocpol, Theda 1979 *States and Social Revolutions*. Cambridge: Cambridge University Press.

——1980 "Political Response to Capitalist Crisis: Neo-Marxist Theories of the State and the Case of the New Deal," *Politics & Society*, **10**:155—202.

——1992 *Protecting Soldiers and Mothers: The Political Origins of Social Policy in the United States*. Cambridge, MA: Harvard University Press.

Skocpol Theda & Edward Amenta 1985 "Did Capitalists Shape Social Security?" *American Sociological Review*, **50**:572—575.

Skocpol, Theda & John Ikenberry 1983 "The Political Formation of the American Welfare State in Historical and Comparative Perspective," *Comparative Social Research*, **6**:84—147.

Smil, Vaclav 2005 *Creating the Twentieth Century: Technical Innovations of 1867—1914 and their Lasting Impact*. Oxford: Oxford University Press.

Smiley, Gene 2000 "A Note on New Estimates of the Distribution of Income in the 1920s," *The Journal of Economic History*, **60**:1120—1128.

——2002 *Rethinking the Great Depression*. Chicago: Ivan Dee.

Smith, Jason 2006 *Building New Deal Liberalism: The Political Economy of Public Works, 1933—1956*. New York: Cambridge University Press.

Smith, Jeffrey 2007 *A People's War: Germany's Political Revolution, 1913—1918*. Lanham, MD: University Press of America.

Smith, Jeremy 1999 *The Bolsheviks and the National Question, 1917—1923*. New York: St.Martin's.

Smith, Robert 1989 *Warfare and Diplomacy in Pre-Colonial West Africa*. London: James Currey.

Smith, Steve 1983 *Red Petrograd: Revolution in the Factories, 1917—1918*. Cambridge: Cambridge University Press.

Smith, Thomas 1988 *Native Sources of Japanese Industrialization, 1750—1920*. Berkeley & Los Angeles: University of California Press.

Smith, Timothy 2003 *Creating the Welfare State in France, 1880—1940*. Montreal and Kingston: McGill-Queen's University Press.

Snyder, Jack 1991 *Myths of Empire*. Ithaca, NY: Cornell University Press.

Snyder, Timothy 2010 *Bloodlands: Europe Between Hitler and Stalin*. New York: Basic Books.

Sombart, Werner 1976 *Why is There No Socialism in America?* New York: Sharpe.

Soucy, Robert 1992 *Le Fascisme français, 1924—1933*. Paris: Presses Universitaires de France.

St. Antoine, Theodore 1998 "How the Wagner Act came to be. A prospectus," *Michigan Law Review*, **96**:2201—2221.

Stacey, Judith 1983 *Patriarchy and Socialist Revolution in China*. Berkeley & Los Angeles: University of California Press.

Steckel, Richard 2002 "A History of the Standard of Living in the United States," *EH. Net Encyclopedia*, http://eh. net/encyclopedia/article/steckel. standard.living.us.

Steinberg, Mark 2001 *Voices of Revolution, 1917*. New Haven, CT: Yale University Press.

Steindl, Frank 2005 "Economic Recovery in the Great Depression," *EH.Net Encyclopedia*, http://eh.net/encyclopedia/article/Steindl.

Steiner, Zara 2005 *The Lights That Failed: European International History, 1919—1933*. Oxford: Oxford University Press.

Stepan-Norris, Judy & Maurice Zeitlin 2003 *Left Out: Reds and America's Industrial Unions*. New York: Cambridge University Press.

Stephens, John 1980 *The Transition From Capitalism to Socialism*. London: Macmillan.

Stoler, Anne 2002 *Carnal Knowledge and Imperial Power: Race and the Intimate in Colonial Rule*. Berkeley & Los Angeles: University of California Press.

Stone, David 2000 *Hammer and Rifle: The Militarization of the Soviet Union, 1926—1933*. Lawrence, KS: University Press of Kansas.

Stone, Norman 1975 *The Eastern Front, 1914—1918*. New York: Scribner.

Stouffer, Samuel et al. 1949 *The American Soldier: Studies in Social Psychology in World War II. Vol II: Combat and Its Aftermath*. Princeton, NJ: Princeton University Press.

Strachan, Hew 2001 *The First World War: To Arms*. New York: Oxford University Press.

Strauss, Julia 1998 *Strong Institutions in Weak Polities: State Building in Republican China, 1927—1940*. Oxford: Clarendon Press.

Stryker, Robin 1989 "Limits on the Technocratization of the Law: The Elimination of the National Labor Relations Board's Division of Economic Research," *American Sociological Review*, **54**:341—358.

Subrahmanyam, Gita 2004 "Schizophrenic governance and fostering global inequalities in the British Empire: the UK domestic state versus the Indian and African colonies, 1890—1960," unpublished paper.

Sugihara, Kaoru 2000 "The East Asian Path of Economic Development: A Long-term Perspective," *Discussion Papers in Economics and Business*, *00—17*, Graduate School of Economics, Osaka University.

——2004 "Japanese imperialism in global resource history," *LSE Working Papers of the Global Economic History Network*, No.07/04.

Sullivan, Patricia 1996 *Days of Hope: Race and Democracy in the New Deal Era*. Chapel Hill, NC: University of North Carolina Press.

Sumner, William Graham 1899 "The Conquest of the United States by Spain," *Yale Law Journal*, January.

Summers, Lawrence 1986 "Some skeptical observations on real business cycle theory," *Federal Reserve Bank of Minnesota Quarterly Review*, No.1043.

Suny, Ronald 1998 *The Soviet Experiment*. Oxford: Oxford University Press.

Swenson, Peter 2002 *Capitalists against Markets: The Making of Labor Markets and Welfare States in the United States and Sweden*. New York: Oxford University Press.

Szostak, Rick 1995 *Technological Innovation and the Great Depression*. Boulder, CO: Westview Press.

Taira, Koji 1988 "Economic development, labor markets, and industrial relations in Japan, 1905—1955" in Duus(ed.), *The Cambridge History of Japan*, op.cit.

Tampke, Jürgen 1978 *The Ruhr and Revolution*. Canberra, ACT: Australian National University.

Tanaka, Yuki 1996 Hidden Horrors: Japanese War Crimes in World War II. Boulder, CO: Westview Press.

Tanzi, Vito 1969 The Individual Income Tax and Economic Growth. Baltimore, MD: Johns Hopkins University Press.

Tanzi, Vito & Ludger Schuknecht 2000 Public Spending in the 20th Century. Cambridge: Cambridge University Press.

Tarling, Nicholas 2001 A Sudden Rampage: The Japanese Occupation of Southeast Asia, *1941—1945*. Honolulu: University of Hawai'i Press.

Tauger, Mark 2001 Natural Disaster and Human Action in the Soviet Famine of *1931— 1933*. Pittsburgh: University of Pittsburgh, CREES, Carl Beck Papers.

Temin, Peter 1976 Did Monetary Forces Cause the Great Depression? New York: Norton.

——**1981** "Notes on the causes of the great depression" in Brunner(ed.), The Great Depression Revisited, op.cit.

——**1989** Lessons from the Great Depression. Cambridge, MA: MIT Press.

——**1997** "Two Views of the British Industrial Revolution," Journal of Economic History, **57**:63—82.

Thébaud, Françoise 2004 "La Guerre et après?" in Evelyne Morin-Rotureau (ed.), *1914—1918*: combats de femmes. Paris: Autrement.

Thurston, Robert 1996 Life and Terror in Stalin's Russia, 1934—1941. New Haven, CT: Yale University Press.

Tilly, Charles 1990 Coercion, Capital, and European States, AD *900—1990*. Oxford: Blackwell.

——**1993** European Revolutions *1492—1992*. Oxford: Blackwell.

Tokes, Rudolf 1967 Bela Kun and the Hungarian Soviet Republic. New York: Praeger.

Toland, John 1970 The Rising Sun: The Decline and Fall of the Japanese Empire, *1936—1945*. New York: Random House.

Tomlins, Christopher 1985 The State and the Unions: Labor Relations, Law, and the Organized Labor Movement in America, *1880—1960*. New York: Cambridge University Press.

Tomlinson，B. R. 1993 The Economy of Modern India, *1860—1970*. Cambridge: Cambridge University Press.

——**1999** "Economics and empire: the periphery and the imperial economy" in *The Oxford History of the British Empire*, Vol III, op.cit.

Tooze，Adam 2006 *The Wages of Destruction: The Making and the Breaking of the Nazi Economy*. London: Allen Lane.

Topik Steven & Allen Wells 1998 *The Second Conquest of Latin America: Coffee, Henequen and Oil during the Export Boom, 1850—1930*. Austin, TX: University of Texas Press.

Torpey，John 2000 *The Invention of the Passport: Surveillance, Citizenship and the State*. New York: Cambridge University Press.

Trotsky，Leon 1957 *History of the Russian Revolution*. Ann Arbor, MI: University of Michigan Press.

Trubowitz，Peter 1998 *Defining the National Interest: Conflict and Change in American Foreign Policy*. Chicago, IL: University of Chicago Press.

Tsunuda，Jun 1994 "The final confrontation: Japan's negotiations with the United States, 1941" in James Morley(ed.), *Japan's Road to the Pacific War*. New York: Columbia University Press.

Tsutsui，William 1998 *Manufacturing Ideology*. Princeton, NJ: Princeton University Press.

Umbreit，Hans 2003 "German Rule in the Occupied Territories, 1942—1945" in Kroener et al.(eds.), op.cit.

Valocchi，Sreve 1990 "The Unemployed Workers Movement of the 1930s: A Reexamination of the Piven and Cloward Thesis," *Social Problems*, 37:191—205.

van Creveld，Martin 1982 *Fighting Power: German and US Army performance, 1939—1945*. Westport, CT: Greenwood Press.

van de Ven，Hans 2003 *War and Nationalism in China, 1925—1945*. London: Routledge/Curzon.

Van Slyke，Lyman 1967 *Enemies and Friends, the United Front in Chinese Communist History*. Stanford, CA: Stanford University Press.

——**1986** "The Chinese communist movement during the Sino-Japanese war

1937—1945" in John Fairbank & Albert Feuerwerker (eds.), *The Cambridge History of China*, Vol *13: Republican China 1912—1949*, Part 2. Cambridge: Cambridge University Press.

van Zanden et al. 2011 "The changing shape of global inequality 1820—2000: exploring a new data-set," *Universiteit Utrecht, CGEH Working Paper Series*, No.1.

Vandervort, Bruce 1998 *Wars of Imperial Conquest in Africa, 1830—1914*. Bloomington, IN: Indiana University Press.

Veeser, Cyrus 2002 *A World Safe for Capitalism: Dollar Diplomacy and America's Rise to Global Power*. New York: Columbia University Press.

Vellacott, Jo 2007 *Pacifists, Patriots and the Vote: The Erosion of Democratic Suffragism in Britain During the First World War*. Basingstoke: Palgrave Macmillan.

Verhey, Jeffrey 2000 *The Spirit of 1914: Militarism, Myth, and Mobilization in Germany*. New York: Cambridge University Press.

Vermes, Gabor 1971 "The October Revolution in Hungary: From Károlyi to Kun" in Volgyes(ed.), *Hungary in Revolution*, op.cit.

Villacorte, Wilfriedo 2002 "The American influences on Philippine Political and Constitutional Tradition" in Mcferson, op.cit.

Viola, L. 1996 *Peasant Rebels Under Stalin*. New York: Oxford University Press.

Voss, Kim 1994 *The Making of American Exceptionalism: The Knights of Labor and Class Formation in the Nineteenth Century*. Ithaca: Cornell University Press.

Wade, Rex 1984 *Red Guards and Workers' Militias in the Russian Revolution*. Stanford, CA: Stanford University Press.

——2000 *The Russian Revolution*. Cambridge: Cambridge University Press.

Walford, Cornelius 1878—1879 "The Famines of the World, Past and Present," Parts I and II, *Journal of the Statistical Society of London*, **41** & 42.

Walker, Samuel 1997 *Prompt and Utter Destruction: Truman and the Use of Atomic Bombs Against Japan*. Chapel Hill, NC: University of North Carolina Press.

Wallace, Michael et al. 1988 "American labor law: its impact on working-class militancy, 1901—1980," Social Science History, **12**:1—29.

Waller, Derek 1972 The Kiangsi Soviet Republic: Mao and the National Congresses of *1931* and *1934*. University of California Berkeley, Center for Chinese Studies: China Research Monographs.

Wallerstein, Immanuel 1974 The Modern World-System. New York: Cambridge University Press.

Wallis, John & Wallace Oates 1998 "The Impact of the New Deal on American Federalism" in Bordo et al, The Defining Moment..., op.cit.

Ward, John Manning 1976 Colonial Self-Government: The British Experience, *1759—1856*. London: Macmillan.

Washbrook, D.A. 2001 "India 1818—1860: The Two Faces of Colonialism" in The Oxford History of the British Empire, Vol III, op.cit.

Webber, Michael 2000 New Deal Fat Cats: Business, Labor, and Campaign Finance in the *1936* Presidential Election. New York: Fordham University Press.

Weber, Eugene 1964 Varieties of Fascism. Princeton, NJ: Van Nostrand.

Weber, Max 1978 Economy and Society, 2 vols., ed. Gunther Roth & Claus Wittich. Berkeley & Los Angeles: University of California Press.

——**1995** The Russian Revolutions. Ithaca, NY: Cornell University Press.

——**2002** The Protestant Ethic and "The Spirit of Capitalism". Los Angeles: Roxbury Publishing Company.

Weed, Clyde 1994 The Nemesis of Reform: The Republican Party During the New Deal. New York: Columbia University Press.

Wei, William 1989 "Law and order: the role of Guominfang security forces in the suppression of the communist bases during the soviet period" in Hartford & Goldstein, Single Sparks, op.cit.

Weinstein, James 1968 The Corporate Ideal in the Liberal State, *1900—1918*. Boston: Beacon Press.

Weitz, Eric 2009 Weimar Germany: Promise and Tragedy. Princeton, NJ: Princeton University Press.

Welch, Richard Jr. 1985 Response to Revolution. Chapel Hill, NC: The

University of North Carolina Press.

Wesseling，H. L. 1989 "Colonial wars: an Introduction" in de Moor & Wesseling(eds.), op.cit.

——**2005** "Imperialism and the roots of the Great War," *Daedalus*, **135**, Spring.

Westermann，Edward 2005 *Hitler's Police Battalions: Enforcing Racial War in the East*. Lawrence, KS: University Press of Kansas.

Wette，Wolfram 1998 "Militarist and pacifist ideologies in the last phase of the Weimar Republic" in Wilhelm Deist et al.(eds.), *Germany and the Second World War. Vol I: The Build-Up of German Aggression*. Oxford: Clarendon Press.

Wheare，J. 1950 *The Nigerian Legislative Council*. London: Faber & Faber.

Wheatcroft，Stephen & R. W. Davies 2004 *The Years of Hunger: Soviet Agriculture, 1931—1933*. London: Palgrave.

White，Eugene 1990 "The Stock Market Boom and Crash of 1929 Revisited," *The Journal of Economic Perspectives*, **4**:67—83.

Whitney，Robert 2001 *State and Revolution in Cuba: Mass Mobilization and Political Change, 1920—1940*. Chapel Hill, NC: University of North Carolina Press.

Wiarda，Howard 1995 *Democracy and Its Discontents. Development, Interdependence and US Policy in Latin America*. Lanham, MA: Rowman & Littlefield.

Wiebe，Robert 1967 *The Search for Order, 1877—1920*. New York: Hill & Wang.

——**1999** "Introduction" and "Central America: The Search for Economic Development" in Leonard, ed. op.cit.

Wildman，Allan 1980 *The End of the Russian Imperial Army*. Princeton, NJ: Princeton University Press.

Wilensky，Harold 2002 *Rich Democracies: Political Economy, Public Policy, and Performance*. Berkeley & Los Angeles: University of California Press.

Williams，Gwyn 1975 *Proletarian Order: Antonio Gramsci, Factory Councils and the Origins of Italian Communism, 1911—1921*. London: Pluto Press.

Williamson，Jeffrey 2006 *Globalization and the Poor Periphery Before 1950*.

Cambridge, MA: MIT Press.

Williamson，Samuel Jr. & Ernest May 2007 "An Identity of Opinion: Historians and July 1914," *The Journal of Modern History*, **79**:335—387.

Wilson，Sandra 1995 "The 'New Paradise' : Japanese Emigration to Manchuria in the 1930s and 1940s," *The International History Review*, **XVII**:249—286.

——**2002** *The Manchurian Crisis and Japanese Society, 1931—1933*. London: Routledge.

Wimmer，Andreas & Yuval Feinstein 2010 "The rise of the nation-state across the world, 1816 to 2001," *American Sociological Review*, **75**:764—790.

Winter，Jay 1986 *The Great War and the British People*. Cambridge, MA: Harvard University Press.

——**1997** "Surviving the War: Life Expectation, Illness and Mortality Rates in Paris, London, and Berlin, 1914—1919" in Winter & Jean-Louis Robert (eds.), *Capital Cities at War: Paris, London, Berlin, 1914—1919*. New York: Cambridge University Press.

Witte，Edwin 1962 *The Development of the Social Security Act*. Madison, WI: University of Wisconsin Press.

Wolf，Eric 1969 *Peasant Wars of the Twentieth Century*. New York: Harper & Row.

Wolff，E. N. & M. Marley 1989 "Long-term trends in US wealth inequality: methodological issues and results" in R. Lipsey & H. S. Tice(eds.), *The Measurement of Saving, Investment and Wealth*. Chicago: University of Chicago Press.

Wong，Joseph 2004 *Healthy Democracies: Welfare Politics in Taiwan and South Korea*. Ithaca, NY: Cornell University Press.

Wood，Bryce 1961 *The Making of the Good Neighbor Policy*. New York: Columbia University.

Wood，Elizabeth 1997 *The Baba and the Comrade: Gender and Politics in Revolutionary Russia*. Bloomington: Indiana University Press.

Woodiwiss，Anthony 1992 *Law, Labour, and Society in Japan: From Repression to Reluctant Recognition*. London: Routledge.

Worley，Matthew 2005 *Labour Inside the Gate: A History of the British*

Labour Party Between the Wars. London: Tauris.

Wright, Tim 1991 "Coping with the world depression: the Nationalist government's relations with Chinese industry and commerce, 1932—1936," *Modern Asian Studies*, **25**:649—674.

——**2000** "Distant thunder: the regional economies of Southwest China and the impact of the great depression," *Modern Asian Studies*, **34**:679—738.

Young, Crawford 1994 *The African Colonial State in Comparative Perspective*. New Haven, CT: Yale University Press.

Young, G. M. 1957 *Macaulay, Prose and Poetry*. Cambridge, MA: Harvard University Press.

Young, Louise 1998 *Japan's Total Empire. Manchuria and the Culture of Wartime Imperialism*. Berkeley & Los Angeles: University of California Press.

Young, Robert 1996 *France and the Origins of the Second World War*. London: Macmillan.

Zanasi, Margherita 2006 *Saving the Nation: Economic Modernity in Republican China*. Chicago: University of Chicago Press.

Zanetti, Oscar & Alejandro Garcia 1998 *Sugar and Railroads: A Cuban History, 1837—1959*. Chapel Hill, NC: University of North Carolina Press.

Zeitlin, Maurice 1980 "On Classes, Class Conflict and the State: an Introductory Note" in M. Zetlin(ed.), *Classes, Class Conflict and the State*. Cambridge, MA: Winthrop.

Zeman, Zbynek 1961 *The Break-Up of the Habsburg Empire, 1914—1918*: A Study in National and Social Revolution. London: Oxford University Press.

Zieger, Robert 1995 *The CIO, 1935—1955*. Chapel Hill, NC: University of North Carolina Press.

Ziemann, Benjamin 2007 *War Experiences in Rural Germany, 1914—1923*. New York: Berg.

Zuber, Terence 2002 *Inventing the Schlieffen Plan: German War Planning, 1871—1914*. New York: Oxford University Press.

Zuckerman, Larry 2004 *The Rape of Belgium: The Untold Story of World War I*. New York: New York University Press.

图书在版编目(CIP)数据

社会权力的来源.第3卷,全球诸帝国与革命:1890～
1945/(英)曼(Mann.M.)著;郭台辉等译.—上海:
上海人民出版社,2015
(世纪人文系列丛书.世纪前沿)
书名原文:The Sources of Social Power
(Volume 3):Global Empires and Revolution,1890 -
1945
ISBN 978 - 7 - 208 - 13358 - 7

Ⅰ.①社… Ⅱ.①曼…②郭… Ⅲ.①权力-研究
Ⅳ.①D033

中国版本图书馆 CIP 数据核字(2015)第 248105 号

责任编辑 罗 俊 徐晓明
封面装帧 陆智昌

社会权力的来源(第三卷)
——全球诸帝国与革命(1890—1945)
[英]迈克尔·曼 著

郭台辉 茅根红 余宜斌 译

出   版 上海人民出版社
          (201101 上海市闵行区号景路 159 弄 C 座)
发   行 上海人民出版社发行中心
印   刷 上海商务联西印刷有限公司
开   本 635×965 1/16
印   张 46
插   页 8
字   数 621,000
版   次 2015 年 12 月第 1 版
印   次 2025 年 11 月第 8 次印刷
ISBN 978 - 7 - 208 - 13358 - 7/D·2747
定   价 148.00 元(上下册)

世纪人文系列丛书(2015 年出版)

一、世纪文库
《中国文学批评史》 罗根泽 著
《中国通史》 吕思勉 著
《中国近百年政治史》 李剑农 著
《国学必读》 钱基博 著
《中国文学史》 钱基博 著
《通史新义》 何炳松 著
《中古欧洲史》 何炳松 著
《近世欧洲史》 何炳松 著
《工具论》 [古希腊]亚里士多德 著　张留华　冯艳 等译　刘叶涛 校
《犹太人与现代资本主义》 [德]维尔纳·桑巴特 著　安佳 译
《马基雅维利的德行》 [美]哈维·曼斯菲尔德 著　王涛 译　江远山 校
《货币和信贷理论》 [奥]路德维希·冯·米塞斯 著　孔丹凤 译
《捕获法》 [荷]雨果·格劳秀斯著　张乃根 等译　张乃根 校

二、世纪前沿
《社会权力的来源(第一卷):从开端到 1760 年的权力史》 [英]迈克尔·曼 著　刘北成
李少军 译
《社会权力的来源(第二卷):阶级和民族国家的兴起(1760—1914)》 [英]迈克尔·曼 著
陈海宏 等译
《社会权力的来源(第三卷):全球诸帝国与革命(1890—1945)》 [英]迈克尔·曼 著
郭台辉 等译
《社会权力的来源(第四卷):全球化(1945—2011)》 [英]迈克尔·曼 著　郭忠华 等译
《科学与宗教引论(第二版)》 [英]阿利斯特·E.麦克格拉思 著　王毅　魏颖 译
《国家与市场——政治经济学入门》 [美]亚当·普沃斯基 著　郦菁　张燕 等译　王小卫
郦菁 校
《退出、呼吁与忠诚——对企业、组织和国家衰退的回应》 [美]艾伯特·O.赫希曼 著
卢昌崇 译
《欧洲的抗争与民主(1650—2000)》 [美]查尔斯·蒂利 著　陈周旺　李辉　熊易寒 译

三、开放人文
(一) 科学人文
《大众科学指南——宇宙、生命与万物》 [英]约翰·格里宾　玛丽·格里宾 著　戴吾三
戴晓宁 译
《阿尔法与奥米伽——寻找宇宙的始与终》 [美]查尔斯·塞费 著　隋竹梅 译
《解码宇宙——新信息科学看天地万物》 [美]查尔斯·塞费 著　隋竹梅 译
《古代世界的现代思考——透视希腊、中国的科学与文化》 [英]G·E·R·劳埃德 著
钮卫星 译
《早期希腊科学——从泰勒斯到亚里士多德》 [英]G·E·R·劳埃德 著　孙小淳 译